皮书系列

皮书系列

广视角·全方位·多品种

皮书系列

皮书系列

皮书系列

皮书系列

皮书系列为"十二五"国家重点图书出版规划项目

皮书系列

皮书系列

皮书系列
皮书系列
皮书系列
皮书系列
权威·前沿·原创
皮书系列
皮书系列
皮书系列
皮书系列
皮书系列

文化遗产蓝皮书

BLUE BOOK OF CULTURAL HERITAGE

中国文化遗产事业发展报告（2012）

ANNUAL REPORT ON THE DEVELOPMENT OF CHINA'S CULTURAL HERITAGE MANAGEMENT SYSTEM (2012)

主　编／刘世锦
副主编／林家彬　苏　杨

社会科学文献出版社
SOCIAL SCIENCES ACADEMIC PRESS (CHINA)

图书在版编目(CIP)数据

中国文化遗产事业发展报告. 2012/刘世锦主编. —北京：社会科学文献出版社，2012. 9
(文化遗产蓝皮书)
ISBN 978 - 7 - 5097 - 3571 - 8

Ⅰ. ①中… Ⅱ. ①刘… Ⅲ. ①文化遗产 - 研究报告 - 中国 - 2012
Ⅳ. ①K203

中国版本图书馆 CIP 数据核字（2012）第 145647 号

文化遗产蓝皮书
中国文化遗产事业发展报告（2012）

主　　编 / 刘世锦
副 主 编 / 林家彬　苏　杨

出 版 人 / 谢寿光
出 版 者 / 社会科学文献出版社
地　　址 / 北京市西城区北三环中路甲 29 号院 3 号楼华龙大厦
邮政编码 / 100029

责任部门 / 人文分社（010）59367215　　责任编辑 / 于占杰　王晓鹏　周志宽
电子信箱 / renwen@ssap. cn　　责任校对 / 刁春波
项目统筹 / 宋月华　张晓莉　　责任印制 / 岳　阳
经　　销 / 社会科学文献出版社市场营销中心（010）59367081　59367089
读者服务 / 读者服务中心（010）59367028

印　　装 / 北京季蜂印刷有限公司
开　　本 / 787mm×1092mm　1/16　　印　　张 / 29
版　　次 / 2012 年 9 月第 1 版　　字　　数 / 496 千字
印　　次 / 2012 年 9 月第 1 次印刷
书　　号 / ISBN 978 - 7 - 5097 - 3571 - 8
定　　价 / 79.00 元

编　　撰　国务院发展研究中心文化遗产蓝皮书课题组

主　　编　刘世锦

副 主 编　林家彬　苏　杨

编写人员　林　虹　陈　晨　王宇成　马宙宙　马有明
叶伟祺　齐浩良　崔祥芬　刘　锋　张佳慧
张冰子　佘　宇

合作单位专家

国家行政学院社会和文化教研部　祁述裕
中国城市规划设计研究院风景园林规划研究所　贾建中
北京大学世界遗产研究中心　陈耀华
中国风景名胜区协会　厉　色
中国文化遗产研究院　柴晓明　于　冰

审　　稿　董保华　李耀申　陈培军　岳志勇

数据支持　国家文物局数据中心

摘　要

2012 年文化遗产蓝皮书是国务院发展研究中心文化遗产课题组编撰的第四部文化遗产蓝皮书。

在 2012 年这个时间点上推出的作为文化遗产事业发展参谋的文化遗产蓝皮书，以展望“十二五”为主题，旨在承前启后、继往开来，既明了这个领域现状与目标的差距，也为文物保护和利用、风景名胜区管理等具体工作提供近中期有理有据的建议。

这部文化遗产蓝皮书仍由主题报告、技术报告和评估报告组成，延续了“主题报告给出政策建议”、“技术报告解释主题报告”、“技术报告和评估报告共同为主题报告提供支持”的体例。课题组发挥国务院发展研究中心以战略性、综合性、前瞻性研究见长的特点，结合文物系统以及风景名胜区系统的最新调查统计数据，辅以案例分析和量化分析说明书，系统、具体、深入浅出地描述了文化遗产事业的现状与目标的差距并提出了对策。考虑到文化遗产事业与国计民生日益紧密的关系，这部文化遗产蓝皮书还关注了社会热点并希望窥斑见豹，用两个特别关注（“生态补偿政策不能‘没文化’”、“从博物馆相关事件看文化遗产管理单位体制机制变革”）试图发现国家政策、媒体焦点与事业发展之间的关系，力求这一事业能在更好整合国家之力、社会之情的状态中与时俱进。

具体来说，这部蓝皮书在全书线索设置和内容安排中紧扣“民生”、“科学发展”。在主题报告第一章和第二章中，以文化遗产与美好生活的关系发端，从定性定量两方面寻找事业发展现状与目标之间的差距：从人民群众需求满足的角度来定性寻找文化遗产事业现状与目标的差距；尝试性地将文化遗产事业发展终极标准“四个好”（文物本体保护好、周边环境整治好、经济社会发展好、人民生活改善好）转化为评估指标体系，以定量寻找事业发展差距。以这些差距为依据，系统整理了当前事业发展存在的突出问题，包括基础不牢、欠账不少、借力不够等方面，然后第三章从管理制度、第四章从管理水平方面分析了问题成因：大多数问题可以通过完善体制机制解决，而完善的方向是事业的归事业、产业的归产业，体制要健全、机制要规范、机构要加强。尤其要依据“机构编制情况与事权对称”原则加强队伍建设，并在文物有效保护、文物执法督察和安全监管、人才队伍建设、科学研究等方面着力，才能提升管理水平。今年的问题成因量化分析中，还不乏与业内外人士感觉不符的重要结论，如在全面考虑保护和利用的情况下，文物大省不一定管理水平高、相关功能发挥好。这是因为这些省文物资源较多，不可移动文物的保护任务较重、保护需求迫切，相应的就需要更多的人力、财力、物力投入，否则就会呈现文物大省反而管理水平较低的现象；又如，故宫的管理水平，在全国博物馆乃至所有事业单位中都是较高的，其“十重门”中显现的问题及其制度成因，在全国绝大多数类似单位中也存在，只是故宫身处聚光灯下而已。这些结论，都体现了作为相关工作技术支撑的必备特性：科学性。也因此，对即将发布的文化遗产白皮书、风景名胜区白皮书以及文物系统相关工作（如国家一级博物馆运行评估）和相关研究（如中国文化遗产研究院关于大遗址和文物保护单位管理体制研究）中的内容有兴趣或有质疑的读者，可以到文化遗产蓝皮书中来探赜索隐。另外，对日益红火的文物旅游，蓝皮书第二章中也创新地给出了定义和特征，总结了当前发展中的突出问题，以使这个文化遗产保护与利用关系的焦点领域能在理论指导下规范发展，使十七届六中全会提出的文化大发展、大繁荣能在符合文物工作规律的情况下理性实现。

除了这些总结和分析，因为国务院发展研究中心文化遗产课题组与中国文化遗产研究院联合申报 2011 年国家社会科学基金重大项目“大遗址保护跟踪研究”成功，2012 年文化遗产蓝皮书主题报告第二章还专门增加了大遗址对经济社会发展贡献的理论分析，使这部蓝皮书也成为这个重大项目的中间成果发布阵地。今后的文化遗产蓝皮书还将陆续把这个重大项目的成果发布出来，使其能服务于更多更广的读者，也使文化遗产蓝皮书自身的品位得以提高。

未来，文化遗产蓝皮书在基本延续目前体例的情况下，从研究团队开放化、研究方式多元化、研究内容具体化、写作文风行业化四个方面继续完善，力争使蓝皮书成为中华民族伟大复兴之际文化遗产事业促进并受益于这个过程的见证者，以书为证知兴替。

Abstract

Cultural Heritage Blue Book, 2012 (Blue Book for short) is the fourth Blue Book composed by the cultural heritage project team of the Development Research Center of the State Council of China (DRC for short).

The year of 2012 has its meaning of node time on five points: ① the 40th anniversary of UNESCO's enforcement of the *Convention Concerning the Protection of the World Cultural and Natural Heritage*; ②the 30th anniversary of enforcement of the *Law of the People's Republic of China on the Protection of Cultural Relics*; ③the 30th anniversary of the establishment of China's scenic sites management system; ④the 30th anniversary of the first batch of China's Famous Historic & Cultura Cities released by the State Council; ⑤the 20th anniversary of putting forward operation guidelines for cultural relics. The Blue Book issued on this node time as the adviser for the devevelopment of cultural heritage management system, takes the prospect of the twelfth-five-year plan as the subject, aiming to link the past with the future and progress forward, which not only identifies the gap between the realities and the goals but also provides the rational short-term and mid-term advice for specific operation of the protection of cultural relics and the management of scenic sites.

The present Blue Book, composed of theme report, technology report and assessment report, still follows the style that the theme report provides policies and advice, the technology report interprets the theme report, and the technology report and the assessment report jointly provide support for the theme report. By taking advantage of the strength of DRC in strategic, comprehensive and prospective study, the project team combines the latest research and statistic data of cultural relics system and scenic sites system, supports with the illustrations of case analysis and quantitative data analysis, systematically and specifically depicts the profound theories in simple language of the gap between the realities of cultural heritage and its goals and also puts forward countermeasures. Considering the increasingly close relationship of the cultural heritage system with national economy and people's livelihood, the present Blue Book also pays close attention to the hotspots of the society in hopes of leading to thorough and in-depth reflection. It also manages to figure out the relationship between the national policies, the media focus and the cultural heritage development by applying two special focuses (Ecological compensation policy should not lack culture; Reexamine the management system and mechanism reform of the cultural heritage units from issues of some famous museums) aiming at making the cultural heritage system keep paces with time in the state of integrating the national power with the passion of the society.

Specifically speaking, the present Blue Book focuses the livelihood and the scientific development in the clue setting of the whole book and the content arrangement. The first and the second chapter of the theme report begins with explaining the relationship of cultural heritage and beautiful life and by finding the gap between the realities of development of the system and its goals on the two points of qualitative and quantitative studiesm, that is, qualitatively finding the gap between the reality of cultural heritage system and its goal from the standpoint of satisfaction of the public's demand and tentatively transforming the ultimate standard of the development of cultural heritage system, the four good's (good protection of the heritage itself, good management of the surrounding environment, good economic and social development, good development of people's life) into the system of assessment quota and quantitatively finding the gap on development of the system, based on which the outstanding issues that has existed in the current heritage development are systematically collected, including the unsolid basis, big sum of unpaid bill, short of enough borrowed power, etc. The third chapter, which is from the standpoint of the management system and the fourth chapter, which is from the standpoint of the management levels, problems are analyzed causes of problems: most of the problems can be solved by improving the system and mechanism, and the direction of improvement is to let the administrative be the administrative and to let the industrial be the industrial, with a sound system, a regulated mechanism and a strengthened organization. The team construction should be strengthed grounded on the principle that the establishment of institutions be symmetrical with the power of authority and concentrate everyone's efforts on the effective protection, law enforcement and supervision, and security control of cultural heritage, the construction of the teams of professionals, scientific research, etc. Only by doing these, can the management be improved. In the parts of the root cause analysis, there are some important conclusions which are different from the thoughts of the insiders and outsiders of the professional field. For example, a province with abundant relic resourees such as Shanxi Province does not necessarily mean that it has a high level of management on protection and utilization and that it executes the functions well, because for a province with rich cultural resources, it should take more responsibility on protecting the immovable cultural heritage, and which is in more urgent need of protection. Consequently, it needs more manpower, financial resources and material resources, or there will be a province with rich cultural resources but low management. Another example is that the management of the Imperial Palace has a higher management level compared with other museums and even all the institutions around China. The problems and the institutional causes presented by its ten embarrassing affairs also exist in most of the similar institutions; the only problem is that the Imperial Palace is under the spotlight. All the conclusions lead to scientificalness, the necessary feature that provides the technological supports for the relative operations. Therefore, the readers can enter this Blue Book to explore and dig in depth, if they are interested in or question the contents of the future white book for cultural relics, the white book for the scenic sites and the relative work to the cultural heritage system (such as the operational assessment of the tier-one national museums) and the relative researches (such as the management system research on the large-scaled cultural relics and cultural heritage protection units by Chinese Academy of Cultural Heritage, CACH for short). And for the increasingly popular heritage tourism, the second chapter of the Blue Book also creatively provides the definition and its characteristics, concludes the outstanding issues in the current development so that the field of focus on cultural heritage protection and utilization can be rationally developed with the guide of the theories. The cultural prosperity and great progress put forward by the sixth plenary session of the 17th central committee of CPC can be rationally realized in the field of cultural heritage corresponding with its law.

Apart from the conclusions and the analysis, the second chapter of the present cultural heritage Blue Book also exclusively adds theoretical analysis on the contribution of large-scaled cultural heritage to the economic and social development because DRC and CACH have made great success on the joint application for the Major Project of the National Social Science Fund, "*Tracking Research on the Protection of the Large Scaled Cultural Heritage*", which makes the Blue Book become the publishing frontline of the mid-term achievements of the major project to serve more readers more broadly to increase the Blue Book's own grade and taste.

In the future, based on the current style, the cultural heritage blue book will better on the four aspects, i. e. the open research team, the diversified research methods, the specific research contents and the professional writing styles and will make efforts to become the witness of the process of China's revival and development of cultural heritage being promoted by and benefiting from the process. May the Blue Book be the evidence of witnessing prosperity and transformation.

目 录

BⅡ 技术报告

BⅢ 评估报告

皮书数据库阅读使用指南

CONTENTS

BⅡ Technology Report

B Ⅲ Assessment Report

前言
文化遗产和美好生活

文物工作越来越成为中国特色社会主义文化建设的重要组成部分，越来越成为继承和弘扬中华民族传统文化，提高国家文化软实力，建设中华民族共有精神家园的重要方面；越来越成为引导社会、教育人民、推动发展的重要因素；越来越成为满足人民群众多样化、多方面精神文化需求的重要资源；越来越成为全社会高度关注、关切、关心的热门领域。①

——引子

作为文化遗产事业发展参谋的第四部文化遗产蓝皮书（以下简称蓝皮书），《中国文化遗产事业发展报告（2012）》必须“文章合为时而著”②：2011 年正处于“十一五”和“十二五”交替之年，以“展望十二五”为主题的这部蓝皮书必须以相关“十二五”规划为依据才可能准确把握事业发展方向和路径。这样，既要根据相关规划和《国务院关于加强文化遗产保护的通知》（以下简称《通知》）中的目标，明晰工作差距，使各地文物及相关管理部门能明了工作中的是非利害和轻重缓急以改善管理；也要回答社会热点问题，给出上升到理论层面的、旁观者眼光的答案，使社会各界和公众能更有信任感地了解事业发展状况，以在更大范围形成文化遗产事业发展的合力；还要整理和提炼国家文物局等相关部委在工作中进行的若干探索，以在党的十七届六中全会《中共中央关于深化文化体制改革　推动社会主义文化大发展大繁荣若干重大问题的决定》（以下简

① 引自文化部部长蔡武在 2011 年全国文物局长会议上的讲话。

② 语出白居易《与元九书》：“自登朝来，年齿渐长，阅事渐多，每与人言，多询时务，每读书史，多求理道，始知文章合为时而著，歌诗合为事而作。”

称《决定》）发布后将文化遗产事业的工作和《决定》的指示结合起来，在明了形势的基础上形成对未来工作的新认识。为此，国务院发展研究中心文化遗产蓝皮书课题组（以下简称课题组）对这部蓝皮书的内容进行了调整：前三部蓝皮书在数据上分别跟踪“十一五”期间2007～2009年逐年的情况，2012年蓝皮书则分析了2010年（“十一五”末年）和2011年（“十二五”初年）两年的相关工作情况，旨在承前启后、继往开来，既明了这个领域现状与目标的差距，也为文物和风景名胜区这两个文化遗产事业的重要工作平台的具体工作提供近中期有理有据的政策建议。以下就从对文化遗产事业的新形势、新认识开始，总结文化遗产蓝皮书与此相应的老成果和新内容，以提纲挈领地把研究成果浓缩在前言中。

一　文化遗产事业的新形势和新认识

在这个时间节点深谋远虑，这不仅是因为出现了新形势，还因为对事业发展有了新认识。

1. 新形势

21世纪以来，中国文化遗产事业面临着前所未有的机遇与挑战。

应该说，机遇的前所未有一目了然：笼统地说包括“立法进度加快、投入力度加大、支持政策加强”① 等。具体一点，这种机遇是从上到下、既看得见也摸得着的全面支持。不仅有中央领导前所未有的重视②，还有前所未有的投入：“十一五”期间，仅中央文物保护专项经费就达164亿元，比“十五”期间的投入增加了8倍多。而且，“十一五”以来，许多地方政府对文化遗产的重视程度也今非昔比，不仅有许多省与国家文物局签署了全方位合作或联合开展某项重点工作的协议，③ 地方财政也显著加大了投入，“十一五”期间的累计投入超过了300亿元。另外，第三次全国文物普查和第七批全国重点文物保护单位申报工作使更多

① 出自国家文物局原局长单霁翔在2007年全国文物局长工作会议上的讲话。

② 中共中央政治局常委李长春同志在2010年中国文化遗产日发表了题为《保护发展文化遗产 建设共有精神家园》的署名文章，对文化遗产事业的发展给出了方向性指示，这是党和国家领导人首次用这样的方式来指导事业发展。

③ 例如，2011年3月，国家文物局与山东省人民政府签署《合作加强山东文化遗产保护工作框架协议》；2010年10月，国家文物局与四川省人民政府签署《共建大遗址保护成都片区框架协议书》。迄今，已有10多个省份与国家文物局签署了类似这样的合作协议。

的文物被依法纳入管理，各级文物局的事权范围显著扩大。

但挑战也不少：在中国城市化、工业化的高速发展期，诸多文化遗产被逼到了“除旧迎新”的最前沿，同时人民群众对文化遗产的需要和关注在广度和深度上也今非昔比，这使文化遗产的保护、利用都面临前所未有的困难。城市建设和产业发展过程中破坏文化遗产的现象时有发生。据第三次全国文物普查统计，近30年来消失的4万多处不可移动文物中，有一半以上毁于各类建设活动；文物安全形势仍然相当严峻，盗掘古墓葬、盗窃馆藏文物、走私文物等违法犯罪行为屡禁不止，文物安全形势仍然相当严峻，文物流通领域尤其相关产业发展比较混乱、缺乏管理。而且，管理在公众参与度和关注度提高后，文化遗产在制度、规则、队伍等方面的不足越发凸显，文化遗产保护不力的事件屡见报端：城市和新农村建设中文物损坏、名人故居难保和所谓的故宫“十重门”事件①等使文物系统的管理水平和自律程度受到公众的质疑。② 这些问题，在目前的形势下更显严峻：不仅发展需求在增加，而且因为全国人大常委会的《文物保护法》执法检查工作③而可能被显性化。显然，整个事业发展已经不能在既往相对的默默无闻中因循守旧了。

2. 新认识

所幸，面对这样的机遇和挑战，国家文物局在工作中进行了探索，课题组对这

① 这是媒体的戏称，具体指以下事件：第一重门：“被盗门”。第二重门：“错字门”。第三重门：“会所门”。第四重门：“哥窑瓷器受损门”。第五重门：“文物损伤瞒报门”。第六重门：“挂屏水泡门”。第七重门：“私分票款封口门”。第八重门：“宋人书札牟利门”。第九重门：“故宫图书馆丢失古籍门”。第十重门：“端门外西朝房展览逃税门”。

② 尽管故宫的“十重门”事件存在媒体误读和公众误解之处，但“虎兕出于柙，龟玉毁于椟中，是谁之过与?”（《论语·季氏将伐颛臾》）文物系统上下如果不能正视这种与文化遗产事业同步发展壮大的公众关注，不仅把握不住现在的大好发展机遇，也会使2008年博物馆全面免费开放以来给公众带来的美好生活有所减色。

③ 由全国人大常委会组织开展《文物保护法》执法检查，这是《文物保护法》颁布实施30年来的第一次。这次检查中不仅频繁发现法人违法现象（如2012年湖南省人大常委会在全国人大常委会安排下实施的《文物保护法》执法检查发现，湖南宁乡县交通局在建设灰黄公路时，不征求文物部门意见，擅自将公路通过全国重点文物保护单位——炭河里遗址，造成部分遗址核心区受到严重摧毁），还发现文化遗产保护工作缺少制度性保障：未严格将考古调查、勘探、发掘列入建设工程前置审批程序。这种制度匮乏是文物保护工作与环境保护工作的重大差距（环境影响评价是建设项目上马的四大前置性门槛之一，2003年颁布的《环境影响评价法》中早就将相关规定明确到操作层面），因此相关政府部门对文化遗产保护工作重视不够也就在所难免。

些探索进行了系统梳理和理论分析，形成了新认识。这些新认识一方面体现了在事业发展的方向上领导们的与时俱进，一方面也需要将这些认识转化为更细致的工作部署以使其易于落实。今年的蓝皮书将这些"十一五"期间的探索和认识择其大者汇总为文化遗产事业的"四个四"[①] 新认识，和文化遗产事业与相关产业的两个关系："四个四"指的是四个密不可分、四方面服务大局、新时期做好文化遗产工作的"四个坚持"和事业发展的"四个好"标准；两个关系指的是如何处理文化遗产事业与相关产业的关系，文化遗产事业发展与旅游产业发展的关系。

（1）"四个四"新认识

①"十一五"期间，我国对文物资源的性质认识有较大变化，将保护文物上升到维护文化遗产尊严的高度，并用"四个密不可分"高度概括了在国民经济和社会发展中文化遗产事业的作用：文化遗产事业与国计民生紧密相关，与国家主权、领土完整密不可分，与民族团结、祖国统一密不可分，与建设和谐社会、实现科学发展密不可分，与国家实力、国民素质密不可分。[②]

②更具体一点，对文化遗产事业及相关产业的贡献，国家文物局曾有这样的探讨和概括："文化遗产事业要从四个方面服务大局：文化遗产保护应成为推动社会主义文化大发展大繁荣的积极力量；文化遗产保护应成为促进国民经济又好又快发展的积极力量；文化遗产保护应成为让人民共享文化发展成果的积极力量；文化遗产保护应成为增强中华文化国际影响力的积极力量。"[③] 换言之，文化遗产事业对经济、社会发展都有重要的推动作用，且是构成人民的美好生活的要素。"十一五"末期，国家开始强调发展方式要向"又好又快"转型，这个"好"主要强调了发展质量，即发展应该是全面、协调、可持续的。同样，文化遗产事业的发展也应该强调质量，强调全面发挥其在引导社会、教育人民、推动发展上的作用。

③在这些理解的基础上，并考虑到当前的机遇和挑战，可以认为在现阶段促

---

① 这"四个四"实际上是将《决定》中与文化遗产事业发展有关的内容进行了更全面、更深入、更精确的诠释，所以本书中对有关工作的具体分析、对事业发展情况的评估等都以《决定》和这"四个四"为指导思想。例如，评估报告的前言和第一章中对《决定》中的相关事业评价要求有详细解读，并据此和事业发展的"四个好"标准调整了评估报告的指标体系。

② 这是国家文物局副局长董保华的总结。

③ 引自国家文物局原局长单霁翔在2007年党组中心组集体学习活动上的讲话。

进文化大发展、大繁荣的举措中应该树立以“四个坚持”为核心的文化遗产事业发展观①：坚持文物工作方针；坚持依法管理；坚持文物优先体现公益属性；坚持政府主导②。

这“四个不动摇”实际上是对现状和《决定》精神的精准解读。《决定》中要求：“坚持把社会效益放在首位，坚持社会效益和经济效益有机统一，遵循文化发展规律，适应社会主义市场经济发展要求，加强文化法制建设，一手抓繁荣、一手抓管理，推动文化事业和文化产业全面协调可持续发展……坚持政府主导，加强文化基础设施建设，完善公共文化服务网络，让群众广泛享有免费或优惠的基本公共文化服务。”就是说，文化遗产事业及相关产业要大发展，必须两手都要抓，且必须政府牵头抓。落实到工作上，这种要求就体现为依法管理和政府主导：依法管理，主要是针对新时期城市建设和产业发展中存在的大量法人犯法现象。面对强势的且还没有来得及转变发展观的很多地方政府，各级文物部门必须也只能以法律为武器来捍卫文化遗产事业，确保国家和地方的发展能“好”字当头。政府主导，即必须划清事业和产业的界限，相关事业工作必须由政府来做，不能产业化，③ 以确保事业的科学发展和优先体现事业的公益性。

④从“四个密不可分”出发，综合考虑文化遗产事业对国家总体发展的四方面作用和“四个坚持”的事业发展观，相应的，衡量文化遗产事业发展是否成功，就应该采用这样的“四个好”终极标准：文物本体保护好、周边环境整治

---

① 这个发展观是由国家文物局副局长董保华在 2012 年 4 月的“文物旅游发展战略研究”课题报告评审会上提出来的，文化遗产蓝皮书课题组进行了整理。

② 此处的政府主导是指政府要强化对文物旅游产业的管理（相对普通旅游活动），并非政府直接参与文物旅游经营活动。

③ 我国在这方面有许多负面案例。例如，《文物保护法》中明文要求：“国有不可移动文物不得转让、抵押……建立博物馆、保管所或者辟为参观游览场所的国有文物保护单位，不得作为企业资产经营。”但即便在全国首善之区的北京，仍有上市公司北京京西风光旅游开发股份有限公司（简称“北京旅游”，股票代码 000802）持有两个全国重点文物保护单位的整体经营权（事实上是日常管理权）：潭柘寺和戒台寺的管理机构都是北京旅游下辖的分公司。这种管理体制显然不利于文物保护和充分体现文物的公益性：现在潭柘寺、戒台寺每年数以千万计的经营收入，只有约 30% 用于文物古建的保护与管理；潭柘寺门票价格高达 55 元（与故宫相仿），且免票人群范围极小。尽管北京市政府 2007 年声称潭柘寺、戒台寺的整体经营权在 4 年内由地方政府从上市公司手中收回，但迄今为止此二寺仍在由该上市公司管理。

好、经济社会发展好、人民生活改善好。[1] 只要也只有实现了这“四个好”，才算做好了文物工作。

这些看起来“务虚”的新认识不仅扩大了文物保护范围，还使文物保护的理念、方式以及与经济社会发展的联系都有了突破，使文化遗产事业成为“有思想、有主见”具备相对独立性的公益事业，这实际上为文化遗产事业实现统筹的行业管理进行了理论准备，为文化遗产事业积极进行体制改革、机制创新从而使文物局这样的“小局”参与甚至带动大局发展、带动城市全局发展有了可能。

这些新认识，都从不同角度反映了文化遗产事业、文物工作与经济社会发展的关系。事实上，世界各国的发展经验都说明了：只有文化遗产受到高度重视、广泛参与人民美好生活的时代，才是盛世。在中华民族迎来伟大复兴的时代，没有文化遗产的发展，就没有真正全面的国家发展。

（2）两个关系

文化遗产之所以频繁成为新闻热点，常常是因为事业和产业的关系问题，尤其是文物保护和旅游产业发展之间的关系。《决定》从国家发展方式转型的高度，论述了文化事业和相关产业发展的关系并提出了工作要求，这是文化遗产事业大发展、大繁荣的机遇。但如果不能正确理解《决定》精神，不仅难以实现事业发展转型，事业发展中的旧患与新愁还会同现。

对此，根据“四个四”的精神，课题组在这方面的新认识是：在文化遗产领域，事业和产业本就是相辅相成的——“保护为主，合理利用”。不过，由于提出文物工作方针之际保护基础不牢，所以以往的工作更强调保护。事实上，事业和产业的关系类似太阳和太阳系的关系：事业是产业的资源和核心，产业如果合理地围绕事业发展，不仅能扩大事业的规模和影响面，而且使事业全面体现功能和效益。文化遗产让我们的生活更加美好，其中既包括事业也包括产业，否则这种美好是片面的，不可能实现“四个好”。无论事业和产业，只要依法合规，都是保护和利用文化遗产的方式。具体在什么范围采用什么方式，需要因地制

① 这是国家文物局副局长董保华2011年在调研西安大明宫国家考古遗址公园建设情况时首次提出的认识，当时只是针对大遗址保护项目，其后逐渐扩展为在民生为向的新形势下如何看待文化遗产事业发展是否成功的标准。

宜，争取实现相辅相成、相得益彰。循此思路，在许多地方被很多专家乃至管理者认为势同水火或至少形同陌路的文化遗产事业与旅游产业发展的关系也就有了共通的和谐之道：应该从国民素质、综合国力等方面来看待旅游产业尤其是文物旅游。文物以保护为主要形式，为了完成传承；旅游是以经营为主要工作方式，但最终也是为了完成文化传承，这样才能变对立为统一。保护为主并非只有保护，更非在任何区域、任何发展阶段都将保护作为主要工作内容。如果文物已经有了较好的保护基础，就需要把主要精力放在加强管理以使文化遗产资源得到合理利用上，毕竟这是唯一的使文化遗产全面彰显三大功能的途径。所以，正如《决定》中所言，应该"实行依法治国和以德治国相结合，促进文化事业和文化产业同发展"。文物系统的确存在基础不牢的问题，但这并非所有文物，且很多地方不是"利用"的基础不牢，而是按高标准的要求来看保护的基础不牢。因此，在某些区域，对某些文物，"十二五"期间可能更重要的工作是加大文化遗产相关产业发展的力度，使文化遗产资源在加强管理的情况下得到更合理的利用，使文化遗产事业为经济社会发展作出更大的贡献。相对以往的不同行业的固定思维模式（文物工作就是保护，旅游工作就是经营），这种认识无疑是巨大的突破，更是唯一能在地方政府层面妥善处理二者关系的认识。当然，在利用的过程中，"坚持依法管理"和"坚持政府主导"是前提。①

显然，有了这些认识，文化遗产事业才真正与时俱进。不过，这些宏观认识，需要转化为现实的操作依据，需要与既定的工作在细节上衔接起来，这正是蓝皮书要做的工作。

二　文化遗产蓝皮书的老成果和新内容

在这种机遇和挑战前，改善文化遗产事业管理成为当务之急，为改善管

① 这两个前提殊为重要。在《决定》颁发后，许多地方政府迅速出台了促进文化相关产业发展的政策文件，从产业扶持政策、文化相关资源的管理政策以及领导干部绩效考核等方面为产业大发展准备了政策环境，但其中关于文化遗产资源转变管理方式、文化遗产相关事业单位转制、文化遗产相关事业单位的税收和经营收入管理的规定，有不少不妥之处，其中尤其突出的就是违反了《文物保护法》和放弃了地方政府在文化遗产保护上的"守土有责"。为此，需要在这样的时间节点特别强调这两个方面的不动摇。

理服务的文化遗产蓝皮书应运而生。至今，文化遗产蓝皮书已经出版四部了。就大类来说，蓝皮书属于政策研究，因此其编撰初衷有内外两方面：对内要促进文物部门更好地服务于大局、促进文物部门改善管理；对外要促进文化遗产事业相关部门给予支持并达成政策协调、使公众从管理角度了解文化遗产事业和文物系统。这样的目的，使得蓝皮书的体例和线索年年延续但内容年年创新。

1. 老成果的体例和线索

要实现编撰蓝皮书的两方面初衷，在写作风格上，蓝皮书需要基于现实情况说清问题、基于学术方法提出建议。为此，课题组确定了以下的框架结构：由主题报告、技术报告和评估报告组成，延续了“主题报告统领全书”、“技术报告解释主题报告”、“技术报告和评估报告共同为主题报告提供支持”的体例，保持了“定位明确、突出主题、体例延续、关注变量”的特色：核心内容集中于主题报告，将文化遗产事业的状况、主要问题和新鲜思想围绕年度主题进行系统表达；技术报告在内容上与体系化的主题报告相对应，是后者的理论分析和计算过程；评估报告侧重于评价各省文化遗产事业发展水平①，也用于解释主题报告的观点。课题组尽量体现国务院发展研究中心以战略性、综合性、前瞻性研究见长的特点，描绘了文化遗产事业从年度主题角度而言的全貌，并使文物系统的管理者能从延续的体例中认识到我国文化遗产事业中的亮点与不足，也为广大读者提供一本了解我国文化遗产事业的工具书。几年来，文化遗产蓝皮书基本实现了撰写的初衷。已出的蓝皮书和第四部蓝皮书在体例上是延续的，在内容上是统筹的，只是每年围绕主题各有侧重。主题的选择大致遵循这样的思路：文化遗产也关系国计民生。从国计而言，在国家大局中，文化遗产事业不可或缺，所以文化遗产事业促进科学发展、社会和谐；从民生而言，文化遗产事业关系民生大计，不仅有精神层面的，如博物馆全面免费开放这样的文化惠民举措，也有将博物馆纳入国民教育体系这样的与国家既定民生大计的相通之处，还有物质层面的，如大遗址保护惠及周边万千民众。这些与国计民生的关系，回顾2005年《通知》颁布后的文化遗产事业这五年，越发凸显。展望“十二五”，可以发现在更多的方面、用更多的方式，文化遗产

① 需要特别说明的是，蓝皮书中所称各省是我国31个省级行政区（不包括港澳台地区）的简称。

在促进国计民生的发展中自身得到发展。四部蓝皮书的主题蕴藏其中，可以发现其主题和时间维度的延续。具体来说，2008 年的蓝皮书是开山之作，课题组本着“基于现实情况说清问题、基于学术方法提出建议”的方针，力求理清我国文化遗产事业发展的历史逻辑和现实逻辑，从历史和现状两个角度评价我国文化遗产事业的发展，并找出其发展中出现的问题。而 2009 年的蓝皮书选择了“文化遗产事业关系民生大计”这个主题，在沿用 2008 年蓝皮书框架和方法的基础上，又补充了关于博物馆发展情况的材料和数据，还对体制创新案例进行了跟踪。2010 年蓝皮书以“文化遗产事业这五年”为主题，力求从旁观者角度系统回顾事业发展这五年。2012 年蓝皮书，则希望将文化遗产事业的新认识具体化、操作化，以服务于《国家文物博物馆事业“十二五”规划》（以下简称《文物“十二五”规划》）的执行，并能为《文物保护法》实施 30 年和风景名胜区发展 30 年等文化遗产事业的重要工作进行总结，因此以“展望‘十二五’”为主题。

2. 老成果的内容和不足

应该说，既往三部蓝皮书和这部蓝皮书的成果虽然庞杂，但在前述线索组织下，研究成果仍可归结于三方面。

第一，对文化遗产事业若干概念的界定和基础性认识。蓝皮书对文化遗产事业的相关概念进行了界定，包括文化遗产事业的内涵、外延及其基本管理特征，对博物馆也尝试性地总结了三方面特征，[①] 以与文物保护单位区别开来；同时，指出文化遗产具有教育、科研和经济三大功能，而这些功能需要通过文化遗产事业这个平台才能发挥出来，还利用成员—规则—机制框架总结了对文化遗产事业进行行业管理的特征。另外，还结合社会热点，开先河地对文物旅游进行了定义，以文物为主要吸引物开展并符合国家相关法律法规的旅游产业活动即为文物旅游。[②]

---

① 2009 年蓝皮书主题报告第一章创新性地提出：只要符合向公众开放、非营利性、有馆址和藏品且多数藏品与馆址固有文化特征无紧密关联的常设机构这三方面要求，都可以视作博物馆。按这样的标准来衡量，多数遗址类博物馆并非真正的博物馆，而中国美术馆这样不冠以博物馆名称的公共文化场所却是真正的博物馆。

② “旅游产业活动”和“旅游活动”是两个不尽相同的概念，前者特指包括旅行社、旅游经营和旅游开发实体在内的旅游产业的旅游市场经营行为，而后者指向及涵盖更为宽泛，应包括旅游客源地、旅游助体、旅游载体等与旅游活动有关的所有要素及其行为（引自厉色《风景名胜区行业与旅游行业的区别及其关系》，《中国园林》2006 年第 6 期）。

这个定义中有三点要求：①文物必须是旅游活动的主要吸引物；②旅游活动是以产业而非事业的方式进行的，旅游活动的直接组织者是营利性社会力量而非政府，旅游活动的各项内容遵循旅游产业的规定，也体现旅游产业的规律；③在旅游活动开展中，文物保护是前提，即旅游活动及其相关建设和管理必须依法合规，不能影响文物的原真性和完整性。文物旅游的三点要求既将文物旅游与其他旅游的共性和个性描述出来，也反映了文物与旅游之间鱼水依存的关系和开展文物旅游活动的难度：①必须要经过文物旅游这种产业，才能将文物资源和文物产品转换为能被旅游者直接消费的商品。换言之，对广大旅游者来说，文物旅游是其感受文化遗产魅力、"消费"文化遗产的唯一方式。②文物旅游是对文物保护与利用关系要求很高的产业活动，需要既满足保护要求又遵循产业规律，因此对文物旅游的产业管理必须有多于其他旅游活动的管理方式和内容。

第二，对文化遗产事业发展的成果进行了总结。这方面的成果不仅有对事业发展规模、发展水平的系统、定量描述，也有对文物系统来说改变世人印象的投入产出比测算，还有对事业管理体制机制的描述。其中，测算的结果说明，文化遗产事业不是财政的包袱，而是社会、经济效益兼备和"投入小、产出大"、"利在当代、益及后代"且能拉动关联产业增长的公益性事业。对事业管理问题及其体制机制成因的描述和分析，前三部蓝皮书各有侧重：2008 年蓝皮书侧重对文物保护单位进行描述，2009 年蓝皮书侧重对博物馆进行描述，2010 年蓝皮书则通过具体的案例分析展现体制机制细节，今年的蓝皮书则把全国文物系统的行政管理机构和文物保护单位的管理机构依托调查进行了量化分析，使这个领域的管理体制机制情况在四本蓝皮书中得到了全景式呈现。

第三，在总结成果的同时，也系统分析了事业发展存在的问题。在理清概念、测算功能的基础上，蓝皮书认为文化遗产事业尽管经济功能显著，但公益性功能尚未全面、充分发挥出来，文化遗产事业对国民经济和社会发展的促进作用仍然受限于事业管理状况，尤其是管理体制和管理水平这两方面情况。公益功能发挥不足、经济功能发挥无序、管理矛盾处理乏力这三大问题，亟待通过管理体制改革、机制创新和提高管理水平予以解决。

这三方面成果，使得蓝皮书成为文物系统若干政策制定和研究工作的重要立论依据。例如，既往蓝皮书成为《文物"十二五"规划》的数据来源，2010 年蓝皮书和今年蓝皮书的技术报告第二章还可以直接作为《全国文物旅游发展报告》的主体内容——在测算方法、相关说明和内容安排上直接服务于应该在近期完成的《全国文物旅游发展报告》。[1] 另外，这些成果也使蓝皮书在纵向和横向上都初步起到了为研究服务的作用。纵向上已经形成了研究链，为“上下游的研究”服务：既整理了既有的工作和调查，也使其他的研究有据可依。例如，2005 年的“全国馆藏文物腐蚀状况调查”，使 2009 年蓝皮书的技术报告第四章和评估报告能进行量化分析；2010 年完成的“文物保护单位管理体制机制调查”，2011 年完成的《中国文化遗产与公众生活调查报告》[2]、国家文物局政策法规司委托河北师范大学旅游学院完成的“文物旅游发展战略研究”报告使今年蓝皮书的第二章、第三章内容更丰富并有了面上数据支持，蓝皮书的评估报告还参考比对了中国博物馆协会对国家一级博物馆 2008～2009 年度运行状况的评估报告，使蓝皮书的评估与文物系统的实际工作结合得更紧密。

尽管蓝皮书在多方面工作中得到了应用并具有了一定社会影响，但四年多的工作下来，蓝皮书的不足仍然不少。国家文物局的领导尤其是董保华副局长多次在蓝皮书的开题会、中间成果汇报会和评审会上系统指出蓝皮书工作的不足，课题组还征询了地方文物局、社会科学文献出版社皮书评价研究中心的意见和国家旅游局的意见，最终将工作中的不足总结为以下四方面。①有些基层需求最迫切的问题还没有系统地、理论化地表述出来，因而难以引起有关部门和有关领导重视。这包括机构编制问题、科研人员管理制度等。②有的改革先进案例，要透彻分析，包括其操作的合理性与可行性，这样利于其他省开展相关工作时有例可援，便于说服相关领导和部门。例如，大遗址尤其是国家考古遗址公园的管理体制创新，应该详细分析，使未来的国家考古遗址公园建设有更多的选择。③针对热点问题的分析往往是一己之见，没有真正做到“纳百家之言”，没有将相关管理部门、大学相关专业的思想整合进来。④文风上要“将就”文物系统的阅读习惯，使得蓝皮书的相关成果能更容易地为读者吸收。

3. 新团队、新风格、新成果

悟以往之不谏，知来者之可追。课题组与国家文物局、安徽省文物局及住房

① 根据 2010 年国家旅游局和国家文物局签署的《旅游发展与文物保护战略合作框架协议》。

② 国家文物局政策法规司委托零点市场调查与分析公司完成的 2011 年《中国文化遗产与公众生活调查报告》。

和城乡建设部城市建设司等相关管理方沟通后，整理了老成果的问题，并考虑了新形势和新任务，在这部蓝皮书的编撰中，进行了以下四方面创新。

（1）研究团队开放化

第四部蓝皮书汇聚了四面八方的力量，既增加了合作团队和咨询团队，又吸收了研究风景名胜区的专家“入伙”，这样，既保证了研究成果的内容和表述更符合文物系统的需求和“习惯”，也保证了研究成果能覆盖文化遗产事业的更多平台——风景名胜区就是其中不可或缺且精细化管理程度较高的。① 合作团队中有大学教授和风景名胜区研究的权威，咨询团队则是文物系统的资深人士和中国社会科学院、国家统计局的专家。这样的构成，尽管增多了蓝皮书的工作程序，但的确使第四部蓝皮书慢工出细活。具体来说，合作团队是这样构成的：根据今年蓝皮书的内容安排，我们在原有与北京林业大学自然保护区学院、北京第二外国语学院旅游管理学院合作的基础上，还邀请国家行政学院社会和文化教研部、中国风景名胜区协会、中国城市规划设计研究院风景园林所以及北京大学世界遗产研究中心的专家承担部分研究、写作任务或进行研究过程中的审稿，既使蓝皮书在相关领域的研究能博采众家之长，使研究成果能更全面、更丰富、更符合文化和文物系统的表达习惯，也使蓝皮书课题组相关人员已经形成套路的思维习惯在“外脑”的冲击下能激发出新的思想火花。目前已经确定的合作内容，涉及与文化产业结合的部分（如文物旅游的发展情况、文物系统事业单位经营情况）、与文物管理现实问题结合的部分（如相关博物馆管理问题频发的分析）和行业管理难点（大遗址）等。另外，中国文化遗产研究院和国务院发展研究中心社会发展部共同申报了国家社会科学基金重大项目“大遗址项目动态跟踪研究”并获得立项，其中的部分成果也反映在今年蓝皮书第二章中。咨询团队是这样构成的：为确保蓝皮书有关技术工作的可靠，我们邀请了国家统计局统计科研所、中国旅游研究院和西南财经大学的若干研究人员以及中国住房和城乡建设部城建司风景园林处、美国国家公园管理局（NPS）的有关政府官员作为咨询团队。咨询团队在文化遗产对国民经济的贡献、文物

① 2010 年蓝皮书技术报告第二章专列了风景名胜区中的文物保护单位名单，在前六批国家级风景名胜区中有近 100 个省级以上文物保护单位；而且，风景名胜区的精细化管理程度较高，有“天罗地网”的监测体系并与城乡规划等“硬”约束衔接起来，2009 年蓝皮书的后记中对此也有专门介绍。

旅游发展的不足、文化产业与文化遗产的结合和美国文化遗产管理体制总结和借鉴等方面为课题组的研究工作提供了指导，他们的贡献已在这本蓝皮书中体现为文字，包括针对其疑义给出了必要的解释说明、对定量分析的指标进行了调整和充实了国外经验对中国有关改革的借鉴等，以使这些方面的方法论和结论更加符合现实工作的需要和统计科学的要求。

（2）研究方式多元化

课题研究的创新必然涉及研究内容的选取、研究方案的确定和数据的搜集三方面。首先是征询意见动态化。今年的蓝皮书从年度主题开始就反复征询各方意见，不急于铺文字，而着重于结合实际需要填补研究空白和按照各方反馈完善定量分析方法，成稿过程中请合作团队及时修订，相关初步成果多次请示国家文物局各层领导、多次与咨询团队沟通，以确保研究内容符合实际需要。其次，课题组作为合作方与中国文化遗产研究院一起申报了国家社科基金重大项目并成功入选，这既说明了大遗址保护在文化遗产领域的重要性，也使课题组在申报项目的过程中明晰了研究方案，并通过与中国文化遗产研究院的合作解决了数据来源问题（该院已有大遗址项目相关内容数据库）。

（3）研究内容具体化

根据各方反馈，今年蓝皮书从三方面加强了研究内容的具体化。首先将基层需求最迫切的方面系统地、理论化地表述出来，以引起有关部门和有关领导重视；其次将中央最新的精神和国家文物局领导理论层面的创新一起工具化地表达出来，以使这些思想更容易转化为实际工作；最后是关注社会热点并及时从理论层面给出科学、系统的回应，以正视听也帮助相关单位改善管理。这三个方面的具体化在2012年文化遗产蓝皮书的内容安排上是这样体现的：全书线索设置和内容安排中以前述“四个四”为导向，以文化遗产与美好生活的关系发端，从定性定量两方面寻找事业发展现状与目标之间的差距。首先是从人民群众需求满足的角度来定性寻找文化遗产事业现状与目标的差距。其次，考虑到这四个方面比较全面地说明了文化遗产事业及相关产业对经济社会发展的贡献，而“四个好”比较具体地说明了这种贡献的体现，蓝皮书中的相关分析就力所能及地围绕这四个方面和“四个好”进行。我们尝试性地将文化遗产事业发展终极标准“四个好”转化为评估指标体系，以定量寻找事业发展差距。以这些差距为依据，系统整理了当前事业发展存在的突出问题，包括基础不牢、欠账不少、借力不够等方面，然后从管理制度和管理水平两方面分析了问题成因。今年的成因分析中，不乏与业内外人士感觉不符的重要结论，如越是文物大省，其相关投入相对其保护和利用的全面需要来说越不足；又如，故宫的管理水平，在全国博物馆乃至所有事业单位中都是较高的，其“十重门”中显现的问题及其制度成因，在全国绝大多数类似单位中也存在，只是故宫身处聚光灯下而已。还有，考虑到机遇和挑战，本年度蓝皮书专门用特别关注一（生态补偿政策不能“没文化”）和特别关注二（从博物馆相关事件看文化遗产管理单位体制机制变革）予以详尽分析，既说明了文物系统还需要做不少工作来“加强管理”，也说明了有些机遇是文物系统可以把握的。这些结论，都体现了作为相关工作技术支撑的必备特性——科学性。也因此，对即将发布的文化遗产白皮书和风景名胜区白皮书中的内容有兴趣或有质疑的读者，可以到文化遗产蓝皮书中来探赜索隐。

（4）写作文风行业化

国务院发展研究中心文化遗产课题组的研究人员，多数是经济学教育背景，因此蓝皮书的文风也迥异于文物系统的行文习惯。这一点有利有弊：利在于能使文物系统更熟悉国民经济和社会发展宏观政策文件和研究报告的表述方式并能获得更多信息，弊在于给文物系统工作人员的阅读带来了困难并容易产生表述不严谨问题。① 如何扬长避短？课题组提出了这样的解决方案：首先是写作时有分工，非管理体制分析和经济学分析的部分尽量让合作团队出修改稿，以使整个报告的文风更接近文物行业的用词习惯；其次是成稿后多修改，让咨询团队的专家在每章的初稿出来后及时评审；最后是说明时常举例，通过案例分析、打比方以及对定量分析写“说明书”等多种形式使相关研究成果深入浅出，便于理解。当然，到底文风上的改进效果如何，还是只能以读者的感觉为准绳。

三　蓝皮书的“四书五经”

上下五千年，东西一万里，泱泱华夏为我们留下了丰富的文化遗产，作为炎

① 故宫博物院常务副院长李季早在2008年蓝皮书的评审会上就睿智地列出了这样的利弊。课题组念兹在兹，一直努力在兴利除弊上年有所进。但2009年、2010年蓝皮书中这方面做得仍不够好，今年因为特别注意了这方面的改进并有合作团队和咨询团队的支持，课题组自认为在蓝皮书的文风方面有了显而易见的改进。

黄子孙的我们在保护遗产、传承文脉上责无旁贷。这几年来，正是这种使命感，使得国务院发展研究中心文化遗产课题组始终秉承以战略性、综合性、前瞻性见长的特色，以经济学方法为工具，通过有别于文物系统“习惯”的基础理念、技术路线乃至表述方式，力求通过这四部文化遗产蓝皮书达到旁观者看文化遗产的效果。作为编撰人员，在四部蓝皮书终成系列之际，从希望“四书”发挥更大作用和全面描述“四书”贡献者的角度，我们还有“五经”要念。

第一，蓝皮书对业内应该有用，也希望更多的文物工作人员愿用。每部蓝皮书在体例相仿的情况下我们都力求年有所进，能从政策研究的角度为文物系统的工作再上台阶助力。作为政策研究成果，文化遗产蓝皮书是否在相关管理和研究工作中得到了应用，是蓝皮书工作是否成功的重要标志。总结四年多来的相关情况，可以把蓝皮书的成果应用总结为三方面。①为政策制定服务。蓝皮书的相关分析，成为《文物“十二五”规划》的重要数据来源；蓝皮书的相关分析结果，多次为国家文物局和地方文物局领导在讲话中引用；蓝皮书的相关分析结果，在《全国主体功能区规划》、《自然遗产保护法》制定中，成为相关条文调整的重要依据；今后的蓝皮书，可望与白皮书结合起来，使其有理有据：提法有理论，目标有数据。②为具体管理工作服务。蓝皮书评估报告中分析的相关工作的优势劣势及其原因，在重庆文物局的工作部署中得到了体现，即巩固优势同时加强科研等薄弱环节；蓝皮书中总结的风景名胜区中的文物保护单位管理问题，为住房和城乡建设部城市建设司所注意，在相关系统会议中专门提到了这类单位管理时法律法规标准衔接、人员配置安排问题。③为研究服务。蓝皮书在纵向和横向上都初步起到了为研究服务的作用。纵向上已经形成了研究链，为“上下游的研究”服务：既整理了既有的工作和调查，也使其他的研究有据可依。课题组希望这三方面的应用能扩大范围，且在蓝皮书“文风行业化”后吸引更多的业内读者。

第二，蓝皮书对社会应该有用，也希望更多的爱好者愿用。蓝皮书的优势之一是从旁观者的角度看文化遗产事业，因此关注了很多社会热点，也尽可能对大众的一些误解进行解释或纠偏。但蓝皮书的发行量还是不大,① 阅读者在业外还是寥寥，这给了课题组很大压力。希望相关新闻媒体放心转载和引用蓝皮书的研

① 2010 年文化遗产蓝皮书获得全国蓝皮书优秀奖提名奖，但发行量小于全国蓝皮书的平均发行量。

究成果，只要不断章取义，我们的态度是多多益善且不求名利，以让大众更多地通过蓝皮书了解到文化遗产事业的新形势、新认识，了解到这个事业需要众人拾柴且其火光能照亮你我的心灵。

第三，蓝皮书的工作，希望能延续下去，使这个系列成为中华民族伟大复兴之际文化遗产事业促进并受益于这个过程的见证者，以书为证知兴替。

第四，蓝皮书所引用的参考文献已经在脚注中标出，书末不再单附，课题组在此向这些文献的作者表示谢意。需要注意的是，蓝皮书中引用了许多资料，这些资料有两种用法。第一是直接引用，这种引用因为数据有不同的出处、不同的口径而可能不是“标准答案”（例如全国 GDP 的年增速、国家对文物系统的财政投入数量等）。鉴于这种引用本身没有技术含量，读者最好直接查找这些数据的原始出处。第二是引用后加工，如文物系统对国民经济的贡献、文物旅游的增加值、各省文物系统财政资金的使用效率等，这些数据均是课题组根据要研究的问题、利用《全国文物业统计资料》等官方统计数据并采用了规范且说明详尽的方法进行分析的结果，是蓝皮书以外别无出处的数据，课题组对其承担责任，读者可直接引用并请注明出处。

最后一经，虽然客套但不可或缺，就是致谢。这是因为，目前尽管不完美但可称“小果初成”的蓝皮书已经汇聚了文物系统诸多贤者的汗水，从门外汉逐渐登堂入室的蓝皮书课题组能对文化遗产事业大展经纶，功不可没的是文物系统的各级领导和相关专家。国家文物局的领导同志和机关各司（室）处的负责同志对蓝皮书以多种方式进行过指点，国家文物局原局长、故宫博物院院长单霁翔在不同场合对蓝皮书若干成果的引用使课题组更好地把握了研究重点。中国文化遗产研究院柴晓明书记、于冰研究员、赵夏副研究员、刘爱河副研究员、彭跃辉副研究员和郭萍①，《中国文物报》总编辑曹兵武和湖南省博物馆馆长陈建明、河南省博物院院长张文军等在蓝皮书写作中给予了细致的建议。故宫博物院常务副院长李季、国务院参事徐嵩龄研究员、中国博物馆协会副理事长张春雨和复旦大学陆建松教授也一如既往地对 2012 年蓝皮书给出了理论层面的指导。国家发改委发展规划司副司长明晓东从国家全局规划的高度，对本书大遗址部分的研究

---

① 他们也是 2012 年蓝皮书主题报告和技术报告第二章中有关工作的参与者，还对蓝皮书其他章节的内容提出了很好的意见和建议。

方向进行了指点，还在百忙中屡次写就千言邮件，与课题组探讨有关禁止开发区的划分问题，体现了学者型官员的大气与敬业。本书的咨询团队成员，尤其是国家行政学院社会和文化教研部副主任祁述裕、国家统计局统计科学研究所研究室主任吕庆喆、住房和城乡建设部城建司风景园林处左小平处长和美国国家公园管理局汪昌吉先生，对本书在从草稿到成稿之间显著的质量提高功不可没。另外，国家文物局数据中心为本书提供了最可靠、最全面的数据来源，使蓝皮书言之有据。需要专门说明的是，2012 年蓝皮书能在体例安排、内容设计和写作人员团队上作出符合现实需要的调整，在相当程度上受益于安徽省文物局对蓝皮书工作相关信息的反馈、对既往蓝皮书的臧否和给 2012 年蓝皮书提供的鲜活案例，杨立新副局长、张宏明处长、杨益峰处长、郑龙亭研究员、吴卫红研究员和该局办公室的李一兵展现了地方文物部门工作人员的敬业、达理和热情。

最后，在 2012 年蓝皮书付梓之际，特别要感谢的是国家文物局副局长董保华与政策法规司的同志们，他们不仅宽容我们从一无所知的起点逐渐登堂入室，还在数据搜集、细节核实、表达方式上给予我们“无微不至”的帮助，而且他们对事业的乐在其中和工作中灵光闪现的睿智让我们总能在蓝皮书相关工作中享受到文化遗产事业的美好。这种宽容、乐观和睿智使我们觉得从事文化遗产事业的人也具有和文化遗产事业同样的魅力。

国务院发展研究中心文化遗产课题组

2012 年 6 月

主题报告

Theme Report

B.1 第一章 展望"十二五"

本章要点

1.“十一五”期间，文物系统坚持“三贴近”原则，通过大遗址保护项目建设、博物馆全面免费开放等重大举措，改善了许多人的生活条件和居住环境，丰富了更多人的精神文化生活，使事业发展与民生改善联系更密切。展望“十二五”，文化遗产让生活更美好。

2.“十一五”期间文物系统基本完成预定目标，但基础仍不牢。按《通知》和《文物“十二五”规划》的要求，我国文化遗产事业的现状无论与既定发展目标还是与水涨船高的人民群众需求相比，仍在很多方面存在差距，还有许多欠账要补。

3.“十二五”期间，文化遗产事业要从三方面稳中求进：加强行业内部的服务意识和外部的保护意识；向着“统一、规范、高效”的行业管理目标进行体制改革、机制创新；不断提高文物系统内部行政资源配置效率，实现精细化管理。

从2011年下半年到2012年上半年，国务院以较高的频率批准发布了多个社会事业领域的专项“十二五”发展规划。[①] 这种相对比较“密集”的发布，缘于“十二五”真正的开局是在这个时间段，未来五年事业发展的具体方向、主要目标和重大举措此时也才真正明确。文化遗产事业作为从四方面服务于国计民生大局的积极力量，[②] 也在这个时间段明确了下一阶段的发展方向和目标，[③] 其中一个重点方向是事业发展和民生改善相结合，通过事业发展使人民生活更美好。[④]

文化遗产事业可以从四方面服务国计民生大局，“十一五”以来，文化遗产事业在这四方面的服务效果不断凸显，文化遗产事业的教育功能、科研功能和经济功能得到更全面、更充分的发挥，且文化遗产在成为经济社会发展的重要资源和人民生活的“必需品”的同时，也实现了自身的发展。尤其是博物馆全面免费开放和大遗址保护项目的实施，不仅使文化遗产事业与一方经济发展、城市建设[⑤]的联系程度大大加强，而且使文物系统的工作与广大人民群众的物质生活、精神生活的联系程度日益密切，切实惠及了民生。可以说，文化遗产已经初步实现了“让生活更美好”的发展目标。

但在事业取得快速发展的同时，我们必须注意：以2005年《国务院关于加

---

① 如2011年12月，国务院批准发布了《国家环境保护“十二五”规划》；2012年4月，国务院批准发布了《国家人口发展“十二五”规划》；2012年5月，国务院批准发布了《社会保障“十二五”规划纲要》。另外，有些行业性规划也是在这个时间段才正式发布的，如2012年5月发布的《文化部“十二五”时期文化改革发展规划》（其中明确了“十二五”期间文化包括文化遗产发展的总体思路、目标和任务，还专列了一章“加强文化遗产保护利用和传承”）。

② 摘自国家文物局原局长单霁翔2007年在党组学习会上的讲话，其中提到：文化遗产事业是推动社会主义文化大发展大繁荣的积极力量，促进国民经济又好又快发展的积极力量，让人民共享文化发展成果的积极力量，增强中华文化国际影响力的积极力量。

③ 2011年6月，国家文物局发布了《国家文物博物馆事业发展“十二五”规划》，指明了下一个阶段事业发展的大方向和具体目标。

④ 这也是中央领导的指示。例如，李长春同志在2010年文化遗产日发表的《保护发展文化遗产，建设共有精神家园》署名文章中强调了文化遗产事业的发展要“以人为本、关注民生，推动文化遗产保护成果最大限度的惠及全体人民”。

⑤ 这方面，国家的上位政策也难得地给予了明文支持。如2011年颁布的《国民经济和社会发展第十二个五年规划纲要》第二十章第三节“增强城镇综合承载能力”中，就明确提出“坚持以人为本、节地节能、生态环保、安全实用、突出特色、保护文化和自然遗产的原则，科学编制城市规划，健全城镇建设标准，强化规划约束力”。这是迄今为止的十二个五年规划（计划）中第一次在城市发展部分中提到文化遗产。

强文化遗产保护的通知》（以下简称《通知》）和《国家文物博物馆事业发展“十二五”规划》（以下简称《文物“十二五”规划》）的目标为标准，文化遗产事业的问题和差距不少：基础工作有欠账、事业投入不足、管理意识不到位、管理体制不完善、管理水平较低等都是制约我国文化遗产事业实现2015年既定目标①的障碍。因此，展望“十二五”，文化遗产事业的“按时”发展必须及时克服相关障碍，在打好基础的同时稳中求进。为此，本章首先描绘“十一五”以来文化遗产事业与美好生活之间的相互关系，说明遗产事业与民生密不可分；之后，依照《通知》和《文物“十二五”规划》中的要求和目标，对比分析我国文化遗产事业存在的差距，尤其是基础工作的差距；根据差距，为“十二五”期间文化遗产事业的发展指明工作难点所在。

1　美好生活里的文化遗产

享受美好生活是芸芸众生的本能追求，而让国民享受美好生活是一个国家发展的终极目的。带来美好生活的事物多种多样，文化遗产就是其中之一。文化遗产事业涉及社会主义文化建设、社会建设和经济建设等诸多领域，正在日益深入百姓的生活，许多人也以各种方式参与到文化遗产的保护和利用中。尤其“十一五”以来，文化遗产与民生愈走愈近，千家的日常生活、万户的文化休闲，都以各种方式与文化遗产关联起来，文化遗产在给千家万户带来美好生活的同时也得到了最好的传承和发展。

---

① 该目标有两方面依据：其一是《通知》中的2015年目标，即“到2015年，基本形成较为完善的文化遗产保护体系，具有历史、文化和科学价值的文化遗产得到全面有效保护；保护文化遗产深入人心，成为全社会的自觉行动。”；其二是《文物“十二五”规划》中的总体目标，即“基本形成较为完善的文物保护体系，具有历史、文化和科学价值的文物得到全面有效保护；保护文物深入人心，成为全社会的自觉行动，为实现文化遗产大国向文化遗产强国的转变奠定坚实基础。建立健全中国特色、世界接轨的文物博物馆理论体系，科学完备、保障有力的文物博物馆法律体系，责权明晰、效能统一的文物博物馆管理体系，联动响应、监管到位的文物博物馆安全体系，特色鲜明、布局合理的博物馆体系，政府主导、惠及全民的文物博物馆公共文化服务体系，结构优化、素质过硬的文物博物馆人才队伍体系，重点突破、支撑发展的文物博物馆科技创新体系，多方协力、共建共享的文物博物馆社会参与体系，传输便捷、覆盖广泛的文物博物馆传播体系，加快文物博物馆事业的发展步伐。推进文物博物馆事业融入经济社会发展，使文物博物馆事业成为推动经济社会发展的积极力量。”

1.1 "十一五"期间文化遗产事业日益贴近民生

随着我国文化遗产事业的不断发展，遗产事业已经逐渐融入民生并惠及民生，这使文化遗产事业已经成为人民美好生活的一部分（图主1-1进行了概括说明）。

文化遗产事业与民生相结合是事业特点，也是"三贴近"等事业发展要求的必然结果。文化遗产事业既是文化事业，也是公益性事业，既与广大人民群众的文化生活相连，也与遗产周边群众的生产生活相连。因此，文化遗产事业天然具有"三贴近"[①] 的亲和力："贴近生活和贴近群众"讲的就是要关注民生、关注事业与人民生活的关系。具体来讲，文化遗产事业的"三贴近"主要有两层含义：其一，文化遗产保护成果必须惠及全体人民，因此必然要贴近生活，且不仅以文化生活的方式来贴近，还要与周边群众的生产生活关联起来。对此，李长春同志明确指出："要始终关注民生、改善民生、保障民生，无论在文化遗产考古发掘和保护修缮中，还是在历史文化街区和村镇的保护建设中，都要实现好、维护好、发展好最广大人民的根本利益，着力改善群众居住和生活条件，激发人民群众参与文化遗产保护的积极性、主动性、创造性，使文化遗产保护事业为民造福。"[②] 可见，文物保护工程完全可能成为一方的民心工程、民生工程。其二，文物保护工作必须紧紧依靠人民群众，因此贴近群众是事业发展的必然。人民群众是文化遗产的主人，是文化遗产事业发展的丰厚土壤和源头活水。在文化遗产事业发展中，只有坚持国家保护的主导地位与发挥人民群众主体作用相结合的原则，积极争取当地居民的理解和支持，争取各方人士参与保护，[③] 才可能

---

① "三贴近"是指贴近实际、贴近生活、贴近群众。这是党的"十六大"以来，党中央对文化事业的要求。遵循这一要求，宣传思想战线把"三贴近"作为改进和加强自身工作的一条重要指导原则。

② 引自李长春同志在2010年文化遗产日发表的署名文章。

③ 其实，这是我国文物工作一直坚持的工作原则。早在1956年国务院颁布的《关于在农业生产建设中保护文物的通知》中，第一条就是要求文物保护工作不能仅仅依靠政府，而是要"加强领导和宣传，使保护文物成为广泛的群众性工作"。以后文物系统的相关政策法规也都体现了这条工作原则。例如，"十一五"期间，国家文物局颁布了《文物认定管理暂行办法》，其中首次明确了可以由公众申请进行文物认定（"公民、法人和其他组织书面要求认定不可移动文物的，应当向县级以上地方文物行政部门提供其姓名或者名称、住所、有效身份证件号码或者有效证照号码。县级以上地方文物行政部门应当通过听证会等形式听取公众意见并作出决定予以答复。"）；又如，"十一五"期间，中国文物保护基金会开始评选"中国文化遗产保护年度杰出人物"（迄今已有四届），其中许多杰出人物都是自愿参与文化遗产保护的普通公民。这样的管理办法和这样的评选活动，意图都是树立我们国家公众在文化遗产事业中的主人翁地位。

使文物保护得到广大民众衷心的热爱和呵护，才能使文化遗产与所在地的人文环境融为一体，成为倾注人们丰富感情的充满生机和活力的地方。显然，文化遗产事业与民生相结合是事业性质所决定，也符合“三贴近”的事业发展方向。①

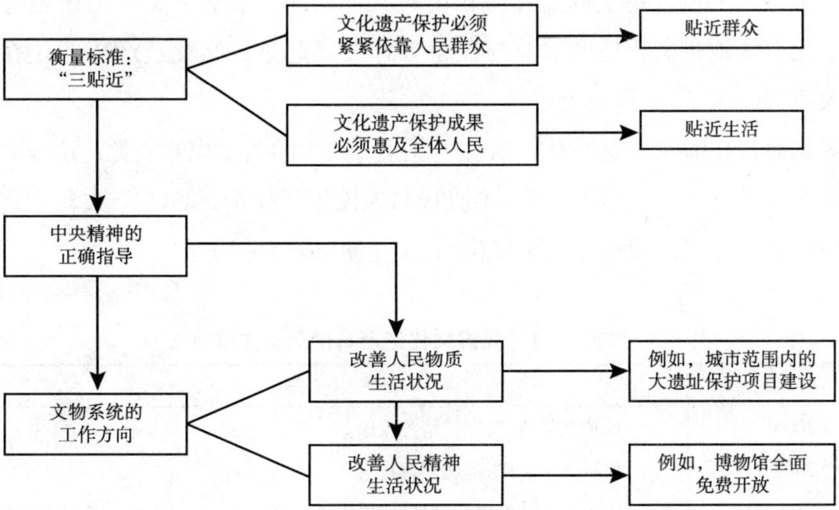

图主1-1　文化遗产事业与民生的关系

“十一五”以来，文化遗产事业在惠及民生的方向上成果斐然，文化遗产事业逐步与人民生活相结合，让百姓在日常生活中“享受”到了文化遗产的“福利”。这种结合体现在两个方面。第一，从生活的“硬件”上看，一些规模较大规模的文化遗产在保护利用中发挥了“四个好”的积极作用。例如，在大遗址保护项目建设中，② 需要对遗址区周边地区进行拆迁和改造并对人民的就业和生活环境进行改善，从而改进周边人民生活的环境、提高周边居民的收入水平、提高整体城市风貌，切实惠及民生③。第二，从生活的“软件”上看，文化遗产丰富了人民的精神文化生活，并成为重要的教育手段。文化遗产能够通过其独

① 这两层含义，其实早为2008年中国文化遗产日的主题点到：文化遗产人人保护、保护成果人人共享。

② 大遗址保护项目建设与保护改善人居环境和城市面貌密切相关，在2010年蓝皮书中就对大明宫国家考古遗址公园的相关建设进行了详细说明。

③ 具体参见主题报告第二章第四节的分析。

特的观赏性和教育性，使百姓愉悦身心、陶冶情操，并提高自身素质。而且，将博物馆纳入国民教育体系后，博物馆相关教育凭借其教育内容独特、教育形式多样、教育过程全面、教育成本较低、教学效果直观、教育背景可与时代主题相结合等诸多独特的、不可替代的优势，全面、有效地完善国民教育体系，让每个中国人都可以终生享受到博物馆的文化陪伴。显然，文化遗产教育功能的民生化有效地将文化遗产事业与民生大计关联起来，文化遗产事业正在不断惠及民生。

客观而言，国家文物局对文化遗产事业与民生的关系先知先觉，迄今为止的六个中国文化遗产日①主题中有一半直接与人民生活挂钩，2011 年文化遗产日主题更是直接定为“文化遗产与美好生活”②（参见表 1－1）。

表主 1－1　我国文化遗产日的历年主题

年　份	主　题
2006	保护文化遗产,守护精神家园
2007	保护文化遗产,构建和谐社会
2008	文化遗产人人保护,保护成果人人共享
2009	保护文化遗产,促进科学发展
2010	文化遗产,在我身边
2011	文化遗产与美好生活

总之，这些年来，文化遗产事业正在逐步发展成为关系国计民生的社会事业，文物系统的工作与广大人民群众的物质生活、精神生活的联系程度大大加强，与一方经济发展、城市建设的联系程度大大加强。文化遗产及其相关区域不

① 2005 年 12 月，国务院决定从 2006 年起，每年 6 月的第二个星期六为中国的“文化遗产日”，这充分体现了党和国家对保护文化遗产的高度重视和战略远见，有助于提高人民群众对文化遗产保护重要性的认识，增强全社会的文化遗产保护意识。文化遗产日，为中国大陆文化建设重要主题之一，目的是营造保护文化遗产的良好氛围，提高公众对文化遗产保护重要性的认识，动员全社会共同参与、关注和保护文化遗产。

② 丰富文化遗产日活动的内容与形式，增进广大公众对文化遗产的认知，营造全社会共同关注文化遗产保护的良好氛围，把文化遗产日办成与全民生活密不可分，让全民切身体验文化遗产、积极参与文化遗产保护、共享文化遗产保护成果、增强文化遗产保护意识的文化节日。

再只是达官贵人的古玩、不再只是皓首穷经学者的对象、不再只是开发建设者的包袱，而是普罗大众喜闻乐见的文化生活、施政一方者意图作为的珍贵资源和万千百姓幸福所系的广厦乐土。

1.2　多方面看文化遗产事业发展带来的美好生活

1.2.1　遗产事业全面改善民生

如上文所述，“十一五”以来文化遗产事业在党中央正确精神指引下，切实从“软”“硬”两个方面惠及民生，这种工作思路是正确的、是符合发展趋势的、是符合“三贴近”原则的。具体来说，近年来，大遗址保护项目建设、博物馆免费开放以及逐渐升温的收藏热，让文化遗产事业切实与民生相联系。

——大遗址保护项目建设。“十一五”期间，大遗址保护成为国家级行动：①国家不仅公布了100处重要的大遗址保护项目，还通过多种形式来保护和利用大遗址（如建立国家考古遗址公园管理体系）。大遗址，顾名思义，其特点在于“大”，这种“大”不仅仅表现为占地面积大，更体现于涉及的领域“大”——大遗址保护项目通常对其周边地区的经济、社会、自然环境等诸多方面都会产生巨大影响。李长春同志在2010年文化遗产日发表的署名文章中就明确指示：“要把保护、发展文化遗产和改善环境结合起来，不仅注重对文化遗产的保护，还要关注对文化遗产依存的生态环境的保护，通过国家考古遗址公园、文化生态保护区建设等模式，既实现对文化遗产的整体性保护，又为人民群众创造良好的生活环境。”“十一五”期间，也的确有多地通过大遗址保护项目，使遗址地周边的居住环境得到改善、人民的收入水平有所上升、相关配套基础建设也不断完善，大遗址保护项目给当地的发展提供了前所未有的机遇，为居民带来了梦寐以求的美好生活。如陕西大明宫的相关建设，就切实改善了当地民生，为人民带来美好生活：不仅解决了棚户区长期占压大遗址问题，恢复了大明宫遗址应有的历史面貌，还使2.5万户约10万人口以及88家企事业单位告别了污染严重、交通堵塞、犯罪率高

① “大遗址”主要包括反映中国古代历史各个发展阶段涉及政治、宗教、军事、科技、工业、农业、建筑、交通、水利等方面历史文化信息，具有规模宏大、价值重大、影响深远特点的大型聚落、城址、宫室、陵寝墓葬等遗址、遗址群。在我国已公布的六批2352处全国重点文物保护单位中，有500余处是大遗址，占总数的四分之一左右，其中一部分已被列为世界文化遗产或作为世界文化遗产的重要组成部分。

的“城中村”。自2010年10月开园至今，大明宫国家考古遗址公园的参观人数已超过500万人次，实现经营收入过亿元，并带动了周边区域的住宿、餐饮、交通、纪念品、土特产经营和房地产等产业，使当地的经济社会发展有了新面貌。

——博物馆全面免费开放。在大遗址保护项目建设如火如荼展开的同时，博物馆的免费开放也在不断深化。李长春同志在2010年文化遗产日发表的署名文章中也强调了文化遗产事业的发展要“突出思想内涵、强化教育功能，充分发挥文化遗产在开展爱国主义教育方面的重要作用”，博物馆的免费开放及一些地方文物局推动的博物馆纳入国民教育系列工作，显然增强了文化遗产事业的教育功能，使博物馆在更大的范围内以独到的方式改善民生。①

——收藏热。文化遗产这些年来使人民生活更美好，还有一方面体现——不断升温的收藏热。可移动文物的巨大价值及其相关文化活动，使文物收藏成为一种大众文化活动、大众投资行为和大众媒体固定主题。据故宫博物院的研究，目前民间收藏队伍已近7000万人。民间大规模的文物收藏、经营、鉴赏和民办博物馆的快速发展，促进了文化遗产“飞入寻常百姓家”，进一步推进了文化遗产与民生的融合。

1.2.2 博物馆全面免费开放惠及大范围民生

博物馆的全面免费开放是“十一五”以来文化遗产事业惠及民生的重要举措之一，其与民生最贴近，影响人群规模也最大。因此，本小节以博物馆与民生结合为案例，对文化遗产事业促进民生的现状进行案例分析②。

博物馆与民生的关系可从两方面进行阐述。第一，博物馆的公益服务功能与百姓文化生活紧密相关，且能在教育等基本公共服务中起到不可替代的作用。大多数博物馆位于市区，加之博物馆馆藏文物的集中性、展示效果的直观性以及展示主题的灵活性，这使得博物馆在文化遗产体系中可以相对更好地满足人们不同层次的文化生活需求和教育需求，对于未成年人作用尤甚。所以，无论2008年的文化遗产日主题③还是国际博物馆日的主题④以及近几年文物系统的一些工

① 该内容将在下一小节中详细说明。

② 2009年的文化遗产蓝皮书对该话题进行过深入分析。

③ 2008年的文化遗产日主题是：“文化遗产人人保护，保护成果人人共享”。

④ 国际博物馆协会（ICOM）确定2008年国际博物馆日的主题是：博物馆服务于社会变革和发展。

作,① 都与进一步加强文化遗产事业与百姓生活、与教育等基本公共服务的联系有关。尽管目前中央考虑的基础性民生②没有直接涉及文化遗产，但文化遗产事业的功能与“学有所教”紧密关联并在其中发挥着不可替代甚至独到的作用③。近年来，将博物馆纳入国民教育体系得到社会各界的关注，也得到了各级教育部门的积极回应。尽管还存在着一些制约将博物馆纳入国民教育体系的制度性因素④，但以博物馆全面免费开放为契机，将博物馆纳入国民教育体系的步伐加快，博物馆作为国民教育的特殊资源和阵地已经成为人们的共识和有的地方的举措⑤。第二，博物馆能够促进文化遗产事业功能的整体提升，改善较大范围的民生。在博物馆全面免费开放和努力纳入国民教育体系等一系列关系民生举措顺利推进的新背景下，文化遗产事业尤其是博物馆的教育功能得以直接强化，并对其他功能的发挥也产生了较强的带动作用。新形势下文化遗产功能的变化见图主1－2形象表达：博物馆全面免费开放及争取纳入国民教育体系之前，文化遗产事业的三大功能从促进经济社会发展的作用全面来看基本可以等量齐观。新形势带来的直接变化是：教育功能得到显著的提升，也间接拉动了科研功能的提升，同时长远来看，间接经济效益可能大幅增加，使得博物馆能更全面地惠及更大范围的民生。这是因为，博物馆免费开放后，门票收入的下降暂时会使作为经济功能部分体现的直接经济贡献由于博物馆门票收入的减少而出现下降。不过，这种下降只是暂时体现在经济功能中的“小头”（直接经济效益）上。未来不仅博物馆的直接经济效益可以通过发展替代产业——博物馆相关产业（例如纪念品销售、文物巡展以及社会文物鉴定咨询等）——得到弥补，而且相关旅游业、房地产业与博物馆全面免费开

① 包括博物馆全面免费开放和争取将博物馆纳入国民教育体系等。

② 如党的十七大报告中提到的“学有所教、劳有所得、病有所医、老有所养、住有所居”。

③ 如2005年发布的《通知》中就明确指出：“教育部门要将优秀文化遗产内容和文化遗产保护知识纳入教学计划，编入教材，组织参观学习活动，激发青少年热爱祖国优秀传统文化的热情。”

④ 将博物馆纳入国民教育体系有以下问题尚缺少制度性解决方案：如何确立博物馆作为国民教育体系有机组成部分的法律地位？博物馆如何与其他文化教育机构横向联系，为学校教育教学活动和教师培训提供便利？如何与有关行政主管部门开展教育教学活动，将博物馆纳入各层次教育教学体系框架，纳入教学计划、教学大纲制定、编写教材、确定学分？如何建立长期有效的馆校联系制度，真正实现资源共享共用？

⑤ 例如，陕西等一些地方在建立将博物馆纳入国民教育体系长效机制方面进行了积极探索。

放形成良性互动后能带来更多的间接经济效益。由于相关间接经济贡献的增加且这种增加足以弥补直接贡献的有限损失（经济功能的深色部分表示间接经济贡献，而浅色部分则表示直接经济贡献），博物馆全面免费开放后其经济功能反而应该得到增强。①

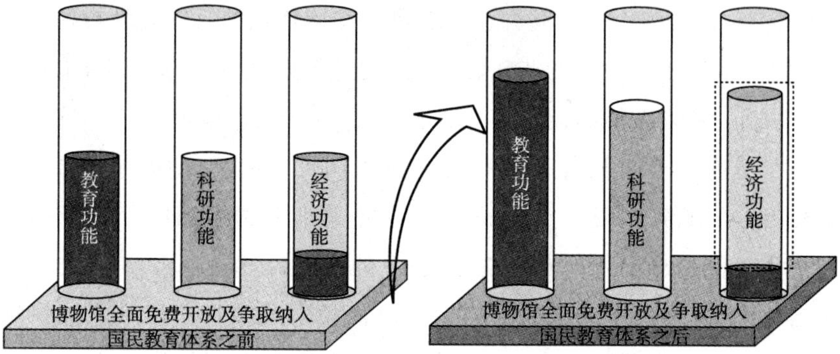

图主1－2　新形势下文化遗产三大功能变化示意

综上，可以说博物馆全面免费开放后，其教育功能、科研功能与经济功能都可能增强，也就可能在更大范围内、更全面地改善民生。

1.3　“十二五”期间民生为向的文化遗产发展愿景

“十一五”以来，文化遗产概念逐渐明确，事业规模显著扩大，事业管理规则更加完善，其对经济社会发展的现实贡献和潜在影响都与既往有了天翻地覆的变化。在中央正确精神的指导下，文物系统坚持“三贴近”原则，通过大遗址保护项目、博物馆全面免费开放等重大举措，不断改善人民生活条件和居住环境，并且丰富了人民的精神文化生活，切实将事业发展与民生改善联系起来。可以说，“文化遗产”这个新的事业平台正统领着文物等系统日益介入国计民生。可以预见，“十二五”期间，随着文化遗产在日常生

① 这方面有一个实例可作参考：杭州西湖景区免费开放以来，杭州市政府每年减少2000万元以上的门票收入，但其带动的其他消费和投资据保守估计已超过百亿元，仅仅西湖周边与旅游活动直接相关的餐饮、住宿、交通等产业的产值与免费开放前相比就增加10倍以上，显著高于正常增加值（按免费开放前产值增长趋势推算）。

活中惠及更多民众，文化遗产就能更好地“发展”为美好生活不可或缺的组成部分。

2 从“十一五”指标和“十二五”目标看文化遗产事业发展的差距

如前所述，“十一五”以来文化遗产事业确实较好地融入了人民的生活，促进了和谐社会建设。然而，文化遗产事业的现状无论与既定发展目标还是与水涨船高的人民群众需求相比，仍有很多方面存在差距。2005 年国务院发布的《通知》定性明确了文化遗产事业的总体发展目标，2011 年国家文物局发布的《文物“十二五”规划》多方面定量规定了文化遗产事业未来五年的具体发展目标，然而我国文化遗产事业发展的现状与这些目标相比，在某些方面仍然存在一定的差距。本章对这种“差距”进行系统比对与分析。

2.1 从《通知》要求看事业发展差距

2005 年国务院发布的《通知》是我国文化遗产事业发展的指导性文件。《通知》中提出的事业发展的总体目标是：“通过采取有效措施，文化遗产保护得到全面加强。到 2010 年，初步建立比较完备的文化遗产保护制度，文化遗产保护状况得到明显改善。到 2015 年，基本形成较为完善的文化遗产保护体系，具有历史、文化和科学价值的文化遗产得到全面有效保护；保护文化遗产深入人心，成为全社会的自觉行动。”截至 2011 年，可以说我国基本建立了比较完备的文化遗产保护制度，文化遗产保护状况确实得到明显改善，初步完成了《通知》中 2010 年的既定目标。然而文化遗产保护和管理的现状距离《通知》中 2015 年的目标还相距甚远。这种差距主要体现于现状与规定目标之间的不匹配。《通知》中明确了与物质文化遗产保护和管理有关的 4 个宏观管理方面的具体目标和 6 个针对物质文化遗产保护的具体目标，经过五年来文物系统的不断努力，其完成情况尚佳（参见表主 1－2 和表主 1－3），但仍然存在一定差距。

表主1－2　2005年《通知》的工作完成情况（物质文化遗产管理方面）

《通知》确定的重点工作领域	完成情况
1. 文物调查研究和不可移动文物保护规划的制定实施	①2006年启动了《“十一五”期间大遗址保护总体规划》和第二批64处国家重点大遗址规划纲要的编制工作；②2007年启动第三次全国文物普查，2011年底全面完成，共调查登记各类不可移动文物近77万处；全国长城资源调查田野工作全部完成，初步建成长城资源信息系统；大运河文化遗产资源调查工作圆满完成，登记大运河文化遗产点段1000余处；③文物调查及数据库管理系统建设项目、全国文物系统馆藏一级文物登录和二、三级文物备案工作圆满完成
2. 重大建设工程中的文物保护工作	①各地文化遗产保护工作的部门规章和规范性文件均做出了“严格执行重大建设工程项目审批、核准和备案制度，凡涉及文物保护单位保护范围与建设控制地带的建设项目，必须依法履行方案报批程序”等规定并在实践中逐步推进；[①] ②三峡水库、西气东输、青藏铁路、南水北调等涉及国计民生的国家重点工程考古和文物保护工作扎实开展；③完成三峡工程田野考古发掘任务，稳步实施南水北调、川气东送、西气东输二线、京沪高铁等大型工程中的考古和文物保护工作
3. 重点文物维修工程	①2005年中央财政设立“大遗址保护专项经费”，核定“十一五”期间大遗址保护专项经费投入总量为20亿元，经费均按时到位；②2007年，国家启动实施了西藏“十大重点文物保护维修工程”，核定专项投资5.7亿元，中央财政2.9亿元；③西藏重点文物保护工程、故宫维修工程、山西南部地区早期建筑保护工程、明清皇陵保护工程、重点石窟保护工程等取得成果
4. 历史文化名城（街区、村镇）保护	2008年国务院颁布《历史文化名城名镇名村保护条例》，截至2011年年底，已经公布国家历史文化名城117座，历史文化名镇名村350个
5. 馆藏文物保护和展示水平	截至2011年年底，全国免费开放博物馆总数达到1804个，但是仍有不少管理漏洞，安全事故屡发[②]
6. 清理整顿文物流通市场	①颁布了《文物认定管理暂行办法》，对这一领域开始制度化管理；②建立了较为完善的文物经营资质和文物标的审核管理制度，文物市场经营主体、流通范围趋向多样化，实现由国家统管专营向依法管理的转变，文物商店改制工作稳步推进，文物市场管理逐步规范；③全国具备文物拍卖资质的文物拍卖企业已有200多家，并建立了年审制度

注：①例如，湖北等地在国家重大建设项目三峡工程、南水北调工程中的文物保护成效显著，相继完成三峡库区23处地下项目考古发掘，地面文物复建进展顺利，秭归凤凰山完成复建工程21处，巴东王爷庙、顾家老屋等5处项目竣工并通过验收，兴山3处复建工程竣工。

②如2011年内故宫博物院就出现两次重大文物安全事件。

表主 1-3　按照《通知》要求文物系统事业发展情况（宏观管理方面）

目　标	成果与差距
1. 加强领导，落实责任	中央和地方层面逐步建立相应的文化遗产保护协调机构、文化遗产保护定期通报制度、专家咨询制度以及公众监督机制，但文化遗产保护责任制度和责任追究制度仍不健全
2. 加快文化遗产保护法制建设，加大执法力度	国家层面颁布一系列部门规章和规范性文件①，各地文物行政主管部门也结合工作实际制定下发了一系列规章制度②，文物法规体系进一步完善
3. 安排专项资金，加强专业人才队伍建设	专项资金逐年增长，但整体仍旧处于短缺状态；文博人才总量达万人，但从业人员的整体素质相对于目前更全面、繁重的任务仍显不足
4. 加大宣传力度，营造保护文化遗产的良好氛围	宣传比较到位，文化遗产日活动形式比较丰富；同时文物保护的社会影响越来越大，保护文物理念更加深入人心，涌现出一批群众保护的案例

注：例如《全国博物馆评估办法（试行）》（文物博发［2008］6号）、《田野考古工作规程》（文物保发［2009］6号）、《国家考古遗址公园管理办法（试行）》（文物保发［2009］44号）、《文物入境展览管理暂行规定》（文物博发［2010］23号）、《世界文化遗产申报项目审核管理规定》（文物保发［2010］27号）、《关于促进民办博物馆发展的意见》（文物博发［2010］11号）等。

例如，2010年5月经河南省第十一届人民代表大会常务委员会第十五次会议通过，河南省第十一届人民代表大会常务委员会公告第30号公布《河南省实施〈中华人民共和国文物保护法〉办法》，自2010年10月1日起施行。此次修订形成的《办法》分总则、不可移动文物、考古发掘、馆藏文物和民间收藏文物、文物利用、监督管理、法律责任、附则共八章内容；在福建，为保护被盗严重的水下文物，《福建省文物保护管理条例》修订时专门增加了“水下文物”一章，以法律法规来明确各级政府、各有关部门保护水下文物的责任。

综上，可以说“十一五”期间文物系统基本上按时、按质地完成了《通知》中的相关要求。但在看到喜人成绩的同时，事业现状与《通知》要求间的差距，也是不容忽视的。从整体目标上看，文化遗产事业到2015年，要“基本形成较为完善的文化遗产保护体系，具有历史、文化和科学价值的文化遗产得到全面有效保护；保护文化遗产深入人心，成为全社会的自觉行动”。但到目前为止，我国文化遗产保护体系仍旧不健全：管理制度方面，多头管理、法律不完善、机制不高效等问题依旧存在；管理水平方面，整体水平仍需提高，远未达到精细化管理的水平；而且，文化遗产事业的公众影响力仍然不尽如人意，了解并享受到文化遗产带来的美好生活的公众数量仍然不多。

第一，从加强领导、落实责任角度来看，文物行政管理机构在职能、编制等方面的权限较小、正规化程度不够，存在着明显的机构编制情况与事权不相称的现象，且区域差异较大。① 多数省的文物行政管理机构为副厅级单位，行政资源调配能力较弱，行政级别相对较低，限制了其行政管理中的沟通和协调力②。相当数量的基层地方政府文物行政管理机构还是事业编制③，使文物行政管理执法存在“名不正行不顺”的现象，且有些地方的文物行政管理机构还只是旅游行政管理机构的下属机构④。不仅行政管理机构如此，文物管理的具体事务承担机构（文物保护单位的管理机构和博物馆）在管理体制和管理水平上都难以与其承担的责任相称。“条块结合、以块为主、多级委托”的管理体制使得价值重大的文化遗产难以被一个机构“统一、规范、高效”地管理，基础不牢、队伍不力的管理水平使得文物保护漏洞不少，文物遗失和文物损坏事件屡屡发生自然在所难免。2011 年间，故宫文物失窃以及珍贵馆藏文物损坏事件，以及 2005 年的馆藏文物腐蚀调查数据引起媒体高度关注等⑤，正说明了我国的文物管理水平与《通知》要求仍有差距。⑥

第二，从安排专项资金、加强专业人才队伍建设角度来看，事业投入资金依

---

① 本书主题报告和技术报告第三章对此有详尽的分析。

② 这方面的详细情况，请参阅本书主题报告和技术报告第三章。在技术报告第三章中，详细列出了省级文物局机构设置的具体情况并将其分为六类。

③ 尤其基层文物管理机构更是如此，全国相当多的县没有设置专门的文物局，而设置的县级文物局中的绝大多数是事业单位。

④ 有很多县并没有专门设置文物局，只是设置了文物旅游局。这样，文物保护部门和旅游部门捆绑在一起之后，文物行政管理机构基本上成为旅游行政管理机构的下属部门，其工作只能是确保“文物保护与旅游发展相协调”。

⑤ 媒体的报道是：“全国共有 50.66% 的馆藏文物存在不同程度的腐蚀损害，每年损失数以亿计，这只是初步估算。造成馆藏文物腐蚀损失的‘四大杀手’是文物库房条件不达标、文物保存环境控制设施设备匮乏、科研和运行经费严重不足、保护修复科技人才短缺等”。国家文物局为此专门在官方网站上进行回应：“近日，部分网络媒体就馆藏文物腐蚀损失情况和全国博物馆数量增长问题进行报道。国家文物局有关司、室对报道所涉及的有关内容作了了解、核实，现简要说明如下：一、关于馆藏文物腐蚀损失……这些措施，使馆藏文物腐蚀损害趋势得到有效的遏制。国家文物局正在联合有关部门和科研单位，进一步加大馆藏文物保护科技攻关和管理工作。目前，国家一级、二级和三级博物馆的馆藏文物保存环境得到了显著改善。根据近年来博物馆数量迅速增加的趋势，我局将继续加大对各类博物馆特别是县级博物馆、行业博物馆和民办博物馆馆藏文物保存状况的监督检查力度，加强藏品管理。在确保藏品安全的同时，积极推出丰富多彩的文物展览，向社会提供更好的服务。”

⑥ 根据《博物馆管理办法》的规定，国家文物局每年要求各省文物行政部门报送博物馆年度检查备案结果。2010 年年底我国博物馆数量增加到 3415 个，年检合格的博物馆共有 3252 个。年检不合格，主要是因为基础设施薄弱、尚不具备正常开放条件和登记名称不规范。

旧短缺，人才队伍的数量和质量仍需提高。虽然在总量上，国家对文化遗产事业的资金投入逐年增加，但大部分文保单位资金依旧短缺（尤其级别较低的和难以开展旅游活动的），以基层地方政府财政为主的资金渠道不能充分满足各地文物保护的资金需求，资金短缺仍旧是掣肘基层文化遗产管理的主要问题。另外，相关人才数量虽然呈现不断增长趋势，但总量依旧不足，且人才质量参差不齐。据调查，我国文保单位本科及以上学历的人员比例只占24.84%，人员学历水平相对偏低（具体参见表主1－4），[①] 专业人才队伍建设仍需加强。

表主1－4　文物保护单位管理机构现有人员学历情况分级统计表

单位：人，%

学历＼单位级别	国保单位		省保单位		市县保单位		小计	
	数量	比例	数量	比例	数量	比例	数量	比例
大学本科及以上	10981	23.49	24296	25.30	88156	24.89	123433	24.84
大学专科	15804	33.81	33624	35.01	134062	37.86	183490	36.93
大专以下	17173	36.74	34725	36.16	121066	34.19	172964	34.81
无学历	2790	5.97	3393	3.53	10836	3.06	17019	3.42
合　计	46748	100	96038	100	354120	100	496906	100

数据来源：2010年国家文物局数据中心完成的《文物保护单位管理体制调研报告》。

第三，从公众影响力来看，我国公众对文化遗产的关注程度并不高，对相关知识的认知度也不高，更不了解如何多参与文化遗产事业发展。国家文物局委托零点研究咨询集团完成的2011年《中国文化遗产与公众生活调查报告》显示：仅有1/3的受访者对文化遗产表现出较高关注。尽管公众在日常生活中对文化遗产相关重大事件和热点事件的知晓度较高，但对于其中技术细节并不了解，甚至对第三次全国文物普查、《文物保护法》等都知之寥寥。而且，公众认为文物系统的管理还存在很多问题。例如，对所谓的故宫“十重门”事件中的“瓷器门”[②]，有43.4%的人表示故宫隐瞒这件事让公众很失望，42.4%的人认为相关工作人员专业水平欠缺。

---

① 需要说明的是，课题组在本章中的描述框架、描述方式和分析结论都与《文物保护单位管理体制调研报告》中的相应内容有诸多不同，本书的相关描述仅仅基于这个调查所提供的数据。

② 具体参见本书末的特别关注二。

综上，我国文化遗产事业虽然在《通知》的具体指导下取得了较大的成绩，但是距离《通知》要求仍然存在较大差距，尤其是机构、管理体制①、投入水平以及专业人才队伍②等方面的差距较大。

2.2 从相关“十一五”、“十二五”规划看事业发展差距

《通知》是“十一五”以来指导文化遗产事业发展的重要纲领性文件，而《文物“十一五”规划》和《文物“十二五”规划》中确定的文化遗产事业发展目标更加具体。以此为据，可以更加具体地挖掘出我国文化遗产事业存在的问题与差距。

2.2.1 对照相关文件和规划的工作完成情况总结

《文物“十一五”规划》在全面总结“十五”期间文物系统发展状况和存在问题的基础上，提出了“十一五”期间文物系统发展的十四项主要任务，以及十七项重大工程和重点项目。总结过去是为了更好地展望未来，因此可以按照《文物“十一五”规划》的主要发展目标，对相关工作目标的完成情况进行比对总结③，如表主1－5所示。

表主1－5 对照《文物“十一五”规划》主要发展目标的相关工作完成情况

“十一五”规划主要目标	完成情况(截至2010年年底)
1. 文物法规体系更加完善,基础理论研究不断深入,保护文物理念深入人心	国家层面颁布一系列部门规章和规范性文件,各地文物行政主管部门也结合工作实际制定下发了一系列规章制度,文物法规体系进一步完善;文物保护的社会影响越来越大,保护文物理念更加深入人心,涌现出一批群众保护的案例
2. 摸清家底,基本完成各级文物保护单位“四有”工作和馆藏文物建档备案工作	基本摸清了我国馆藏珍贵文物和不可移动文物的家底,但“四有”尚未完成,仍存在空白
3. 全国重点文物保护单位得到有效保护、总量大幅增长	根据第三次全国文物普查和全国第七批重点文物保护单位申报情况,量的指标完成较好,但质的方面与“得到有效保护”的目标相比差距仍然很大

① 有关管理体制的问题以及差距，在前几部蓝皮书的第三章中都会有较为详细的介绍。关于事业管理体制的整体概况和参见2008年蓝皮书；有关博物馆管理体制的分析可参见2009年蓝皮书；有关管理体制创新以及改革案例的分析可参见2010年蓝皮书。

② 有关人才队伍的一些数据和分析在主题报告第四章和技术报告第四章中仍旧会出现。因为两部分的数据来源不同，所以其数据有一定出入。

③ 对照《国家文物局2010年重点工作计划》中与文化遗产管理相关的工作完成情况的总结，以及对照“十一五”规划主要目标的对工作完成情况的详细说明均放入技术报告第四章。

续表

“十一五”规划主要目标	完成情况（截至2010年年底）
4. 建立有效的世界文化遗产保护管理机制，建立大遗址保护和利用良性互动模式	局部建立（例如大明宫国家考古遗址公园），但有效的世界文化遗产保护管理机制基本没有突破
5. 文物安全防范能力明显提高	在安全防范手段上得到了加强，但文物盗窃、盗掘案件和文物火灾事故等频发，文物安全问题仍不容忽视
6. 文物流通领域和民间文物收藏不断规范	发布施行《文物拍卖企业资质年审管理办法》、《文物进出境责任鉴定员管理办法》、《文物入境展览管理暂行规定》等
7. 文博人才总量稳步增长，从业人员素质整体提升	文博人才总量达万人，但从业人员的整体素质相对于目前更全面、繁重的任务仍显不足，中高级职称人员比例较低
8. 初步建立比较完备的文物保护制度，文物保护状况得到明显改善	文物保护制度建设力度不小，但相关制度执行不力，文物安全方面的问题仍然普遍存在
9. 充分发挥文物事业在构建和谐社会中的积极作用	博物馆免费开放等措施使事业与民生关系紧密，大遗址保护中已有初步实现“文物本体保护好、周边环境整治好、经济社会发展好、人民生活改善好”的案例

《文物“十二五”规划》中则明确了未来五年文物系统发展的目标体系。① 具体来说，目标体系可以细化为五方面：第一，完善保护和管理体系；第二，提高全民文物保护意识；第三，完善博物馆法律法规体系；第四，加强文物专业人才队伍建设；第五，加强文物事业对社会经济、民生的促进作用。就现实管理情况而言，我国文化遗产管理事业在上述五个方面都存在一定差距（请参见表主1-6）。

① 其中，也明确了文物博物馆事业的指导思想，具体如下：高举中国特色社会主义伟大旗帜，以邓小平理论和“三个代表”重要思想为指导，深入贯彻落实科学发展观，严格执行《中华人民共和国文物保护法》，始终坚持“保护为主，抢救第一，合理利用，加强管理”的文物工作方针。围绕国家经济社会发展大局，以文物博物馆事业科学发展为主题，加快构建法制完备、体制健全、机制合理、规范有序的文物保护体系和文物博物馆公共文化服务体系，积极推动文物保护、利用、传承的有机结合，全面提升文物保护质量，全力加速文物博物馆事业发展。努力实现文物本体保护好、周边环境整治好、经济社会发展好、群众生活改善好，充分发挥文物博物馆引导社会、教育人民、推动发展的重要作用，为全面建设小康社会、实现中华民族伟大复兴做出积极贡献。

表主1-6　我国文化遗产事业与《文物“十二五”规划》总体目标间的差距

主要工作领域	现　状
1. 提高加强保护和管理体系	基础不牢,安全事故多发,文物遗失、被盗以及损坏现象较多;管理体制尚不健全,管理多头、规则不定、机制僵化现象依旧存在
2. 全民文物保护意识	全民文物保护意识不强,各方面对文物保护的重视度不够;虽然近年来“收藏热”兴起,但是大多数参与者只关注文物的经济价值,并没有意识到、体会到其教育、科研等方面的价值
3. 完善法律法规体系	法律法规不断完善,但是地方性的保护法律相对缺乏,重要遗产地缺少因地制宜的保护规范,且相关技术标准还不能满足法制化管理的实际需要
4. 加强文物专业人才队伍建设	人才数量不断增长,但是人才素质和专业技能处于较低水平,仍需大幅提高
5. 提高文物事业对社会经济、民生的促进作用	经济上:保护与利用的关系仍未精准把握,乱开发的现象屡禁不止,文物工作还没能较好地融进城市建设之中;民生上:除少数大遗址保护项目,文化遗产事业还未能较好地全面惠及民生,文物保护与民同利还非普遍,甚至有为商所用的现象

注：例如，2007年杭州市上城区清河坊历史文化街区的改造过程中，就出现了以文化遗产保护为名、强制拆迁的恶性事件，损害了周边居民的利益。杭州市房管局、上城区房管局、管委会、评估机构、区人大代表、政协代表和被拆迁人曾经于2006年召开相关听证会，但是结果依旧是向着不利于居民的方向发展。

通过对比不难发现，我国文化遗产事业依旧存在基础不牢、保护和管理体系不健全、全民文保意识淡薄、相关法律法规机制不完善、人才短缺、遗产事业不能较好融入社会发展等一系列问题，与《文物“十二五”规划》中的不少目标存在较大差距，其中一些差距属于基础性差距。就以最显而易见的基础不牢为例，可以发现尽管“十一五”期间相关工作大有进展，但以高标准来看，文物系统仍然基础不牢，还有许多欠账要补。每部蓝皮书都用很大篇幅来定性描述文化遗产事业与国计民生的关系和定量分析文化遗产事业对经济社会发展的贡献，但也应该看到，这些贡献一定要在文物系统做好自身工作的基础上才能充分体现出来。其实，早在2003年全国文物局长工作会议上，国家文物局原局长单霁翔就提到了四个方面的夯实基础，将文物立法工作、文物档案建设、文物人才培养、文物安全保障，确定为全国文物系统重点抓好的四项基础工作。尽管“十一五”期间相关工作大有进展，但以高标准来看，这四个方面的基础仍然不牢。例如，文物档案建设方面，国保单位的“四有”工作，名义上基本完成了，但高标准地看还是有质量问题，无法成为管理工作的坚实基础，以致《全国主体功能区规划》制定时，文物部门向国家发改委反馈其禁止开发区的划分有误，① 但文物部门不能向发改委提供大遗址的土地、人口规模等基本资料也难辞其咎。这方面，尽管国家文物局的领导早有部署，② 但执行情况显然不尽如人意；又如，文物安全保障方面，故宫出现这样的问题不是偶然，也并非个案。而且，连故宫这样的龙头单位都会有被盗、文物受损、经营混乱的事件，不难想象全国面上问题。③ 另外，在国家投入大幅增长的情况下，如何提高资金使用效率，如何改善博物馆免费开放的社会效果，也都没有制度化的解决方案。

2.2.2 全部完成“十二五”各项指标难度较大

在《文物“十二五”规划》中，除了总体目标之外，还提出了约束性发展指标和预期性发展指标，④ 在若干方面定量明确了我国文化遗产事业⑤的发展目标。

约束性发展目标主要规定了我国文物博物馆事业管理和保护中必须实现的目标，具有较强的约束力，是促进我国文化遗产事业发展的基础性目标，可概括为“四个100%”和“一个1”。但文物系统的实际管理状况离这些要求有四方面差距（具体请参见表主1-7），从中可见若干质量指标较难完成，如全国重点文物保护单位的“四有”工作都尚未做完，要将重大险情排除率达到100%，显然缺少工作基础。也因此，即便约束性指标中也需要确定难点。

---

① 具体可参见2008年蓝皮书技术报告第五章、2009年蓝皮书技术报告第一章和第四章、2010年蓝皮书主题报告第四章。2010年蓝皮书的特别关注二中还有专门分析。

② 引自国家文物局原局长单霁翔在2005年全国文物工作会议上的讲话“突出重点，夯实基础，推动文物事业再上新台阶”。

③ 本书末的特别关注二以故宫为例，剖析博物馆的管理体制机制方面的不足。

④ “预期性指标”是一种导向，不是考核指标，而“约束性指标”是考核指标，带有一定的强制性。

⑤ 严格来说，《文物“十二五”规划》明确的是文物事业和部分博物馆事业的发展目标。关于文化遗产事业和文物博物馆事业在内涵和外延上的区别，可参见2009年蓝皮书第一章表主1-2。考虑到未来文物部门统筹实施行业管理的发展方向和本书的研究范围，本书中不刻意区别文物博物馆事业和文化遗产事业。

表主1-7　文物“十二五”规划中的约束性目标

《文物“十二五”规划》中的约束性目标	目前情况
世界文化遗产和150处重要大遗址的保护规划编制启动率达到100%	保护规划编制进展较好,但规划与城乡规划、土地规划等衔接不够且规划缺少形成“硬”约束的手段
第一至六批全国重点文物保护单位的重大险情排除率达到100%	一些重点文物保护单位的“四有”仍有漏洞,因此一些险情难以监测
每个地市级以上中心城市拥有1个功能健全的博物馆,每个少数民族的文化遗产和民族文化都能通过博物馆的形式得到全面保护、研究和展示	博物馆地域分布不均(大城市较好,但许多地级城市仍是空白),且馆藏文物的质和量在同级博物馆间存在很大差距
国有博物馆一级文物的建账建档率达到100%	馆藏文物档案管理工作存在不足,且对馆藏文物的保管情况既没有建立常规监测制度、也没有全国普查的数据
文物博物馆一级风险单位中文物收藏单位的防火、防盗设施达标率达到100%	较低级别的博物馆存在较多漏洞,较高级别的博物馆设施达标率较高但相关人员素质不高

注：指《文物保护法》中规定的有保护范围、记录档案、标志说明和保护管理机构。

规划中也明确了预期性发展指标。预期性发展指标是一种导向，指出了文化遗产事业中一些重要工作的方向（具体请参见表主1-8），但考虑其重要性和现实条件，不一定强求完成。即虽然其重要，从“又好又快”的角度考虑，不宜将数量增长作为压倒一切的工作目标，否则就可能出现数据“掺水”现象。例如，“十一五”期间博物馆的数量增长状况，显著超过了《文物“十一五”规划》的预期，但博物馆在保护质量和全面发挥教育、科研功能上进展不大，这就说明某些工作应该偏重质量提高，而数量增长主要看各地自发的建设动力。文物行政执法机构的数量指标不能作为约束性指标的意义同样在此。

表主1-8　文物“十二五”规划中的预期性目标

预期性指标	导向性
第七批全国重点文物保护单位的重大险情排除率达到50%	提高文保单位重大险情排除率
省级文物行政执法机构建成率达到70%,地市级文物行政执法机构建成率达到30%,县区级文物行政执法机构建成率达到15%。建成20个国家文物安全综合管理实验区(示范单位)	增加各级文物行政执法机构数量
全国博物馆总数达到3500个。免费开放博物馆、纪念馆总数达到2500个	进一步增加博物馆数量和扩大免费开放范围
全国文物进出境审核机构总数达到20家,文物进出境责任鉴定员总数达到200人	提高文物进出口审核、鉴定的机构建设水平
世界文化遗产、150处重要大遗址、国家一级博物馆的文物安全监测平台建设率达到100%。每三年完成一轮世界文化遗产监测巡视工作	加强重点文化遗产的监测巡视工作

续表

预期性指标	导向性
建成35～40个国家级文物标本库房、5个国家级出水文物库房	提高文物库存管理水平
实施50项大遗址保护重点工程。建成30个国家考古遗址公园和30～50个大遗址保护管理机构。建设30个遗址博物馆	加大大遗址保护建设
文物保护行业重点科研基地总数达到27个。组建10～15个文物保护技术创新联盟和5～10个文物保护科技区域创新联9盟。培育3～5家文物保护科研机构进入国家重点实验室序列。制定50～70项文物保护行业标准	加大文物保护技术创新、制定相关管理标准
可移动文物保护设计和修复资质单位总数达到150家①	提高可移动文物保护和修复水平
开展大规模文物博物馆干部培训，培训总数达到15000人次②	加大相关人才的培养力度

注：①同时要开展100个包括国家文物保存环境监测中心、区域文物保存环境监测中心、文物保存环境监测站在内的全国珍贵文物保存环境监测网络建设工作。完成100个包括文物保护综合技术中心、文物保护修复区域中心、馆藏文物保护修复技术和成果推广服务站在内的全国可移动文物保护修复架构体系建设。建成15个考古现场文物保护移动实验室。

②其中，文物博物馆管理干部培训3500人次，重点开展全国县级文物部门负责人培训；专业技术人员培训3500人次；文物行政执法人员培训8000人次。与高校合作培养研究生学历人员120人次。

2.3　小结

综上，“十一五”期间文物系统基本完成预定目标，但据《通知》和《文物“十二五”规划》，我国文化遗产事业的现状无论与既定发展目标还是与水涨船高的人民群众需求相比，有许多欠账要补，仍然存在五方面差距（参见图主1－3的总结）。这些差距，大多被《文物“十二五”规划》中的约束性指标和预期性指标覆盖，但还有一些管理水平上的差距，难以量化考核，只能通过领导重视和加强硬件建设才可能得以改善。例如，管理水平低在基层体现得尤为明显，除了级别越低的不可移动文物“四有”工作完成得越差这一现象，还有些基础性工作，也经常出现明显失误，使行业的精细化管理难以实现。①

① 可举一例来反映统计工作方面的不足。《全国文物业统计资料》显示，2008年西藏自治区文物系统博物馆的年度参观人次总计达7130.2万人次，而同期全国其他30个省（区、市）文物系统博物馆的年度参观人次总量才17673.4万人次，2007年西藏自治区文物系统博物馆的年度参观人次仅为9.5万人次，对比之下可以看出，七千多万人次的年度参观总量显然是与事实不符的。但《统计法》的相关规定使国家文物局对于基层报送的相关数据即便发现问题也无法自行更正。这样一个无效数据的出现将对相关的其他分析结果造成很大影响（例如2008年全国博物馆免费开放后的参观人次，如果减去西藏的错误统计数字后，就会呈现反而比2007年低的现象，这种现象对于及时完善博物馆免费开放工作本来是有重要指导意义的）。

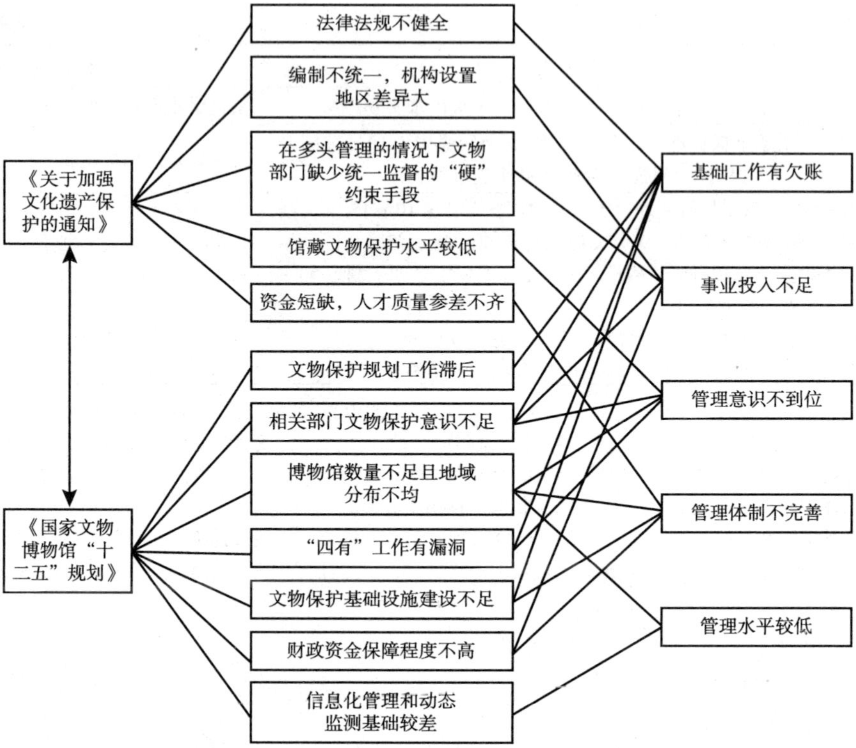

图主 1-3　《通知》和《文物“十二五”规划》角度的事业发展差距

3　基于愿景和差距的“十二五”发展重点

上文中已经较为详细地描述了我国文化遗产事业的现状与既定目标之间的差距。为在“十二五”期间，缩小上述差距，促进遗产事业的大发展、大繁荣，使之切实为人民带来美好的生活，文物工作者必须抓住重点，主要从三方面稳中求进：加强行业内部的服务意识和外部的保护意识；向着“统一、规范、高效”的行业管理目标进行体制改革、机制创新；不断提高文物系统内部行政资源配置效率，实现精细化管理。

第一，管理意识方面，要加强行业内部的服务意识和外部的保护意识。在行业外部，要通过宣传和多部委联合制定文件，使相关工作人员树立正确的文物保护意识，并通过宣传教育使广大群众成为督促事业发展、促进文物保护的重要力量；在行业内部，要在提高风险管理意识的基础上，重视文物保护与利用的相互协调，培养对公众服务、将日常工作与公众需求结合起来的意识。

第二，管理制度方面，要向着“统一、规范、高效”的目标发展。① 为此，要从三方面着手：其一，要统一管理成员，科学、合理做好事业编制工作；其二，要配合国家正在全面推进的事业单位分类改革，科学区分文博单位的公益性业务与非公益性业务，根据业务属性、资源分布合理界定政府和市场的范围，使政府和市场各尽其能；其三，鼓励文博单位尤其是与公众接触面广的免费开放博物馆和大遗址管理机构进行体制改革和机制创新，以为实现“四个好”打下制度基础。

第三，管理水平方面，要以补“法定”欠账为工作重点，② 并不断提高文物系统内部行政资源配置效能，平衡区域间、不同行政级别之间的行政资源配置，提高整体效率③。在此基础上，促进文化遗产事业与广域政策法规的结合④，在量化指标的规范下，有规划、有步骤地提高事业管理水平。

本章只是大致勾勒出文化遗产事业的发展的差距以及今后的发展方向。展望事业“十二五”期间发展的更多细节，尤其是行业发展的难点所在，请参看本书技术报告第一章。

（本章主要执笔人：王宇成　张冰子　苏　杨）

---

① 有关管理体制的具体分析和研究将会在主题报告第三章和技术报告第三章中展现。

② 即确保《文物保护法》中规定的“四有”、“五纳入”工作能真正落实，这样才能为完成《文物“十二五”规划》中的各项指标提供“硬”基础。

③ 有关管理水平的分析和研究将在主题报告第四章和技术报告第四章中展现。

④ 如《“十二五”规划纲要》、《全国主体功能区规划》和《自然遗产保护法》等。尤其是《“十二五”规划纲要》中特别指出：“以农村基层和中西部地区为重点，继续实施文化惠民工程，基本建成公共文化服务体系。广泛开展群众性文化活动。加强基层文化队伍建设。扶持公益性文化事业，加强文化遗产保护。”可见文化遗产事业的发展必须要兼顾地域间的平衡和基层文化公共服务体系的完善，才可能体现民生为向，才可能与人民的美好生活更多关联起来。

B.2
第二章
文化遗产事业及相关产业对经济社会发展的贡献

本章要点

1. “十一五”期间，文物系统对国民经济贡献的绝对值仍然在增大，仍然远远大于财政投入。从这个较长阶段、较苛刻的总体测算来看，文化遗产事业不是财政的包袱，而是社会、经济效益兼备和“投入小、产出大”、“利在当代、益及后代”且能拉动关联产业增长的公益性事业。

2. 文物系统对国民经济贡献的“大头”来自于其间接经济贡献，而这种贡献的“大头”又来自文物旅游。“十一五”期间全国文物旅游对国民经济贡献1132.8亿元，占文物系统对国民经济全部贡献的78.7%。

3. 大遗址保护项目建设与国计民生的关系更全面，其在周边环境整治好、经济社会发展好、人民生活改善好等方面的贡献显著。从可测算的角度看，这“四个好”中的三个分别体现为其对经济、社会发展的个性贡献：经济方面为带动周边区域基准地价变化、促进文化产业发展等，社会方面为改善居民居住条件、为周边市民提供游憩空间、提供大量就业岗位等。

事业和产业的关系类似太阳和太阳系的关系：事业是产业的资源和核心，产业如果合理地围绕事业发展，不仅能扩大事业的规模和影响面，而且使事业的经济社会效益全面体现出来。文化遗产让我们的生活更加美好，其中既包括事业也包括产业，否则这种美好是片面的，不可能实现“四个好”。无论事业和产业，只要依法合规，都是传承文化遗产的方式，具体在什么范围采用什么方式，需要因地制宜，争取实现相辅相成、相得益彰。

关于文化遗产事业及相关产业的贡献，国家文物局原局长单霁翔曾有精辟的概括："文化遗产事业要从四个方面服务大局：①文化遗产保护应成为推动社会主义文化大发展大繁荣的积极力量；②文化遗产保护应成为促进国民经济又好又快发展的积极力量；③文化遗产保护应成为让人民共享文化发展成果的积极力量；④文化遗产保护应成为增强中华文化国际影响力的积极力量"。[①] 应该说，这四个方面比较全面地说明了文化遗产事业及相关产业对经济社会发展的贡献，而"四个好"比较具体地说明了这种贡献，蓝皮书中的相关分析（不仅限于本章），就力所能及地围绕这四个方面和"四个好"进行。

就分析文化遗产事业及相关产业对经济社会发展的贡献而言，本章的内容在2012年这个时间点上有两方面重要意义：第一，"十一五"期间，依托文化遗产事业的相关产业（尤其是文物旅游）取得较大发展，这种发展在"十二五"期间能否持续？第二，据2010年国家文物局和国家旅游局联合签订的《旅游发展与文物保护战略合作框架协议》，有关文物旅游发展的状况，应该在近期形成较为完整的报告。为此，今年蓝皮书主题报告第二章除了更新数据（补充了2010年数据）外，还体现了四点创新：①以五年规划期为时间段，总结了文物系统对国民经济贡献的变化情况，这样能消除偶然因素并更全面、客观地看出文物系统的经济贡献值；②在前三年蓝皮书的基础上进一步细化了对文化遗产事业相关产业（主要是文物旅游）的概念界定和定量分析[②]，使得第二章（包括技术报告）能直接成为《全国文物旅游发展报告》的主体内容，并根据量化分析的结果说明了在中观和宏观层次如何促进文物旅游的发展；③专列了大遗址保护项目建设对经济社会发展个性贡献的分析，并根据分析结果将这种个性贡献转化为测算方法，选择案例点测算了大遗址保护项目建设在带动区域经济社会发展上到底作出了多大贡献；[③] ④展望了"十二五"期间文化遗产事业相关产业发展的前景，说明了差距所在和需要着力加强的工作领域所在，以使文物系统的相关

① 引自国家文物局原局长单霁翔在2007年党组中心组集体学习活动上的讲话。

② 其中，综合了国家文物局政策法规司委托的有关课题成果和旅游系统专家的建议，对文物旅游进行了界定，并分析了在计量文物旅游经济贡献时的边界。

③ 这部分内容是国务院发展研究中心社会发展部和中国文化遗产研究院共同完成的，是国家社会科学基金重大项目"大遗址项目动态跟踪研究"的阶段性成果。

“十二五”规划能落实得更有重点、更有把握。

需要说明的是，2008 年和 2009 年蓝皮书第二章已经对文化遗产事业对经济和社会发展的贡献有过较全面的叙述，尤其是2008 年蓝皮书第二章系统分析并用案例说明了文化遗产事业对社会发展的贡献。因为这方面的贡献难以量化计算，基本不存在更新问题，因此2011 年蓝皮书中只是点到为止。但要说明的是，我们认为文化遗产事业对社会发展的贡献远远大于其对国民经济的贡献，定量分析文化遗产事业的经济贡献，只是说明作为文化遗产事业主体的文物系统，即便只算这种次要的贡献，也不是财政的包袱。另外，文化遗产蓝皮书自2008 年出版以来备受各方面管理人员和学者关注，他们提出了许多有益的见解及建议，其中也包括文化遗产事业对经济社会发展的贡献分析如何更合理、更有用。为此，我们吸收了国家文物局各司局人员的意见，整理了中国社会科学院财贸经济研究所、国家统计局统计科学研究所、国家旅游局和中国科学院地理科学与资源研究所等单位若干专家和行政官员的意见和建议①，针对官员、专家的疑义给出了必要的解释说明，还在具体计算中采纳了官员和专家的建议，以使第二章的方法论和结论更加符合现实工作的需要和统计科学的要求。

1　文化遗产事业对社会发展的贡献的定性描述

从福利经济学角度来看，文化遗产事业是以公益性为主的社会事业。文化遗产事业的公益性主要体现在教育和科研功能中，经济功能中的部分也体现出正外部性。②

---

① 专家建议主要集中在文物系统增加值、艺术品拍卖公司成交额与营业收入、文物吸引力因子和红色旅游四个方面。具体内容详见技术报告第二章的相关部分。

② 这包括两方面：一是“输血”，即文化遗产管理单位经营产生的利润不用于分红，而是上缴国库、用于事业发展的再投入或者带动当地经济社会发展。举一个相关政策为例。1981 年，国务院批转国家文物事业管理局《关于加强文物工作的请示报告》中提到：除国家和地方财政拨款外，文物部门根据国家法令和有关规定举办商业性出国展览、组织文物复制品出口、旅游收费、各地文物商店的利润以及特许出口文物等途径得到的收入，经商得财政部门同意，可部分或全部用于弥补文物事业经费的不足，并进口一些文物保护和科学研究工作必需的设备。显然，这种基于文物的经营行为，其利润所得直接支持了文物事业的发展，具有显著的公益性。另举一例，故宫博物院2011 年的门票收入是6.5 亿元，但这是“阳光（转下页注）

（1）文化遗产具有教育功能

文化遗产兼具历史文化方面的物质性和在传承上物质和精神的统一性，服务对象涵盖整个社会，包括各种职业背景，各种知识水平，各种年龄层次。这些特点使凝聚了传统文化精华的文化遗产被视为弘扬民族精神，加强爱国主义、社会主义和革命传统教育不可替代的资源；通过文化遗产的展览展示，可以陶冶人的情操，提高人民群众的科学文化素质，丰富人民群众的精神文化生活，使人民群众的文化权益得到更好的保障；通过文化遗产的历史教育，帮助人们树立正确的世界观、人生观、价值观；对文化遗产的参观是一个进行现代文明生活方式教育的重要手段，文化遗产的环境可以使人能够自觉的规范、约束自己，努力使自己向善、向美、向上。它还能为公众学习与操练现代社会的公德和社交能力提供机会与空间。充分发挥文化遗产对公众的教育功能，可进一步体现和谐社会以人为本的基本理念。

（2）文化遗产具有科研功能

文化遗产种类丰富，使其在人文历史和技术领域都成为重要的甚至在某些领域不可或缺的科研载体。对历史研究而言，文化遗产是基本的证据和线索；对技术研究而言，诸多文化遗产的形成工艺有直接应用价值。

——文化遗产可提供可靠的研究史料。我国历史悠久，有着丰富的文献史料。然而，这大量的文献史料，或由于历史原因记载不详，或受时代局限、阶级偏见等将事实扭曲，这种情况下，只能利用最可靠的史料——文化遗产来进行研究。

（接上页注②）收入”，采用严格的收支两条线管理，几乎每日都会立即入“国库”，故宫博物院实际的支出仍然需要申请财政项目（2011 年项目经费 3.2 亿元）。也因此，故宫博物院事实上是世界罕见的“向财政作出经济贡献”的博物馆。但故宫博物院的公益性功能仍然发挥得较好，其 10 年未动的 60 元门票价格（淡季 40 元）是目前中国所有的世界文化与自然遗产中最低的（免费向公众开放的西湖文化景观除外）。二是“活血”，即有利事业发展的文物流通经营。如 1981 年，国家文物局发出《关于文物商店应该积极向博物馆提供文物的通知》和《文物商店工作条例》，规定文物商店的主要任务是，通过商业手段收集和保护流散在社会上的传世文物，把其中具有收藏价值的珍贵文物提供博物馆充实馆藏。同时，将一般不需要由国家收藏的文物投放市场，满足国内文物爱好者需要，或为国家创造较多的外汇收入。后来，文物商业的纯商业性质为实行企业经营管理方法的文化事业单位，作为收集社会上流散文物的收购站和临时保存所，统一划归省及各市、县文化部门负责领导。负责收集全省流散在社会上的传世文物、并有计划地供应国内、省及各市、县，博物馆、科学研究机关、学校作为陈列或研究参考之用。有计划、有选择地供应市场需要和适当地组织出口并办理废旧物资中的文物检选工作。

——文化遗产是发展科学技术的有益借鉴。文化遗产对发展现代科技借鉴作用的表现形态多种多样，有的可以直接应用，有的可供间接借鉴。它还对现代科技提供重要参考信息。文化遗产的科研功能所产生的研究成果，往往可以转化为一种对文化遗产本身的新的认知，而通过各种途径为公众所了解和学习，因此也可作为教育功能的有益补充。

还要看到，文化遗产是不可再生的精神资本、文化资本、社会资本和经济资本，其具有的教育和科研功能，具有一定程度的不可替代性。以教育的功能而言，由于文化遗产资源在两个方面的独特性，使其在“加强中华优秀文化传统教育中的作用”不可替代：一是文化遗产兼具历史文化方面的物质性和在传承上物质和精神的统一性；二是服务对象涵盖整个社会，包括各种职业背景，各种知识水平，各种年龄层次。以科研的功能而言，文化遗产在人文历史和技术领域都成为重要的甚至在某些领域不可或缺的科研载体。

总之，文化遗产资源是不可再生资源且其功能独特具有不可替代性，对其的管理必须考虑这两个“不可”特性。

2　“十一五”期间文化遗产事业对国民经济的贡献

以文物系统为主体的文化遗产事业对国民经济贡献的测算，是每年蓝皮书的“规定动作”。我们在测算这样的贡献时，将其分为直接经济贡献和间接经济贡献两方面，并尽可能地将与文物系统有关的产业都纳入了计算，具体如图主 2－1 所示。不过，如前所述，因为无法获得所有大遗址保护项目符合统计工作要求的财务报表且有关数据难以区分，所以在间接经济贡献中没有计入这一部分。考虑大遗址保护项目的数量和单个项目的体量并参考案例点的定量分析结果，[①] 可以发现这部分贡献也很大。换言之，文化遗产事业对国民经济的贡献其实比我们测算出来的更大，我们所测算的贡献只是文化遗产事业对国民经济贡献的下限值。

在这部蓝皮书中，课题组在完成这项“规定动作”时，有两方面新考虑。

一是加强对贡献测算中文物旅游部分的分析。这是因为在既往的分析中，

---

① 参见本章第 5 节。

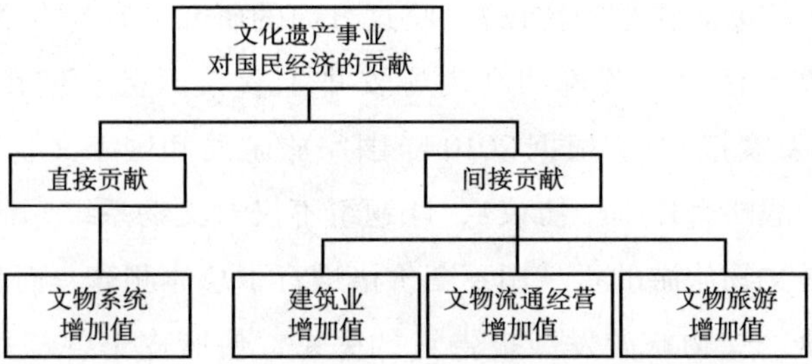

图主 2-1　文化遗产事业对国民经济贡献构成示意

我们已经发现文化遗产事业的经济贡献主要从其间接经济效益中体现出来，而间接经济效益又主要来自于依托文化遗产资源的旅游产业：文化遗产作为旅游产业及文化产业的重要资源，在培育国民经济新的增长点、带动现代服务业发展等方面发挥着不可替代的作用，对促进经济增长、加快经济发展方式转变的贡献越来越大。这个认识已经成为国内外的共识。[①] 例如，在 2010 年博鳌国际论坛上，中共中央宣传部部长刘云山同志发表讲话说："文化是旅游的灵魂，旅游是文化的载体。"这句话生动说明了文化遗产与旅游产业之间的密切关系。[②] 多年来，作为国内观光旅游重要支撑的文物旅游[③]，不仅发挥了重要的经济功能，而且在文物系统对国民经济贡献中扮演了主角。2008 年、2009 年、2010 年蓝皮书已经在文物旅游领域进行了大量的研究和测算工作，今年蓝皮书中则根据形势发展——2010 年国家文物局和国家旅游局联合签订了《旅游

① 2009 年国际博物馆日的主题就是"博物馆与旅游"。

② 中央领导的指示已经转化为实际的部门协作机制：2010 年 7 月 9 日，国家旅游局与国家文物局在北京签署《旅游发展与文物保护战略合作框架协议》。该协议的签订标志着文物旅游战略合作新局面的开始，同时符合李长春同志在我国第五个文化遗产日发表的署名文章中的重要精神——"围绕中心、服务大局，不断提高文化遗产事业对促进经济社会发展的贡献"。

③ 我国是文物资源大国，据统计，目前我国共有全国重点文物保护单位 2352 处，省级文物保护单位 8831 处，市县级文物保护单位 58371 处；世界文化遗产 29 处，世界文化与自然混合遗产 4 处。这些丰富而珍贵的文化遗产资源是我国旅游业赖以发展的重要物质基础。我国现阶段的旅游产业仍以观光旅游为主体类型，而文物旅游在其中占据重要地位。据今年蓝皮书测算，2010年，全国文物旅游收入占观光旅游总收入比例保守估计接近10%；又以国家风景名胜区为例，2008 年文物吸引力因子高达 0.32，即选择国家级风景名胜区作为旅游目的地的游客中，有 32% 的人出游动机来源于其中文化遗产资源的吸引，相应的旅游花费应算作文化遗产的贡献（详见 2010 年蓝皮书技术报告第二章"国家级风景名胜区中的文化遗产对国民经济的贡献测算"一节）。

发展与文物保护战略合作框架协议》，将这方面的研究上升为本章主体部分。

二是在测算方法、相关说明和内容安排上直接服务于应该在近期完成的《全国文物旅游发展报告》。根据2010年国家旅游局和国家文物局签署的《旅游发展与文物保护战略合作框架协议》，课题组不仅对文物系统"十一五"期间的经济贡献尤其是文物旅游的贡献用不变价格进行了总体测算，而且在写作中强化了蓝皮书与《全国文物旅游发展报告》的关系，使蓝皮书各章尤其是第二章能直接成为未来《全国文物旅游发展报告》的主要内容：作为两局合作协议中重要内容之一的《全国文物旅游发展报告》，其内容大致应该包括四个方面，而文化遗产蓝皮书的既有内容完全与其对应，具体关系如图主2－2所示。

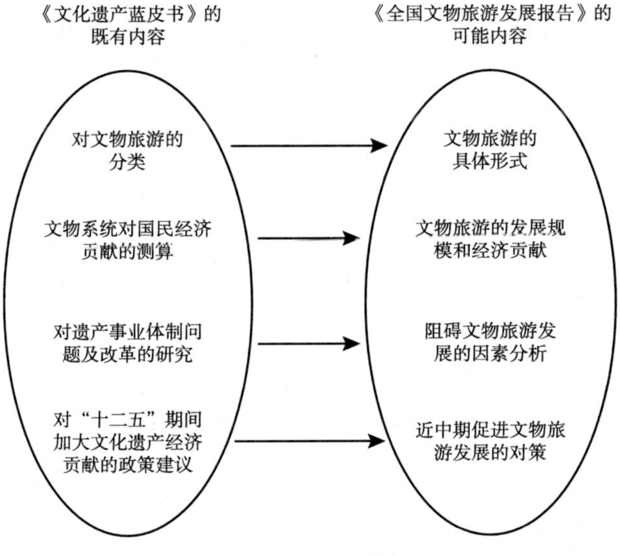

图主2－2　《文化遗产蓝皮书》与《全国文物旅游发展报告》相关内容对应关系示意

考虑这两方面以及保证蓝皮书相关测算的可比性，今年蓝皮书大体沿用了前三部蓝皮书所采用的核算框架①（如图主2－3所示），并将文化遗产事业对国民经济

① 囿于数据来源，我们仍然是以文物系统的情况来替代文化遗产事业的情况。另外，为了阅读方便，我们把更详细的计算原理、计算方法、计算中间结果以及相关数据变动的原因分析等都放在了技术报告第二章中，有兴趣的读者可结合技术报告第二章来阅读本节。图主2－3的相关说明也在技术报告第二章中。

的贡献用不变价格来核算（2001年不变价格），以增强年度计算结果的可比性，使年度贡献值能够加和成对“十一五”期间文化遗产事业对国民经济的总体贡献，同时方便与“十五”期间进行纵向对比和总体计量文物旅游对国民经济的贡献。

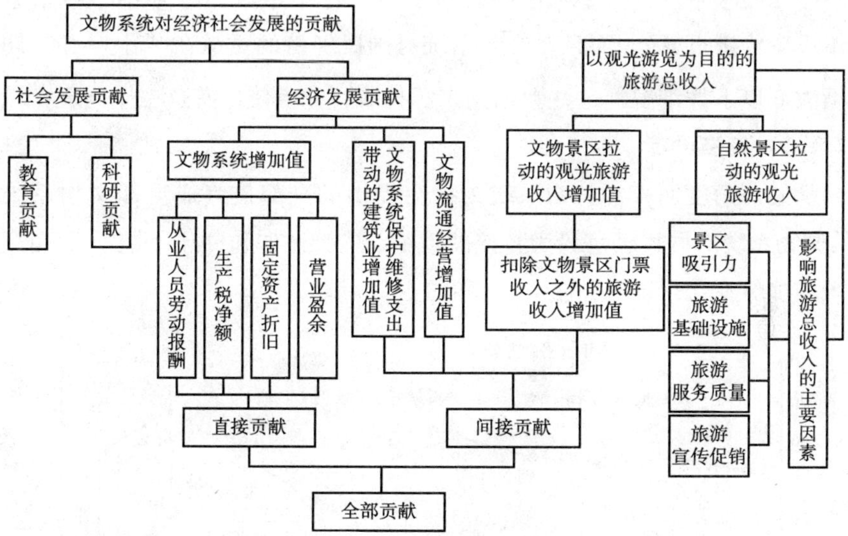

图主2－3　测算技术路线图

本章计算所涉及的数据，主要来自2001～2010年的《全国文物业统计资料》、《中国国内旅游抽样调查资料》（2001～2010年）以及《中国旅游统计年鉴》（2001～2010年），[①] 文物旅游增加值的数据则来自课题组的分析。基本上，依托这些数据的计算均与2008年、2009年、2010年蓝皮书中的相关计算具有方法上的延续性和结果上的可比性。

2.1　文化遗产事业对国民经济贡献测算的技术路线

以文物系统为主来测算文化遗产事业对国民经济的贡献，就是要根据图主2－3的测算技术路线将其直接贡献和间接贡献加总，然后与国家对文物系统的常规性财政投入进行比较，以回答下面三个问题：

①文物系统对国民经济的贡献在“十一五”期间有多大？

① 更详细的数据来源说明请参看技术报告第二章。

②通过哪些手段可以加大文物系统对国民经济的贡献？

③文物旅游在文物系统对国民经济的贡献中究竟有多大分量？

经过测算，从一个阶段的下限值来看，“十一五”期间全国文物系统对国民经济的全部贡献合计为1439.8亿元，这个经济产出是对其财政投入的4倍（按2001年不变价格折算），而且，文物系统对国民经济的贡献在“十一五”期间仍然在增大。以下详细解释这些数据的来源构成，并系统回答这三个问题。

2.1.1 直接贡献

只从经济角度而言，文物系统为社会提供的全部最终成果即文物系统增加值①是文物系统对国民经济最为直接的贡献。“十五”和“十一五”期间全国文物系统增加值变化情况见图主2－4和图主2－5。

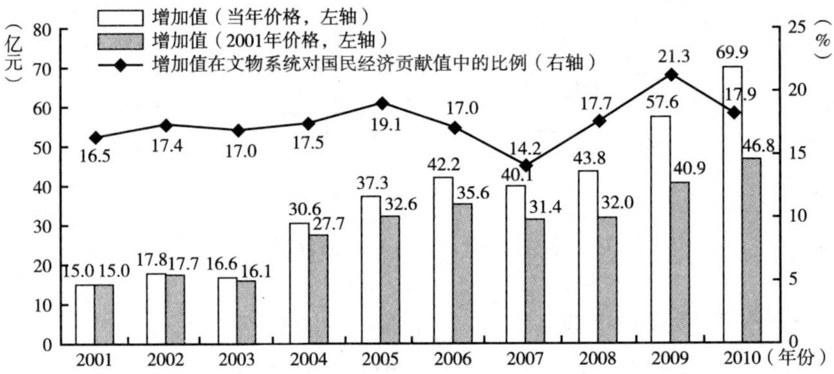

图主2－4　“十五”与“十一五”期间全国文物系统增加值逐年变化情况

如图主2－4和主2－5所示，全国文物系统增加值总体上保持了较好的增长势头。从“十五”和“十一五”两个时期对比情况来看，绝对数量上，“十一五”期间增加值是“十五”期间的1.7倍（按可比价格计算为1.3倍）；相对增速上，“十一五”期间增加值的平均增速（年均名义增长②率为13.4%，实际增长率仅为7.1%）要低于“十五”期间（年均名义增长率为25.6%，实际增长率为21.5%）。

① 文物系统增加值是指一国（或地区）在一定时期内（通常为一年）文物系统内的科研单位、文物保护管理单位、博物馆、文物商店等机构向社会提供产品或服务而增加的价值总和。

② 名义增长即为按照当年价格计算。实际增长为按照2001年可比价格计算。年均名义增长率实际就是按数学方法算出来的增长率，（今年数－去年数）/去年数×100%，因为在经济中通常有通货膨胀或通货紧缩的情况发生，所以年均实际增长率＝年均名义增长率－通货膨胀率。

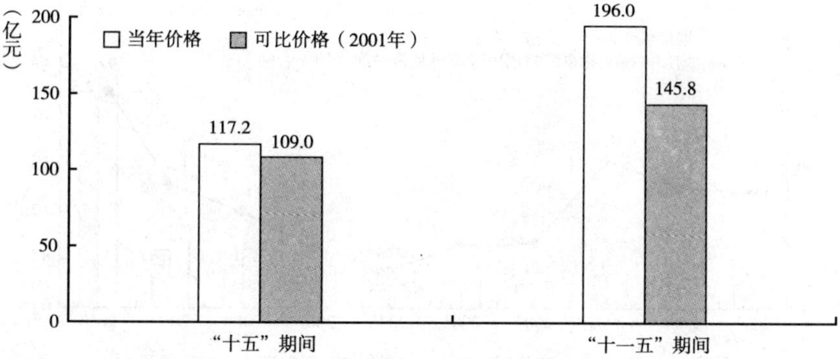

图主2－5　“十五”与“十一五”期间全国文物系统增加值对比

分析其原因，主要是2008年以来博物馆全面免费开放和全球金融危机直接导致了文物系统门票收入的减少，从而影响到了“十一五”中后期文物增加值的增速。

2.1.2　间接贡献

文化遗产对国民经济的贡献，除了前边提到的行业内直接贡献即文物系统增加值外，还包括行业外间接贡献，主要涉及文物系统保护维修支出带动的建筑业增加值、文物流通经营增加值和文物旅游增加值三个方面。下面将逐一进行回顾与评价。

（1）文物系统保护维修支出带动的建筑业增加值①

“十五”和“十一五”期间全国文物系统各年保护维修支出带动建筑业增加值变化情况见图主2－6和图主2－7。

① 图主2－3间接贡献计算中所提到的“文物系统保护维修支出带动的建筑业增加值”中“文物系统保护维修支出”并不包括文物系统实际可支配的专项转移支付资金和相关基础设施建设资金，而仅包括《全国文物业统计资料》中列出的维修支出项。尽管这些资金确实对建筑业起到了不小的促进作用，例如，这种资金中的“大头”之一（另一个大头是中央财政用专项转移支付形式支持对地方文博单位进行修缮或专门建设的资金），博物馆等的建设资金就是作为城市基础设施资金，直接用于博物馆建设。因为这些项目资金不仅数额巨大且具有跨年度拨付、资金到位滞后、数据来源不可靠等特点，不宜进行年度间的纵向比较。因此在测算其经济贡献时也无法将其纳入。这属于计算的一个漏损，实际上低估了文物系统对国民经济的贡献。不过，这些专项资金数目巨大（如“十一五”期间的“大遗址”专项资金涉及100个项目和数十亿经费：大遗址保护项目所需资金，采取中央和地方共同筹集的方式解决。其中，中央财政在“十一五”期间投入大遗址保护专项资金20亿元，主要用于36处中央政府主导的大遗址保护示范工程，64处中央政府引导的大遗址保护工程以及大遗址保护管理体系建设），不能不考虑其实际效益。由于缺少面上数据，本章第5节只是对其效益进行了面上定性分析和案例半定量分析，没有将其对国民经济的贡献计入文物系统对国民经济贡献值的总盘子中。

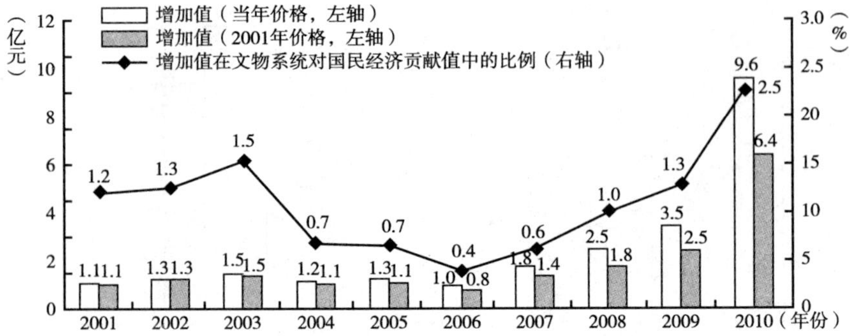

图主2－6　“十五”与“十一五”期间全国文物系统保护维修带动建筑业增加值变化情况

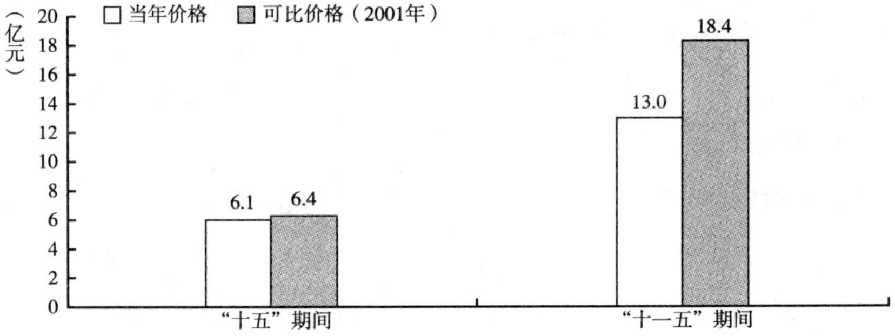

图主2－7　“十五”与“十一五”期间全国文物系统保护维修带动建筑业增加值对比

如图主2－6和图主2－7所示，“十一五”期间全国文物系统保护维修带动建筑业增加值有较快增长。从“十五”和“十一五”两个时期对比情况来看，绝对数量上，“十一五”期间增加值是“十五”期间的2.9倍（按可比价格计算为2.1倍）；相对增速上，“十一五”期间增加值的平均增速（年均名义增长率为76.0%，实际增长率为66.2%）要远远高于“十五”期间（年均名义增长率仅为4.3%，实际增长率为0.8%）。

（2）文物流通经营增加值

“十五”与“十一五”期间全国文物艺术品拍卖企业增加值见图主2－8和图主2－9。

如图主2－8和图主2－9所示，全国文物艺术品拍卖企业增加值总体上保持了高速增长。从“十五”和“十一五”两个时期对比情况来看，绝对数量上，“十一

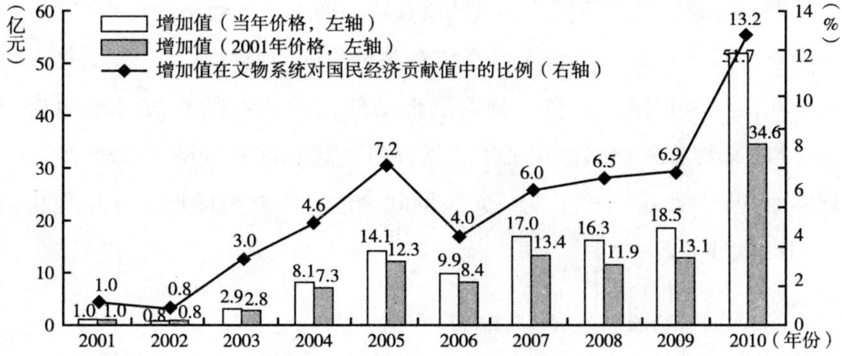

图主 2-8　"十五"与"十一五"期间全国文物艺术品拍卖企业增加值变化情况

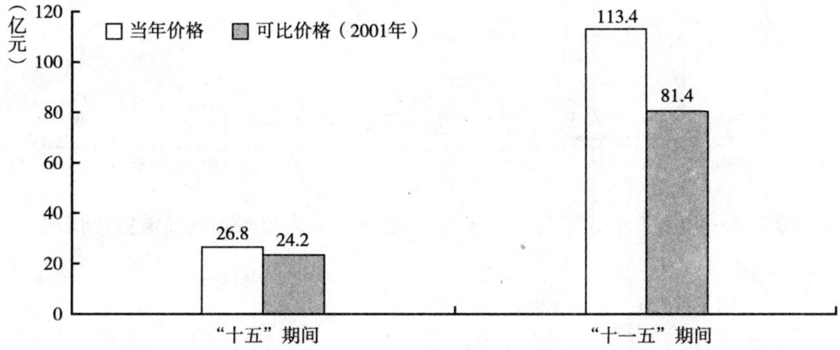

图主 2-9　"十五"与"十一五"期间全国文物艺术品拍卖企业增加值对比

五"期间增加值是"十五"期的 4.2 倍（按可比价格计算为 3.4 倍）；相对增速上，"十五"期间增速（年均名义增长率高达 96.2%，实际增长率为 89.7%）要高于"十一五"期间（年均名义增长率为 51.1%，实际增长率为 42.7%），但均属于快速增长。与之对应的这一时期，恰恰是中国文物艺术品拍卖市场的黄金时代。文物艺术品拍卖行业除了在经营机构的数量、经营范围的种类、拍卖业绩的提高等诸方面继续保持快速拓展的态势之外，在经营模式上也与全球艺术市场进一步接轨，并以北京、上海为中心形成了所谓"中国艺术品拍卖市场的中心化"发展态势。

（3）文物旅游增加值

文化遗产蓝皮书课题组自 2007 年开展相关工作以来，一直利用国家旅游局的相关统计数据和分析方法量化分析文物系统通过旅游产业产生的经济贡献，并将这种贡献与文物系统对国民经济的整体贡献进行比较。

在测算文物旅游增加值时，必须明确文物旅游对国民经济的贡献有两个方面：

——直接经济贡献，来自文物系统有关单位的门票收入；

——间接经济贡献，来自文物系统带动的旅游产业的产值（不包括门票收入）。此处的文物旅游增加值包括了直接经济贡献和间接经济贡献两部分。

具体而言，“十五”和“十一五”期间全国文物旅游增加值逐年变化情况见图主2－10和图主2－11。

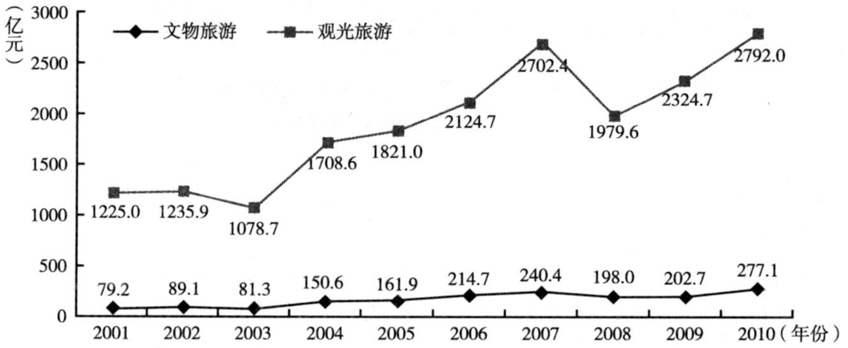

图主2－10　“十五”与“十一五”期间全国文物旅游增加值变化情况

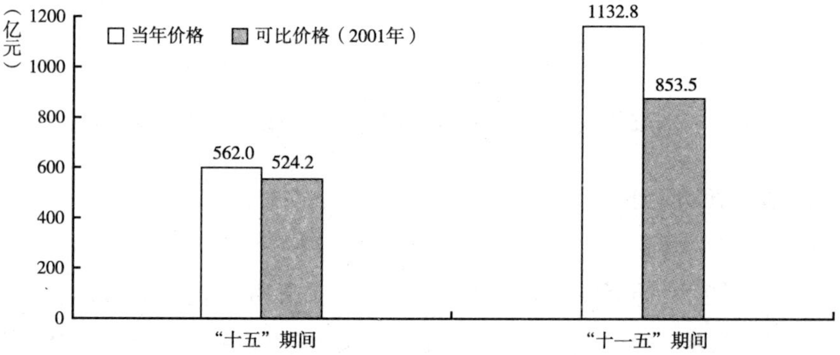

图主2－11　“十五”与“十一五”期间全国文物旅游增加值对比

从图主2－10和图主2－11可发现：多年来，文物旅游在文物系统对国民经济贡献中扮演了重要的角色，且这种贡献值总体上保持了增长态势。从“十五”和“十一五”两个时期对比情况来看，绝对数量上，“十一五”期间是“十五”期间的2.0倍（按可比价格计算为1.6倍）；相对增速上，“十一五”期间增加值的平均增速（年均名义增长率仅为6.6%，实际增长率为0.6%）低于“十五”期间（年均名义增长率为19.6%，实际增长率为15.6%）。分析其原因，主要是受2008年下半年开始蔓延全球的金融危机影响，直接导致了观光旅游收入的减少，从而直接影响到了“十一五”中后期文物旅游增加值的增速。另外，可以发现文物旅游的产值占观光旅游的总体产值的比例不高，这与文物资源在旅游产业中的支柱性地位是不相称的。①

2.1.3　全部贡献

“十五”和“十一五”期间全国文物系统对国民经济的全部贡献见图主2-12和图主2-13。

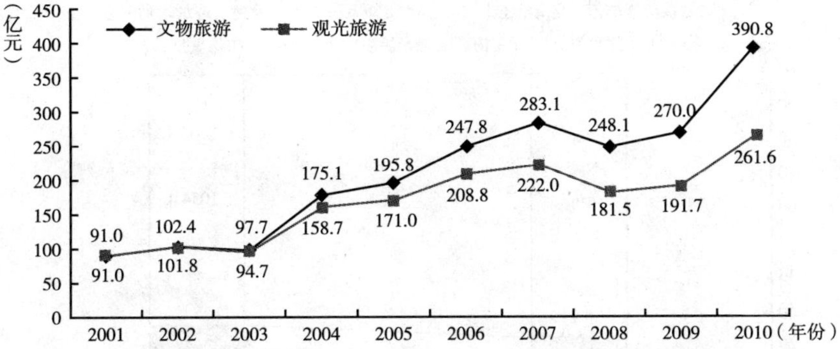

图主2-12　“十五”与“十一五”期间全国文物系统对国民经济全部贡献变化情况

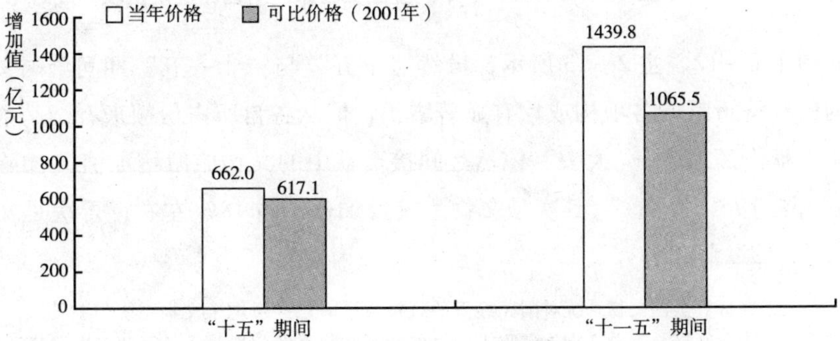

图主2-13　“十五”与“十一五”期间全国文物系统对国民经济全部贡献对比

① 可参看本章第4节的详细分析。

如图主2－12、图主2－13所示，全国文物系统对国民经济全部贡献总体上保持了较快增长。从“十五”和“十一五”两个时期对比情况来看，就绝对数量而言，“十一五”期间增加值是“十五”期间的2.2倍（按可比价格计算为1.7倍）；就相对增速而言，“十一五”期间增加值的平均增速（年均名义增长率仅为12.1%，实际增长率为5.8%）要远低于“十五”期间（年均名义增长率为21.1%，实际增长率为17.1%）。综合其原因，主要是受2008年下半年开始蔓延全球的金融危机对境内外观光旅游的影响。“十五”和“十一五”期间全国文物系统对国民经济的全部贡献的构成及变化情况见图主2－14。

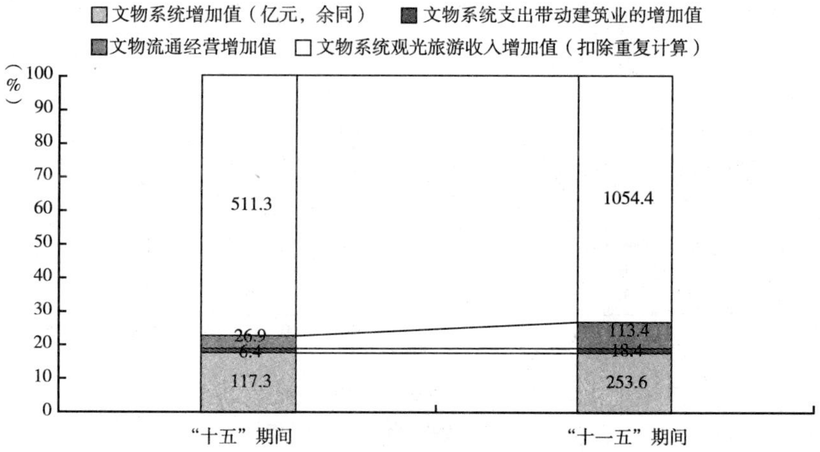

图主2－14 “十五”与“十一五”期间全国文物系统对国民经济贡献构成对比

如图主2－12、主2－13所示，虽然“十五”与“十一五”期间全国文物系统对国民经济贡献的各项构成均有显著增长，但从各自所占份额来看，基本无变化。从贡献份额来看，“大头”依然是间接贡献中的文物旅游增加值（扣除重复计算），占到75%左右；[①] 其次是文物系统增加值，占18%左右；再次是文物流

① 蓝皮书在计算全国文物系统对国民经济的直接贡献时已经考虑了文物系统门票收入，而在计算文物旅游间接贡献的文物旅游收入中也包括了文物系统门票收入，因此存在重复计算的问题。为此，我们在计算全国文物系统对国民经济的贡献时，将这部分重复计算值在文物旅游增加值中做了统一扣除。但在单独说明文物旅游对国民经济的贡献时，这部分贡献都属于间接贡献（即不计入直接贡献中的相应部分），所以应该用文物旅游增加值的全口径统计数字而不应剔除重复计算部分。例如，“十一五”期间，文物旅游增加值扣除重复计算后为1054.4亿元（见图主2－14），全口径统计数为1132.8亿元（见图主2－11）。建议有关单位和个人在引用本蓝皮书中关于文物旅游对国民经济贡献数据时选用全口径计算结果。

通经营增加值，占6%左右；最小的是文物系统保护维修支出带动的建筑业增加值，仅占1%左右。

从贡献份额来看，可以得出这样一个重要结论：文物系统对国民经济贡献的“大头”来自其间接经济贡献，而这种贡献的“大头”又来自文物旅游。这是因为“十一五”期间全国文物旅游对国民经济的全口径贡献值为1054.4亿元，占文物系统对国民经济全部贡献1439.8亿元的73.2%。

2.1.4　投入产出分析

今年蓝皮书关于“十五”与“十一五”期间全国文物系统经济产出和文物系统财政投入比例变化情况见图主2－15和图主2－16。

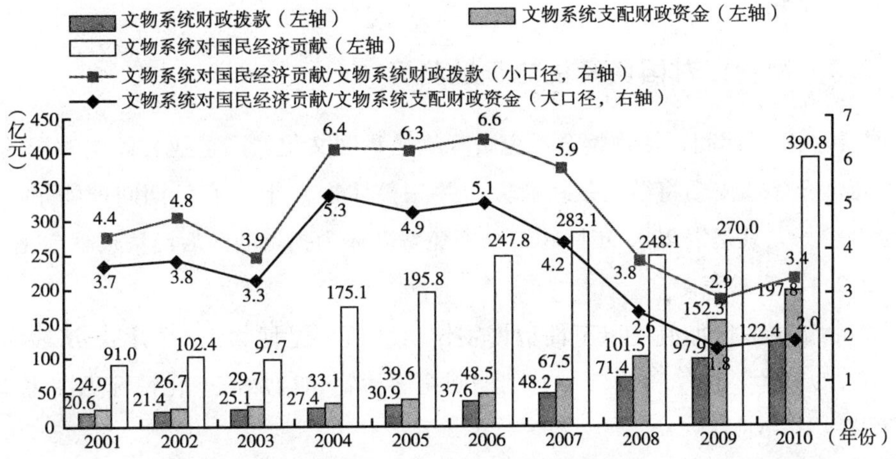

图主2－15　“十五”与“十一五”期间文物系统投入产出比例年度变化

如图主2－15和主2－16所示，从“十五”和“十一五”两个时期对比情况来看，文物系统投入产出比总体经历了从上升到下降两个阶段。分析其原因，主要有四：一是文物旅游收入的非正常减少（主要是全球金融危机和博物馆全面免费开放的影响）；二是旅游产业已经开始结构升级；① 三是财政拨款的基数已较高且还在快速增长；四是文物系统的管理体制、管理水平和服务能力等方面还有待改善。

① 旅游产业未来发展的趋势必然是从观光旅游向休闲度假等深度旅游转型，从而分流部分观光旅游人群，且休闲度假业态的产值通常高于观光旅游。这方面可以从不同业态的产值变化中窥斑，具体参见本章第4节。

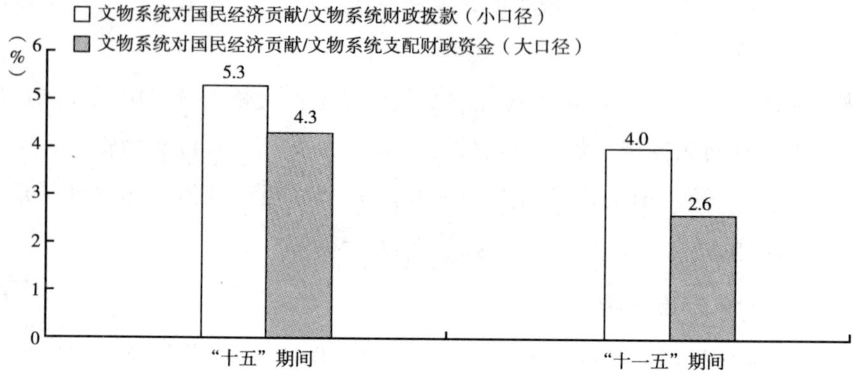

图主 2-16　“十五”与“十一五”期间文物系统投入产出比例变化

2.2　博物馆对国民经济的贡献测算

“十一五”期间，博物馆全面免费开放是我国文化遗产事业在民生领域的重大亮点。今年蓝皮书将继续跟踪研究，并完整体现“十一五”期间博物馆经济贡献全貌，尤其是以 2008 年博物馆全面免费开放为拐点的前后经济贡献变化。①

2.2.1　直接贡献

博物馆事业增加值（以下简称博物馆增加值）是博物馆对国民经济最为直接的贡献。②“十五”和“十一五”期间全国博物馆增加值变化情况见图主 2-17 和图主 2-18。

如图主 2-17 和图主 2-18 所示，全国博物馆增加值总体上保持了较好的增长势头。从“十五”和“十一五”两个时期对比情况来看，绝对数量上，“十一五”期间增加值是“十五”期间的 2.0 倍（按可比价格计算为 1.6 倍）；相对增速上，“十一五”期间增加值的平均增速（年均名义增长率仅为 13.7%，实际增长率为 7.4%）要低于“十五”（年均名义增长率为 22.4%，实际增长率为 18.4%）。

① 今年仍然参照文化遗产事业对国民经济贡献的核算框架和主要计算方法，仍然是按照没有异议的直接经济贡献和基本没有疑义的间接经济贡献两部分来计算，以体现方法上的延续和结果上的可比。

② 在本书中指某一省级行政区在一定时期内（通常为一年）文化文物系统内的博物馆向社会提供产品或服务而增加的价值总和。

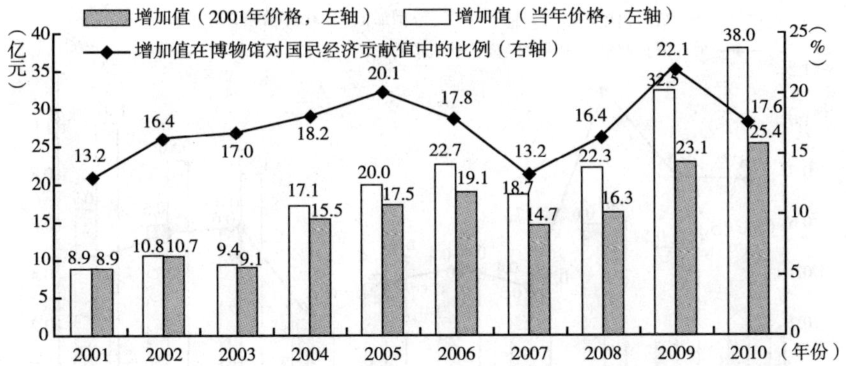

图主2－17　“十五”与“十一五”期间全国博物馆增加值逐年变化情况

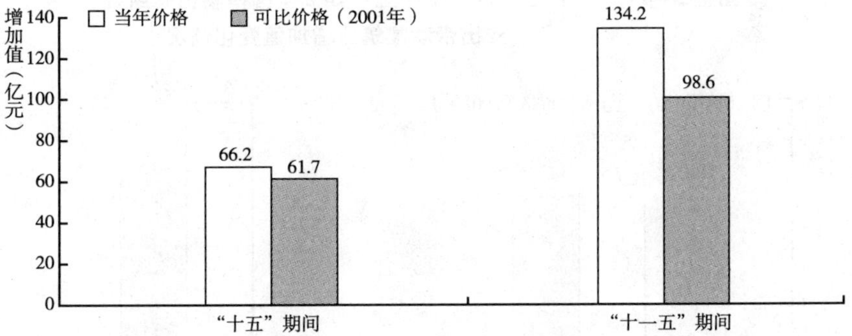

图主2－18　“十五”与“十一五”期间全国文物系统增加值对比

2.2.2　间接贡献

博物馆对国民经济的间接贡献，主要涉及博物馆修缮费支出带动建筑业增加值和博物馆旅游增加值两个方面。有别于文物系统，此处不需要考虑全国文物艺术品拍卖企业的贡献。下面将逐一进行回顾与评价。

（1）博物馆修缮费支出带动建筑业增加值

“十五”和“十一五”期间全国博物馆各年修缮费支出带动建筑业增加值变化情况见图主2－19和图主2－20。

如图主2－19和图主2－20所示，“十一五”期间全国博物馆修缮费支出带动建筑业增加值增长缓慢。从“十五”和“十一五”两个时期对比情况来看，绝对数量上，“十一五”期间增加值是“十五”期间的1.4倍（按可比价格计算为1.1倍）；相对增速上，“十一五”期间增加值的平均增速（年均名义增长率

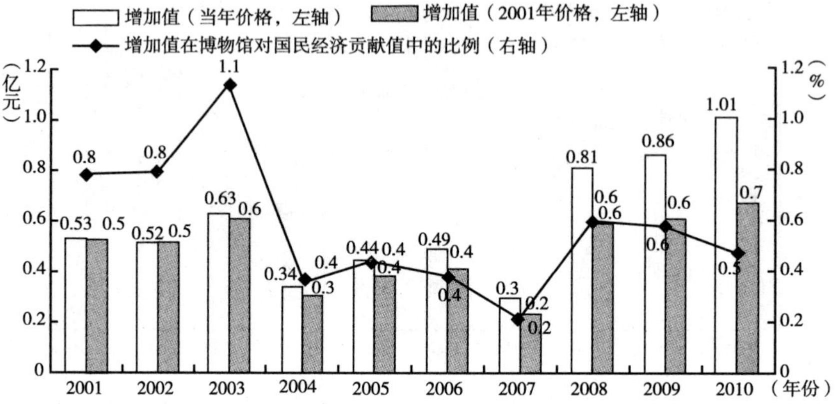

图主2－19　“十五”与“十一五”期间全国博物馆修缮费支出带动建筑业增加值变化情况

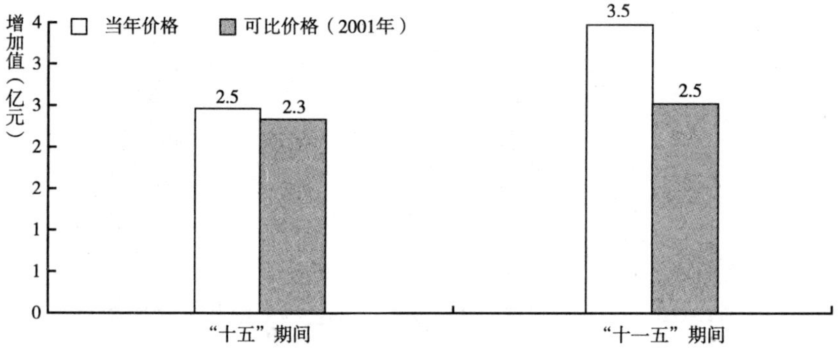

图主2－20　“十五”与“十一五”期间全国博物馆修缮费支出带动建筑业增加值对比

为19.8%，实际增长率为13.1%）要远远高于“十五”（年均名义增长率为－4.5%，实际增长率为－7.7%）。预计今后10～15年，由于我国博物馆现状规模与博物馆事业对经济社会发展重要性的反差（我国博物馆数量与我国文化遗产大国的地位相距甚远），我国的博物馆建设仍会处于高速增长期，未来博物馆建设对我国建筑行业的带动作用不可小觑。

（2）博物馆旅游增加值

博物馆对国民经济贡献的“大头”来自博物馆旅游。“十五”和“十一五”期间全国博物馆旅游增加值变化情况见图主2－21和图主2－22。

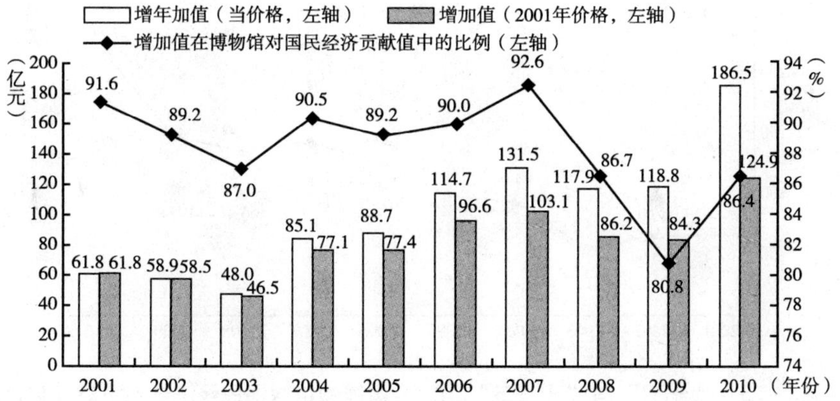

图主 2－21　“十五”与“十一五”期间全国博物馆旅游增加值变化情况

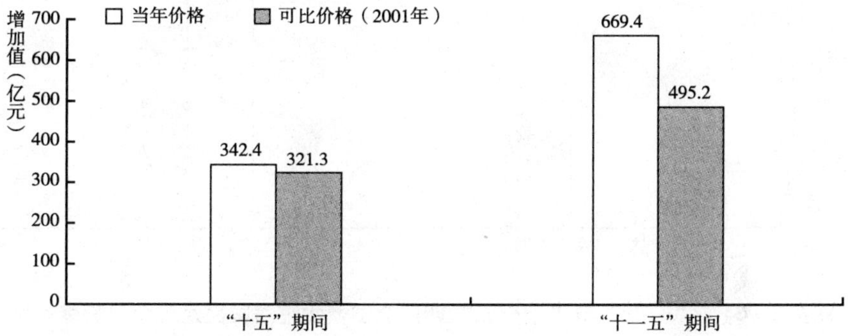

图主 2－22　“十五”与“十一五”期间全国博物馆旅游增加值对比

如图主 2－21 和图主 2－22 所示，全国博物馆旅游增加值总体上保持了较快增长。从“十五”和“十一五”两个时期对比情况来看，绝对数量上，“十一五”期间增加值是“十五”期间的 2.0 倍（按可比价格计算为 1.5 倍）；相对增速上，“十一五”期间增加值的平均增速（年均名义增长率仅为 12.9%，实际增长率为 6.6%）略高于“十五”期间（年均名义增长率为 9.4%，实际增长率为 5.8%）。2008 年下半年开始的金融危机，直接导致了观光旅游收入的减少，从而直接影响到了“十一五”中后期博物馆旅游增加值的增速。

2.2.3　全部贡献

“十五”和“十一五”期间全国博物馆对国民经济的全部贡献见图主 2－23 和图主 2－24。

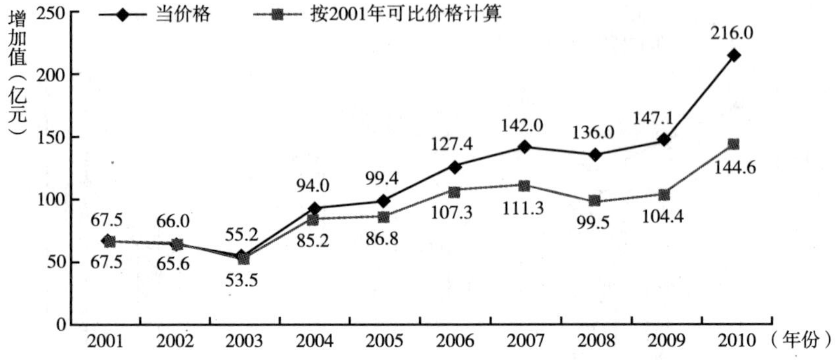

图主 2 -23　“十五”与“十一五”期间全国博物馆对国民经济全部贡献变化情况

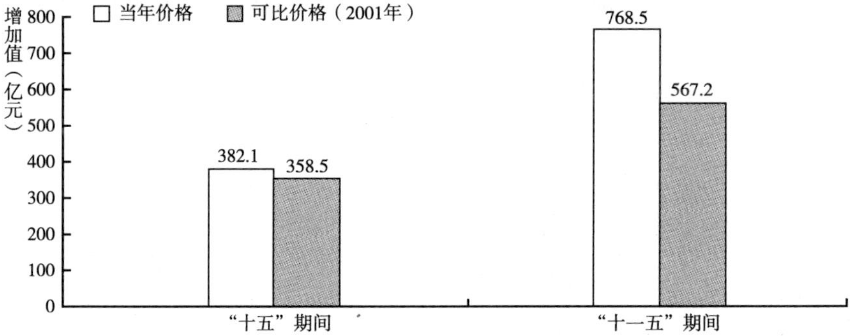

图主 2 -24　“十五”与“十一五”期间全国博物馆对国民经济全部贡献对比

如图主 2 -23 和图主 2 -24 所示，全国博物馆对国民经济全部贡献总体上保持了稳定增长。从“十五”和“十一五”两个时期对比情况来看，绝对数量上，“十一五”期间是“十五”期间的 2.0 倍（按可比价格计算为 1.6 倍）；相对增速上，“十一五”期间增加值的平均增速（年均名义增长率为 14.1%，实际增长率为 7.7%）略高于“十五”期间（年均名义增长率为 10.2%，实际增长率为 6.5%）。尽管随着 2008 年博物馆全面免费开放，博物馆对国民经济的直接贡献暂时出现一定程度的下降，但博物馆对国民经济的贡献更多通过博物馆辐射和带动相关产业的发展来实现，且博物馆自身产业（如纪念品出售和展品交流、个性化服务等）也会逐渐发展壮大（如图主 1 -1 所示）。因此，正如李长春同志在 2010 年中国文化遗产日发表的署名文章中提示的那样，像诸多进行“博物馆之城”建设的城市那样，只要积极寻找博物馆与其他产业的接合点和积极发展博物馆自身产业，未来博物馆在免费开放后仍然能提升其对国民经济的贡献率。

“十五”和“十一五”期间全国博物馆对国民经济的全部贡献的构成及变化情况见图主2－25。

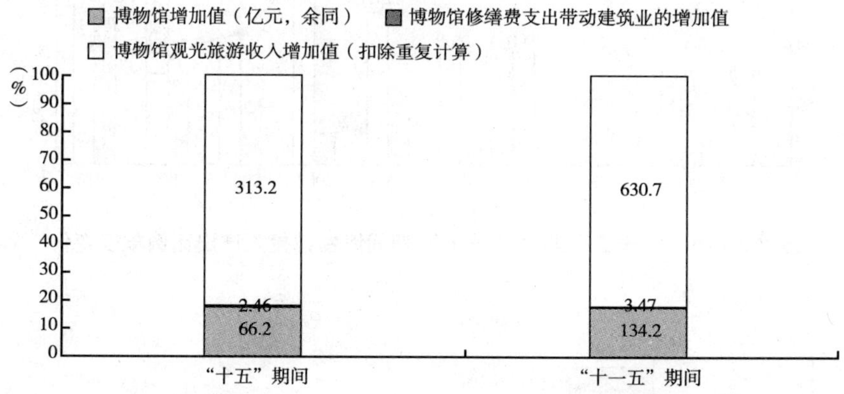

图主2－25　“十五”与“十一五”期间全国博物馆对国民经济贡献构成对比

如图主2－25所示，虽然“十五”与“十一五”期间全国博物馆对国民经济贡献的各项构成除博物馆修缮支出带动建筑业增加值增长缓慢以外，其他两项均有显著增长，但从各自所占份额来看，基本无变化。从贡献份额来看，“大头”依然是间接经济贡献中的博物馆旅游增加值，占82%左右；其次是博物馆增加值，占17%左右；最小的是博物馆修缮支出带动建筑业增加值仅占不到1%。

2.2.4　投入产出分析

“十五”与“十一五”期间全国博物馆经济产出和文物系统财政投入比例变化情况见图主2－26和图主2－27。

如图主2－26和图主2－27所示，全国博物馆投入（财政拨款）和产出（经济贡献）总体上均保持了较快增长。“十五”、“十一五”期间投入的增速均高于产出的增速。因此，直接导致了投入产出比例的逐年走低，这充分说明了博物馆的经济功能发挥得还不够，在保证财政拨款稳定增长的同时，博物馆还需要审视其管理体制、管理水平等因素，考虑如何通过改善管理来提高系统内部经济上的投入产出水平。

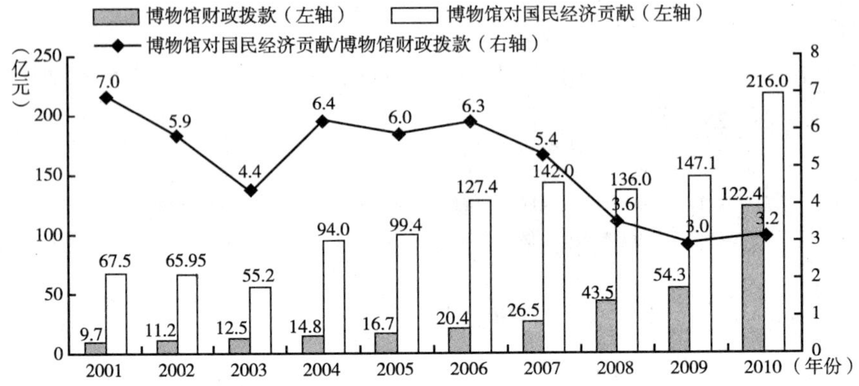

图主2-26　“十五”与“十一五”期间博物馆投入产出比例年度变化

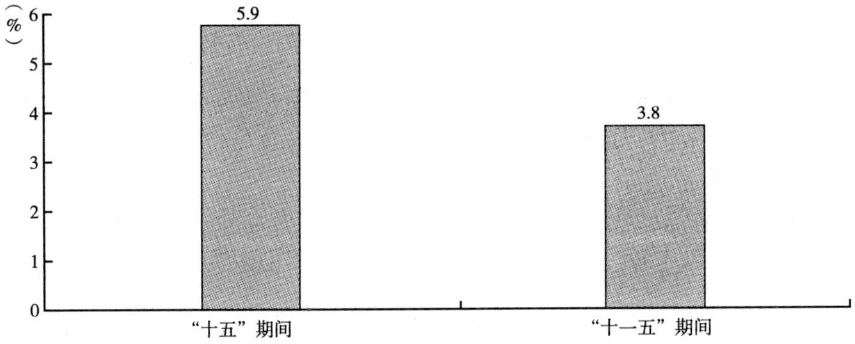

图主2-27　“十五”与“十一五”期间博物馆投入产出比例变化

3　文化遗产事业对经济社会发展的贡献与相关发展目标的差距分析

在主题报告第一章和本章第2节定量分析的基础上，比对有关文件和发展规划（包括2005年《通知》、《文物“十一五”规划》和《“十一五”期间大遗址保护总体规划》）中的目标，可以初步整理出文化遗产事业对经济社会发展贡献与相关发展目标的差距。

表主 2-1　“十一五”期间文化遗产事业及相关产业的经济社会贡献情况

<table>
<tr><th colspan="2">发展目标</th><th rowspan="2">完成情况</th></tr>
<tr><th>总目标</th><th>分项目标</th></tr>
<tr><td rowspan="3">《文物“十一五”规划》：到2010年，初步建立比较完备的文物保护制度，文物保护状况得到明显改善。到2015年，基本形成较为完善的文物保护体系，文物得到全面有效保护</td><td>完善博物馆体系，加强展示宣传和社会服务工作。建立陈列展览和社会服务质量评价体系，增强陈列展览的专业性、学术性和知识性、趣味性、观赏性，以及服务内容的丰富性和多样性</td><td>文物系统博物馆参观人次逐年增长，各地在文物展示方式创新方面已经小有成果。但科学定量的陈列展览和社会服务质量评价体系尚未建立，为公众服务的广度、深度以及方式都跟不上事业发展需要</td></tr>
<tr><td>充分发挥文物事业在构建和谐社会中的积极作用</td><td>文物系统博物馆免费开放政策的实施较好地体现了文化遗产事业的社会效益，但与红色旅游等新业态的结合不紧密</td></tr>
<tr><td>建立有效的世界文化遗产保护管理机制，建立大遗址保护和利用良性互动模式</td><td rowspan="2">初步建立了大遗址保护管理体系（国家考古遗址公园），但在世界文化遗产保护管理机制没有大的突破，100处大遗址中的多数还没有发挥专项保护资金的综合效益，在促进人民群众生活方式与质量改善方面存在较大差距</td></tr>
<tr><td>《“十一五”期间大遗址保护总体规划》：到2010年，初步建立比较完备的大遗址保护管理体系</td><td>大遗址的本体和环境的整体保护得到明显改善，执法力度明显加大，努力使部分有条件的大遗址列入世界文化遗产名录；发挥专项保护资金的综合效益，促进城市建设和人民群众生活方式与质量的改善，谋取区域社会效益，生态效益的和谐与可持续发展。</td></tr>
</table>

总结这些未能尽善尽美之处，可以发现其两方面规律：①对经济的贡献方面，文物旅游尚有较大的发展空间，与旅游新业态（如红色旅游）的结合还不紧密，大遗址保护项目建设对周边区域国民经济发展的贡献也还未全面、广泛地体现出来；②对社会的贡献方面，文保单位和博物馆的相关服务与时俱进的程度不够（体现在服务的广度、深度和方式上），与人民群众的日常文化生活结合得还不够紧密，多数大遗址保护项目的实施并没有与周边区域人民群众的生活方式与改善关联起来，从文化遗产中体验到美好生活的人群数量还不够。

4　文物旅游发展的现状、问题和对策

从本章第2节和表主2-1中可以发现，文物旅游在文化遗产相关产业中最为重要：文化遗产事业对国民经济贡献的“大头”来自文物旅游。而既确保文

化遗产事业社会效益充分体现又使得文物旅游的经济效益能充分体现的关键是：在文物保护“十六字工作方针”的指导下实现文物资源与旅游产业的良性结合。为此，需要以文物保护“十六字工作方针”为标杆确立文物旅游发展观，并据此发现文物旅游的问题、提出对策。

4.1 文物旅游的概念及其产业特点

4.1.1 文物旅游的概念

如果仅从产业资源的角度定义，可以认为：以文物为主要吸引物开展并符合国家相关法律法规的旅游产业活动即为文物旅游。这个定义中有三点要求：①文物必须是旅游活动的主要吸引物；②旅游活动是以产业而非事业的方式进行的，旅游活动的直接组织者是营利性社会力量而非政府，旅游活动的各项内容遵循旅游产业的规定，也体现旅游产业的规律；③在旅游活动开展中，文物保护是前提，即旅游活动及其相关建设和管理必须依法合规，不能影响文物的原真性和完整性。

4.1.2 文物旅游的产业特点

文物旅游的三点要求既将文物旅游与其他旅游的共性和个性描述出来，也反映了文物与旅游之间鱼水依存的关系和开展文物旅游活动的难度：①必须要经过文物旅游这种产业，才能将文物资源和文物产品转换为能被旅游者直接消费的商品。换言之，对数量广大的旅游者来说，文物旅游是其感受文化遗产魅力、“消费”文化遗产的唯一方式；②文物旅游是对文物保护与利用关系要求很高的产业活动，需要既满足保护要求又遵循产业规律，因此对文物旅游的产业管理必须有多于其他旅游活动的管理方式和内容。

另外，由于文物旅游属于产业活动，因此文物旅游资源的文物价值和旅游价值具有一定的差异①：不是所有的文物都能顺利地转换为旅游价值，两者成反比关系的情况同样存在。例如，一些文物价值虽高，但受其类型或所处位置的影响，利用难度大，从产业发展来说价值就不高；而可视性较强的文物资源，即使其文物级别不高，也容易成为被人喜爱的旅游资源。又如，只对专业人士或业余

① 本小节参考了国家文物局政策法规司委托河北师范大学旅游学院路紫教授完成的“文物旅游发展战略研究”报告。

爱好者具有吸引力的文物资源，并不具备可以通过产业化利用的消费群体，因而也难以成为文物旅游依托的主要资源。

4.2　文物旅游发展的成就和问题

4.2.1　文物旅游的发展观

从文物旅游的定义，可以看出文物旅游的发展必须如1982年制定的《文物保护法》中提出的那样——以“保护为主”。这是因为文物资源是文物旅游最根本的产业资源，皮之不存，毛将焉附？然而，保护为主并非只有保护，更非在任何区域、任何发展阶段都将保护作为主要工作内容。如果文物已经有了较好的保护基础，就需要把主要精力放在加强管理以使文化遗产资源得到合理利用上，毕竟这是唯一的使文化遗产全面彰显三大功能的途径。文物系统的确存在基础不牢的问题，但这并非所有文物的所有工作都基础不牢，很多地方的情况主要不是“利用”的基础不牢，而是按高标准的要求来看某些文物保护的基础不牢。因此，在某些区域，对某些“基础已牢”的文物，“十二五”期间可能更重要的工作是加大文物旅游发展的力度，使文化遗产资源在加强管理的情况下得到更合理的利用，使文化遗产事业为经济社会发展作出更大的贡献。

综合这些方面的考虑，并考虑到文物旅游的产业特点，按照前言中提到的“四个四”的新认识，可以认为在文物旅游发展中应该树立以“四个坚持”为核心的发展观[①]：①坚持工作方针；②坚持政府主导[②]；③坚持优先体现公益属性；④坚持旅游活动开展中服务社会、惠及民生。

4.2.2　文物旅游发展中存在的问题

我国的旅游产业在改革开放三十多年的跨越式发展中，相当一部分贡献尤其是核心吸引力依托于文物资源。反过来，文化遗产事业对国民经济的贡献，也主要体现在文物旅游上（占全部经济贡献值的75%左右）。但也正因为这样，在“文物本体保护好”的基础上，我们对文物旅游应该有更高的要求，这样才能体现“合理利用”的“理”。具体来说，这种“理”应该包括“一升一降”两

---

① 这个文物旅游发展观是由国家文物局副局长董保华在2012年4月的“文物旅游发展战略研究”课题报告评审会上提出来的，文化遗产蓝皮书课题组进行了整理。

② 此处的政府主导是指政府要强化对文物旅游产业的管理（相对普通旅游活动），并非政府直接参与文物旅游经营活动。

方面的内容。①升：文物旅游产业规模较大且其规模的增速应该不低于旅游产业的增速。②降：相关管理体制机制符合《文物保护法》的规定，能较好地处理保护与利用的关系，在文物旅游发展中文物本体受破坏的事件总体保持下降趋势。

从这两方面的“理”来衡量，我们认为文物旅游还存在两方面问题：总量和增量有限；相关体制机制有待规范。

（1）总量和增量有限

每一部蓝皮书都用大量篇幅对文物旅游进行定量分析，研究结果表明文物旅游不仅发挥了重要的经济功能，而且在文物系统对国民经济贡献中扮演了重要的角色。但是，对比文物系统观光旅游和整个观光旅游产业的发展速度（参见图主2－28），我们就容易找到差距：文物吸引力那么大，但文物旅游在观光旅游中的份额仍然那么小，一直没有较大幅度的提高，这是为什么？

过去十年，文物旅游和观光旅游的发展总体上都保持了增长态势。通过对比发现，文物旅游增加值的增速为17.4%，高于9.6%的观光旅游增加值增速。但从绝对量上来看，文物旅游相对于观光旅游的整体而言，绝对总量不高，相对份额仍很有限：文物旅游占比观光旅游从2001年的6%增长到2010年的11%，年均增幅仅约7%。总体而言，文物旅游在文物系统国民经济贡献中举足轻重（占全部经济贡献值的3/4左右），但文物旅游在观光旅游中的份额却仅有约1/10（见图主2－28）。从文物旅游占全部旅游业产值的比例来看，“十一五”期间，这个比例反而下降了（见图主2－29），说明文物旅游的产值增速慢于旅游业的产值增速。[①]

（2）机制有待规范

“十五”和“十一五”期间，文物旅游在观光旅游中的增加值占比变化不大，且这种发展速度下还有不少因为产业发展损坏文物本体的事件，这是为什么？

我们认为，这是当前文物系统尤其是基层文物管理单位存在的通病，即体制机制有待规范。各种管理形式都有，各种利用主体都有，精细化管理水平低下，这与“加强管理”、“合理利用”的方针不符。这方面的具体情况，主题报

① 更具体的说明可参见技术报告第二章2.3节。

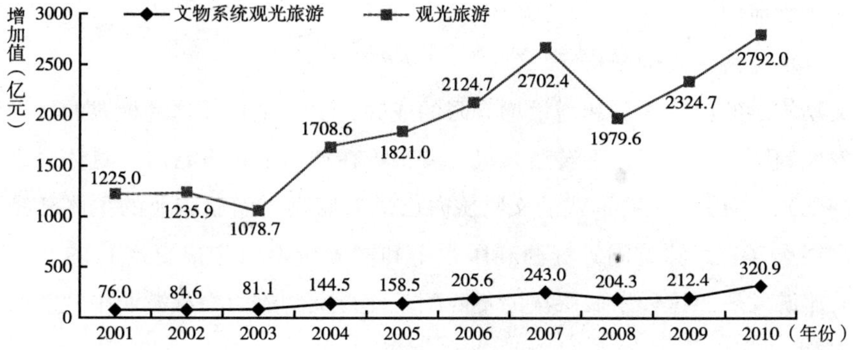

图主 2－28　“十五”与“十一五”期间全国文物旅游与观光旅游增加值年度变化

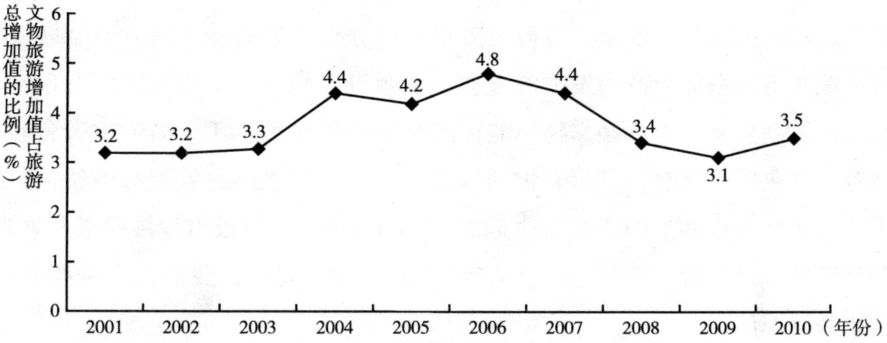

图主 2－29　“十五”与“十一五”期间全国文物旅游增加值占旅游总增加值份额变化

告第三章中依据调查结果有详细定量说明，其中明白无误地反映出：相关体制机制有待规范，否则既不能可持续地做大产业，也难以保护文物并让周边居民受益。

4.3　解决问题的对策及案例说明

4.3.1　问题的成因分析及对策

文物旅游在目前发展阶段遇到的这两方面问题，其实也是文化遗产事业发展中的共性问题。如果仅仅从经济学角度来分析，可以认为是产业发展遇到了瓶颈；而如果从事业、产业全局协调发展的角度来分析，就可以看出这些问题背后的体制机制成因。

——从经济学角度分析

文物旅游的产值总量和增量均有限的成因，主要是目前这种模式的文物旅游已经发展到了一个平台，不转型升级，就很难在产值上再上台阶。具体说来，以传统的观光旅游①为主要形式的文物旅游已遭遇瓶颈，而旅游业的主体已经开始向更高层次（也意味着同等资源利用水平和同等游客量产值更高）的度假旅游和体验旅游发展。这种发展层次的不匹配就使得文物旅游在旅游业中的产值比例很难提高。

——从事业、产业全局协调发展的角度分析

从事业、产业全局协调发展的角度看，就可以看出这些问题背后的体制机制成因。从2008年蓝皮书主题报告第三章开始，就对这样的问题进行过详细的制度分析。具体到文物旅游上，我们可以将这些分析结果概括为两方面制度成因。①生产关系不能适应生产力发展的需要。体制机制约束了文物旅游的合理发展，在僵化的体制机制下，许多文物不能在产业发展中为民所用。②内部的治理结构不规范。事业单位体制下，对文物的经营范围、经营主体的管理都不符合要求，既当裁判员又当运动员的情况往往是常态，特许经营一直没有发展起来，事业单位的经营还缺乏监管，尤其是社会监管。② 这方面的对策，我们将在主题报告第三章中系统提出。

4.3.2　从经济学角度促进文物旅游发展的对策

如何使文物旅游的产值增速不低于旅游产业的产值增速？从经济学角度而言，文物旅游的发展可分为外延扩大再生产和内涵扩大再生产两种③。以下详述④。

——外延扩大再生产是在生产技术、劳动效率和生产要素（生产资料和劳动力）质量不变的情况下，依靠增加生产要素数量以及扩大生产场所来扩大生

① 观光旅游是指观赏自然风光、城市风光、名胜古迹为目的的旅游，通过观光游览获得美的享受和愉悦身心，调节体力，这是最传统也是最基本的的旅游类型。

② 这些方面的问题，在本书末的特别关注二中以故宫为例进行了具体的说明。

③ 马克思在《资本论》第二卷第八章中，把扩大再生产分为外延的扩大再生产和内含的扩大再生产两种类型。

④ 本小节的主要内容引自“文物旅游开发的新方向”一文，作者为河北师范大学旅游学院的张园园和路紫（原文链接为：www. u7cn. net/News/Inv_view. asp id =2195）。

产规模，具体到文物旅游领域，主要就是做大文物旅游的规模。在“保护为主”的前提下，这种做大显然不能靠对文物资源的过度利用，而只能将相关资源整合起来做大产品规模。这种做大，是基于旅游经济学角度的认识：文物旅游开发的重点虽然是对文物及其所代表的文化内涵的挖掘，但如果仅仅关注这单一要素的开发，不足以满足不同层次的游客市场。因此，要从整体、全局的角度出发，根据文物旅游地的地理环境、文脉特色和文物旅游市场需求的特点，加强文物旅游地内各个类型的旅游资源的整合，力求使文物旅游资源与周边区域其他旅游资源合理结合，综合利用区域内各种社会文化资源，形成不同层次的旅游圈，以此拓展、优化文物旅游产品的地域空间结构。具体而言，在文物旅游地内，将文物旅游资源与其他类型资源进行互补性开发，加强文物旅游与休闲度假、民俗文化、绿色生态、节庆会展等类旅游产品的组合开发与整合，使文物旅游产品在内容上更加丰富、在类型上更加多样、在层次体系上更加完整，以满足旅游者的个性化需求，使得文物旅游地的微观空间领域得到进一步拓展。如在红色文物旅游资源开发中，红绿结合的模式在当前越来越受到关注，其在对红色内涵挖掘的同时，根据当地的地理环境充分利用其周边的自然景观资源，形成了以红色旅游为主轴，带动绿色旅游开发；以绿色生态产品为后盾，推动红色旅游发展的互补型红色生态旅游。在文物旅游地区域之间，根据文物旅游资源地域差异性分布不均衡的特点，将相对独立的文物旅游产品和相关景区进行串连、组合、包装，规划，构建若干个各具特色的精品文物旅游线路，增强资源的关联性和利用的便捷性，形成文物旅游集群效应，这样实际上也就扩大了文物旅游规模。

内涵扩大再生产主要指的是文物旅游的产业结构高级化，通常有三种方式：产品结构升级、生产的技术结构升级和全要素生产率结构升级（包括管理结构、利润结构等方面）。产品结构升级是文物旅游最容易实现的。文物旅游强调的是游客对文化、生活和历史的感觉体验，强调参与性与融入性，以此来满足心理感受的高层次旅游活动形式。然而当前文物旅游开发的主体多是一些静态观赏性的历史文化旅游产品，如遗址、古建筑、墓葬、石刻等，这些能让游客感知到的具体事物，难以持续激发游人的游兴。而依托文物资源及相关文化背景的参与体验性强的、健康向上的、富有特色的旅游活动，可满足各类文物旅游市场的需求，同时还可以增强游客对文物的保护意识。因此让游客获得一种文化上的审美体验和景观欣赏，增加参与性、体验性旅游项目，进行深度整合开发，是文物旅游产品结构升级的重要途径。具体而言，在展示方式上，可从“眼文化”过渡到“心文化”，改变原来单一的展示方式，使表现手段更加科学化、现代化和创意化。例如，红色文物旅游中，通过基本信息传递、模拟体验活动和氛围感染三个层次，构建一个真实历史体验长廊，让游客与红色遗迹融为一体，采用实景演出、4D 电影等形式，再现革命战斗场景，增强感染力；还可实施情景再现工程，复原历史生活场景，改变旧居旧址简单的、静态的展示模式，让旧居旧址活起来、动起来。在活动设计上，注重营造体验氛围，让游客最大程度、全方位地参与到整个旅游过程中，充分发挥游客的自觉性、主动性和积极性。可利用现有的体验资源搭建体验的场景或“舞台”，为旅游者提供一个体验的真实环境。在具体的体验场景和“舞台”设计基础上，根据主题线索设计体验“剧情”，策划各种活动项目，打造一个享受的体验过程。如在徽州古村落旅游开发中，针对“做一回徽州人”的体验主题，可以设计古民居、古学堂、游艺场所、农活场所和民俗演示场所等若干活动场景，让游客去学习模仿当地的生活生产方式，感受体验当地的民俗文化，最终使文物旅游活动融娱乐性、知识性、参与性为一体。此外，还可以通过改革营销办法实现全要素生产率结构升级，具体到文物旅游，主要是联合营销。这包括实现资源共享、信息共用、市场共建、客源互动、利益共分。还包括加强宣传上的合作，可将本地区与其他地区的文物旅游特色联系起来进行宣传。例如，在对运河这种线性文化遗产进行旅游开发时，运河沿线不同城市的资源特色有一定差异，每一个旅游地都有自己的发展重点，往往会形成各自孤立的发展状态，所以在运河旅游开发过程中，可通过构建主题性旅游协作联盟模式，在统一的主题下，将一种文化理念贯穿于看似孤立、分散的景点中，达到“景散意连”的效果，使旅游开发具有整体效应，将运河文化物质化、形式化，将各地文化资源捆绑联合营销，打造大运河文化旅游品牌。联合制作大运河文化旅游手册，利用影视作品再现大运河灿烂文化，这在一定程度上扩大了各地运河的影响力。

按这两个方向，文物旅游有几个重点发展领域有望取得率先突破。例如，对经济社会发展贡献更全面且能形成龙头产业作用的大遗址保护项目，围绕其发展文物旅游，就易于扩大产业规模、形成产业链和提高产业效益；又如，像重庆“红岩联线”这样通过体制机制改革，加强资源整合，打造和丰富文物旅游品牌产品体系，提高衍生产品和配套服务范围，属于外延扩大再生产和内涵扩大再生产并举，能使有限的数量规模下有经济效益的高产出。此外，依托民间文物的发展层次的旅游，如古村镇、民居度假游等，能很好地起到富民的作用，尽管经济总量不一定大，但能影响到更多人群，这也是文物旅游的重要发展方向——文物旅游要提总量和增长质量，扩大受益面。即使不算经济账，算民生账也有很大贡献。

4.3.3　各地的经验总结

尽管存在制度层面的成因，使这些问题难以在当前统筹解决。但各地在目前的体制机制框架下，也因地制宜地找到了解决问题的一些办法，在扩大总量或规范经营上积累了成功经验。这些经验，可以总结为三种模式：①资源整合型，如2010年蓝皮书第三章中详细分析的“红岩联线”案例；②产业延伸型，如围绕大遗址保护项目产生的相关产业；③产业带动型。这方面的典型是以保护徽派古民居为目标的安徽黄山“百村千幢”工程，扩大了文物旅游的总量规模和参与面，属于典型的内涵扩大再生产，且产品结构升级、生产的技术结构升级和全要素生产率结构升级均有所体现。

安徽省黄山市文化委员会按照“政府引导、市场运作、社会参与”的工作要求，在古民居保护利用上谋实策、出实招、干实事，努力探索“百村千幢”古民居保护利用之路。“百村千幢”古民居保护工程，计划用5年时间，对101个古村落、1065幢古民居进行保护利用。这个工程自2009年启动以来，至2011年，共投入资金20多亿元，完成101个古村落的规划编制，实施了63个古村落和626幢古民居的保护利用。这个项目着力打造“百村千幢”古民居保护利用工程新业态，使零散的文物资源形成了有组织的旅游产业，其实施经验可以总结为“三个结合”：一是与非物质文化遗产保护利用相结合，以名城、名街、名镇、名村为重点，挖掘当地互动性、观赏性强的徽州民俗活动，加快开发建设20处乡村民俗文化旅游基地；二是与旅游相结合，整合编排古民居体验游系列产品线路，策划包装并推出农家乐、文化客栈、农事体验、民风民俗等一批旅游新业态产品；三是与市场相结合，抓住当前游客“求异、求新、求奇、求自然、求自我、求自在”等六种大的消费趋向，大力发展多元业态，更深地对接大市场的需求。

“百村千幢”工程既扩大了产业规模，也扩大了产业受益面，而基本没有扩大文物利用规模和利用程度，这就实现了在有限的资源利用程度下获得更好的效益。这方面的经验，也可以称为“四个好”。在文物旅游相关管理体制机制还未理顺、产业规模总体上还难以显著改观的情况下，在局部区域、对某些文物资源，用这样的方式也能显著改善文物旅游的发展状况。

5　大遗址保护项目对经济社会发展贡献的分析

大遗址在不可移动文物中具有特别的影响：大遗址承载着丰富的历史信息和文化内涵，是中国五千年灿烂文明史的主体和典型代表，不仅具有深厚的科学与文化底蕴，同时也是极具特色的环境景观和旅游资源。其经济社会贡献不仅较大且具有个性，需要专门分析①。

国家对大遗址给予了专门重视："十一五"期间，大遗址保护正式以国家级项目的方式启动；"十二五"期间，《文物"十二五"规划》提出"进一步推进大遗址保护和国家考古遗址公园建设，建立文物保护和利用的双赢机制"。在已经有"十一五"期间工作积累的基础上，为了完成这个目标，有必要分析大遗址保护项目对经济社会发展到底有什么贡献、有多少贡献、如何合理增大贡献。要回答这三个问题，既需要定性分析大遗址保护项目经济社会贡献的个性并反映到测算方法上，也需要进行定量分析以使这些问题的答案更理性、更有据。考虑测算贡献所需相关数据的可获得性，本部分的研究分为定性分析、面上半定量研究、典型案例点上定量研究和国外比较研究四个主要部分。

5.1　大遗址保护项目对经济社会发展贡献的总体分析

文化遗产事业对经济社会发展的贡献，可以从其教育功能、科研功能和经济功能三个方面体现出来。作为文化遗产重要组成的大遗址，自然也具备这三方面功能，但在衡量大遗址保护项目的经济社会发展贡献时，必须认识到其具有一般文化遗产所不具备的五方面特点：①占地面积大；②本体价值高；③文物类别多、数量多；④保护和利用方式比较复杂（保护上，不能采取封闭隔离式保护、必须分区管理；利用上，陈列展览的难度大，不易充分发挥教育功能）；⑤周边

---

① 我们认为，大遗址与其他类型的不可移动文物的区别体现在以下三方面：①大遗址的大小与保护对象直接有关；②至少是保存大遗址所在地的一组完整的文化信息的最小单元；③难以采用封闭、隔离式的保护。

状况复杂，有原住居民分布，利益相关者众多，利益诉求难以统一。这五个方面的特点，使计量大遗址保护项目对经济社会发展贡献时，必须专门考虑其贡献上的个性。

5.1.1 大遗址保护项目对经济社会发展贡献的个性

我们认为，大遗址五个方面的特点，使得大遗址保护项目与国计民生的关系更全面。这种“更全面”，可以套用“文物本体保护好、周边环境整治好、经济社会发展好、人民生活改善好”的“四好”标准来总结。类似地，也可以从这四方面来“更全面”地分析大遗址保护项目对经济社会发展的贡献，尤其是“周边环境整治、经济社会发展、人民生活改善”等方面的贡献。

在对经济社会发展的贡献方面，大遗址与普通的不可移动文物相比，存在因“大”而生的两点区别。①大遗址不能采用封闭、隔离式保护，因此大遗址保护项目建设必须与周边区域经济社会发展统筹起来进行，也必然会对周边区域的发展方式产生影响——与周边经济社会发展有互动关系。换言之，大遗址保护项目不仅必然对周边区域的经济社会发展有贡献，而且影响其发展方式和发展规模，直接关系到周边环境整治。②大遗址因其体量可能成为周边区域经济发展的主要资源和社会发展的重要抓手，即在经济方面可能形成以大遗址资源为核心的产业链，在社会方面可能有较为明显的效益（如改善周边居民居住条件和解决就业等），有可能使较大范围的人民生活直接得以改善。这两方面影响，使我们衡量大遗址保护项目的经济社会发展贡献时，与普通的文物保护单位不同，既要从经济方面考虑其互动式的、构造产业链方面的贡献，也要从社会方面量化考虑其贡献——这方面的贡献在非大遗址保护项目的文化遗产贡献测算时常常难以量化。当然，这因“大”而生的两点区别，也使得大遗址保护项目的经济社会贡献取决于周边区域情况，包括周边区域的经济社会发展情况和人口聚集情况。

总之，大遗址保护项目与国计民生的关系更全面，其在周边环境整治好、经济社会发展好、人民生活改善好等方面的贡献显著。从可测算的角度看，这“四个好”中的三个分别体现为其对经济、社会发展的个性贡献：经济方面为带动周边区域基准地价变化、促进文化产业发展等，社会方面为改善居民居住条件、为周边市民提供游憩空间、提供大量就业岗位等。可以将大遗址保护项目的经济社会贡献在测算时的“个性”总结于表主2－2。

表主 2－2　大遗址保护项目经济社会贡献的个性在测算时的体现

<table>
<tr><td rowspan="3">效益体现</td><td colspan="2">经济效益:周边环境整治好、经济社会发展好</td><td colspan="3">社会效益:周边环境整治好、人民生活改善好、经济社会发展好</td></tr>
<tr><td colspan="2">其间接经济效益,直接关系到周边环境整治和经济发展</td><td colspan="3">其贡献的个性体现在周边环境整治、人民生活改善等多个方面</td></tr>
<tr><td>周边区域基准地价的变化</td><td>文化产业</td><td>改善居民居住条件</td><td>为周边市民提供游憩空间</td><td>提供就业岗位</td></tr>
<tr><td>原因</td><td>改善周边交通、打造景观区域、聚集消费人群等,直接提升周边居住品质和商业氛围,从而间接地提升了城市土地价值</td><td>一般的文保单位,其相关文化产品很难形成产业,但大遗址因为规模大能发展较多关联产业,包括影视作品、场地出租等</td><td>位于城区或郊区的大遗址保护项目通常会涉及旧城改造及新村建设,目前实施及在建的多个大遗址保护项目中被拆迁者大多在居住条件上受益</td><td>大遗址保护项目本身可能成为城区或城郊的公共游憩空间,即其本身可以作为市政配套</td><td>大遗址保护项目往往在拆迁配套政策中对解决周边区域居民就业有专门规定,如在国家考古遗址公园建设和管理的用工中要优先考虑原住居民等</td></tr>
</table>

5.1.2　既有的大遗址保护项目的分类及其经济社会效益的差别

由于大遗址保护项目的经济社会贡献取决于周边区域情况，可以在测算经济社会贡献时，将大遗址大致分为以下四类：①城市人口密集区型（或建成区）；②城郊型；③村落型；④旷野型（即规模很大，其间分布城市或村庄）。但这样的四大类划分就定量测算经济社会贡献而言仍显粗糙，因此可以在统计的基础上，通过搜集“十一五”期间的100处大遗址的相关统计数据，采用统计学上的聚类分析方法，将100处大遗址进行更细致的分类，比较其在经济社会效益上的类别差异，以便分类回答前面提出的“如何合理增大贡献”问题。在可能的情况下，还可以定量比较利用方式（如是否采用考古遗址公园形式）对经济社会贡献带来的差异。

更多的数据，还需要通过问卷调查获得。另外，也需注意少数大遗址保护项目可能对特定人群在某个时间段产生的经济社会负效益，并注意总结其发生规律。

5.1.3　大遗址保护项目的经济社会效益分析技术路线

为了准确衡量大遗址保护项目的经济社会效益，在5.1.1节定性分析和5.1.2节细致分类的基础上，参照文化遗产蓝皮书中核算文化遗产事业经济社会贡献的技术框架，形成技术路线图（见图主2－30），这样可据此在案例点上半定量测算效益。

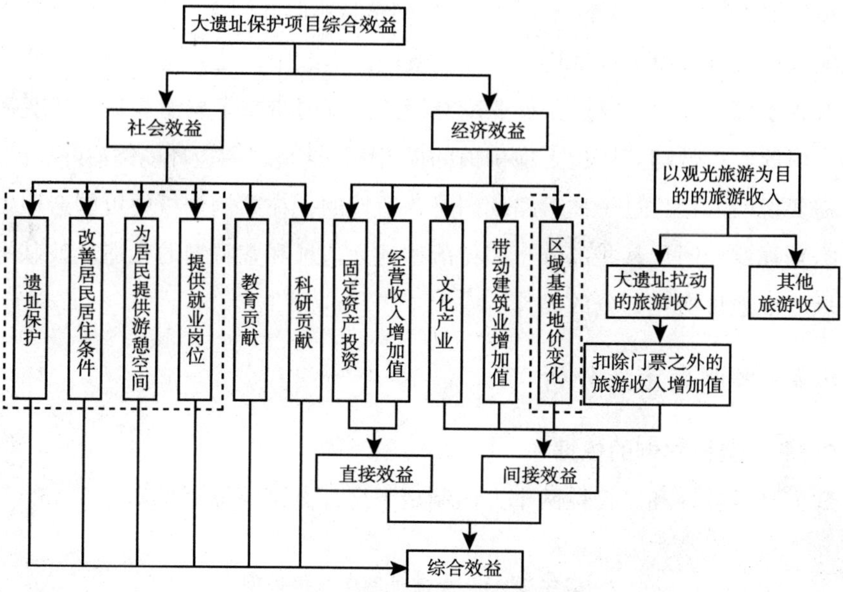

图主 2－30　大遗址保护项目综合效益分析技术路线

通过图主 2－3 和图主 2－30 的对比不难看出，两者的总体分析框架是一致的，都由两部分构成，一是社会效益/贡献，二是经济效益/贡献，其中经济贡献又区分为直接贡献和间接贡献，直接经济贡献部分无差异，在间接贡献中大遗址保护项目不包括文物流通经营增加值部分，在带动观光旅游收入方面本质上无差异，只不过限于数据取得困难，大遗址保护项目部分可以按照全国文物系统的相关数据来进行估算（详见本章 5.2.2 节大明宫案例分析结果）。大遗址是一类重要的物质文化遗产，其效益测算的技术路线总体上是文物系统效益测算技术路线的细化和补充，但大遗址因“大”而生的两点区别，也构成了两个测算技术路线图的主要区别。①社会贡献测算上的多种区别。由于大遗址保护项目的占地面积比较大，城市和城郊型的大遗址出于保护利用的需要往往会涉及大量的拆迁，关系到较大范围、较多数量居民的居住条件改善和周边环境整治问题；同时也因为大遗址的保护和利用都会在相当程度上带动相关产业发展，因此将产生大量的就业岗位且这些岗位往往会有周边居民就业优先的规定。这样，大遗址与周边区域（尤其是拆迁范围内）的民生关系就是紧密的、全方位的且清晰的，因此其社会效益可以较合理地量化计算，这是“经济社会发展好、人民生活改善好”的体现。而普通的文物保护单位这些方面的效益较小、较间接且难以区别受益人群，因此往往只能笼统地说社会效益而很难量化。②在间接经济贡献中，尤其是对于大遗址公园的建设改善了周边环境、交通条件、配套设施，同时带来了旅游人群，活跃了商业氛围，由此直接带动了周边土地价值的提升①，这是“周边环境整治好”的体现。

需要说明的是，这个技术路线图是普适性的，在案例分析中可能会根据案例点的类别强调或弱化某些部分，如村落型的大遗址和荒野型的大遗址就基本不存在区域基准地价变化部分的测算。

5.2 案例点定量分析

5.2.1 选择案例的依据

我们从合理性和可行性两个方面制定了选择案例的依据见表主2－3。

表主2－3 大遗址案例选择依据

	标准一	标准二	标准三	标准四
合理性	能比较全面地体现经济社会效益	具有某一类别的代表性(如城市人口密集区型)和某一利用方式的代表性(如采用国家考古遗址公园这种方式来保护利用)	在大遗址保护项目中比较重要，知名度较高且周边区域人口总量较大	大遗址利用方面有特色，尤其是管理体制方面较有特色
可行性	符合“四有”要求且由单一机构管理	项目的数据要可得，尤其是项目周边区域的经济社会发展数据要有常规统计体系支持	项目已经有阶段性建设成果并开始运营，既有数据能比较全面、完整地体现经济社会效益	

根据合理性和可行性筛选标准，我们选定大明宫为案例分析对象，尽管其在所有大遗址项目中的代表性不强。具体筛选理由如表主2－4所示。

① 关于这种影响的定量分析可以以级差地租为理论基础，根据案例城市当地基准地价的制定及大遗址保护工程前后或选取对照地块，研究大遗址周边各类用地类型的土地出让价格差异，由此来判断随着大遗址保护的阶段性集中投入，所带来的基础设施配套成熟、居住环境的提升、文化景观的形成、商业氛围及人气的集聚等因素对周边地价、居住及商业地产的增值影响。具体计算及分析过程详见5.2.2节。

表主 2－4　选择大明宫为案例点的理由

分类	符合标准一情况	符合标准二情况	符合标准三情况	符合标准四情况
合理性	大明宫遗址保护对整个区域的蓝图定位为“遗址保护展示区＋建设控制区＋文化产业园区”，其目的就是在文物保护与环境整治的同时，促进遗址与经济、社会协调发展	大明宫代表城市区域大遗址保护类型（但这类大遗址项目数量较少），并采用国家考古遗址公园这种方式来保护利用	知名度很高且周边区域人口总量在100个大遗址保护项目中暂居第一	管理体制方面较有特色
可行性	符合“四有”要求	大明宫是曲江新区的重要部分，专门有曲江新区文物局，这个区域的经济社会数据有统一的来源，还可通过问卷调查补充	从2007年开始，西安市对占地面积3.5平方公里的大明宫遗址区进行了大规模整治，2010年10月开园后半年内，参观人数已达310万人次，实现经营收入9500万元	

5.2.2　大明宫案例分析结果

鉴于大明宫在大遗址保护项目中的典型性与代表性，可以大明宫为案例，按照图主2－10的技术路线半定量分析大明宫项目对经济社会发展的贡献。

（1）大明宫综合效益定性分析

大明宫遗址位于西安市的道北区，由于历史原因，这里曾经是著名的棚户区。因为下面是遗址，所以这片区域成了历次城市改造的死角，缺乏相应的基础设施，生活环境非常差。从2007年开始，在短短三年间，拆除占压遗址的建筑350万平方米，妥善搬迁了2.5万户约10万人口和88家企事业单位，告别了长期污染严重、交通堵塞、景观杂乱、犯罪率高的“城中村”。大范围棚户区的拆迁，在解决了长期占压问题、提高了大遗址保护水平的同时，也使居民生产生活条件得到了极大改善。

那个曾经是“城市中被人遗忘的角落、脏乱差的角落”，如今已变成了城市最美丽的地方、城市中最有文化品位的空间。大明宫遗址区必将成为中华文明的交汇点和制高点，成为“人文西安、活力西安、和谐西安”的重要标志，形成一个功能完备、环境优美、历史文化特色鲜明的现代化城市示范新区。

大明宫国家考古遗址公园建设保护了遗址的真实性和完整性，传承了遗址的文化价值内涵，改善了城乡环境面貌，促进了区域产业结构调整，带动了旅游、服务、文化等相关产业发展，改善了居民生产生活条件，缓解了当地民众就业压力。

表主2－5　大明宫国家考古遗址公园教育及就业统计数据

名称	员工(人)	义工(人)	展示面积（万平方米）	年均观众量（万人次）
大明宫国家考古遗址公园	1224	2500	2.1	310

如果能够将由于遗址公园建设而带来的土地增值收益，通过土地相关机制和体制创新，使外部收益内部化，将由遗址公园所贡献的土地溢价部分专向用于匹配和平衡遗址公园建设和保护的前期投入，将更有利于实现“文物本体保护好、周边环境整治好、经济社会发展好、人民生活改善好”的目标。在有限的财政资金投入下，探索可行的遗址公园建设投融资模式显得格外重要。

（2）大明宫经济效益定量分析

这里将按照图主2－30中大遗址保护项目综合效益分析的技术路线，分别计算直接贡献（大明宫遗址公园增加值）和间接贡献，包括带动建筑业增加值、带动周边土地增值和大明宫遗址公园带动的旅游收入增加值（扣除门票收入增加值）。

①大明宫遗址公园直接贡献

直接贡献部分分为两部分：建设期固定资产投资和运营期的项目经营收入增加值。

大明宫国家考古遗址公园规划面积3.5平方公里，总投资120亿元，其中，搬迁安置费用约90亿元，考古、文物保护展示及公园建设约30亿元。此外，通过以遗址公园为核心，在19.16平方公里的大明宫遗址区进行相关产业的联动开发，建设商业圈、文化旅游区和中央居住区等多个项目，有力促进当地住宿、餐饮、交通、纪念品、土特产经营，带动地区社会投资60多亿元。合计，全社会投资180亿元，假定其中固定资产投资部分占比70%，按照100元固定资产投资大致产生GDP当中85元资本形成额计算（按支出法计算），固定资产投资153亿元。

自2010年10月开园后半年内，参观人数已达310万人次，实现经营收入9500万元。据此估计一个完整年度内，大明宫遗址公园经营收入约2亿元，按照2010年文物系统50%（见表技2－1）的增加值率计算可知，大明宫遗址公园经营收入增加值约为1亿元。

②大明宫遗址公园建设带动建筑业增加值

为便于计算，对于建设期的发生的固定资产投资部分（包括大明宫遗产公园基本建设和被拆迁居民的回迁安置用房建设）我们只计算了其中“大头”部分，即带动建筑业（建筑安装工程）的增加值部分，未计算设备、工具、器具购置及其他各种应摊入固定资产的费用，也没有计算被征地拆迁居民所获得的货币补偿可能用于消费所引致的其他行业增加值的贡献。

③大明宫遗址公园带动周边土地增值

大明宫考古遗址公园的保护、规划和建设带动了城市社会经济的协调发展，随着大明宫遗址经济带动和辐射能力的日益增强，市政配套服务设施将日趋完善，文化和商业市场环境也将日益成熟。这些因素的变化对大明宫周边土地价值的积极影响，也就构成了大明宫考古遗址公园的建设对配套设施、环境改善所能获得的贡献份额（如图主2-31所示）。

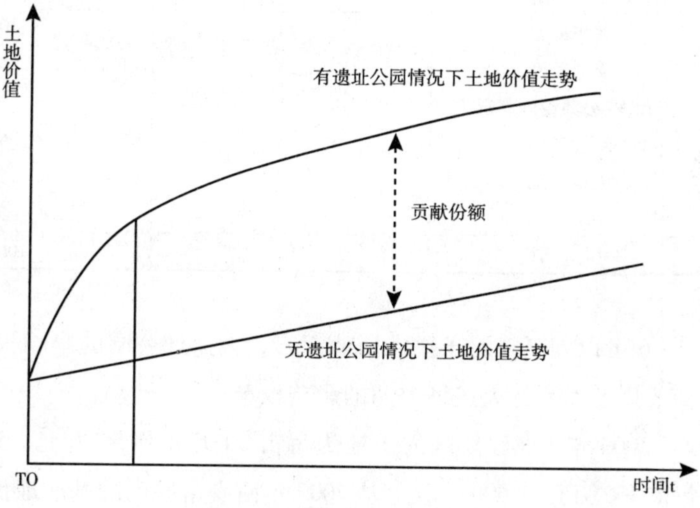

图主2-31　遗址公园建设前后土地价值变化示意图

我们知道，决定土地价值有很多因素，不同用途的土地，决定其质量的主导因素也不同。商业用地以商服繁华度为主要定级因素；居住用地以公共设施和基础设施为主要定级因素。在今年的蓝皮书中，我们首次尝试通过利用城市土地的分等定级的办法，借助城市基准地价体系，来建立大遗址公园的地价函数模型，模型如下：

$$\Delta P = (\frac{P_0 \times B}{B_0} - P_0) \times Y_i$$

式中：

ΔP——遗址公园项目建设前后产生的地价贡献份额；

P_0——地块现状价格；

B——地块基准地价变化后的级差倍数；

B_0——地块现状下的基准地价级差倍数；

Y_i——影响地价的关键因素权重。

我们根据土地评估定级的思路及经验，初步确定出住宅和商业的土地定级因素及权重，如表主 2－6 所示。

表主 2－6　土地定级因素及各因素权重

单位：%

序号	定级因素	住宅用地权重	商业用地权重
1	繁华程度	15	40
2	交通条件	25	20
3	市政及公共设施状况	35	20
4	环境条件	15	5
5	人口状况	5	10
6	用地规划	5	5
	小　计	100	100

由表主 2－6 可以判断，对于住宅用地而言，大遗址公园的影响权重在 50% 左右；对于商业用地而言，大遗址公园的影响权重在 60% 左右。

据报道①，2003 年，曲江新区的土地为每亩 30 万元到 50 万元，到 2009 年，出让价格为每亩 300 万元到 600 万元。从 2009 年西安市城区的基准地价来看（图主 2－32 和图主 2－33），大明宫遗址公园周边住宅和商业用地主要为Ⅳ和Ⅴ级。随着 2010 年 10 月 1 日大明宫国家遗址公园向公众开放，大明宫周边成为西安最具投资价值的房地产板块之一。相关广告是这样宣传的："前五年，看曲江；后五年，看

① 来自《21 世纪经济报道》2010 年 8 月 18 日 J07 版报道"曲江被指打文化牌炒作地价，30 万/亩 6 年间上涨 10 倍"。

大明宫。”根据西安市其他地块的开发经验可以预期，大明宫遗址公园周边土地级别至少会跃升一到两个级别。即便保守的以跃升一个级别即从Ⅴ级升至Ⅳ级计算，住宅用地土地价值也会增加 184 元/平方米，商业用地价值也会增加 592 元/平方米。

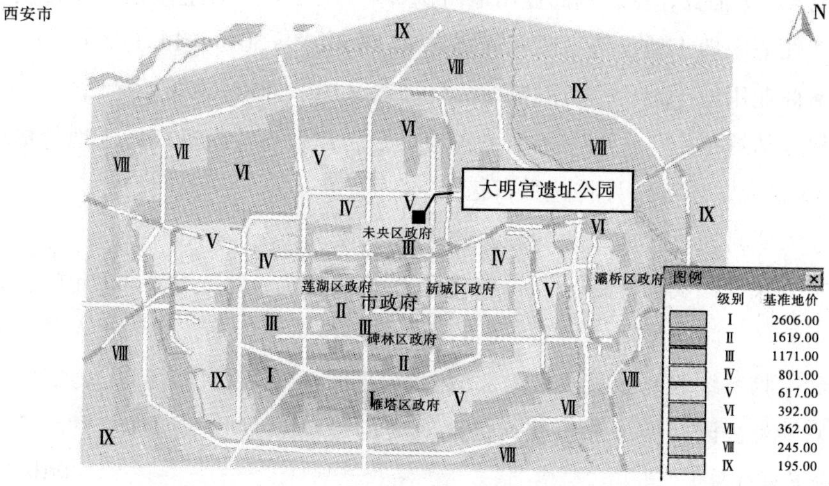

图主 2－32　2009 年西安市居住用途基准地价图

图片来自国土资源部网站，网址：www. mlr. gov. cn/tdsc/djxx/jzdj/200912/t20091224_130844. htm。

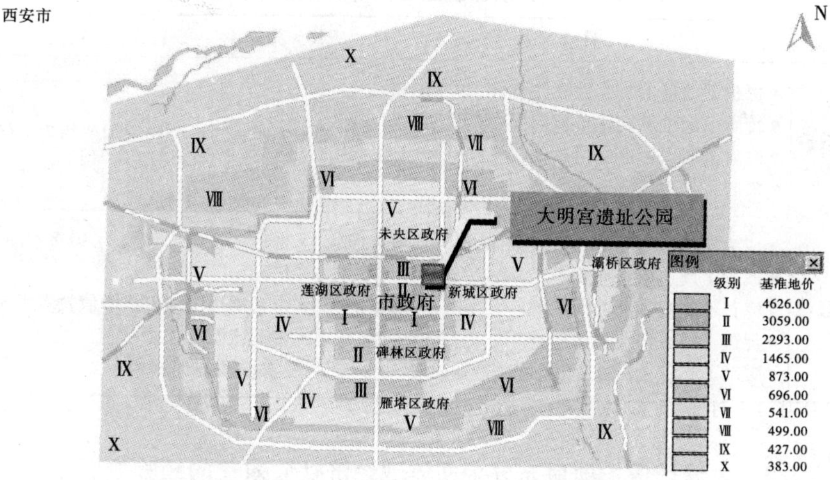

图主 2－33　2009 年西安市商业用途基准地价图

根据西安市国土资源局数据制图。

一般认为，一个城市中心公园对周边区域土地价值的最大影响范围为公园半径延长3公里的圆环。在这里，我们保守估算，以遗址公园外墙向外拓展2公里范围为计算边界，经计算受影响面积为31.2平方公里。按出地率70%，商业用地∶住宅用地=3∶7估算，受影响商业用地面积6.5平方公里，住宅用地15.3平方公里。

- 住宅用地土地价值贡献额 $=15.3\times184\times10^6\times50\%=14.1$ 亿元
- 商业用地土地价值贡献额 $=6.5\times592\times10^6\times60\%=23.1$ 亿元

保守估算，由于大明宫国家考古遗址公园建设直接带动周边土地价格增值效应为38亿元，乐观估计将达数百亿元。

④大明宫遗址公园带动的旅游收入增加值

官方预计大明宫遗址公园每年200万参观人次，每人每次60元门票，每年收入1.2亿，门票增加值约为0.6亿元。按照全国文物系统门票收入增加值78.4亿元和文物系统观光旅游收入增加值1054.4亿元（见表技2－20）的比例推算，大明宫遗址公园门票增加值0.6亿元对应的带动旅游收入增加值约为8.1亿元（扣除重复计算）。

总之，大明宫遗址公园是兼具社会和经济效益且非常明显的典型案例，可总结如表主2－7所示。

表主2－7　大明宫遗址公园综合效益半定量分析

分　类	社会效益	经济效益
直接效益	• 保护了遗址的真实性和完整性 • 传承了遗址的文化价值内涵 • 改善了居民生产生活条件 • 缓解了当地民众就业压力	• 大明宫遗址公园增加值约为1亿元/年
间接效益	• 成为实现城市功能的重要载体，提升了城市形象 • 改善了周边生态环境 • 完善了基础和公共设施配套 • 促进了区域产业结构调整 • 带动了旅游、服务、文化等相关产业发展	• 带动建筑业增加值为10.8亿元～14.4亿元 • 带动周边土地价格增值效应为38亿元 • 带动旅游收入增加值约为8.1亿元/年（扣除重复计算）

5.2.3　大遗址保护项目充分全面体现经济社会效益的经验教训

根据文物保护工作方针，并分析相关案例的工作经验（或教训），在通过各种手段使大遗址保护项目充分发挥经济社会效益时，需要注意以下三方面：①强调社会效益为主且社会效益优先;①②体现经济效益时要准确、规范，即在地理空间和业务范围上进行准确划分并采用合理的利用形式（如特许经营），使大遗址相关产业的利用与保护不冲突；③在准确、规范的基础上，要着力于把产业做大、做强，延长产业链，提高产业附加值，使有限的利用活动产生尽可能多的经济效益。这相当于用了少量的文化遗产资源，做出了多种产值高的产品（如文化产品、旅游产品等）。

这三个方面，其实都是中央文件要求的具体体现。为此，我们可以系统从这个方向展望“十二五”。

6　展望“十二五”

李长春同志在2010年文化遗产日发表的署名文章实际上为文化遗产事业及相关产业未来的发展进行了形势解读：要把文化遗产事业与经济社会发展更紧密结合起来，要使文化遗产更加贴近民生，要在文化遗产资源的有效利用中保护好、发展好文化遗产。《国民经济和社会发展第十二个五年规划》中的相关条文也明确阐明了形势：“发展文化事业和文化产业，满足人民群众不断增长的精神文化需求，充分发挥文化引导社会、教育人民、推动发展的功能，增强民族凝聚力和创造力”，“坚持一手抓公益性文化事业，一手抓经营性文化产业”，“拓展文化遗产传承利用途径”。显然，这都是要求在准确把握文化遗产保护、利用的“度”的基础上，使文化遗产资源更充分、更全面地变为文化产品。这就是“十二五”期间加强事业管理的重要方向。不过，这个方向的事业发展，需要体制机制保障，尤其在文化遗产事业发展还存在诸多体制机制障碍，统一、规范、高效的行业管理还远未形成的局面下。第三章将以相关调查为据，分析这些体制机制障碍并给出体制改革、机制创新的重点，以确保“十二五”期间文化遗产事业及相关产业能有一个更好的发展依托。

（本章主要执笔人：马宙宙　叶伟祺　厉　色　刘　锋　苏　杨）

---

① 这方面是有过教训的。例如，2010年蓝皮书主题报告第三章中曾分析过，大明宫国家考古遗址公园的建设基本形成了“四个好”的局面，但管理机构在宣传相关成就时过于强调经济效益而被某些媒体诟病（如《人民日报》两次用整版篇幅的文章质疑）。

B.3
第三章
文化遗产管理体制机制及其“十二五”期间的发展

本章要点

1. 文化遗产事业、相关产业及其承载单位的发展大方向可以归结为三方面：第一，事业的归事业，产业的归产业；第二，事业要改善，产业要发展；第三，体制要健全，机制要规范，机构要加强。

2. 文化遗产事业要向着“统一、规范、高效”的行业管理方向发展，要依据“机构编制情况与事权对称”原则加强队伍建设。

3. 对大遗址管理，要转变管理理念，强化管理基础，完善管理机制。

4. 博物馆的体制机制建设有三个重点：博物馆管理单位体制改革，专业技术岗位制度建设，经营机制创新。

对一项事业来说，无论充分发挥其功能还是解决其共性的管理问题，都需要从体制机制层面着手。第一章中总结的文化遗产事业发展中的不足、第二章中希望的经济功能更充分的发挥，都需要从事业管理体制机制分析中寻找对策。从2008年第一部蓝皮书开始，我们就尝试性地将政治学和经济学中描述管理体制机制的方式用于文化遗产事业，大致按照成员—规则—机制的框架有重点、有层次①地勾勒了文化遗产事业管理体制机制的概貌和不足：2008年蓝皮书作为“开山之作”，初步按成员—规则—机制框架勾勒出我国文化遗产管理事业的概况；

① 既描述事业体制，也描述具体的管理单位体制和工作机制。

2009年蓝皮书则着重研究我国博物馆事业的管理体制机制[①]；2010年蓝皮书侧重体制改革和机制创新，指明文化遗产管理体制改革的关键点是“根据各类文化遗产资源在保护上的不同要求和在利用上的不同属性，在保护和利用之间寻求平衡点，建立一套能够克服事业发展约束并更全面地发挥文化遗产功能的体制机制”。三部蓝皮书已经较为全面地描述了我国文化遗产事业管理体制机制的概貌，[②] 但2011年这个时间节点使得相关描述和分析必须展望未来——我们已经进入“十二五”时期。《国民经济和社会发展第十二个五年规划纲要》（以下简称“十二五”规划纲要）和《文物“十二五”规划》以及《中共中央、国务院关于分类推进事业单位改革的指导意见》（中发［2011］5号，以下简称《事业单位改革指导》）和《中共中央关于深化文化体制改革、推动社会主义文化大发展大繁荣若干重大问题的决定》（以下简称《决定》）的出台使展望未来有了方向，国家文物局组织的相关调查则使明晰现实与未来的差距有了依据，有的地方进行的较大力度的改革则使既定方向下如何选择发展路径有了参考，这样，第四部蓝皮书就可以在管理体制机制方面精工细作，既看清脚下——首次定量描述文物保护单位的管理体制现状和关注基层文物行政管理机构的困难，也放眼未来——依托国家的发展方向和既有改革案例展望未来的文化遗产事业管理体制机制的发展方向和路径。

1　文化遗产事业管理体制机制的发展背景和方向

“十一五”是我国文化遗产事业快速发展的五年，《文物“十二五”规划》

---

① 在管理体制上，这种共性主要表现在以下两方面。①管理体系上，由纵向多层级管理和横向多部门管理构成。纵向多层级管理，主要是由中央政府、地方各级人民政府（县级以上）及其所属文物行政部门进行行业管理；横向多部门管理，主要由文物（或文化）及其他行业部门或组织进行日常管理。其中，文物（或文化）部门除了对本系统所属的博物馆进行日常管理外，还负责行使博物馆的行业管理职能，即对所有行业的博物馆进行业务指导、工作监督和执法检查等。②管理制度上，主要采用非营利的、以委托—代理为特征的事业单位管理制度，日常管理权（包括主要的人、财、物等行政资源的调配权）通常归属作为代理方的地方政府所属的行业部门。更具体的内容，可参见2008年蓝皮书主题报告第一章10～12页。

② 需要再次强调的是，我国的文化遗产管理尚未整合，本书聚焦于物质文化遗产的管理体制机制，且大部分内容局限于文物系统。也因此，本章的表述中有多处直接用文物系统和文物局，以免混淆。

中是这样描述成就的：初步建立了比较完备的文化遗产保护制度，初步形成了适合我国国情的文化遗产保护管理体制机制，初步掌握了文化遗产保护规律，逐步探索出一条中国特色文化遗产保护道路。不过，正如第一章中衡量的那样（尤其按照《通知》要求的2015年阶段性目标来衡量），[①] 我国文化遗产管理制度建设还存在诸多不足，"初步"的成果不能满足社会对文化遗产事业的需求，相关管理体制机制必须在"十二五"期间为文化遗产事业的"生产力"调整出更符合时代需要的"生产关系"。

1.1 "十二五"期间的宏观背景和既定方向

从《通知》开始，到《文物"十一五"规划》，再到《"十二五"规划纲要》《事业单位改革指导》《决定》和《文物"十二五"规划》，文化遗产事业、相关产业及其承载单位的发展大方向，可以说是一脉相承，在很多方面一以贯之。可以用表主3－1来概括发展方向，简而言之可以归结为三方面：第一，事业的归事业，产业的归产业；第二，事业要改善，产业要发展；第三，体制要健全，机制要规范，机构要加强。

第一，文化遗产发展中要落实"事业的归事业，产业的归产业"，在事业发展和日常管理中合理界定政府和市场的界限。文化遗产的发展不能都走"事业"路线，为了确保"保护为主"，要根据不同业务的属性以及文物的不同价值准确划分事业与产业的范围和经营空间：价值较高的文物最好主要采取事业化管理，价值一般的可以在依法合规的情况适当交予市场。与重要文化遗产相关的基本公共服务（如遗产日常保养和安全保护、遗产展示以及相关科研等）需要按照事业标准统一管理，基本不允许商业经营者（营利性社会力量）介入；非基本服务（如遗产非核心区域内及周边的餐饮、住宿、交通以及举办相关文化活动等）可以按照规范的方式（如特许经营等）进行产业化经营，以提高效率并更充分、更全面地满足社会需求。有了这样的划分，也才能界定好政府与市场的"作为"界限。

---

① 《通知》中指出我国文化遗产的总体目标："通过采取有效措施，文化遗产保护得到全面加强。到2010年，初步建立比较完备的文化遗产保护制度，文化遗产保护状况得到明显改善。到2015年，基本形成较为完善的文化遗产保护体系，具有历史、文化和科学价值的文化遗产得到全面有效保护；保护文化遗产深入人心，成为全社会的自觉行动。"

第二，文化遗产管理中要做到“事业要改善，产业要发展”。目前的事业（属于公共服务）发展有很多缺陷，使文化遗产与美好生活之间还有很多“接触不良”的地方，这又正是文化遗产事业与民生关系最密切之处，必须优先改进。而现实中事业的改善与产业的发展和优化密不可分：一方面在非基本公共服务方面需要通过产业化方式提供更优质的服务（像美国国家公园一样，餐饮、住宿、交通等方面采用特许经营，通过市场竞争提高效率、改善服务）；另一方面需要扩大产业规模以及覆盖面，满足人民日益增长的需要，全面彰显遗产事业的功能。因此，要以事业为基础，发展相关产业①，并通过产业优化事业（包括扩大事业规模和影响、改善事业服务效果等）。

第三，文化遗产管理中“体制要健全，机制要规范，机构要加强”。现实管理中，文化遗产事业应该在统一管理成员的同时充实力量（尤其是加强基层行政管理力量），完善法律法规体系，并通过体制改革和机制创新推动保护和管理的高效，最终实现“统一、规范、高效”的行业管理。应该说，这方面已经取得了较大进展，表明了这个发展方向具有全社会的共识基础：“十一五”期间，国家文物局与诸多省签订了省局共建协议，使这项工作得到了广泛的地方支持，有的地方已经在大遗址管理上乃至在文物行政管理机构设置上取得了较大的体制性突破。② 但是，整体上看，文化遗产管理体制机制仍然比较僵化，保护和利用的平衡点尚不清晰；机构仍不健全，尤其是基层文物行政管理机构“漏洞百出”，文物保护单位的专门管理机构（事业单位）也有相当数量没有建立起来。这就需要各级文物行政管理机构依据“机构编制情况与事权相对称”的原则积极向上级政府争取支持，以加强队伍建设，尤其在“十二五”期间文物系统的

① 这也是《决定》和《事业单位改革指导》中的明确要求。例如，国家在事业单位分类改革中，要求根据资源的性质和单位的公益性高低，采取不同范围、不同类别的市场化。但这类改革，反而要更严格地规定经营的范围和方式。李长春同志在我国第五个文化遗产日发表的署名文章中也专门指明：“围绕中心、服务大局，不断提高文化遗产事业对促进经济社会发展的贡献。”

② 可举两例。国家文物局与陕西省人民政府签署了《合作共建彰显华夏文明历史文化基地框架协议》，其后拟就汉长安城遗址的管理进行管理体制创新；国家文物局与山东省政府签署了《合作加强山东文化遗产保护工作框架协议》，其后，新组建了山东省文物局（省文化名城办公室），将文物局升格为省政府直属正厅级行政支持类事业单位（下设综合处、规划财务处、文物保护与考古处、督察执法处、博物馆与社会文物处、国际合作交流处、项目建设处和大遗址保护处8个处室），实现了三个方面的大发展（提高了级别、扩充了编制、拓展了职能）。

管理范围进一步扩大的情况下。①

可以说，我国文化遗产事业在管理方面的愿景十分“美好”。但我们常遇到的情况是“理想很丰满，现实很骨感”，现实远远达不到理想的高度。而要使这样的愿景按时实现，必须找出现状到愿景之间的路径，找出各重点领域的体制改革、机制创新重点。

表主3－1　相关政策文件中关于文化遗产事业发展方向的要点

文　件	事业的归事业,产业的归产业	事业要改善,产业要发展	体制要健全,机制要规范,机构要加强
《通知》	加大文化遗产保护力度,构建科学有效的文化遗产保护体系	正确处理经济社会发展与文化遗产保护的关系,统筹规划、分类指导、突出重点、分步实施	加强领导,落实责任①;加快文化遗产保护法制建设,加大执法力度②;安排专项资金③
《“十二五”规划纲要》	坚持一手抓公益性文化事业、一手抓经营性文化产业,始终把社会效益放在首位,实现经济效益和社会效益有机统一	发展文化事业和文化产业,满足人民群众不断增长的精神文化需求,充分发挥文化引导社会、教育人民、推动发展的功能,增强民族凝聚力和创造力	创新公共文化服务运行机制。深入推进经营性文化单位转企改制,建立现代企业制度。加快推进文化管理体制改革。建立健全符合文化企业特点的国有文化资产管理体制和运行机制
《文物“十二五”规划》	逐步构建公益目标明确、投入机制完善、监管制度健全、治理结构规范、微观运行高效的现代博物馆制度	推进文物博物馆事业融入经济社会发展,使文物博物馆事业成为推动经济社会发展的积极力量	明确完善法制保障体系④;明确完善体制机制保障体系⑤;强调完善经营机制⑥
《事业单位改革指导》	政事分开、事企分开和管办分离		建立健全法人治理结构。面向社会提供公益服务的事业单位,探索建立理事会、董事会、管委会等多种形式的治理结构,健全决策、执行和监督机制,提高运行效率,确保公益目标实现

① 第三次全国文物普查完成后，我国认定的文物数量显著增加，主要依托普查结果的第七批全国重点文物保护单位申报工作正在进行，这些都明显加大了文物系统的工作量，事实上也明显扩大了各级文物行政管理机构的事权。对大幅新增的不可移动文物，如何加强管理，妥善保护，合理利用？这对保护管理机构、人员队伍、体制机制都提出了新的要求。而普查登记文物总量的增幅远大于我国文物保护管理机构和人员队伍的增幅，这对保护工作形成了极大压力。

续表

文　件	事业的归事业，产业的归产业	事业要改善，产业要发展	体制要健全，机制要规范，机构要加强
《决定》	坚持把社会效益放在首位，坚持社会效益和经济效益有机统一	科学界定文化单位性质和功能，区别对待、分类指导	文化管理体制和文化产品生产经营机制充满活力、富有效率

①要建立健全文化遗产保护责任制度和责任追究制度。成立国家文化遗产保护领导小组，定期研究文化遗产保护工作的重大问题，统一协调文化遗产保护工作。地方各级人民政府也要建立相应的文化遗产保护协调机构。要建立文化遗产保护定期通报制度、专家咨询制度以及公众和舆论监督机制，推进文化遗产保护工作的科学化、民主化。

②加强文化遗产保护法律法规建设，推进文化遗产保护的法制化、制度化和规范化。抓紧制定和起草与文物保护法相配套的部门规章和地方性法规。

③各级人民政府要将文化遗产保护经费纳入本级财政预算，保障重点文化遗产经费投入。抓紧制定和完善有关社会捐赠和赞助的政策措施，调动社会团体、企业和个人参与文化遗产保护的积极性。

④要根据文物博物馆事业的发展需求，研究、制定和修订急需的法律、行政法规、部门规章和规范性文件。健全文物保护责任制度和责任追究制度。

⑤要健全完善权责明确、统筹有力的文物保护管理体制和运行机制。按照政府主导、属地管理、分级负责的原则，明确中央政府和地方政府在文物保护管理方面的责任、权利和义务，建立统一规范的文物监测监管体系。建立权责明确、行为规范、运转高效、监督有力的文物行政执法督察和安全监管机制，做到有法必依、执法必严、违法必究。

⑥健全以政府公共财政投入为主、多渠道筹措文物博物馆经费的机制，加大经费投入。中央政府和地方政府按照属地管理、分级负担的原则，将文物保护经费列入各级人民政府财政预算，落实其法定增长要求。健全国家公共财政资金对民办博物馆发展的扶持政策。推动设立文物保护员和文物保护志愿者专项补助经费、文物工作奖励专项经费。支持社会力量和社会资金设立公益性文物保护基金，鼓励企业、个人和其他社会组织兴办博物馆，以及对文物博物馆事业进行公益性捐助捐赠。

1.2　文化遗产事业管理体制机制的现状与愿景

自2008年以来，蓝皮书对文化遗产管理体制机制进行了较为翔实的分析，在成员—规则—机制框架下勾勒出了我国文化遗产管理体制的现状（如图主3－1）。而这种现状与事业发展的愿景相比，确实存在巨大差距。

正如《通知》中所要求的，到2015年要“形成较为完善的文化遗产保护体系”。而体系的完善和管理水平的提高，最终需要通过管理单位的行为才能得以实现。从管理单位角度而言，文化遗产保护体系的管理单位通常包括两类：行政管理机构和承担更具体的管理和服务职能的事业单位。前三部蓝皮书中对文化遗产事业管理体制机制的描述，其实主要是针对文物系统的事业单位的。尽管行政管理机构与事业单位在管理上有一定区别，但从两类管理单位的整体状况来看，

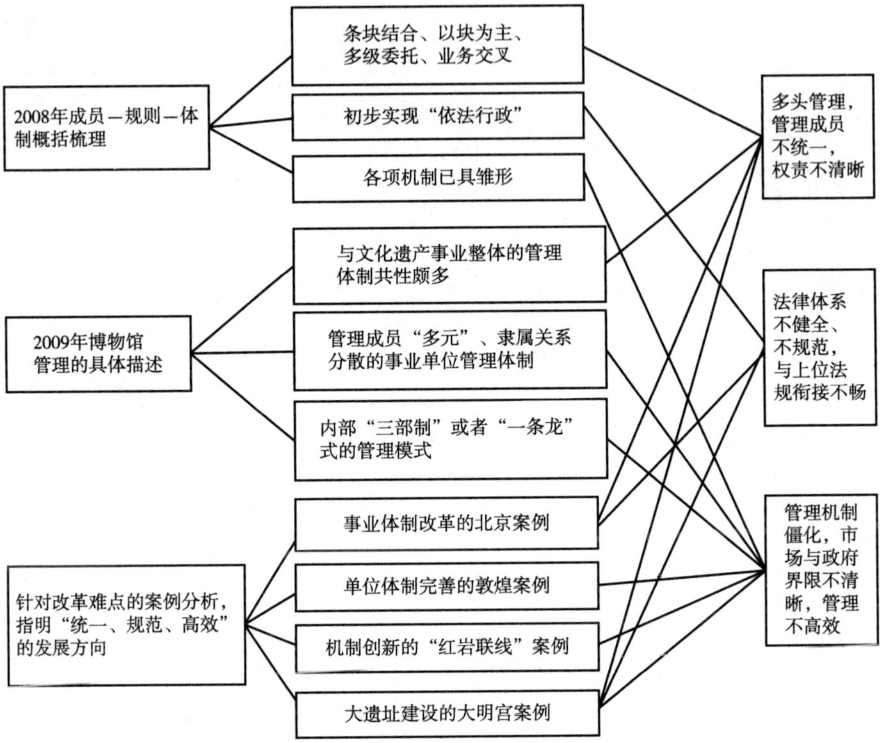

图主 3－1　2008～2010 年蓝皮书中文化遗产事业管理体制机制研究成果总结

我国文化遗产管理现状与愿景差距较大，管理成员、管理规则和管理机制等方面都还有许多工作要做（参见图主 3－2）。为此，必须理清现状，准确找出各类管理体制机制的“成员—规则—机制”，以发现“十二五”期间文化遗产事业管理体制机制逐步的发展路径。考虑到前三部蓝皮书的已有工作，今年蓝皮书尤其注重加强对行政管理机构的分析，以明了“机构要加强”的具体措施。

如前所述，因为管理最终需要通过管理单位的行为才能得以实现，所以在依据现状将图主 3－2 细化时，需要分别描述文物行政管理机构、文物事业单位（包括主要管理文物保护单位的文物保护管理机构和主要管理馆藏文物的博物馆）的管理体制机制现状。

1.3　体制机制概念界定及描述框架

要描述管理体制机制并从体制机制层面分析文化遗产事业的共性问题成因，

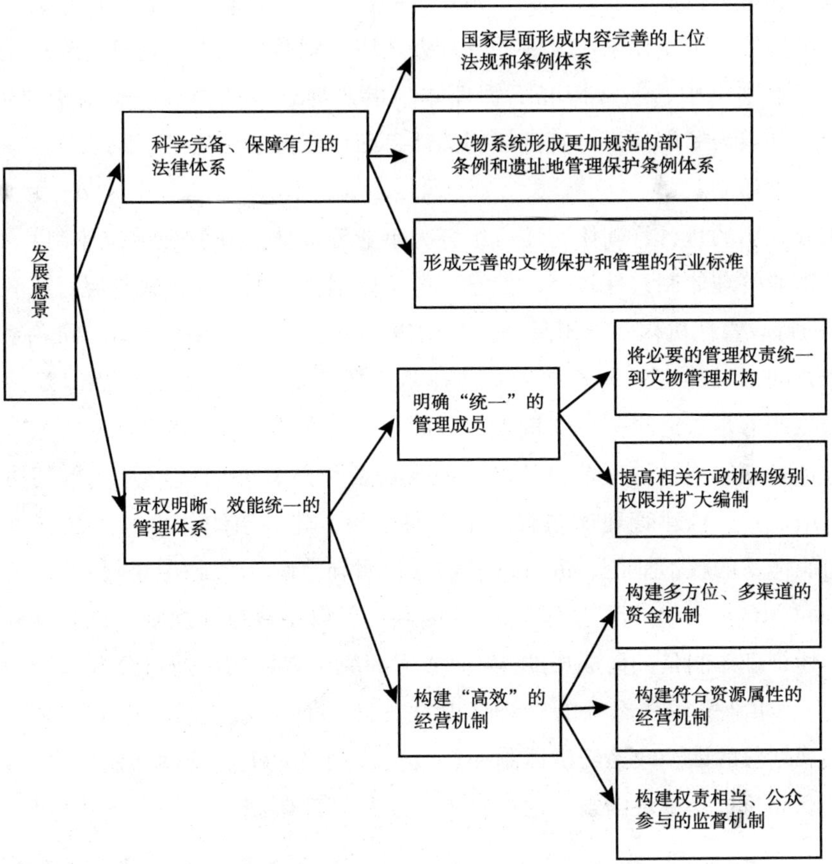

图主3－2　我国文化遗产管理发展路径

就需要首先明确管理体制的内涵与外延。管理体制机制在中国的政策语境中有明确含义：广义的管理体制是管理体系与制度的总称，指组织系统的权力划分、组织结构、职能配置、运行机制等的关系模式；狭义的管理体制仅指“静态”的内容，即权力的划分、职能的配置及其相应的组织结构。权力的划分决定职能的配置，职能的配置又左右组织结构和组织运行；组织结构是管理体制的表现形式，其中组织机构是权力和职能的载体，若无机构，管理体制也就不存在。而机制通常指运行机制（也叫工作机制），即广义的管理体制中动态的部分。若无决策、执行、反馈等连续不断的运行活动，管理体系无法运转。整个组织系统的运行就是依靠一整套互相配合的关系模式。这种关系模式一般可以针对某项工作进行描述，如资金机制、监督机制、领导干部政绩考核机制等，着重反映的是在既定体制下围绕这项工作采取了哪些管理办法以及利益相关者在这项工作中是如何参与的。在本书中，通常情况下管理体制指“静态”的内容，机制指“动态”的内容。如果为了简便只称管理体制的话，则指广义的包括了“动态”、“静态”内容的管理体制。

需要说明的是，管理体制还可细分为事业管理体制和管理单位体制①。我国的公益事业管理体制共性较多，但管理单位体制就差别较大，尤其履行行政管理职能②的行政管理机构及承担具体事务的事业单位，不同系统之间、同一系统不同层级之间都可能有较大差别。而这种差别常常是许多问题的成因，是“生产关系与生产力是否适应”的关键点，因此是我们描述和分析的重点。

描述管理体制及管理单位体制，通常需要描述其如何成形及成形的决定因素。一般而言，构建管理体制有三个主要手段：建立组织体系、立法（本质是确定组织体系的政治地位、进行权限划分和明确组织体系运行规则）、进行行政资源调配（包括资金、队伍安排等）。因此，可以用成员—规则—机制这样的框架来描述管理体制是如何成形的。③ 而成形的决定因素则可通过公共选择理论分析发现④：事业采用什么样的管理体制往往是多种因素共同作用的结果。按主观、客观划分的话，政治经济体制和行政资源约束是决定管理体制的客观因素，管理理念和目标是主观因素。主观管理理念是管理体制“定型”的决定性因素，

① 社会事业体制，主要指诸如教育、科技、文化文物、卫生、社会保障、环境保护等公益性事业由谁来办、如何办的基本制度模式；事业单位体制则是指承担社会事业发展具体事务的单位的组织形式。二者的关系类似经济体制和企业制度之间的关系。2010 年蓝皮书主题报告第三章中对此有说明。

② 通常包括行政管理、行政司法、行政处罚和行政规章制定权，还包括组织协调开展某项工作的职能。

③ 这种描述，通常是先描述“静态”的管理体制，即从成员、规则上描述相关工作的分工和管理规则；再分析其工作机制，包括资金机制、协调机制、工作绩效考核机制和具体各项工作的运行机制。

④ 公共选择从本质上说是一种把多元社会主体的偏好（意愿）转换成政府政策组成要素的过程（或者机制），这种过程（或者机制）在多大程度上显示多元社会主体的真实偏好（意愿）直接表明了政府政策的效果和相关资源配置的效率。环境与健康管理体制作为政府建立的一种管理制度，从广义上说是政府提供的一种公共物品，其建立和改革（即公共物品的供给）需要作为利益相关者的多方主体参与选择和决策，才能使选择结果最大限度地反映有关各方的利益和意愿，并获得更广泛的认同和支持。因此，环境与健康管理体制的建立和发展过程也是一个公共选择过程。

而客观约束则是外因，必须通过内因才能起作用——客观约束先要影响到主观管理理念的改变，而决策者的主观管理理念才直接影响到体制的发展方向甚至发展路径①。

以下，我们将在成员—规则—机制框架下，分别描述文物行政管理机构、文物事业单位的管理体制机制现状。

2　文物行政管理机构的概况和问题

行政管理机构是一项事业的管理核心，应拥有这项事业的行政管理、行政司法、行政处罚和行政规章制定权，并承担相关事务的组织协调工作。文物行政管理机构应是负责制定和贯彻相关政策法规、承担区域内文物保护和利用日常管理工作的政府职能部门。同时，文化遗产的保护和利用工作，又涉及诸多社会管理和公共服务事项，从行政管理角度需要依托文物行政管理机构来组织和协调。由于文化遗产的数量日益庞大，且文化遗产与经济发展、城市建设、人民生活的关系日益密切，所以现在的文物行政管理任务十分艰巨，这越发显得文物行政管理机构的力量薄弱。可从两个层面看这种“薄弱”。

第一，中央层面，相关行政管理机构的政治地位不高，统筹协调能力不强。例如，相关法律法规制定（如《自然遗产保护法》）和上位政策（如《全国主体功能区规划》），在征求意见时基本只经过了国家文物局的上级单位文化部，这使文物保护的合理要求没有得到及时反映；② 又如，我国现在拥有世界文化与自然遗产的数量位居世界第三位，但国家层面上没有一个全国统一的世界遗产行政管理部门（目前世界遗产相关工作分别归属于住房和城乡建设部、国家文物局下属的各一个处管理），协调相关部委和指导地方工作的能力薄弱（大多数世界遗产实行属地管理，即一般为市辖事业单位）。这样，在世界遗产管理上，“中央怎么管、地方怎么干”常常呈现“两头空”的状况，严重影响着世界遗产的依法管理。

第二，地方层面的机构力量薄弱是文物行政管理的最大不足，省级和基层地方文物行政管理机构都存在诸多问题。

---

① 不过，在很多情况下，主观管理理念的变化与客观约束的变化互为因果。

② 具体参见书末的特别关注一。

①省级文物主管单位行政级别较低，机构不规范、不稳定、不平衡，队伍力量不足。[①] 对于文化遗产资源丰富、日常管理工作繁杂的省市，理应设置厅级文物行政管理机构。但是诸如河南等文物大省，负责全省文物工作的行政管理机构，还是“副厅级”机构，级别与责任、事务显然不相称[②]。同时，还有一些省的文物局仍是正处级单位，行政职能不足、行政地位较低，影响了文物的行业管理。

②基层地方政府在文物专门行政管理机构设置上处于大体空白状态。这种大体空白有两方面所指：一是全国相当数量的地级市[③]和大多数县没有建立专门的文物行政管理机构；二是即便设立文物局的县，这些文物局也只是事业单位（甚至不是参照《公务员法》管理的事业单位），没有行政编制，工作人员不是公务员，这使县文物局执法时本身存在身份违法的问题（严格意义上没有执法权）[④]。比如，河北省大多数不可移动文物分布在县域，但全省县级设有文物管理专门机构（含文物旅游局）的只有 14 个；安徽全省，只有一个县设有专门的文物局，且还是县政府下属事业单位。基层文物行政管理机构的缺失，极大地制约了文物政策、法规的贯彻落实和文物行业管理的实现。

总体来看，文物行政管理机构在同级政府部门中的地位、在行政资源配置能力和统筹协调能力方面，从中央到地方，大体呈现“一级不如一级”的局面（有少数例外），这使加强文物行政管理在基层政府尤其困难。

2.1 省级文物行政管理机构的基本概况

正如上文所述，我国省级文物行政管理机构的行政级别大多较低，机构队伍力量不足。纵观我国 31 个省级行政区（港澳台除外），虽然各省都在名义上设置了省级文物行政管理机构，但其级别、编制以及职能划分却“千差万别”。

---

① 具体情况参见技术报告第三章表技 3 - 1 的总结。

② 如河南省是中国数一数二的文物资源大省，号称“一部河南史，半部中国史”。中国的“八大古都”，河南省占有“四大古都”。本书第四章的定量分析也反映河南的文物管理水平并不高，这与其行政管理机构力量薄弱不无关系。

③ 全国相当数量的地级市只是由文化局承担了文物行政管理职能，有一些文化局甚至基本没有承担文物保护的职责，如乐山市文化局委托乐山大佛乌尤文物保护管理局（乐山市的市属事业单位）实施乐山中心城区城市规划区 152 平方公里内的文物保护管理职责。

④ 事业单位行使行政管理职能只能来自于法律授权，但全国大多数作为事业单位的县级文物局并没有获得这种法律授权。

从省级文物行政机构的级别、独立性以及省文物局领导的政治地位这三方面标准来看，可将省级文物行政管理机构大致划分为三级六类：即一级局、准一级局、二级局、准二级局、三级局、准三级局。其中，一级局即为省级政府直属的正厅级行政管理机构，准一级局为正厅级事业单位；二级局为省级政府组成部门下属的副厅级独立行政机构，准二级局为省政府组成部门下属的副厅级独立事业单位或非独立行政机构（仅分管领导为副厅级但机构不独立，甚至分管领导也非文物方面的专职领导）；三级局为省级政府组成部门的内设正处级机构（加挂省文物局牌子），准三级局为省级政府组成部门的下属事业单位。纵观我国31个省的文物行政管理机构，一级局和准一级局只有4个，二级局、准二级局数量相对较多，还有近10个三级局①。所以说，我国省级文物行政管理机构的普遍情况是“机构编制情况与事权不对称”②，且相当数量的文物局不具备独立的行政权限③。

可以说，相对中央政府层面各部委的关系而言，大多数省级文物行政管理机构的政治地位、协调能力和支配行政资源的能力还有所弱化（不如国家文物局在中央部委中的地位），在相关管理中“有心无力”的局面更容易出现。同时省级文物行政管理机构的人员编制不足，且部分工作人员也不是公务员身份，这种情况使得管理难以规范。

2.2　基层文物行政管理机构的基本概况

与省级文物管理机构相比，基层文物行政管理机构设置上的不足与问题更加突出，更明显地呈现出“一级不如一级”的局面。

2.2.1　基层文物管理机构现状

如上文所述，我国省级文物行政管理机构尚不健全，而基层（地市级及以下）文物管理机构在设置和资源配置上的不足更加明显，甚至可以说大多数处

---

① 各省这方面的具体情况可参见技术报告第三章的表技3-1。

② 在财政领域，我国常见的情况是财力与事权不对称（即包括转移支付的财政资金仍然不敷相关公共事务支出责任所需），在机构编制领域（涉及机构职能、编制和人员）也有类似情况。

③ 部分省的文物行政管理机构与文化、广播等职能部门合在一起，这种所谓的“大部制”管理是不利于文化遗产的专业化行业管理的。而且，许多文化厅内设机构中并没有专门的文物执法处，这使得文物的执法督察工作缺少省一级的统筹。

于空白状态：第一，全国相当数量的地级市和大多数县没有建立专门的文物行政管理机构①；第二，即便设立机构，也大多没有行政编制，工作人员不是公务员。这种状况，使文化遗产的各项基础工作难以得到加强（如基本场馆建设、“四有”和“五纳入”等），且文物管理部门（非专门的）与其他政府部门难以协调关系、难以贯彻文物保护的各项政策法规。就以在具体管理中最常见的文物保护与旅游及城市建设部门的关系处理为例，由于文物行政机构的缺失，大多数文化遗产是以旅游景区的性质被管理，这使文化遗产的管理中难以处理好保护和利用的关系，不利于遗产的保护和发挥其公益功能。而且，有的地方（如山东省蓬莱市）进行的将文物管理和旅游相结合的管理体制改革，名义上是发展文物旅游，但实际上是把本应由文物行政部门管理的文物保护单位，转到了旅游行政管理机构甚或企业的手里。② 在这种情况下，文物行政管理机构则基本上“沦为”旅游行政管理机构的下属机构，③ 这显然也违背了“事业的归事业，产业的归产业”的事业发展方向。

可以说，基层文物行政管理机构的缺失或不足，制约了文物政策法规的贯彻落实和基础工作的开展，使物质文化遗产既难以得到依法保护，也难以得到合理利用。

2.2.2　案例说明

综上，我国基层文物管理机构在设置上存在诸多不足，机构力量不足、基础设施和基础工作薄弱等现象较为突出。本节以安徽省怀远县④为例，进行具体分析。

实际管理中，怀远县设置了相对专门的文物行政管理机构（文化体育局并

---

① 以市或县政府为例，通常的情况是文化局（也有文化新闻出版局或文化广电新闻出版局）下设文物管理处或文物管理所，由这些事业单位实施文物行政管理。

② 山东蓬莱所谓的文旅一体管理体制改革，其初衷就是发展旅游——“丰富完善历史文化游、重点发展休闲度假游、配套发展专项特色游”。蓬莱设立了旅游度假区管委会，过去分属不同部门管理的文物单位和景点，都划归度假区管委会统一管理，并认为这种“整合周边资源，打破行政区划一体化发展”的体制改革，将有力促进蓬莱大旅游格局的形成。但在这种改革中，几乎没有考虑优先体现文物的公益性，几乎没有考虑“保护为主”，只是考虑了将旅游产业做大做强。在这种管理体制下，原来的县级政府的文物管理部门（县文化局）的管理权基本被架空。

③ 有很多县并没有专门设置文物局，只是设置了文物旅游局。这样，文物保护部门和旅游部门捆绑在一起之后，文物行政管理机构基本上成为旅游行政管理机构的下属部门，其工作只能是确保“文物保护与旅游发展相协调”。

④ 怀远县现已公布的省级重点文物保护单位 3 处，县级重点文物保护单位 16 处，馆藏文物 7745 件，其中国家一、二、三级文物共 511 件。这些馆藏文物的质量和数量在安徽县级行政区中名列前茅。

下设文物管理所），但其管理效能相对较低、管理权限也相对有限。在建设中怀远县文物管理所存在诸多问题：其一，文物管理所编制5名，现有工作人员4人，人员编制严重不足；其二，相关基础设施缺乏，没有较好的收藏场地，众多文物“无家可归”①；其三，基础工作十分薄弱，“四有”和“五纳入”问题没有完全落实到位②，全县文物家底不清，基础数据不准的情况尚未根本转变；其四，在管理方面缺乏科学规范，在服务方面缺乏主动意识；其五，文物工作在文化体育局内部也不是主流工作，文物管理机构本身在综合决策和资源调配上有“边缘化”感觉；其六，文管所缺少行政协调能力，几乎无权参与县域经济社会综合发展和城镇建设规划。

怀远县的这种情况是我国县级政府文物行政管理机构的缩影。除了个别文物具有全国重要价值的县域（如山东省曲阜市），大多数县级文物行政管理机构，都存在与怀远县相似的管理问题。因此，针对问题找出改革突破方向，是建立健全基层文物行政管理体系的重点。

2.3　各级文物行政管理机构的通病和体制改革突破方向

通过上述分析不难看出，目前我国基层文物行政管理体制的不足，如果总结其共性的话，可以认为有管理机构编制不规范、行政级别较低、机构队伍力量不足、协调能力较差等。而且，我国文物行政管理机构的情况是“一级不如一级”，越到基层地位越低，管理越混乱，开展工作越困难。这些通病，可以总结为“机构编制情况与事权不对称”，这使相关管理和服务工作没单位管或者没人管。

对应这些通病，“十二五”期间，文化遗产的行政管理机制创新，应该在“机构要加强”的大方向下，从“规范机构、提升级别、加强职能、扩大编制”

---

① 怀远县的7000余件馆藏文物蕴含着深厚的文化内涵，辉映着怀远悠久的历史文化，是怀远人民宝贵的文化遗产。然而，由于没有展出设施，库房又达不到存放国宝级文物的要求，致使国家级馆藏文物511件长期寄放在蚌埠市博物馆。每次举办文物展览，都需要去市馆调拨，警车押运，文物调入、调出手续繁杂，存在严重的安全隐患。其他6500余件馆藏文物保护条件也十分落后，有的露天存放，已受到严重毁坏。

② 怀远县已公布的16处县级重点文物保护单位现状堪忧，很多处没有人看管，没有保护标志，自然因素和人为因素的破坏时有发生。如：涂山杨应聘墓被盗，至今不了了之；明代建筑青云楼自然倒塌，不复存在；关帝庙目前岌岌可危，濒临倒塌；涂山启母石被人随意刻字，还有人擅自在启母石保护范围内立碑，严重破坏了文物景观。

这四个方面着手。这个方向，不仅是现实需要，也与国家的“大部制”机构改革方向并不矛盾：机构改革与事业单位分类改革都强调机构编制情况与事权对称，且文物行政管理工作量是在显著增加。所以应对日益增长的文物行政管理工作，相关机构的建设和权责的增强就十分必要。而且，这种改革已有地方层面的成功案例。例如，山东省2011年重建了省文物局，将其提升为正厅级单位，以提高其资源调配能力和协调能力。尽管山东的这种突破与北京、山西等仍有差距（还只是事业单位，且和“省名城办”合在一起，并非专门加强文物行政管理工作），但至少给出了一个信号——省级层面的文物行政管理机构是可以根据工作需要加强的。如果山东省在有工作需要的市县级基层地方政府层面也有相应的加强，则文物行政管理机构的加强就可能成为一种导向。而且，2011年颁发的《事业单位改革指导》，明确了“十二五”期间的目标：今后5年，在清理规范基础上完成事业单位分类，承担行政职能事业单位和从事生产经营活动事业单位的改革基本完成。这方面的改革要求“规范机构”，即行政管理类事业单位在分类改革中回归政府机构系列，确保相关行政管理和执法工作能“名正言顺”地进行。按这个要求，以事业单位形式存在的诸多县级文物局，应该转变为行政机构。

当然，文物行政管理机构改革，尤其是基层文物管理机构改革任重而道远。如果说加强机构建设是文物管理“增量”上的完善，那么完善文物保护单位的管理体制则是“存量”上的提高。因此，下面我们就将对文物保护单位，尤其是不可移动文物保护单位，进行较为详细的分析。

3　基于调查的文物保护单位管理体制机制的基本情况和问题分析

为“十二五”末期使“形成较为完善的文化遗产保护体系”的愿景实现，必须首先明确现状和差距。作为不可移动文物主要保护平台的文物保护管理机构（即文物保护单位的管理机构），是除文物行政管理机构外的重要分析单元。而国家文物局数据中心（即中国文物信息咨询中心）于2010年完成的《文物保护单位管理体制调研报告》，依托国家文物局政策法规司2009～2010年间组织的问卷调查，定量描述了我国文物保护单位管理体制机制的面上现状，为精确分析文物保护单位管理体制机制提供了数据基础。基于前三部蓝皮书以及《文物保护单位管理体制调研报告》的成果，本节将重点描述文物保护单位管理体制机制情况并分析其问题所在。

3.1　文物保护单位管理体制机制基本情况

3.1.1　总体情况

基于调查，我们以成员—规则—机制为框架描述我国文物保护单位管理体制机制的面上情况并总结问题。在主题报告中，我们只概括出重要结论，而具体的调查数据和详细情况放在技术报告第三章中。①

①管理成员方面。按所有权与使用权的不同，我国文物保护单位的管理成员可分为三类，即行政管理型②、事业单位管理型和企业管理型（具体分类请参见表主3-2）。所有权层面，具体包括国家所有、集体所有和私人所有三种形式；使用权层面，同样包括国家所有、集体所有和私人所有三种形式。进一步看，使用权国家所有可分为事业单位管理和国有企业管理，集体所有可分为村集体所有和股份制企业所有，私人所有可分为私营企业管理和非营利社会组织管理。对应地，根据不同产权属性，可将文物管理的参与者即管理成员划分为行政管理成员、事业单位管理成员以及企业型管理成员。由于现实管理中所有权与使用权的普遍分离以及产权属性存在多样性，导致我国文物保护单位管理成员呈现出事业单位管理为主、行政管理和企业管理为辅的局面③。需要强调的是，虽然我国文保单位多是事业单位管理形式，且不可移动文物的管理机构理应按照事业单位设置与管理，但是在改革中为提高遗产保护和利用的效率，也不乏像良渚（行政管理形式）与大明宫（企业管理形式）④ 这样的“非事业管理”的个案。

---

① 与前三部蓝皮书的体例一致，结论性的内容在主题报告中给出，而数据和理论支持则在技术报告中呈现。

② 行政管理的说法在《文物保护单位管理体制调研报告》中频繁出现，但是我们认为这种说法并不妥当。因为行政管理方式在文物系统内实属罕见，仅仅在良渚国家考古遗址公园等少数文物保护单位的管理体制改革中才出现类似的模式。且这种模式也是地方区域性行政管理机构直接管辖，类似于一种“特区”管理，并不是文物系统内部的行政管理机构直接管理。但考虑相关数据衔接和文字描述的方便，我们仍然保留了这一说法。

③ 不同属性所有权与使用权的比例请参见技术报告第三章，其中有较为详细的基于调查的数据。

④ 良渚与大明宫的详情具体可参见本章3.2节的分析。

表主 3－2　不可移动文物管理成员的分类

<table>
<tr><td colspan="3" rowspan="2"></td><td colspan="3">所有权</td></tr>
<tr><td>国家所有</td><td>集体所有</td><td>私人所有</td></tr>
<tr><td rowspan="5">使用权</td><td colspan="2">国家所有</td><td>行政管理体制①</td><td>—</td><td>—</td></tr>
<tr><td rowspan="2">集体所有</td><td>事业单位管理</td><td>事业单位管理体制</td><td>事业单位管理体制</td><td>事业单位管理体制</td></tr>
<tr><td>国有企业管理</td><td>事业单位管理体制/企业型管理体制</td><td>事业单位管理体制/企业型管理体制</td><td>企业型管理体制</td></tr>
<tr><td rowspan="2">私人所有</td><td>私营企业管理</td><td>企业型管理体制</td><td>企业型管理体制</td><td>企业型管理体制</td></tr>
<tr><td>非营利社会组织管理</td><td>企业型管理体制</td><td>企业型管理体制</td><td>企业型管理体制</td></tr>
</table>

注：这种行政管理体制指地区政府或者文物行政机构直接管理的模式，其管理成员具有一定行政权限。

②管理规则方面。我国文化遗产事业初步形成以国家上位政策和《文物保护法》为核心，部门规章、规范性文件、地方性法规与行业技术标准为支撑的分级分层的管理规则体系（参见图主 3－3）。中央层面，形成以《文物保护法》及相关规划、上位政策（如《事业单位改革指导》）为核心，国家文物局以及相关行政机关制定的各项专项法规与一系列的部门规章和规范性文件为基础的文物管理法律法规体系和保护规范，并辅以行业技术标准。地方层面，各省市以《文物保护法》和《文物保护法实施条例》为规范，制定并出台地方性的文物保护纲领性文件；各重点文物保护单位，也依据上位法规出台了部门性规章和规范性文件，明确管理中的具体工作范围、职权和法律责任。①

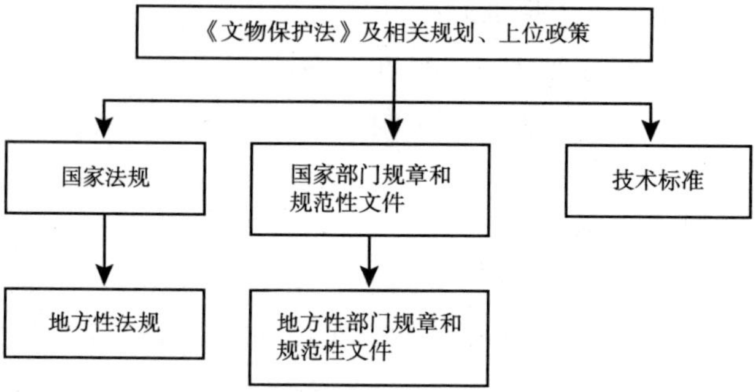

图主 3－3　文物管理法律法规体系

① 法律法规的规范性是遗产保护的重点也是保障遗产管理成员统一与管理机制高效的前提。因此，在技术报告第三章中，基于调查结果，我们将对我国文化遗产管理的法律法规体系进行较为系统的描述与分析。

③管理机制方面。我国文物事业的管理机制逐步完善。资金机制上，呈现以财政拨款为主、市场和社会渠道辅助的局面；经营机制上，我国文化遗产管理单位形成了非营利性为主、事业化管理与企业化经营相结合的经营管理模式。诸多营利性社会力量以多样化的方式参与文化遗产管理，但特许经营仍然没有形成制度；监督机制上，我国文化遗产事业初步形成了以文物行政管理部门为主、相关职能部门为辅、公众初步参与的多层次的监督机制。文物行政管理部门通过整合法规与加强执法监督，努力实现从部门管理到行业管理的角色转变，在文物保护与城市化建设、重大工程建设、新农村建设和旅游产业发展的关系处理上已经发挥了较为有效的监督效果。①

3.1.2　各方面差距

如上所述，我国文物事业发展现状与愿景之间存在一定差距：横向来看，我国文物保护单位的管理体制仍与“统一、规范、高效”的行业管理愿景存在巨大差距。纵向来看，我国目前分为中央、省级、地市级、县级四级文物部门，在管理中也存在着不同级别间的不同问题（请参见表主 3－3）。

表主 3－3　我国文化遗产管理体制问题

层　面	框　架		问　题
横向	管理成员		不统一：其一，管理多头，权责不明；其二，编制不规范，地域间差距较大
	管理规则		法律体系不健全，法律本身有缺陷，地方性的法律法规建设不“规范”且地域差距较大
	管理机制	资金机制	市场和社会资金渠道相对滞后，且地域差距明显
		经营机制	公益性和非公益性的界限、政府与市场范围的合理划分都还是突出问题，特许经营没有形成制度
		监督机制	监督力量薄弱，监督成效不佳，公众监督渠道不畅
		协调机制	初步建立，但基层地方政府层面协调力度很小
纵向	不同级别文物单位		管理层级越低，出现问题越频繁，不能依法保护、依法管理、依法利用，主要问题反映在机构不健全、编制不足、经费不充足、利用不合法四个方面

① 具体调查结果、相关说明请参见技术报告第三章。

管理成员角度，我国文物保护单位从两个方面上看仍旧不“统一”：其一，“多头管理”现象依旧存在；其二，事业编制混乱，地区间体制差距大。我国文化遗产事业中，行政管理主体、事业单位管理主体和企业型管理主体三类主体并存，按照“统一”的标准来看，我国文物管理参与主体“多头”，并未形成“统一”的局面。总体上看，85%以上的国保单位、省保单位和市保单位由文物部门管理，而还有一部分文保单位由其他行政部门管理，使得文物保护难以统一化、专业化；另外，即使在文物系统内部，仍有10.97%的国保单位、20.48%的省保单位和25.38%的市县保护单位没有专门机构管理①，《文物保护法》明文规定的“四有”工作还有很大的漏洞。

管理规则角度，问题也不少。② 第一，法律制定中存在缺陷，法律内容不够全面，部分规定概念模糊，不具有操作性；第二，法律体系不够完善，涵盖范围不全，不能涉及文化遗产事业的方方面面；第三，地方性的法律法规建设不“规范”且地域差距较大。管理规则的规范性、健全性和科学性依然不足。③

管理机制角度，我国文化遗产事业管理远未达到“高效”的标准，各方面的问题参见表主3－3。

当然，横向上存在问题，也会直接影响导致纵向管理上问题频出。可以说，四个层级的文物保护单位管理机构，④ 级别越低的机构存在的问题越多。管理成员层面，级别较低的文物机构机制不健全、行政权力不足、人员编制短缺，导致管理中缺少权限与协调能力，从而更易形成多头管理的局面。管理规则层面，级别较低的文物系统法律法规缺失、相关人员法律意识淡薄，导致违法行政的现象频发。管理机制层面，级别较低的文物单位无法得到有效的财政拨款，自身收入又偏低，导致资金严重不足。可以说，一般而言，纵向层面的管理“一级不如一级”，机构不健全、编制不足、经费不充足、利用不合法四个方面的问题从上往下逐级加重。

---

① 数据来源于《文物保护单位管理体制调研报告》。

② 本书技术报告第三章的附录中，以“法律法规角度的文化与自然遗产地管理体制机制异同”为题，系统总结了我国的文物保护单位（尤其是其中的大遗址，一般也称为文化遗产地）与自然遗产地（例如自然保护区）在管理体制机制上的不同以及管理上的差距。

③ 关于文化遗产事业的管理规则，尤其是法律法规体系，可以参见技术报告第三章的附录。

④ 指上述所说的中央—省级—地市级—县级四级行政管理机构。

综上，我国文化遗产管理体制按统一、规范、高效的标准来看仍有很多不足。因此，完善体制机制的宏观设计，①并逐级落实，是“十二五”期间文物系统改善管理现状的关键所在。而这其中的难点是大遗址管理。大遗址管理的难点由“大”而生，其建设和管理涉及面广泛：不仅自身体量大、涉及人群多，还与区域发展、城市发展和文化产业、文化事业的分类发展关系紧密，其管理体制机制及相关问题也与一般的文物保护单位存在差异。因此，在下一节中我们将在成员—规则—机制框架下，专门研究大遗址保护区的管理体制机制。

3.2　大遗址管理体制机制概况②

3.2.1　总体状况

从管理角度而言，大遗址保护有多种形式，如大遗址特区、考古遗址公园、大遗址特别管理区域（即不改变原有管理关系，但从规划、产业发展等方面予以限制，类似历史文化名城的管理方式）、文化生态保护区等，目前发展态势最好的是国家考古遗址公园。2010 年国家文物局公布国家考古遗址公园名单和立项名单。其中 12 个大遗址成为国家考古遗址公园，23 个大遗址进入立项名单。③

整体来说，已挂牌的 12 个国家考古遗址公园的管理情况基本令人满意。其管理机构相对健全、管理规则基本完善、管理体制比较高效（参见表主 3－4）。

表主 3－4　我国首批国家考古遗址公园管理情况

序号	名称	专门机构	上级主管单位	管理规定	经费来源	管理单位体制
1	圆明园国家考古遗址公园	圆明园管理处	海淀区政府		区政府投入和自筹资金	事业单位形式
2	周口店国家考古遗址公园	周口店北京人遗址管理处	房山区政府	周口店遗址保护管理办法（市政府规章）	区政府拨款和门票收入	事业单位形式

① 首先机构要健全，是政策执行的保障，还包括经费投入的保障（如博物馆各项达标问题：安全设施、服务展示、保护保障等具体项目）。

② 本部分也是中国文化遗产研究院与国务院发展研究中心蓝皮书课题组共同进行的国家社科基金重大项目“大遗址项目动态跟踪研究”的初步成果。

③ 按国家考古遗址公园管理办法第五条规定“符合下列条件的遗址，可向国家文物局提出国家考古遗址公园立项申请：（一）已公布为全国重点文物保护单位；（二）保护规划已由省级人民政府公布实施；（三）考古工作计划已获批准并启动实施；（四）具备符合保护规划的遗址公园规划；（五）具备独立法人资格的专门管理机构。”

续表

序号	名称	专门机构	上级主管单位	管理规定	经费来源	管理单位体制
3	集安高句丽国家考古遗址公园	集安市文物局（博物馆）	集安市政府	吉林省高句丽王城、王陵及贵族墓葬保护管理条例	财政拨款和门票收入	事业单位形式
4	鸿山国家考古遗址公园	无锡市鸿山遗址博物馆	无锡市政府新区管理委员会		财政拨款	事业单位形式
5	良渚国家考古遗址公园	杭州良渚遗址管理区管理委员会	余杭区政府	杭州市良渚遗址保护管理条例	财政拨款	行政单位形式（特区政府）
6	殷墟国家考古遗址公园	殷墟管理处	安阳市文物局	河南省安阳殷墟保护管理条例	财政拨付	事业单位形式
7	隋唐洛阳城国家考古遗址公园	未建立	洛阳市文物管理局	洛阳市隋唐洛阳城遗址保护条例	未定	事业单位形式
8	三星堆国家考古遗址公园	广汉市文物管理局	广汉市政府	三星堆遗址保护管理办法	财政拨款为主	行政单位形式
9	金沙国家考古遗址公园	金沙遗址博物馆	成都市文化局（文物局）		财政拨款和门票收入	事业单位形式
10	阳陵国家考古遗址公园	汉阳陵博物馆	陕西省文物局		财政拨款和经营收入	事业单位形式
11	秦始皇陵国家考古遗址公园	秦始皇帝陵博物院	陕西省文物局	陕西省秦始皇陵保护条例	财政拨款	事业单位形式
12	大明宫国家考古遗址公园	西安曲江大明宫遗址区保护改造办公室和大明宫国家遗址公园管理有限公司	西安曲江新区管理委员会	西安市周丰镐、秦阿房宫、汉长安城和唐大明宫遗址保护管理条例	国有公司投资和门票收入	企业管理形式（暂时）

3.2.1.1 管理成员

国家考古遗址公园是大遗址中管理相对规范的部分。尽管有部分遗址公园未完全解决土地权属和原住居民问题，但其核心区域基本实现了统一管理：文物部门或地方政府的专设机构是主管单位，在大遗址相关的某个划定范围（如规划范围）内进行综合管理。

按管理成员性质，类似前面文物保护单位的划分方式，可将我国 12 个国家考古遗址公园分为行政管理、事业单位管理和企业管理三类。

行政管理形式是由一定行政级别的行政管理机构（或地方政府的派出机构）负责遗址公园的保护和管理工作。其特点在于能够有效整合资源，提高管理效率。良渚大遗址是行政管理模式的代表，良渚遗址管理区管理委员会对大遗址范围内实行统一管理，代行地方政府职能。另外，还有像大明宫国家考古遗址公园这样的建设期和运行期采用不同管理形式的①。隋唐洛阳城国家考古遗址公园的建设与管理也颇具特色，市政府成立了专门的拆迁整治工作领导小组，② 在顺利拆迁整治后，交由文物行政机构进行统一管理。当然，国家考古遗址公园的“统一管理”不一定统一到文物行政机构，也可以像良渚一样，统一到地方（区域）政府，建成“遗址特区”，进行较大范围的统筹管理。

事业单位管理形式是事业单位作为管理机构，对大遗址进行统一管理。这种形式具有一定独立性，经营模式相对灵活，但该类管理主体不具有行政能力，横向协调能力较差。鸿山国家考古遗址公园是事业管理模式的代表。鸿山遗址博物馆是负责鸿山国家考古遗址公园管理的主要单位，③ 在《鸿山墓群保护总体规划》④ 的指导下，负责吴越文化的保护、研究、学术交流，鸿山墓群出土文物和土墩遗存的保护与管理，文物资料的收集、整理、宣传以及鸿山国家考古遗址公园的管理等工作。

3.2.1.2　管理规则

“十一五”期间，国家文物局出台了《国家考古遗址公园管理办法（试行）》（以下简称《办法》）⑤，部分省份也制定了地方性法规或政府规章⑥，对规范和

① 大明宫国家考古遗址公园在建设期采用小企业管理为主的形式，在运行期拟采用以事业单位为主的管理形式。

② 并抽调文物、建设、拆迁、规划、土地、财政以及遗址所在地老城区政府的相关人员成立了拆迁指挥部。

③ 无锡市人民政府新区管理委员会是上级主管单位。

④ 在《办法》中，第一明确国家考古遗址公园的评审标准、立项标准及程序。第二明确要设立专门机构管理考古公园，如办法中第十四条规定“国家考古遗址公园的专门管理机构负责公园的日常管理及运营”，

⑤ 《办法》明确规定了机构职责：“（一）依法履行文物保护职责；（二）实施遗址公园规划；（三）建立健全相关管理规章制度；（四）提供良好的卫生、服务、消防、救护等公共设施，并不断改善服务质量；（五）在规定时限内向国家文物局提交年度运营报告。”第三点说明了要设立相关监督机制，第四点说明了相关的法律责任与义务。

⑥ 首批 12 个国家考古遗址公园中，有 8 个已经制定并出台了专门管理规则，使管理工作有据可循。

引导国家考古遗址公园建设起到了一定积极作用。

虽然已经出台《办法》，但其中对大遗址管理的权力主体、责任归属、资金渠道、监督方式以及经营机制，均无创新的规定，难以实现与周边区域的统筹管理和更全面地发挥大遗址的经济社会效益。这种情况还因为上位政策的缺位被加重了：没有相关法律法规明确大遗址区域中土地管理、建设范围等权限的部门划分，导致大遗址保护区常常成为矛盾集中地。

作为特定的公共文化空间，国家考古遗址公园涉及的内容远远超出文物保护范畴，其建设、管理、发展也必然具有更强的综合性特点。然而，国家考古遗址公园建设所依据的遗址保护规划或遗址公园规划，目前主要是按照文物保护单位管理的程序、标准编制和实施，大多体现的是文物保护的要求，尚未形成统筹考虑地区经济社会文化整体协调发展的规划标准体系。由于缺乏管理方面的标准体系，目前12个国家考古遗址公园普遍存在管理机构不健全、队伍结构不合理、人员编制不足、专业人才匮乏、管理水平偏低、经费保障不到位等情况，尚不适应国家考古遗址公园整体高水平发展的需要。

另外，由于大遗址管理的难度在于“大”，这使其管理中必须有良好的上位土地政策支持。土地作为城乡经济社会发展的重要资源和地方政府重要的财政来源，已经成为各方利益关注的焦点。尽管《文物保护法》规定，国有不可移动文物的所有权不因其所依附的土地所有权或者使用权的改变而改变，但是，土地所有权或者使用权牵涉土地管理、开发、利用，与国家考古遗址公园建设关系紧密。国家考古遗址公园相关的遗址保护、环境整治、设施建设、搬迁安置等都需要占用大量土地，而国家对土地实行严格管制，土地利用实行总体规划和年度计划制度，地方政府在土地利用方面的自主权和调整空间相对较小，特别是在以“土地财政”为主的地区，由于用地指标的计划性和有限性，不可避免地会造成国家考古遗址公园建设与城乡建设争地的矛盾，制定专门的土地政策已经成为国家考古遗址公园建设和发展的迫切需要。但目前这方面的专门政策竟告阙如，像大明宫这样土地问题解决得较好的大遗址都是在市委、市政府特事特办的情况下获得政策外解决办法的。要使“十二五”期间的大遗址建设和管理规范化，填补土地政策方面的空白和漏洞是管理规则中的重点。

还有，大遗址保护和管理的技术标准有许多空白，使得在现实工作中，很难按精细化管理的要求对大遗址进行保护和开发，这也加大了大遗址的建设和管理难度。

3.2.1.3　管理机制

相比管理成员和管理规则，国家考古遗址公园的管理机制尚不健全，远未实现“高效”的建设目标。

第一，资金机制不明确，尤其是日常管理阶段的资金机制不明确。尽管第一批国家考古遗址公园在地方政府和国家大遗址保护专项资金的支持下，通过城市改造中的市场机制吸纳资金，在建设阶段大多资金充足。但如果相关管理办法中不明确提出主要资金来源渠道和出资方，就难以形成长效机制，也难以体现国家考古遗址公园中的“国家”二字。① 加之国家考古遗址公园的建设规模不是一般文保项目可以企及的，因此需要更加庞大的资金支持。而仅仅依靠财政专项拨款，显然无法满足国家考古遗址公园的“胃口”。

第二，保护和经营机制不合理。这种不合理主要体现于两方面。其一，保护措施违背保护理念。部分大遗址区在管理过程中，存在工程建设先于制度建设、城市改造诉求先于遗产保护规划的现象。部分遗产地为了追求项目效益和城市建设，忽视了遗址的保护。尤其是在考古遗址公园建设中，由于各方协调不力，不能较好解决遗址保护和人民生活之间的关系，导致保护与民生相悖。其二，经营机制不健全。市场经济体制下，大遗址管理的重要方面是建立符合国家公园共性特征的经营机制。但实际管理中，基本没有突破“政企不分”的老套路，更没有明确特许经营机制及其适用范围。这种没有把公益性业务和非公益性业务分开、没有在非核心业务建立特许经营制度的遗产资源经营机制，既不利于提高经营服务效率，也不利于提高保护效率。②

第三，监督机制相对欠缺。虽然《办法》中明确指出“国家对国家考古遗址公园实行巡视制度”，但在实际操作中却未能较好落实。巡视主体权责、巡视检查标准、奖励和惩罚措施等诸多方面都没有明确界定，且缺乏可行的、高效的

---

① 通过表主 3－4 可以发现，目前国家考古遗址公园主要是在财政资金支持下维持日常运营的，只有少数遗址公园的资金来源主体不是财政资金。

② 《国家考古遗址公园管理办法（试行）》规定国家考古遗址公园的专门管理机构负责遗址公园的日常管理和运营。

日常监管机制。① 此外，国家考古遗址公园的建设涉及拆迁、修建、文保、旅游、居民安置等诸多环节，每一个环节都需有良好的监督机制才能让整体建设“万无一失”。而在实际建设中，很难有统一的机构监督整个环节，极大地影响了国家考古遗址公园的建设效果。

3.2.1.4 大遗址管理单位体制机制的问题总结及对策

可以说，大遗址管理单位体制与一般文保单位相比，既有共性又有个性。在成员—规则—机制框架下，这种特性显得尤为突出，也使得大遗址管理所面临的问题更加独特（请参见表主3－5）。

表主3－5　大遗址管理单位体制机制的个性总结

框架		个性	新问题
管理成员		涉及更多的管理部门与利益主体	建设协调更加困难
		涉及文物行政管理机构与基层地方政府多部门的协调	管理权限难以清晰划分
		涉及与原住居民之间的利益纷争	管理成员的利益诉求更加多元化
管理规则		文物系统内部的管理办法对其他相关部门无行政约束力	影响管理规则的落实，不利于相关建设的实施
管理机制	资金机制	规模较大，需要更多资金	仅以财政支持为主要资金来源的模式“力不从心”
	经营机制	涉及更多的经营种类，市场化程度更加难以把握	提高经营效率的难度增大
	监督机制	建设环节较多，涉及诸多相关主体，难以进行有效监督	监督不力，影响遗址建设效果

① 这方面与自然保护区等自然遗产的常规监管差距较大。例如，2011年环保部、国土资源部、水利部、农业部、国家林业局、中国科学院、国家海洋局等7部（委、局）《关于开展国家级自然保护区管理评估工作的通知》（环办［2011］49号）要求，对国家级自然保护区管理工作情况进行评估。评估内容包括：机构设置与人员配置、范围界线与土地权属、基础设施建设情况、运行经费保障程度、主要保护对象变化动态、违法违规项目情况、日常管护情况、资源本底调查与监测、规划制定与执行情况、能力建设情况等10项指标。通过评估，对管理不善、保护不力的有关部门将责令限期整改，对环境和资源受到严重破坏，不再符合条件或失去保护价值的自然保护区要给予降级或撤销处理。而国家考古遗址公园，目前还没有开展全国性的评估，也没有关于评估结果与公园设置（降级或撤销）挂钩的明文规定。

必须看到，对于大遗址保护这个新生事物而言，管理体制机制方面的薄弱是相关问题产生的重要因素，但管理理念没有与时俱进也难辞其咎。如主题报告第二章第5节的分析，大遗址的特点由“大”而生，不能像一般的文物保护单位那样主要采用封闭、隔离式的保护方式，而必须将其保护、利用与周边区域的经济社会发展统筹起来进行。但这样的保护理念在多数大遗址保护项目中并未体现出来，许多遗址管理单位主观上仍然只关注文物领域的工作，这样既耽搁了大遗址保护项目的实施进度，也使《“十一五”期间大遗址保护总体规划》提出的“发挥专项保护资金的综合效益，促进城市建设和人民群众生活方式与质量的改善，谋取区域社会效益，生态效益的和谐与可持续发展”难以实现。

为此，我们认为“十二五”期间，应从三方面改善大遗址管理：转变管理理念、强化管理基础、完善管理机制（具体内容参见技术报告第三章第3节）。

4　博物馆管理体制机制概况

文化遗产事业的管理应当根据管理对象的不同，结合管理对象的特点，采取具有针对性的管理体制，才能实现“统一、规范、高效”的管理①。博物馆是文物保护利用的重要平台之一。② 虽然博物馆与文物保护单位体制间共性大于特性③，但由于博物馆大多位于市区，且可移动文物具有数量大、体积小、便于移动和来源具有较强的行业依赖性等不同于不可移动文物保护单位的特点，博物馆与公众的关系也更密切，其管理必须适应这些特点。

---

① 传统政策语境下的文物博物馆事业由于博物馆的行业办馆以及科技类博物馆的管理有特殊要求，使得其与文化遗产事业的管理特征存在一定差异。但从事业的公益性和事业单位的非营利性角度而言，还是大同小异。

② 本处所指博物馆不包括遗址类博物馆。如2009年蓝皮书主题报告第一章的分析，我们认为遗址类博物馆的管理特点更接近文物保护单位。

③ 在管理体制上，这种共性主要表现在以下两方面：①管理体系上，由纵向多层级管理和横向多部门管理构成。纵向多层级管理，主要是由中央政府、地方各级人民政府（县级以上）及其所属文物行政部门进行行业管理；横向多部门管理，主要由文物（或文化）及其他行业部门或组织进行日常管理。其中，文物（或文化）部门除了对本系统所属的博物馆进行日常管理外，还负责行使博物馆的行业管理职能，即对所有行业的博物馆进行业务指导、工作监督和执法检查等；②管理制度上，主要采用非营利的、以委托—代理为特征的事业单位管理制度，日常管理权（包括主要的人、财、物等行政资源的调配权）通常归属作为代理方的地方政府所属的行业部门。更具体的内容，可参见2008年蓝皮书主题报告第一章第10～12页。

“十一五”期间，随着博物馆全面免费开放，博物馆与公众的联系得到显著加强，但博物馆的管理问题也在公众的高度关注中凸显甚至被放大，所谓的故宫“十重门”等事件是博物馆管理共性问题的集中体现。普遍存在的问题要找制度成因，对博物馆管理的体制机制进行梳理在这个时间点上就显得尤为重要。① 2009 年蓝皮书对我国博物馆事业进行了梳理，博物馆的体制机制分析却不详尽，有必要也在成员—规则—机制框架下描述概况并从中发现博物馆管理共性问题的制度成因。

4.1 管理成员

管理成员方面，博物馆与文物保护单位相比，“多元化”现象更为突出：不仅国有博物馆的隶属关系更为分散，且所有制形式更多样，有企业所有的，还有相当数量是民办的（参见图主 3－4）。随着我国经济社会的发展和政策支持力度的加强②，我国非国有博物馆的数量还将继续增加，营利性、非营利性社会力量以及个人参与博物馆事业的程度将更广更深。

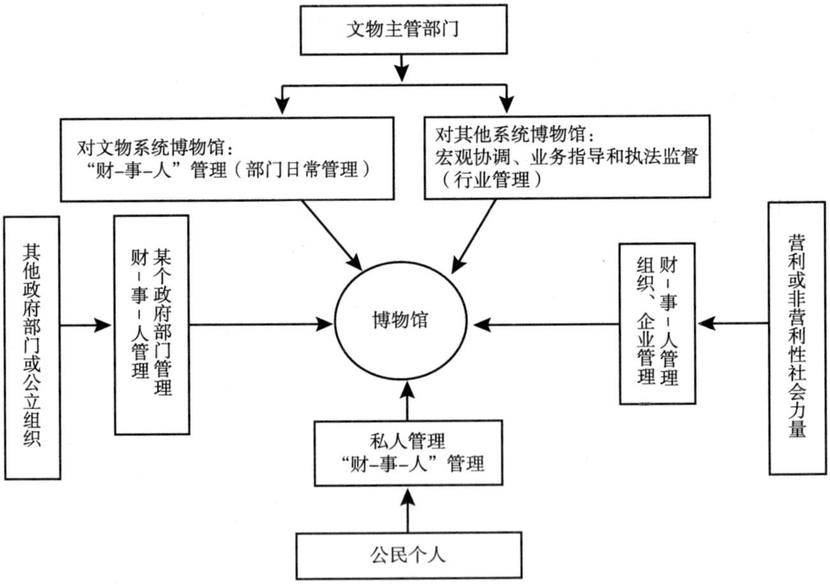

图主 3－4　博物馆的多元管理主体

① 本书的特别关注二以博物馆相关事件为案例，剖析了博物馆管理问题的制度成因。

② 例如，公益捐赠制度出现了有利于博物馆筹资的变化，具体参见 2009 年蓝皮书主题报告第三章。

可以说，我国大多数博物馆采用以分级属地化管理为主要特征、文物行政部门行业主管与多元主体分散化事务管理相结合的事业单位管理制度。①

①分级属地化多元管理

我国的博物馆管理体制以国家管理博物馆事业的行政管理体制为核心，体现了我国多数公益事业的行政管理体制中共有的层级化和属地化管理的特征。在层级结构上，从国务院文物主管部门到县级以上人民政府的文物（文化）部门，形成了层次分明的、纵向的分级管理结构，不同层级的文物主管部门拥有不同的管理权限，实现了对博物馆行业的条状垂直管理，体现了管理的系统性和专业性。这种分级属地化管理构成了我国博物馆管理体制的核心。

②管理主体多元化

在国家行政管理体制下，我国博物馆由于设立主体不同，管理主体呈现多元化状态。除文化文物系统博物馆外，相当数量的博物馆由各级文化文物部门以外的政府部门、大专院校、科研院所、行业协会或者企业乃至公民个人设立，其所谓“人权、财权、事权”都独立于文物主管部门，仅接受文物主管部门的业务指导和履法监督，呈现出博物馆“多头”管理和分散化管理的特点。由于设立主体更加多样且许多设立主体与文化文物系统这样的公益性社会事业管理部门有较大区别（如有的大型国有企业也内设博物馆，这就很难分清“事”、“企”），相对文物保护单位来说，博物馆的管理结构较为复杂。

③公私所有制并存

公、私博物馆并存衍生于博物馆设立主体的多元化。从《博物馆管理办法》和《博物馆条例（征求意见稿）》的有关内容以及 2005 年 8 月国务院发布的

① 大多数博物馆目前采用的这种事业单位管理体制，就博物馆充分发挥功能、改善管理来说，效能如何呢？一言以蔽之，就文物系统实施行业管理而言，存在机构职能和事业管理要求不相匹配的问题。这种不相匹配表现在博物馆类型上，是对科技类、自然类博物馆难以有效、“标准化”管理；表现在所有制上，是对民办博物馆难以依法管理。在目前形势下，从民生视角来看待这样的事业单位管理体制，可以发现博物馆管理与群众需要不相适应的方面：就博物馆建设和管理而言，非文化文物系统的博物馆和私人博物馆在不同程度上存在着专业化程度不高的问题，进而将影响到博物馆提供公共服务的能力；由于各博物馆隶属关系导致的“财—事—人”管理权的分散，不同博物馆在管理绩效方面的差别显著，此种情况的存在增加了管理部门和博物馆的运营成本，信息交流不甚通畅，限制了博物馆间的交流与合作；“各自为战”的局面也阻碍了博物馆资源的整合，为博物馆相关文化产业的发展和国际（国内）交流与合作增添了困难。但这个问题是目前管理体制下文物部门难以解决的，只能按照要解决问题的优先序尝试通过局部体制改革逐步解决。

《关于非公有资本进入文化产业的若干决定》中，可以看出我国在博物馆事业发展上采取的是“鼓励个人、法人或其他组织设立博物馆”、“鼓励博物馆多渠道筹措资金，促进自身发展”和“鼓励和支持非公有资本进入”的政策。这种扶持和鼓励的政策促进了博物馆设立主体的多元化，使得营利性、非营利性社会力量乃至公民个人都可以根据国家的有关规定设立博物馆，博物馆事业因此可称为“统一战线”，这与基本国有的文物保护单位在管理体制上“不得不”存在显著差别，也使博物馆事业要用同一套管理体制统起来难度颇大。①

而在具体的管理单位体制上，我国的国有博物馆与一般事业单位相同，都是行政管理体系中对上负责的馆长责任制，由此造成“政事不分”、社会化程度不够，与西方发达国家普遍采用的博物馆董事会制度存在较大区别。当然，从体现民生、充分发挥博物馆公益性的视角来看，博物馆实施董事会管理的意义并不在于将“馆长一人决策”转变为“董事会集体决策”。事实上，至少在我国文物系统，没有哪一个博物馆馆长有类似企业法人那样独立完整的“决策权”。就本质而言，博物馆都还是行政主管部门的“附属物”。实施“董事会”管理制度，其最重要的意义在于“政事分开”和博物馆社会化，以使博物馆获得自主发展的地位和空间。在目前这种类行政机构的管理制度下，无论是采用“三部制”还是“一条龙”，博物馆在发挥三大功能上的效率都难有显著的提高，一些局部的体制或工作机制创新只能起到修补效果。② 不过，在吸引各方社会力量参与并改善博物馆管理上，我国一些博物馆在管理上积极探索，尝试了博物馆理事会制度（博物馆理事会成员由政府相关部门的代表、馆长、职工代表以及热心博物馆事业的社会人士代表组成），还有一些大中型博物馆建立了博物馆之友、博物馆志愿者组织等，这些为社会各界参与博物馆建设和服务提供了有效渠道，只是这些做法还没有体现在法规中以形成普适制度。

4.2 管理规则

管理规则方面，一言以蔽之，我国博物馆管理的法制建设进展不快，部门规章效力有限。

---

① 《博物馆条例（征求意见稿）》屡次征求意见仍不能定稿发布，这是很重要的原因。

② 具体可参见技术报告第一章 3.1 节。

2005 年文化部发布的《博物馆管理办法》，对推动我国博物馆事业发展发挥了积极作用，但其后相关进展不快。2008 年 2 月，国家文物局发布了《关于印发〈全国博物馆评估办法（试行）〉、〈博物馆评估暂行标准〉和〈博物馆评估申请书〉的通知》，加强了博物馆管理的技术标准建设。这些进展规范了博物馆管理，但与其他国家相比，我国博物馆法制建设明显滞后，难以适应博物馆事业发展的需要。

从欧美、日本等发达国家博物馆法的基本内容看，他们对博物馆的功能、性质、组织管理及馆长、工作人员的资格均做了明确规定。法国、波兰、日本等国明确规定：“博物馆工作人员应具有博物馆任职资格”，“博物馆负责人应具备相关的专业资格”。

目前，我国尚没有专门的博物馆法或博物馆条例，也没有对博物馆馆长、专业人员、工作人员任职资格的相关法律规定。

4.3　管理机制

管理机制方面，博物馆管理中的人事制度、经营机制等对实现“高效”的发展目标形成了阻碍。

日常管理角度，管理人员角度，博物馆人员编制短缺，科研力量薄弱。一方面，博物馆人员编制严重短缺。免费开放后，观众人数成倍增长，博物馆宣传教育、公众服务、安全维护、后勤保障工作量急剧增加，直接面对公众的服务岗位及人员需求进一步加大，博物馆原有编制与人员实际需求之间的矛盾日益突出，编制严重不足已成为所有大中型博物馆的突出问题。① 另一方面，博物馆的职业资格准入制度和人才激励机制并未真正建立，人才队伍素质整体偏低。随着社会需求的不断变化，博物馆对自身人才素质、队伍结构的要求也发生了明显变化，尤其是展览策划、社会传播、信息技术等方面的专业人才，正日益成为博物馆走向现代化、专业化最迫切、最急需的人才②。博物馆非专业人员长期占据有限编制，③ 文物保

① 例如，河南博物院编制 192 人，聘用非在编人员 295 人；湖南省博物馆编制 156 人，聘用非在编人员 106 人；首都博物馆编制 285 人，聘用非在编人员 301 人。

② 《国家一级博物馆运行评估报告（2008～2009 年度）》的评估结果显示：一些博物馆的人才队伍建设得分较低，绝大多数得分率在 60% 左右，地市级博物馆、纪念类博物馆得分率均在 60% 以下，与博物馆作为文化教育机构和人才聚集高地的属性不符。

③ 很多地方将博物馆作为安置人员的主要机构。

护、科学研究、陈列展览等业务人才，安防、消防、设施设备管理等专业人才以及创新型人才难以引进，已成为博物馆队伍建设和整体水平提升的瓶颈所在。[①]

资金机制方面，[②] 自2008年开始博物馆全面免费开放以后，博物馆的资金来源和使用发生了较大变化。《关于全国博物馆、纪念馆免费开放的通知》和《关于进一步做好公共博物馆纪念馆免费开放工作的意见》中已经对免费开放专项资金的设立、使用和管理提出了具体明确的要求，这在相当程度上保障了博物馆公益性功能的发挥。但这个新的资金机制也存在一些不足。[③] 一是由财政部门包揽免费开放后的门票补偿和运行经费增量，“旱涝保收”的结果是削弱了博物馆面向社会、自我提升的主观能动性，导致积极性下降、惰性上升，在一定程度上助长了“养懒人”的倾向。特别是免费开放的专项资金不允许列支人员经费的规定过于刚性，使得博物馆丧失了以往调动队伍积极性的有效抓手。二是基于博物馆免费开放前最后一个年度门票收入多少来核定补助资金，以及核定后几年不变的资金补助模式显失公允。三是免费开放后博物馆经费来源由原来的多渠道改为单一的政府拨款，原有的收支体系被打破，许多博物馆出现了专题项目和业务经费有保障，基本运行和用于消防、购买设备的经费不足的现象。四是财政拨款中可供博物馆完全自主支配的款项太少，文化经营、产业发展受到限制，博物馆的员工激励机制陷入“英雄无用武之地”的窘境。五是缺乏与资金使用审核管理相配套的评价体系和可供操作的行业标准和规范，使展览、科研、服务等项目的绩效无据可评。当然，资金机制这些方面的不足，是在基本框架确定之后需要进行细节的修补。最合理的资金机制，应是主体机制的保障性、公益性与补充机制的激励性、灵活性相结合。这样的资金机制，往往是财政保障的资金机制与合理的经营机制相配合才可能构建起来。即目前这样的资金机制创新，有赖于经营机制创新。

---

① 各地博物馆普遍反映，编制严重不足，事业单位改革滞后，不仅使他们所急需的专业人才难以引进，而且导致各馆与观众接触最多、安全责任最重、服务最直接的讲解、咨询、安保等一线关键岗位，以及保洁、后勤保障等辅助岗位，不得不大量聘用社会人员，或实行服务外包。人员队伍素质不高，在编与非在编人员比例失衡，大大增加了博物馆的管理压力和安全隐患。故宫博物院等单位文物展品失窃案的发生，一再警示：博物馆安全防范和人员队伍建设至关重要。

② 关于博物馆资金机制和经营机制的不足，请参见本书末的特别关注二，其中以故宫为例有详细说明。

③ 引自湖南省博物馆馆长陈建明的工作总结。

不过，我国博物馆的经营机制却带有计划经济色彩。长期以来，我国博物馆一直隶属行政部门管理，馆长实行行政任命制。这一管理体制有一定的优越性，但从建立与社会主义市场经济体制相适应的政府、事业单位新型关系，建立服务型政府的要求看，博物馆政事不分、管办不分、管控过死过细，博物馆缺乏自主权和发展活力，事业法人地位难以保障，内部决策机制、执行机制及监督机制行政化，已在一定程度上影响了博物馆功能的发挥。①

4.4　小结

通过梳理我们不难发现，我国的博物馆在管理单位体制、管理规则、管理机制方面仍然存在诸多不足，距离高效的发展目标差距较大。为此，“十二五”期间，博物馆管理体制机制建设的重点应为以下三个方面：博物馆管理单位体制改革，专业技术岗位制度建设，经营机制创新。

在这三个方面，国内有些博物馆的创新经验值得借鉴。例如，湖南省博物馆在管理单位体制总体难以更改的情况下，进行了内设机构调整，撤销了保管部，成立了典藏技术部，实现了管物的不管账、管账的不管物。这样不仅方便了研究，还从制度上、程序上保证了文物管理、研究、陈列各环节的职责与责任，提高了藏品的安全系数。在经营机制创新上，湖南省博物馆则撤销了经营部、展览部，成立了公司化运作的“文化产业中心”与“湖南山水乘云展示文化传播有限公司”，在业务范围上实现了事业和产业分开，为未来全面构建特许经营机制打下了基础。

5　文化遗产事业管理体制机制“十二五”期间的发展方向和路径

文化遗产事业的管理单位体制是文化遗产发展战略和相关政策法规能否

① 值得关注的是，2010 年，国家文物局、财政部印发了《中央地方共建国家级博物馆管理暂行办法》，要求“中央地方共建国家级博物馆应完善法人治理结构，逐步实行理事会决策、馆长负责的管理体制和运行机制。理事会成员由主管部门委派，政府相关部门的代表、馆长、职工代表以及热心博物馆事业的社会人士代表担任”。法人治理结构是欧美国家在市场经济体制下普遍采用的一种博物馆管理模式，理事会制度使博物馆在人事、财务、内部组织管理等方面拥有相对自主的管理职权，成为一个相对独立的主体，能够自我负责并且高效、经济地提供公共服务。

落实的管理基础。“十一五”以来，我国文化遗产事业管理体制不断完善，但是以《通知》的标准衡量，“十二五”期间有很多领域还需要体制改革和机制创新。

总体而言，我国文物行政管理机构建设尚不健全，存在较多问题。在中央层面，相关行政管理机构的政治地位不高，统筹协调能力不强；在地方层面，文物行政管理机构不健全、力量薄弱，极大地制约了文物政策、法规的贯彻落实和文化遗产事业的健康发展。

在管理成员方面，行政管理、事业管理和企业管理并存，多头管理、职能交叉的问题依然没有得到良好的解决。在管理规则方面，法律法规体系初步建成，但仍然不够全面、科学。“统一、规范、高效”的行业管理远未实现，发展空间依旧较大：成员方面，要建立文物部门综合管理和分部门管理相结合的模式，实现文物部门的统一规划、统一审批、统一监督，并要依据“机构编制情况与事权对称”原则加强队伍建设；规则方面，要建立统一且系统的法律法规和行业标准，各个部门都参照统一的法规标准进行管理，不允许同一领域相同事务的管理出现不同法规或标准①；机制方面，应该落实“三统一”并有相关机制保证。

尽管对文物行政管理机构、文物保护单位及博物馆的管理体制机制的研究是实现“十二五”目标的重要基础工作，但是对管理水平的研究也必不可少。“十一五”以来我国文化遗产事业的管理水平有了较大改善，但相对“十二五”的发展愿景而言，依旧存在差距。因此，下一章将从管理水平方面对我国文化遗产事业进行详细的评价。

（本章主要执笔人：林　虹　齐浩良　叶伟祺　苏　杨）

① 相关技术标准的制定工作仍然存在诸多缺项，如国家考古遗址公园设立、建设和日常管理的技术标准，与风景名胜区的相关标准相比就有很多不足。这也是“十二五”期间要加强的一个重要方面。

B.4 第四章 文化遗产事业管理水平评价

——从“十一五”展望“十二五”

本章要点

1. 从全国重点文物保护管理机构的管理内容和管理成效的角度，对各省不可移动文物的管理水平（包括保护和利用两方面）进行评价，评价结果表明：文物大省不一定管理水平高、相关功能发挥好；行政资源（人、财、物）配置不足的省份往往是相关功能发挥不佳的省份。

2. “十一五”期间，相对于不可移动文物的保护需求而言，河南、陕西、山西、内蒙古、新疆、福建的相关行政资源投入不足、教育功能发挥不足，存在管理空缺。这些省份的共同点是文物资源较多，不可移动文物的保护任务较重、保护需求迫切，相应的就需要更多的人力、财力、物力投入，否则就会呈现文物大省反而管理水平较低的现象。

3. 根据《文物“十二五”规划》设定的发展目标，基于GAP分析的结果，“十二五”期间，文物系统应在文物有效保护、文物执法督察和安全监管、人才队伍建设、科学研究等方面着力，才能提升管理水平，促进文化遗产科研和教育功能的发挥。

尽管文化遗产事业在“十一五”期间取得了较大发展，但《通知》和相关“十二五”规划对“十二五”末期的发展目标、方向和路径进行了明晰的规定，这使事业发展水平“不得不”在高水平的基础上“按时俱进”，这使文物系统完成相关工作时“不得不”更准确地在管理的薄弱之处发力；并且，党的十七届六中全会通过的《中共中央关于深化文化体制改革、推动社会主义文化大发展大繁荣若干重大问题的决定》（以下简称《决定》）明确提出了“着眼于突出公益属性、强化服务功能、增强发展活力”、“提高推进文化改革发展科学化水平”等具体部署和要求，① 这些精神也应该体现在文化遗产事业的管理水平提高上。

为此，本章在回顾“十一五”的基础上，将相关“十二五”规划中与管理水平相关并且被《决定》提到的部分内容进行拆解，然后通过定量分析，找出差距较大之处（尤其行政资源“供”、“需”差距较大之处），据此提出改进建议，以促进提高文化遗产事业的管理水平。需要说明的是，本章与评估报告分别关注与管理水平相关的不同内容：本章从国家在空间上配置行政资源的效率角度评估管理水平，评估报告在各省获得的行政资源既定的情况下从行政资源在保护、教育、科研及经济方面配置效率的角度评估管理水平。这两部分内容共同发现全国和地方政府层面文物系统行政资源配置效率不高（即管理水平不高）之处，据此提出“十二五”期间如何最高效地在这些方面提高管理水平。②

1 从管理水平角度看“十一五”期间文化遗产事业发展

在“十二五”之初如何“开好局、起好步”？这需要将“十一五”期间特别是2010年度的文物系统发展情况对照相关工作规划进行系统的梳理。以此为基础，“温故知新”，才能更准确地发现管理水平方面（包括保护和利用两方面）的不足。

《全国文物业统计资料》的数据显示，“十一五”期间，全国文物系统的部分发展情况如表主4－1所示。

由表主4－1所示的增长率指标可以看出，“十一五”期间，全国文物系统的各项发展指标均有不同程度的增长，尤其是文物事业费、举办陈列展览数量、参观人次等方面增长幅度较大。下面进一步从人、财、物投入及管理基础方面描述可移动文物和不可移动文物管理工作在“十一五”期间的进展。

① 《决定》深刻分析了文化改革发展面临的形势和任务，提出了新形势下文化改革发展的指导思想、重要方针、目标任务、政策措施，是我国文化遗产事业改革和发展的指导纲领。其中提到的这些内容在蓝皮书的定量分析中均有体现：本章是从空间配置行政资源的效率角度出发，力求在有限资源条件下，通过调整行政资源配置有针对性地促进相关地区提高文化遗产事业的科学管理水平，提升服务公众的能力。

② 需要特别说明的是，蓝皮书的相关评估与文物系统“十一五”期间进行的评估既有区别也有联系，具体可参见评估报告第一章中与“全国一级博物馆运行评估”的对比分析。

表主 4-1　“十一五”期间全国文物系统部分发展情况

发展指标	计量单位	2005 年	2010 年	“十一五”增长率(%)
不可移动文物总数	处	40 余万	近 77 万	85
全国重点文物保护单位	个	1271	2352	85
文物保护维修项目	项	1355	2507	85
文物藏品	万件(套)	2304.21	2864.22	24
一级文物	件(套)	53701	67209	25
文物库房面积	万平方米	80.90	126.12	56
文物机构	个	4030	5959	48
文物科研机构	个	88	108	23
博物馆	个	2320	3415	47
文物系统博物馆	个	1581	2384	51
民办博物馆	个	—	328	—
免费开放博物馆	个	—	1804	—
文物系统从业人员	人	82988	102471	23
高级技术职称人数	人	4326	5813	34
陈列展览	个	7963	30156	279
观众人数	亿人次	1.77	5.21	194
未成年人参观人次	亿人次	0.40	1.35	238
文物事业费	亿元	30.92	122.44	296
全国文物单位总收入	亿元	75.84	187.04	147

资料来源：主要根据《国家文物博物馆事业发展“十二五”规划》和《全国文物业统计资料》(2010)。不可移动文物总数和免费开放博物馆数量等少数数据是截至 2011 年的最新值。

1.1　可移动文物管理工作概况

博物馆是可移动文物保护和利用的主要平台。近年来，通过全面免费开放政策，博物馆正在成为文化遗产事业中与公众接触最频繁、联系最广泛、影响最长久的平台。“十一五”期间，我国博物馆的数量大幅增长①，且服务公众的程度显著加深——仅文化文物系统免费开放的博物馆就近 2000 个。在可移动文物的影响面扩大的同时，其管理水平也显著提高。仅举一例就可看出“十一五”期间在这方面的巨大进步：“文物调查及数据库管理系统建设”项目是一项由财政部和国家文物局共同主导，以摸清馆藏文物家底情况、提高馆藏文物管理水平为

① 截至 2010 年年底，全国博物馆数量增加到 3415 个。其中，文物系统所属的国有博物馆 2384 个，非文物系统所属的行业性国有博物馆 575 个，民办博物馆 456 个。2010 年全国年检合格的博物馆共有 3252 个。

基本目标，以调查馆藏珍贵文物资源、采集馆藏珍贵文物信息为基本形式，以数字化的影像采集技术、数据存储技术和网络技术为基本手段的文化遗产领域的数字化基础工程。截至2010年年底，该项目已全面完成了全国文物系统博物馆全部馆藏珍贵文物数据的采集工作，共采集文物数据1660275条，其中一级文物数据48006条，累计拍摄文物照片3869025张，录入文本信息3.05亿字，接收数据总量15.16TB，基本摸清了全国文物系统馆藏珍贵文物家底。①

在藏品管理方面，2010年全国文物系统博物馆共有馆藏文物约1651.79万件（套），与2005年相比约增加45.48%。其中，馆藏文物一级品5.62万件（套），比2005年增加了约74.77%。

在人员管理方面，2010年全国文物系统博物馆的从业人员总量约为5.29万人。从1980年博物馆有从业人员统计数据资料可查算起，全国文物系统博物馆的从业人员数量稳步增长，尤其是“十一五”期间总量增速最快，年均增长率达到9.41%。按平均数计，目前平均每个博物馆拥有从业人员约24.05人。从文物系统博物馆从业人员的职称结构来看，具有中高级职称人员数量约为1.19万人，约占从业人员总数的22.59%。

在资金管理方面，全国文物系统博物馆在2010年的总收入约为91.01亿元，年度总支出约为82.33亿元。其中，获得财政拨款70.01亿元，约占年度总收入的76.93%，与2005年相比，财政拨款增加了约3.88倍。

在陈列展览管理方面，全国免费开放的博物馆纪念馆总数近2000个。从博物馆发挥教育功能的情况来看，2010年，全国文物系统博物馆共举办陈列和展览1.61万个，② 累计接待参观人员约3.62亿人次，分别比2005年增加了174.27%和244.40%。③

---

① 当然，这些文物的保存状况尚未全面导入这个系统，这也反映了文物系统的基础工作仍然有很多欠账要补（具体可参见主题报告和技术报告第一章）。

② 关于举办陈列展览数量的数据，部分省份的数据反复更改，以致2011年11月正式刊印的《全国文物业统计资料》（2010）和此前刊印的简本资料中的差异较大。例如，2011年8月的统计数据显示，福建省文物系统博物馆2010年共举办陈列展览5078个，云南省文物系统博物馆2010年共举办陈列展览3727个；而《全国文物业统计资料》（2010）显示的福建省和云南省的该项数据分别为811个和757个，相差5倍以上。数据的反复调整和巨大差异显示出文物系统（主要是基层文物部门）的统计工作基础不牢，本书第一章已经分析了这种情况。

③ 2009年中央财政安排免费开放专项经费20亿元，重点补助地方博物馆纪念馆免费开放所需资金，鼓励改善陈列布展和举办临时展览，支持重点博物馆纪念馆提升服务能力。

与这些显著增长的指标相比，有一些指标则反映了文物系统管理工作的不足。例如，文物库房和展厅是现有各级国有文物收藏单位保存馆藏文物的主要场所，应满足“保存环境适宜、储存空间充足、防护设施齐全、存放取用安全、养护保管方便”等基本要求。按照国际惯例，库房存放文物的平均值为10件/平方米。而截至2010年年底，我国文物系统博物馆现有文物库房总面积约93.65万平方米，保管着1651.79万件文物，库房存放文物的平均值约为17.64件文物/平方米，超过国际通行惯例平均值的76.40%。又如，据2008年文物安全大检查结果，按照公安部和国家文物局制定的相关标准，被调查的2012个全国重点文物保护单位中，防盗、防火、防雷设施达标的分别仅占21.78%、27.39%、45.21%；246家重点博物馆中，防盗、防火设施达标的分别占55.28%和50.41%，大多数单位仍然依靠简单的人防和物防。全国重点博物馆的技防设备达标率仅为50%，经消防部门验收合格的消防设施仅有52.27%。①

1.2　不可移动文物管理工作概况

1.2.1　文物保护单位

挂牌为文物保护单位的不可移动文物是文物保护管理机构的主要保护对象。截至2010年年底，全国共有2436个文物保护管理机构（略少于全国重点文物保护单位数量）。在第七批全国重点文物保护单位的遴选工作中，各地区共申报5700多处项目，数量创下历次之最。经专家评选，得票数过半的项目达到3000余处。可以预见，随着第三次全国文物普查全面完成、第七批全国重点文物保护单位的最终公布，“十二五”期间，我国各级文物保护单位的数量将实现显著增长。

从文物保护管理机构从业人员的规模来看，2010年全国文物保护管理机构的从业人员数量约为3.02万人，与2005年相比从业人员总量有所减少；按平均数计，平均每个文物保护管理机构约有12.39位从业人员。从职称结构来看，具有中高级职称人员数量为0.41万人，与2005年相比增长了约660人，在从业人员总量中所占比例由2005年的10.18%增长到13.69%。

---

① 这方面的不足在“十二五”期间有望好转：从2009年起，“国家重点文物保护专项补助经费”中用于解决全国重点文物保护单位防火设施和重点博物馆防盗设施的费用从4500万元增加到9000万元，投入翻了一番，为未来的文物安全工作打下了较好的基础。

从文物保护管理机构发挥公共教育功能的情况来看，2010 年，全国文物保护管理机构共举办陈列展览 2417 个,① 累计接待参观人员约 1.12 亿人次，分别比 2005 年增长了 18.83% 和 91.84%。

从资金管理的情况来看，全国文物保护管理机构在 2010 年的总收入约为 36.59 亿元，总支出约为 33.07 亿元。其中，获得财政拨款 18.80 亿元，约占年度总收入的 51.37%，与 2005 年相比，增加了约 2.79 倍。

综合上述各方面的发展情况，“十一五”以来我国文物保护单位享有行政资源（人、财、物）状况继续高速增长，为“十二五”期间进一步改善不可移动文物管理打下了较好的基础。

1.2.2 大遗址保护项目和考古遗址公园建设概况

大遗址保护涉及考古、保护、展示、科研、环境整治、土地利用、产业调整、人口调控、资金投入等多项内容，是以大遗址为中心的区域综合性经济社会发展工程。2005 年，国家正式设立“大遗址保护专项资金”，在“十一五”期间投入 20 亿元启动 100 处大遗址保护工程。在各有关部门的大力协作和广大民众的积极参与下，我国大遗址保护工作蓬勃开展，《文物“十一五”规划》的相关内容以及《“十一五”期间大遗址保护总体规划》确定的目标与任务圆满完成。

也是在“十一五”期间，面对大遗址保护工作的新形势，国家文物局开始倡导以“考古遗址公园”的方式实施大遗址保护，以更开阔的视野，从区域发展的角度统筹解决大遗址保护与利用、保护与发展的问题。未来国家考古遗址公园的发展要点，国家文物局副局长童明康在 2010 年年底的大遗址保护工作会暨首批国家考古遗址公园授牌仪式②上的总结讲话中是这样点到的：“十二五”的这五年将是我国大遗址保护和考古遗址公园建设的重要时期，要形成国家主导、

① 关于举办陈列展览数量的数据，部分省份在《2010 年全国文物业统计资料》和简本资料中的差异较大，例如：2011 年 8 月的统计数据显示，福建省文物保护管理机构 2010 年共举办陈列展览 1040 个，无论是陈列展览的总量还是按文物保护管理机构数量平均后的效率指标均居于全国首位；而到了 2011 年 10 月正式刊印时，福建省的该项数据调整为 38，就实际数量而言对比悬殊，显然无论是总量还是按机构数的平均值，在全国的排序都是靠后的，两次数据的巨大差异显示出文物系统的统计数据基础不牢，这同时也大大增加了研究者的工作量。

② 这次“大遗址保护工作会暨首批国家考古遗址公园授牌仪式”是从 2005 年国家设立大遗址保护专项、正式启动大遗址保护工程以来，在国家层面组织各省份召开的第一次全国性的工作会议，就加强大遗址保护和考古遗址公园建设的必要性、紧迫性以及如何促进事业发展达成了广泛共识，充分体现了文物管理系统对大遗址保护和考古遗址公园建设的重视。

部门协作、地方支持、民众参与的大遗址保护模式，保证考古遗址公园建一个，成一个；成熟一个，发展一个，以妥善解决城市发展与大遗址保护之间的冲突、更好地实现文化遗产保护成果惠及民众、全面实现“十二五”大遗址保护和考古遗址公园建设的宏伟目标。在这个目标下，关于国家考古遗址公园建设的问题，课题组在2010年蓝皮书中已经进行了系统的总结和阐述，①技术报告第四章中继续就其不足进行定量分析，以提出有理有据、有针对性的改进建议。

2　文化遗产事业管理水平的GAP分析

在2010年蓝皮书中我们已经提到，“管理水平的高低，在相当程度上取决于作为文化遗产事业主体的文物系统的行政资源配置效率——不仅包括行政资源从地理空间角度而言的配置效率，而且包括文物系统内部在教育、科研、经济和保护等方面的配置效率。文物系统在这些方面实现了精细化管理，才能称之为管理水平得到了提高”。本部分在前三部蓝皮书的基础上，仍然沿用GAP分析方法对各省份的文化遗产事业管理水平进行评价和分析，寻找管理方面各个维度上的“供”、“需”差距。其中，重点关注文物系统人员管理、资金管理、文博单位教育功能发挥水平等方面的主要指标，并结合《文物“十二五”规划》的约束性发展指标和《决定》中的要求对管理水平的评价指标进行改进和优化，将分析结果更紧密地与“十二五”期间文化遗产事业发展相关规划相衔接，以提出实现文化遗产事业精细化管理的改进措施。

2.1　GAP分析指标的改进与调整

正如《决定》所言，我国仍处于并将长期处于社会主义初级阶段，人民日益增长的物质文化需要同落后的社会生产之间的矛盾仍然是社会主要矛盾。为了实现文化改革发展的奋斗目标，必须遵循“坚持把社会效益放在首位，坚持社会效益和经济效益有机统一，遵循文化发展规律，适应社会主义市场经济发展要求，加强文化法制建设，一手抓繁荣、一手抓管理，推动文化事业和文化产业全面协调可持续发展”的重要方针。《文物“十二五”规划》也提出了“统筹兼顾

① 参见2010年蓝皮书技术报告第一章“中国文化与自然遗产地管理体系及国家公园建设情况”。

文物博物馆事业的规模发展和内涵发展，更加注重文物保护理念的转变，有效提升文物博物馆管理的精细化、规范化和信息化水平；提高文物博物馆工作质量，确保文物安全和永续传承；提高文物博物馆公共文化服务质量，更好地满足人民群众多层次多样化的精神文化需求”的要求。据此，结合目前掌握的数据情况，课题组对 GAP 分析的评价指标进行了补充和完善：分析《文物“十二五”规划》中的发展指标，保护规划编制启动率、全国重点文物保护单位重大险情排除率、防火、防盗设施达标率等是与文化遗产事业管理水平关联度较高的，可以作为 GAP 分析的补充指标。同时，根据《文物“十二五”规划》对“十一五”时期文化遗产事业的发展形势和成就的系统总结，从中可挑选出反映文物“保护绩效”和“管理水平”的初选指标，将其与 2010 年蓝皮书 GAP 分析方法中采用的“人员管理”、“资金管理”、“公共教育功能发挥水平”等评价指标相结合，就形成了兼顾文化遗产资源保护与发展的评价指标（见表主 4－2）。

表主 4－2　文物保护管理机构管理水平的评价指标对照表

指标类别	原有指标	改进后拟采用的指标
人员管理	平均从业人员数、中高级职称人员比例	平均从业人员数、具有中高级职称人员比例、平均安全保卫人员数量
资金管理	平均财政资金投入、人均产业率、年度收支比	平均财政资金投入、人均产业率、年度收支比
教育、科研功能发挥水平	平均陈列展览数、平均参观人次	平均陈列展览数、平均参观人次、科研成果平均数量（馆均承担课题项目数、馆均省级以上刊物发表论文数）、馆均网站数、馆均计算机台数

另外，2010 年蓝皮书中 GAP 分析的主要评价内容包括人员管理、资金管理、公共教育功能发挥水平三个方面。在这些方面，如果仅从合理性角度考虑，还应该增加平均安全保卫人员数量、博物馆（纪念馆）免费开放比例、科研成果平均数量、网站数、计算机台数、万件藏品对应的库房面积、馆均展览用房面积等指标，这样才能更为全面地反映文物博物馆发展过程中的行政资源投入水平及配置效率（如表主 4－2 所示。关于该表各项指标的详细说明可参阅本书技术报告第四章 2.2.3 节）。但是，增加分析指标还必须考虑可行性：保护规划编制启动率、全国重点文物保护单位重大险情排除率、防火、防盗设施达标率等指标是《全国文物业统计资料》的历年常规统计中基本不曾涉及的，没有常规统计数

据支撑就无法开展可作阶段回顾比对的分析。而《2010 年全国文物业统计资料》中对于全国 31 个省份重点文物保护管理机构的安全保护人员数、计算机台数、网站数、承担课题项目数、省级以上刊物发表论文数等没有年度统计数字，也没有不可移动文物按“古建筑、古墓葬、古遗址、近现代建筑、石窟寺等、其他”六项的分类数据。这些数据缺失，使课题组无法计算 2010 年不可移动文物的相对丰度和相对稀有度。因此，在考察各省不可移动文物保护需求等级时，只能延续使用 2010 年蓝皮书中 2009 年度的相关基础数据进行计算（考虑到这两个年份期间重点文物保护管理机构的总量变动较小①，这样的近似处理在数据误差可控范围内，大致可以作为 2010 年度不可移动文物保护重要性等级的替代数据）。

总之，综合考虑合理性和可行性，本年度蓝皮书的 GAP 分析在评价各省不可移动文物的管理水平时，仍然只能使用表主 4 - 2 所示的“原有指标”进行分析。即沿用历年蓝皮书的 GAP 分析思路，仍然从文化遗产事业保护需求与人力、财力、物力等资源的配置效率两个方面对选取的评价指标进行分组、整合，形成理想情况下开展 GAP 分析的评价指标设置情况（如表主 4 - 2）。需要注意的是，由于文物系统博物馆没有完整的 2010 年度各地区藏品分级、分类等数据，无法计算文物系统可移动文物的相对丰度、相对保护等级度、相对稀有度等指标，继而无法得到各省份可移动文物的保护需求程度，无法开展兼顾“供”、“需”两方面指标的 GAP 分析，因此，本章在量化分析部分只针对全国重点文物保护管理机构的情况，以 31 个省份（港澳台除外）为基本分析单元，利用 GAP 方法和 GIS 软件开展评价与分析（2009 年蓝皮书评估报告中利用 2005 年全国馆藏文物腐蚀状况调查数据对博物馆的管理水平进行了评估）。

2.2　GAP 分析的主要结果

GAP 分析的基本思路本章不再赘述。② 采用上述指标定量分析的目的，就是对 31 个省份的文物管理工作和人员管理情况进行评价、排序和对比，找出评价

① 2009 年全国重点文物保护管理机构的数量为 2263 个，2010 年增加到 2436 个，相对变动幅度（增长率）约为 7.64%。

② 具体可参见 2008 年蓝皮书技术报告第五章和 2010 年蓝皮书主题报告第四章的详细说明。本节的具体计算过程请参见技术报告第四章。

值相对较低的地区，特别是保护需求迫切但是管理水平较低的地区；再根据分析结论，由 GAP 评价指标设计“向下”梳理，逐步确定导致问题产生的关键指标。需要着重说明的是，本节的定量分析结果仅仅反映31个省份对部分不可移动文物（已有较详尽“四有”数据的全国重点文物保护单位）的部分管理水平，且是从相对比较的角度反映的。

从本节的分析中，可以总结出两个规律性结果：①文物大省不一定管理水平高、相关功能发挥好；②行政资源（人、财、物）配置不足的省份往往是相关功能发挥不佳的省份。以下分四方面具体说明 GAP 分析结果。

2.2.1　不可移动文物的人员管理空缺

不可移动文物的 GAP 分析结果显示，相对于不可移动文物的保护需求而言，在人员管理方面存在空缺的省份主要是陕西、江苏、湖南、四川、福建、新疆。①

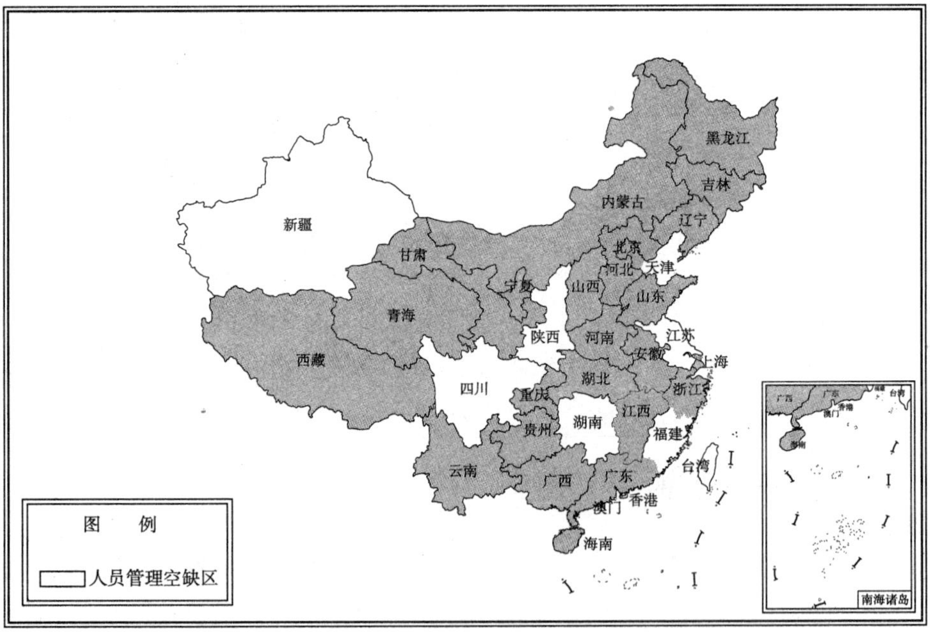

图主 4－1　2010 年文物保护管理机构人员管理空缺

① 保护需求相对等级值大于 0.295 而人员管理相对等级值小于 0.065 的，为不可移动文物的人员管理存在空缺的地区。

从人员管理的方面评价指标的情况来看，福建、四川、江苏、新疆、湖南的文物保护管理机构平均从业人员数量相对较少，相对于不可移动文物的保护需求而言人员总量不足；新疆、陕西的文物保护管理机构从业人员中具有中高级职称人员的比例相对较低，人员结构不能满足其不可移动文物保护和管理的人才需求。上述地区文物保护管理机构从业人员“数量上”和“质量上”与事业发展的需要都存在一定的差距。

2.2.2　不可移动文物的资金管理空缺

将文物保护管理机构资金管理的相对等级图与不可移动文物的保护需求相对等级图进行叠加处理，就可以找出相对于不可移动文物的保护需求而言，在资金管理方面存在空缺的省份有河南、河北、云南、山西和福建。①

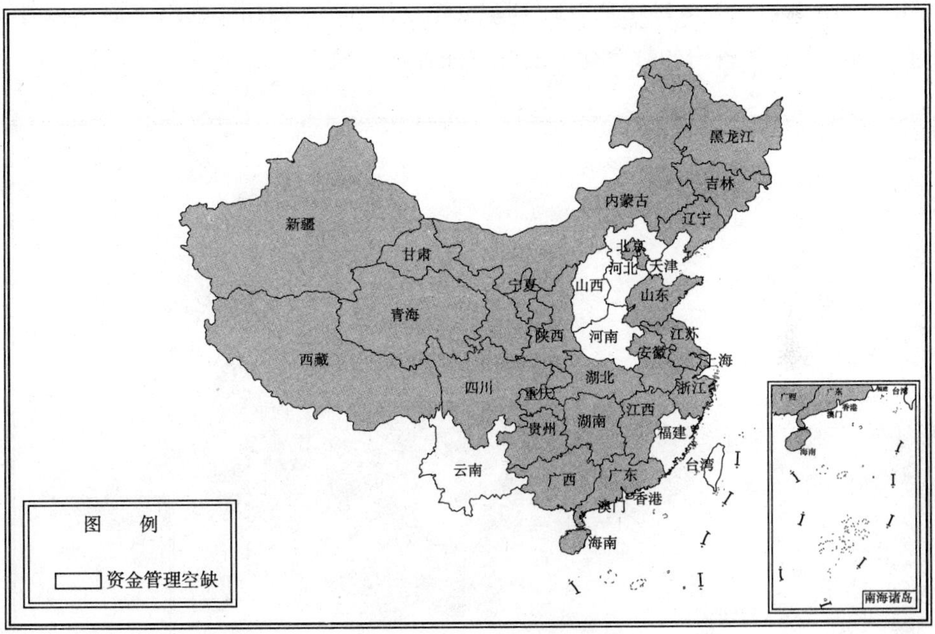

图主 4－2　2010 年文物保护管理机构资金管理空缺

从资金投入指标的情况来看，河北、云南两省按重点文物保护管理机构数量平均的年度财政资金投入分别为 6.31 万元和 11.84 万元，在各省份排名中居于

① 保护需求相对等级值大于 0.295 而资金管理相对等级值小于 0.165 的，为不可移动文物的资金管理存在空缺的地区。

末尾，福建省的文物保护管理机构数量平均财政资金投入水平也较低。从效率指标的情况来看，河南省文物保护管理机构的“人均产业率”在全国处于较低水平；河南省、山西省文物保护管理机构的年度收支比值的全国排名在后四分之一，从全国各省的相对情况来看，还有较大的改进的空间。尽管这两个省是不可移动文物资源大省，但其相关管理单位的文物经营工作做得还不够，落后于全国平均水平。考虑到对不可移动文物的合法经营是文物联系公众的重要手段，这两个省这方面的工作无论是从公益角度还是从提高自身实力角度都应加强。

2.2.3 不可移动文物教育、科研功能发挥方面的空缺

对各省份不可移动文物保护需求相对等级和教育、科研功能发挥水平相对等级分别排序，根据排序情况确定保护需求相对等级值排在全国前列而教育、科研功能发挥水平相对等级排在全国后1/2的省份有山西、四川、河南、福建、内蒙古和新疆，① 这些省份的教育功能发挥方面存在空缺。

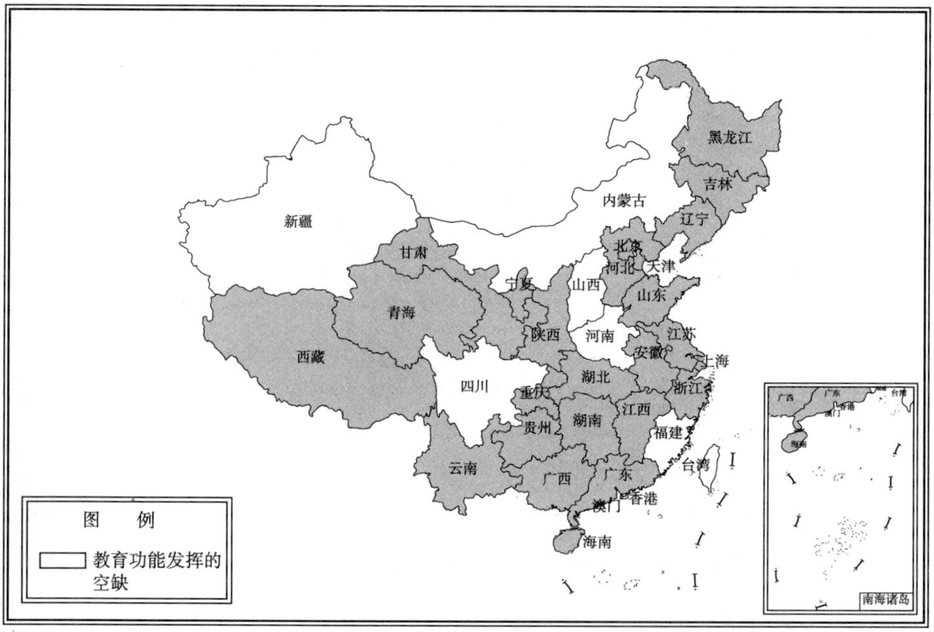

图主4-3 2010年文物保护管理机构教育功能发挥的空缺

① 保护需求相对等级值大于0.295而教育功能发挥水平相对等级值小于0.095的，为教育功能发挥方面存在空缺的地区。

2010 年统计资料显示，河南省、四川省的重点文物保护管理机构举办陈列展览的数量较少（不足 30 个）；而四川省、山西省的文物保护管理机构在 2010 年按机构数量平均的举办陈列展览数量在全国范围内也处于较低水平；内蒙古自治区、山西省按文物保护管理机构数量平均后的参观人次均不足 6000 人次。上述省尚未充分发挥本地区不可移动文物的资源优势，在不可移动文物教育功能发挥方面存在空缺。

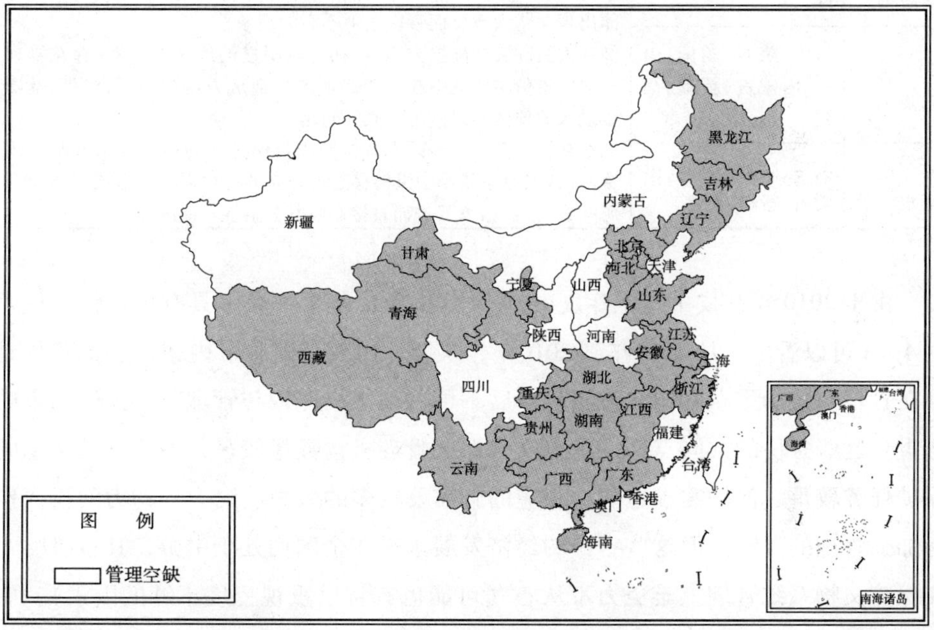

图主 4－4　2010 年文物保护管理机构管理空缺图

2.2.4　不可移动文物的管理空缺

综合上述三方面的分析结果，对各省份不可移动文物的保护需求相对等级和管理水平相对等级分别排序，根据排序情况确定保护需求相对等级值排在全国前列而管理水平相对等级排在全国后 1/2 的省份有河南、陕西、山西、内蒙古、新疆和福建，① 这些省份在不可移动文物管理方面存在空缺。

① 保护需求相对等级值大于 0.295 但管理水平相对等级值小于 0.102 的为综合管理存在空缺的地区。

结合既往蓝皮书 GAP 分析的结论，[①] 可以通过与相关行政资源投入指标对比找出文物管理空缺情况的变化，如表主 4－3 所示。

表主 4－3　近三年蓝皮书 GAP 分析的主要结论

结论出处	不可移动文物管理存在空缺的省区	原因分析
2009 年蓝皮书	辽宁、湖北、广东、福建	①通常存在管理空缺的地区不可移动文物数量相对较多，保护需求较为迫切，但是人员、资金等行政资源投入总量相对不足，结果就可能出现文物大省反而管理水平不高的现象； ②在人员和资金配置方面，存在比较明显的地区不均衡（存在管理空缺的省份主要集中在中西部地区），造成人员结构不合理以及资金投入的地区相对差距较大等问题； ③存在管理空缺的地区没有按照文物保护和利用的需求分配行政资源（或没有享受到中央转移支付补充的行政资源），造成了行政资源配置“供需错位”，进而直接影响其公益性功能的发挥。
2010 年蓝皮书	云南、陕西、湖南、山西、内蒙古、新疆、福建	
本年度蓝皮书	河南、陕西、山西、内蒙古、新疆、福建	

由于 2010 年蓝皮书与本年度的 GAP 分析指标基本一致，具有可比性。从表主 4－3 可以看出，从 2009 年到 2010 年，陕西、山西、新疆、内蒙古、福建均是存在管理空缺的重点区域，应当是今后不可移动文物保护与管理工作关注的重中之重。这些省份的共同点都是重点文物保护管理机构数量较多，不可移动文物的保护任务较重、保护需求迫切，相应的就需要较多的人力、财力、物力的投入作为加强管理的保障。但这些省份的经济发展水平在全国均处于中游，其省级财力在保障文物系统管理上难免力不从心（可能也有省里重视程度不够的因素），中央财力显然应该对这些省针对性地加大投入，以避免这种文物大省反而管理水平不高的现象反复出现。“十二五”期间，中央财政的有关转移支付有相当大的资金规模，这些省的有些不可移动文物保护如果能借力（尤其是在大遗址保护方面），则这方面的管理空缺有望得到显著弥补。[②]

2.3　GAP 分析与相关“十二五”规划的衔接

综合主题报告第一章中对“十一五”规划主要发展目标的工作完成情况的

① 因为 2009 年、2010 年蓝皮书 GAP 分析的评价指标与本章评价时使用的指标基本一致，得出的结果可以反映出三年来存在“管理空缺”区域的变化。

② 具体可参见本书末的特别关注一。

总结和GAP分析的结果，可以看出，目前存在差距之处主要是文物保护制度尚不完备、文物保护单位“四有”工作和馆藏文物建档备案等基础工作尚未完全完成等方面。另外，文物有效保护（抢救性保护与预防性保护相结合）、人才队伍建设、科研能力、安全防范能力建设等方面的不足依然存在。这些欠账和日常工作的不足，共同制约了文物系统管理水平进一步提升。

《文物“十二五”规划》设置了5项约束性发展指标和10项预期性发展指标，这应该作为文化遗产事业相关工作绩效的主要衡量标准。《文物“十二五”规划》提出要重视文物执法督察和安全监管、文物博物馆人才队伍建设、文物博物馆信息化建设等重点工作，以加强文物保护能力建设，并提出了从文物保护维修、大遗址保护、世界文化遗产保护、水下文物保护等方面实现文物抢救性保护与预防性保护的有机结合等任务，为文化遗产事业的发展提出了更高的要求。综合考虑约束性发展指标、预期性发展指标与文化遗产事业管理水平密切相关的部分，可以发现，“十二五”期间主要关注的重点还是在法规体系完善、人员队伍建设、安全防范能力建设、资金投入机制优化等方面的问题。

因此，促进“十二五”期间文化遗产事业又好又快发展，需要切实贯彻国家的相关政策规定，做好各级文物保护单位“四有”工作、馆藏文物建档备案、保护规划编制等基础性工作，进一步完善文化遗产保护领域的法律法规建设，着力解决新时期、创新发展模式进程中遇到的新问题（例如国家考古遗址公园的管理等）。在行政资源相对稀缺的前提下，要更加重视“把稀缺的资源投入到相对于文物保护需求而言最需要的地方，以优先解决这部分地区存在的问题”的思路，依据GAP分析结果调整人力、财力、物力等行政资源的投入方向，真正解决存在“管理空缺”地区文化遗产事业发展的“燃眉之急”，以促进文化遗产事业相关行政资源投入相对于保护需求而言的相对公平，并实现公众在参与文化遗产保护上“各尽其能”，在共享文化遗产保护成果上“各得其利”的发展目标。

综上所述，GAP分析的评价指标与“十二五”规划中的相关预期性指标及约束性指标的设计思路基本一致，因此相关结论不但能够为相关发展指标的实现提供“标杆”，也可以作为国家层面调整行政资源空间配置的参考依据。具体的GAP分析结果与《文物“十二五”规划》指标的对应关系，可参看技术报告第四章。

（本章主要执笔人：陈　晨　叶伟祺　苏　杨）

技术报告

Technology Report

B.5

第一章

从系统外看“十二五”期间文化遗产事业的发展难点

文化遗产蓝皮书的编写工作已进行到第五个年头，其主体框架依旧保持主题报告、技术报告和评估报告三部分，而技术报告正是对主题报告相应部分的详细解释。以做综合性政策研究见长的国务院发展研究中心文化遗产蓝皮书课题组，在几年前刚刚开始接触文化遗产时，堪称门外汉。经历了四年多的潜心研究，又得到文物系统内诸多官员和学者的“辅导”和指正，“门外汉”开始以旁观者为目标——毕竟“旁观者清”，文物系统更需要的是有全局意识、超脱境界和经济学眼光的旁观者。也因此，课题组需要从系统外部对文化遗产事业的发展做出全面、科学的评价。文物系统“十二五”的重点和难点可以说是当局者的迷点，而技术报告第一章中，我们将从旁观者的视角，有选择地展望文化遗产事业尤其是文物系统的“十二五”发展前景和难点，力图以课题组之所长解当局者之“迷”。

1　文化遗产事业的基础工作评价

展望“十二五”文化遗产事业的发展前景和难点，必须以回顾“十一五”期间事业发展现状以及难点为切入点。这种回顾性的描述与分析，又必须从事业发展的基础层面进行剖析，从而发现其中的优势与不足，才能提出相应对策。

1.1　文化遗产事业只有打好基础才可能全面服务国计民生

任何一项事业，基础不牢，地动山摇。尽管已有的三部蓝皮书都用较大篇幅定性地描述了文化遗产事业与国计民生的关系①，并定量分析了文化遗产事业对经济发展的贡献，但我们必须明确，这些贡献一定要在文物系统做好自身工作的基础上才能充分体现出来。

应该看到，过去这些年中，在文物系统广大工作者的辛勤努力下，文化遗产事业的基础工作可谓成绩斐然。第一，全国性文物“摸底”调查工作与文保基础建设工作进一步加强：第三次全国文物普查全面完成，第七批全国重点文物保护单位申报工作进展顺利，文物调查研究工作不断完善，开展了对国家一级博物馆的运行评估；信息化建设有了长足进步，国有馆藏珍贵文物数据库管理系统建设等工作基本完成，中央和地方的文物管理机构通过不断引入先进的科学技术，显著提高了文物日常管理的信息化水平并形成了制度。② 第二，相关法律法规进一步完善：条例层面，《历史文化名城名镇名村保护条例》③ 颁布施行，历史文化名城（街区、村镇）保护得到加强；管理办法层面，《文物认定管理暂行办法》④、

---

① 其中 2009 年的蓝皮书更是以“文化遗产事业关系民生大计”为主题，较系统地分析了文化遗产事业（尤其是博物馆）与民生之间的重要关系。

② 例如，2011 年，历时十年的国有馆藏珍贵文物数据库管理系统建设工作基本完成，全国 166 万件国家级馆藏文物告别了纸质卡片手写登录的年代，基本实现了信息化管理，理论上讲这些“国宝”的管理实现了有据可依；又如，大遗址保护项目的相关数据库开始建设，大遗址周边相关情况的卫星遥感照片开始成为经常性的管理依托，这使大遗址保护与地方经济社会实现统筹发展有了基本依据，也显著缩小了文物系统与建设系统在风景名胜区管理上的差距（具体情况可参见 2009 年蓝皮书“后记”的说明）。

③ 2008 年 7 月 1 日起施行。

④ 2009 年 10 月 1 日起施行。

《文物入境展览管理暂行规定》①、《文物进出境责任鉴定员管理办法》②、《文物拍卖企业资质年审管理办法》③ 等发布施行。第三，管理体制机制不断完善，相关人、财、物的配套建设不断加强，事业的宣传和普及工作得到强化：体制方面，中央和地方逐步建立相应的文化遗产保护协调机构、文化遗产保护定期通报制度、专家咨询制度；资金方面，专项资金逐年增长，财政投入力度逐年增大。总体来看，尤其是与相关系统对比来看，“十一五”以来文物系统的基础工作取得了显著的进步。

然而，在看到方方面面进步的同时，要以发展的眼光看待文化遗产事业，更应聚焦于差距和问题，才可能找到未来工作中改进的重点和难点。主题报告第一章中已经详细描述了文物系统目前的工作状况与既定目标之间的差距。在这些差距中，我们更加关注三方面基础性差距。④

其一，文物的家底仍不够清。第三次全国文物普查工作更关注增量资源，作为存量资源的不可移动文物保存状况有的仍然不清；而馆藏文物的相关调查还没有做到全覆盖⑤，尤其级别较低的馆藏文物的保存状况仍然不清：就馆藏文物的保存状况而言，迄今只有2005年结束的全国馆藏文物腐蚀状况调查能给出较全面的依据。但这个调查并非常规性的，且只是抽样调查，2005年后再也没有进行，致使今年蓝皮书的评估报告无法用最新的资料来反映馆藏文物的保护状况。而且，当时的情况难以反映文物系统在“十一五”期间的工作进展⑥，但一些媒

① 2010年6月8日起施行。

② 2010年12月16日起施行。

③ 2011年1月5日起施行。

④ 指依法需要完成的基础工作中存在的差距。

⑤ 国有馆藏珍贵文物调查仅针对国家级馆藏文物（共计完成了166万余件国家一、二、三级文物的数据采集，其中国家一级文物4.8万余件）。这次调查是将所有馆藏珍贵文物出库，专家对文物现状进行记录后录入电脑，再让文物入库。每条文物数据均包括名称、时代、类别、级别、质地、尺寸、质量、来源、入藏时间、完残状况、特征描述、保存条件、保护优先等级等不少于28项指标及必要的影像信息。

⑥ 其实，近年来，在中央财政和地方各级政府的大力支持下，馆藏文物保护工作取得了显著的成就：仅2009年至2011年，中央财政就已投入近1.6亿元，实施了396项抢救性保护修复项目；实施了国家文物保护科技支撑计划，建立了17个国家文物局重点科研基地，组织制订了国家标准和行业标准123项，已有39项标准颁布实施，举办文物保护修复技术人员培训班10次，培训600余人次；开展了馆藏文物环境达标项目。这些措施，使馆藏文物腐蚀损害趋势得到有效的遏制。国家文物局正在联合有关部门和科研单位，进一步加大馆藏文物保护科技攻关和管理工作。目前，国家一级、二级和三级博物馆的馆藏文物保存环境得到了显著改善。

体在 2011 年引用过时的数据对这方面的工作妄加置评，如“全国共有 50.66% 的馆藏文物存在不同程度的腐蚀损害，初步估算：如不采取有效措施，有可能造成数以亿元计的损失”等。这些负面影响，与文物系统本身的家底不够清直接有关。①

其二，文物的基本保护条件仍不完善。这不仅指文物保护单位的法定“四有”工作还有很多欠账，可移动文物的保护条件也不完善，连故宫这样文化文物系统的领军单位都存在安保漏洞。具体可参见本章 1.2 节的依法评价结果。

其三，文物系统的基础技术工作存在诸多不足。可以从两个方面来总结这种不足：①文物统计工作有很多不足，可从蓝皮书的编撰工作中遇到的问题来管窥这方面的不足。蓝皮书用于定量分析的数据主要来源于各年度《全国文物业统计资料》及文物系统相关的专题调查资料。但是，其中部分常规统计指标同一年份的统计数据多次变化，这源自部分地区基层报送的数据变动幅度大，数据差异明显②，且有不合常理之处，体现出文物系统基层统计存在基础不牢等问题。③但根据《统计法》④，上级文物主管部门对于基层报送的相关数据即便发现问题也无法及时更正。要确保逐级统计数据的真实性，需要从基层的数据质量抓起，严把审核关，严格遵循国家《统计法》的相关规定核定无误后再进行报送，这

---

① 国家文物局原局长单霁翔 2011 年在济南出席“博物馆免费开放与公民文化权益”亚太地区馆长高层论坛时，也只能引用 2005 年的调查数据。

② 在 2010 年度《全国文物业统计资料》中再次出现，尤其是“举办陈列展览数”的统计数据，部分省份在两个版次的统计资料中差异较大：2011 年 8 月的统计数据显示，福建省文物保护管理机构 2010 年共举办陈列展览 1040 个，无论是陈列展览的总量还是按文物保护管理机构数量平均后的效率指标居居于全国首位；而到了 2011 年 10 月正式刊印时，福建省的该项数据调整为 38，就实际数量而言对比悬殊，显然无论是总量还是按机构数的平均值均较低；同时，2011 年 8 月的统计数据显示，福建省文物系统博物馆 2010 年共举办陈列展览 5078 个，云南省文物系统博物馆 2010 年共举办陈列展览 3727 个；而到了 2011 年 10 月正式刊印时，福建省和云南省的该项数据分别调整为 811 个和 757 个，实际数量对比悬殊，相差 5 倍以上。

③ 例如，《全国文物业统计资料》显示，2008 年西藏自治区文物系统博物馆的年度参观人次总计达 7130.2 万人次，而同期全国其他 30 个省（区、市）文物系统博物馆的年度参观人次总量才 17673.4 万人次，2007 年西藏自治区文物系统博物馆的年度参观人次仅为 9.5 万人次，对比之下可以看出，7000 多万人次的年度参观总量显然是与事实不符的。

④《中华人民共和国统计法》第六条明确提出了“统计机构和统计人员依照本法规定独立行使统计调查、统计报告、统计监督的职权，不受侵犯。地方各级人民政府、政府统计机构和有关部门以及各单位的负责人，不得自行修改统计机构和统计人员依法搜集、整理的统计资料，不得以任何方式要求统计机构、统计人员及其他机构、人员伪造、篡改统计资料”的要求。

样可以在很大程度上提高数据质量。否则，一个无效数据的出现甚至将对相关分析结果造成很大影响。另外，文物系统的统计工作还有很多缺项。例如，由于文物系统博物馆没有完整的2010年度各地区藏品分级、分类等数据，无法计算文物系统可移动文物的相对丰度、相对保护等级度、相对稀有度等指标，继而无法得到各地区可移动文物的保护需求程度，无法开展兼顾“供”、“需”两方面指标的GAP分析。②与上位政策法规的衔接存在技术性漏洞。例如，《全国主体功能区规划》制定时，文物界人士向国家发改委反馈其禁止开发区的划分有误①，这可能使规模较大的文化遗产地在保护和利用上难以得到中央财政资金的支持和国家相关部委的配合。② 虽然大遗址保护项目是文化遗产事业在“十一五”期间的发展亮点，但这样的大项目却难得到文物系统以外的行政资源支持，其原因之一就是文物系统无法拿出与自然保护区等自然遗产地相仿的地理、人口及相关区域经济社会发展资料，这使相关部门即便要在《全国主体功能区规划》中考虑大遗址也无据可依。不仅大的方面如此，很多相对“小型”、“次要”的文化遗产，也可能由于基础工作不扎实而难以保护到位。例如，新农村建设和城市化进程中，农村实行“两分两换”③ 固然促进了新农村的发展，但如果县、镇（街道）没有全面的文物普查结果，没有及时采取相应的保护措施，只要农户同意，一些在文物普查中新发现的代表性古民居就可能会被拆除。

如此种种，说明我国文化遗产事业的基础工作还很薄弱。这些工作不做好，既难以借力（难以与国家的上位政策衔接，难以获得文物系统以外社会各界的广泛支持），也难以发力（全力完成文物“十二五”规划的重点工作），文化遗产事业更好地服务于国计民生就会成为空谈。也因此，需要系统地对文化遗产的基础工作进行评价与分析。

1.2 文化遗产事业基础工作的评价

在遗产事业发展的初级阶段，我们可将文化遗产事业的基础工作依法定义为

① 具体可参见2008年蓝皮书技术报告第五章、2009年蓝皮书技术报告第一章和第四章、2010年蓝皮书主题报告第四章。

② 具体可参见本书末的特别关注一。这其中的原因是多方面的，但文物部门不能向国家发改委提供大遗址的土地、人口规模等基本资料也难辞其咎。

③ “两分”即宅基地和承包地分开、征地和拆迁分开，农民可以将宅基地和承包地分别处置，自主选择保留或者置换。“两换”目前主要是以土地承包经营权置换社会保障和以宅基地置换城镇住房。

保障事业正常发展的硬件和软件。从《文物保护法》的角度看，硬件就是指《文物保护法》中的“四有”，软件则是《文物保护法》中的“五纳入”。因此，对文化遗产事业的基础工作进行评价，主要就是对“四有五纳入”落实情况的具体描述。另外，文物系统的一些相关评估，也反映了基础工作的“硬件”（基础设施）和“软件”（技术工作）在某些方面的不足。以下就系统说明这些不足，并与文化与自然遗产的其他管理单位的相关情况进行比较。

1.2.1　依法评价的结果是基础不牢，欠账不少

“十一五”以来，文物系统的“四有”和“五纳入”工作，虽然取得了一定成绩，但是仍有不少薄弱之处，而若干评估和我们的研究工作也发现作为管理支撑的“硬件”和“软件”存在许多不足。这些不足可以从四个方面来总结。

第一，“四有”工作未按照《文物保护法》全面落实。《文物保护法》规定重点文物保护单位要做到“四有”，即有保护范围；有标志说明；有记录档案；有专门机构或专人负责管理。在现实管理中，“四有”工作是否落实、其效果如何，是文物工作的基础——毕竟文物保护工作方针的前两条就是“保护为主，抢救第一”。然而目前的落实情况着实令人担忧。①“四有”覆盖率较低。实际管理中，即便是保护级别最高的2352处全国重点文物保护单位，也只有不到一半基本完成了“四有”工作，且其中只有1100余处文保单位将“四有”材料录入国家文物局的数据库。而省级及以下级别的文物保护单位，其“四有”落实情况则更加令人担忧。②“四有”相关基础工作不到位，使文物安全缺少硬件保障。仅举一例，安徽省是文物工作在全国做得较好的省，即便这样的省，在基层仍有明显的“四有”漏洞。安徽省怀远县已公布的16处县级重点文物保护单位，但多数无保护标志和管理人员，难以控制文物被盗、损坏。如涂山杨应聘墓被盗事件、明代建筑青云楼自然倒塌事件等。[①] 显然，我国文物保护管理中，“四有”并未全面落实且落实效果不佳，文物被盗、损坏事件的频发，文保基础工作确实亟待加强。这些不足，使得基础性的“四有”难以成为管理工作的坚实基础。

第二，“五纳入”落实情况不佳，文物事业未能较好地与社会发展相融合。

---

① 其中，关帝庙目前岌岌可危，也濒临倒塌；涂山启母石被人随意刻字，还有人擅自在启母石保护范围内立碑，严重地破坏了文物景观。

《文物保护法》中明确了文物保护工作的“五纳入”，即把文物保护纳入国民经济和社会发展规划，纳入城乡建设规划，纳入体制改革，纳入财政预算，纳入各级领导责任制。然而在落实过程中，“五纳入”并未很好落实，有的地方甚至成为“无纳入”，具体表现有三。①文物保护尤其是城区的文物保护涉及较多的利益相关者，“五纳入”的过程必将牵动利益链，而文物部门的宏观协调能力又相对较差，无法较好地平衡各方利益，从而使“五纳入”工作的实施阻力很大。②文物系统外的很多部门（有的也包括文物系统内的工作人员）在看待文物工作上存在观念陈旧现象，未将遗产事业看成社会发展的有机组成部分，使“五纳入”工作举步维艰。③虽然各地或多或少地进行了一定程度上的“纳入”工作，但全面落实“五纳入”的省市少之又少。如主题报告中第一章中引以为例的安徽省怀远县，其“五纳入”落实效果不佳，综合部门和经济建设、城市建设部门都习惯性忽视文物部门，[①] 文物系统基本没有被“纳入”其他领域。

第三，文物系统的具体文物管理机构（文物保护管理机构和博物馆）基础设施建设仍然薄弱，防盗、防火、防雷工作按高标准要求仍属不到位。可以从2005～2011年间文物系统进行的全国馆藏文物腐蚀状况调查、博物馆年检、全国文物安全大检查和国家一级博物馆运行评估[②]中发现基础设施建设的不足。①2005年完成的全国馆藏文物腐蚀状况调查，总结造成馆藏文物腐蚀损失的主要原因是文物库房条件不达标、文物保存环境控制设施设备匮乏、科研和运行经费严重不足、保护修复科技人才短缺等。尽管“十一五”期间这四方面状况都有改善，但还没有完全解决问题，文物库房、文物保存环境等仍是文物保护的重大威胁。②据2008年文物安全大检查，按照公安部和国家文物局制定的相关标准，被调查的2012个全国重点文物保护单位中，防盗、防火、防雷设施达标的分别仅占21.78%、27.39%、45.21%，246家重点博物馆中，防盗、防火设施达标的分别占55.28%和50.41%，大多数单位仍然依靠简单的人防和物防；全国重点博物馆的技防设备达标率仅为50%，经消防部门验收合格的消防设施仅

① 例如，在安徽怀远县的建设（包括工业园区开发、新城区开发、城内的房地产开发等）决策过程中，文物保护部门基本没有机会参与。这应该是大批明清窖藏瓷器被毁被抢和广厦房地产开发工地窖藏银元被哄抢等恶劣事件的原因之一。

② 2010年，中国博物馆协会按照国家文物局要求组织开展了国家一级博物馆2008～2009年度运行状况的评估工作，评估结果于2011年公布。

有52.27%。这种状况在“十一五”期间尽管已有所改善，但级别较低的文物保护管理机构和博物馆的改进却不大。[①] ③2010年博物馆年检工作发现，[②] 许多博物馆依旧存在基础设施薄弱、尚不具备正常开放条件和登记名称不规范等问题，全国重点文物单位防盗、防火、防雷工作不合格率较高。④国家一级博物馆运行评估发现，藏品保护基础有待夯实。定性评估指标中，藏品的保护指标是一个比较明显的得分低谷，藏品保护平均得分2008年为57%，2009年为58%，且省级和地市级博物馆与国家级博物馆之间还有超过20%的得分率差距。

综上，可以说我国文保基础性工作，从依法评价的结果来看，基础仍然不牢，相对法定要求存在许多欠账。所谓的故宫“十重门”事件[③]让社会各界对文物系统基础不牢的问题有了管窥的机会，也使文物系统“十二五”期间及时补欠账有了空前的压力。

1.2.2　对比评价

以行业外眼光研究文物系统的基础工作状况对完善管理意义重大——这能在有可比性的条件下了解文物系统工作的相对差距。因此，在依法评价的基础上，本节通过对比评价继续深化分析该问题——通过文物保护单位管理体系与风景名胜区管理体系以及自然保护区的比较，评价文物保护管理系统工作成效的相对水平以及差距所在，用“它山之石”攻自家之“玉”，以有针对性地提高文物系统的管理水平。

（1）风景名胜区的管理情况

风景名胜区是指具有观赏、文化或者科学价值，自然景观、人文景观比较集中，环境优美，可供人们游览或者进行科学、文化活动的区域。[④] 风景名胜区中有多处文化遗产，如全国前六批国家级风景名胜区中有近百个省级以上文物保护单位[⑤]，因此风景名胜区管理体系也是文化遗产的重要保护平台。通过对比文物

① 但也有可喜的一面。从2009年起，“国家重点文物保护专项补助经费”中用于解决全国重点文物保护单位防火设施和重点博物馆防盗设施的费用从4500万元增加到9000万元，投入翻了一番，为文物安全工作打下了较好的基础。

② 根据《博物馆管理办法》的规定，国家文物局每年要求各省文物行政部门报送博物馆年度检查备案结果。

③ 具体可参见本书末的特别关注二。

④ 引自《风景名胜区条例》第二条。

⑤ 具体可参见2010年蓝皮书技术报告第二章。

保护管理机构与风景名胜区的管理强度及特征可以看出，二者均属于“实质管理型”,[1] 但在成员—规则—机制方面还存在差异（如表技1－1的整理）。

表技1－1　文物保护单位与风景名胜区的管理体系对比

项　目	文物保护单位	风景名胜区
成　员	综合管理与分部门管理相结合，文物部门实施不完全的综合管理	综合管理和分部门管理相结合，住房和城乡建设部门进行综合管理，并在规划和监管上
规　则	《文物保护法》及若干专项实施条例	《风景名胜区条例》
管理单位体制	通常设立文物保护管理所（处）进行管理，负责该文物保护单位的调查征集、保护管理、维护修缮、藏品保管、宣传陈列和科学研究等工作	通常会设立风景名胜区管委会，全权负责（基本代行地方政府职能）景区规划范围的规划、保护、经营和执法等各项工作，风景名胜区内的文物保护单位通常也由其全权管理
管理强度和特点	名义严（规定了“四有”、“五纳入”），但执行力度一般较弱，且相关规划均为地方制定和发布	相对最严：风景名胜区总体规划（规划期一般为20年），规划由国务院审批发布，且通过城乡规划等形成硬约束
资金渠道	地方政府出资为主，大遗址保护项目等有中央财政专项资金	地方政府出资为主，基本没有中央财政专项资金，但通常经营创收能力较强

通过对比不难发现，我国文保单位在管理中与风景名胜区有三点差距。其一，管理成员不统一，相关规划约束较“软”。不过，这方面文物系统存在先天不足，没有城乡建设规划这样的硬手段来确保文保单位的依法管理。其二，综合管理与基础性协调相对较弱，且缺少统一的上位规划。风景名胜区规划包括全国体系规划、省域体系规划、总体规划和详细规划四个层次，体系规划是对全国或省域内的风景名胜资源进行调查、评价和总体布局，总体规划对风景名胜区的保护与利用进行全局安排，详细规划依据总体规划指导具体保护与利用行为。而且，风景名胜区规划注重建立风景游览欣赏、旅游设施服务、居民社会管理等三个系统相结合的风景名胜区职能结构，使风景名胜区在非封闭、隔离式管理的情况下发挥多种功能，全面带动周边地区发展。其三，在精细化管理方面与风景名

① 目前国内的文化与自然遗产体系可以根据管理强度分为两大类：实质管理型和名义管理型。各类管理体系间的共性在于均通过规划、法规等准确处理保护和利用的关系，建立资金渠道、明确各方责任，以实现本体系的管理目标。但不同体系间的成员—规则—机制还是有不少差别，以致管理力度差别不小，所以才有实质管理和名义管理的类型差别。

胜区体系存在差距，这主要体现在监管的信息化建设上。[①] 风景名胜区的管理信息化工作相对较好，一方面来源于上位政策的支持，另一方面得益于地方落实到位。2007 年，建设部颁布了《国家级风景名胜区监管信息系统建设管理办法（试行）》，从而规范了国家级风景名胜区监管信息系统建设管理，建立健全了国家级风景名胜区科学监测体系和长效监管机制。[②] 目前为止，全国已有 27 个省级主管部门和 148 个国家级风景名胜区基本完成了监管信息系统建设工作。采购遥感数据 8.5 万平方公里，对 15 个省份的 21 个国家级风景名胜区进行了遥感监测抽查，监测面积达到 3.5 万平方公里，共采集变化图斑 1000 余处，并对其中 500 余处有疑问的变化图斑进行了现场核查和处理。风景名胜区监管信息系统建设的运用，实现了对风景名胜区规划实施情况以及资源与环境的保护状况进行定期与不定期的动态监测，提高了风景名胜区保护管理工作现代化、信息化的水平。可以说信息化是促进遗产保护以及基础性工作建设的重要支撑，缺少信息化建设，必然影响基础性工作的落实与监督。在这方面，文物系统尽管在大遗址的信息化管理上已接近风景名胜区的管理水平，但整个系统的总体差距仍然较大，[③] 依旧有广阔的提升空间。

（2）自然保护区的管理情况

自然保护区指对有代表性的自然生态系统、珍稀濒危野生动植物物种的天然集中分布区、有特殊意义的自然遗迹等保护对象所在的陆地、陆地水体或者海域，依法划出一定面积予以特殊保护和管理的区域。相对文物系统的管理，自然保护区在公安机构设置、经费保障等方面已经形成了制度，因此其管理力度（尤其是林业系统的自然保护区）较大。例如，《自然保护区条例》规定：“自然保护区所在地的公安机关，可以根据需要在自然保护区设置公安派出机构，维护

① 2009 年蓝皮书在后记中对此有专门论述，分析了风景名胜区的“天罗地网”信息化管理系统的优势。

② “国家级风景名胜区监管信息系统是综合运用遥感技术等信息化手段，以风景名胜区规划为依据，对国家级风景名胜区资源保护和利用状况进行动态监测，服务于建设（园林）主管部门和国家级风景名胜区管理机构的辅助管理系统。”

③ 相对风景名胜区而言，文物保护单位在精细化管理上存在差距，我们在蓝皮书第四章中提出的通过 GAP 分析方法实现精细化管理就是针对这一差距的对策。而且，这一方法能够较好的将文物保护、利用和国家相关大政方针衔接，理论上比风景名胜区的数字化监测、监管更利于实现精细化管理。

自然保护区内的治安秩序。”目前，全国绝大多数林业系统的自然保护区的管理机构都内设了公安机关的派出机构，这在我国九类文化与自然遗产地中是唯一的，使《自然保护区条例》的执法有了最重要的保障。另外，在《自然保护区条例》中明确的自然保护区的资金机制也被许多相关部委文件予以细化，这与《文物保护法》规定了“五纳入”但却没有关键部委的文件规定细节形成了对比。例如，财政部《自然保护区专项资金使用管理办法》（财建［2001］899号）对中央财政的自然保护区专项设置和各地保护区如何申请和使用中央财政专项资金有细化规定，还有一些省甚至将这种细化规定做到了“无微不至”的地步。例如，《浙江省自然保护区管理办法》和《浙江省自然保护区专项资金管理办法》就明确了如何按因素法核算自然保护区专项资金分配，其中详细到如何进行指标设置（按照自然保护区的管护面积、评估等级、资金使用绩效和级差系数等因素设置相关指标）和权重分配、计算方法（依据管护面积、评估等级、资金使用绩效的权重分值，乘以级差系数得出分配比例，结合当年资金总额确定分配预算指标）。这样制度化的资金渠道设置和用资规定，才可能使法规中的“纳入”真正落实。

还有一些省在资金机制上进行了积极探索，使一些没有在全国性法规中明确的资金相关机制（如生态补偿机制）得到了细化。例如，云南省人民政府出台了《关于进一步加强自然保护区建设和管理的意见》，明确了如何设置补偿依据、补偿标准、补偿形式、补偿监管制度，如何整合拓宽补偿资金渠道，并规定依托自然保护区景观资源开展旅游的机构，要从经营收益中提取不低于20%的生态补偿费用上缴同级财政，专项用于自然保护区建设、管理和社区发展等。如果文物系统在管理情况类似的大遗址上也有这样细化的规定，则大遗址保护项目在日常管理中就有了可靠持续的资金支持，避免了项目建设期结束后只能靠进行旅游经营等来维持的局面。

可以把自然保护区与文物保护单位的相关管理情况对比总结于表技1－2。

另外，需要说明的是，国家级自然保护区和风景名胜区已经被即将出台的《自然遗产保护法》列为主要的管理对象，其在资金机制、经营机制、监督机制以及如何与世界遗产体系的接轨、如何实行动态保护等方面体现了与时俱进，这些也值得文物系统借鉴。

表技 1－2　文物保护单位与自然保护区的管理体系对比

项　目	文物保护单位	自然保护区
成　员	综合管理与分部门管理相结合，文物部门实施不完全的综合管理	综合管理和分部门管理相结合，环保部门实施综合管理
规　则	《文物保护法》	《自然保护区条例》
管理单位体制	通常设立文物管理所（处）进行管理，负责该文物保护单位的调查征集、保护管理、维护修缮、藏品保管、宣传陈列和科学研究等工作	通常设立自然保护区管理局管理，具体负责保护的规划、保护、经营和执法等工作
管理强度和特点	名义严（规定了“四有”、“五纳入”），但执行力度一般较弱，且相关规划均为地方制定和发布，规划调整权也主要在地方政府	名义严，执行在规划和监管方面相对较严：自然保护区总体规划（规划期一般为 20 年）由国务院审批发布，国家级自然保护区的规划调整需要环保部审批；林业系统的国家级自然保护区管理局均内设公安派出所，能直接执法
资金渠道	地方政府出资为主，大遗址保护项目等有中央财政专项资金。不过，其管理机构在机构定位和经费来源上保障程度较低	地方政府出资为主，有环保部和国家林业局分别负责的中央财政专项资金。另外有比较具体的资金来源规定：各级自然保护区管理机构明确为公益性事业单位，国家级自然保护区和省级自然保护区的人员工资和公务经费经核定后纳入省级财政预算

1.3　以长城为例看基础工作的薄弱环节

上文中，已经较为详细地对“十一五”以来我国文化遗产的基础工作进行了概述。这种宏观“总量”上的描述中必然包含着微观上的“个性”；而微观层面的案例又能较好地管窥宏观上的全貌。可以说，典型文物在管理方面的基础工作情况可以视作衡量文物整体管理情况的重要标志。长城作为中国最具盛名的世界文化遗产，就属于典型文物。因此，本节将从长城的“四有”工作入手，管窥我国文物基础工作的整体状况。

总体上说，长城的“四有”落实工作在全国范围内较为领先，但依旧存在诸多问题。

首先，长城的保护范围划分不明确。长城这个大遗址是国家确定的“三线两片”中的“线”，但管理中却并未明确整个长城的文物保护单位等级，也没有划定明确的保护范围。且长城所跨省市众多，不同段的保护级别也千差万别，并不统一：其中，既有全国重点文物保护单位，也有省级保护单位和县级保护单位，甚至有的地段都未设立为文保单位。保护范围的不明确给长城的保护带来两方面突出问题。①旅游开发不规范。由于没有明确的保护范围和保护地带，各地圈出来的长城旅游开发景区便可相对自由地从事各种建设，无序建设的服务设施和游乐设施难免损害长城的历史风貌。②居民生产生活活动威胁长城安全。在没有明确的保护范围之处，长城这个文物并没有享受到“依法保护”的待遇，不少长城地段周边的山地已被承包。而承包人常常开发不当（如在长城或长城遗址上直接挖坑种树、取石取土、开荒种地等），导致长城受损。即使在没有承包的荒山上，也普遍存在着农民放牧、砍柴、垦荒的现象。这些生产生活行为都不断地对长城造成破坏，且在很多地段由于没有专门的机构和人员监管使这种破坏甚至达到“毁灭化”效果。

其次，管理机构和管理人员不足。机构建制和人员编制是长城管理的抓手，而实际上除八达岭、山海关等十余个知名地段外，万里长城几乎“失控”：很多县级文物部门并未设立长城管理机构，抑或对长城的管理形同虚设。长城部分地段既没有专门机构也没有专人管理，多数基层地方政府在长城管理上守土而不负责，长城被旅游开发、城乡建设、原住居民生产生活活动等日益侵蚀。

最后，记录档案和标志说明缺失。可以说，上述两方面的问题必然导致长城记录档案和标志说明的缺失问题：范围不明确，自然标志说明也不明确；缺少机构，自然相关记录档案也难以全面、规范。这使得长城连“想管好”都缺少依据：如果将长城作为世界文化遗产向国家申请转移支付①，长城的范围和范围内的人口规模和结构、土地权属和利用状况、产业规模和结构等状况迄今没有准确数据，这让国家怎么补、凭什么补？

综上，我国最重要的文化遗产——长城——的“四有”工作都还存在诸多漏洞，以小见大，不难发现文化遗产事业在经过大发展后，基础不牢问题仍然常见，“十二五”期间仍然需要做“打地基”的工作。

2 工作重点与社会热点的关系

虽然“十一五”以来我国文化遗产事业的发展仍有诸多不足，但事业却日

① 参见本书末的特别关注一，其中对这方面的国家政策有详尽说明。

益为人民带来了更加美好的生活，同时也引发了社会较多的关注。而社会的关注点是否与文化遗产发展的大体方向相同、文物系统关注的工作重点是否与社会热点相一致，是文物系统切实做到想群众之所想、急群众之所急的重要前提。因此，本节就对二者的关系进行简要分析。

2.1　工作重点与社会热点的对比

正如主题报告第一章所说，“十二五”期间文化遗产事业的发展总体上是以《通知》与《文物“十二五”规划》为指导的，其总体目标和具体指导性目标是文物系统改善事业发展现状的出发点。与之相比，社会公众更加关心与其切身利益相关的现象（如文物收藏以及文物鉴定市场的火爆、部分文物景点门票不断上涨的问题、大遗址保护项目区的城市建设和居民安置）以及一些关系区域经济社会发展的重要新闻事件（如故宫等作为国家标志的博物馆的管理问题、遗产地“申遗”等）。可以说，文物系统既定的工作重点与社会热点既有重合，也有错位（具体请参见表技1－3）。

首先，社会关注热点与事业发展的重点有重合的部分。其中，大遗址保护项目的建设工作、馆藏文物的保护工作以及遗产地过度市场化等问题是二者所共同关注的。因此，文物系统必须在这三方面继续深化，在促进我国文化遗产事业的不断发展的同时，使事业较好地切合民生，解决人民群众的需要。其中，大遗址的保护项目建设工作显得尤为重要：大遗址保护项目建设是文物系统发展的重点，也受到社会的高度重视。大遗址保护项目建设不仅仅关乎周边地区的发展，又关乎众多相关者的切身利益。因此进一步深化大遗址保护项目的建设即符合事业发展方向，也能满足诸多利益相关者的要求，一举两得。

其次，社会关注的热点与系统内部的发展重点也存在偏差。偏差的第一个表现是群众所关注的问题并非文物系统所要发展的重点。如文物收藏以及文物鉴定市场的火爆现象：对于民众来说票价上涨必定影响参观需求，不利于满足群众日益增长的文化需求；然而文物系统内部由于资金缺乏，又倾向于通过提高门票价格来创收。且在宏观政策层面有没有严令禁止门票上涨的条款。因此，关于遗产地景点门票价格的问题一直争论不休，影响了遗产事业惠及民生的效果。偏差的第二个表现是，文物系统内部重点发展的项目并没有受到社会的重点关注。其中最为突出的就是文化遗产制度尤其是法律制度的建设问题。可以说，制度建设是

表技 1－3 《通知》与《文物“十二五”规划》中的事业发展目标与社会热点问题

《通知》中的目标	《文物“十二五”规划》中的目标		社会热点问题
	约束性发展指标	预期性发展目标	
1. 提高加强保护和管理体系； 2. 提高全民文物保护意识； 3. 完善法律法规体系； 4. 加强文物专业人才队伍建设； 5. 提高文物事业对社会经济、民生的促进作用。	1. 世界文化遗产和 150 处重要大遗址的保护规划编制启动率达到 100%； 2. 第一至六批全国重点文物保护单位的重大险情排除率达到 100%； 3. 每个地市级以上中心城市拥有 1 个功能健全的博物馆，每个少数民族的文化遗产和民族文化都能通过博物馆的形式得到全面保护、研究和展示； 4. 国有博物馆一级文物的建账建档率达到 100%； 5. 文物博物馆一级风险单位中文物收藏单位的防火、防盗设施达标率达到 100%。	1. 第七批全国重点文物保护单位的重大险情排除率达到 50%。 2. 省级文物行政执法机构建成率达到 70%，地市级文物行政执法机构建成率达到 30%，县区级文物行政执法机构建成率达到 15%。建成 20 个国家文物安全综合管理实验区（示范单位）。 3. 全国博物馆总数达到 3500 个。免费开放博物馆、纪念馆总数达到 2500 个。 4. 全国文物进出境审核机构总数达到 20 家，文物进出境责任鉴定员总数达到 200 人。 5. 世界文化遗产、150 处重要大遗址、国家一级博物馆的文物安全监测平台建设率达到 100%。每三年完成一轮世界文化遗产监测巡视工作。 6. 建成 35～40 个国家级文物标本库房、5 个国家级出水文物库房。 7. 实施 50 项大遗址保护重点工程。建成 30 个国家考古遗址公园和 30～50 个大遗址保护管理机构。建设 30 个遗址博物馆。 8. 文物保护行业重点科研基地总数达到 27 个。组建 10～15 个文物保护技术创新联盟和 5～10 个文物保护科技区域创新联 9 盟。培育 3～5 家文物保护科研机构进入国家重点实验室序列。制定 50～70 项文物保护行业标准。 9. 可移动文物保护设计和修复资质单位总数达到 150 家。 10. 开展大规模文物博物馆干部培训，培训总数达到 15000 人次。	1. 大遗址保护区，尤其是国家考古遗址公园的建设。 2. 国家馆藏文物的保护问题，尤其是博物馆等保护措施、保护手段的现状（针对故宫博物院文物被盗以及损坏等事件）。 3. 文物收藏以及文物鉴定市场火爆，引发关注。 4. 申请世界遗产的遗址地备受关注。 5. 遗产管理中过分市场化、商业色彩过重的问题。（如文物收藏以及文物鉴定市场的火爆、部分文物景点门票不断上涨的问题、大遗址保护项目区的城市建设和居民安置）以及一些关系区域经济社会发展的重要新闻事件（如故宫等作为国家标志的博物馆的管理问题、遗产地申遗等）。

促进遗产事业发展的重中之重，是文物系统发展的关键。然而群众对于文物管理制度却较为“冷漠”。再如，文化遗产事业需要通过加大科技投入来促进遗产保护水平以及展示效果的提升。但公众对于相关技术的创新与变革，仅仅抱着“看热闹”的心态。可以说，文化遗产事业发展的部分重要目标并未很好地与民生相协调，并未很好地“为民所用”。对此，必须通过宣传、教育以及系统内部的自我调整，让遗产事业的方方面面与民生相关。仍以科技为例，文物系统要通过科技更好的促使遗产为民所用，可像敦煌研究院学习，通过“数字敦煌”① 等科技措施，在通过技术手段缓解游客人数过多压力的同时，又为游客提供了新的体验服务，满足了游客的多方面需求。

综上，社会关注的热点与文物系统内部重点既存在一致性也存在偏差。若二者相一致，就需深入落实发展，满足各方需求；若二者错位，则需促进文化遗产事业“民生为向”，走“群众导向性”的发展道路。

2.2　以大遗址保护项目为例看如何处理工作重点与社会热点的关系

通过上述分析，我们认识到大遗址保护项目建设不仅仅是文物系统内部的重点，也是社会大众关注的焦点。“大遗址”无疑成为了近年的“高频词汇”②，它既是文物系统的重要工作领域，也屡屡成为社会关注的热点。“十一五”以来实施的大遗址保护项目力求在保护和利用文化遗产资源的同时，实现利益相关者的“卡尔多最优”③，在保护遗产的同时惠及民生。

---

① “数字敦煌”工程包括虚拟现实、增强现实和交互现实三个部分，使敦煌瑰宝数字化，打破时间、空间限制，满足人们游览、欣赏、研究等需求。

② “大遗址”是基于我国考古遗址特点和保护实践提出来的具有本土特色的政策术语（非学术概念）。2005 年 8 月，财政部、国家文物局发布的《关于印发〈大遗址保护专项经费管理办法〉的通知》中是从外延角度定义的：“大遗址主要包括反映中国古代历史各个发展阶段涉及政治、宗教、军事、科技、工业、农业、建筑、交通、水利等方面历史文化信息，具有规模宏大、价值重大、影响深远特点的大型聚落、城址、宫室、陵寝墓葬等遗址、遗址群及文化景观。”如果从与其他文化与自然遗产衔接的角度来定义，大遗址指的是文化遗产地，即较大规模的某些不可移动文物及其周边环境。

③ 卡尔多最优是卡尔多—希克斯改进（Kaldor-Hicks Improvement）下的最优状态。如果一种变革使受益者所得足以补偿受损者的所失，这种变革就叫卡尔多—希克斯改进。换言之，卡尔多最优是使所有利益相关者全体综合得利最大的状态。

大遗址保护项目建设十分复杂，利益相关者众多、利益诉求难以统一（参见图技1－1），因此大遗址保护项目的诉求平衡在实际操作层面也有诸多难点。① 可以说，大遗址保护项目是最易于也最难于全面惠及周边民生的项目：一方面，大遗址保护项目涉及范围广且对经济社会发展的贡献有特殊性，所以最易于全面地惠及民生；另一方面，大遗址保护项目建设涉及众多利益相关者，在惠及民生中容易顾此失彼。

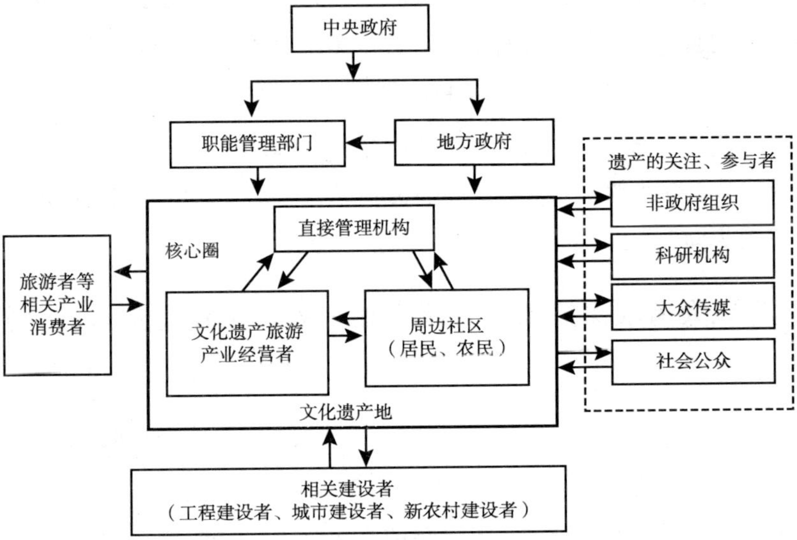

图技1－1　大遗址保护项目利益相关者

我们以殷墟和大明宫大遗址保护项目为例②，分析上述难点所在，并简述各自的解决措施，以将图技1－1具体化。

---

① 有关大遗址保护项目的建设情况、问题以及发展方向等在主题报告第三章和技术报告第三章中阐述。

② 我国现有12个国家考古遗址公园，以18个全国重点文物保护单位为基础，分布于7个省。从区位上看，其中3个位于城市市区（圆明园国家考古遗址公园、金沙国家考古遗址公园、大明宫国家考古遗址公园）；3个位于城乡结合部（良渚国家考古遗址公园、隋唐洛阳城国家考古遗址公园、殷墟国家考古遗址公园）；5个位于乡村郊野（周口店国家考古遗址公园、鸿山国家考古遗址公园、三星堆国家考古遗址公园、阳陵国家考古遗址公园、秦始皇陵国家考古遗址公园）；1个是城市和村庄位于遗址区当中（集安高句丽国家考古遗址公园）。所以，具体来看大明宫和殷墟两个案例有不同之处，因此分别分析。

（1）殷墟案例

殷墟大遗址保护项目①地跨安阳市殷都区和北关区，总面积 32 平方公里。②在大遗址保护项目实施前，殷墟面临着诸多问题，其中协调多方利益是难点。第一，周边生产者利益受损。殷墟保护区内有安阳钢铁厂、豫北纱厂等多家企事业单位，若建立保护区，则必定要迁移此类生产单位，从而影响生产者利益。第二，周边居民生活受到影响，需要利益补偿。殷墟保护区周边涉及 20 多个村庄、2 万多居民。若保留居民生活原貌，则其生活、工作会受到极大限制；若大规模迁移，则会产生较高的安置成本。而无论中央政府还是地方政府都难以负担搬迁的巨大费用，难以负担构建再生产体系的费用。

针对上述难点，殷墟国家考古遗址公园的建设，采取积极措施，协调各方利益，从而全面惠及民生。③

首先，改善核心保护区④内环境并合理搬迁居民。目前殷墟宫殿宗庙遗址和殷墟王陵遗址核心保护区内共有 8 个村庄，2277 户 7509 人，占地 1608.3 亩。⑤针对这部分村民，采取全部搬出的措施，并妥当进行安排。通过此举，不仅保证

① 殷墟遗址是世界上规模最大的都城遗址，是我国奴隶社会商朝后期的都城遗址，至今已有 3300 多年的历史。殷墟遗址于 1961 年被国务院公布为第一批全国重点文物保护单位；2006 年 7 月，联合国教科文组织第 30 届世界遗产大会决定批准其进入《世界遗产名录》，成为中国第 33 处世界文化遗产；2007 年，其被列入我国“十一五”期间 100 处重要大遗址名单；2010 年 10 月，其入选首批 12 个国家考古遗址公园。

② 作为世界文化遗产的安阳殷墟，面积是 24 平方公里；殷墟国家考古遗址公园规划范围约 60 ~ 80 平方公里。其中，核心区约为 9 平方公里，主要为殷墟宫殿宗庙遗址、王陵遗址等文物保护区；缓冲区约为 20 ~ 30 平方公里，为殷墟保护控制地带，以发展文化创意产业为主；外围保护区约 30 ~ 40 平方公里，主要为生态保护区和休闲旅居等。重点保护区以小屯宫殿宗庙区、王陵区和洹北商城为中心，面积 9.3 平方公里。其余为一般保护区、建设控制地带和文物保护协调用地。殷墟遗址保护项目涉及保护区内现有 16 个自然村，村民 5515 户 20080 人；两家国有大型企业及企业配套基础设施。

③ “殷墟建设彰显了安阳作为一个文化城市的地位和特色，体现了安阳丰富的文化品牌、文化气魄和文化精神。”今年年初，国家文物局原局长单霁翔在安阳考察时指出，安阳要抓住机遇，坚守文化事业的发展和传承，使文物遗址的保护与利用工作成为促进经济社会发展、惠及民生的大工程。

④ 核心区为 9.2 平方公里，包括宫殿区、王陵区、商城遗址、后岗遗址。其他为文化旅游区、配套服务区、居住度假区等功能区域。

⑤ 其中宫殿区有小屯、花园庄、王裕口、小庄和四盘磨 5 个村，1125 户 3793 人，占地 727.8 亩；王陵区有武官村、侯家庄、小营村，1152 户 3716 人，占地 880.5 亩。

了核心区内遗址的保护，并且较好地改善了居住环境，提高居民的整体居住水平①。

其次，最大限度保留居民生活原貌，合理改善殷墟遗址公园及周边环境。除核心保护区外，在殷墟保护区内还有1600户4875人，占地899.4亩。② 针对这部分村民，采取“留在保护区内继续居住”的方式，最大限度保证居民的生活原貌。同时对村庄进行整体规划和改造，进一步改善周边自然环境，切实改善了居民的生活环境。

再次，科学改善规划区外围的群众生产、生活环境，打造设施齐全的新城区，使建设果实全面惠及百姓。殷墟保护区外部，实现“休闲人居、商务会议、娱乐购物、游览观光、度假疗养”等多种功能的融合，打造综合城市配套设施的都市休闲旅居新城区，并合理安置核心区内搬迁村民，促进城市发展。都市休闲旅居园区的建设，主要是通过考古遗址公园大量绿化，带动周边高档文化房地产项目建设，“以内促外，以外补内”，建设了一个现代化的都市休闲旅居园区，再造了一个殷都新区。此举使考古遗址公园与殷都新区遥相呼应，优势互补，既保护了殷墟，也带动和促进了城市建设与发展，切实提高了居民生活水平。

最后，积极采取“惠民”措施，让更多百姓了解殷墟。为让更多百姓了解殷墟，自2010年始，殷墟借“安阳文化遗产日”之机，对安阳市民免费开放至少3天，至今已坚持两年，让普通市民走进殷墟、了解殷商、感悟文明，促进了殷墟文化的传播。

综上，殷墟国家大遗址公园项目在保护遗址的同时，切实改善了居民的生活与居住环境。同时，综合城市配套设施的都市休闲旅居新城区逐步建立，丰富了居民的生活，并带动经济的发展，促进城乡结合；另外，加大遗产普及工作，通过定时免费开放，让更多人了解殷墟，积极发挥遗产的教育性功能。可以说，虽然殷墟大遗址公园尚未全部建成，③ 但其现有成果已经较好地解决了诸多问题，较好地协调利益相关者的冲突，使遗产建设与周边社会发展、提高居民生活水平

① 由于遗址位于乡村郊野，其搬迁成本也相对较低，也为相关建设带来便利。

② 主要集中于大司空、西司空、三家庄村三处。

③ 整个大遗址公园将用5年时间完成。到2015年建成以殷墟大遗址保护建设和展示殷商文化为特色，集文化、旅游、休闲、服务等为一体的城市新区。

密切相连，全面地惠及民生。

（2）大明宫案例

大明宫遗址是唐文化鼎盛时期的实物见证，是唐代宫室建筑中最典型的遗址，有着较高的历史文化价值。①

与殷墟不同，大明宫地处市区，涉及更多利益相关者，大遗址保护项目建设难度更大：其一，要大规模拆迁原居民住宅，并做好居民安置工作；其二，涉及省市各管理部门的协调问题，牵涉多部门之间的利益关系；其三，改变文化遗产旅游产业经营者构成，对原获益者（多为当地原住户）产生不利影响。

针对上述问题，“西安大明宫国家大遗址保护展示示范园区暨遗址公园”建设项目②通过多种方式，协调各相关者利益，全面惠及民生。③ 尽管在文物系统内部还存在一些争议，但涉及原住居民10万余人的大明宫大遗址从“无法保护”到得到保护、由单体建筑得到保护到整体环境得到恢复和展示的发展道路，按文化遗产事业发展的终极标准“四个好”④ 来看总体上是成功的。

具体来讲，为协调各方利益，切实惠及民生，大明宫考古遗址公园建设有四条举措。第一，依法“五纳入”，将大遗址保护纳入经济和社会发展规划，纳入城乡建设规划，纳入财政预算，纳入体制改革，纳入各级领导责任制，从统一、规范方面提高了大遗址保护和建设的水平，从宏观层面统一各方利益。第二，省政府大力支持，地方政府发挥主导作用，在协调各方利益的同时，加快考古公园建设。2005年陕西省人民政府审议通过《唐大明宫遗址保护总体规划》，西安市人民政府、省建设厅、省国土资源厅、省环保局、省文物局、省旅游局共同合作，保护大明宫遗址。以此为框架，成立文物局分局、规划局分局、房产管理局分局等单位共同组成的大明宫之遗址区保护改造办公室。建设过程中，西安市人民政府颁布《关于大明宫国家考古遗址公园及周边保护区相关事项的通告》，在明确的制度下，统一管理，规范建设范围和改造方式，协调各方利益，平衡利益

---

① 有关大明宫的相关建设在2010年蓝皮书中有较为详细的论述。

② 该项建设总投资约120亿元，征用唐大明宫遗址区312平方公里土地，拆迁遗址区350万平方米建筑物，重新安置约10万群众。

③ 总体上讲，大明宫文化遗产资源的保护分为两个阶段，在大遗址保护工程建设阶段面对的是文化遗产保护利用与民生、城市发展交织的问题，在日常管理阶段面对的是妥善处理保护与利用关系的问题。目前，大明宫的建设阶段基本完成。

④ 即“文物本体保护好、周边环境整治好、经济社会发展好、人民生活改善好”的标准。

相关者权益，为大遗址保护项目建设铺平道路。第三，分区分级开发，并规范经营范围、提高运营效率。大明宫考古遗址公园分为七个功能区：除了作为“一心”的3.5平方公里的大明宫国家遗址公园①，还把周边分为文化旅游区、商贸服务区、商务核心区、改造示范区、中央居住区、集中安置区。② 国家遗址公园内，迁出全部居民和单位，恢复为严格的遗址保护用地；其余区域，由营利性社会力量③进行市场化经营，提高服务效率，带动周边地区经济社会发展。第四，与改善民生相结合，通过国家遗址公园建设带动周边经济社会发展，改善居民居住条件和就业条件，全面惠及民生。目前，大明宫在建设阶段共拆迁安置原住居民2.5万户10.15万人，89家企事业单位，拆除350万平方米不良占压遗址建筑。此举不仅解决了棚户区长期占压大遗址问题，恢复了大明宫遗址应有的历史面貌，还使2.5万户10万多人口，以及88家企事业单位告别了污染严重、交通堵塞、犯罪率高的“城中村”。而安置原住户后，其居住面积由原来户均40平方米（户均5人以上）改善为户均70平方米，且安置地点主要在西安的二环边。而这个过程中基本没有出现损害群众利益的信访事件。④ 在改善居住条件的同时，政府积极为原住居民提供相关工作，确保居民的生活在保持原水平的基础上不断提高。自2010年10月开园至今，参观人数已超过500万人次，实现经营收入过亿元，并带动了当地住宿、餐饮、交通、纪念品、土特产经营等产业发展，当地居民的收入水平也随之“水涨船高”。

大明宫遗址保护项目的建设从规划、管理等多方面入手，通过具体措施不断

① 其中又分为1000亩左右的需要收门票参观的区域和4000余亩免费向公众开放的区域，但没有进行明确的功能区分。

② 严格来说，这种分区还存在问题，正如2009年蓝皮中技术报告第一章附录1所提到的，这样的功能分区更像城市分区而非文化遗产分区，容易使国家考古遗址公园建设名实不符。这方面，无锡鸿山国家考古遗址公园的分区更为合理，具体请参见书末的特别关注二。

③ 西安市人民政府批准成立创建西安曲江大明宫投资（集团）有限公司，进行集团式经营，与西安曲江大明宫遗址区保护改造办公室协同工作，全面负责19.16平方公里大明宫遗址区的保护改造，具体承担区域土地开发、基础设施建设、项目招商、投融资等各项工作。该种政府主导的“集团运作模式”，高效开发遗产地资源：政府主动引入大型企业集团参与到大遗址的保护项目中，集团在对遗址的本体区域实施保护工程和环境优化、美化的同时，获得周边一定区域的土地开发权，通过大遗址周边区域的运营开发，弥补大遗址保护投入资金，并获得应有的利益回报。

④ 整个拆迁过程没有形成群体性事件，只有7人试图通过非正常上访索要政策规定外的安置面积；有一家5口试图通过家庭群访，高价索要违章建筑商店的经济赔偿。

贴近周边居民的生活现状，将民生合理纳入具体规划和日常管理中，从而不断改善人居环境、带动就业、促进发展，切实惠及民生。

（3）小结

综上，殷墟和大明宫的相关建设都较好地惠及了民生。在保护项目建设前期，二者面临的难点有相同点，主要表现为涉及众多利益相关者，利益难以全面协调，或者协调成本过高：对于原住居民，尽量在保持其生活原貌的基础上，提高其生活水平；对于旅游经营者，要弥补其经济损失、安置其工作；对于搬迁居民，要妥善安置，保证其生活水平；对于周边居民，要改善其居住环境；对于核心区域内的生产性企业，要妥善解决搬迁安置问题；对于各管理部门，要协调其利益，确保建设顺利完成。

当然，通过科学的规划与合理的协调，殷墟和大明宫的相关建设都取得了较好的效果。其中主要措施有较多相似之处：其一，通过拆迁和环境建设，较好地改善了居民居住环境；其二，尽量保证居民生活原貌；其三，完善和建立相关公共服务设施，促使居民生活更加丰富、便捷（请参见表技1－4）。

表技1－4　殷墟与大明宫相关建设比较

条目	殷　墟	大明宫
具体措施	改善保护核心区内环境	依法“五纳入”
	合理改善殷墟遗址公园及周边环境	省政府大力支持，地方政府发挥主导作用
	科学改善规划区外围群众生产、生活环境	分区分级利用，并通过设置合理的管理单位体制来规范经营并提高运营效率
	妥善安置生产性企业	通过国家遗址公园建设带动周边经济社会发展，改善居民居住条件和就业条件
特点	以改善居民生活条件，尤其是居住条件为主要方向	建设体制更完善，有较好的规划和政府支持，为改善民生提供依据和力量
	完善公共服务设施建设，便利百姓	较好的进行“五纳入”，将遗产事业与经济发展和促进民生相结合
	妥善安置生产性企业	注重对居民生活条件（主要是住房条件）以及就业改善的关注

大明宫和殷墟是大遗址保护建设中的典范，其建设过程中通过多种方式改善民生。而规模较小的遗产地也可以结合当地具体情况进行相关建设。如江西省吉安县永和镇相关建设就是地方政府探索新路的典型。永和镇是全国重点文物保护

单位——吉州窑遗址所在地。2001 年，遗址周边 2.8 平方公里范围内被定为保护区域。根据《文物保护法》等相关法规，保护区域范围内禁止建房。[①] 然而，地方领导坚持"保护文物不能以牺牲民生利益为代价"，"如果民生问题不解决，文物保护就将失去群众基础，政府也将失去民心"。在此思想指导下，地方政府"民生为向"，将百姓的头号需求列为政府的首要任务。地方政府通过多方协调，在保护区域外获得了政府建设用地，并将其中的近 10 亩土地提供给搬迁群众建房，切实解决了遗产地保护与居民生活之间的冲突。

综上，我国大遗址保护项目建设虽然刚刚起步，但是其与民生的相关度较高，也受到了社会的高度重视与热议。大遗址保护项目取得的成就是初步的，其经验也是探索性的，但这些建设阶段的经验，对全国正在开展大遗址保护项目建设的地方应该是有借鉴价值的，并且也能较好的指导文化遗产事业与民生的结合工作。如果今后在日常管理阶段，大遗址管理单位能构建合理的管理单位体制[②]，就能持续、稳定地确保有较高价值的大遗址资源既保护好又利用好，且使保护、利用都能造福民生。

3 "十二五"期间事业发展的难点与方向

虽然文化遗产事业这些年来发展成就斐然，但因为《通知》中的 2015 年时间点、因为《文物"十二五"规划》中的约束性指标、因为社会各界对事业发展的关注程度，文化遗产事业发展的压力反而更大，补欠账的工作和上台阶的工作都需要只争朝夕。虽然在文物"十二五"规划中已经标注了事业发展的重点，但蓝皮书从系统外来评判，更容易发现补欠账和上台阶工作中的难点。

3.1 "十二五"期间事业发展的难点

"十二五"期间文化遗产的发展既要弥补多年以来的欠账，又要采取促进事

① 根据永和镇政府的调查，截至 2011 年，保护区范围内 1 个居委会和永和、永安、南山 3 个自然村有建房需求的有 384 户约 1460 人，而这些居民的人均纯收入为 5200 元。

② 就像大明宫一样，希望通过组建公益性事业单位性质的大明宫研究院，将日常管理委托公司运作（类似物业管理公司），大明宫研究院监督公司的管理，并开展教育、科研等方面的业务。这样，不仅国家遗址公园的公益性可能得到保持，还能通过市场机制提高经营效率、改善服务质量，使得日常收入能够维持大明宫研究院的公益性运转。

业发展的新举措，

第一，“十二五”期间事业发展难在要将发展切实与民生结合起来，将文化遗产事业与地方经济社会发展全局统筹起来。长期以来，我国文化遗产的发展较为孤立，文物系统尤其是基层文物部门常常不愿也很难与当地经济社会发展关联起来。为此，“十二五”期间，必须转变社会对文化遗产事业的陈旧观念，从两方面积极入手：其一，在系统内部，事业发展要以民生为向，不能脱离地方经济社会发展需要和人民改善生活需要单一地强调文物保护；其二，加强“五纳入”，实现前置环节政策协调，使文物保护、利用与地方经济社会发展在规划环节就统筹起来，并通过宣传和教育工作让系统外部了解遗产事业与社会发展的密切关系。

第二，“十二五”期间事业发展难在要全面地完善基础性工作。《通知》提出的“大限”是2015年，这就要求“十二五”期间要补上多年来在基础工作上的欠账，尤其是要促进“四有”与“五纳入”的全面落实。其一，要实施长效监督机制，加大监督力度，切实落实“四有”工作；其二，建立多方协调机制，让文物系统融入社会、经济发展之中，使文化遗产事业切实“五纳入”；其三，要推行全面的遗产“摸底”、调查以及保护工作，让文物工作“明明白白”。当然，这三方面的建议仅仅是“纸上谈兵”，要在全国范围内具体落实，确实困难重重。因此，“十二五”期间，文物工作者必须步步为营，逐渐将文物基础工作在全国范围内依法落实。

第三，“十二五”期间事业发展难在提高管理水平。尽管文物系统做了许多工作（如文物安全大检查、国家一级博物馆运行状况评估），每年的蓝皮书也通过GAP方法和DEA评价方法来指明提高管理水平的着力点，但相对而言，文物系统管理的精细化程度不高，在行政资源配置、日常安全管理等方面都有不少亟待提高之处，尤其在所谓的故宫“十重门”事件已经暴露了自身不足、引起了社会关注的情况下，更显得时不我待。

3.2　“十二五”期间事业的发展方向

为能较好地应对事业发展的难点，促进文化遗产事业继续健康、快速发展，“十二五”期间，文化遗产事业必须从加强精细化管理和推进事业民生化两大方面入手，做大做强文化遗产事业，使其为人民带来更加美好的生活。

3.2.1 文化遗产的精细化管理

文化遗产的精细化管理已不是一个新鲜词汇，迄今为止的四部文化遗产都利用GAP分析和DEA分析寻找文化遗产事业在精细化管理方面的不足①。在2008年和2009年蓝皮书中，我们已经通过GAP分析方法对截至2005年各省文物系统的行政资源空间配置效率进行了分析和评价。沿用这一思路，2010年蓝皮书将文物保护管理工作按照其管理内容和工作成效分门别类，据此设立评价指标体系，采用GAP方法进行分析，找出目前工作中的薄弱环节，从而使提高文物保护管理机构的管理效率。

目前我国文化遗产精细化管理中反映出来的主要问题集中在政策效力不够、基层执行力不足等方面。文化遗产事业在“十一五”期间的进步有目共睹，按照精细化管理的要求，总体的管理水平在提高。但是，按照2010年蓝皮书中提出的“全面、规范、高效”的标准衡量，文物系统内部行政资源配置的效能仍旧不够高，尤其是云南、陕西、湖南、内蒙古、新疆、福建等省份仍有较大提高空间。

GAP分析的结果为管理层面提供了科学判断的依据，为了更好地发挥其对实际工作的指导作用，需要从相关政策制定者、具体工作执行者两个方面着手。一方面，从上位性的政策层面来看，目前国家的综合发展规划、广域政策和相关法律制定中对文化遗产事业的发展、对文化遗产事业与国民经济和社会发展的关系仍然认识不够，文物行政部门应在今后的工作中关注国家大政方针和广域政策的制定，主动将文化遗产资源的保护需求反映出来，呼吁平行部门和社会对此项工作更加重视，统筹考虑文化遗产事业与社会各项事业的协调发展。另一方面，从文物系统的基层建设来看，通过全国范围内省级行政区的比较也便于各地区找准自身的相对位置，尤其是存在行政资源投入相对不足、使用效率不高等方面问题的地区更需要理清思路，优先解决文物保护和发展的根本问题——遵循“保护优先”原则，在文化遗产资源得到切实保护的前提下，有针对性地加强人员队伍建设、管理制度改革和服务方式改进等方面的工作，以提高管理水平。②

可以说，通过精细化管理来提高事业的管理水平，可以较好地解决基础性

① 具体可参见每一部蓝皮书的主题报告与技术报告的第四章，其中对精细化管理均有定量研究。

② 这部分内容在技术报告第四章中详细阐述。

工作薄弱、相关资源分配不均衡等事业发展难点，从而进一步促进事业整体的发展。

3.2.2　推动文化遗产事业更好地惠及民生

文化遗产事业与民生高度相关，文化遗产是美好生活的必需品，其发展方向自然是进一步贴近百姓的生活，这也是中央领导的指示——文化遗产保护必须紧紧依靠人民群众，文化遗产保护成果必须惠及全体人民，这是实现文化遗产价值的现实需要，也是保护、发展文化遗产的根本目的。① 而且，必须认识到，文化遗产事业也是现代化的有机组成。现代化常被用来描述现代发生的社会和文化变迁的现象②，其中工业化和文化二者缺一不可。工业化能够推动经济的迅猛发展，而文化则能起到美化工业化的作用，使得现代化既“迅猛”又“美观”。作为文化事业重要的组成部分，文化遗产事业是美化工业化、促进现代化的重要环节。工业化为城市带来迅猛的发展，而文化遗产事业则能够改善人居环境、促进公共设施的完善；同时在精神层面，能够丰富和美化人民的精神生活，提高全民素质，美化工业化，共同促进现代化。

“十二五”期间，要实现文化遗产对美好生活的提升作用既是事业发展的难点，也是事业发展的必经之路。文化遗产事业愈能促进美好生活，其接受度和被关注度愈高，全民文保意识愈强，管理制度更加完善（如社会融资机制将逐步扩展、社会监督机制不断加强等），管理水平也将得到更大提升（如相关行政资源的使用和分配也会趋向合理）。因此文物系统要进一步深化博物馆免费开放工作，不断提高服务群众的能力和水平；要始终关注民生、改善民生、保障民生，无论在文化遗产考古发掘和保护修缮中，还是在历史文化街区和村镇的保护建设中，都要实现好、维护好、发展好最广大人民的根本利益，着力改善群众居住和生活条件；要加大对公共博物馆、大遗址保护项目、重要文化遗产展览等的投入，完善文化遗产保护经费增长机制，实施重大文化遗产工程，向全社会提供更多优质便捷的公共文化鉴赏服务；要把保护、发展文化遗产与加强青少年教育相结合，进一步密切文化遗产单位与学校的联系；要因地制宜地采取措施，促使大

---

① 摘自李长春同志在2010年文化遗产日发表的署名文章。

② 根据马格纳雷拉在其著作《一个土耳其城镇的传统与变迁》中的定义，现代化是发展中的社会为了获得发达的工业社会所具有的一些特点而经历的文化与社会变迁。

遗址保护项目更全面地惠及民生。由于大遗址周边状况复杂，利益相关者众多，利益诉求难以统一，要协调保护与利用的关系并尽可能地在精神和物质两方面都惠及民众，难度较高。在大遗址开发中应特别注意与改善民生结合，通过遗址建设带动周边经济发展，提高居民收入，惠及民生。要通过大遗址保护项目的建设，切实促进遗址保护与当地经济社会发展相结合、大遗址保护与当地群众生活水平提高相结合、大遗址保护与当地城乡基本建设相结合、大遗址保护与当地环境改善相结合，发挥文化遗产在地区发展中的带动作用。最终，事业始终要在中央重要精神指引下①，推动文化遗产保护成果最大限度地惠及全体人民，为百姓创造更美好的生活。

（本章主要执笔人：王宇成　马有明　苏　杨）

① 基于前述对“十五”、“十一五”期间文物系统相关情况的经验总结和分析，对照李长春同志2010年文化遗产日署名文章中的观点，可以提出“十二五”期间加大文化遗产事业对经济社会发展贡献的两个重要方向：不断提高文化遗产事业对促进经济社会发展的贡献与推动文化遗产保护成果最大限度地惠及全体人民。

B.6 第二章 文化遗产事业及相关产业对国民经济贡献的测算

本章在2010年蓝皮书的基础上，分别更新和递补了2009年和2010年的有关数据，以期更客观、准确、完整地反映“十一五”期间文化遗产事业对国民经济的经济贡献，并据此更准确地展望“十二五”。在主题报告第二章中我们对文化遗产事业尤其是大遗址保护项目对经济社会的贡献进行了定性和定量的系统总结，并对文化遗产事业的经济社会贡献与相关发展目标的差距进行了分析，指出了文物旅游发展的现状、问题和对策。本章是对其中经济贡献测算部分的详细说明，以便专业人士和感兴趣的读者了解细节。2011年蓝皮书继续沿用2008年蓝皮书中提出的文化遗产事业对国民经济贡献的核算框架和2010年蓝皮书中测算中提高测算精确度的三个新办法①，但没有计入大遗址保护项目的经济贡献。

需要特别说明的是，本章的部分内容，完整地展现了《全国文物旅游发展报告》中对文物旅游发展规模和对国民经济贡献的测算过程，是分管旅游产业发展的旅游部门和分管风景名胜区的住房和城乡建设部门理解并评价文物旅游贡献乃至文物系统相关工作的技术基础。而且，由于大遗址保护项目的经济贡献没有整体计入，这种贡献是被低估了的。

---

① 2010年蓝皮书的新做法有：第一，在听取各地文物局以及建设、旅游等相关部门反馈意见的基础上，采用了新的数据来源，对2001~2010年文物流通经营增加值重新进行了核算；第二，考虑到博物馆全面免费开放后门票收入减少带来的新变化，对2007年之后文物吸引力因子的计算方法进行了调整，并对投入产出比进行了相应的修正，使得测算结果更加科学合理；第三，将文化遗产事业对国民经济的贡献用不变价格来核算，以增强年度计算结果的可比性，使年度贡献值能够加和成“十一五”期间文化遗产事业对国民经济的总体贡献，同时方便和“十五”期间进行纵向对比。

1 基本测算方法说明

这里所介绍的基本测算方法用于本章中对文化遗产事业整体及其中的博物馆（限于文化文物系统的博物馆）对国民经济贡献的计算，大遗址保护项目的测算有所区别①。下面以文化遗产事业对国民经济贡献的计算为例进行说明。

（1）测算范围及时间

目前文化遗产事业尚未统筹，其主体仍是文物系统；加之现有数据来源、统计口径和管理制度的差别，今年蓝皮书中定量探讨文化遗产事业对国民经济贡献时，仍只考虑文物系统的情况。研究范围为全国各省份（港澳台除外），测算时间为“十五”期间（2001～2005年）和“十一五”期间（2006～2010年），其中2009年、2010年的数据为今年蓝皮书新补充的。

（2）数据来源

国家文物局发布的《全国文物业统计资料》（2001～2010年）；

文化部发布的《中国文化文物统计年鉴》（2001～2010年）；

国家旅游局发布的《中国国内旅游抽样调查资料》（2001～2010年）②；

国家旅游局发布的《中国旅游统计年鉴》（2001～2010年）；

国家统计局发布的《中华人民共和国统计年鉴》（2001～2010年）；

① 大遗址保护项目经济贡献的测算方法参见主题报告第二章第5节的说明，较详细的计算可望在2012年蓝皮书中呈现。

② 国家旅游局自1993年起，每年委托国家统计局城市社会经济调查司，对中国大陆地区（不含西藏）城镇居民国内旅游情况进行抽样调查。从2000年开始，委托国家统计局农村社会经济调查司，开展了农村居民国内旅游抽样调查。根据这两项调查的结果，可对全国国内旅游人数、出游率、出游花费等主要指标进行测算，从而得出当年城镇、农村和全国国内居民旅游总体情况。城镇居民国内旅游抽样调查的范围，包括了全国39个城市的城镇居民。在全国1万户城镇居民家庭中进行的国内旅游抽样调查；农村居民国内旅游抽样调查的范围，包括了全国30个省、自治区、直辖市（不含西藏）的农民家庭。在全国范围内开展的农村居民国内旅游抽样调查为一次性调查，抽样的样本量为1万户。

中国拍卖行业协会发布的《2010年中国文物艺术品拍卖市场统计公报》[①]。

（3）测算思路

我们将文化遗产对国民经济的贡献分为直接贡献（行业内）和间接贡献（行业外）两种，计算间接贡献时需要扣除重复计算的文物系统门票收入增加值。具体已在图主2-3中显示。

（4）测算方法

①直接贡献

文物系统增加值=从业人员劳动报酬+生产税净额+固定资产折旧+营业盈余

②间接贡献

➢ 文物系统支出带动其他行业的增加值

文物系统支出带动其他行业的增加值主要指文物保护维修支出带动的建筑业增加值。这个文物保护维修支出仅限于纳入财政经常性预算的“财政拨款”中的相关资金，不包括项目资金和博物馆等基础设施建设资金。不可移动文物的保护维修必然涉及大量与土木工程和设备安装等相关的工作，因此文物系统的日常工作也就和建筑业之间发生了直接和间接的经济联系。通常用于文物系统保护维修的资金主要有两个来源，一个是纳入财政经常性预算的保护维修支出，另一个是文物系统实际可支配的国家重点文物保护专项补助经费（该经费主要用于对重点文物保护单位进行维修，“九五”以来，维修经费基本占整个投入的70%以上）和相关基础设施建设资金（主要用于博物馆等的建设资金）。这些项目资金同样作为保护维修支出且数额巨大，在有的省份（例如西藏）还是主要资金，且具有跨年度拨付、资金到位滞后、数据来源不可靠等特点。然而文物局或其他相关统计部门并没有针对后一个来源的款项规定统一的统计口径并纳入每年的统计工作中去。

---

① 2011年，中国拍卖行业协会在商务部、文化部、国家文物局的指导下，首次按年度向社会公布行业的总体状况和相对权威的数据。《2010年中国文物艺术品拍卖市场统计公报》的统计对象是中国内地具备文物拍卖经营资质的全部企业，共250家（截至2010年12月31日），获取数据的方式是向这些企业发放调查问卷，其中237家按时按要求反馈了相关统计数据。由于这种调查方式的缺陷，加之并非所有拍卖企业都有拍卖资质、并非所有具有拍卖资质的企业都反馈了数据，因此我们还参考了艺术市场分析研究中心（简称AMRC，是国内首个专门以研究国内外艺术市场动态为主要目标的学术机构）统计的全国艺术品拍卖市场成交额数据。在两者都有数据的情况下，就高不就低，以期全面反映行业经营状况。

➢ 文物流通经营增加值

民间收藏是近年来的社会热点且已发展为影响越来越大的经济活动，这是文化遗产事业与民生关联的领域之一。但我国《文物保护法》规定只有文物商店和文物拍卖企业可以经营文物，其他任何机构包括旧货市场在内均不可以经营文物，加之民间收藏产生的增加值受益主体复杂且隐蔽，因此在文物流通经营增加值中不计入这一块。另外，考虑到文物商店增加值已计入直接贡献中的文物系统增加值，故本报告中的文物流通经营增加值只包括了文物拍卖企业的增加值。

➢ 文物旅游增加值

旅游观光总收入 = 城镇人均观光旅游消费 × 观光旅游者中的城镇人数 + 农村人均观光旅游消费 × 观光旅游者中的农村人数 + 国际旅游（外汇）收入 × 口岸调查入境旅游者中以观光游览为目的的比例

文物贡献旅游观光收入 = 旅游观光总收入 × 文物吸引力因子①

文物旅游增加值 = 文物贡献旅游观光收入 × 旅游业增加值率

③文化遗产对国民经济的全部贡献

文物遗产对国民经济的全部贡献 = 直接贡献 + 间接贡献（扣除重复计算）

2　文化遗产事业对国民经济的直接贡献和间接贡献测算

2.1　直接经济贡献

循蓝皮书的惯例，今年作为直接经济贡献的文物系统增加值的数据仍为直接引用数据，② 来源于历年《中国文化文物统计年鉴》和《全国文物业统计资料》。该项统计数据为收入法核算，包括四项构成：劳动者报酬、生产税净额、

① “文物吸引力”，也可以叫做“文物旅游吸引力”或“文化遗产旅游吸引力”。提出这个概念的目的，是将旅游业收入中主要依托文化遗产资源的部分剥离出来，以精确衡量文化遗产事业在这方面的间接经济贡献。

② 具体的原因说明参见2008年蓝皮书主题报告第二章，此处不再赘述。

固定资产折旧、营业盈余。通过对总产出和收入法增加值的公式①对比可以看出，两者的四项构成中后三项相同，差异主要体现在第一项，总产出中的经常性业务支出的范围要大于收入法增加值中的劳动者报酬的范围，差额部分为中间消耗。

如图技 2－1 所示，2001～2003 年文物系统总产出略高于总支出，2004～2009 年文物系统总支出略高于总产出，但总的来看二者较为接近。另外，从文物统计报表制度来看，这四个概念仍有着有着本质的不同，总收入和总支出相对应，总产出和增加值相对应。在蓝皮书初稿征询意见的过程中，有专家建议，对于某些非营利性的服务业及有些政府部门行政事业单位，上述生产法、收入法都存在漏算，最好用计算其总费用支出的办法来近似代替其总产出，即采用成本法（或支出法）核算其增加值。② 不过，从目前国内 GDP 核算体系来看，无论是收入法还是支出法都是方法的选择差异，结果是基本一致的。鉴于全国文物系统总支出要大于收入法增加值，从保守估计的角度，直接贡献部分我们仍直接选用来源于《中国文化文物统计年鉴》中的收入法增加值。"十五"与"十一五"期间全国文物系统增加值（收入法）年度构成及变化情况详见表技 2－1。

---

① 《全国文化文物统计报表制度》具体规定如下：

（a）行政事业单位总产出＝经常性业务支出＋固定资产折旧＋经营税金＋（经营收入－经营支出）

其中：

• 经常性业务支出＝工资福利支出＋商品和服务支出＋［对个人和家庭补助支出－助学金－抚恤金－生活补助－救济金－退职（役）费］

• 固定资产折旧＝固定资产原价×折旧率（4%）

（b）行政事业单位收入法增加值＝劳动者报酬＋固定资产折旧＋生产税净额＋营业盈余

其中：

• 劳动者报酬＝工资福利支出＋劳务费＋取暖费＋出国费×6.4%＋差旅费×6.4%＋［对个人和家庭补助支出－助学金－抚恤金－生活补助－救济金－退职（役）费］

• 生产税净额＝经营税金

• 固定资产折旧＝固定资产原价×折旧率（4%）

• 营业盈余＝经营收入－经营支出

② 中国社会科学院和国家统计局的专家关于蓝皮书中"文物系统增加值"测算有如下建议：文物系统增加值计算公式，是收入法核算公式，适用于市场化的营利性服务业。而文物系统中存在规模可观的非市场化运行的事业单位，由国家财政支持。对于某些非营利性的服务业及有些政府部门行政事业单位来说，上述生产法、收入法都无法使用，只能用计算其总费用支出的办法来近似代替其总产出，即采用成本法（或支出法）核算其增加值。

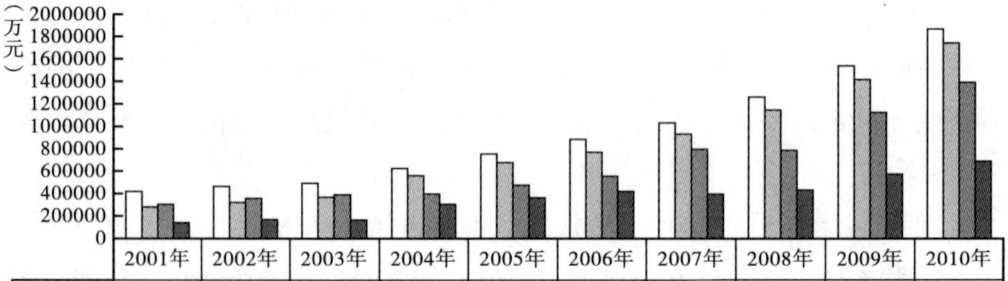

	2001年	2002年	2003年	2004年	2005年	2006年	2007年	2008年	2009年	2010年
□ 总收入	433110.4	471983.6	502323.1	631644.7	758393.3	882853.7	1036917.1	1262167.5	1528466.7	1870427.7
▨ 总支出	289016.4	327777.4	377024.0	565735.5	675594.8	769726.4	938166.5	1149871.1	1417359.8	1742984.4
▩ 总产出	316129.8	363888.1	394795.9	400230.5	478128.5	555672.9	797175.9	788628.1	1129328.3	1395200.0
■ 增加值	149717.7	178452.9	165501.8	305642.7	373087.0	422252.7	401359.2	437531.9	575712.6	698659.4

图技 2－1　“十五”与“十一五”期间全国文物系统总收入、总支出、总产出和增加值比较

表技 2－1　“十五”与“十一五”期间全国文物系统增加值（收入法）综合情况

单位：万元

项　目	“十五”期间					
	2001 年	2002 年	2003 年	2004 年	2005 年	合计
总产出	316129.8	363888.1	394795.9	400230.5	478128.5	1953172.8
中间消耗	166412.1	185435.2	229294.1	94587.8	105041.5	780770.7
增加值(收入法)	149717.7	178452.9	165501.8	305642.7	373087.0	1172402.1
其中:劳动者补偿	79538.1	101060.4	107708.9	167351.9	194506.4	650165.7
生产税净额	4736.7	5410.2	4932.5	9268.7	8866.4	33214.5
固定资产折旧	30387.8	22988.2	26975.3	29651.5	36583.4	146586.2
营业盈余	35055.1	48994.1	25885.1	99370.6	133130.8	342435.7
增加值率(%)	47.4	49.0	41.9	76.4	78.0	60.0
项　目	“十一五”期间					
	2006 年	2007 年	2008 年	2009 年	2010 年	合计
总产出	555672.9	797175.9	788628.1	1129328.3	1395200.0	4666005.2
中间消耗	133420.2	395816.7	351096.2	553615.7	696540.6	2130489.4
增加值(收入法)	422252.7	401359.2	437532.0	575712.6	698659.4	2535515.9
其中:劳动者补偿	225339.4	295653.7	317045.8	444233.9	514510.5	1796783.3
生产税净额	8511.5	7884.6	42439.4	12445.1	21040.7	92321.3
固定资产折旧	41976.0	15074.4	44049.8	78156.1	86538.5	265794.4
营业盈余	146425.8	82746.5	33997.0	40877.5	76569.7	380616.5
增加值率(%)	76.0	50.3	55.5	51.0	50.1	54.3

注：表中数据来源于《中国文化文物统计年鉴》（2001～2010 年）。

总的来看，全国文物系统增加值保持了较好的增长势头。从2001年的15.0亿元增长至2010年的69.9亿元，名义上增长了3.7倍(按2001年可比价格计算，实际增长近2.1倍)，年均名义增长率为18.6%（实际增长率也高达13.5%）。这10年中，全国文物系统增加值除2003年可能受“非典”疫情影响较上年有所回落、2007年由于营业盈余有明显下滑使得年度增加值较上年略有减少外，其余8个年份均呈上升态势。从“十五”和“十一五”两个时期对比情况来看，从“十五”和“十一五”两个时期对比情况来看，就绝对数量而言，“十一五”期间增加值是“十五”期间的1.7倍（按可比价格计算为1.3倍)；就相对增速而言，“十一五”期间增加值的平均增速（年均名义增长率为13.4%，实际增长率仅为7.1%）要远远低于“十五”期间（年均名义增长率为25.6%，实际增长率为21.5%）。分析其原因，主要有二：一是2008年开始实施博物馆全面免费开放，有相当数量的博物馆为了适应这个新举措还采取了先闭馆整修准备的做法，由此直接或间接带来了博物馆门票收入的大幅减少；另外一个原因是2008年下半年开始蔓延全球的金融危机，直接导致了文物系统门票收入的减少。正是由于文物系统门票收入的减少直接导致了文物系统营业盈余的下滑，从而直接影响到了“十一五”中后期文物系统增加值的增长速度。

2.2　间接经济贡献

（1）文物系统支出带动其他行业的增加值

“十五”与“十一五”期间全国文物系统各年保护维修支出情况详见表技2-2。需要说明的是，由于前述原因，[①] 表技2-2中统计的保护维修支出费用中并未包括任何国家重点文物保护专项补助经费和相关基础设施建设资金，因此这里所计算的文物系统支出带动建筑业的增加值仅是一种不完全统计。

我们先将全国文物系统保护维修支出近似作为所带动的建筑业的总产值，再乘以历年建筑业增加值率（见表技2-3），这样就能近似得到文物系统保护维修支出所带动建筑行业的增加值（见表技2-4）。

---

① 详见本章基本测算方法说明部分。

表技 2－2　“十五”与“十一五”期间全国文物系统支出情况

单位：万元

项　目	“十五”期间						“十一五”期间					
	2001 年	2002 年	2003 年	2004 年	2005 年	合计	2006 年	2007 年	2008 年	2009 年	2010 年	合计
总支出	289016.4	327777.4	377024.0	565735.5	675594.8	2235148.1	769726.4	938166.5	1149871.1	1417359.8	1742984.4	6018108.2
其中：保护维修支出	41878.0	51557.6	72079.7	62898.5	64288.2	292702	53258.4	89932.3	126084.6	172249.2	472964.7	914489.2
比例(%)	14.5	15.7	19.1	11.1	9.5	13.1	6.9	9.6	11.0	12.2	27.1	15.2

数据来源：《中国文化文物统计年鉴》（2001～2010 年）。

表技 2－3　“十五”与“十一五”期间全国建筑业经济指标

单位：亿元

项　目	“十五”期间						“十一五”期间					
	2001 年	2002 年	2003 年	2004 年	2005 年	合计	2006 年	2007 年	2008 年	2009 年	2010 年	合计
建筑业总产值	15361.6	18527.2	23083.9	29021.5	34552.1	120546.3	41557.2	51043.7	62036.8	76807.7	95205.8	326651.2
建筑业增加值	4023.6	4698.3	4654.7	5615.8	6899.7	25892.1	8116.4	9944.4	11911.7	15619.8	19269.8	64862.1
增加值率(%)	26.2	25.4	20.2	19.4	20.0	21.5	19.5	19.5	19.2	20.3	20.2	19.9

注：①表中建筑业总产值、增加值数据来源于《中国统计年鉴》（2001～2010 年）。
②建筑业增加值率＝建筑业增加值/建筑业总产值×100%。

表技 2－4　“十五”与“十一五”期间全国文物系统保护维修带动建筑业增加值

单位：亿元

项　目	“十五”期间						“十一五”期间					
	2001 年	2002 年	2003 年	2004 年	2005 年	合计	2006 年	2007 年	2008 年	2009 年	2010 年	合计
保护维修支出	4.2	5.2	7.2	6.3	6.4	29.3	5.3	9.0	12.6	17.2	47.3	91.4
带动建筑业增加值	1.1	1.3	1.5	1.2	1.3	6.4	1.0	1.8	2.5	3.5	9.6	18.4

注：保护维修支出来源于表技 2－2；带动建筑业增加值＝保护维修支出×建筑业增加值率。

总的来看，“十一五”期间全国文物系统保护维修带动建筑业增加值有较快增长。从2001年的1.1亿元增长至2010年的9.6亿元，名义上增长了7.7倍（按2001年可比价格计算，实际增长近4.8倍），年均名义增长率为27.2%（实际增长率也高达21.7%）。这10年中，全国文物系统保护维修带动建筑业增加值除2004年和2006年较上年有所回落外，其余年份均呈上升态势。从“十五”和“十一五”两个时期对比情况来看，绝对数量上，“十一五”期间增加值是“十五”期间的2.9倍（按可比价格计算为2.1倍）；相对增速上，“十一五”期间增加值的平均增速（年均名义增长率为76.0%，实际增长率为66.2%）要远远高于“十五”期间（年均名义增长率仅为4.3%，实际增长率为0.8%）。而促成这种现象的主要原因是由于2008年全国范围开始逐步推行博物馆免费开放政策后，国家和地方财政加大了对免费开放博物馆的财政拨款力度，博物馆在资金使用上也增加了修缮方面的支出，有些博物馆还专门闭馆整修为免费开放做准备，因而直接带动了建筑业增加值的快速增长。

需要说明的是，保护维修支出费用中并未包括任何国家重点文物保护专项补助经费和相关基础设施建设资金，因为这些项目资金不仅数额巨大且具有跨年度拨付、资金到位滞后、数据来源不可靠等特点，不宜进行年度间的纵向比较。不过，这些专项资金数目巨大（如“十一五”期间，“大遗址”专项资金就涉及100个项目和数十亿元经费）。“十二五”期间，这方面的财政投入进一步增多，所以一俟数据齐全，[①] 蓝皮书中会增添大遗址保护项目经济贡献的面上测算。

（2）文物流通经营增加值

参考“十五”与“十一五”期间全国艺术品拍卖公司（不完全统计）增加值率（见表技2－5），综合参考了中国拍卖行业协会发布的《2010年中国文物艺术品拍卖市场统计公报》和AMRC统计的同期全国艺术品拍卖市场成交额数据（见图技2－2）[②]，粗略估算出同期全国艺术品拍卖企业增加值（见表技2－6）。

---

① 国务院发展研究中心社会发展部和中国文化遗产研究院文化遗产研究所合作开展国家社会科学基金重大项目“大遗址保护动态跟踪研究”，大遗址保护项目的面上相关数据及分析有望在2012年蓝皮书中体现。

② 这个数值因为是不完全统计，所以不同渠道公布的略有不同。但因为差别不大（例如，文物系统统计的文物拍卖企业2009年的拍卖金额159亿元，2008年的拍卖金额116亿元），且2008年、2009年蓝皮书均采用文化部文化市场司这个渠道公布的数据，从数据延续性、可比性角度考虑，本书仍然采用这个渠道的数据。

表技 2-5　“十五”与“十一五”期间全国艺术品拍卖公司经济指标

单位：万元

项　目	“十五”期间					
	2001 年	2002 年	2003 年	2004 年	2005 年	合计
营业收入	7737.2	15543.0	2884.9	2244.4	8965.0	37374.5
增加值	2660.6	3100.5	1577.2	1166.7	4039.0	12544.0
增加值率(%)	34.4	19.9	54.7	52.0	45.1	33.6
项　目	“十一五”期间					
	2006 年	2007 年	2008 年	2009 年	2010 年	合计
营业收入	1909.5	28767.5	36671.7	57211.8	74592.9	199153.4
增加值	571.0	11002.2	16231.1	24928.2	32758.3	85490.8
增加值率(%)	29.9	38.2	44.3	43.6	43.9	42.9

注：艺术品拍卖公司营业收入和增加值数据来源于《中国文化文物统计年鉴》（2001～2009）；2010 年数据根据 2006～2009 年数据外推并与 2010 年相关研究报告数据比对校正。

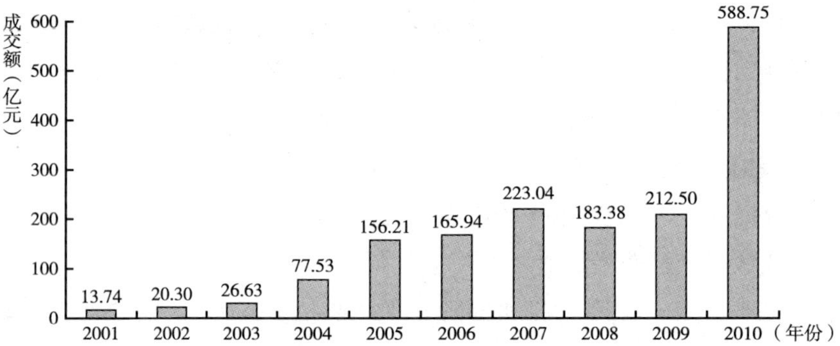

图技 2-2　“十五”与“十一五”期间全国艺术品拍卖市场成交额

表技 2-6　“十五”与“十一五”期间全国文物艺术品拍卖企业增加值

单位：亿元

项　目	“十五”期间					
	2001 年	2002 年	2003 年	2004 年	2005 年	合计
成 交 额	13.74	20.30	26.63	77.53	156.21	294.41
营业收入	2.75	4.06	5.33	15.51	31.24	58.89
增 加 值	0.95	0.81	2.91	8.06	14.09	26.82

续表

项　目	"十一五"期间					
	2006 年	2007 年	2008 年	2009 年	2010 年	合计
成 交 额	165.94	223.04	183.38	212.50	588.75	1373.61
营业收入	33.19	44.61	36.68	42.50	117.75	274.73
增 加 值	9.92	17.04	16.25	18.52	51.71	113.44

注：营业收入 = 成交额 ×20%，增加值（调整算法之后）= 营业收入 × 增加值率。

从图技 2-2 来看，2001~2004 年中国艺术品拍卖市场成交总额呈现出平缓的走势，成交额基本保持在数十亿元。2005 年，中国书画的成交热也带动了中国艺术品拍卖市场的整体发展，市场规模跃升至百亿元以上。即便 2008 年受到全球金融危机的影响，成交额略有下降，也仍然达到 183.38 亿元。总体来看，截止到 2009 年，中国艺术品拍卖市场处于相对平稳的高匀速发展中。2010 年全年 588.75 亿元的成交额，显然让这种发展成为跨越式发展，攀升幅度之大出乎业内人士意料。这是偶然还是今后几年一个新的发展平台的开始？这需要看 2011 年的统计数据，但也说明这一领域是"朝阳产业"，还有很大的发展空间。

总的来看，全国文物艺术品拍卖企业增加值在这 10 年内保持了高速增长。从 2001 年的 0.95 亿元增长至 2010 年的 51.71 亿元，名义上增长了 53.4 倍（按 2001 年可比价格计算，实际增长近 35.4 倍），年均名义增长率为 55.9%（实际增长率也高达 49.1%）。这 10 年中，全国文物艺术品拍卖企业增加值除 2002 年、2006 年和 2008 年较上年有所回落外，其余年份均呈上升态势。从"十五"和"十一五"两个时期对比情况来看，绝对数量上，"十一五"期间增加值是"十五"期的 4.2 倍（按可比价格计算为 3.4 倍）；相对增速上，"十五"期间增速（年均名义增长率高达 96.2%，实际增长率为 89.7%）要高于"十一五"期间（年均名义增长率为 51.1%，实际增长率为 42.7%），但均属于快速增长。与之对应的这一时期，恰恰是中国文物艺术品拍卖市场的黄金时代。文物艺术品拍卖行业除了在经营机构的数量、经营范围的种类、拍卖业绩的提高等诸方面继续保持快速发展的态势之外，在经营模式上也与全球艺术市场进一步接轨，并以北京、上海为中心形成了所谓"中国艺术品拍卖市场的中心化"发展态势。

需要说明的是，考虑到文物商店增加值已计入直接贡献中的文物系统增加值，故本报告中的文物流通经营增加值只包括了文物拍卖企业的增加值。

（3）文物旅游增加值

①观光旅游总收入情况

“十五”与“十一五”期间全国观光旅游收入情况详见表技2－7。

②文物吸引力因子

今年的蓝皮书仍然采用以往蓝皮书中提出的三种方法来确定文物吸引力因子。①

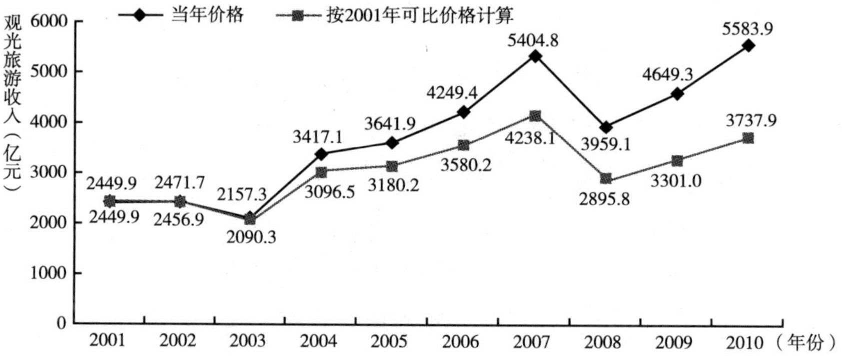

图技2－3　“十五”与“十一五”期间全国以观光游览为目的的旅游收入变化情况

总的来看，全国以观光游览为目的的旅游收入在这10年间保持了快速增长。从2001年的2449.9亿元增长至2010年的5583.9亿元，名义上增长了1.3倍（按2001年可比价格计算，实际增长0.5倍），年均名义增长率为9.6%（实际增长率为4.8%）。这10年中，除2003年和2008年较上年有所回落外，其余年份均呈上升态势。“十五”期间平均增速要高于“十一五”期间：“十五”期间的年均名义增长率为10.4%（实际增长率为6.7%），“十一五”期间的年均名义增长率为7.1%（实际增长率为1.1%）。

① 国家旅游局和中国科学院地理科学与资源研究所的专家对2008年以来蓝皮书从旅游业产值划分文物旅游贡献的关键指标“文物吸引力因子”有如下建议：“文物吸引力要靠游客在相关文博单位的游览时间来确定。一般而言，游客去某一地区旅游，会按次序游遍包括文物景点在内的所有景点，如果用人数相除没有意义，不能以接待人数的比值看成是该文博单位的吸引力。既然大多数景点游客都会去，按照逗留时间来判断对游客的吸引程度也许更准确。”我们认为，游客逗留时间确实从一定程度能够反映出该景区对游客的吸引力大小，但尚未纳入统计局和旅游局官方常规统计，而即便在某个地区或景区进行抽样调查，也无法反映出全国的整体水平。今后可以考虑，在国内若干个省份进行试点，通过抽样调查的方法，来从局部估计全国整体水平，作为原先方法的一个补充。

表技 2-7　“十五”与“十一五”期间全国观光旅游收入情况

项　目	分　项	“十五”期间						“十一五”期间					
		2001 年	2002 年	2003 年	2004 年	2005 年	合计	2006 年	2007 年	2008 年	2009 年	2010 年	合计
国内城镇观光旅游情况	城镇人均观光旅游消费（元/人次）	868.3	836.3	725.4	847.8	858.3	827.2	887.4	1037.3	1072.7	1029.2	1121.9	1029.7
	城镇旅游人数（亿人次）	3.74	3.85	3.51	4.59	4.96	20.65	5.76	6.12	7.03	9.03	9.67	37.61
	旅游者中以观光游览为目的比例（%）	39.3	41.4	41.8	45.0	44.9	42.7	42.6	42.8	27.3	28.9	32.3	33.8
	观光旅游人数（万人次）	14698.2	15939.0	14671.8	20655.0	22270.4	88234.4	24537.6	26193.6	19191.9	26096.7	31226.0	127245.8
	以观光游览为目的旅游收入合计（亿元）	1276.2	1333.0	1064.3	1751.1	1911.5	7336.1	2177.5	2717.1	2058.7	2685.9	3503.1	13142.3
国内农村观光旅游情况	农村人均观光旅游消费（元/人次）	1154.5	1111.2	1160.6	1198.3	1319.7	1188.9	1383.3	1487.4	1435.4	1435.4	1435.4	1435.4
	农村旅游人数（亿人次）	4.10	4.93	5.19	6.43	7.16	27.81	8.18	9.98	10.09	9.99	10.95	49.19
	旅游者中以观光游览为目的比例（%）	14.3	12.1	11.4	13.3	11.1	12.3	11.5	12.5	8.0	8.4	8.4	9.7
	观光旅游人数（万人次）	5867.1	5965.3	5916.6	8551.9	7947.6	34248.5	9382.5	12475.0	8082.1	8391.6	9239.4	47570.6
	以观光游览为目的旅游收入合计（亿元）	677.4	662.9	686.7	1024.8	1048.8	4100.6	1297.9	1855.5	1160.1	1204.5	1326.2	6844.2
入境观光旅游情况	国际旅游（外汇）收入（亿美元）	177.92	203.85	174.06	257.39	292.96	1106.18	339.49	419.19	408.43	396.75	431.22	1995.08
	口岸调查入境旅游者中以观光游览为目的比例（%）	33.7	28.2	28.2	30.1	28.4	—	28.6	25.8	26.1	28.0	25.6	—
	以观光游览为目的旅游收入合计（亿元）	496.3	475.8	406.3	641.2	681.6	2701.2	774.0	832.2	740.3	758.9	754.6	3860.0
旅游观光收入合计（亿元）		2449.9	2471.7	2157.3	3417.1	3641.9	14137.9	4249.4	5404.8	3959.1	4649.3	5583.9	23846.5

注：表中观光旅游人数、以观光游览为目的旅游收入合计和旅游观光收入合计数据为计算所得，其余数据均来源于 2001～2009 年《中国旅游统计年鉴》；由于 2008 年、2009 年《中国旅游统计年鉴》缺少农村人均观光旅游消费数据，故以前两年（2006 年、2007 年）平均值代替；2010 年数据尚未取得，暂由以往数据外推。旅游者中以观光游览为目的的比例（%）之“合计”实为 5 年之平均值，口岸调查入境旅游者中以观光游览为目的比例（%）之平均值不可得，故暂阙如。

方法一：文物吸引力因子=文物系统门票收入/观光游览门票总收入

我们通过计算文物系统门票收入占观光游览门票总收入的比例来大致判断游客对文物旅游资源的偏好程度，即文物吸引力因子。“十五”与“十一五”期间全国文物系统门票收入统计情况和全国观光游览门票总收入统计情况分别见表技2-8和表技2-9，据此测算的全国文物吸引力因子见表技2-10。

表技2-8 “十五”与“十一五”期间全国文物系统门票收入统计情况

项目	“十五”期间					
	2001年	2002年	2003年	2004年	2005年	合计
文物系统门票收入(千元)	1118462	1355432	1093950	2010460	2412548	7990852
文物系统接待参观人次(万人次)	11315.5	11990.6	9446.3	14527.4	17657.4	64937.2
其中:入境参观人次(万人次)	768.4	873.0	379.5	617.6	1044.2	3682.7
国内参观人次(万人次)	10547.1	11117.6	9066.8	13909.8	16613.2	61254.5
其中:青少年参观人次(万人次)	2382.7	2634.1	2022.9	3453.5	3978.5	14471.7
文物旅游景点平均门票价格(元)	11.0	12.7	13.0	15.7	15.4	13.8
入境游客文物观光游览门票消费总计(亿元)	0.8	1.1	0.5	1.0	1.6	5.0
国内游客文物观光游览门票消费总计(亿元)	10.3	12.5	10.4	19.1	22.5	74.8
项目	“十一五”期间					
	2006年	2007年	2008年	2009年	2010年	合计
文物系统门票收入(千元)	2627166	3229233	2232693	2406074	3482812	13977978
文物系统接待参观人次(万人次)	18444.3	45382.5	35733.9	42148.2	46351.1	188060.0
其中:入境参观人次(万人次)	898.6	903.8	943.9	984.0	1024.1	4754.4
国内参观人次(万人次)	17545.7	44478.7	34790.0	41164.2	45327.0	183305.6
其中:青少年参观人次(万人次)	4005.3	13855.2	9126.4	11953.4	12168.0	51108.3
文物旅游景点平均门票价格(元)	16.0	8.4	7.2	6.7	8.6	8.6
入境游客文物观光游览门票消费总计(亿元)	1.4	0.8	0.7	0.7	0.9	4.5
国内游客文物观光游览门票消费总计(亿元)	24.8	31.5	21.7	23.4	33.9	135.3

注：①文物系统门票收入及接待参观人次数据来源于《全国文物业统计资料》（2001～2010年），其中2007～2010年未单独统计入境参观人次，由以往数据外推所得；

②表中将文物系统接待参观人次全部作为以观光游览为主要目的的旅游者考虑；

③文物旅游景点平均门票价格=门票收入/（文物系统接待参观人次-青少年参观人次/2），青少年门票统一按半价计；

④入境观光游客门票消费=文物旅游景点平均门票价格×入境游客参观人次；

⑤国内观光游客门票消费=文物系统门票收入-入境观光游客门票消费。

表技2-9　“十五”与“十一五”期间全国观光游览门票总收入统计情况

项　目		“十五”期间					
		2001年	2002年	2003年	2004年	2005年	合计
入境观光游览情况	入境以观光游览为目的的旅游收入(亿元)	496.3	475.8	406.3	641.2	681.6	2701.2
	游览占国际旅游收入比例(%)	4.5	7.0	7.0	5.1	4.2	5.4
	入境观光游览门票消费(亿元)	22.3	33.3	28.4	32.7	28.6	145.3
国内城镇观光游览情况	城镇单次观光游览门票消费(元/次出游)	74.3	82.9	69.9	73.1	75.4	75.1
	城镇观光旅游人数(万人次)	14698.2	15939.0	14671.8	20655.0	22270.4	88234.4
	城镇观光游览门票消费总计(亿元)	109.2	132.1	102.6	151.0	167.9	662.8
国内农村观光游览情况	农村单次观光游览门票消费(元/次出游)	104.8	104.8	96.7	102.5	145.6	110.9
	农村观光旅游人数(万人次)	5867.1	5965.3	5916.6	8551.9	7947.6	34248.5
	农村观光游览门票消费总计(亿元)	61.5	62.5	57.2	87.6	115.7	384.5
国内观光游览门票消费合计(亿元)		170.7	194.6	159.8	238.6	283.6	1047.3
项　目		“十一五”期间					
		2006年	2007年	2008年	2009年	2010年	合计
入境观光游览情况	入境以观光游览为目的的旅游收入(亿元)	774.0	832.2	740.3	758.9	754.6	3859.9
	游览占国际旅游收入比例(%)	2.9	4.3	5.4	5.2	5.1	4.6
	入境观光游览门票消费(亿元)	22.4	35.8	40.0	39.5	38.2	175.9
国内城镇观光游览情况	城镇单次观光游览门票消费(元/次出游)	79.7	89.0	97.3	93.7	102.5	92.4
	城镇观光旅游人数(万人次)	24537.6	26193.6	19191.9	26096.7	31226.0	127245.8
	城镇观光游览门票消费总计(亿元)	195.6	233.1	186.7	244.5	320.1	1180.0
国内农村观光游览情况	农村单次观光游览门票消费(元/次出游)	108.2	138.8	123.5	135.9	140.4	129.4
	农村观光旅游人数(万人次)	9382.5	12475.0	8082.1	8391.6	9239.4	47570.6
	农村观光游览门票消费总计(亿元)	101.5	173.1	99.8	114.0	129.7	618.1
国内观光游览门票消费合计(亿元)		297.1	406.2	286.5	358.6	449.8	1798.2

注：①游览占国际旅游收入比例数据来源于《中国旅游统计年鉴》(2001~2009年)，城镇和农村观光游客游览门票消费数据来源于《中国国内旅游抽样调查资料》(2001~2009年)，2010年数据由近年数据外推；

②入境以观光游览为目的的旅游收入、城镇和农村观光旅游人次数数据见表技2-7；

③入境观光游览门票消费=入境以观光游览为目的的旅游收入×游览占国际旅游收入比例；

④观光游客游览门票消费总计=观光游客单次观光游览门票消费×观光旅游人次数；

⑤国内观光游览门票消费合计=城镇观光游览门票消费总计+农村观光游览门票消费总计。

表技 2－10　“十五”与“十一五”期间全国文物吸引力因子方法一估算结果

项　目		“十五”期间					
		2001 年	2002 年	2003 年	2004 年	2005 年	合计
文物系统门票收入	入境观光游客门票消费(亿元)	0.8	1.1	0.5	1.0	1.6	5.0
	国内观光游客门票消费(亿元)	10.3	12.5	10.4	19.1	22.5	74.8
观光旅游门票收入	入境观光游览门票消费合计(亿元)	22.3	33.3	28.4	32.7	28.6	145.3
	国内观光游览门票消费合计(亿元)	170.7	194.6	159.8	238.6	283.6	1047.3
文物吸引力因子	文物系统入境游客门票收入占入境观光游览门票总收入比例(%)	3.6	3.3	1.8	3.1	5.6	3.4
	文物系统国内游客门票收入占国内观光游览门票总收入比例(%)	6.0	6.4	6.5	8.0	7.9	7.1
项　目		“十一五”期间					
		2006 年	2007 年	2008 年	2009 年	2010 年	合计
文物系统门票收入	入境观光游客门票消费(亿元)	1.4	0.8	0.7	0.7	0.9	4.5
	国内观光游客门票消费(亿元)	24.8	31.5	21.7	23.4	33.9	135.3
观光旅游门票收入	入境观光游览门票消费(亿元)	22.4	35.8	40.0	39.5	38.2	175.9
	国内观光游览门票消费(亿元)	297.1	406.2	286.5	358.6	449.8	1798.2
文物吸引力因子	文物系统入境游客门票收入占入境观光游览门票总收入比例(%)	6.3	2.2	1.8	1.8	2.3	2.6
	文物系统国内游客门票收入占国内观光游览门票总收入比例(%)	8.3	7.8	7.6	6.5	7.5	7.5

注：①文物系统门票收入数据来源见表技 2－9，观光游览门票收入数据来源见表技 2－9；
②文物吸引力因子 = 文物系统门票收入/观光游览门票总收入 ×100%。

方法二：文物吸引力因子 = 文物系统接待旅游者人次数/观光旅游者总人次数

我们通过计算文物系统接待旅游人数占观光游览总人数的比例来判断文物吸引力因子。

《全国文物业统计资料》中有文物系统接待参观人数的统计数据，但该统计指标没有解决同一旅游者一次出游参观多个文物旅游资源而被重复统计的问题。考虑衡量旅游业产值中文物旅游的份额时宜低不宜高（这样利于文物系统的测算被旅游系统认可），我们以旅游者是否花费一半以上的时间或消费一半以上的门票费用在文物旅游资源上作为判据（以表明文物旅游资源对旅游者是否有相对强势的吸引），由此判断一个旅游者一次出游可能参观文物旅游资源的数量上限，这样能够保守地估计文物系统接待的旅游者人次数的下限。计算公式如下：

文物系统接待旅游者人次数 = 文物系统接待参观人数/旅游者一次出游参观文物旅游资源数量

我们采用时间尺度估算方法和消费尺度估算方法计算观光游览旅游者一次出游平均参观的文物旅游景点数。

（a）时间尺度估算方法

通过合理估计游客参观博物馆和文物保护单位平均花费的时间，估计一位观光游客一天之内可能参观的文物旅游景点数，再根据旅游抽样调查统计资料中观光游客的平均停留天数估算一位游客一次出游平均最多参观的文物旅游景点数，结果见表技 2－11。

（b）消费尺度估算方法

通过文物系统关于门票收入和接待参观人数的统计资料，可以估算出文物旅游景点平均门票价格。通过旅游抽样调查数据中城镇和农村观光游客游览（门票）消费，可以估算出其游览（门票）花费可以购买的文物旅游景点门票数，以此估计一个观光者一次出游最多参观的文物旅游景点数，结果见表技 2－12。

（c）结果比较

时间尺度估算方法和消费尺度估算方法结果比较见表技 2－13。

由表技 2－13 可见，时间尺度估算方法和消费尺度估算方法的结果基本吻合，方法之间相互印证：时间尺度估算方法从时间的角度列举出了旅游者一次出游参观文物旅游景点数的合理区间，而消费尺度估算方法从消费的角度估算了在这个合理的区间范围内可能出现的参观景点数。进一步分析表 2－13，可以发现，在 2008 年以前（2001～2007 年），消费尺度估算方法估算的游客参观文物旅游景点数往往集中在时间尺度估算方法估算的区间下限附近，表明这一时期内，消费尺度估算方法相对合理，故作为上限。而 2008 年，全国文化文物系统博物馆开始全面免费开放。博物馆全面免费开放后，数据显示这整体拉低了文物

表技2-11　用时间尺度估算“十五”与“十一五”期间观光游客参观文物旅游景点数

项　目	“十五”期间							“十一五”期间				
	2001年	2002年	2003年	2004年	2005年	平均	2006年	2007年	2008年	2009年	2010年	平均
入境过夜观光游客平均停留天数(天/次出游)	6.0	5.9	5.8	5.2	5.7	5.7	6.1	5.5	6.2	5.6	5.7	5.8
城镇观光游客平均停留天数(天/次出游)	2.5	2.1	3.5	3.9	3.8	3.2	3.5	3.6	3.6	3.6	3.6	3.6
农村观光游客平均停留天数(天/次出游)	4.4	3.8	4.0	3.6	3.4	3.8	3.6	3.6	3.6	3.6	3.6	3.6
观光者日参观文物旅游景点个数(个/天)	2~5	2~5	2~5	2~5	2~5	2~5	2~5	2~5	2~5	2~5	2~5	2~5
入境观光游客参观文物旅游景点数(个/次出游)	12~30	12~30	12~29	10~26	11~29	11~29	12~31	11~28	12~31	11~28	11~28	12~29
城镇观光游客参观文物旅游景点数(个/次出游)	5~13	4~11	7~18	8~20	8~19	6~16	7~18	7~18	7~18	7~18	7~18	7~18
农村观光游客参观文物旅游景点数(个/次出游)	9~22	8~19	8~20	7~18	7~17	8~19	7~18	7~18	7~18	7~18	7~18	7~18

注：①入境游客停留天数数据来源于《中国旅游统计年鉴》(2001~2010年)；

②城镇和农村观光游客停留天数数据来源于《中国国内旅游抽样调查资料》(2001~2009年)，由于2010年缺少数据，故用已有统计数据外推得到；

③观光游客参观文物旅游景点数＝观光游客停留天数×观光者日参观文物旅游景点个数；

④估计一位观光游客一天之内可能参观的文物旅游景点数，需要有以下几个基本判断：

➢ 博物馆和文物保护单位开放时间为08:00~17:00；

➢ 游客参观博物馆和文物保护单位平均花费的时间为2~5小时（含景点间的路途时间）；

➢ 根据①和②可以计算出，一个观光者日参观文物旅游景点（文物保护单位、博物馆）个数为2~5个。

系统门票的平均价格，导致了按照消费尺度估算方法计算的“游客参观文物旅游景点数”跳跃式增加，已经接近或远远超过了时间尺度估算方法估算的区间上限，如果仍然把消费估算法的结果作为判断一个旅游者一次出游可能参观文物景点数量的上限则明显不合理。因此，2008 年以后的测算将兼顾这两种估算方法，采用时间尺度估算结果下限和消费尺度中位数的方法进行保守估计。计算时需要注意的是，当消费尺度估算结果超出时间尺度估算结果上限时，直接取时间尺度估算区间的中位数。

表技 2－12　用消费尺度估算“十五”与“十一五”期间观光游客参观文物旅游景点数

项　目	“十五”期间					
	2001 年	2002 年	2003 年	2004 年	2005 年	合计
文物旅游景点平均门票价格(元)	11.0	12.7	13.0	15.7	15.4	13.9
入境观光游览门票消费总计(亿元)	22.3	33.3	28.4	32.7	28.6	145.3
入境旅游人数(人次)	89012924	97908252	91662082	109038218	120292255	507913731
口岸调查入境旅游者中以文物观光游览为目的比例(%)	33.7	28.2	28.2	30.1	28.4	29.6
以文物观光游览为目的入境旅游人次数(万人次)	2999.7	2761.0	2584.9	3282.1	3416.3	15044.0
入境文物观光游客单次游览门票消费(元/次出游)	74.3	120.6	109.9	99.6	83.7	97.6
国内城镇文物观光游客单次游览门票消费(元/次出游)	74.3	82.9	69.9	73.1	75.4	75.1
国内农村文物观光游客单次游览门票消费(元/次出游)	104.8	104.8	96.7	102.5	145.6	110.9
入境观光游客参观文物旅游景点数(个/次出游)	7	9	8	6	5	7
国内城镇观光游客参观文物旅游景点数(个/次出游)	7	7	5	5	5	6
国内农村观光游客参观文物旅游景点数(个/次出游)	10	8	7	7	9	8

续表

项　目	"十一五"期间					
	2006 年	2007 年	2008 年	2009 年	2010 年	合计
文物旅游景点平均门票价格(元)	16.0	8.4	7.2	6.7	8.6	8.6
入境观光游览门票消费总计(亿元)	22.4	35.8	40.0	39.5	38.2	175.9
入境旅游人数(人次)	124942096	131873287	130027393	126475900	129018548.5	642337224.5
口岸调查入境旅游者中以文物观光游览为目的比例(%)	28.6	25.8	26.1	28.0	25.6	26.8
以文物观光游览为目的入境旅游人次数(万人次)	3573.3	3402.3	3393.7	3541.3	3305.0	17215.6
入境文物观光游客单次游览门票消费(元/次出游)	62.7	105.2	117.9	111.4	115.7	102.6
国内城镇文物观光游客单次游览门票消费(元/次出游)	79.7	89.0	97.3	93.7	102.5	92.4
国内农村文物观光游客单次游览门票消费(元/次出游)	108.2	138.8	123.5	135.9	140.4	129.4
入境观光游客参观文物旅游景点数(个/次出游)	4	13	16	17	13	11
国内城镇观光游客参观文物旅游景点数(个/次出游)	5	11	14	14	12	10
国内农村观光游客参观文物旅游景点数(个/次出游)	7	17	17	20	16	14

注：①文物旅游景点平均门票价格来自表技 2－8，入境观光游客游览门票消费、城镇和农村观光游客游览门票消费数据来自表技 2－10；

②以观光游览为目的的入境旅游人次数（万人次）＝入境旅游人数（人次）×口岸调查入境旅游者中以观光游览为目的比例（%）/10^4；

③入境观光游客单次游览门票消费（元/次出游）＝入境观光游客游览（门票）消费（亿元）/以观光游览为目的入境旅游人次数（万人次）×10^4；

④观光游客参观文物旅游景点数＝观光游客单次游览门票消费（元/次出游）/文物旅游景点平均门票价格；

⑤入境/国内城镇/国内农村观光游客参观文物旅游景点数和单次旅游消费之"合计"系 5 年之平均值。

将旅游者花费一半以上的时间或消费一半以上的门票费用在文物旅游景点上，作为判断一个旅游者一次出游可能参观文物旅游资源的数量的下限，可以得到"十五"与"十一五"期间全国观光游客一次出游可能参观的文物旅游景点数区间，该区间上限和下限值见表技 2－14。"十五"与"十一五"期间全国文物吸引力因子方法二估算结果见表技 2－15，全国文物吸引力因子汇总结果见表技 2－16。

表技 2-13　两种方法估算“十五”与“十一五”期间观光游客参观文物旅游景点数结果比较

项目		“十五”期间						“十一五”期间					
		2001 年	2002 年	2003 年	2004 年	2005 年	平均	2006 年	2007 年	2008 年	2009 年	2010 年	平均
时间尺度估算方法	入境观光游客参观文物旅游景点数(个/次出游)	12~30	12~30	12~29	10~26	11~29	11~29	12~31	11~28	12~31	11~28	11~28	12~29
	国内城镇观光游客参观文物旅游景点数(个/次出游)	5~13	4~11	7~18	8~20	8~19	6~16	7~18	7~18	7~18	7~18	7~18	7~18
	国内农村观光游客参观文物旅游景点数(个/次出游)	9~22	8~19	8~20	7~18	7~17	8~19	7~18	7~18	7~18	7~18	7~18	7~18
消费尺度估算方法	入境观光游客参观文物旅游景点数(个/次出游)	7	9	8	6	5	7	4	13	16	17	13	11
	国内城镇观光游客参观文物旅游景点数(个/次出游)	7	7	5	5	5	6	5	11	14	14	12	10
	国内农村观光游客参观文物旅游景点数(个/次出游)	10	8	7	7	9	8	7	17	17	20	16	14

表技 2-14　“十五”与“十一五”期间全国观光游客一次出游可能参观的文物旅游景点数估算结果

项目		“十五”期间						“十一五”期间					
		2001 年	2002 年	2003 年	2004 年	2005 年	平均	2006 年	2007 年	2008 年	2009 年	2010 年	平均
(1)	入境观光游客参观文物旅游景点数(个/次出游)	7	9	8	6	5	7	4	13	14	14	12	12
	国内城镇观光游客参观文物旅游景点数(个/次出游)	7	7	5	5	5	6	5	11	11	11	10	9
	国内农村观光游客参观文物旅游景点数(个/次出游)	10	8	7	7	9	8	7	17	12	13	12	11
	国内观光游客参观文物旅游景点数(个/次出游)	9	8	6	6	7	7	6	14	12	12	11	10
(2)	入境观光游客参观文物旅游景点数(个/次出游)	4	5	4	3	3	4	2	7	7	7	6	6
	国内城镇观光游客参观文物旅游景点数(个/次出游)	4	4	3	3	3	3	3	6	6	6	5	4
	国内农村观光游客参观文物旅游景点数(个/次出游)	5	4	4	4	5	4	4	9	6	7	6	5
	国内观光游客参观文物旅游景点数(个/次出游)	5	4	3	3	4	4	3	7	6	6	6	5

注：①表中数据（1）是假设观光游客用全部的时间和门票花费消费在文物旅游资源时可能参观的文物旅游景点数，其中国内观光游客参观文物旅游景点数 =（城镇观光游客参观文物旅游景点数 + 农村观光游客参观文物旅游景点数）/2；

②数据（2）是假设观光游客用一半的时间和一半的门票花费消费在文物旅游资源时可能参观的文物旅游景点数即数据（2）= 数据（1）/2。

表技 2－15　“十五”与“十一五”期间全国文物吸引力因子方法二估算结果

项　目	“十五”期间						“十一五”期间					
	2001 年	2002 年	2003 年	2004 年	2005 年	合计	2006 年	2007 年	2008 年	2009 年	2010 年	合计
文物系统接待入境参观人次数(万人次)	768.4	873.0	379.5	617.6	1044.2	3682.7	898.6	903.8	943.9	984.0	1024.1	4754.3
文物系统接待国内参观人次数(万人次)	10547.1	11117.6	9066.8	13909.8	16613.2	61254.5	17545.7	44478.7	34790	41164.2	45327.0	183305.6
入境每旅游人次参观文物旅游景点数(个)	4～7	5～9	4～8	3～6	3～5	4～7	2～4	7～13	7～14	7～14	5～12	6～12
国内每旅游人次参观文物旅游景点数(个)	5～9	4～8	3～6	3～6	4～7	4～7	3～6	7～14	6～12	6～12	6～11	5～10
文物系统接待入境文物旅游人次数(万人次)	109.8～192.1	97.0～174.6	47.4～94.9	102.9～205.9	208.8～348.1	526.1～920.7	224.7～449.3	69.5～129.1	67.4～134.8	70.3～140.6	85.3～204.8	396.2～792.4
以观光游览为目的的入境旅游人次数(万人次)	2999.7	2761.0	2584.9	3282.1	3416.3	15044.0	3573.3	3402.3	3393.7	3541.3	3305.0	17215.6
文物系统接待入境文物观光游客人次数占观光旅游总人次数比例(%)	3.7～6.4	3.5～6.3	1.8～3.7	3.1～6.3	6.1～10.2	3.5～6.1	6.3～12.6	2.0～3.8	2.0～4.0	2.0～4.0	2.6～6.2	2.3～4.6
文物系统接待国内旅游人次数(万人次)	1171.9～2109.4	1389.7～2779.4	1511.1～3022.3	2318.3～4636.6	2373.3～4153.3	8750.6～15313.6	2924.3～5848.6	3177.1～6354.1	2899.2～5798.3	3430.4～6860.7	4120.6～7554.5	18330.6～36661.1
以观光游览为目的的国内旅游人次数(万人次)	20565.3	21904.3	20588.4	29206.9	30218.0	122482.9	33920.1	38668.6	27274.0	38405.8	40465.4	178733.8
文物系统接待国内观光游客人次数占观光旅游总人次数比例(%)	5.7～10.3	6.3～12.7	7.3～14.7	7.9～15.9	7.9～13.7	7.1～12.5	8.6～17.2	8.2～16.4	10.6～21.3	8.9～17.9	10.2～18.7	10.3～20.5

注：①文物系统接待入境或国内旅游人次数＝文物系统接待入境或国内参观人数/入境或国内每旅游人次参观文物旅游景点数量；
②每旅游人次参观文物旅游景点数见表技 2－14。

表技 2-16　“十五”与“十一五”期间全国文物吸引力因子

单位：%

项　目		“十五”期间					
		2001 年	2002 年	2003 年	2004 年	2005 年	平均
方法一	入境观光游客文物吸引力因子	3.6	3.3	1.8	3.1	5.6	3.7
	国内观光游客文物吸引力因子	6.0	6.4	6.5	8.0	7.9	7.1
方法二	入境观光游客文物吸引力因子	3.7～6.4	3.5～6.3	1.8～3.7	3.1～6.3	6.1～10.2	3.8～6.9
	国内观光游客文物吸引力因子	5.7～10.3	6.3～12.7	7.3～14.7	7.9～15.9	7.9～13.7	7.2～13.6
方法三	入境观光游客文物吸引力因子	3.6～5.1	3.3～4.9	1.8～2.8	3.1～4.7	5.6～8.2	3.7～5.4
	国内观光游客文物吸引力因子	6.0～8.0	6.4～9.5	6.5～11.0	8.0～11.9	7.9～10.8	7.2～10.4
项　目		“十一五”期间					
		2006 年	2007 年	2008 年	2009 年	2010 年	平均
方法一	入境观光游客文物吸引力因子	6.3	2.2	1.8	1.8	2.3	2.9
	国内观光游客文物吸引力因子	8.3	7.8	7.6	6.5	7.5	7.5
方法二	入境观光游客文物吸引力因子	6.3～12.6	2.0～3.8	2.0～4.0	2.0～4.0	2.6～6.2	3.0～4.5
	国内观光游客文物吸引力因子	8.6～17.2	8.2～16.4	10.6～21.3	8.9～17.9	10.2～18.7	9.3～18.2
方法三	入境观光游客文物吸引力因子	6.3～9.4	2.2～2.9	1.8～3.0	1.8～3.0	2.3～4.4	2.9～4.5
	国内观光游客文物吸引力因子	8.3～12.9	7.8～12.3	7.6～15.9	6.5～13.4	7.5～14.4	7.5～13.7

注：方法三数据由方法一中结果作为方法三的下限，方法二的平均数作为方法三的上限。

方法三：综合方法一和方法二的估算结果

由于我国目前文物系统旅游资源相对于其他旅游资源的市场化经营程度较低，① 其门票平均价格相对也较低，因而使用方法一（利用观光旅游者在文物系统旅游资源门票上的花费占总的观光游览门票花费比例）来判断其对文物系统旅游资源的偏好有一定程度的低估。而方法二中，以旅游者花费一半以上的时间或消

① 由于《文物保护法》的相关规定，文物系统的可开放资源较少（相对风景名胜区而言）整体交由营利性社会力量经营。

费一半以上的门票费用于文物旅游景点为前提，以此估计文物系统接待入境和国内旅游人次数也相对较少，因此该方法也较为保守。

方法三综合了方法一和方法二，分别取方法一的计算结果作为文物吸引力因子的下限，取方法二取值区间的中间值作为吸引力因子的上限，计算结果详见表技 2 – 16。

关于文物吸引力的相关研究结果比较见表技 2 – 17。与已有的研究①相比，我们的估计是保守的，结果较为合理，也易于被旅游、统计、发改、财政等相关部门接受。

③文物系统观光旅游收入及其增加值②

文物系统观光旅游收入增加值 = 旅游观光收入 × 文物系统的观光旅游吸引力因子 × 旅游业增加值率

其中，文物系统的观光旅游吸引力因子采用方法一～三的估算结果。为了使旅游业的增加值更加切合实际，又不产生夸大旅游业增加值率的歧义，本研究也以 50% 作为旅游业的增加值率。③

“十五”与“十一五”期间全国文物系统观光旅游收入见表技 2 – 18，其增加值见表技 2 – 19。

---

① 国家文物局曾经在 2004～2005 年之间组织三支队伍对文物系统的经济贡献进行过预研究，其中北京化工大学课题组、中国社会科学院金融研究所课题组这两支队伍仅对其在国民经济及社会发展上的贡献进行了理论说明和定性分析，而四川省文物考古研究院课题组以四川为案例对国民经济的贡献进行了定量分析，其成果学术水准较高。不过，由于旅游收入不易以省级行政区划分（否则会导致大量重复计算），因此四川省文物考古研究院的这个计算结果实际上是四川文化遗产事业对全国的旅游收入贡献，按照其算法分别计算各省的旅游收入贡献会存在重复计算。另外，也没有区分文物景点对国内和入境游客的吸引力差别，未考虑文物景点接待游客中的重复计算问题，这在一定程度上高估了观光旅游收入占旅游总收入中的份额。

② 国家旅游局和国家统计局的专家关于“红色旅游”部分贡献的测算有以下建议：“应在测算相关旅游业的贡献值时将红色旅游区分出来，因为红色旅游更多地体现了文化遗产事业的教育功能，行政安排色彩较浓，与普通文物的吸引力有区别。”课题组认为，红色旅游是旅游产业的新型业态，从中央领导和国家旅游局对其的定位来看，还是将其首先作为产业看待的；而且，红色旅游的规模不大，只占全部文物旅游的小部分（全国的红色旅游挂牌旅游景点不到 200 处，且其中还有部分不属于文物系统），对文物旅游的相关经济总量影响不大。

③ 这是一种比较保守的估计，有利于增强我们计算结果的说服力。50% 这个数值不仅是业内共识——许多业内人士对旅游业的物耗率不会超过其总收入的一半的观点也持肯定意见，也有调查基础——2004 年，中国社会科学院农村发展研究所李周在《旅游业对中国农村和农民的影响研究》中就这一问题进行过专题调查，调查分析结论同样如此。

表技 2-17　关于文物吸引力的相关研究结果比较

项　目		本报告		四川文化遗产事业对国民经济及社会发展贡献的研究（高大伦，四川省文物考古研究院）	山西文物资源对经济发展贡献（范霄文，厦门大学）	文化旅游与文化遗产管理（朱路平）
		全国"十五"期间	全国"十一五"期间			
文物吸引力	方法一（门票收入比例）	3.7%（入境） 7.1%（国内）	2.9%（入境） 7.5%（国内）	40.99%	60%	—
	方法二（接待人数比例）	3.8%～6.9%（入境） 7.2%～13.6%（国内）	3.0%～4.5%（入境） 9.3%～18.2%（国内）	26.14%	—	—
	方法三（综合）	3.7%～5.4%（入境） 7.2%～10.4%（国内）	2.9%～4.5%（入境） 7.5%～13.7%（国内）	33.56% （方法一和方法二的平均值） 32% （方法一和方法二的因子分析方法）	—	—
	抽样调查	—	—	50%（出游次数） 47.7%（不同景观类型的选择） 55.35（不同景点的选择） 32%（不同景区的花费）	—	9%（赴欧洲旅游者） 12%（赴宾夕法尼亚旅游者） 14%（赴香港旅游者）
数据来源		《中国文化文物统计年鉴》 《全国文物业统计资料》 《中国国内旅游抽样调查资料》 《中国旅游统计年鉴》 《中国统计年鉴》		1997～2002年四川省部分旅游景区接待人数情况 1997～2002年四川省部分旅游景区门票收入情况	山西省旅游局公布的117处主要旅游景点统计数据，采用专家评估调查得出	欧洲旅游休闲教育协会的文化旅游研究项目；美国宾夕法尼亚州自然资源与保护部委托完成了有关遗产旅游的一项研究；对中国香港文化旅游参与情况的研究中，进行了对2066名来自6个国家和地区的赴港旅游者的调查

表技 2-18 “十五”与“十一五”期间全国文物系统观光旅游收入

项目			“十五”期间						“十一五”期间					
			2001年	2002年	2003年	2004年	2005年	合计	2006年	2007年	2008年	2009年	2010年	合计
入境观光旅游	入境观光旅游收入(亿元)		496.3	475.8	406.3	641.2	681.6	2701.2	774.0	832.2	740.3	758.9	754.6	3860.0
	文物系统入境观光旅游收入(亿元)	方法一	17.9	15.7	7.3	19.9	38.2	99.0	48.8	18.3	13.3	13.7	17.4	111.5
		方法二	18.4~31.8	16.7~30.0	7.3~15.0	19.9~40.4	41.6~69.5	103.9~186.7	48.8~97.5	16.6~31.6	14.8~29.6	15.2~30.4	19.6~46.8	115.0~235.9
		方法三	17.9~25.1	15.7~23.3	7.3~11.2	19.9~30.1	38.2~55.6	99.0~145.3	48.8~73.1	18.3~24.1	13.3~22.2	13.7~22.8	17.4~33.2	111.5~175.4
国内观光旅游	国内观光旅游收入(亿元)		1953.6	1995.9	1751.0	2775.9	2960.3	11436.7	3475.4	4572.6	3218.8	3890.4	4829.3	19986.5
	文物系统国内观光旅游收入(亿元)	方法一	117.2	127.7	113.8	222.1	233.9	814.7	288.5	356.7	244.6	252.9	362.2	1504.9
		方法二	111.4~201.2	125.7~253.5	127.8~257.4	219.3~441.4	233.9~405.6	818.1~1559.1	298.9~597.8	375.0~749.9	341.2~685.6	346.2~696.4	492.6~903.1	1853.9~3632.8
		方法三	117.2~156.3	127.7~189.6	113.8~192.6	222.1~330.3	233.9~319.7	814.7~1188.5	288.5~448.3	356.7~562.4	244.6~511.8	252.9~521.3	362.2~695.4	1504.9~2739.2
观光旅游收入合计(亿元)			2449.9	2471.7	2157.3	3417.1	3641.9	14137.9	4249.4	5404.8	3959.1	4649.3	5583.9	23846.5
文物系统观光旅游收入合计(亿元)		方法一	135.1	143.4	121.1	241.9	272.1	913.6	337.2	375.0	258.0	266.5	379.6	1616.3
		方法二	129.7~233.0	142.4~283.5	135.1~272.4	239.2~481.8	275.4~475.1	921.8~1745.8	347.6~695.3	391.6~781.5	356.0~715.2	361.4~726.7	512.2~949.9	1968.8~3868.6
		方法三	135.1~181.4	143.4~212.9	121.1~203.8	241.9~360.4	272.0~375.3	913.5~1333.8	337.2~521.4	375.0~586.5	258.0~534.0	266.5~544.1	379.6~728.6	1616.3~2914.6
文物系统观光旅游收入占观光旅游收入合计比例(%)		方法一	5.5	5.8	5.6	7.1	7.5	6.5	7.9	6.9	6.5	5.7	6.8	6.8
		方法二	5.3~9.5	5.8~11.5	6.3~12.6	7.0~14.1	7.6~13.0	6.5~12.3	8.2~16.4	7.2~14.5	9.0~18.1	7.8~15.6	9.2~17.0	8.3~16.2
		方法三	5.5~7.4	5.8~8.6	5.6~9.4	7.1~10.5	7.5~10.3	6.5~9.4	7.9~12.3	6.9~10.9	6.5~13.5	5.7~11.7	6.8~13.0	6.8~12.2

表技 2－19 “十五”与“十一五”期间全国文物系统对国民经济贡献

单位：亿元

项目			“十五”期间						“十一五”期间					
			2001 年	2002 年	2003 年	2004 年	2005 年	合计	2006 年	2007 年	2008 年	2009 年	2010 年	合计
直接贡献	文物系统增加值		15.0	17.8	16.6	30.6	37.3	117.3	42.2	40.1	43.8	57.6	69.9	253.6
间接贡献	文物系统支出带动建筑业的增加值		1.1	1.3	1.5	1.2	1.3	6.4	1.0	1.8	2.5	3.5	9.6	18.4
	文物流通经营增加值		1.0	0.8	2.9	8.1	14.1	26.9	9.9	17.0	16.3	18.5	51.7	113.4
	文物系统观光旅游收入增加值	方法一	67.6	71.7	60.6	121.0	136.0	456.8	168.6	187.5	129.0	133.3	189.8	808.2
		方法二	64.9～116.5	71.2～141.8	67.6～136.2	119.6～240.9	137.7～237.6	460.9～872.9	173.8～347.6	195.8～390.8	178.0～357.6	180.7～363.4	256.1～474.9	984.4～1934.3
		方法三	67.6～90.7	71.7～106.5	60.6～101.9	121.0～180.2	136.0～187.7	456.8～667.0	168.6～260.7	187.5～293.3	129.0～267.0	133.3～272.0	189.8～364.3	808.2～1457.3
	扣除文物系统门票收入增加值		5.3	6.6	4.6	15.4	18.8	50.7	20.0	16.2	12.4	12.3	17.4	78.3
合计		方法一	79.4	85.0	77.0	145.5	169.9	556.8	201.7	230.2	179.1	200.6	303.6	1115.2
		方法二	76.7～128.3	84.5～155.1	84.0～152.6	144.1～265.4	171.6～271.5	560.9～972.9	206.9～380.7	238.5～433.5	228.2～407.8	248.0～430.7	369.9～588.7	1291.5～2241.4
		方法三	79.4～102.5	85.0～119.8	77.0～118.3	145.5～204.7	169.6～221.6	556.8～766.9	201.7～293.8	230.2～336.0	179.1～317.2	200.6～339.3	303.6～478.1	1115.2～1764.4

注：文物系统门票收入增加值率按文物业增加值率估算；合计＝直接贡献＋间接贡献（扣除重复计算）。

全国文物旅游增加值总体上保持了较快增长。从2001年的79.2亿元增长至2010年的277.1亿元，名义上增长了2.50倍（按2001年可比价格计算，实际增长近1.3倍），年均名义增长率为14.9%（实际增长率也高达9.9%）。这10年中，全国文物旅游增加值除2003年可能受“非典”疫情影响较上年有所回落、2008年由于金融危机使得入境和国内旅游收入有明显下滑使得年度增加值较上年略有减少外，其余8个年份均呈不同上升态势。从“十五”和“十一五”两个时期对比情况来看，绝对数量而言，“十一五”期间增加值合计为1132.8亿元,① 是“十五”期间562.0亿元的2.0倍，按可比价格计算为1.6倍；就相对增速而言，“十一五”期间增加值的平均增速（年均名义增长率仅为6.6%，实际增长率为0.6%）低于“十五”期间（年均名义增长率为19.6%，实际增长率为15.6%）。其原因主要是，2008年下半年开始的全球金融危机直接导致了观光旅游收入的减少，从而直接影响到了“十一五”中后期文物旅游增加值的增速。

2.3 全部贡献

总的来看，全国文物系统对国民经济全部贡献保持了较快增长。如图主2-12所示，从2001年的91.0亿元增长至2010年的390.8亿元，名义上增长了3.3倍（按2001年可比价格计算，实际增长近1.9倍），年均名义增长率为17.6%（实际增长率也高达12.4%）。这10年中，全国文物系统对国民经济贡献除2003年和2008年较上年有所回落，其余年份均呈上升态势。“十五”和“十一五”期间全国文物系统对国民经济的全部贡献的构成及变化情况具体见图技2-4~图技2-8。

如图所示，虽然“十五”与“十一五”期间全国文物系统对国民经济贡献的各项构成均有显著增长，但从各自所占份额来看，基本无变化。从贡献份额来看，“大头”依然是间接贡献中的文物旅游增加值，占到75%左右（扣除重复计

① 蓝皮书在计算全国文物系统对国民经济的直接贡献时已经考虑了文物系统门票收入（通常作为事业收入），而在计算文物旅游间接贡献的文物旅游收入中也包括了文物系统门票收入，因此存在重复计算的问题。为此，我们在计算全国文物系统对国民经济全部贡献时，将这部分重复计算在文物旅游增加值中做了统一扣除，以说明文物旅游增加值的间接贡献。但需要注意的是，在专门说明文物旅游对国民经济的贡献时，应该从全口径统计而不应剔除重复计算部分。例如，“十一五”期间，文物旅游增加值扣除重复计算后为1054.4亿元（见图主2-14），全口径统计数为1132.8亿元（见图主2-11）。建议有关单位和研究者在引用蓝皮书中关于文物旅游对国民经济贡献数据时选用全口径计算结果。

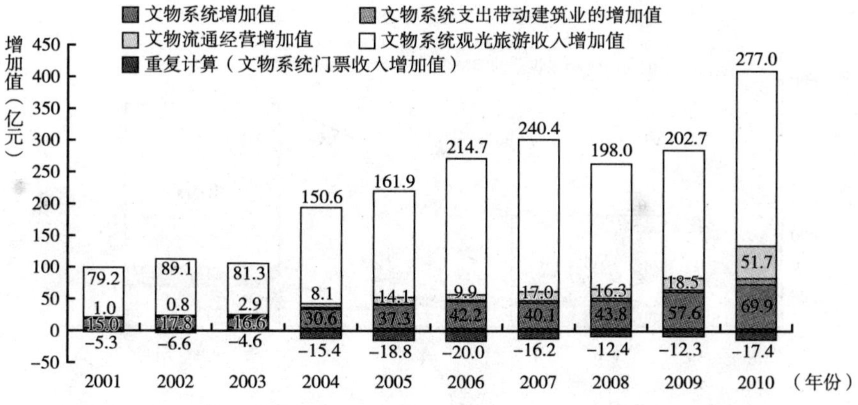

图技2-4　“十五”与“十一五”期间全国文物系统对国民经济全部贡献构成变化情况（当年价格）

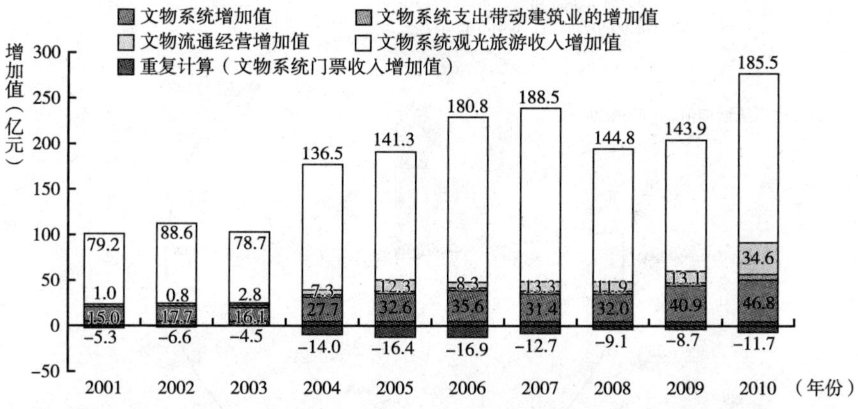

图技2-5　“十五”与“十一五”期间全国文物系统对国民经济贡献构成变化情况（按2001年不变价格计）

算）；其次是文物系统增加值，占18%左右；再次是文物流通经营增加值，占6%左右；最小的是文物系统支出带动的建筑业增加值，仅占1%左右。

另外，从“十五”和“十一五”两个时期对比情况来看，就绝对数量而言，“十一五”期间增加值是“十五”期间的2.2倍（按可比价格计算为1.7倍）；就相对增速而言，“十一五”期间增加值的平均增速（年均名义增长率仅为12.1%，实际增长率为5.8%）要远低于“十五”期间（年均名义增长率为21.1%，实际增长率为17.1%）。这种情况出现的原因可能有二。①作为文物系

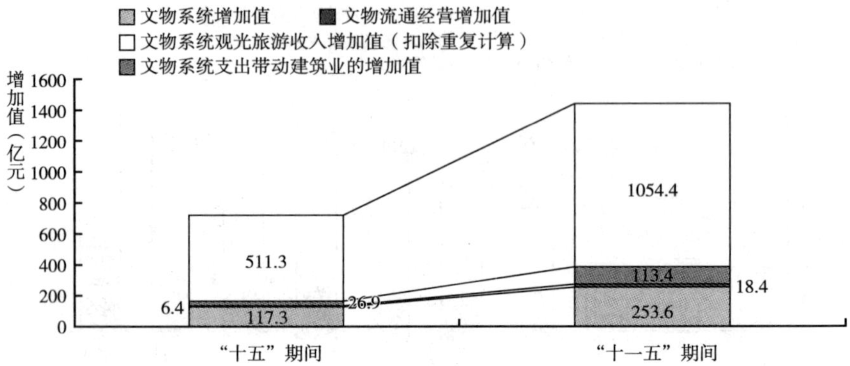

图技 2－6　“十五”与“十一五”期间全国文物系统对国民经济贡献对比

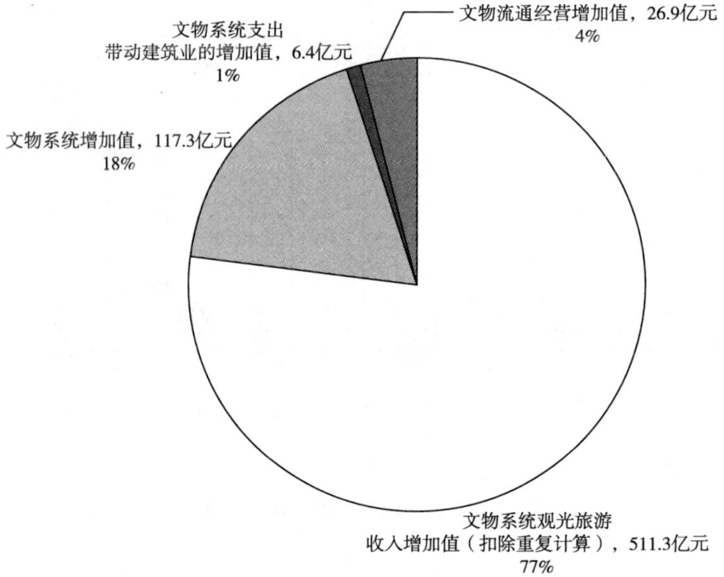

图技 2－7　“十五”期间全国文物系统对国民经济贡献构成

统对国民经济全部贡献“大头”的文物旅游受 2008 年下半年开始蔓延全球的金融危机影响，结果“十一五”中后期全国文物系统对国民经济全部贡献的增速降低；②文物旅游自身发展速度较慢：如果从文物旅游占全部旅游业产值的比例来看，“十一五”期间，这个比例反而下降了（参见图主1－2的直观显示，具体数据参见表技2－20），这说明文物旅游的产值增速慢于旅游业的产值增速。这两

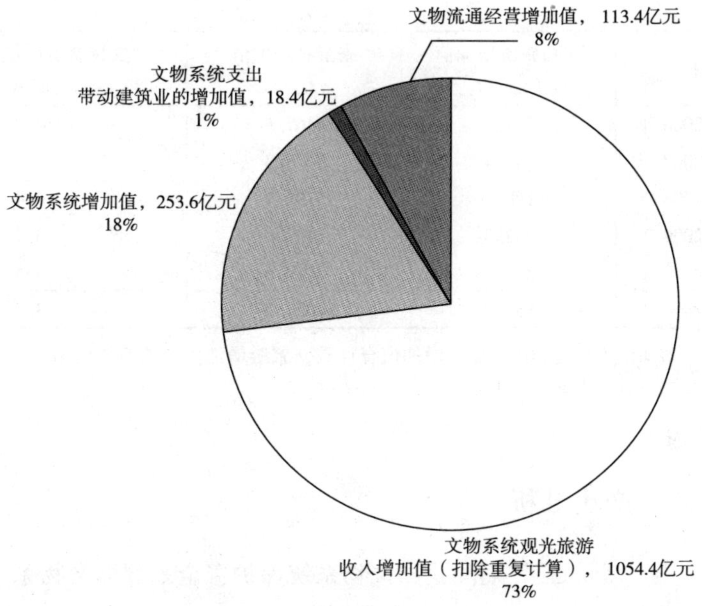

图技 2－8　“十一五”期间全国文物系统对国民经济贡献构成

方面原因可以按主、客观来归类：客观上，旅游产业受宏观经济形势影响波动幅度较大（经济形势直接影响人均收入，而旅游花费是人均支出中弹性较大的项目）；主观上，文物旅游的发展缺少创新，跟不上旅游业总体的产业升级速度（可参见主题报告第二章第 4 节的相关分析）。考虑到文物旅游是文化遗产事业对国民经济贡献的“大头”，“十二五”期间，文物系统应该在文物旅游方面着力弥补主观差距，才可能使文化遗产事业对国民经济的贡献与时俱进。

表技 2－20　“十五”与“十一五”期间全国文物旅游增加值与旅游总增加值对比情况

项　目		文物旅游增加值（亿元）	旅游总增加值（亿元）	文物旅游增加值/旅游总增加值(%)
“十五”期间	2001 年	79.2	2497.7	3.2
	2002 年	89.1	2783.3	3.2
	2003 年	81.3	2441.9	3.3
	2004 年	150.6	3421.0	4.4
	2005 年	161.9	3843.0	4.2
	合　计	562.1	14987.0	3.8

续表

项　目		文物旅游增加值（亿元）	旅游总增加值（亿元）	文物旅游增加值/旅游总增加值(%)
“十一五”期间	2006 年	214.7	4467.5	4.8
	2007 年	240.4	5478.3	4.4
	2008 年	198.0	5792.9	3.4
	2009 年	202.7	6447.0	3.1
	2010 年	277.1	7840.6	3.5
	合　计	1132.9	30026.2	3.8

注：旅游总增加值为国内和国际旅游增加值合计数，旅游增加值率按 50% 计算，全国旅游总收入数据来源于《中国统计年鉴》（2011 年）。

2.4　投入产出分析

“十五”与“十一五”期间我国文物系统保护资金来源即文物系统收入构成见表技 2－21。

表技 2－21　“十五”与“十一五”期间文物业收入构成表

单位：万元

项　目	“十五”期间					
	2001 年	2002 年	2003 年	2004 年	2005 年	合计
财政拨款	206370.5	213503.7	250996.3	274426.5	309224.6	1254521.6
上级补助收入	16049.8	25896.7	18231.9	24118.4	27762.3	112059.1
事业收入	148580.7	174887.0	152551.5	261433.3	314108.7	1051561.2
经营收入	6546.4	4598.4	7932.0	45205.3	69686.1	133968.2
其他收入	55563.0	53097.8	72611.4	26461.2	37611.3	245344.7
本年收入合计	433110.4	471983.6	502323.1	631644.7	758393.0	2797454.8
项　目	“十一五”期间					
	2006 年	2007 年	2008 年	2009 年	2010 年	合计
财政拨款	375934.5	481835.8	714051.2	979455.2	1224367.1	3775643.8
上级补助收入	37079.8	41837.0	51135.0	57405.8	178785.5	366243.1
事业收入	345970.6	391870.4	308965.1	279000.4	331735.4	1657541.9
经营收入	75042.0	19194.5	40617.5	31414.4	43715.0	209983.4
其他收入	48826.8	41347.9	147398.7	181190.9	91824.7	510589.0
本年收入合计	882853.7	976085.6	1262167.5	1528466.7	1870427.7	6520001.2

注：数据来源于《全国文物业统计资料》（2001～2010 年），其中 2010 年上级补助收入为推算数据。

总的来看，全国文物系统收入保持了持续稳定增长。从2001年的43.3亿元增长至2010年的187.0亿元，名义上增长了3.3倍（按2001年可比价格计算，实际增长近1.9倍），年均名义增长率为17.7%（实际增长率也高达12.5%）。从“十五”和“十一五”两个时期对比情况来看，就绝对数量而言，“十一五”期间文物系统收入合计652.0亿元，是“十五”期间279.7亿元的2.3倍，按可比价格计算为约2.0倍；就相对增速而言，“十一五”期间增加值的平均增速要高于“十五”期间，如“十一五”期间的年均名义增长率为20.6%（实际增长率为13.9%），而“十五”期间的年均名义增长率为15.0%（实际增长率为11.2%）。这主要得益于“十一五”期间各级政府对文化遗产事业空前的重视及我国财政收入的快速增长，带来了财政经费投入的显著增加。

“十五”和“十一五”期间全国文物系统收入的构成及变化情况见图技2－9～图技2－13。

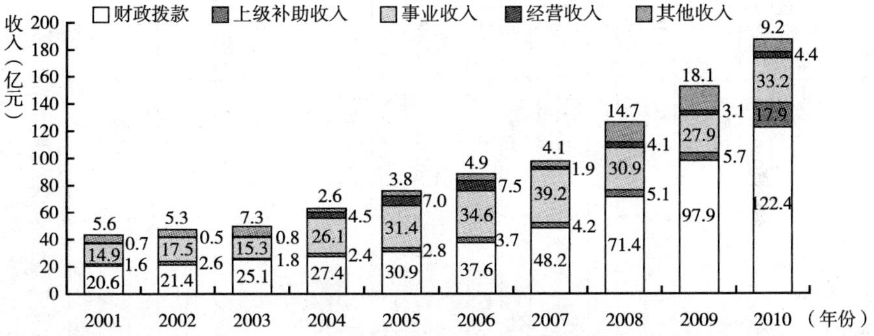

图技2－9　“十五”与“十一五”期间全国文物系统收入构成变化情况（当年价格）

如图所示，“十五”与“十一五”期间全国文物系统收入中各项构成除事业收入和经营收入增长较小外，其余三项均呈现明显增长，但从各自所占份额来看，财政拨款有显著增长，而事业收入则随着博物馆全面免费开放的推进，份额明显减少。从“十一五”期间贡献份额来看，“大头”依然是财政拨款，占52%左右；其次是事业收入，占31%左右；再次是其他收入，占9%左右；最小的是上级补助收入和经营收入，分别占4%左右。

“十五”与“十一五”期间全国文物系统和国民经济情况见表技2－22。

表技 2－22　“十五”与“十一五”期间全国文物系统和国民经济情况

项目			“十五”期间					
			2001 年	2002 年	2003 年	2004 年	2005 年	合计
文物系统可支配财政资金	常规性财政投入	财政拨款(万元)	206370.5	213503.7	250996.3	274426.5	309224.6	1254521.6
		上级补助收入(万元)	16049.8	25896.7	18231.9	24118.4	27762.3	112059.1
	中央财政用专项转移支付(亿元)		2.7	2.8	2.8	3.2	5.9	17.4
	小计(亿元)		24.9	26.7	29.7	33.1	39.6	154.0
文物系统对国民经济贡献(亿元)			91.0	102.4	97.7	175.1	195.8	661.8
国内生产总值(亿元)			108068.2	119095.7	135174.0	159586.8	183618.5	705543.2
文物系统财政拨款占国内生产总值比例(%)			0.019	0.018	0.018	0.017	0.017	0.018
文物系统可支配财政资金占国内生产总值比例(%)			0.023	0.022	0.022	0.021	0.021	0.022
文物系统对国民经济贡献占国内生产总值比例(%)			0.08	0.09	0.07	0.11	0.11	0.09
文物系统对国民经济贡献/文物系统财政拨款(小口径)			4.4	4.8	3.9	6.4	6.3	5.3
文物系统对国民经济贡献/文物系统可支配财政资金(大口径)			3.7	3.8	3.3	5.3	4.9	4.3
项目			“十一五”期间					
			2006 年	2007 年	2008 年	2009 年	2010 年	合计
文物系统可支配财政资金	常规性财政投入	财政拨款(万元)	375934.5	481835.8	714051.2	979455.2	1224367.1	3775643.8
		上级补助收入(万元)	37079.8	41837.0	51135.0	57405.8	178785.5	366243.1
	中央财政用专项转移支付(亿元)		7.2	15.1	25.0	48.6	57.5	153.4
	小计(亿元)		48.5	67.5	101.5	152.3	197.8	567.6
文物系统对国民经济贡献(亿元)			247.8	283.1	248.1	270.0	390.8	1439.7
国内生产总值(亿元)			215883.9	266411.0	314045.4	340506.9	400041.2	1536888.4
文物系统财政拨款占国内生产总值比例(%)			0.017	0.018	0.023	0.029	0.031	0.025
文物系统可支配财政资金占国内生产总值比例(%)			0.022	0.025	0.032	0.045	0.049	0.037
文物系统对国民经济贡献占国内生产总值比例(%)			0.11	0.11	0.08	0.08	0.10	0.09
文物系统对国民经济贡献/文物系统财政拨款(小口径)			6.6	5.9	3.8*	2.9*	3.4*	4.0*
文物系统对国民经济贡献/文物系统可支配财政资金(大口径)			5.1	4.2	2.6*	1.8*	2.0*	2.6*

注：文物系统总收入、文物系统财政拨款数据来源于《全国文物业统计资料》（2001～2010 年）；文物系统对国民经济贡献数据来源于表技 2－19 方法 3 的平均值；中央财政用专项转移支付 2010 年数据为“十一五”前 4 年的推算数；国内生产总值数据来源于《中国发展报告 2011》；*数据为剔除博物馆免费开放后门票损失影响的修正数据，修正方法详见表技 2－35。

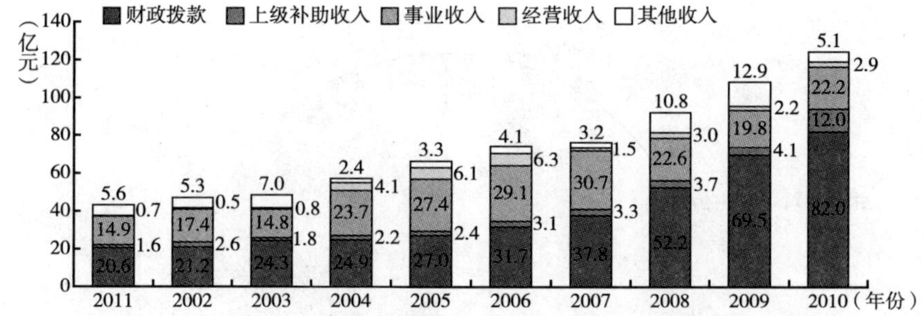

图技2-10　“十五”与“十一五”期间全国文物系统收入构成变化情况（2001年可比价格）

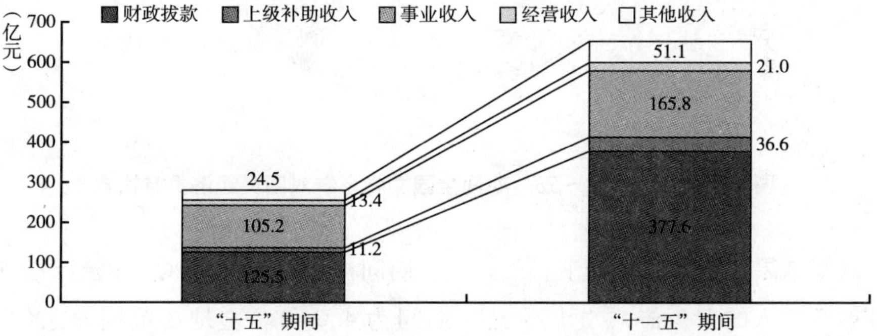

图技2-11　“十五”与“十一五”期间全国文物系统收入对比

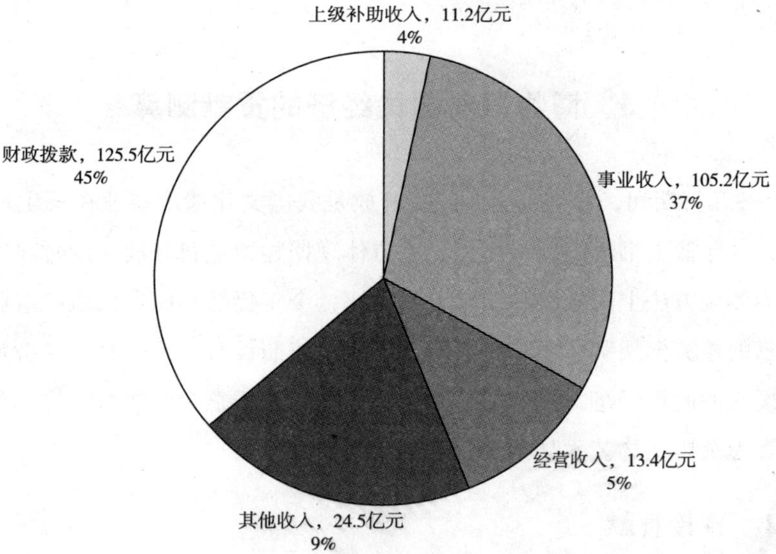

图技2-12　“十五”期间全国文物系统对国民经济贡献构成

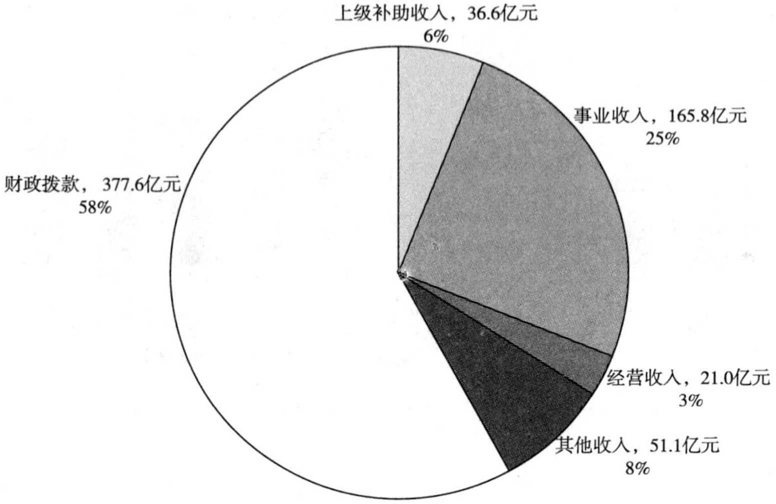

图技 2－13　“十一五”期间全国文物系统对国民经济贡献构成

计算结果表明：小口径下，“十五”期间全国文物系统对国民经济贡献是同期财政投入的5.3倍，“十一五”期间为4.0倍。这是在苛刻的条件下按2001年不变价格计算的产出投入比，是文化遗产事业的经济贡献回报率的下限值。

3　博物馆对国民经济的贡献测算

“十一五”期间，博物馆全面免费开放是我国文化遗产事业在民生领域的重大亮点，今年蓝皮书继续跟踪研究，重点体现博物馆免费开放一段时间后带来的变化。为体现方法上的延续和结果上的可比，今年仍然参照文化遗产事业对国民经济贡献的核算框架和主要计算方法，仍然是按照没有异议的直接经济贡献和基本没有疑义的间接经济贡献两部分来计算，但有别于整个文物系统的测算，此处不需要考虑全国文物艺术品拍卖企业的贡献。

3.1　直接贡献

“十五”与“十一五”期间全国博物馆系统增加值情况详见表技 2－23。

表技2－23　“十五”与“十一五”期间全国博物馆系统增加值情况

单位：万元

项　目	“十五”期间					
	2001年	2002年	2003年	2004年	2005年	合计
增加值	89069.7	108351.5	93552.8	171306.7	200343.0	662623.7
项　目	“十一五”期间					
	2006年	2007年	2008年	2009年	2010年	合计
增加值	227387.1	187231.0	223490.3	325290.4	380376.9	1343775.7

注：表中数据来源于《全国文物业统计资料》（2001～2010年）。

总的来看，全国博物馆增加值保持了较好的增长势头。从2001年的8.9亿元增长至2010年的38.0亿元，名义上增长了3.3倍（按2001年可比价格计算，实际增长近1.9倍），年均名义增长率为17.5%（实际增长率也高达12.4%）。这10年中，全国博物馆增加值除2003年和2007年较上年有所减少，其余8个年份均呈不同上升态势。从“十五”和“十一五”两个时期对比情况来看，就绝对数量而言，“十一五”期间增加值合计为134.4亿元，是“十五”期间66.3亿元的2.0倍，按可比价格计算仅为1.2倍；就相对增速而言，“十一五”期间增加值的平均增速（年均名义增长率仅为13.7%，实际增长率为7.4%）要低于“十五”（年均名义增长率为22.4%，实际增长率为18.4%）。主要是由于2008年博物馆全面免费开放直接或间接带来了门票收入的大幅减少；另外，2008年下半年开始的金融危机也导致了门票收入的减少。这些，都直接导致了“十一五”中后期博物馆增加值的增速较低。但随着博物馆财政投入的加大以及博物馆拓展服务范围、发展博物馆相关产业（例如纪念品销售、文物巡展、社会文物鉴定咨询修复服务等）提高经营收入，未来博物馆的直接经济贡献还有较大的提升空间。

3.2　间接贡献

（1）博物馆修缮费支出带动建筑业增加值

“十五”与“十一五”期间全国博物馆修缮费支出情况详见表技2－24。

表技2-24　“十五”与“十一五”期间全国博物馆修缮费支出带动建筑业增加值

单位：亿元

项　目	“十五”期间					
	2001年	2002年	2003年	2004年	2005年	合计
总支出	18.09	20.72	22.69	26.32	31.99	119.81
其中:修缮费	2.01	2.03	3.11	1.77	2.19	11.11
带动建筑业增加值	0.53	0.52	0.63	0.34	0.44	2.46
项　目	“十一五”期间					
	2006年	2007年	2008年	2009年	2010年	合计
总支出	36.35	47.21	58.18	70.07	87.90	299.71
其中:修缮费	2.51	1.56	4.03	4.22	4.98	17.30
带动建筑业增加值	0.49	0.30	0.81	0.86	1.01	3.47

注：表中数据来源于《全国文物业统计资料》（2001～2010年），其中修缮费数据2009年、2010年未统计，这里参照前四年数据外推得到；带动建筑业增加值＝修缮费×建筑业增加值率。

总的来看，“十一五”期间全国博物馆修缮费支出带动建筑业增加值增长缓慢。从2001年的0.53亿元增长至2010年的1.01亿元，名义上增长了0.9倍（按2001年可比价格计算，实际增长0.3倍），年均名义增长率为7.4%（实际增长率也高达2.7%）。这10年中，全国博物馆修缮费支出带动建筑业增加值2004年和2007年有明显下降趋势，其余年份均基本保持增长态势。从“十五”和“十一五”两个时期对比情况来看，就绝对数量而言，“十一五”期间增加值合计为3.5元，是“十五”期间2.5亿元的1.4倍，按可比价格计算为0.8倍；就相对增速而言，“十一五”期间增加值的平均增速（年均名义增长率为19.8%，实际增长率为13.1%）要远远高于“十五”（年均名义增长率为-4.5%，实际增长率为-7.7%）。造成这种现象的主要原因，可能是由于2008年全国范围开始逐步推行博物馆免费开放政策后，国家和地方财政加大了对免费开放博物馆的财政拨款力度，博物馆在资金使用上也增加了修缮方面的支出，有些博物馆还专门闭馆整修为免费开放做准备，因而直接带动了建筑业增加值的快速增长。预计今后10～15年，由于我国博物馆现状规模与博物馆事业对经济社会发展重要性的反差（我国博物馆数量与我国文化遗产大国的地位相距甚远），我国的博物馆建设仍会处于高速增长期，未来博物馆建设对我国建筑行业的带动作用不可小觑。①

（2）博物馆旅游增加值

①博物馆吸引力因子

方法一：博物馆吸引力因子 = 博物馆系统门票收入/观光游览门票总收入

类似于文物系统吸引力因子的计算方法，我们通过计算博物馆门票收入占观光游览门票总收入的比例来大致判断游客对博物馆的偏好程度，即博物馆吸引力因子。“十五”与“十一五”期间全国博物馆门票收入统计情况和全国观光游览门票总收入统计情况分别见表技 2 - 25，据此测算的全国博物馆吸引力因子见表技 2 - 26。

方法二：博物馆吸引力因子 = 博物馆系统接待旅游者人次数/观光旅游者总人次数

我们通过计算博物馆接待旅游人数占观光游览总人数的比例来判断博物馆吸引力因子。

通过博物馆关于门票收入和接待参观人数的统计资料，可以估算出博物馆平均门票价格。通过旅游抽样调查数据中城镇和农村观光游客游览门票消费，可以估算出其游览门票花费可以购买的博物馆门票数，以此估计一个观光者一次出游最多参观的博物馆个数，结果见表技 2 - 27。时间尺度估算方法和消费尺度估算方法结果比较见表技 2 - 28。

由表技 2 - 28 可见，在 2008 年以前（2001 ~ 2007 年），消费尺度估算方法估算的游客参观文物旅游景点数往往集中在时间尺度估算方法估算的区间下限附近。表明这一时期内，消费尺度估算方法相对合理，故作为判断一个旅游者一次出游可能参观博物馆数量的上限。而从 2008 年开始，国家文物局开始实施博物馆全面免费开放，这在整体上拉低了博物馆门票的平均价格（2007 年为 8 元，

① 最新的统计数字反映我国的博物馆数量仍在快速增长。根据《博物馆管理办法》的规定，国家文物局每年要求各省（自治区、直辖市）文物行政部门报送博物馆年度检查备案结果。经过汇总审核，截至 2009 年年底全国共有 3020 个博物馆。其中，根据博物馆举办主体，文物行政部门所属的国有博物馆 2193 个，非文物行政部门所属的行业性国有博物馆 499 个，民办博物馆 328 个。2009 年全国年检合格的博物馆 2601 个，其余 419 个博物馆与专业标准有较大差距，存在的问题主要是基础设施薄弱、尚不具备正常开放条件和登记名称不规范。2010 年年底博物馆数量增加到 3415 个。其中，文物行政部门所属的国有博物馆 2384 个，非文物行政部门所属的行业性国有博物馆 575 个，民办博物馆 456 个。2010 年全国年检合格的博物馆共有 3252 个。

表技2-25 “十五”与“十一五”期间全国博物馆系统门票收入统计情况

项目	“十五”期间					
	2001年	2002年	2003年	2004年	2005年	合计
博物馆门票收入(千元)	783834	876057	683198	1115716	1251812	4710617
博物馆接待参观人次(万人次)	7955.0	7980.0	6206.2	9736.4	11819.1	43696.7
其中:入境参观人次(万人次)	576.3	728.7	293.9	357.7	615.2	2571.8
国内参观人次(万人次)	7378.7	7251.3	5912.3	9378.7	11203.9	41124.9
其中:青少年参观人次(万人次)	1905.0	1940.8	687.8	2795.7	3260.4	10589.7
博物馆平均门票价格(元)	11.2	12.5	11.7	13.4	12.3	12.3
入境观光游客博物馆观光游览门票消费(亿元)	0.6	0.9	0.3	0.5	0.8	3.1
国内观光游客博物馆观光游览门票消费(亿元)	7.2	7.8	6.5	10.7	11.8	44.0
项目	“十一五”期间					
	2006年	2007年	2008年	2009年	2010年	合计
博物馆门票收入(千元)	1389080	1683075	911479	990442	1912345	6886421
博物馆接待参观人次(万人次)	12032.4	25624.9	28566.7	32715.6	40679.3	139618.9
其中:入境参观人次(万人次)	475.5	429.8	407.5	385.2	362.9	2060.9
国内参观人次(万人次)	11556.9	25195.1	28159.2	32330.4	40316.4	137558.0
其中:青少年参观人次(万人次)	3295.0	9204.5	7198.3	9978.4	11441.3	41117.5
博物馆平均门票价格(元)	13.4	8.0	3.7	3.6	5.5	5.8
入境观光游客博物馆观光游览门票消费(亿元)	0.6	0.3	0.1	0.1	0.2	1.3
国内观光游客博物馆观光游览门票消费(亿元)	13.3	16.5	9.0	9.8	18.9	67.5

注：①博物馆系统门票收入及接待参观人次数据来源于中国文物统计资料（2001~2010年），其中2007年~2010年文物统计年鉴未单独统计入境参观人次，缺失数据由近年数据外推所得；

②博物馆平均门票价格=门票收入/（博物馆系统接待参观人次-青少年参观人次/2），青少年门票统一按半价计；

③入境观光游客门票消费=博物馆平均门票价格×入境观光游客参观人次；

④国内观光游客门票消费=博物馆系统门票收入-入境观光游客门票消费。

⑤博物馆平均门票价格之“合计”系5年之平均值。

表技 2－26　“十五”与“十一五”期间全国博物馆吸引力因子方法一估算结果

项　目		“十五”期间					
		2001 年	2002 年	2003 年	2004 年	2005 年	合计
博物馆系统门票收入	入境观光游客门票消费（亿元）	0.6	0.9	0.3	0.5	0.8	3.1
	国内观光游客门票消费（亿元）	7.2	7.8	6.5	10.7	11.8	44.0
观光旅游门票收入	入境观光游览门票消费（亿元）	22.3	33.3	28.4	32.7	28.6	145.3
	国内观光游览门票消费合计（亿元）	170.7	194.6	159.8	238.6	283.6	1047.3
博物馆吸引力因子	博物馆系统入境游客门票收入占入境观光游览门票总收入比例（%）	2.7	2.7	1.1	1.5	2.8	2.1
	博物馆系统国内游客门票收入占国内观光游览门票总收入比例（%）	4.2	4.0	4.1	4.5	4.1	4.2
项　目		“十一五”期间					
		2006 年	2007 年	2008 年	2009 年	2010 年	合计
博物馆系统门票收入	入境观光游客门票消费（亿元）	0.6	0.3	0.1	0.1	0.2	1.3
	国内观光游客门票消费（亿元）	13.3	16.5	9.0	9.8	18.9	67.5
观光旅游门票收入	入境观光游览门票消费（亿元）	22.4	35.8	40.0	39.5	38.2	175.9
	国内观光游览门票消费合计（亿元）	297.1	406.2	286.5	358.6	449.8	1798.2
博物馆吸引力因子	博物馆系统入境游客门票收入占入境观光游览门票总收入比例（%）	2.7	0.8	0.3	0.3	0.5	0.7
	博物馆系统国内游客门票收入占国内观光游览门票总收入比例（%）	4.5	4.1	3.1	2.7	4.2	3.8

注：①博物馆系统门票收入数据来源见表技 2－24，观光游览门票收入数据来源见表技 2－9；
②博物馆吸引力因子＝博物馆系统门票收入/观光游览门票总收入×100%；
③博物馆系统入境/国内游客门票收入占观光游览门票总收入比例之“合计”系 5 年之平均值。

2008 年迅速降低至 3.7 元，2009 年为 3.6 元），直接导致了按照消费尺度估算方法计算的“游客参观博物馆数”跳跃式增加，已经接近或远远超过了时间尺度估算方法估算的区间上限，如果仍然把消费估算法的结果作为判断一个旅游者一次出游可能参观博物馆数量的上限则明显不合理。因此，2008 年以后将兼顾这两种估算方法，采用求时间尺度估算结果下限和消费尺度中位数的方法进行保守估计。计算时需要注意的是，当消费尺度估算结果超出时间尺度估算结果上限时，直接取时间尺度估算区间的中位数。这种折中的估算方法也符合博物馆旅游降低或取消门票后，增加了对游客吸引力，促使游览数量增加的事实。

表技 2-27　用消费尺度估算“十五”与“十一五”期间观光游客参观博物馆个数

项　目	“十五”期间						“十一五”期间					
	2001 年	2002 年	2003 年	2004 年	2005 年	平均	2006 年	2007 年	2008 年	2009 年	2010 年	平均
博物馆平均门票价格(元)	11.2	12.5	11.7	13.4	12.3	12.3	13.4	8.0	3.7	3.6	5.5	5.8
入境观光游客游览(门票)消费(元/次出游)	74.3	120.6	109.9	99.6	83.7	97.6	62.7	105.2	117.9	111.4	115.7	102.6
城镇观光游客游览(门票)消费(元/次出游)	74.3	82.9	69.9	73.1	75.4	75.1	79.7	89.0	97.3	93.7	102.5	92.4
农村观光游客游览(门票)消费(元/次出游)	104.8	104.8	96.7	102.5	145.6	110.9	108.21	138.76	123.5	135.9	140.4	129.4
入境观光游客参观博物馆数(个/次出游)	7	10	9	7	6	8	5	13	32	31	21	18
城镇观光游客参观博物馆数(个/次出游)	7	7	6	5	6	6	6	11	26	26	19	16
农村观光游客参观博物馆数(个/次出游)	9	8	8	8	12	9	8	17	33	38	26	22

表技 2-28　两种方法估算“十五”与“十一五”期间观光游客参观博物馆数结果比较

项　目		“十五”期间						“十一五”期间					
		2001 年	2002 年	2003 年	2004 年	2005 年	平均	2006 年	2007 年	2008 年	2009 年	2010 年	平均
时间尺度估算方法	入境观光游客参观博物馆数(个/次出游)	12~30	12~30	12~29	10~26	11~29	11~29	12~31	11~28	12~31	11~28	11~28	12~29
	城镇观光游客参观博物馆数(个/次出游)	5~13	4~11	7~18	8~20	8~19	6~16	7~18	7~18	7~18	7~18	7~18	7~18
	农村观光游客参观博物馆数(个/次出游)	9~22	8~19	8~20	7~18	7~17	8~19	7~18	7~18	7~18	7~18	7~18	7~18
消费尺度估算方法	入境观光游客参观博物馆数(个/次出游)	7	10	9	7	6	8	5	13	32	31	21	18
	城镇观光游客参观博物馆数(个/次出游)	7	7	6	5	6	6	6	11	26	26	19	16
	农村观光游客参观博物馆数(个/次出游)	9	8	8	8	12	9	8	17	33	38	26	22

若将旅游者花费一半以上的时间或消费一半以上的门票费用在博物馆旅游上，作为判断一个旅游者一次出游可能参观博物馆数量的下限，则可以得到“十五”与“十一五”期间全国观光游客一次出游可能参观的博物馆数量区间，该区间上限和下限值见表技2-29。

表技2-29　“十五”与“十一五”期间全国观光游客一次出游可能参观的博物馆数估算结果

项　目		“十五”期间					
		2001年	2002年	2003年	2004年	2005年	平均
(1)	入境观光游客参观博物馆数(个/次出游)	7	10	9	7	6	8
	城镇观光游客参观博物馆数(个/次出游)	7	7	6	5	6	6
	农村观光游客参观博物馆数(个/次出游)	9	8	8	8	12	9
	国内观光游客参观博物馆数(个/次出游)	8	8	7	7	9	8
	入境观光游客参观博物馆数(个/次出游)	4	5	5	4	3	4
	城镇观光游客参观博物馆数(个/次出游)	4	4	3	3	3	3
	农村观光游客参观博物馆数(个/次出游)	5	4	4	4	6	5
	国内观光游客参观博物馆数(个/次出游)	4	4	4	4	5	4
项　目		“十一五”期间					
		2006年	2007年	2008年	2009年	2010年	平均
(2)	入境观光游客参观博物馆数(个/次出游)	5	13	22	20	16	15
	城镇观光游客参观博物馆数(个/次出游)	6	11	13	13	13	12
	农村观光游客参观博物馆数(个/次出游)	8	17	13	13	13	13
	国内观光游客参观博物馆数(个/次出游)	7	14	13	13	13	12
	入境观光游客参观博物馆数(个/次出游)	3	7	11	10	8	8
	城镇观光游客参观博物馆数(个/次出游)	3	6	7	7	7	6
	农村观光游客参观博物馆数(个/次出游)	4	9	7	7	7	7
	国内观光游客参观博物馆数(个/次出游)	4	7	7	7	7	6

“十五”与“十一五”期间全国博物馆吸引力因子方法二估算结果见表技2-30，全国博物馆吸引力因子汇总结果见表技2-31。

表技 2 - 30　“十五”与“十一五”期间全国观光游客一次出游可能参观的博物馆数估算结果

项　目	“十五”期间					
	2001 年	2002 年	2003 年	2004 年	2005 年	合计
博物馆接待入境参观人次数(万人次)	576.3	728.7	293.9	357.7	615.2	2571.8
博物馆接待国内参观者人次数(万人次)	7378.7	7251.3	5912.3	9378.7	11203.9	41124.9
入境每旅游人次参观博物馆数(个)	4 ~ 7	5 ~ 10	5 ~ 9	4 ~ 7	3 ~ 6	4 ~ 8
国内每旅游人次参观博物馆数(个)	4 ~ 8	4 ~ 8	4 ~ 7	4 ~ 7	5 ~ 9	4 ~ 8
博物馆接待入境旅游人次数(万人次)	82.3 ~ 144.1	72.9 ~ 145.7	32.7 ~ 58.8	51.1 ~ 89.4	102.5 ~ 205.1	341.5 ~ 643.1
以观光游览为目的的入境旅游人次数(万人次)	2999.7	2761.0	2584.9	3282.1	3416.3	15044.0
博物馆接待入境观光游客人次数占观光旅游总人次数比例(%)	2.7 ~ 4.8	2.6 ~ 5.3	1.3 ~ 2.3	1.6 ~ 2.7	3.0 ~ 6.0	2.1 ~ 4.3
博物馆接待国内旅游人次数(万人次)	922.3 ~ 1844.7	906.4 ~ 1812.8	844.6 ~ 1689.2	1339.8 ~ 2679.6	1244.9 ~ 2489.8	5258.0 ~ 10516.1
以观光游览为目的国内旅游人次数(万人次)	20565.3	21904.3	20588.4	29206.9	30218.0	122482.9
博物馆接待国内观光游客人次数占观光旅游总人次数比例(%)	4.5 ~ 9.0	4.1 ~ 8.3	4.1 ~ 8.2	4.6 ~ 9.2	4.1 ~ 8.2	4.2 ~ 8.4

项　目	“十一五”期间					
	2006 年	2007 年	2008 年	2009 年	2010 年	合计
博物馆接待入境参观人次数(万人次)	475.5	429.8	407.5	385.2	362.9	2060.9
博物馆接待国内参观者人次数(万人次)	11556.9	25195.1	28159.2	32330.4	40316.4	137558.0
入境每旅游人次参观博物馆数(个)	3 ~ 5	7 ~ 13	11 ~ 22	10 ~ 20	8 ~ 16	8 ~ 15
国内每旅游人次参观博物馆数(个)	4 ~ 7	7 ~ 14	7 ~ 13	7 ~ 13	7 ~ 13	6 ~ 12
博物馆接待入境旅游人次数(万人次)	95.1 ~ 158.5	33.1 ~ 61.4	18.5 ~ 37.0	19.3 ~ 38.5	22.7 ~ 45.4	188.7 ~ 340.8
以观光游览为目的的入境旅游人次数(万人次)	3573.3	3402.3	3393.7	3541.3	3305.0	17215.6
博物馆接待入境观光游客人次数占观光旅游总人次数比例(%)	2.7 ~ 4.4	1.0 ~ 1.8	0.5 ~ 1.1	0.5 ~ 1.1	0.7 ~ 1.4	0.8 ~ 1.5
博物馆接待国内旅游人次数(万人次)	1651.0 ~ 3302.0	1799.7 ~ 3599.3	2166.1 ~ 4022.7	2487.0 ~ 4618.6	3101.3 ~ 5759.5	11205.1 ~ 21302.1
以观光游览为目的的国内旅游人次数(万人次)	33920.0	38668.6	27274.0	38405.8	40465.4	178733.8
博物馆接待国内观光游客人次数占观光旅游总人次数比例(%)	4.9 ~ 9.7	4.7 ~ 9.3	7.9 ~ 14.7	6.5 ~ 12.0	7.7 ~ 14.2	6.4 ~ 12.8

表技 2－31　“十五”与“十一五”期间全国博物馆吸引力因子

单位：%

项　目		“十五”期间					
		2001 年	2002 年	2003 年	2004 年	2005 年	平均
方法一	入境观光游客博物馆吸引力因子	2.7	2.7	1.1	1.5	2.8	2.2
	国内观光游客博物馆吸引力因子	4.2	4.0	4.1	4.5	4.1	4.2
方法二	入境观光游客博物馆吸引力因子	2.7～4.8	2.6～5.3	1.3～2.3	1.6～2.7	3.0～6.0	2.2～4.3
	国内观光游客博物馆吸引力因子	4.5～9.0	4.1～8.3	4.1～8.2	4.6～9.2	4.1～8.2	4.2～8.4
方法三	入境观光游客博物馆吸引力因子	2.7～3.8	2.7～4.0	1.1～1.8	1.5～2.2	2.8～4.5	2.2～3.2
	国内观光游客博物馆吸引力因子	4.2～6.8	4.0～6.2	4.1～6.2	4.5～6.9	4.1～6.2	4.2～6.3
项　目		“十一五”期间					
		2006 年	2007 年	2008 年	2009 年	2010 年	平均
方法一	入境观光游客博物馆吸引力因子	2.7	0.8	0.3	0.3	0.5	0.9
	国内观光游客博物馆吸引力因子	4.5	4.1	3.1	2.7	4.2	3.7
方法二	入境观光游客博物馆吸引力因子	2.7～4.4	1.0～1.8	0.5～1.1	0.5～1.1	0.7～1.4	0.8～1.5
	国内观光游客博物馆吸引力因子	4.9～9.7	4.7～9.3	7.9～14.7	6.5～12.0	7.7～14.2	6.4～12.8
方法三	入境观光游客博物馆吸引力因子	2.7～3.6	0.8～1.4	0.3～0.8	0.3～0.8	0.5～1.1	0.9～1.2
	国内观光游客博物馆吸引力因子	4.5～7.3	4.1～7.0	3.1～11.3	2.7～9.3	4.2～11.0	3.7～9.6

注：方法三数据由方法一中结果作为方法三的下限，方法二的平均数作为方法三的上限。

方法三：综合方法一和方法二的估算结果

考虑到博物馆接待参观人数中除入境游客外，国内游客中有很大比例是博物馆所在地的居民，严格来说不能称为旅游者，博物馆全面免费开放后尤甚。因此，这里的博物馆吸引力因子有一定程度的高估。

方法三综合了方法一和方法二，分别取方法一的计算结果作为博物馆吸引力因子的下限，取方法二取值区间的中间值作为吸引力因子的上限，计算结果见表技 2－31。

②博物馆观光旅游收入及其增加值

“十五”与“十一五”期间全国博物馆观光旅游收入见表技 2－32，其增加值见表技 2－33。

总的来看，全国博物馆旅游增加值保持了较快增长。如图主 2－21 所示，从 2001 年的 61.8 亿元增长至 2010 年的 186.5 亿元，名义上增长了 2.0 倍（按 2001 年可比价格计算，实际增长 1.0 倍），年均名义增长率为 13.1%（实际增长率为

表技 2-32 “十五”与“十一五”期间全国博物馆观光旅游收入

项目			“十五”期间						“十一五”期间					
			2001 年	2002 年	2003 年	2004 年	2005 年	合计	2006 年	2007 年	2008 年	2009 年	2010 年	合计
入境观光旅游	入境观光旅游收入(亿元)		496.3	475.8	406.3	641.2	681.6	2701.2	774.0	832.2	740.3	758.9	754.6	3860.0
	博物馆入境观光旅游收入(亿元)	方法一	13.4	12.8	4.5	9.6	19.1	59.4	20.9	6.7	2.2	2.3	3.8	35.9
		方法二	13.4 ~ 23.8	12.4 ~ 25.2	5.3 ~ 9.3	10.3 ~ 17.3	20.4 ~ 40.9	61.8 ~ 116.6	20.9 ~ 34.1	8.3 ~ 15.0	3.7 ~ 8.1	3.8 ~ 8.3	5.3 ~ 10.6	30.9 ~ 57.9
		方法三	13.4 ~ 18.9	12.8 ~ 19.0	4.5 ~ 7.3	9.6 ~ 14.1	19.1 ~ 30.7	59.4 ~ 90.0	20.9 ~ 27.9	6.7 ~ 11.7	2.2 ~ 5.9	2.3 ~ 6.1	3.8 ~ 8.3	35.9 ~ 46.3
国内观光旅游	国内观光旅游收入(亿元)		1953.6	1995.9	1751	2775.9	2960.3	11436.7	3475.4	4572.6	3218.8	3890.4	4829.3	19986.5
	博物馆国内观光旅游收入(亿元)	方法一	82.1	79.8	71.8	124.9	121.4	480.0	156.4	187.5	99.8	105.0	202.8	751.6
		方法二	87.9 ~ 175.8	81.8 ~ 165.7	71.8 ~ 143.6	127.7 ~ 255.4	121.4 ~ 242.7	490.6 ~ 983.2	170.3 ~ 337.1	214.9 ~ 425.3	254.3 ~ 473.2	252.9 ~ 466.8	371.9 ~ 685.8	1279.1 ~ 2558.3
		方法三	82.1 ~ 132.8	79.8 ~ 123.7	71.8 ~ 108.6	124.9 ~ 191.5	121.4 ~ 183.5	480.0 ~ 740.2	156.4 ~ 253.7	187.5 ~ 320.1	99.8 ~ 363.7	105.0 ~ 361.8	202.8 ~ 531.2	751.6 ~ 1918.7
观光旅游收入合计(亿元)			2449.9	2471.7	2157.3	3417.1	3641.9	14137.9	4249.4	5404.8	3959.1	4649.3	5583.9	23846.5
博物馆观光旅游收入合计(亿元)		方法一	95.5	92.7	76.3	134.5	140.5	539.4	177.3	194.1	102.0	107.3	206.6	787.4
		方法二	101.3 ~ 199.6	94.2 ~ 190.9	77.1 ~ 152.9	138.0 ~ 272.7	141.8 ~ 283.6	552.4 ~ 1099.8	191.2 ~ 371.2	223.2 ~ 440.2	258.0 ~ 481.3	256.7 ~ 475.2	377.1 ~ 696.3	1310.0 ~ 2616.2
		方法三	95.5 ~ 151.7	92.7 ~ 142.8	76.3 ~ 115.9	134.5 ~ 205.6	140.5 ~ 214.2	539.4 ~ 830.2	177.3 ~ 281.6	194.1 ~ 331.7	102.0 ~ 369.6	107.3 ~ 367.9	206.6 ~ 539.5	787.4 ~ 1965.0
博物馆观光旅游收入占观光旅游收入合计比例(%)		方法一	3.9	3.7	3.5	3.9	3.9	3.8	4.2	3.6	2.6	2.3	3.7	3.3
		方法二	4.1 ~ 8.1	3.8 ~ 7.7	3.6 ~ 7.1	4.0 ~ 8.0	3.9 ~ 7.8	3.9 ~ 7.8	4.5 ~ 8.7	4.1 ~ 8.1	6.5 ~ 12.2	5.5 ~ 10.2	6.8 ~ 12.5	5.5 ~ 11.0
		方法三	3.9 ~ 6.2	3.7 ~ 5.8	3.5 ~ 5.4	3.9 ~ 6.0	3.9 ~ 5.9	3.8 ~ 5.9	4.2 ~ 6.6	3.6 ~ 6.1	2.6 ~ 9.3	2.3 ~ 7.9	3.7 ~ 9.7	3.3 ~ 8.2

表技 2-33　“十五”与“十一五”期间全国博物馆对国民经济贡献

单位：亿元

项目			“十五”期间						“十一五”期间					
			2001 年	2002 年	2003 年	2004 年	2005 年	合计	2006 年	2007 年	2008 年	2009 年	2010 年	合计
直接贡献	博物馆增加值		8.9	10.8	9.4	17.1	20.0	66.2	22.7	18.7	22.3	32.5	38.0	134.2
间接贡献	博物馆修缮费支出带动建筑业的增加值		0.53	0.52	0.63	0.34	0.44	2.46	0.49	0.30	0.81	0.86	1.01	3.47
	文物系统观光旅游收入增加值	方法一	47.7	46.3	38.1	67.3	70.2	269.6	88.6	97.1	51.0	53.7	103.3	393.7
		方法二	50.7～99.8	47.1～95.4	38.5～76.5	69.0～136.3	70.9～141.8	276.2～549.8	95.6～185.6	111.6～220.1	129.0～240.7	128.3～237.6	188.6～348.2	653.1～1232.2
		方法三	47.7～75.9	46.3～71.4	38.1～57.9	67.3～102.8	70.2～107.1	269.6～415.1	88.6～140.8	97.1～165.9	51.0～184.8	53.7～183.9	103.3～269.8	393.7～945.2
	博物馆门票收入增加值		3.7	4.3	2.9	8.5	9.8	29.2	10.6	8.5	5.1	5.1	9.6	38.9
合计		方法一	53.4	53.3	45.2	76.2	80.8	309.3	101.2	107.6	69.0	82.0	132.7	492.5
		方法二	56.4～105.5	54.1～102.4	45.6～83.6	77.9～145.2	81.5～152.4	315.6～589.3	108.2～198.2	122.1～230.6	147.0～258.7	156.6～265.9	218.0～377.6	751.9～1331.9
		方法三	53.4～81.6	53.3～78.4	45.2～65.0	76.2～111.7	80.8～117.7	309.3～454.6	101.2～153.4	107.6～176.4	69.0～202.8	82.0～212.2	132.7～299.2	492.5～1044.0

注：博物馆门票收入增加值按文物业增加值率估算；合计 = 直接贡献 + 间接贡献（扣除重复计算）。

8.1%)。这10年中，全国博物馆旅游增加值除2003年、2008年较上年略有减少外，其余7个年份均呈不同上升态势。从“十五”和“十一五”两个时期对比情况来看，绝对数量上，“十一五”期间增加值合计为669.4亿元，是“十五”期间342.4亿元的2.0倍，按可比价格计算为1.5倍；相对增速上，“十一五”期间增加值的平均增速（年均名义增长率仅为12.9%，实际增长率为6.6%）略高于“十五”期间（年均名义增长率为9.4%，实际增长率为5.8%)。

3.3 全部贡献

总的来看，全国博物馆对国民经济全部贡献保持了稳定增长。如图主2-23所示，从2001年的67.5亿元增长至2010年的216.0亿元，名义上增长了2.2倍（按2001年可比价格计算，实际增长近1.1倍），年均名义增长率为13.8%（实际增长率为8.8%)。这10年中，全国博物馆对国民经济贡献除2002年、2004年和2008年较上年有所回落，其余年份均呈上升态势。从“十五”和“十一五”两个时期对比情况来看，就绝对数量而言，“十一五”期间增加值合计为768.5亿元，是“十五”期间382.1亿元的2.0倍，按可比价格计算为1.6倍；就相对增速而言，“十一五”期间增加值的平均增速（年均名义增长率为14.1%，实际增长率为7.7%）略高于“十五”期间（年均名义增长率为10.2%，实际增长率为6.5%)。尽管2008年博物馆全面免费开放后，博物馆对国民经济的直接贡献暂时出现一定程度的下降，但博物馆对国民经济的贡献更多通过博物馆辐射和带动相关产业的发展来实现且博物馆自身产业（如纪念品出售和展品交流、个性化服务等）也会逐渐发展壮大，因此，像诸多进行“博物馆之城”建设的城市一样积极寻找博物馆与其他行业的接合点和积极发展博物馆自身产业，将成为未来博物馆提升其对国民经济贡献率的关键。①

“十五”和“十一五”期间全国博物馆对国民经济的全部贡献的构成及变化情况见图技2-14~图技2-18。

---

① 具体情况可参见主题报告第一章图主1-2的形象分析，2009年蓝皮书主题报告第一章、第三章中也有详细分析，此处不再赘述。

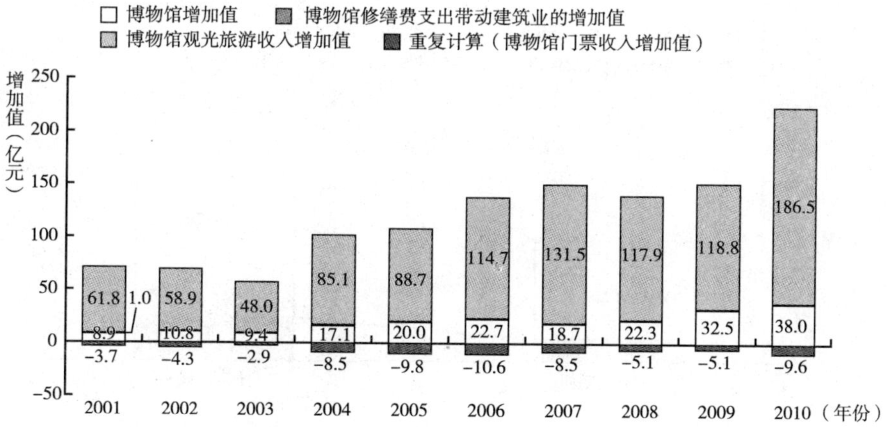

图技 2－14　“十五”与“十一五”期间全国博物馆对国民经济全部贡献构成变化情况（当年价格）

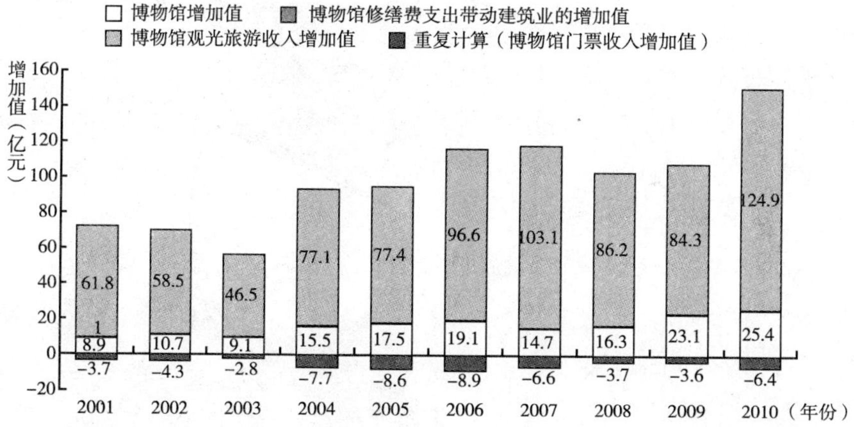

图技 2－15　“十五”与“十一五”期间全国博物馆对国民经济贡献构成变化情况（2001 年可比价格）

如图所示，虽然“十五”与“十一五”期间全国博物馆对国民经济贡献的各项构成除博物馆修缮支出带动建筑业增加值增长缓慢以外，其他两项均有显著增长，但从各自所占份额来看，基本无变化。从贡献份额来看，“大头”依然是间接贡献中的博物馆旅游增加值，占 82% 左右（扣除重复计算）；其次是博物馆增加值，占 17% 左右；最小的是博物馆修缮支出带动建筑业增加值，仅占不到 1%。

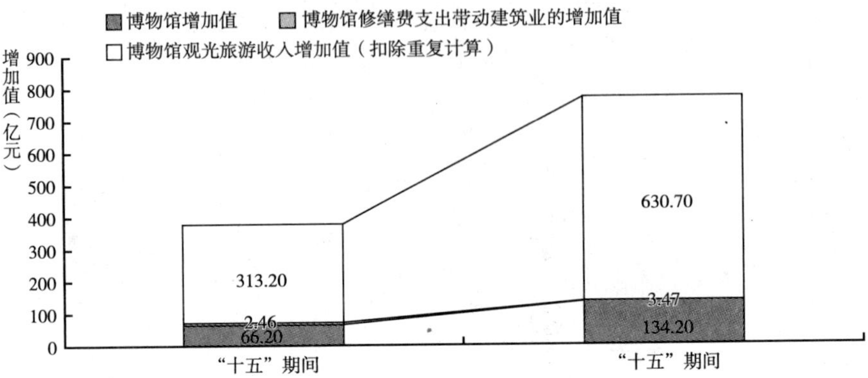

图技 2－16　“十五”与“十一五”期间全国博物馆对国民经济贡献对比

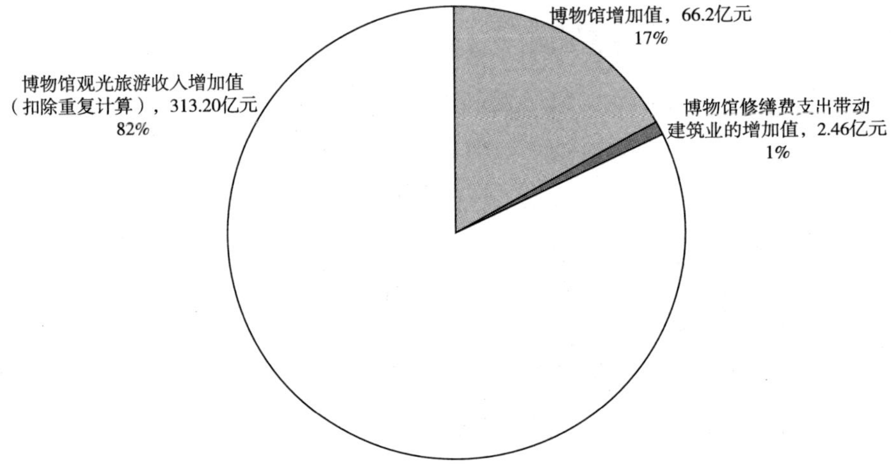

图技 2－17　“十五”期间全国博物馆对国民经济贡献构成

3.4　投入产出分析

“十五”与“十一五”期间我国博物馆收入构成见表技 2－34。

总的来看，全国博物馆收入保持了持续稳定增长。从 2001 年的 20.5 亿元增长至 2010 年的 96.1 亿元，名义上增长了 3.7 倍（按 2001 年可比价格计算，实际增长近2.1倍），年均名义增长率为18.7%（实际增长率也高达13.5%）。从

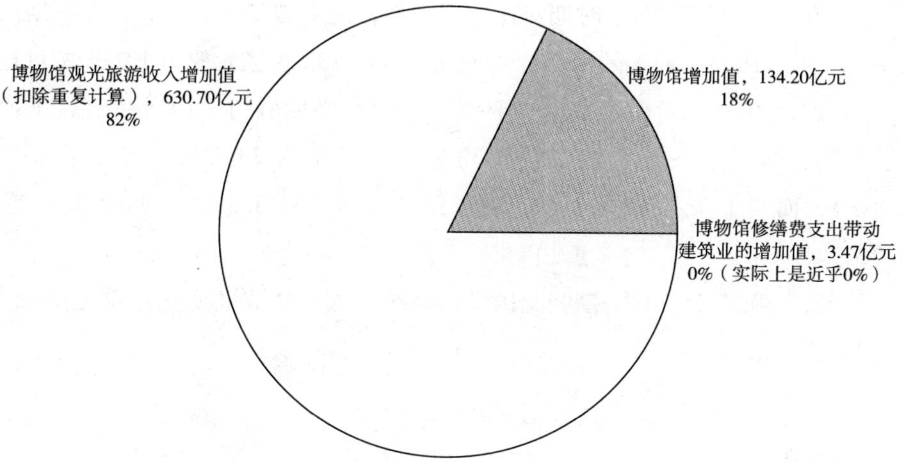

图技 2－18　“十一五”期间全国博物馆对国民经济贡献构成

表技 2－34　“十五”与“十一五”期间博物馆收入构成表

单位：万元

项　目	“十五”期间					
	2001 年	2002 年	2003 年	2004 年	2005 年	合计
财政拨款	96899. 4	112194. 7	125001. 9	147948. 5	166731. 3	648775. 8
上级补助收入	8493. 3	16009. 2	7584. 3	10426. 6	15510. 6	58024. 0
事业收入	90290. 3	103100. 5	81259. 0	123380. 9	145107. 4	543138. 1
经营收入	2895. 2	2918. 5	3898. 0	4455. 4	4604. 8	18771. 9
其他收入	6547. 4	9361. 5	17038. 0	9559. 8	12585. 1	55091. 8
本年收入合计	205125. 6	243584. 4	234781. 2	295771. 2	344539. 2	1323801. 6
项　目	“十一五”期间					
	2006 年	2007 年	2008 年	2009 年	2010 年	合计
财政拨款	203740. 3	264584. 7	435425. 8	542758. 6	728877. 1	2175386. 5
上级补助收入	18980. 3	22177. 0	30168. 8	15711. 3	26817. 6	113855. 0
事业收入	157768. 7	187617. 4	115943. 9	105499. 7	136934. 6	703764. 3
经营收入	8857. 4	6188. 1	9703. 9	10666. 4	12760. 9	48176. 7
其他收入	20579. 9	25807. 7	28706. 6	46278. 4	55785. 8	177158. 4
本年收入合计	409926. 6	506374. 9	619949. 0	720914. 4	961176. 0	3218340. 9

注：数据来源于《全国文物业统计资料》（2001～2010 年）。

“十五”和“十一五”两个时期对比情况来看，绝对数量上，“十一五”期间文物系统收入合计为321.8亿元，是“十五”期间132.4亿元的2.4倍，按可比价格计算为1.5倍；相对增速上，“十一五”期间增加值的平均增速要高于“十五”期间，如“十一五”期间的年均名义增长率为23.7%（实际增长率为16.8%），而“十五”期间的年均名义增长率为13.8%（实际增长率为10.0%）。

“十五”和“十一五”期间全国文物系统收入的构成及变化情况见图技2-19～图技2-23。

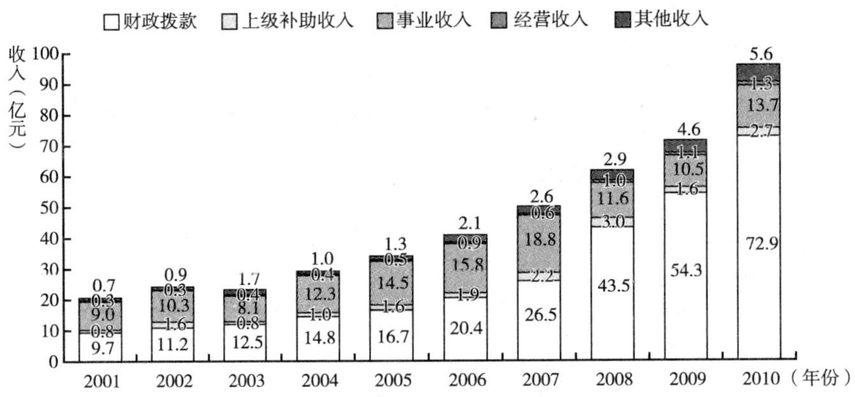

图技2-19 “十五”与“十一五”期间全国博物馆收入构成变化情况（当年价格）

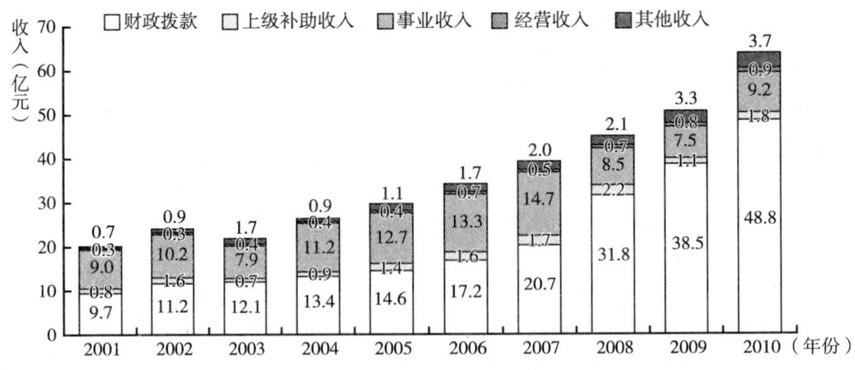

图技2-20 “十五”与“十一五”期间全国博物馆收入构成变化情况（2001年可比价格）

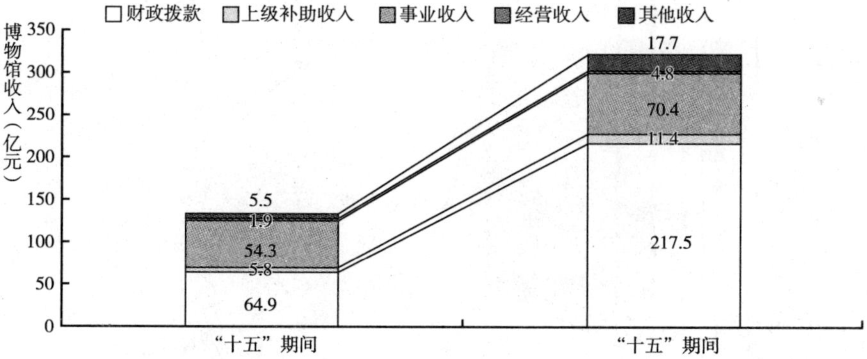

图技 2－21　“十五”与“十一五”期间全国博物馆收入对比

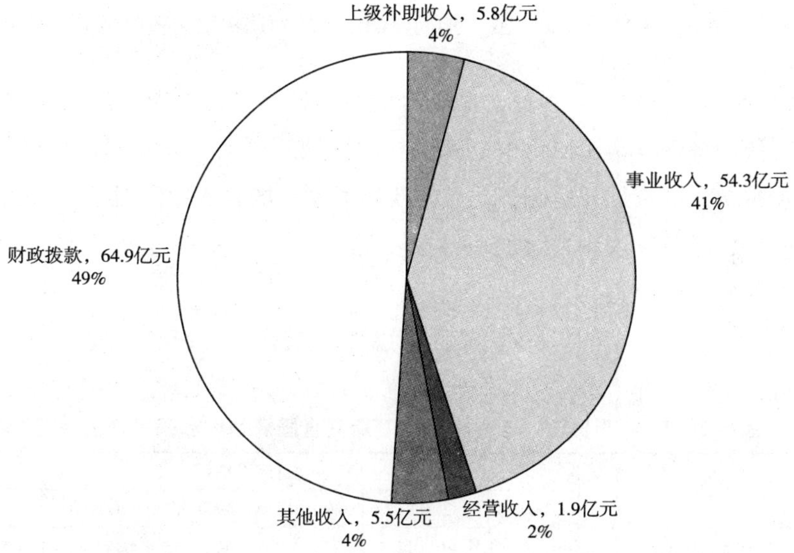

图技 2－22　“十五”期间全国博物馆对国民经济贡献构成

如图所示，“十五”与“十一五”期间全国博物馆收入中各项构成除事业收入增长较小外，其余四项均呈现明显增长，但从各自所占份额来看，财政拨款有显著增长，而事业收入则随着博物馆免费开放的推进，份额明显减少。从“十一五”期间贡献份额来看，“大头”依然是财政拨款占到59%左右，其次是事业收入占32%左右，再次是其他收入占5%左右，最小的是上级补助收入和经营收

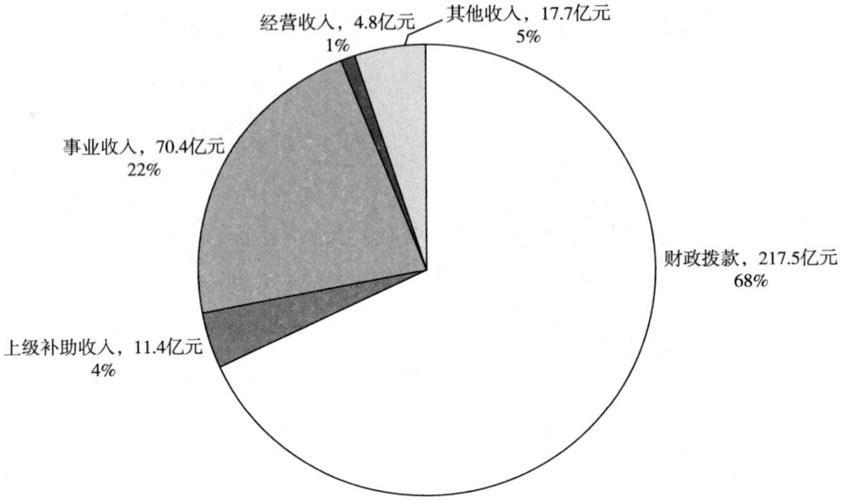

图技 2－23　“十一五”期间全国博物馆对国民经济贡献构成

入分别占 4% 和 2% 左右。不过，需要特别说明的是，这里所说的收入仅仅是博物馆的直接经济贡献，而博物馆对国民经济贡献的“大头”是其间接经济贡献。在只计算直接经济贡献的情况下，目前我国博物馆的收入中，财政拨款和事业收入比例较大，经营收入和其他收入仍有较大的提升空间，这也可能成为未来我国博物馆发展的新增长点。

“十五”与“十一五”期间全国博物馆和国民经济情况见表技 2－35。

表技 2－35　“十五”与“十一五”期间全国博物馆和国民经济情况

项　目	“十五”期间					
	2001 年	2002 年	2003 年	2004 年	2005 年	合计
博物馆财政拨款(万元)	96899.4	112194.7	125001.9	147948.5	166731.3	648775.8
博物馆对国民经济贡献(亿元)	67.5	65.95	55.20	94.00	99.40	382.05
国内生产总值(亿元)	108068.2	119095.7	135174.0	159586.8	183618.5	705543.2
博物馆财政拨款占国内生产总值比例(%)	0.0090	0.0094	0.0092	0.0093	0.0091	0.0092
博物馆对国民经济贡献占国内生产总值比例(%)	0.062	0.055	0.041	0.059	0.054	0.054
博物馆对国民经济贡献/博物馆财政拨款	7.0	5.9	4.4	6.4	6.0	5.9

续表

项　目	"十一五"期间					
	2006 年	2007 年	2008 年	2009 年	2010 年	合计
博物馆财政拨款(万元)	203740.3	264584.7	435425.8	542758.6	728877.1	2175386.5
博物馆对国民经济贡献(亿元)	127.4	142.0	136.0	147.1	216.0	768.5
国内生产总值(亿元)	215883.9	266411.0	314045.4	340506.9	400041.2	1536888.4
博物馆财政拨款占国内生产总值比例(%)	0.0094	0.0099	0.0139	0.0159	0.0182	0.0142
博物馆对国民经济贡献占国内生产总值比例(%)	0.059	0.053	0.043	0.043	0.054	0.050
博物馆对国民经济贡献/博物馆财政拨款	6.3	5.4	3.6*	3.0*	3.2*	3.8*

注：博物馆总收入、博物馆财政拨款数据来源于《全国文物业统计资料》（2001～2010 年）；博物馆对国民经济贡献数据来源于表技 2－33 方法三的平均值；国内生产总值数据来源于《中国发展报告 2011》；＊数据为剔除博物馆免费开放后门票损失影响的修正数据，修正方法详见表技 2－36。

表技 2－36　博物馆免费开放前后部分指标对比

项　目		博物馆免费开放前		博物馆免费开放后		
		2006 年	2007 年	2008 年	2009 年	2010 年
机构数	全体博物馆	1617	1722	1904	2252	2435
	免费开放的博物馆	—	—	—	1749	1893
接待参观人次(亿人次)	全体博物馆	1.2	2.6	2.9	3.3	4.1
	免费开放的博物馆	—	—	—	2.5	3.2
其中:未成年人参观人次(亿人次)	全体博物馆	0.3	0.9	0.7	1.0	1.1
	免费开放的博物馆	—	—	—	0.8	1.0
门票收入(亿元)	全体博物馆	13.9	16.8	9.1	9.9	19.1
	免费开放的博物馆	—	—	—	0.9	0.3
增加值(亿元)	全体博物馆	22.7	18.7	22.4	32.5	38.0
	免费开放的博物馆	—	—	—	21.2	25.6
博物馆对国民经济贡献(亿元)		127.4	142.0	136.0	147.1	216.0
财政拨款(亿元)	全体博物馆	20.4	26.5	43.5	54.3	72.9
	免费开放的博物馆	—	—	—	42.5	61.3
博物馆对国民经济贡献/博物馆财政拨款	未剔除博物馆门票损失的影响	6.3	5.4	3.1	2.7	3.0
	剔除博物馆门票损失的影响	—	—	3.6	3.0	3.2

注：剔除博物馆门票损失的影响是指计算"博物馆对国民经济贡献/博物馆财政拨款"时将财政拨款中直接用于弥补门票收入损失的财政拨款部分作相应扣除。博物馆免费开放带来的门票损失＝免费开放前两年平均门票收入－免费开放后两年平均门票收入＝5.85 亿元。

2011年蓝皮书计算结果表明："十五"期间全国博物馆对国民经济贡献是同期财政投入的5.9倍，"十一五"期间为3.8倍。总的来看，由于"十五"和"十一五"期间投入与产出增速之间的倒挂，直接导致了投入产出比例的逐年走低。这种状况说明博物馆的经济功能发挥得还不够，在保证财政拨款稳定增长的同时，博物馆也需要审视其管理体制、管理水平等方面的不足，考虑如何通过改善管理来提高行业的产出水平。

4 测算的误差分析

我们通过对文物系统及文物系统博物馆没有异议的直接经济贡献和基本没有疑义（四次取下限）的部分间接经济贡献的计算，定量描述了"十五"和"十一五"期间全国文化遗产事业及相关产业对国民经济的贡献。本年度蓝皮书的分析沿用了去年蓝皮书的算法，对2001～2010年文物流通经营增加值重新进行了核算，同时考虑到博物馆免费开放后门票收入减少带来的新变化，对2007年之后文物旅游吸引力因子的计算方法进行了调整，并对投入产出比进行了相应的修正，使得测算结果更加科学合理，重大的测算结果已经集中放于主题报告第二章的本章要点中。尽管这种定量测算从技术路线、算法、数据来源等方面来看已经趋于成熟，但因为数据来源的不足而必须进行的估算，使本章的定量分析存在两个方面的误差。

（1）估算误差：缺少针对性的抽样调查数据，只能根据经验采用估算的方法。

①在估计"文物及博物馆吸引力因子"时使用了门票消费估计、参观人数估计、综合判断三种方法，由于数据的针对性不足，尚无更好的估算方法；②由于缺少文物系统接待游客中观光游客比例的抽样调查数据作为依据，尚无法剔除文物业接待参观人数者中的非旅游者。

（2）类比误差：采用类比方法而带来误差，但由于本报告属于中观层面的行业分析，类比误差处于可接受范围。

①参考"十五"和"十一五"期间全国艺术品拍卖公司增加值率，计算全国文物艺术品拍卖企业增加值；②文物系统保护维修支出及全国博物馆修缮费支出带动建筑行业的增加值，根据建筑业增加值率估算而来；③以50%作为旅游业的增加值率计算文物及博物馆旅游增加值。

（本章主要执笔人：马宙宙　叶伟祺　陈　晨）

B.7
第三章
各级各类文化遗产管理机构体制机制详情

蓝皮书对文化遗产事业管理体制机制的研究已经进行到第四年，积累颇丰。今年围绕这个主题的研究，依托前三部蓝皮书的成果、相关法律法规总结、2010年中国文物信息咨询中心完成的《文物保护单位管理体制调研报告》① 和2011年关于风景名胜区的统计资料②，更有理有据地描述了文物管理体制机制的现状和问题，以使研究更具有针对性：一方面针对文物行政管理机构的“力不从心”，另一方面针对管理热点——大遗址。主题报告第三章中关于这个部分的描述是提纲挈领的，很多地方只有结论。而本部分则在主题报告的基础上深化：首先基于调查结果，按“成员—规则—机制”框架，对我国文化遗产事业相关体制机制的现状进行系统描述；在此基础上，找出文物保护单位管理的面上问题，对此进行定性和定量的分析；之后继续对大遗址保护项目的管理体制机制进行概述，并辅以案例说明；最后借鉴国际经验，通过对美国、日本的大遗址管理体制机制介绍，提出符合我国国情的政策建议。另外，本章还有以“法律法规角度的文化与自然遗产地管理体制机制异同”为题的附录，其中对我国文物保护单位管理、自然保护区管理的法律法规进行了对比研究，以明了相关差距的细节，使文化遗产事业的体制机制建设能有更明确的仿效目标。

1　文化遗产事业管理体制机制现状——基于调查

各项事业的管理都最终需要通过管理单位的行为才能得以实现。就我国的公

---

① 该研究项目为国家文物局委托中国文物信息咨询中心（即国家文物局数据中心，也是文化遗产蓝皮书的主要数据提供单位）完成，调研时间为2009年8月至2010年9月。

② 国家级风景名胜区规划实施和资源保护状况年度报告。

益事业管理而言，管理单位通常包括两类：行政管理机构和承担更具体的管理和服务职能的事业单位，作为文化遗产事业主体的文物系统（由各层级的文物行政管理机构及其下属事业单位、企业、社会组织等构成）也概莫能外。不过，由于文物工作在各层级政府中受重视程度都不高，很难获得与其职能相匹配的行政编制，因此较低层级的文物行政管理机构实际上是事业单位，这使文化遗产事业的管理具有了“个性”——整个系统的管理行政色彩较淡，且一般“一级不如一级”，诸多事务的执行常常“有心无力”。

从研究角度而言，仅仅泛泛的描述对提出改善管理的具体措施是无济于事的。要服务于行业的精细化管理，应该有数据支持，才能使我们对文化遗产事业管理体制机制的描述深入下去、有用起来。从2008年蓝皮书开始，我们尝试性地主要从应然角度描述和分析我国文化遗产事业管理体制机制的全貌：2008年蓝皮书侧重对文物保护单位①进行描述，2009年蓝皮书侧重对博物馆进行描述，2010年蓝皮书则通过具体的案例分析展现体制机制细节。通过这三部蓝皮书的努力，我们有层次地勾勒了物质文化遗产管理体制机制的概貌——既描述了事业体制，也描述了具体的管理单位体制和工作机制。但这些描述和分析基本只停留在定性层面。2010年年底，作为本书主要数据支持单位的国家文物局数据中心（中国文物信息咨询中心）在调查基础上完成了《文物保护单位管理体制调研报告》，并开始建立“全国文物保护单位及管理机构信息数据库”，这使今年蓝皮书的相关分析能从实然角度定量进行，能更准确地从体制机制角度发现文化遗产事业的现实问题并提出制度性对策。基于此，本章结合调查结果，对我国文化遗

① “文物保护单位”一词的用法存在不少争议，因为这个词组中的“单位”并非中国政策语境中通常所指的承担某项事务的组织。例如，《中国文物报》2010年3月3日和19日刊登的文章《文物保护单位申报与管理中的“正名”问题》（作者为江苏省文物局束有春）指出：我们的许多“文物保护单位”是不能自成单位的，那些处于荒郊野外的遗址、墓葬、石刻等，有的已沉睡数千年，一旦重见天日，其“单位”的身份是今人给予，其含义又倒真的与今人之“单位”有古今时空差别……既然“文物保护单位”是由各级政府公布，并已在法律上予以确立并被广泛使用，《辞海》在下次修订时，应在“单位”一词后面增加一款解释：“用于专指由各级政府通过法律手段予以公布保护的不可移动文物的定性定级，分全国重点文物保护单位、省级文物保护单位、市（县）级文物保护单位，如：大汶口遗址、南京城墙等。”如果不能做到这一点，则文物系统应该加强研究，另给有历史价值、科学价值、艺术价值的文物古迹一个科学合理的定名。基于这种情况，本书中的文物保护单位管理体制实际上指的是不可移动文物的管理单位体制。

产管理体制进行实然分析。实然层面的管理体制情况仍按“成员—规则—机制”框架来描述，且专门分析前三部蓝皮书中涉及较少的文物行政管理机构的现状。考虑到公立博物馆也都属于事业单位，与文物保护单位的管理单位的体制类似，且《文物保护单位管理体制调研报告》仅限于文物保护单位，因此本章的相关分析只简单涉及博物馆①。

1.1　管理成员

按照主题报告第三章中提出的“成员—规则—机制”框架，本章首先对参与文化遗产事业管理的“成员”进行分类，之后根据调查结果按分类进行量化比较分析。前三部蓝皮书已经较为详细地总结了我国文物保护单位和博物馆“条块分割，多头管理”的问题。可以说，管理成员多元化是我国物质文化遗产管理体系的特点也是相关管理问题重要的体制成因。因此，对直接参与物质文化遗产管理的“成员”进行分类分析，利于明确“多元”的管理成员并理顺物质文化遗产管理的成员体系。

1.1.1　行政管理机构的情况

物质文化遗产管理，涉及诸多社会管理和公共服务事项，需要依托文物行政管理机构和事业单位等来承担。但我国常见的情况是“机构编制情况与事权不对称”，这使相关管理和服务工作出现“没单位管、没人管或者没能力管”的现象。具体可从两方面描述。

第一，中央政府层面，文化遗产管理机构的行政级别相对较低，难以胜任全方位管理高价值文化遗产的任务。比如，我国现在拥有世界遗产的数量位居世界第三位，是世界遗产大国。但是从国家层面上，没有一个全国统一的世界遗产行政管理部门（目前世界自然遗产、文化遗产、混合遗产以及文化景观在名义上由分别归属于住房与城乡建设部和国家文物局的一个“处”来协调管理）。而且，各个世界遗产单位，实行属地化管理，即真正的日常管理权由较低层级的地方政府掌握（通常为地市一级政府，世界遗产具体管理单位通常为该级政府的下属事业单位）。又如，我国的历史文化名城由住房和城乡建设部、国家文物局共同管理，但

① 有关博物馆的相关分析可以见主题报告第三章。其中给出了部分结论性的描述。而想要了解我国博物馆事业的全貌，可参见2009年文化遗产蓝皮书主题报告第一章和第三章。

这种管理基本只能在规划制定和审批层面体现。由于日常管理缺少控制手段，加之人员有限，连规划的管理也只能委托下属事业单位承担。①

第二，地方政府层面的问题更多，主要体现在三方面（各省份文物行政管理机构的情况可参见表技 3－1，其分类标准参见主题报告第三章 2.1 节）。②

表技 3－1　全国 31 个省级行政区文物管理机构设置概况

省　份	机构级别及性质	机构编制情况	相关情况说明
北　京	市政府直属正厅级行政机构(一级局)	内设 8 个业务处室:办公室(对外联络处)、政策法规处、文物保护处、博物馆处、文物市场管理处(文博产业管理处)、考古科研处、计划财务处、组织宣传处(人事处)	2009 年机构改革时加强培育、引导和扶持本市相关产业健康发展的职责,行政编制 54 名,是我国目前规模最大的省级文物行政管理机构
天　津	副厅级非独立行政机构(准二级局)	天津市文化广播影视局,加挂天津市文物局牌子(文物局局长为副厅级干部),内设与文物保护有关的两个处室:文物保护处和博物馆处	
河　北	副厅级事业单位(准二级局)	内设 6 个业务处室:办公室,规划财务处,文物保护处,博物馆处,执法督查处,机关党委	
山　西	省政府直属正厅级行政机构(一级局)	内设 8 个业务处室:办公室、人事教育处、政策研究宣传处、规划财务处、文物管理处、博物馆管理处、行政执法处(文物安全督察处)、对外合作办公室	行政编制 41 名
内蒙古	省级政府组成部门的内设正处级机构(三级局)	自治区文化厅内设文物处,加挂自治区文物局牌子	
辽　宁	副厅级非独立行政机构(准二级局)	省文化厅加挂省文物局牌子(文物局局长为副厅级干部),内设与文物保护有关的 3 个业务处室:文物保护处、博物馆处、文物执法监督处	

① 主要由住房和城乡建设部城乡规划管理中心承担具体工作。由住房和城乡建设部授权代行部分政府职能，负责组织对申请国家历史文化名城专项补助资金项目的审查及实施情况的检查、监督工作，负责重点风景名胜区动态监测的实施和日常工作，组织制定相关标准、规范、规程，提出动态监测报告。但在这个机构中，文化遗产相关管理工作也是被边缘化的。

② 其中不含港澳台。相关资料均来自各省文物局的官方网站，若干细节与相关省文物局办公室电话确认。

续表

省　别	机构级别及性质	机构编制情况	相关情况说明
吉　林	副厅级非独立行政机构(准二级局)	省文化厅加挂省文物局牌子,内设与文物保护有关的两个业务处室:文物保护处(文物执法督查处)、博物馆处	2009年机构改革时,吉林省文物局被撤销
黑龙江	副厅级非独立行政机构(准二级局)	省文化厅加挂省文物局牌子,内设文物保护有关的两个业务处室:文物保护和考古处、博物馆与社会文物处	
上　海	副厅级非独立行政机构(准二级局)	市文化广播影视管理局加挂上海市文物局牌子(文物局局长为副厅级干部),内设与文物保护有关的两个业务处室:文物保护管理处和博物馆管理处	2010年挂牌,市文化广播影视管理局局长兼任文物局局长,另有专职副厅级副局长
江　苏	副厅级事业单位(准二级局)	省文化厅下属事业单位,内设4个业务处室:综合管理处、文物保护处、博物馆处、法规处	
浙　江	副厅级独立行政机构(二级局)	内设4个业务处室:综合处、文物安全处、文物保护与考古处、博物馆与社会文物处	专设浙江省文物监察总队
安　徽	副厅级独立行政机构(准二级局)	内设3个业务处室:办公室、文物保护处、博物馆处(均为副处级建制)	
福　建	副厅级独立行政机构(二级局)	兼省文物管理委员会办公室	依法设立(《福建省文物保护管理条例》),是省文物管理委员会的日常办事机构,有协调职能
江　西	副厅级非独立行政机构(准二级局)	内设3个与文物有关的业务处室:博物馆处、文物保护处、文物执法处	
山　东	省政府直属正厅级事业单位(准一级局)	兼山东省中华文化标志城规划建设办公室,设8个业务处:综合处、规划财务处、文物保护与考古处、督察执法处、博物馆与社会文物处、国际合作交流处、项目建设处和大遗址保护处	2011年机构改革时强调负责中华名城的项目的筹备等,并非专门加强文物局职能
河　南	副厅级独立行政机构(二级局)	内设7个业务处室(均为正处级):办公室、计划财务处、文物保护与考古处、博物馆与科技处、文物安全处、文物资源管理与开发利用处、南水北调文物保护办公室	行政编制38名
湖　北	副厅级事业单位(准二级局)	与文物管理有关的有4个业务处室:综合处、文物处、博物馆处、文物安全鉴定处	

续表

省　别	机构级别及性质	机构编制情况	相关情况说明
湖　南	副厅级事业单位(准二级局)	内设5个业务处:综合处、文物保护处、博物馆处、政策法规处、文化遗产申报管理处,事业编制21名	
广　东	省级政府组成部门的内设正处级机构(三级局)	广东省文物局是广东省文化厅内设处室(文物处),加挂广东省文物局牌子	
广　西	省级政府组成部门的内设正处级机构(三级局)	广西壮族自治区文物局即广西壮族自治区文化厅下属的文物处	
海　南	省级政府组成部门的内设正处级机构(三级局)	海南省文化广电出版体育厅文物处,加挂海南省文物局牌子	
重　庆	副厅级非独立行政机构(准二级局)	重庆市文化广播电视局加挂重庆市文物局牌子(文物局局长为副厅级干部),内设与文物有关的2个业务处室:文物保护处(三峡文物保护处)和博物馆处	
四　川	副厅级独立事业单位(准二级局)	内设4个业务处室:办公室、文物保护处、博物馆处、国家文物进出境审核四川管理处	事业编制15名,专设了文物进出境管理部门
贵　州	副厅级独立行政机构(二级局)	内设5个业务处室:综合处、文物保护处、文物资源利用处、文物监督管理处、博物馆处	专设了文物资源利用管理部门
云　南	副厅级独立行政机构(二级局)	内设2个业务处室:文物处(加挂文物执法督察处牌子)和博物馆处	
西　藏	副厅级独立行政机构(二级局)	内设4个业务处室:办公室、宣保处、文物博物馆处、文物鉴定组	
陕　西	省政府直属正厅级独立行政机构(一级局)	内设7个业务处室:办公室(财务处)、政策法规处、文物保护与考古处、博物馆与社会文物处、督察与安全保卫处、外事处、人事处	行政编制49名,强调管理文物保护专项经费并监督使用的职能
甘　肃	副厅级独立行政机构(二级局)	内设6个业务处室:办公室(加挂计划财务处牌子)、政策法规处、机关党委、文物保护处、博物馆处、安全督查处	行政编制28名
青　海	正处级事业单位(准三级局)	青海省文物管理局为省文化和新闻出版厅下属正处级事业单位(厅内设机构中没有与文物、博物馆相关的处室),负责全省文物和古迹的保护及管理工作,事业编制6名	文化和新闻出版厅的“三定方案”中没有负责辖区内文物行政执法的职能

续表

省　别	机构级别及性质	机构编制情况	相关情况说明
宁　夏	省级政府组成部门的内设正处级机构（三级局）	隶属自治区文化厅，是文化厅的内设机构	没有文物执法职能，〔由自治区文化市场行政执法总队执法督导处（文物执法监察队）承担〕
新　疆	副厅级独立行政机构（二级局）	隶属自治区文化厅，内设3个业务处室：文物保护处、办公室、博物馆处	强调编制文物事业经费预算的职能

①省级文物行政管理机构的级别较低，且不统一。理论而言，一个区域某一方面事务的行政管理机构，应该与该省份这方面事务的影响大小、工作量大小相称①。但即便像河南这样的文物大省，负责管理全省文化遗产事业的行政管理机构，还是“副厅级”行政机构，这与其文物工作的重要性、文物管理工作的量都是很不相称的。同时，需要指出的是，还有相当数量的省份文物局只是正处级行政机构（或事业单位），其行政权力和政治地位显然影响省级层面上的文物管理和相关工作协调。另外，国家文物局2009年成立督察司后，全国31个省份名义上均成立了专兼职省级文物行政执法与安全监管机构，但真正专设文物安全督察工作相关业务处的只有7个省份，这使当前文物保护中最重要的文物安全工作也缺乏机构编制的保障。

②基层文物行政管理机构数量严重不足，行政资源配置少。比如，河北省大部分文物分布在县（市、区），而县（市、区）又是文物保护的薄弱环节。文物管理部门作为文物保护和监督管理的主体，目前存在着管理系统机构不全、队伍薄弱、经费紧张的问题。从机构看，河北省全省县级行政区设有文物管理专门机构（含文物旅游局）的不到10%②（河北全省有县级行政区172个），且多数职能局（如文物旅游局）其工作重点并不在文物保护上③。全国只有少数省份，这

① 例如，国家海洋局只是副部级行政机构，但我国的大多数沿海省均将海洋局设置为正厅级行政管理机构。

② 例如，唐山、承德、沧州、廊坊、衡水等市下辖各县的文物管理专门机构还是空白，有不少历史文化名城和文物大县像遵化市、蔚县也未设专门的文物行政管理机构。

③ 例如，河北涉县文物旅游事业管理局是县政府直属事业单位，其主要职能为组织和指导全县文物旅游资源开发、利用、保护和旅游基础设施建设和对全县的各种文物依法进行保护管理。其工作指导思想是“发展大旅游，建设大产业，创建优秀旅游城市”，其官方网站宣传的主要成果是：被评为河北省旅游强县，打造了娲皇宫、129师司令部旧址、青塔湖、九峰山、韩王山和黄花山六大精品景区，形成了红色游、古文化游、绿色游相映生辉的大旅游格局。

方面有政策法规的支持，机构设立情况较好。[①] 另外，即便设置了行政管理机构，许多县级文物局也存在管理专职人员缺乏、专业水平不高、文物保护经费紧张、文物保管条件简陋等现象。

③基层地方政府文物行政管理机构编制混乱，缺少统一的标准。全国绝大多数县级文物局是事业单位，工作人员是事业编制，工作经费不一定纳入财政预算（尽管《文物保护法》中的“五纳入”在这方面已经有明确规定）。

这样的行政管理机构设置情况，也与我国的分层级保护文物的管理体制明显不对称：我国采用分层级的文物保护体制，国务院公布全国重点文物保护单位，省级政府公布省级文物保护单位，市、县级政府公布市、县级文物保护单位。这种情况下，每一个层级的文物行政管理机构都要对所管辖的文保单位负责。但基层政府的文物行政管理机构设置不健全、力量弱，这使其不仅难以和其他政府部门沟通协调，也难以对法人进行严格的执法。这样，现实管理中难免呈现级别越低的文物保护单位破坏越严重的现象，大多数破坏文物的事件和案件发生在非中心城市不是偶然的。

1.1.2 文物保护单位管理机构情况

（1）文物保护单位的所有权和使用权归属及管理机构设置情况

我国不可移动文物的直接管理机构情况比较复杂，这在相当程度上是因为文物的权属关系复杂，所以相关研究需要首先从文物所有权和文物使用权两方面进行分类。

根据文物所有权（即文物资源的归属性质），可以分为国家所有、集体所有与私人所有三种类型[②]；根据文物使用权（即文物资源保护和日常管理权），也

① 例如，《福建省文物保护管理条例》（1996年颁布，2009年修订）中明文规定：“省、设区的市和文物较多的县级人民政府设立文物管理委员会，协调管理本行政区域内的文物保护工作，下设办事机构负责处理日常事务”。由于县级文物局即为县文物管理委员会的办事机构，这种“依法定编”使福建省基层地方政府的文物行政管理机构的设置情况从全国范围来看较好，设有文物局的地级市占全省的约5/6、县级行政区占全省的约2/3。

② 依据2002年《文物保护法》，我国文物的所有权可以分为国家所有、集体所有以及私人所有三类（当然，也有极少部分有共同所有权，如有些古建筑是国家和私人共同所有）。无论从数量还是质量而言，国家所有的文物是我国文物资源的主体，因此一般对其采取公有制的管理方式。与这种公有制对应，我国的文物主要采用的是非营利的以委托—代理为特征的事业单位管理体制：先将国家所有的文物委托给某一级政府代管，某一级政府的某个职能部门再将其委托给下属的事业单位代管。

可分为国家所有、集体所有与私人所有三种类型。而根据不可移动文物所有权和使用权的不同属性，可将不可移动文物管理的参与成员分为三大类（如主题报告第三章表主3－2的分类）。在现实操作过程中，使用权中的集体所有又可分为事业单位管理和国有企业管理；私人所有又可分为私营企业管理和非营利社会组织管理。

由于历史原因，文物保护单位的所有权、使用权呈现多样化的情况，这种情况使得文物保护单位管理机构的设置也难免多样化，表技3－2和图技3－1根据调查结果进行了分类。

表技3－2　文物保护单位所有权分级统计表

单位：处，%

	国保单位		省保单位		市县保单位		小　计	
	数量	比例	数量	比例	数量	比例	数量	比例
国家所有	1821	92.67	5307	80.78	22639	70.94	29767	73.59
集体所有	107	5.45	1015	15.45	7386	23.14	8508	21.03
个人所有	22	1.12	211	3.21	1658	5.20	1891	4.68
其他所有	15	0.76	37	0.56	231	0.72	283	0.70
合　计	1965	100.00	6570	100.00	31914	100.00	40449	100.00

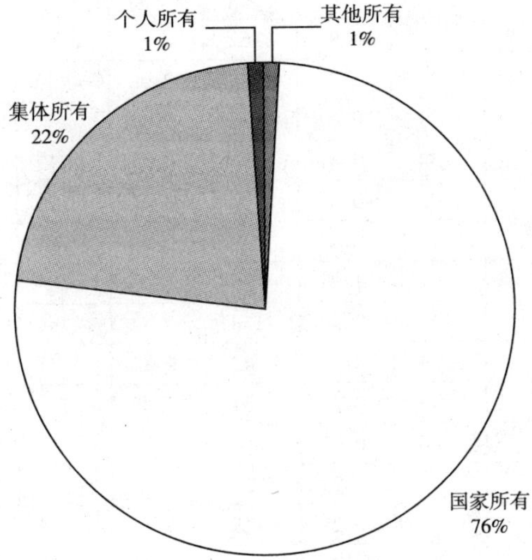

图技3－1　我国文物保护单位所有权状况

不难看出，文物保护单位以“国家所有”为主，“集体所有”也占一定比例，而“私人所有”比例较小。国有比例又与遗产保护单位的级别有关，保护单位级别越高，国家所有的比例越大。另外，文物保护单位所有权的地方差异很大，“国家所有”比例较大的有新疆、黑龙江、西藏、重庆、辽宁等省份，均超过90%；比例较小的有广东、海南、青海等省份，都在50%以下，青海的比例甚至在20%以下。“集体所有”比例较大的有青海、海南、广东、山西、江西、吉林、云南等省份，均在30%以上。“个人所有”比例较大的有江西和广东省，都超过了10%。由此可见，在所有权层面，以“国家所有”和“集体所有”为主，“私人所有”比例较小。

在使用权方面，随着我国行政管理体制改革与事业单位改革的不断深化，使用权集体所有与私人所有的比例也有增加的趋势。使用权集体所有中，比较常见的形式是事业单位拥有使用权，对遗产进行专业化的管理，兼顾利用。使用权集体所有的另一种形式是国有企业参与管理。随着我国文物管理体制改革的不断深

表技 3-3　文物保护单位管理状态分级统计表

单位：处，%

		国保单位		省保单位		市县保单位		小计	
		数量	比例	数量	比例	数量	比例	数量	比例
文物部门管理	有专门机构管理	1282	74.84	3569	62.56	14999	61.87	19850	62.69
	非专门机构管理	188	10.97	1162	20.37	6386	26.34	7736	24.43
非文物部门管理	民族事务部门	21	1.22	56	0.98	150	0.62	227	0.72
	国土部门	7	0.41	27	0.47	130	0.54	164	0.52
	建设部门	14	0.82	36	0.63	133	0.55	183	0.58
	环保部门	0	0.00	2	0.04	10	0.04	12	0.04
	林业部门	11	0.64	37	0.65	114	0.47	162	0.51
	旅游部门	31	1.81	85	1.49	153	0.63	269	0.85
	宗教部门	50	2.92	178	3.12	384	1.58	612	1.93
	军　队	4	0.23	47	0.82	71	0.29	122	0.39
	村委会	5	0.29	51	0.89	515	2.12	571	1.80
	民政部门	6	0.35	54	0.95	335	1.38	395	1.25
	文化部门	5	0.29	27	0.47	192	0.79	224	0.71
	教育部门	5	0.29	25	0.44	94	0.39	124	0.39
	其他部门	78	4.55	318	5.53	289	1.19	685	2.16
无专门部门管理		6	0.35	31	0.54	289	1.19	326	1.03
合　计		1713	100.00	5705	100.00	24244	100.00	31662	100.00

化，众多管理单位转变原先的行政管理和事业单位管理体制，纷纷成立国有企业，通过企业型的管理方式，提高遗产保护和利用的效率。① 使用权私人所有也分为两种具体形式，即私营企业管理以及非营利组织管理。私营企业管理类的成员，更重视市场力量，通过市场化的经营模式管理文物，利用效率较高，但存在忽视公益性价值和不注重保护的潜在弊端；非营利组织管理文物，能体现文物的公益性价值，但该类管理成员的资金来源以社会渠道以及经营收入为主，保障日常运转的资金压力较大，尤其在我国的公益捐赠机制存在诸多障碍的情况下②。

根据调查到的情况，超过80%的国保单位、省保单位和市保单位归文物部门管理，少部分文保单位归其他系统管理。但即使在文物系统内部，仍有10.97%的国保单位、20.37%的省保单位和26.34%的市县保单位没有专门机构管理，《文物保护法》规定的不可移动文物管理的“四有”要求仍然不能完全落实。

（2）文物保护单位管理机构的分类

在遗产所有权和使用权高度分离且属性不同的条件下，可将目前不可移动文物管理的参与者（即管理成员）划分为行政管理成员、事业单位管理成员以及企业型管理成员三种类型。其中事业管理是“大头”，而行政管理和企业型管理是“小头”。即我国的不可移动文物，被挂牌为文物保护单位的，大多数由事业单位性质的文物保护管理机构进行直接管理。需要特别强调的是，部分不可移动文物的直接管理机构是地方文物行政机构或者是地方政府③，所以不可移动文物的管理存在行政管理体制。

可以将这三种文物保护单位管理机构类型准确定义如下：①行政管理体制主要指所有权归国家或者集体所有，而使用权归国家所有的管理模式。行政管理模式是政府主导下的管理模式，行政管理机构负责文物单位的保护与管理，有的行政管理机构还在一定范围内代行地方政府的大多数职能；②事业单位管理体制指文物资源所有权归国家所有，而以事业单位形式存在的管理单位受政府委托行使日常管理权的管理形式。事业单位管理体制是我国文物管理的主要形式；③企业型管理体制指文物资源所有权归国家、集体或者私人所有，而使用权归私人或者

① 不过，这种改制很有可能将保护置于次要地位，如兵马俑博物馆被改制为企业后就出现了诸多问题，具体可参见2008年蓝皮书技术报告第三章。

② 具体可参见2009年蓝皮书技术报告第三章中的相关分析。

③ 如良渚国家考古遗址公园就是由地方所设的类“文物特区”政府直接管理。

独立的企业法人所有。企业型管理是遗产管理单位完全面向市场的一种管理形式，负责文物资源的保护和利用，自收自支，自负盈亏。

这三种管理机构类型与三种文物所有权、三种文物使用权类型之间并非一一对应关系，具体关系比较复杂，三种类型从管理效果来看也各有利弊（参见表技 3－4）。

表技 3－4　我国文物保护单位三种管理体制利弊比较

		行政管理体制	事业单位管理体制	企业型管理体制
权限	使用权转让权	高	低	中
	人员调动安排权	低	中	高
	经营机制调整权	低	中	高
	协调权	高	中	低
资金机制		财政拨款为主	财政拨款与自收自支相结合	自收自支为主
体制特点		管理成员相对“统一”，且政令统一、执行有效；有一定行政级别，且有较为规范的行政权责以及职能的划分。管理单位具有一定行政权力，便于在文物管理中协调系统外资源以及调动系统内资源	有专门的、独立的单位和机构进行管理；管理方式较为灵活，利于提高遗产的管理效率	能够充分利用市场竞争机制，提高单位内部的运营效率，增加单位的经营收入，提高单位的经营效率。机制灵活，组织弹性大
体制不足		管理成本较高，缺少市场性的竞争机制，可能出现行政层级体制的低效问题（政府行政力量的介入，可能扭曲市场化的竞争机制，不利于文物单位提高经营效率）	管理成员不统一，政令难以统一；难以与行政单位一样规范、统一，在确保文物发挥公益价值方面，不如行政机构直接管理高效	以利润最大化为经营目标，可能忽视文物资源的保护和公益性价值；与各方面协调能力较
适用范围		适合用于高品质、体量大、周边环境复杂难以进行封闭隔离式管理的不可移动文物	高品质且易采用封闭隔离式保护的文物	中等品质、易保护的文物

1.1.3　文物保护单位管理体制分类的案例说明

上文指出，我国文物保护单位管理成员呈现出事业单位管理为主、行政管理和企业管理为辅的局面。然而这种管理单位体制是否合理，其各自的特点和适用范围何在？针对这个问题，本小节通过案例对三类单位体制进行详细说明。

（1）行政管理体制

权限角度，行政管理体制的管理成员拥有一定行政权力，行政协调能力较强：对文物的所有权转让、资金用途、经营机制选择等方面具有相对较大的自主权力，在管理过程中更利于执法。

资金角度，行政管理单位通常有固定资金来源（以财政拨款为主），可谓相对"衣食无忧"；而自筹资金相对较少，资金渠道也相对单一。另外，单位收入也要上缴上级单位和财政部门，是典型的"收支两条线"运作模式。

管理效果角度，政府主导文物单位的管理事项，设置专门机构，政令统一、执行有力。同时，文保单位有一定行政级别，便于在文物管理中协调系统内外资源，促进文物单位实现管理目标。①

适用范围角度，行政管理体制的国家控制力、横向协调力较强，适合用于高品质、体量大、周边环境复杂的不可移动文物管理。这类文物，由于涉及诸多利益相关者（包括不同的行政单位），通过较高级别的行政单位（如"文物特区"政府）来全面统筹，能较好地协调各方利益，在充分保护和管理好不可移动文物的同时，促进地区整体发展。这种体制的优点，已在一些自然遗产管理中得到体现。②

另外，需要说明的是，作为我国文化遗产事业重要平台之一的风景名胜区管理体系，大多数采用的是行政管理体制，即成立风景名胜区管理委员会，在相当多的方面代行地方政府职能，且这种职能范围比目前各地以不可移动文物为核心（主要指大遗址）建立起来的"文物特区"政府更广。例如，武汉市东湖风景名胜区管理委员会，就下设经济社会发展局、财政局、风景园林管理局等，其职能不仅有通常管理委员会都有的规划、监管等，还包括风景名胜区各项建设的建设市场和建筑行业管理，风景名胜区范围内的市容环卫、户外广告、市政设施维护管理等城市管理工作和综合执法工作。这些方面的职能，与目前大遗址类型的文

---

① 这一点在大遗址保护项目的建设中尤为突出。因为大遗址保护项目建设涉及诸多利益相关者，仅仅凭借文物部门来统筹发展，显然力不从心。而如果通过层级较高的地域性行政机构来整体把握项目建设，则能较好地完成各方协调问题。良渚国家考古遗址公园在这方面有较为成功的经验。

② 例如，我国的大熊猫自然保护区——四川卧龙自然保护区，就成立了一个特区政府，对保护区及其周边两个乡镇实施统一的行政管理。这个保护区，也是我国目前力量最雄厚、管理最规范、科研力量最强的自然保护区。

物保护单位的行政管理体制相比，更加丰富。下面以浙江杭州良渚遗址管理区管理委员会为例介绍文物保护单位行政管理体制的特点。

• 案例

作为国家首批 12 个国家考古遗址公园之一，良渚遗址率先建立了比较典型的行政管理体制。

2011 年，统一管理良渚大遗址的副厅级行政机构——杭州良渚遗址管理区管理委员会（加挂浙江省杭州良渚遗址管理局牌子）① 正式成立。杭州良渚遗址管理区在杭州市的领导下，由余杭区负责管理，其范围为良渚、瓶窑两镇，区域面积 242 平方公里。其管理职能是：负责管理区范围的文物保护、城乡规划、经济开发、社会管理及其他工作协调与监督等，并受余杭区委托，对良渚、瓶窑两镇实施管理。被纳入行政管理体制且有较高的行政级别，为良渚大遗址的统筹管理打下了较好的体制基础。良渚遗址管理区的具体机构组成如图技 3－2。

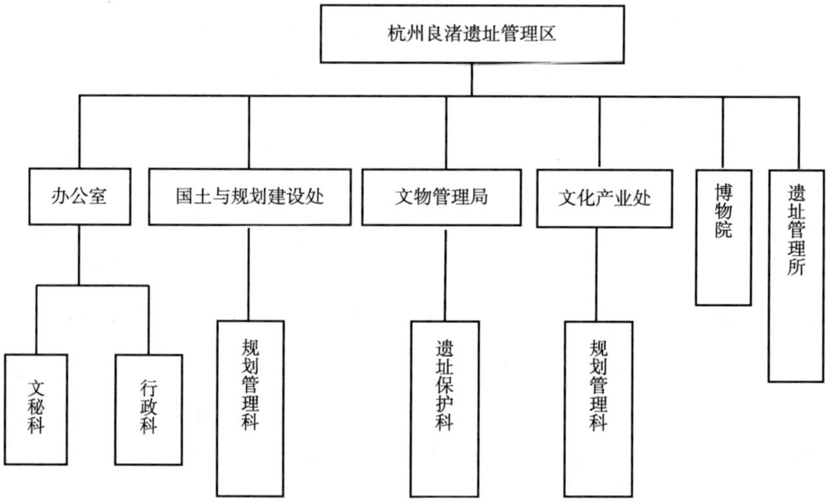

图技 3－2　浙江良渚遗址管理区管理委员会机构框架图

2012 年颁布的《杭州市良渚遗址保护管理条例》，不仅明确了行政管理体制，也对重要的管理机制（如资金机制）有详细说明："杭州市、余杭区人民政

① 2011 年 9 月，根据浙江省人民政府《关于设立杭州良渚址管理区的批复》（浙政函［2011］205 号）和杭州市机构编制委员会有关文件精神而设定。

府应当将良渚遗址保护管理经费分别列入本级财政预算。良渚遗址保护管理机构应当多渠道筹集资金，设立良渚遗址保护专项资金。专项资金应专款专用于良渚遗址的保护，并接受财政、审计部门的监督。鼓励国内外社会力量捐助良渚遗址保护事业。”

目前来看，良渚“特区”式的行政管理模式在遗址保护和利用中取得了一定的成绩，相对较好地实现了“统一”与“规范”①。不过，相对风景名胜区的行政管理体制，良渚遗址管理区管理委员会的权限仍然较小，在城市管理和建设市场行业管理上仍然需要拓权（参见良渚管委会反映的第二方面的管理困难），这样才能确保遗址区范围内所有可能与文物保护和利用发生关系的活动都处于管委会的直接监管之下。而且，良渚遗址也未能实行特许经营机制，这使管委会在经营方面“既当裁判员又当运动员”的情况仍然有可能出现。

（2）事业单位管理体制

权限角度，事业单位管理体制的管理成员依旧属于国家编制，仍具有体制内的优势。微观层面，对文物单位的资金用途、经营机制选择等方面具有相对较大的自主权力，人事安排上具有较为宽松的自主性，但事业单位管理体制的管理成员无权转让文物的使用权，若需要转变使用权权限，需要获得文物行政机关的审批。宏观层面，一定程度上听从相关行政部门的命令与指挥，难有行政管理体制的协调能力。

资金角度，事业单位有部分财政拨款，但拨款的保障程度不及行政管理类单位；而自筹资金相对较多，资金来源渠道相对丰富。

管理效果角度，有专门的、独立的单位和机构进行管理，可以根据遗产的具体情况执行管理职能。在管理和经营方式上可以根据单位和遗产的具体性质进行适度的市场化，管理方式较为灵活，利于提高遗产的管理效率。

---

① 这种较好是相对的，即便良渚遗址管理区管委会自身也认为还有以下四方面管理困难：一是由于遗址管理区位于杭州主城北部及余杭区瓶窑、良渚两大组团中心区域，经济发展和城市化进程较快，对实现遗址保护带来较大的影响。二是目前遗址管理区的机构设置和管辖权限还较弱，无法真正实现对遗址管理区的统一管理。三是遗址保护投入力度较小，遗址保护与展示还缺乏必要的资金，保护区内的居民、企业搬迁也无法得到有效的推动。四是申遗工作还未能得到有效推进，严重影响遗址保护工作的开展。具体可参见 http：//www. yuhang. gov. cn/class/class_427/articles/322512. html（浙江省杭州市余杭区政府网站）。

适用范围角度，事业单位管理体制位于行政管理和市场管理之间，既具有一定行政调解能力，也能相对市场化经营，适合平衡发挥文物的公益价值和经济价值。因此，该管理模式适合高品质且易采用封闭隔离式保护的文物。针对该类文物，事业单位管理体制能够在保护文物、发挥文物公益价值的同时，通过灵活经营充分开发文物经济价值，实现双赢。

• **案例**

2010年蓝皮书中着重分析了敦煌石窟的管理单位体制，其中敦煌研究院是负责保护和管理敦煌石窟的主要单位。可以说敦煌研究院就是文物管理事业单位的代表。

《甘肃敦煌莫高窟保护条例》① 中第五条规定："敦煌莫高窟保护管理机构具体负责敦煌莫高窟保护范围内的保护和管理工作，并接受省人民政府及其有关行政部门和当地人民政府的监督管理"。其中的管理机构就是正厅级事业单位敦煌研究院。

敦煌研究院是敦煌学研究的科研单位，也是保护敦煌石窟（莫高窟、榆林窟、西千佛洞）和其他文物并对外开放的直接管埋机构。② 作为兼具多种功能的事业单位，敦煌研究院的下属机构众多（参见表技3－5）。

表技3－5　敦煌研究院机构组成以及相关职能

类　别	下属机构	职能
综合管理类	办公室	全面负责全院政务、财务、后勤、园林绿化等综合性部门
	党委办公室	院党委下属的综合办事机构
	人事处	主要负责全院的机构、人员编制、干部考核、任免（聘解）、交流、奖惩、录用、调配、干审、离退休、劳动工资、人事档案的管理；负责全院的职称评聘，专业人员继续再教育工作；负责职工的劳动保险、保护管理工作

① 该条例于2002年12月7日甘肃省九届人大常委会第三十一次会议通过，并于2003年3月1日颁布实施。

② 敦煌研究院是管理石窟的主要负责单位，但在行政体系中，上级和其他相关单位也拥有一定职权。《甘肃敦煌莫高窟保护条例》第四条中规定："省人民政府应当加强对敦煌莫高窟的保护工作，并实行统一领导。省文物行政部门是敦煌莫高窟保护工作的主管部门。敦煌市人民政府在城乡建设、旅游发展、环境保护、灾害防治、治安保卫等方面，做好敦煌莫高窟及其环境风貌的保护工作。其他有关的人民政府文化、文物、公安、城乡建设、工商、环境保护、旅游、海关等行政部门在各自的职责范围内，做好敦煌莫高窟的保护工作。"

续表

类　别	下属机构	职能
科研类	学术委员会	主管全院科研管理工作的职能部门
	保护研究所	立足敦煌，面向全国石窟及壁画、土遗址，放眼世界，加强同国内外的合作与交流
	美术研究所	主要从事敦煌壁画临摹、复制，敦煌艺术的理论研究，艺术创作活动
	考古研究所	主要从事敦煌石窟的分期断代，塑像样式的流变，壁画内容的考证等工作
	文献研究所	为专门从事敦煌文献的整理和研究的职能部门，主要从事敦煌莫高窟藏经洞出土的各类文献的整理和研究工作
展示接待类	陈列中心	管理陈列中心日常运营和对外开放，承办各种展览和对外展览活动，为人们全面深入地了解敦煌石窟和敦煌佛教艺术，提供了有力的帮助和支持
	接待部	主要承担莫高窟石窟艺术的讲解和宣传工作
其他支持性	编辑部	主要负责编辑出版、发行《敦煌研究》和策划、组稿、编辑敦煌学的文集、图册
	资料中心	是国内外收藏敦煌学图书资料较为丰富的专业图书馆
	摄录部	主要负责为敦煌石窟的保护、研究、弘扬工作提供图片、录像等信息资料
	保卫处	主要是防范和打击各类违法犯罪活动，确保文物安全和社会治安的稳定

资金机制上，《甘肃敦煌莫高窟保护条例》进行了详细说明和界定："敦煌莫高窟保护和管理工作所需经费主要由国家和省财政拨款予以保障。各级人民政府鼓励、支持敦煌莫高窟保护管理机构发展文化产业和吸纳捐赠、赞助等。用于敦煌莫高窟保护和管理的拨款、事业性收入资金以及有关基金会的基金和其他捐赠、赞助的财物，应当依法管理，专款专用，任何单位或者个人不得侵占、挪用。"由此可见，敦煌研究院的资金机制也是由财政渠道、市场渠道和社会渠道构成，与全国其他此类事业单位大同小异。不过，由于敦煌研究院的地位，其财政渠道的保障性较好。

2010 年蓝皮书技术报告第三章中①，已经详细说明敦煌石窟属于高品质、易损坏的遗产资源，因此国家为主导的管理模式适合其保护和利用。而且，敦煌石窟属于可以采取封闭、隔离式管理的不可移动文物，与周边社区关系不是太紧密，所以没有必要采用行政管理体制，用事业单位管理体制是适合的。

① 关于敦煌石窟管理中的具体创新和成果可参见 2010 年蓝皮书主题报告和技术报告的第三章。

（3）企业型管理体制

权限角度，企业型管理体制的管理成员为国有企业或私人企业，面向市场经营。微观层面，对文保单位的资金用途、经营机制选择等方面具有较大自主权力，较为灵活宽松；企业型管理体制的管理成员中国有企业无权转让文物的使用权，而私人企业可以转让文物管理使用权。宏观层面，要服从相关行政部门的相关规定和命令，保护和开发行为应该遵守地方文物部门和建设规划部门的相关规定，依法、依规划管理。

资金角度，企业型管理单位没有或者相对较少地获得财政专项拨款。在经营过程中该类单位自收自支，自负盈亏，资金来源渠道相对多元化。

管理特点角度，企业型管理单位对文物资源进行全面的管理和利用，面向市场进行经营，能够充分利用市场竞争机制，提高单位内部的运营效率，增加单位的经营收入。同时，企业型管理单位的机制灵活，组织弹性大，有较强的适应能力，能够较为科学和有效地利用遗产资源。

然而，企业型管理单位面向市场，以利润最大化为经营目标，容易忽视文物资源的公益性价值，不利于文物资源价值的全面发挥。

适用范围角度，企业型管理单位面向市场经营，能够充分挖掘文物的经济价值。因此适用于中等品质、易保护的文物。该类文物品质中等，有一定吸引力，因此通过企业型管理，提高资源的利用程度和效率，提升资源的吸引力，从而在充分发挥文物公益价值的同时，提高管理单位和周边地区的经济效益。

企业型管理单位要受到行政单位政策、命令的影响，管理成员不统一；该类管理规则也不完善、不规范；但企业型管理单位面向市场经营，管理最为“高效”。

- **案例**

企业型管理体制中，西递、宏村古村落的管理是典型，且模式较为成熟，具有一定代表性。

世界文化遗产地西递、宏村代表着两种不同的经营管理模式，但二者的管理主体皆是企业型法人：西递是传统国企管理方式，是村办旅游公司，收入按照人口和房屋两种形式分配，家族化管理；宏村是现代企业制度，租赁给外来企业经营，市场化运作，标准化管理。

西递、宏村资源属性基本相同，且面临同样的管理约束：第一，没有文物所有权，不能参与古村落建筑的任何买卖活动；第二，旅游服务设施的建设要上报建设管理部门；第三，公司收入之来源于门票，并要将门票收入的20%上交给县级政府。因此，两地的主要约束体现在管理参与者“多元”，管理成员不“统一”。

为突破发展约束，西递、宏村通过建立企业型管理模式，在遗产保护和利用上取得一定成效，并惠及民生（两地改革对比参见表技3－6）。

表技3－6　西递、宏村村民福利、收入等情况对比

	西递	宏村
模　式*	传统国企管理方式:村办旅游公司	现代企业制度:租赁给外来企业经营
修房补贴	文保单位有政府补贴,其他的古建筑在居民修缮时政府补助1/3	文保单位有政府补贴,其他的古建筑在居民修缮时政府补助40%
门票分红	按户以及房屋面积进行分红	安人分红
就业渠道	导游或清洁工作;旅游相关产业经营	导游或清洁工作;旅游相关产业经营;旅游商品的制作与生产
其他福利	医疗、失业、养老保险、意外伤害保险等	无
人均纯收入(2010)	约8000元	约8000元**

*资金方面，两地积极争取国家、省政府专项保护资金，县政府每年从旅游门票收入中征收20%文物保护资金。同时，县、镇、村三级投入和村民个人自筹，共筹集1.6亿元，投入遗产保护。此外，西递、宏村成功尝试通过市场运作募集社会资金的方式。

**西递、宏村所在的黟县，2010年的人均纯收入不到5000元。相比之下，西递、宏村的人均收入在当地算是比较高的。

西递、宏村古村落的景区经营和村落保护工程务必要由两个独立的经营实体分别承担，各以独立的商业实体参与市场运作，但它们在利用和保护古村落的技术规范上，都要受到县文化遗产保护委员会的刚性约束，在利益分配和投资主体上受到产权所有者的约束。

按主题报告第三章中指明的发展方向来衡量，西递和宏村的企业型管理模式，较好地做到了“高效”，但没有实现“统一”与“规范”：从管理成员层面讲，西递、宏村的管理未能做到“统一”，管理较为多头，企业决策与上级文物行政机关管理之间可能存在相互掣肘现象，文物部门应通过行业监管加强文物保护并规范旅游部门的政府行为；在规则层面，并未形成“规范”的成文规则；但在效率层面，企业型管理面向市场、市场化管理，效率较高，且带动地区经济发展，实现了“高效”。西递宏村所在地安徽黟县,[①] 2010年旅游接待量达到

① 黟县是黄山市下辖的一个县（也是过去的徽州六县之一，徽州文化的发源地之一，建置于公元前221年）。

310.19 万人次，比 2009 年增长 28.1%。其中，西递景点增长 6.9%，宏村景点增长 28.9%；入境游客 11 万人次，增长 42.3%。全年旅游直接收入实现 11758 万元，比 2009 年增长 32.6%，其中，西递景点增长 19.1%，宏村景点增长 34.1%。全年旅游总收入完成 129341 万元，比 2009 年增长 31.9%。同时，黟县成功跻身首批“中国旅游强县”行列。

1.2 管理规则

在梳理了我国文化遗产管理体制的参与成员后，有必要对文物管理的规则体系进行总结与分析。管理规则可以分为三大类：其一，国家的发展规划、上位政策、宏观改革方案；其二，法律法规体系（包括相关法律法规及部门规章和规范性文件）；其三，技术标准。国家宏观改革为文化遗产事业提供了巨大机遇；国家层面和地方层面的法律法规以及部门规范性文件，也进一步完善了文化遗产管理的法律体系；而技术标准为相关管理奠定了操作基础。整体上讲，我国初步建成从中央到地方全方位、多层次的文物管理规则体系。

1.2.1 宏观政策与上位改革

正如主题报告第一章和第三章中所指出的，国家的上位政策以及其相应的宏观改革对文化遗产事业产生了重要影响。近年来，我国对文化遗产事业有深刻影响的相关宏观改革包括“大部制”改革①、事业单位分类改革以及文化体制改革。而《“十二五”规划纲要》② 作为上位政策，也对文化遗产事业的发展有方向性的影响（参见图技 3－3）。

大部制改革中，文物单位与其他政府部门合并，利弊互现：避免了政府内部的职能交叉、政出多门、多头管理的问题，提高行政效率，降低行政成本。但也难以保证遗产保护和利用的专业性和科学性。因此，大部制改革影响了文物管理成员的组成，这就要求文物系统尽快出台相关衔接法律、法规，与其他部门协

① 党的十七大报告提出了“大部制”改革的思路，这是对中国行政管理体制改革在新的历史条件下适应市场经济发展的一个新举措。它可以化解政府部门中存在的机构重叠、职责交叉、政出多门的矛盾以及权限冲突，有助于减少和规范行政审批，简化公务手续和环节，提高政策执行效能；也是国外市场化程度比较高的国家普遍实行的一种政府管理模式。

② 关于相关上位政策和宏观改革的详细阐述可参见 2010 年蓝皮书主题报告和技术报告第三章以及 2011 年蓝皮书技术报告第三章。

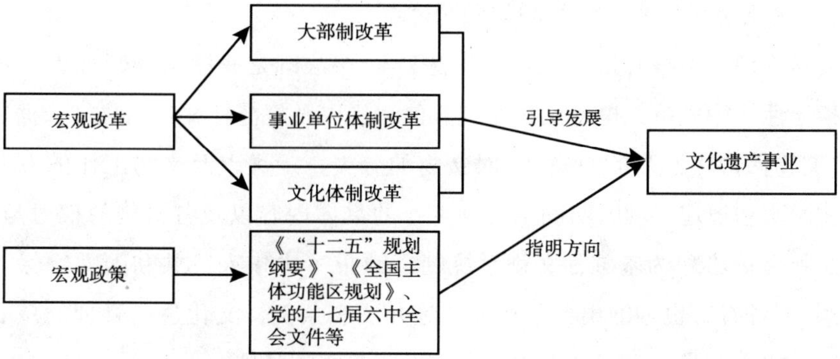

图技 3－3　对文化遗产事业管理体制机制产生影响的上位改革和宏观政策

商，界定好各自的职责权限，避免管理缺失。①

《“十二五”规划纲要》指明了近中期国家各行各业的发展战略与方向，是文物事业发展的重要参考。事业体制改革和文化事业体制改革，为文化遗产事业的发展提供了统一的政策指导和改革规范，进一步明确了遗产事业合理市场化的改革方向，显著影响了文物事业的管理机制。因此，文物系统应该尽快与之衔接，通过法律法规等具体形式，明确文物管理体制的改革方向以及改革过程中的市场化、产业化的范围与程度，以规范事业的发展方向。不过，由于文物行政工作有很强的专业性、技术性（如对文物保护单位的价值评估、出土文物的定代与价值评估等），难以采取“通用式”管理办法，因此文化遗产事业体制改革时要特别注意制定特殊规则，避免出现因为体制改革过度而引发的重大损失。

1.2.2　文物及相关系统的法律法规体系

主题报告第三章中较为概括地描述了我国文化遗产法律法规体系的现状，而法律法规是规范文化遗产事业、促进其科学合理发展的前提。因此本节从现实管理层面描述并评价我国现阶段文物系统的法律体系。

---

① 在大部制情况下，“文广局”中的文物工作相对不受重视。为此，国家文物局进行了一些协调。例如，尽管 2009 年底颁布了《文化部关于加强文化市场综合执法指导工作的通知》（文市发［2009］37 号），但在随后文化部、国家文物局颁布的《关于加强文物行政执法机构建设的通知》（文物督发［2009］39 号）中明确文市发［2009］37 号文中要求的文化市场综合执法机构整合组建，不包括现有的文物行政执法队伍。

（1）《文物保护法》为核心的规则体系

文物管理规则核心是《文物保护法》①，该法既是我国文物管理事业各项工作的指导性法律规范，也是文物系统其他法规以及规范性文件的法律依据。

《文物保护法》目的明确②，对文物的分类、定义以及文物工作的方针做出了具体说明和规定。同时明确了文物工作的具体内容以及各机构的权力与责任。以《文物保护法》为基础，文物系统制定颁布《中华人民共和国文物保护法实施条例》，各省市也相继出台了相关实施办法和条例，文化遗产管理的核心法律法规体系初步形成，为开展文物工作建立了坚实的基础。

（2）从中央到地方的法规体系

我国文物管理规则体系在《文物保护法》的指导下，逐步建立层次分明的从国家到地方的法规体系③。

——国家层面，先后出台了《中华人民共和国文物保护法实施条例》（以下简称《文物保护法实施条例》）、《长城保护条例》、《历史文化名城名镇名村保护条例》，不仅为《文物保护法》的实施和具体操作提供了更有实际意义的指导，也为全国重要文物的保护提供了法律支持和操作规范。

——地方层面，各省也根据《文物保护法》等文物体系的国家法律法规以及地方的具体情况，制定了省级行业管理条例，以促进文物工作的依法进行。如《黑龙江省文物管理条例》《福建省文物保护管理条例》《江西省文物保护条例》《山东省文物保护管理条例》《广西壮族自治区文物保护管理条例》《西藏自治区文物保护条例》等，都是省级管理条例，既较好地衔接了国家层面的规定，又制定了符合各省特点的管理细则。④

——文保单位层面，各地也纷纷响应上位法规，制定具体的不可移动文物（包括文化遗产地）管理条例。如山西省的《山西省平遥古城保护条例》《山西省晋阳古城保护条例》《山西省云冈石窟保护条例》，沈阳市的《沈阳市地上不

① 该法律始定于1982年，2002年修订。

② 即“为了加强对文物的保护，继承中华民族优秀的历史文化遗产，促进科学研究工作，进行爱国主义和革命传统教育，建设社会主义精神文明和物质文明”。

③ 这里也包括部门规章以及规范性文件。

④ 各省法规的相关资料来源于2010年10月中国文物信息咨询中心完成的《文物保护单位管理体制调研报告》。

可移动文物和地下文物保护条例》，辽宁省的《沈阳市故宫、福陵和昭陵保护条例》《新宾满族自治县清永陵保护管理条例》等。

可以说，在上位法律指导下，从中央到地方，各省市、各单位，都积极建设文物管理的法规体系，并呈现两个主要特点：其一，以《文物保护法》和《文物保护法实施条例》为基础，制定各省市的文物管理保护条例，与上位法律法规衔接，指导全省文物工作；其二，针对各省市内重要文物或历史名城，制定具体文物的管理条例，切实落实具体文物的保护和管理工作。

除了文物系统，其他管理物质文化遗产的系统也有若干管理规则，尤其建设系统主管的风景名胜区，其相关管理规则较为完善且初步实现了与国际接轨。

然而通过梳理，我国文物法规体系虽然逐步实现“规范”，但仍存在一定问题，尤其与建设系统主管的风景名胜区相比。这些问题可具体分为：第一，省市级别单位法规数量相对较少，地方性的指导性法规并未覆盖全部省市；第二，法规制定具有倾向性，重点文物受到“优待”，而普通文物受“冷遇”，法规体系依旧不健全，非“善法之治”；第三，法规建设不“均衡”，传统文物大省的法律法规建设明显要更加完备，而有些经济发展较快的省则比较薄弱，这与“三普”后大量文物被发现亟待保护的形势不相吻合。

（3）较为丰富的部门规章以及规范性文件

为了配合和支持文物管理法律以及法规的实施与具体操作，文物系统及其他与文化遗产管理相关的系统从中央到地方纷纷出台部门规章以及规范性文件，以进一步完善文物管理的规则体系。

——国家层面，有《古人类化石和古脊椎动物化石保护管理办法》《世界文化遗产保护管理办法》《文物进出境审核管理办法》《文物认定管理暂行办法》《国家级非物质文化遗产保护与管理暂行办法》《古人类化石和古脊椎动物化石保护管理办法》《文物保护工程管理办法》《文物行政处罚程序暂行规定》《博物馆管理办法》《世界文化遗产保护管理办法》《中华人民共和国考古涉外工作管理办法》等部门规章以及涵盖范围较广的各项规范性文件（具体参见表技3－7）。[1]

①　所有国家层面的部门规章和规范性文件均来源于国家文物局网站。若想阅读相关规章和文件的具体内容，请登录国家文物局网站，具体网址是 www. sach. gov. cn/tabid/83/Default. aspx。

表技3-7　国家层面的文物部门性规范文件

分　类	部门规范性文件
办法类	《文物复制拓印管理办法》《文物拍卖企业资质年审管理办法》《文物进出境责任鉴定员管理办法》《文物认定管理暂行办法》《文化遗产保护领域国家科技支撑计划课题第三方机构评估咨询管理暂行办法》《文化遗产保护领域国家科技支撑计划课题管理暂行办法》《中国世界文化遗产专家咨询管理办法》《中国世界文化遗产监测巡视管理办法》《国家文物局高级专业技术资格评定管理办法》《大遗址保护专项经费管理办法》《文物保护科学和技术研究课题管理办法》《国家文物局突发事件应急工作管理办法》《文物保护科学和技术研究课题招标评标暂行办法》《全国重点文物保护单位保护规划编制审批办法》《文物保护工程施工资质管理办法》《文物保护工程勘察设计资质管理办法》《中国文化遗产标志管理办法》
规定类	《国家文物鉴定委员会管理规定》《文物保护特批项目经费安排暂行规定》《文物系统博物馆风险等级和安全防护级别的规定》《文物拍卖管理暂行规定》《文物出境展览管理规定》《文物保护科学和技术研究课题评审程序暂行规定》
试行类	《国家考古遗址公园管理办法(试行)》《可移动文物技术保护设计资质管理办法(试行)》《可移动文物修复资质管理办法(试行)》《文物保护工程监理资质管理办法(试行)》《文物保护工程监理资质管理办法(试行)》《近现代一级文物藏品定级标准(试行)》《全国重点文物保护单位记录档案工作规范(试行)》《文物保护科学和技术创新奖励办法(试行)》《国家文物局重点科研基地管理办法(试行)》《文物保护行业标准管理办法(试行)》《文物保护科学和技术评审与咨询专家管理办法(试行)》
其　他	《国家文物局重点科研基地运行评估规则》《文物出境审核标准》《近现代文物征集参考范围》《全国重点文物保护单位保护规划编制要求》

——地方层面，各省份积极、认真履行国家层面的部门规章和规范性文件，同时也大力制定地方性的部门规章和规范性文件，以完善文物管理的规则体系。如《北京市文物保护单位保护范围以及建设控制地带管理规定》《山西省实施中华人民共和国文物保护法办法》《辽宁省人民政府关于切实加强文物遗产保护的通知》等。还有很多文化遗产地也纷纷出台相应管理办法，确保具体的遗产地管理能“一地一办法”、适合当地情况。① 如《山东省刘公岛甲午战争纪念地保护管理规定》《敦煌市玉门关文物保护单位管理办法》等。

根据这些总结，可以将我国文物管理体系的部门规章和规范性文件体系特点如下：第一，文物国家部门规章和规范性文件涵盖范围较广，体系较为全面，基本涵盖文物管理的方方面面；第二，文物地方性部门规章和规范性文件较为普

① 不过，这方面无论是国际比较（与美国国家公园相比）还是国内比较（与风景名胜区相比），仍然有差距，毕竟大多数文化遗产地制定的都只是规范性文件而非法规。

及，对实际管理工作有着较强的指导作用。但部门规章和规范性文件体系在覆盖面上仍有空白，内容设定也与其他部门的条例等有不协调之处，重要的文化遗产地未能实现“一地一法”，所以仍需要不断加强建设。

1.2.3　技术标准体系

我国初步形成了以《文物保护行业标准管理办法》① 为中心的文物保护标准化管理体系，其中规范了组织管理标准（包括具体单位②和职责）、行业标准的编制与审批以及标准的发布和复审。在此基础上，编制《中华人民共和国文物保护行业标准（WW/T0015－2008）》以规范文化遗产事业的行业管理标准，帮助文物系统较好地进行定量管理。围绕上述规范，也初步建立了更加细化的国家级行业管理标准，如《文物系统博物馆安全防范工程设计规范（GB/T16571－1996）》《文物保护单位标志（GB/T22527－2008）》《文物保护单位开放服务规范（GB/T22528－2008）》《文物运输包装规范（GB/T23862－2009）》。③ 而最受社会关注的、直接针对近期文物系统安保问题的管理标准的《博物馆和文物保护单位安全防范系统技术要求》也及时出台，使“亡羊补牢”有规范和标准可依。

1.2.4　小结

综上所述，我国文物管理事业初步形成了较为规范的管理规则体系。其一，上位政策为事业指明发展方向，宏观改革则引导事业发展，对文物事业发展产生了巨大影响。其二，我国文物系统建立了从中央到地方、全方位、多层次的文物管理法律法规体系，较好地规范了事业的发展路径。其三，我国初步形成了文物管理的国家级行业保护标准，规范了各项技术操作。

然而，整体上看，我国文保事业的管理规则体制仍存在诸多漏洞，发展空间依旧巨大。

因此，文物系统必须紧跟上位政策和宏观改革，做好衔接工作，不断完善文物管理体系的“规范”程度，让事业的改革与发展有据可依。在此基础上，不

---

① 为加强文物保护行业标准的管理，根据《中华人民共和国标准化法》、《中华人民共和国文物保护法》等法律法规，制定该办法。

② 文物保护行业标准工作的组织管理，采取国家文物局、专业标准化技术委员会、标准编制单位三级管理的方式。

③ 具体可参见国家标准化管理委员会网站。

断完善法律法规体系，做到“全覆盖、无死角”且管理制度既统一（全国层面）又考虑到个性（地方层面）。最后还要不断完善行业管理技术标准，促进文保工作的定量化、科学化和标准化。

1.3　文物保护单位的管理机制分析

成员和规则搭建起了文化遗产事业的体制架构，但日常工作更多地取决于管理机制。主题报告第三章粗略地描述了管理机制，本小节根据相关调查资料以及前三部蓝皮书的成果，聚焦资金机制、经营机制、监督机制以及协调机制，对我国文物系统的管理机制进行详细梳理。

1.3.1　资金机制

充足的资金以及多样化的资金来源渠道，是保证文物保护和利用工作的前提和基础；换个角度，资金来源渠道是否健全、合理，又会影响到资金的充足程度。尽管《文物保护法》规定的“五纳入”已经明确了文物工作的资金机制，但这实际上只是“应然”情况，现实中的“实然”情况并非如此。

从“实然”角度而言，可以将文物系统的资金来源渠道总结为三方面，即财政渠道、社会渠道和市场渠道。财政渠道通常包括六方面：除本级财政经常性预算外，还包括国家财政的一般性转移支付和专项转移支付①、国债资金、项目投入②、专项基金和国家、地方政府有关产业、金融、税收政策调整等所谓财政相关渠道；社会渠道包括国内外捐助③、发行彩票等；市场渠道是相关经营活动收入以及向受益方收取费用等。

资金机制与管理成员之间存在密不可分的关系。不同性质的管理成员往往对应着不同的资金来源渠道。可以说，在一定程度上管理成员的性质决定了单位资金的来源渠道（具体参见图技 3 -4）。这些年来的快速发展，使文化遗产管理单位的资金渠道不再是单一的财政拨款，社会渠道和市场渠道都对缓解资金短缺起

---

① 中国的上级财政转移支付经费向下级传递的方式一般有三种：第一种，采取专项转移支付的方式，按照上级政府决策的分配方案将资金拨付到下级财政（但一般还需要地方财政资金配套）；第二种，按照有关规划，将资金直接传递到上级政府决策确定的具体项目，即项目带着资金走；第三种，是上述两种的综合，即部分资金到下级财政，部分资金到项目管理方。

② 包括扶贫、专项、以工代赈以及国家重大生态建设工程（其与文化遗产事业的关系可参看本书末的特别关注一）等。

③ 包括完善税收豁免制度等以改善社会捐助环境和改变赠金利用方向。

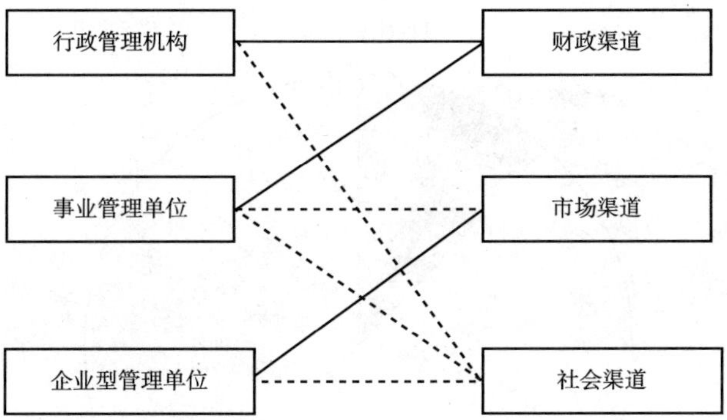

图技 3－4　文物管理成员与资金渠道

到了一定作用。但我们必须明确的一点是，我国现阶段文物保护单位管理机构的资金来源依旧是以财政资金为主，社会和市场渠道的资金来源相对较少（参见表技 3－8 和图技 3－5）。

表技 3－8　文物保护单位管理机构单位性质分级统计表

单位：处，%

	国保单位		省保单位		市县保单位		小计	
	数量	比例	数量	比例	数量	比例	数量	比例
全额拨款	1503	81.73	5114	86.39	24460	88.11	31077	87.49
差额拨款	117	6.36	302	5.10	1065	3.84	1484	4.18
自收自支	161	8.75	284	4.80	729	2.63	1174	3.31
其他性质	58	3.15	220	3.72	1507	5.43	1785	5.03
合　计	1839	100.00	5920	100.00	27761	100.00	35520	100.00

从调查数据不难看出，我国现阶段文物保护单位的资金主要来源于财政拨款，这充分体现了文物事业公益性的一面，以及我国以行政性单位和事业单位为主的文物管理体制①；然而差额拨款、自收自支以及其他性质的资金比例比较低，也充分说明了我国文物单位资金机制的单一性，行政性单位和事业单位完全依靠财政支持，缺乏创收的积极性；同时，社会捐赠机制仍不健全，各种社会力量对文化遗产事业的参与不够。所以说，我国文化遗产事业全面、多渠道的

① 这在一定程度上也说明了国家财政对文物系统的重视程度。

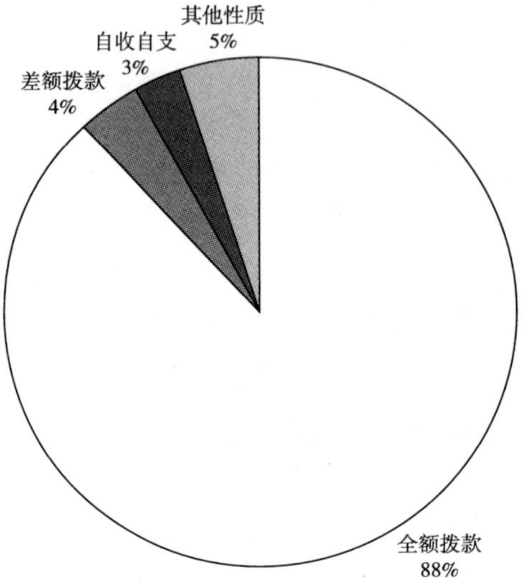

图技 3－5　我国文物保护单位资金来源结构

“高效”资金机制仍未建立。文物保护单位资金来源渠道的单一直接导致保护经费的紧缺。《文物保护单位管理体制调研报告》的数据说明，有 90.19% 的文保单位存在保护资金不足的现象，文物保护中资金缺乏的问题直接导致了文物保护不力以及过度利用文物等问题的出现。

表技 3－9　文物保护单位管理机构经费来源分类别统计表

单位：万元，%

	政府拨款		单位创收		其他来源		小计	
	数量	比例	数量	比例	数量	比例	数量	比例
古遗址	9027	94.97	218	2.29	260	2.74	9505	100.00
古墓葬	5563	94.14	142	2.40	204	3.45	5909	100.00
古建筑	8832	89.00	378	3.81	714	7.19	9924	100.00
石窟寺	2807	91.20	116	3.77	155	5.04	3078	100.00
近现代	4519	93.85	103	2.14	193	4.01	4815	100.00
其　他	897	89.88	33	3.31	68	6.81	998	100.00
合　计	31645	92.45	990	2.89	1594	4.66	34229	100.00

综上，我国文物保护单位呈现以财政渠道为主、市场和社会渠道助推的局面。但市场和社会渠道建设相对滞后，且地域差距明显。而文物保护单位资金整体不足是影响我国文化遗产事业发展的主要瓶颈之一。资金供给的不足，也使得

经营机制在文物工作的制度化建设中显得更为重要。

1.3.2　经营机制

经营机制是确保文化遗产实现“合理利用”的制度保障，也是近些年来文化遗产事业的重要机制创新领域。前三部蓝皮书对经营机制都有较为深入的分析：2008 年蓝皮书总结了我国文物保护单位“非营利性为主、事业化管理与企业化经营相结合”的经营管理模式，并指出了我国文物管理经营机制市场化的两条改革路径：第一是利益市场化导向的改革模式，主要有上市公司改制模式、旅游企业资源整合模式、企业参股的股份制改革模式等三种；第二是公益市场化导向的改革模式，主要是企业参与公益事业管理的改革模式①。2009 年蓝皮书则从博物馆的管理体制角度，描述分析我国文物遗产单位管理中存在的主要问题并分析了成因。2010 年蓝皮书则以“红岩联线”为例总结了我国文物经营机制的改革和创新。②

根据前三部蓝皮书的经验和调查结果，文化遗产经营机制，针对不同的管理成员，也可对应分为三类，即行政管理、事业管理和企业管理三种。行政管理主要的参与者是行政类管理单位。经营过程中，通过行政法规和行政手段对遗产进行管理，主要以发挥遗产的公益价值为主要目标，尽量避免进行市场化经营。事业管理主要的参与者是事业单位。在经营过程中，事业单位主要负责文物的管理和保护，并且按照上级行政法规对文物进行相关的开发和利用，主要通过行政命令和统筹管理开发文物，以行政化而非市场化的手段经营主要业务，而只将部分业务进行市场化经营。企业管理主要指管理参与主体为企业，在经营过程中以企业形式组织单位的管理，通过股份制、上市等手段进行经营管理，并将文物管理中的大部分业务合理市场化，通过市场竞争机制提高文物单位的经营效率。我国文物管理经营机制中，以行政管理、事业管理为主，企业管理为辅，且文物管理与经营秉承非营利性③的公益目标。

---

① 这部分内容在 2008 年蓝皮书技术报告第三章中有较为明确的说明。其中通过案例分析具体解释了两种改革模式。

② 具体内容可参见 2010 年蓝皮书主题报告和技术报告的第三章。

③ 文物保护单位非营利性为主是指文物管理的主要目标是公益性的，要充分发挥文物的教育功能和科研功能，因此文物经营机制应以非营利性为特征（即经营为发挥公益性功能服务。这就要求文物管理主体是非营利性的，经营收入要反哺保护等）。这种情况下，一定程度上管理成员的性质决定了经营机制的选择，并影响到文物保护单位最终的经营目标和经营效率。

表技 3－10　我国文物保护单位经营机制分类

类　型	管理的参与者	性　质	经营目标	管理特点	
				主要业务（保护展示等）	配套业务（餐饮、旅游等）
行政管理型	文物行政管理机构	非营利性	发挥文物公益性功能	通过行政力量	单位直接管理
事业管理型	事业单位	非营利性为主	以发挥文物公益性功能为主，并兼顾其经济价值	行政力量主导，政府控制	多种方式
企业管理型	企　业	营利性为主	经营目标为发挥文物的经济功能并追求利润最大化	尚不规范	市场化

其实，文物经营机制的核心在于根据各类文化遗产资源在保护上的不同要求和在利用上的不同属性，在保护和利用之间寻求平衡点，建立一套能够克服管理工作中的主要发展约束并更全面地发挥文化遗产功能的体制机制。① 而文化遗产事业管理体制改革和机制创新的前提是“保护为主、抢救第一”，而改革的目的则是通过“合理利用、加强管理”，保证“深化改革、开拓创新，始终保持我国文化遗产事业的生机和活力”，② 而改革的大方向都是所谓“所有权与经营权分离”，让政府和市场各自扬长避短、各得其所。但与传统管理期的管理体制调整主要受客观约束（行政资源供给状况和政治经济体制）影响不同的是，在市场化改革中，改革的路径选择更多是受主观因素影响——甚至可以说不同的改革模式就是各地的政府对文化遗产选择了不同的管理目标所致。③

① 在2010年蓝皮书主题报告第三章中，指出该问题是文化遗产管理体制机制改革的关键，并以此出发引出了目前社会关注度比较高的三个文物管理领域的热点问题：①公益性和非公益性如何区别及如何制度化？（即哪些业务属于公益性的，公益性业务如何从人、财、物及管理绩效评价上保证其对广大人民群众最充分的供给）；②对文物保护单位的管理，市场和政府的边界在哪儿？（即哪些管理职能和业务可交给营利性社会力量，哪些不能）；③经营如何和保护统一起来、达到经营为保护所用的目的？（即如何保证经营收入能够反哺保护、能够通过事业规模的扩大实现全面、协同、低成本的保护）。

② 引号内的文字出自于李长春同志在2010年文化遗产日发表的署名文章。

③ 当然，这种选择还是受到财力影响的。像广州这样地方财力雄厚的地方，就有更大的可能在政府决策中避免通过文物保护单位整体市场化为地方牟利；而很多经济欠发达地区更易于将文化遗产作为产业资源来进行市场化改革，提高管理效率、改善服务质量常常成为改革较次要的目标。

综上，在经营机制层面我国文物管理体制正在向“高效”的方向发展，公益性和非公益性的平衡、政府与市场范围的合理划分以及保护和利用的平衡等问题正在局部得到妥善的解决。①

1.3.3　监督机制

监督机制是确保文物合法处理保护与利用关系最直接的制度保障。目前，我国文化遗产事业初步形成了以文物行政管理部门为主、相关职能部门为辅、公众初步参与的多层次的监督机制。文物行政管理部门正通过相关法规整合和加强执法监督努力实现从部门管理到行业管理的角色转变，在文物保护与城市化建设、重大工程建设、新农村建设和旅游产业发展的关系处理上已经发挥了较为有效的监督效果。

“十一五”以来文物系统的督察机制不断完善，不仅成立了有关机构，还建立了年度专项督察、重点案件督办、执法人员培训、案卷评比等执法督察制度，初步形成了一套较为有效的督察体系：①成立了国家文物局督察司，使得文物监督工作在全国层面上有了统领和协调机构。2009 年 3 月，《国家文物局主要职责内设机构和人员编制规定》经国务院批准印发公布，其中强调文物部门在机构改革中要“加强文物行政执法督察职责”，负责世界文化遗产保护和管理的监督工作，并明确了督察司的职责。② ②建立了全国文物安全工作部际联席会议制度，这使相关部委间有望形成文物安全工作的合力。2010 年 5 月国务院印发了《关于同意建立全国文物安全工作部际联席会议制度的批复》，同意建立全国文物安全工作部际联席会议制度。全国文物安全工作部际联席会议由包括文化部、公安部、国土资源部、环境保护部、住房城乡建设部、海关总署、工商总局、国家旅游局、国家宗教局以及国家文物局在内的 10 个部门（单位）组成，文化部为牵头单位，联席会议办公室设在国家文物局。联席会议由文化部部长担任召集人，各成员单位有关负责同志为联席会议成员，联席会议办公室主任由国家文物局联席会议成员担任。全国文物安全工

① 2010 年蓝皮书中，通过案例总结分别对上述热点问题进行了详细解答。具体内容可参见 2010 年蓝皮书主题报告和技术报告的第三章。

② 具体内容为：“加强文物行政执法督察职责。内设机构——督察司：拟订文物行政执法督察和案件查处的有关规定；组织开展文物行政执法、文物和博物馆安全保卫督察工作；组织查处文物违法重大案件，协助配合有关部门查处文物犯罪重大案件”。

作部际联席会议原则上每年召开一次全体会议，其主要职能是：统筹协调全国文物安全工作，研究制定打击文物犯罪、遏制文物行政违法行为、加强文物安全的政策措施；指导、督促、检查有关政策措施的落实，协调解决文物安全工作的重大问题，促进部门、地方协作配合，形成工作合力。联席会议的成立对于各相关部门加强沟通、密切配合、相互支持、形成合力，加强文物安全、打击文物违法犯罪具有积极作用。③开展了各种专项检查和打击文物犯罪专项行动。国家文物局对重点地区和单位进行专项检查，检查的重点是破坏文化遗产的各类违法行为，特别是将文物作为或变相作为企业资产经营的违法行为，重点追究因决策失误、玩忽职守，造成文化遗产破坏、被盗或流失的责任人的法律责任。①

然而，我国的文物监督体制仍有诸多不足之处，远称不上“高效”。从2008年蓝皮书中相关内容的分析可以发现，目前造成文化遗产经济功能发挥无序和管理矛盾处理乏力等问题的直接原因就是遗产管理中的监督机制不健全，其主要表现在监督机制缺失、法律体系漏洞、责任追究不力等方面。虽然文物系统在查处违法行为上可谓不遗余力，但大部分只是在国家文物局开展专项行动时地方政府才会主动配合、协调工作，基层文物管理部门没有且无能力将督查工作常态化、落实在日常工作过程中。事实证明，由于文化遗产资源的特殊性，其一旦遭受破坏，造成的文化价值、经济价值的损失不可估量且很难挽救。因此，传统的“事后监督”形式虽然在处置违法行为等方面具有一定效用，但从文化遗产事业的科学发展要求来看，需要将其通过体系化的改革逐步转变为“实时监督”、甚

① 例如，2005年，为加大文化遗产保护力度，加强监控，严肃处理各类文物违法案件，国家文物局依据《文物保护法》和国务院办公厅转发文化部、建设部、文物局等部门《关于加强我国世界文化遗产保护管理工作意见的通知》（国办发［2004］18号）的有关规定，发布了《关于开展文物行政执法专项督察的通知》（文物办函［2005］219号），在全国范围内进行文物行政执法专项督察。例如，2005年以来，国家文物局派出近20个督察组赴全国29个省份对近400个世界文化遗产地、全国重点文物保护单位、重点博物馆进行了专项督察，对一批在全国有重大影响的文物行政违法案件进行挂牌督办；又如，国家文物局与公安部联合开展了打击文物犯罪专项行动，不仅成果显著（在重点地区仅珍贵文物就查缴500余件），还对此类犯罪起到了明显的震慑作用；再如2008年颁布的《国家文物局关于在全国文物系统开展安全大检查有关事项的通知》（文物政发［2008］58号），针对世界文化遗产地、全国重点文物保护单位、重点博物馆等一级风险单位和已免费开放的博物馆、纪念馆等进行了重点检查。

至“事前监督”，以确保国家的有关行政资源投入规定能够得到落实、日常工作能够依法进行并有效降低发生违法行为的概率①。

还需要指出的是，我国文物监督过程中的另一难点是管理成员的多元化。不同部门均有权管理文物，使得在全国和地方层面难以建立一个独立于各个部门的独立监督机构。文物系统内部的机构是否有权管理其他部门管辖下的文化遗产资源、其他部门的管理单位是否会遵循文物系统的检查规则和标准，都是实际工作中的重要问题。另外，我国文物监督系统公众参与程度较低，公民对文保工作的重视程度不够，也缺乏相关的保护理念。

综上，我国文化遗产事业初步形成了以文物行政管理部门为主、相关职能部门为辅、公众初步参与的多层次的监督机制。但是部门间监督机制缺乏、系统内部监督力度不够以及民众参与程度较低等问题依旧严重，文物管理的监督机制仍未实现“高效”，健全完善文物保护监督机制仍将是文物工作的重点之一。

1.3.4　协调机制

协调机制是合理保护、管理文物的润滑剂②。目前，我国文物保护协调机制的建设才刚刚起步。如前文所述，文物管理中存在“多头管理、职能交叉”的问题。横向上，管理文物的部门除文物局以及文物相关机构外，还涉及民族事务部门、国土部门、建设部门、环保部门、林业部门、旅游部门、宗教部门等；纵向上，上级文物部门在具体管理中，需要协调下级文物部门间以及下级文物部门与其他部门之间的关系，以促进文物保护和利用政策的切实落实。因此，文物管

① 2009年蓝皮书中，对文物管理监督系统的改革和完善有如下建议：文物督查制度体系可以由国务院授权国家文物局督察司建立区域文物督查中心，区域文物督查中心为国家文物局派出机构，不仅在业务上、在人权事权等方面也主要受国家文物局督察司指导。区域督查中心按传统地理分区标准设置，分别设立东北、华北、华东、华南、西北、西南6大区域督查中心，区域文物督查中心具有与国家文物局督察司和地方文物局督查处相应的职能。

② 文物保护中的协调不力是导致近年来多起文物损坏事件的主要原因。但我国文保协调机制却迟迟未能建立起来。在前三部蓝皮书中，涉及“成员—规则—机制”框架时，并没有包括协调机制，因为缺少这方面的制度建设和充分的资料。近年来的大部制改革也为协调机制的建立和完善提供了良好的契机；另外，2010年中国文物信息咨询中心所撰写的《文物保护单位管理体制调研报告》中，也对各省文保协调制度的建设进了较为全面的调查，为我们撰写蓝皮书提供了丰实的资料。基于这两方面的“优势”，在今年的蓝皮书中，我们将协调机制加入到“成员—规则—机制”分析框架中，以便对我国文保管理体系做出更为全面的梳理。

理系统协调机制是针对我国文物管理成员“多元化”现象而建立的，其作用在文物现实管理工作中十分重要。

我国文物管理协调机制的建设起步较晚，各省文物机构都在尝试构建符合地区具体情况的文物协调机制。各省市文物系统加大与其他机构协调的具体举措可概括为5个方面：①加强文物管理协调的制度建设。第一，加强法律法规的建设，使文物管理协调机制制度化、法制化。如山西省已起草制定《非文物部门管理文物保护单位的管理办法》，切实加强对宗教活动场所以及烈士陵园等爱国主义教育基地的管理。第二，成立较高级别的保护委员会，统一协调。如上海市建立了上海市历史文化风貌区和优秀历史建筑保护委员会①，由分管副市长任主任，在市政府的领导下，统一管理和统筹协调市内相关机构；又如辽宁省定期召开文物管理委员会成员例会，协调解决文物保护单位保护、管理和其他方面的问题；再如四川省成都市成立的“市文管会办公室”，有权与相关部门协商部分文物管理事项。第三，构建良好的沟通机制。如山东省建立文物行政部门及相关部门之间的联席会制度，形成文物保护议事机制，理顺文物保护管理机制，相互配合协商，加强沟通，事前介入文物的保护。第四，通过协议书明确各自职责。如涉及文物保护单位的产权、使用权以及相关规划的问题中，与相关部门签订协议，明确其中各自职责，加强管理和保护。如湖北省依法与基层政府或个人签订文物保护协议，并依照保护协议管理文物。②加强前期规划以实现预防式保护。文物部门通过与其他同级部门的事前协商以及对下级政府和部门的合作，制定出符合地区情况的文物保护和管理规划。部分省市在加强文物保护单位监管的同时，注重加强联系，会同相关部门对文物保护单位的规划内容进行修改、完善，确保规划的可操作性和科学性。省级文物部门加强督促县级政府协调各部门做好文物保护规划和城乡发展规划等相关规划的衔接工作。③加大文物工作以及文物

① 上海市2008年颁布了《上海市人民政府办公厅关于建立上海市历史文化风貌区和优秀历史建筑保护委员会的通知》（沪府办发［2004］70号）。具体内容如下：各区、县人民政府，市政府各委、办、局：经研究，市人民政府决定：一、建立上海市历史文化风貌区和优秀历史建筑保护委员会。上海市历史文化风貌区和优秀历史建筑保护委员会为市政府领导下统一领导和统筹协调本市历史文化风貌区和优秀历史建筑保护工作的议事协调机构。二、上海市历史文化风貌区和优秀历史建筑保护委员会内设办公室。上海市历史文化风貌区和优秀历史建筑保护委员会办公室设在市房地资源局，承担上海市历史文化风貌区和优秀历史建筑保护委员会的日常工作。

系统法律法规及标准的宣传力度。文物系统借助各种机会，采用多种手段、多种方式，大力宣传《文物保护法》、《长城保护条例》等相关法律法规，以提高民众的文物保护意识，营造全社会参与保护文物的热情，也提高了其他部门对文物保护和管理的重视程度。④联合监管。文物部门与公安、消防部门联合对文物保护单位进行安全、消防检查，与公安等部门联合开展执法活动，严厉打击文物犯罪，共同做好文物保护和监管工作。⑤加强文物管理日常工作中的多部门合作。如利用每年度的文物安全大检查等活动，邀请有关部门参与对共管单位的检查，共同协助做好文保单位的保护和管理工作。

随着文化遗产事业重要性的不断提高，文物管理协调机制也初步建立并不断完善（如图技3－6），但远未达到“高效”的目标。

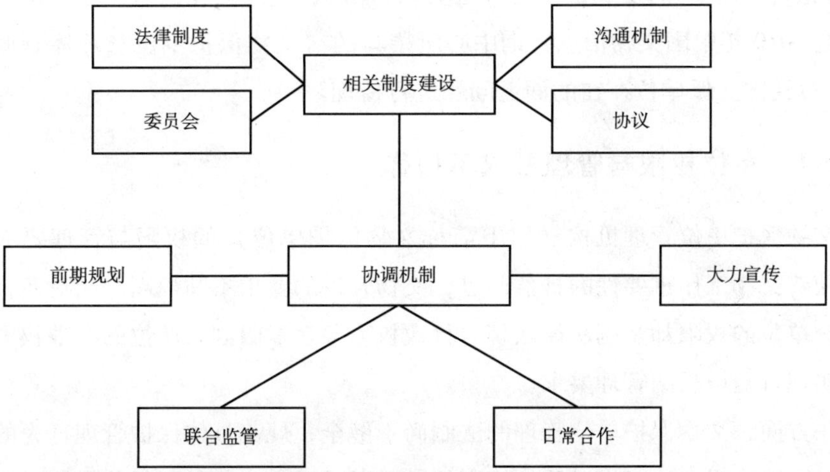

图技3－6　我国文物管理协调机制

1.3.5　小结

综上，我国文化遗产事业的管理机制虽然不断完善，但还远未实现“高效”。①资金机制上，呈现以财政拨款为主、市场和社会资金渠道兼容的局面，但市场和社会资金渠道相对滞后，且地域差距明显。而文物保护单位资金整体不足是影响我国文物事业发展的主要“瓶颈”之一；②经营机制上，虽然文物管理体制正在向“高效”的方向发展，但是公益性和非公益性的平衡、政府与市场范围的合理划分以及保护和利用的平衡等问题仍没有得到妥善的解决。规范、科学的经营机制改革，仍然比较罕见；③监督机制上，初步形成了以文物行政管理部门为主、相关职能部门为辅、公众初步参与的多层次的监督机制。但监督力量薄弱、监督成效不佳、群众意识淡薄等现象仍然不能忽视；④协调机制上，相关建设刚刚起步，虽然初见成效，但横向和纵向上的协调力度和效果依旧不佳，协调机制缺失和失灵等现象也层出不穷。

所以，构建“统一、规范、高效”的文化遗产管理机制仍旧任重而道远。

2 文物保护单位管理的面上问题

主题报告第三章中指出，我国文化遗产事业发展态势良好，但是距离“统一、规范、高效”的发展目标还有距离①，体制机制还存在诸多不足。就此，我们结合2010年中国文物信息咨询中心所撰写的《文物保护单位管理体制调研报告》，对我国文保单位存在的面上问题进行梳理。

2.1 单位权限与管理要求不相称

文物保护单位管理机构（以下简称文物保护单位）的权限与管理要求不相称。随着文物工作重要性的日益凸显，文物管理的要求不断提高。相对而言，文物保护单位的权限却受到法律法规、行政权力等多重限制，单位的有限权力难以充分实现日益增长的管理要求。

一方面，文物保护单位管理的法制尚不健全，规范具体保护管理行为的地方性、专题性法规立法工作滞后。规则的滞后以及不完善，限制了单位获得相应的管理权限。

另一方面，文物保护单位隶属关系非常复杂，职能交叉和多头管理现象比较

---

① 2008年蓝皮书曾概括了我国文物管理体制的特点成因以及问题，要点如下：①中国目前的主流文化遗产管理体制可一言以蔽之：以行政管理为主，以公有制和分级属地化管理为特征的条块结合的委托代理制度为主；②社会力量是中国文化遗产事业不可或缺的部分，在扩大保护范围、提高服务质量和补充行政管理体制力量匮乏上发挥重要作用；③我国文化遗产管理体制的形成有客观约束——政治经济体制和行政资源状况，也有主观选择——管理目标。我国的文化遗产管理体制之所以形成目前这样一种委托代理制度，正是主观选择和客观约束共同作用的结果；④中国文化遗产事业的管理存在三大问题：公益功能发挥不足、经济功能发挥无序和管理矛盾处理乏力。

普遍，管理体制机制没有完全理顺，这导致文物保护单位管理权限界定不清等问题。个别地方和单位重经济建设，轻文物保护；重开发利用，轻保护管理，而文物部门职权有限，对一些非文物部门使用文物保护单位中存在的问题，监管无力，处理无方。

此外，部分地方政府实行严格的体制压缩政策，面对分工日益细化的文物保护管理需求，各级文物行政机构的设立面临着重重困难，粗放式的管理随着日益繁重的保护压力，已经难以适应飞速发展的建设需要；而文物保护单位大多属于事业单位，没有行政权力，当文物保护单位管理权与使用权分离时，很难进行有效的管理。

文物管理单位的权限与管理要求不相称又体现在文物行政执法力量薄弱。文物行政执法的主体包括了文物、工商、公安、规划、建设、国土、环保等多个部门，由于文物部门自身缺乏执法队伍，协调相关部门效率不高，发生文物破坏情况时，往往不能得到有效遏制或及时处理，对文物市场的监管也不到位。尤其是面临法人违法、强势部门违法时，执法难度很大。

2.2　财政投入难以满足依法保护需要

全国范围内文物保护经费来源相对渠道单一、投入总体不足，这成为困扰文化遗产事业发展的主要瓶颈。由于缺少经费，文物保护单位“四有”等基础工作薄弱，“欠账”很多，监管不到位；许多文物保护单位无人看护，保护设备无力配置或更新，安全技术防范设施、野外文物避雷设施、消防基础设施基本不能达标，缺少必要的物质条件，使文物无法得到有效保护；现有文物修缮工程量较大，有的地方和单位文保经费投入杯水车薪，使相当数量的文物保护单位不能得到及时修缮。[①] 另外，正如本章第四节所分析，我国文物管理资金机制尚不健全，管理单位资金来源单一。尤其是保护经费的来源更是以国家财政和地方财政

① 这种情况在一级博物馆中也大量存在。在《国家一级博物馆运行评估报告（2008～2009年度）》中对一级博物馆进行定性与定量的评估。定性评估指标中，藏品的征集和保护两个二级指标也是一个比较明显的得分低谷，藏品保护平均得分率2008年为57%，2009年为58%。省级和地市级博物馆与国家级博物馆之间还有超过20%的得分率差距。2009年，83家一级馆共征集藏品50718件，征集最多的吉林省自然博物馆是10000件，几乎占了五分之一。其中藏品收集少于100件的有40家，有5家藏品征集数为0件，有11家的藏品征集数少于10件，超过1000件的仅有13家。大多数一级博物馆藏品年增加量不会超过其藏品数的1%。作为博物馆的国家队，在文化遗产资源变化迅速的当下，这个数字实在令人汗颜。

为主，而很多文物管理单位尚无保护经费来源渠道（参见表技 3－11 和图技 3－7）。

表技 3－11　文物保护单位保护经费来源分级统计表

单位：处，%

	国保单位		省保单位		市县保单位		小　计	
	数量	比例	数例	比例	数例	比例	数例	比例
国家财政拨款	1055	60.70	1777	31.65	5980	22.81	8812	26.25
地方财政拨款	429	24.68	2296	40.90	11340	43.25	14065	41.89
无经费来源	193	11.10	1304	23.23	7664	29.23	9161	27.29
其他经费来源	61	3.51	237	4.22	1238	4.72	1536	4.57
合　计	1738	100.00	5614	100.00	26222	100.00	33574	100.00

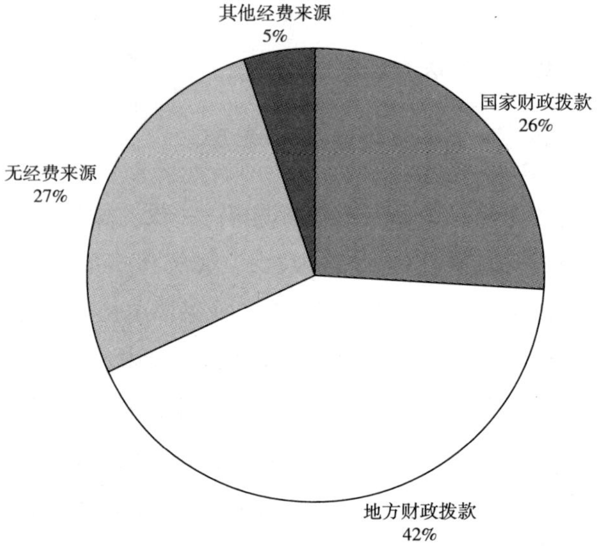

图技 3－7　我国文物保护单位保护经费来源结构

2.3　人员编制和队伍素质难以满足工作需要

专职文物保护管理机构建设严重滞后，许多基层地方的文物保护单位没有设立保护管理机构；有的县（区）虽然成立了文管所，但机构小、建制不全、人员编制长年得不到落实。许多新成立的“风景名胜区管委会”、“高新技术产业开发委员会”、“经济开发区管理委员会”等，普遍未成立文物行政部门和文物保护管理机构，致使分布在这些地域内的部分文物保护单位出现管理“空白”。不少文物保护管理机构专业人才缺乏（参见表技 3－12 和图技 3－8），技术力量薄弱，加之经费紧张，在开展文物普查、考古发掘、保护规划编制、修缮修复等工作时经常无力实施，只能依靠其他部门协调解决。目前已取得文物保护工程勘察设计、施工、监理资质资格的单位和人员数量较少，不能满足文物保护工程对专业人才的巨大需要。

表技 3－12　文物保护单位管理机构现有人员职称情况分级统计表

单位：人，%

	国保单位		省保单位		市县保单位		小　计	
	数量	比例	数量	比例	数量	比例	数量	比例
正　高	347	0.82	638	0.74	1279	0.40	2264	0.50
副高级	1503	3.56	4160	4.82	15232	4.73	20895	4.64
中　级	6256	14.82	15524	17.98	65071	20.22	86851	19.28
初　级	9348	22.15	21462	24.85	88216	27.41	119026	26.43
无职称	24758	58.65	44565	51.61	152033	47.24	221356	49.15
合　计	42212	100.00	86349	100.00	321831	100.00	450392	100.00

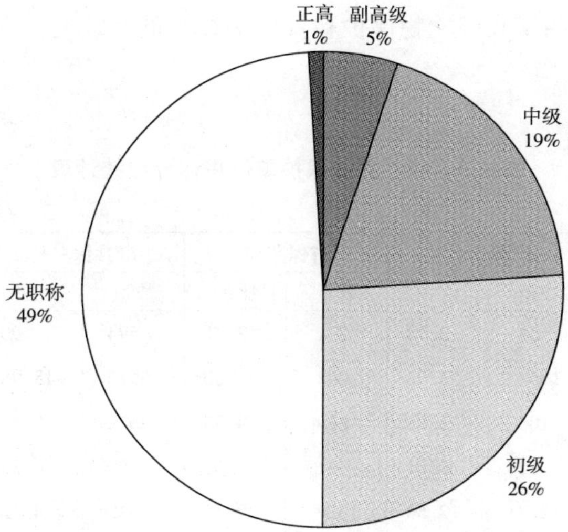

图技 3－8　我国文物保护单位人员职称结构

2.4 开放程度不高

文保单位开放程度不高，单位用途却呈现多样化、分级差异的态势，未能充分发挥文保单位的工作职能。我国文物资源众多，但文保单位的开放程度却差强人意（表技3－13）。文物单位开放程度低说明我国文物保护与管理中没能充分发挥文物的价值，同时也反映了保护状况和管理水平上的问题。

表技3－13　文物保护单位开放情况分级统计表

单位：处，%

	国保单位		省保单位		市县保单位		小　计	
	数量	比例	数量	比例	数量	比例	数量	比例
开　放	1408	71.44	3672	56.48	14178	45.72	19258	48.78
不开放	563	28.56	2829	43.52	16833	54.28	20225	51.22
合　计	1971	100.00	6501	100.00	31011	100.00	39483	100.00

与此同时，我国文物保护单位用途也呈现多样化、分级差异的特点。总体上看，“开放参观”、“工农业生产”和“无人使用”的比例较大。分级来看，国保单位中“开放参观”的比例最大，超过半数以上；而省保单位和市县保单位的“开放参观”情况不好。值得注意的是，“无人使用”的文物保护单位比例在1/5以上，充分说明了我国文物保护和管理中存在重大缺失（参见表技3－14和图技3－9）。

表技3－14　文物保护单位用途分级统计表

单位：处，%

	国保单位		省保单位		市县保单位		小　计	
	数量	比例	数量	比例	数量	比例	数量	比例
办公场所	54	2.74	221	3.41	594	1.90	869	2.19
开放参观	1054	53.53	2043	31.50	5916	18.96	9013	22.73
宗教活动	104	5.28	639	9.85	2679	8.59	3422	8.63
军事设施	12	0.61	41	0.63	109	0.35	162	0.41
工农业生产	247	12.54	1307	20.15	7519	24.10	9073	22.88
商业用途	8	0.41	52	0.80	253	0.81	313	0.79
居住场所	47	2.39	376	5.80	2105	6.75	2528	6.38

续表

	国保单位		省保单位		市县保单位		小　计	
	数量	比例	数量	比例	数量	比例	数量	比例
教育场所	52	2.64	252	3.89	1146	3.67	1450	3.66
交通设施	3	0.15	32	0.49	203	0.65	238	0.60
无人使用	312	15.85	1152	17.76	8040	25.77	9504	23.97
其他用途	76	3.86	371	5.72	2635	8.45	3082	7.77
合　计	1969	100.00	6486	100.00	31199	100.00	39654	100.00

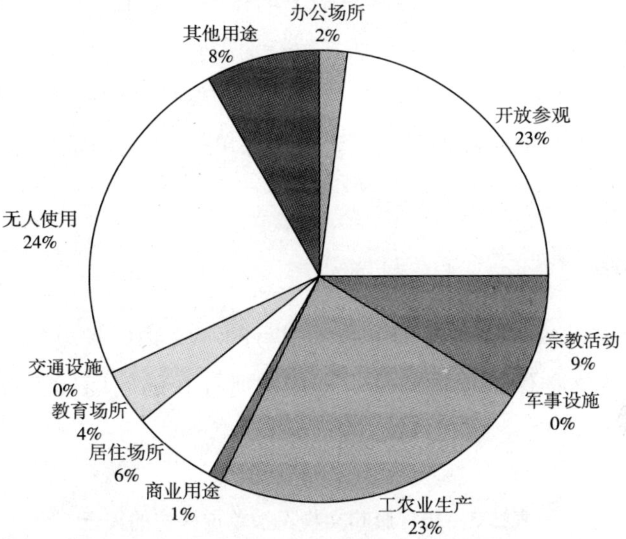

图技3-9　我国文物保护单位用途结构

2.5　延伸服务与配套服务不足

在文保单位管理中，延伸服务与配套服务不足，使文化遗产的教育、科研等公益性功能未能充分发挥。不过，这一问题难以从《文物保护单位管理体制调研报告》找到量化数据来反映。考虑到文物保护单位与博物馆在发挥公益性功能上的手段相仿且大多数博物馆在开放方面要好于文物保护单位，因此文物保护单位这方面的问题我们可以从相关评估中窥见一斑：

《国家一级博物馆运行评估报告（2008~2009年度）》对我国一级博物馆的

评估结果显示，尽管一级博物馆在公共关系与服务领域做了大量工作，获得了社会的积极响应，但在公共关系和观众服务项得分率都仅略高于60%。这间接定量地反映了博物馆的延伸工作不到位，没能提供较为完善的配套服务。整体上看，博物馆仍然是比较封闭的机构，难以真正实现与社会的有效互动，与开放、共享的时代潮流不相适应。定性评估二级指标中博物馆网站尽管只占3%的份额，却成为影响博物馆排名的一个重要因素。该指标显示，个别馆在这个项目上得分相当高，而不少博物馆却拿了零分，两极分化极其严重。博物馆网站平均得分率只有51%，从博物馆行政级别看，地市级博物馆网站平均得分率最低，只有39%，从博物馆类型看，纪念馆网站平均得分率最低，只有43%，说明博物馆在利用新型媒体提升文化传播水平方面特别需要加强。

延伸服务通常较好的博物馆尚且如此，文物保护单位的情况则不言而喻。这说明，要让文化遗产事业带来美好生活，文保单位管理机构必须从改善和拓展相关延伸服务做起。

2.6 小结

在2010年中国文物信息咨询中心所撰写的《文物保护单位管理体制调研报告》中，对我国文物保护单位以及管理体制所存在的问题做了较为详细的调查（参见表技3－15和图技3－10）。

表技3－15 影响文物保护单位保护的因素

	国保单位		省保单位		市县保单位		小　计	
	数量	比例	数量	比例	数量	比例	数量	比例
保护经费	1502	35.05	4806	35.70	24015	36.64	30323	36.40
技术力量	757	17.67	2111	15.68	9375	14.30	12243	14.70
专业人员	782	18.25	2286	16.98	10660	16.26	13728	16.48
行政管理	284	6.63	1042	7.74	5208	7.95	6534	7.84
自然资源*	763	17.81	2391	17.76	12357	18.85	15511	18.62
其他因素	197	4.06	827	6.14	3931	6.00	4955	5.95
合　计	4285		13463		65546		83294	

*指地域、自然因素影响。我国幅员辽阔，文物众而分散，不少文物遗存地处偏僻，交通不便，自然及人为破坏严重，盗掘、破坏墓葬、遗址的案件时有发生，管理难度很大。同时，处于区域交界地带的文物保护管理单位也存在诸多不便和不顺。

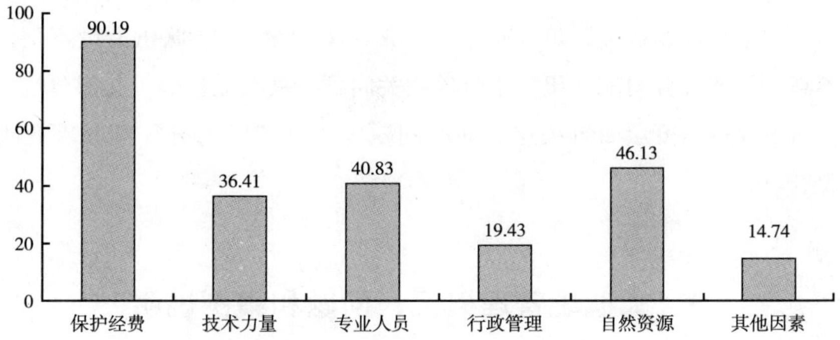

图技 3－10　我国文物保护单位存在的问题调查

就此，我们结合调查结果以及前三部蓝皮书的总结，通过归纳和分析，可以将文物管理中管理制度方面和管理水平方面的问题总结于图技 3－11。

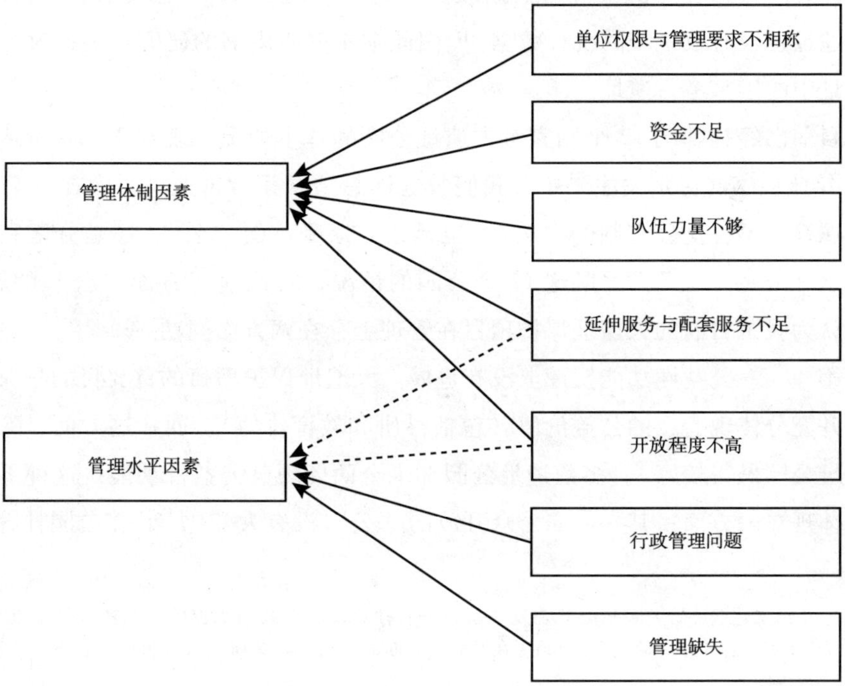

图技 3－11　文物保护单位管理存在问题的成因归类*

*图中虚线表示问题与成因之间是间接对应关系。

根据这些问题，我们认为：在现实管理中，文物保护管理体制存在单位权限与管理要求不相称、资金不足（包括资金来源渠道单一）、队伍力量不足，开放程度不高、延伸服务与配套服务不足等相关问题，极大地影响了文保单位的管理效果。而主要从制度层面解决这方面的问题应该是“十二五”期间事业改革的重要突破口。

3 大遗址管理概况、问题和案例说明

3.1 大遗址保护项目管理概况和问题

在不可移动文物中，大遗址显得特别重要，其管理情况、问题及相关体制机制与普通的文物保护单位相比存在个性。在《文物保护单位管理体制调研报告》中专门针对大遗址保护项目的数据较少，且即便对“十一五”期间立项的100处大遗址也没有较系统的统计数据，① 因此本年度蓝皮书的研究只能暂时聚焦于大遗址中的国家考古遗址公园。

目前已经挂牌的12个国家考古遗址公园的基本情况如表技3－16所示。在2010年蓝皮书的特别关注二中，我们曾这样总结国家考古遗址公园在“公”方面的属性：不仅是公有制的“公”，也是让公众受益的“公”，还是分区利用并向公众开放的“公”。根据这12个公园的情况，对比这三方面“公”的属性，可以认为我国目前的大遗址保护项目在管理上存在两方面问题。②

第一，在公益性功能发挥上没有进展。大遗址保护项目的首要目的是保护遗产，并充分体现遗产的公益价值（包括科研和教育价值）。而在这方面，除了少数遗址公园做得较好③，多数遗址公园都未全面体现其公益性功能。这种不全面主要体现在两方面：其一，向公众开放的“公”没有大变化。许多公园挂牌后在

---

① 中国文化遗产研究院和国务院发展研究中心社会发展部共同承担的国家社科基金重大项目“大遗址保护跟踪研究”，目前正在开展这方面的研究，相关研究成果将体现在下一年度的蓝皮书中。

② 此处总结的问题不包括大遗址保护项目建设期存在的问题。而且，由于大遗址保护项目不断完善，前两年蓝皮书中提到的一些问题（如命名不规范等）已逐渐消失，此处总结的问题是经过“十一五”期间的建设仍然普遍存在的。

③ 如大明宫和良渚国家考古遗址公园。

表技3－16　我国国家考古遗址公园管理情况统计表

序号	省域	名称	地理位置	基本管理情况							效益			法规
				管理机构	员工（人）	义工（人）	主管部门	经费来源	年度运行经费需求（万元）	政府补助（万元）	自筹资金（万元）	年均观众量（万人次）	年度收入（万元）	
1	北京	圆明园国家考古遗址公园	北京市城区（海淀区）	圆明园管理处	1115/编制内1098	200	海淀区政府	区政府投入和自筹资金	12116	8297	3821	500	4100	
2	北京	周口店国家考古遗址公园	北京市乡村郊野（房山区）	周口店北京人遗址管理处	40	0	房山区政府	区政府拨款和门票收入	2000	1856	144	11	144	周口店遗址保护管理办法（市政府规章）
3	吉林	集安高句丽国家考古遗址公园	市区、城乡结合部、农村乡野（集安市）	集安市文物局（博物馆）	19	570/文保员14	集安市政府	财政拨款和门票收入	400	30	370	7.7	320	吉林省高句丽王城、王陵及贵族墓葬保护管理条例
4	江苏	鸿山国家考古遗址公园	农村乡野（无锡市新区）	无锡市鸿山遗址博物馆	80/编制内24	0	无锡市新区管理委员会	财政拨款	1500	1500	0	20	40	
5	浙江	良渚国家考古遗址公园	城乡结合部（杭州市）	杭州良渚遗址管理区管理委员会	30	30	余杭区人民政府	财政拨款	600	600	0	40	0	杭州市良渚遗址保护管理条例
6	河南	殷墟国家考古遗址公园	农村乡野（安阳市殷都区）	殷墟管理处	99	60	安阳市文物局	财政拨付	1000	1000	0	200	953	河南省安阳殷墟保护管理条例

续表

序号	省域	名称	地理位置	基本管理情况							效益			法规
				管理机构	员工（人）	义工（人）	主管部门	经费来源	年度运行经费需求（万元）	政府补助（万元）	自筹资金（万元）	年均观众量（万人次）	年度收入（万元）	
7	河南	隋唐洛阳城国家考古遗址公园	市区、城乡结合部（洛阳市）	未建立	0	0	洛阳市文物管理局	不固定	200（定鼎门遗址博物馆）	不确定	0	6（2010年11月以来）	5	洛阳市隋唐洛阳城遗址保护条例
8	四川	三星堆国家考古遗址公园	农村乡野（广汉市）	广汉市文物管理局	45	100	广汉市政府	财政拨款	3000	3000	0	45.82	2300	三星堆遗址保护管理办法
9	四川	金沙国家考古遗址公园	市区（成都市）	金沙遗址博物院	225/编制内25	300	成都市文化局	财政拨款和门票收入	3500	1300	2200	382	2200	
10	陕西	阳陵国家考古遗址公园	农村乡野（咸阳市、西安市三区县交界）	汉阳陵博物馆	74/编制内35	75	陕西省文物局	财政拨款和经营收入	1500	300	1200	25	1200	
11	陕西	秦始皇陵国家考古遗址公园	农村乡野为主（西安市）	秦始皇帝陵博物院	321	50	陕西省文物局	财政拨款	33000	33000	0	389.48（含博物馆观众）	30000	陕西省秦始皇陵保护条例
12	陕西	大明宫国家考古遗址公园	市区（西安市）	曲江大明宫国家遗址公园管理公司	企业编制1224	2500	西安曲江集团	自筹资金为主	19000	0	19000	310.74	9500	西安市周丰镐、秦阿房宫、汉长安城和唐大明宫遗址保护管理条例

向公众开放、为公众服务、接受公众监督方面并无大的进展，并未使其教育功能惠及更多人群，在公众参与上也没有新举措。比如圆明园，在成为国家考古遗址公园后，并没有较大变化，依旧是一个较为封闭的“公园”，公众在利用其休闲、参与其管理等方面并未发现“公园”与“非公园”的差别；其二，让公众受益的“公”也没有大变化。大遗址保护项目中公益价值挖掘不深，这主要体现为公益性的教育和宣传手段依旧单一，深度不够，不能很好满足民众深层次的需求。

第二，大遗址保护项目的经济功能发挥不充分。大遗址保护项目的另一重要功能是带动区域经济发展，强区惠民。这种带动作用体现于两方面：其一，促进遗址区内部的相关产业发展，提高经营收益；其二，是通过改善人居环境、完善配套基础设施等手段，带动周边服务业发展。而在大遗址保护项目的实际建设中，绝大多数遗址区内相关产业的发展基本没有新举措，相关经营性业务并未体现机制创新，① 经营效率和质量都有待提高。同时，不少大遗址保护项目并未很好地与周边地区的经济社会发展衔接，对周边产业的带动效应不强。

综上，我国大遗址保护项目中依旧存在一些问题，尤其是国家考古遗址公园的制度建设进展不大，下文将以良渚的管理单位体制为例，对此进行详细说明。

3.2　管理单位体制及其问题的案例说明

2010 年蓝皮书中对大遗址的保护和管理有较为详细的分析，并以大明宫国家考古遗址公园为例进行了论述。在此基础上，本节以“成员—规则—机制”为框架，对另一处国家考古遗址公园——良渚国家考古遗址公园——进行管理单位体制案例分析。②

管理成员方面，良渚国家考古遗址公园采用“特区”管理模式，较好地“统一”了管理成员。杭州市政府成立专门的行政管理机构，负责遗址公园的日

---

① 指特许经营等方式，需要公开竞标并接受管理单位监督，从而在保证保护效果的情况下提高服务质量和效率。

② 发展方向方面，良渚国家考古遗址公园将以“一片一院一带三点”为主要框架。“一片”是指良渚古城，包括良渚古城、莫角山、反山、金都生态园等多处重要遗址和景观，是良渚国家遗址公园的“主公园”；“一院”指良渚博物院；“一带”指连接良渚博物院至古城的景观带；“三点”指瑶山遗址、唐山遗址、汇观山遗址。建成时将形成以“主公园”与基本游览线路为主导、外围三遗址点为辅助的遗址公园深度游。

常管理工作。《杭州市良渚遗址保护管理条例》中规定：“杭州市人民政府组建良渚遗址保护管理机构，具体负责良渚遗址的保护和管理工作。”在此法规指导下，副厅级的杭州良渚遗址管理区管理委员会（浙江省杭州良渚遗址管理局），负责管理区范围的文物保护、城乡规划、经济开发、社会管理及其他工作协调与监督等，并受余杭区人民政府委托，对良渚和瓶窑两镇实施管理。这种“特区”管理模式，将良渚国家考古遗址公园与周边区域“打包”交给地方政府性质的机构管理，切实将遗址建设和地区经济社会发展相融合，易于体现大遗址三方面的“公”属性。另外，该种模式，易于协调多方利益，统一管理成员，确保管理有力。

管理规则方面，制定《杭州市良渚遗址保护管理条例》，规定了保护范围和管理机构、规划与管理、考古与展示利用以及法律责任，明确了遗址保护的方方面面。同时，近年来编制完成《良渚国家考古遗址公园控制性详细规划》（报批稿）、《良渚文化博物馆新馆周边环境综合整治工程控制性详细规划》，较好地协调了文物系统与其他部门之间的利益关系与权力范围，统筹了良渚国家考古遗址公园的规划与建设。

管理机制方面，初步形成本级财政支持①，分区管理、统一监管的格局。资金层面，杭州市、余杭区人民政府将良渚遗址保护管理经费分别列入本级财政预算，设立良渚遗址保护专项资金，并鼓励国内外社会力量捐助良渚遗址保护事业。其中，专项资金应专款专用于良渚遗址的保护，并接受财政、审计部门的监督，且政府大力支持完善周边基础设施建设。经营机制层面，进行分区管理，将良渚遗址保护范围划分为重点保护区和一般保护区②：重点保护区内统一规划，建设与管理进行严格行政审批；一般保护区内，可适当进行特许经营，以提高经营效率③；保护区外，

① 据了解，为了保护良渚遗址，2000年至2002年10月底，省市区三级政府先后投入1亿余元巨资，将遗址区及附近的30余家石矿全部关停，净化遗址内环境；1999年当地政府斥资2.4亿，对遗址内全长16公里的104国道进行南移改建，保护良渚古城完整。

② 《杭州市良渚遗址保护管理条例》中规定：“良渚遗址重点保护区，是指文物行政管理部门报请省人民政府批准的，具有较大规模和重大价值的遗址点及其周边的一定区域。良渚遗址一般保护区，是指重点保护区外的一定区域和各零散遗址点及其周边的一定区域。”

③ 在良渚遗址保护区重新划定的保护范围内，遗址展示环境将分区建设：重点保护区以考古成果为依据，兼顾观赏需要，尽可能表现出遗址历史文化景观；一般保护区的环境景观则主要结合生态保护措施，以大环境的和谐为建设标准。

统筹各项事业发展，较好地顾及周边居民的生产、生活，惠及民生。[①] 监督机制层面，明确“良渚遗址保护管理机构的保护管理工作，应当接受国家、省、市文物行政管理部门的业务指导和监督”，在上级单位的统一监督下，落实各项建设，初步实现了大遗址保护项目对周边经济社会发展的带动作用。

综上所述，良渚国家考古遗址公园的建设采用“特区”管理模式，协调了管理成员，促进了遗址建设与社会发展的同步，较好地解决了大遗址保护项目中的一些难题。同时，加强法律法规建设，提高管理规则的协调效能，并打造“本级财政支持、分区管理、统一监管”的管理制度，从而全面推进良渚国家考古遗址公园向着“统一、规范、高效”的管理标准发展。不过，即便是良渚大遗址这样相对比较完善的管理方式，在相关体制机制建设上也突破不大，资金机制、经营机制和监督机制的建设与传统文物保护单位管理相比几无突破，使大遗址公益性功能和经济功能的充分发挥仍然有明显的制度障碍。为此，我们必须借鉴国外相关建设的先进经验，并结合我国国情，切实做好大遗址（尤其是国家考古遗址公园）保护项目的制度建设工作。[②]

4　发达国家大遗址管理体制机制及其对中国体制机制建设的借鉴

尽管大遗址是中国特有的政策术语，但许多发达国家对类似大遗址的文化遗产也建立了管理体系。本节以我国大遗址管理体制机制存在的问题为线索，总结美国和日本在大遗址管理上的经验尤其是体制机制方面的经验，以期为中国的相关管理体制机制改革创新提供借鉴。尽管由于产权制度不同、政治体制有别，发达国家在不可移动文物管理上的经验很难照搬到我国，但大遗址这类不可移动文物的管理，因为有了《保护世界文化与自然遗产公约》，有了国外很成熟的国家

① 在经营机制的相关规定中，理想的情况是参照发达国家的国家公园管理模式，把遗产资源的公益性业务（资源管护、科研科普等）和非公益性业务（交通、餐饮、住宿等与核心业务关系不大的服务）分开，对非核心业务建立特许经营制度。

② 这种借鉴与学习是要建立在明确自身问题所在与根源的基础之上的。我国大遗址建设，尤其是国家考古遗址公园建设中的问题和根源，已经在主题报告第三章 3. 2 小节中进行了概括性的表述。因此，本部分就不再赘述。

公园管理体制，借鉴作用还是比较强的。其中，从规范性和管理效果而言，美国、日本的相关体系借鉴意义较大。

4.1 美国国家公园管理体系及其对中国文化遗产管理体制改革的借鉴

美国是文化与自然遗产资源丰富且管理较为成功的国家，其基本的管理理念是根据遗产资源的公益性确定遗产资源的使命，然后建立与使命相应的资金机制、管理机制、经营机制、监督机制等，以保证管理能力、管理手段与管理目标相适应。总体来看，美国国家公园管理体系管理成员较为统一，管理规则相对规范，管理机制比较高效。因此，本部分以我国文物管理中的问题为导向，按照“成员—规则—机制”框架分析美国国家公园管理系统，① 以利于我国在完善管理体制机制时借鉴。

4.1.1 美国国家公园管理体系概况

美国国家公园管理体系是由内务部国家公园管理局管理的陆地或水域的总体，包括国家公园、纪念地、历史地段、风景路、休闲地等20多个不同类型区域的所有土地、水面。截至2010年，美国国家公园管理体系共含391个单位，总面积33.7万平方公里，覆盖49个州，约占国土总面积的3.64%。其中“国家公园”共计58处，面积为20.9万平方公里，约占国家公园系统总面积的62%。美国国家公园管理体系在面积上约占全美保护地的1/4，是美国最为重要的遗产管理系统。其中，以文化遗产为主的国家公园（如自由女神像）、国家历史地、国家纪念地、国家历史公园等与我国大遗址的保护区相类似，其相关管理体制机制对完善我国的管理借鉴意义明显。

4.1.2 管理成员

正如上文所述，我国文物管理中管理成员成“多元”态势：不仅存在各部门交叉管理的现象，也存在管理单位性质的多样性。与之相比，美国国家公园管

① 美国的文化与自然遗产体系主要由国家公园体系（由内务部国家公园管理局管理）、国家森林体系（由农业部林业局管理）、国家野生动物保护区体系（由内务部鱼和野生动物管理局管理）、国土资源保护区体系（由内务部土地管理局管理）、州立公园体系（一般由各州政府的自然资源部管理）和一些博物馆等组成。其中的国家公园体系规模最大、最先建立、制度最完善，且包括了自然遗产资源和文化遗产资源。

理体系的管理成员就相对“统一”。

美国国家公园管理体系由内务部下属机构国家公园管理局①进行对所有国家公园体系成员的垂直管理。美国国家公园管理局代表国家管理国家公园系统的行政、规划建设、业务技术、旅游经营、人事任免等事宜，在管理权归属上具有唯一性和排他性，联邦、州、地方、部落等的各相关机构是其合作对象和伙伴。同时，美国国家公园管理局还附设有一个全国领导委员会，由局长、副局长、会计总管、信息总管、助理局长、区域局长、美国公园警察局局长等人组成。咨询委员会为国家公园管理局局长的决策提供咨询并参与讨论，之后管理局局长才制定总体性的立法目标和战略，从而指导全局范围内的各项目标和计划的完成。国家公园管理局总部还另设有一个国家项目中心，负责为各地区和公园单位提供专业和技术支持，这个项目中心包括6个分中心，分别是账务操作中心、哈普斯渡口中心、丹佛服务中心、全国文化资源中心、全国保护技术与培训中心、全国游憩与保护中心。

公园单位是国家公园管理局最基本的管理实体，每一个单元都设定一名负责人（或公园经理），但允许一个负责人负责多个公园单元的管理。公园单位负责人对具体管理目标的实现负有责任，对区域局长负责，其管理的内容包括：解说和教育、游客服务、资源管理和保护、设施管理，其他如调配、签约、人事和财务管理等行政职能，另外，负责人同时兼任国家公园管理局项目的现场代表（美国国家公园的管理组织结构图参见图技3－12）。

美国国家公园管理体制的管理成员相对“统一”，垂直管理的体制也比较“高效”。相比之下，中国文物管理体系则有一定差距（两种管理体系的管理成员比较见表技3－17）。

4.1.3　管理规则

我国文物管理规则已经体系化，但规则体系的涵盖范围和深度仍然不够。而且，文物保护单位管理的法制尚不健全，规范具体保护管理行为的地方性、专题性法规立法工作滞后。相比之下，美国国家公园的立法则体系科学、层次分明。

---

① 国家公园管理局内设1个工作总部，7个区域办公室以及众多的公园及支持单位。国家公园管理局工作总部设有1个局长办公室和6个助理局长办公室，总部设在华盛顿。其主要任务是领导和促进全国性的国家公园工作；确定方向并制定政策规章；指导各类项目；制定预算；提供法律支持和对项目进行解释。

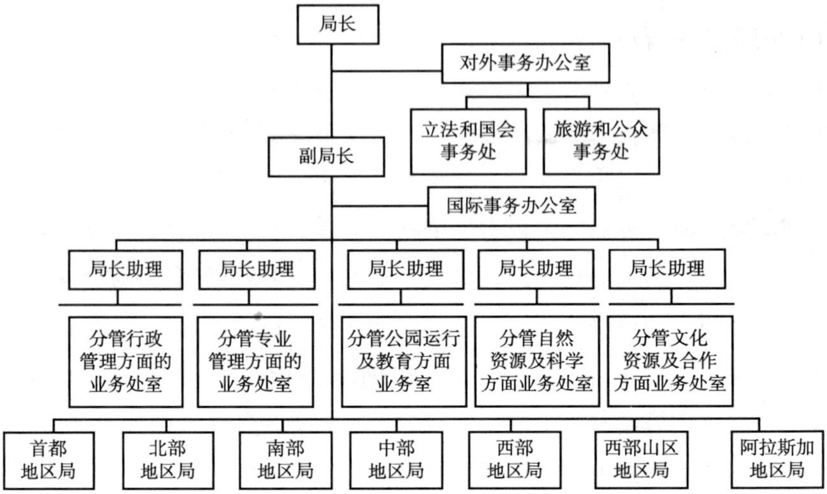

图技 3－12　美国国家公园管理组织结构

表技 3－17　中国文物管理体系与美国国家公园管理体系的管理成员比较

		中国文物管理体系	美国国家公园管理体系
模式		条块分割、多头管理	垂直管理、逐级责任分配
具体权力	行政权力	一定独立权力，隶属文化部	独立拥有
	规划建设	拥有规划建设权，但部分职能与发改委、规划局等部门重合	独立拥有（丹佛规划局）
	资金来源	地方财政资金和旅游经营收入	大部分（约 70%）为联邦财政资金
	人事任免	地方政府所有	国家公园管理局全权决定
与其他部门关系		其他行政部门有权管理部分文物	独立管理
与地方行政机构关系		地方政府拥有实际管理权	具有唯一性和排他性，联邦、州、地方、部落等的各相关机构是其合作对象和伙伴

美国国家公园管理体制立法①从三个层次上为国家公园系统提供了支持。首先，主干立法对国家公园土地及管理权的归属做了明确规定（《国家公园组织法》）；其次，立法对国家公园系统的地位做了明确规定（一般授权法）；最后，

① 美国国家公园管理体系的所有法律都来自宪法中的“财产条款”（Property Clause），即美国国会有权“制定规则以统辖和管制（联邦）土地”。

除部分在1906年古迹法授权范围内、由总统在联邦司法权范围内直接批准成立的国家纪念地之外，国家公园系统内绝大多数保护单元的成立都有专项立法支持（成立新的国家公园必须经国会批准）。此外，一些分支立法（非直接针对国家公园的立法）对国家公园的管理和保护也发挥着重要的支持作用，如《环境政策法》、《博物馆法》等。

在这套立法体系下，国家公园管理局的日常管理依照一套分级管理、层级清晰的管理指令系统开展。其共分为三个层级。“管理政策”是指令系统中的第一级；由国家公园管理局局长签署的“局长令”是第二级；第三级则包含了一、二级之外的所有专门用于指导员工履行职责时使用的各种专业性材料（如手册、参考册等），涵盖了执行“管理政策”和局长令的具体细节建议，其命名和编号与局长令具有一致性。

可用表技3－18来系统比较中美两国的相关规则体系，不难发现我国文物保护相关法律法规体系分类不细、法律位阶不明晰、系统内外立法不统一。

表技3－18　中国文物管理体系与美国国家公园管理体系的管理规则比较

	中国文物保护法律体系	美国国家公园法律体系
主干法（或基本法）	《文物保护法》对文物保护各项工作作出规范	《国家公园组织法》对国家公园土地及管理权的归属做了明确规定
一般授权法	《文物保护法》对文物保护各项工作作出规范	对国家公园系统的地位做了明确规定
系统内部的法律支持	制定国家和地方层面的法规、部门性规章与规范性文件	国家公园系统内绝大多数保护单元的成立都有专项立法支持
系统外部的法律支持	其他法律文件中有涉及文物保护的内容，但出发点与文物系统内部立法不同（有时甚至出现相互掣肘的现象）	分支立法（非直接针对国家公园的立法）对国家公园的管理和保护也发挥着重要的支持作用，如《环境政策法》、《博物馆法》等

4.1.4　管理机制

管理机制方面，美国国家公园的管理机制能够为此提供相对丰富的经验。

（1）资金机制

24部联邦法律，62种规则、标准和执行命令保证了美国国家公园管理体系作为国家遗产资源在联邦经常性财政支出中的地位，确保了国家公园主要的资金来源，使国家公园管理机构能够维持其非营利性公益机构的管理模式。近些年来，由于有关社会捐赠机制的成熟以及公园资源的重要性和高关注度逐渐显现，社会捐赠资金显著增多，大大减轻了联邦政府的财政负担，以 2004 年为例，联邦政府的财政拨款仅占到国家公园体系全部运营经费的约 75%，特许经营收入和社会捐助占到总经费的约 25%。

（2）特许经营机制

美国国家公园的管理经费主要来自联邦政府财政资金，只有很少一部分来自国家公园的经营收入。对国家公园的经营，美国的管理方式是首先明确遗产资源经营权的界限，在此基础上做到了依法行事——依法构建了特许经营机制。[①] 其经营权的界限很明晰，仅仅限于副业——提供与消耗性地利用与遗产核心资源无关的后勤服务及旅游纪念品，同时经营者在经营规模、经营质量、价格水平等方面必须接受管理者的监管。而国家公园体系内全面实行特许经营制度，即公园的餐饮、住宿、交通等旅游服务设施及旅游纪念品的经营必须以公开招标的形式征求经营者。同时，国家公园管理局从不下达创收指标，公园获得的经营收入除上缴国家公园管理局的部分外，其余只能用于改善公园管理（不完全的收支两条线）。

正因为这种管理者和经营者分离的特许经营机制，美国国家公园在发挥公益性功能上有两方面优势：①避免了重经济效益、轻资源保护的倾向；②避免了出现中国这样的“门票涨价为全国千夫所指”的尴尬局面，国家公园体系内的成员有相当数量对游人免费开放，少数收费的也票价低廉。[②] 国家公园借此真正体现了其终极使命：我们成立国家公园，是为了有助于增强人民形成国家共同意识的能力。

（3）监督机制

在监督机制上，做到了依法监督和公众参与。美国的遗产保护建立在完善的法律体系之上，几乎每一个国家公园都有专门立法，国家公园管理局的各项政策

① 1965 年美国国会通过了《特许经营法》，规定每个国家公园的管理机构都是联邦政府的非营利机构，专注于文化与自然遗产的管理，日常开支主要来源于联邦政府财政，国家公园管理机构不得直接从事商业性经营活动，公园内商业经营项目须通过特许经营的办法委托企业经营，管理机构从特许经营项目收入中提取一定比例的费用用于改善公园管理。

② 如约塞米蒂国家公园（Yosemite national park）每辆车收入门费 5 美元，黄石公园（Yellowstone national park）的门票是 12 美元，可以连续 5 ~7 天有效。全美国家公园每年游人多达 2.7 亿，但门票收入总计为 7000 万美元，平均每人次仅为 0.25 美元。

也都以联邦法律为依据。同时，遗产管理部门的重大举措必须向公众征询意见乃至进行一定范围的全民公决，这使主管部门的决策不得不考虑多数人的利益最大化而非部门利益最大化，也使管理机构本身几乎没有以权谋私的空间。

综上所述，美国国家公园体制对解决我国文物管理中的相关问题有一定的借鉴作用（参见表技 3－19）。

表技 3－19　美国国家公园的管理体制对我国文化遗产管理的借鉴

我国文物管理中的问题	成因	美国经验
管理单位的权限与管理要求不相称	管理成员多元化	国家层面有统一机构管理;纵向上采用垂直管理;其他相关部门是合作关系
	法律法规体制不健全	三层立法:《国家公园组织法》规范管理权;一般授权法明确公园地位;各公园的专项立法(同时其他相关部门也有相关法律的支持)
资金不足	资金机制不健全	财政支持为主,市场渠道和社会捐赠渠道相对健全,尤其是社会捐赠机制十分完善

美国遗产资源垂直管理模式可以在很大程度上保证遗产资源的公益性的发挥、也可适当减缓遗产资源经济上无序开发的弊端，因而较好地发挥了遗产资源的三大功能。然而，从适用条件上来看，这种管理模式对国家经济实力和公众保护意识的依赖很高，而且这两个方面的改善和提高也不是一蹴而就的。因此，直接套用这种管理模式，揠苗助长显然行不通。然而，良好的公众参与和公众决策机制、健全的法律法规环境却是我们应该为之努力的一个方向，只有尽快理顺管理体制，唤醒公众的遗产保护意识，建立起公众参与和决策监督的机制，才能对遗产资源的管理和保护形成强大的社会监督，在市场化改革的环境中促进遗产公益性功能的发挥。

4.2　日本奈良平城京文化遗产保护经验

我国国家考古遗址公园的建设是大遗址保护项目中的难点也是重点，从“统一、规范、高效”的角度看我国国家考古遗址公园的建设还远没有“达标”。[①] 而

① 关于国家遗址考古公园建设中的相关问题，在 2010 年蓝皮书的特别关注二中有较为详细的论述。

日本在类似文化遗产保护上已经积累了较为丰富的经验①，如奈良古城②的文物遗产保护和利用，尤其是奈良平城京遗址的管理与我国国家考古遗址公园相类似（其中大明宫国家考古遗址公园的建设也吸取了奈良平城京遗址的经验）③，因此其经验总结对我国大遗址管理的借鉴意义较大。

4.2.1 “成员—规则—机制”角度的比较分析

从“统一、规范、高效”三方面可以对比中日两国的大遗址保护（参见表技3－20）。

第一，我国大遗址保护项目中管理成员不“统一”。建设过程中，文物系统、地方政府以及其他相关行政机构都有权力对遗址保护区内的部分区域或部分事务进行管理。因此，管理成员的“多元”依旧掣肘着我国大遗址保护区的建设。而日本奈良的文化遗产保护主要由奈良国立文化财④研究所主持。第二，我国大遗

---

① 在日本，遗址保护的国家行动始于1922年，但直至1965年，仍以“现状保存”为主。随着经济高速发展，土地开发热潮席卷全国，遗址保护受到巨大冲击，连著名的平城宫遗址都曾一度受到威胁。这种形势下，遗址展示与利用的重要性逐渐显现。一方面要通过多种展示手段的综合运用，将遗址以更加通俗易懂的形式介绍给普通参观者；另一方面通过对遗址整体景观的精心塑造，使遗址成为令人流连忘返的游览胜地。大室公园、吉野里历史公园、飞鸟公园等都是日本历史公园中的上乘之作。

② 奈良古称平城京，是日本著名古都之一。从公元655年至784年，日本几代天皇在此建都，人口多达20万人，是日本经济、政治、文化中心和佛教艺术发祥地。平城宫始建于公元7世纪，仿中国唐长安城修建，至今已有1260多年的历史，在两个世纪里一直是日本皇宫；它东西宽4.3公里、南北长4.8公里，面积约为古长安的1/4。多年来，日本文物专家对平城宫遗址进行过多次保护修复。作为历史古都，奈良保存了日本最古老、最重要的文物古迹上百处，占据着奈良城里最好的位置。其中世界文化遗产有三处，分别是法隆寺地区的佛教建筑、纪伊山地的灵场与参道、古都奈良的文化遗产。其中1998年入选的古都奈良的文化遗产包括东大寺、兴福寺、春日大社、春日原始森林、元兴寺、药师寺、唐招提寺、平城宫遗址8处，堪称世界遗产之都。今天的奈良主要市区位于平城京遗址以东，街道呈“条坊”状展开，中心地带是奈良县府机构所在地。城市商业十分发达，传统产品有陶器、漆器、茶道用具、笔墨、一刀雕、团扇、折扇、漂白布、蚊帐等，并拥有纺织、电机、金属制品等工业。所以，日本奈良可以说是较为合理地实现了古城保护和城市发展的协调共融。

③ 2010年，西安大明宫遗址开发保护办公室与日本奈良文化财研究所（以下简称奈良文研所）在西安签署了文化遗产保护发展协议书，中日两座古城据此携手保护大明宫遗址和日本平城宫遗址。

④ 日本的“文化财”是一个涵盖范围极广的概念。依据日本的《文化财保护法》，受到保护的文化财可分为七大类：①有形文化财；②无形文化财；③民俗文化财（包括有形和无形两部分）；④史迹名胜天然纪念物；⑤传统建筑物群；⑥文化财保存技术；⑦埋藏文化财。2008年蓝皮书中对“文化财”的内涵和外延有过较为详细的解释。

表技 3－20　中日大遗址管理情况对比

	管理成员	管理规则	管理机制			案例
			资金机制	经营机制	监督机制	
中国大遗址行政管理类	国家、省级或县级（或地级市）文物或行政单位以及专设行政机构	《文物保护法》以及相关文物的特殊保护办法等	资金机制不健全，互相推诿	政府行政管理为主	上级行政部门或者文物部门进行监督	周口店国家考古遗址公园；隋唐洛阳城国家考古遗址公园；三星堆国家考古遗址公园；秦始皇陵国家考古遗址公园；大明宫国家考古遗址公园
中国大遗址事业管理类	专门设立的事业单位直接管理	《文物保护法》以及相关文物的特殊保护办法等	资金机制不健全，互相推诿	行政管理与市场化经营并存	文物机构或行政部门进行监管	圆明园国家考古遗址公园；鸿山国家考古遗址公园；良渚国家考古遗址公园；殷墟国家考古遗址公园；金沙国家考古遗址公园；汉阳陵国家考古遗址公园；集安高句丽国家考古遗址公园
日本经验	奈良文化财研究所	《文化财保护法》和《古都保护法》	中央政府财政承担主要事权	根据资源各部分的特质和业务属性分类保护和管理	—	—

址项目中虽然有《国家考古遗址公园管理办法》为指导，但是该规定制订上漏洞较多，且相关法律法规体系仍未建立，不能很好地指导我国大遗址保护区的建设。相比之下，日本政府将战后颁布的多种文物古建筑保护法整合为《文化财保护法》。此后面对经济发展的压力，一些重大区域文化遗产地的历史街区，特别是环境风貌受到日益严重的威胁。在此情况下，日本又于 1966 年颁布了《古都保护法》，将奈良、京都、镰仓作为区域性文化遗产保护下来。在具体建设方面，主要依据为《平城遗迹博物馆设立初步构想计划》，该计划在批准前进行了 11 次论证，一步到位，多年来的复原和展示工作均按此规划实施，怎么干、什么时候干什么，都非常明确。第三，我国大遗址保护项目中的资金和经营机制也不“高效”。资金层面，没有建立明晰的资金机制，许多大遗址管理机构甚至“意图”靠“经营”维持保护工作。而平城京的经费来源主要是政府财政拨款，发掘、研究、管理经费主要来源于中央政府财政资金。日本政府将平城京的平城

宫120公顷土地几乎全部征购保护，以切实保持遗址的原貌①。平城宫遗址迄今保持着空地状态，基本上没有近现代建筑，城市开发避开了这一区域，发掘清理后的遗迹得以就地保护。发掘清理后的遗址，通过在地表上使用纯净土基坛复原建筑基址、通过植树表示建筑物原有的柱网分布、部分恢复原貌等整治方法，建成了能够让全体国民缅怀古代都城雄姿的巨大遗址公园。

综上，奈良平城京遗址的保护和利用符合文物具体属性，且资金来源有充分保障，保护经营方式得当，基本实现了保护和利用的“规范”、“高效”。

4.2.2 日本奈良平城京遗址保护利用的经验借鉴

日本平城京遗址的建设对我国考古遗址公园的建设有以下三方面借鉴。

第一，要确立级别较高的直接管理部门，“统一”负责相关工作，指导遗址区的建设。第二，要制定完善的法律法规，“规范”遗产管理中的各方面利益相关者的权利和权限。第三，要建立高效、全面的管理机制，尤其是资金和经营机制。如果不能明确大遗址保护项目建设和运行中较高层级政府财政的事权，如果不能在空间范围和业务范围上明确经营界限，就可能发生大遗址保护项目成为旅游主题公园项目的变异，我国在这方面已经有若干教训。②

5 本章总结

本章依托前三部蓝皮书的成果、相关法律法规以及2010年中国文物信息咨询中心《文物保护单位管理体制调研报告》，详细总结了各级各类文化遗产管理机构体制机制，并进行了国际比较和国际经验借鉴分析，为主题报告第三章的内容提供了翔实的依据。

通过本章的描述，可以认为我国的文化遗产事业管理体制改革和机制创新虽然取得一定成果，但距离“统一、规范、高效”的行业管理模式仍有不小差距，

---

① 又如2008年，为了让现代人更好地认识历史，热爱自己的国家，把这些传给后代，日本政府投入200亿日元，对奈良太极殿进行恢复重建；另外，平城宫朱雀门复原一项投资就达30亿日元，且全部由政府拨款，可见日本政府对于文化遗产地的财政支持力度。

② 例如，云南省依据国家林业局试点建设国家公园的批复，自行挂牌建设国家公园。但这些“国家公园”在资金机制和经营机制上毫无突破，最终都变成了主要通过门票收入维持公园管理的类旅游景区。

在“十二五”期间应该从以下两个方面着力。

一要顺应国家发展大趋势。把握“十二五”的重大机遇，顺应大部制改革、文化体制改革和事业单位体制改革的趋势，做好文物系统内外体制机制环境的衔接工作：①在大部制背景下，以“机构编制与事权对称”原则为依据，争取提高实际工作量较大的基层地方政府文物管理机构行政级别和队伍规模，增强与其他部门合作的能力，争取能够统一管理成员；②文物系统要积极纳入国家文化体制和事业单位体制改革的潮流中，通过管理单位体制改革和工作机制创新，适度引入市场机制，尤其发展好与文物旅游配套的管理和经营体制，以从制度层面促进公益性事业单位在履行好公益性服务职能的前提下，“搞活”遗产资源和遗产事业，使其更高效，更能惠及民生。

二要完善法律法规体系。要根据实际管理需求积极申请完善上位法律法规，使得管理成员、管理机制得以明确；要根据遗产地的特殊性，积极衔接上位法规，制定适合遗产地管理的相关条例，以全面指导遗产地的保护和管理工作；要完善文物系统内部的法规体系，使得相关法规以及管理办法能够覆盖到文化遗产事业的方方面面。

然而要做好文化遗产管理工作，仅从管理体制机制方面入手是不够的，管理水平也不容忽视。因此，下一章我们将对管理水平进行详细分析。

B.8

第三章附录
法律法规角度的文化与自然遗产地管理体制机制异同

主题报告和技术报告第三章中，我们根据调查数据和资料分类总结了文物保护单位（其中有相当数量是文化遗产地）的管理体制和机制，描绘了文化遗产地管理体制机制的全貌。但是现存的管理体制机制是否合理？其不足又源于何处？在目前发展的大背景下其改进之处又何在？

依托相关法律法规回答这些问题在2012年这个时间节点上尤显重要：《文物保护法》实施30周年，全国人大第一次进行全国范围内的《文物保护法》执法检查。为此，本部分在“成员—规则—机制”框架下，通过比较文化遗产地以及自然遗产地的管理规则〔相关的法律法规，包括《文物保护法》、《国家考古遗址公园管理办法（试行）》、《自然保护区条例》、《风景名胜区条例》和即将出台的《自然遗产保护法》[①] 等〕，从法律法规的应然角度总结遗产地管理体系的管理对象、管理主体、管理手段和资金、监督等方面的机制，从规范性等方面分析文化遗产地管理体制机制的影响因素并对管理效果进行实然评价。

1　应然角度的文化与自然遗产地管理情况

1.1　研究对象

首先，我们需要明确研究对象。在我国诸多文化与自然遗产地管理体系中，

---

① 本文中引用的是该法2011年的征求意见稿。该法从2004年开始起草，法名、基本思路和内容都变化极大，这种过程本身也反映了我国在遗产地管理理念方面正处于大变革时期，相关法规的规范正逢其时。

法律法规层面明确体制机制的只有文物保护单位（依据《文物保护法》建立）①、自然保护区（依据《自然保护区条例》建立）、风景名胜区（依据《风景名胜区条例》建立）三类体系②。而即将出台的《自然遗产保护法》（地理空间上的管理范围为国家级自然保护区的核心区和国家级风景名胜区的核心景区），位阶与《文物保护法》相同，从本研究的前瞻性考虑，也需要列入探讨。另外，尽管《国家考古遗址公园管理办法》是对文物保护单位中的大遗址进行管理的部门规章，但因其规模大、影响大，且与自然保护区、风景名胜区的管理具有较多的共性，也值得深入探讨。将这些法律法规和部门规章进行比较，能更好地发现文物保护单位尤其是大遗址的改进之处，明晰未来的体制机制如何设计和相关管理办法如何修订。

对这五部法律法规和部门规章的管理对象的比较如表技附 3-1 所示。

表技附 3-1　相关法律法规的管理对象比较

法律法规	对象	含义
《文物保护法》	不可移文物	（一）具有历史、艺术、科学价值的古文化遗址、古墓葬、古建筑、石窟寺和石刻、壁画；（二）与重大历史事件、革命运动或者著名人物有关的以及具有重要纪念意义、教育意义或者史料价值的近代现代重要史迹、实物、代表性建筑；（三）历史上各时代珍贵的艺术品、工艺美术品；（四）历史上各时代重要的文献资料以及具有历史、艺术、科学价值的手稿和图书资料等；（五）反映历史上各时代、各民族社会制度、社会生产、社会生活的代表性实物。
《国家考古遗址公园管理办法（试行）》	国家考古遗址公园	指以重要考古遗址及其背景环境为主体，具有科研、教育、游憩等功能，在考古遗址保护和展示方面具有全国性示范意义的特定公共空间。
《风景名胜区条例》	风景名胜区	指具有观赏、文化或者科学价值，自然景观、人文景观比较集中，环境优美，可供人们游览或者进行科学、文化活动的区域。

① 对于文物系统的管理规则研究在主题报告第三章中有比较宏观的概括。本章中也对管理规则进行了详细说明。附录中则注重几部法律法规的比较。

② 其中包括了相当数量的文物保护单位，2010 年《中国文化遗产事业发展报告》技术报告第二章有详细清单。

续表

法律法规	对象	含义
《自然保护区条例》	自然保护区	对有代表性的自然生态系统、珍稀濒危野生动植物物种的天然集中分布区、有特殊意义的自然遗迹等保护对象所在的陆地、陆地水体或者海域，依法划出一定面积予以特殊保护和管理的区域。
《自然遗产保护法（征求意见稿）》	自然遗产	在国际上有影响、在国内有典型代表意义的，自然演化形成的，有生态价值、科学价值、美学价值和经济价值的国家资源：包括自然生态系统、物种栖息地、自然遗迹地和自然景观、人文景观比较集中地两种类型。

从上表中不难看出，五部法律法规的管理对象间有相互包含、重叠的现象①。不可移动文物和自然遗产虽有重叠，但相对独立；国家考古遗址公园以不可移动文物为主，但也涉及自然遗产；风景名胜区涵盖不可移动文物和自然遗产，也涉及了部分自然保护区；而自然保护区属于自然遗产范畴。只考虑大的包含关系②，可以将这五部法律法规的管理范围用图技附 3-1 总结。这种管理对象间的相互重叠，给立法和管理中都带来政出多门、管理难以协调等诸多问题。进一步说，法律法规是否明确规定了不同主体间的法律责任和权责关系，将会对管理体制和机制产生重要影响。因此，明确遗产地的属性和定位（即属于哪类遗产、具体遵循哪部法律和法规），是实现"统一、规范、高效"管理的重要前提。

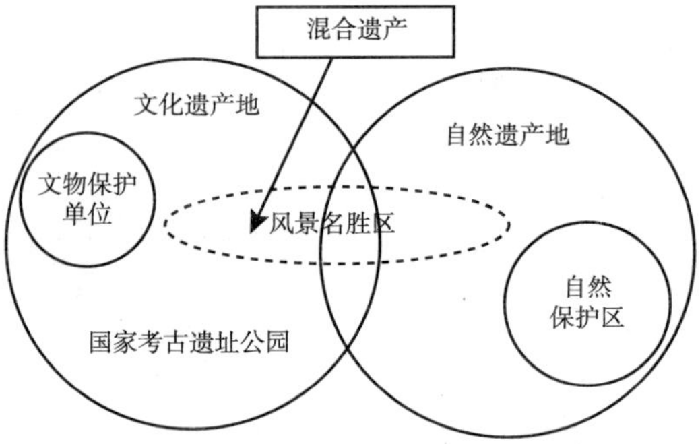

图技附 3-1　五部法律法规管理对象间的相互关系

① 2010 年《中国文化遗产事业发展报告》技术报告第一章中对这种交叉关系有详尽说明，此处不赘述。

② 即不考虑一些较特殊和比例很低的情况。例如，一些自然保护区中，也有极少量的不可移动文物；一些不可移动文物（如长城），与自然保护区的范围重叠。

1.2　管理主体

在明确研究对象后，要进一步界定权责相称的管理主体，这是建立统一、规范、高效的管理体制的基础。倘若在立法过程中没有明确相关的权责主体，则必然导致管理过程中出现职能交叉、多头管理的现象（参见表技附3－2）。

表技附3－2　相关法律法规的管理主体比较

法律法规	管理主体
《文物保护法》	国务院文物行政部门主管全国文物保护工作；公安机关、工商行政管理部门、海关、城乡建设规划部门和其他有关国家机关，应当依法认真履行所承担的保护文物的职责，维护文物管理秩序。
《国家考古遗址公园管理办法（试行）》	国家考古遗址公园的专门管理机构负责公园的日常管理及运营。
《风景名胜区条例》	风景名胜区所在地县级以上地方人民政府设置的风景名胜区管理机构，负责风景名胜区的保护、利用和统一管理工作。国务院建设主管部门负责全国风景名胜区的监督管理工作。国务院其他有关部门按照国务院规定的职责分工，负责风景名胜区的有关监督管理工作。省、自治区人民政府建设主管部门和直辖市人民政府风景名胜区主管部门，负责本行政区域内风景名胜区的监督管理工作。省、自治区、直辖市人民政府其他有关部门按照规定的职责分工，负责风景名胜区的有关监督管理工作。
《自然保护区条例》	国家级自然保护区，由其所在地的省、自治区、直辖市人民政府有关自然保护区行政主管部门或者国务院有关自然保护区行政主管部门管理。地方级自然保护区，由其所在地的县级以上地方人民政府有关自然保护区行政主管部门管理。有关自然保护区行政主管部门应当在自然保护区内设立专门的管理机构，配备专业技术人员，负责自然保护区的具体管理工作。
《自然遗产保护法（征求意见稿）》	自然遗产所在地县级以上地方人民政府应当依据自然遗产的类型，设立国家级自然保护区管理机构或者国家级风景名胜区管理机构专门负责保护、管理工作。

通过比较不难发现，我国文化遗产立法中，尤其是不可移动文物保护和管理的《文物保护法》中，明显存在权责分散、管理主体不统一的现象。在《文物保护法》中，虽然明确规定国务院文物行政部门主管全国文物保护工作，但是这种管理是不完全的行业管理（尤其缺少制约手段），管理权力分散于多个部门中。而《文物保护法》并没有详细界定各管理主体分别的权力范围和责任大小，从而进一步加深了职能权责交叉的可能性。相比之下，《国家考古遗址公园管理办

法（试行）》、《风景名胜区条例》、《自然保护区条例》、《自然遗产保护法（征求意见稿）》中，都相对明确地界定了管理主体。其中，《自然保护区条例》、《自然遗产保护法（征求意见稿）》主要涉及自然遗产，能够相对较好地做到统一管理。但《国家考古遗址公园管理办法（试行）》、《风景名胜区条例》虽然相对较好地统一了管理成员，但其涉及不可移动文物，就必然遵循上位法律《文物保护法》。所以，在实际管理过程中，也必然涉及管理成员多头的问题。而且正如前文所述，遗产属性和定位的不明确，进一步使管理主体模糊化，加大了管理的难度。

综上所述，只有从法律源头统一管理成员，明确管理主体的权力和职责，才能避免遗产管理中出现多头管理、职能交叉的现象。

1.3 管理措施

上述法律法规中，在对管理成员进行初步界定的同时，也对遗产地的管理措施进行了明确。具体来看，相关法律法规中首先明确了保护措施，然后初步建立保护规范性评价体系，最后确定管理的资金与经营机制。下面分别详细描述。

1.3.1 保护措施

明确保护措施是对遗产地进行立法管理的重要内容——只有这样才能真正明确管理手段，使基层的管理工作落实。目前对文化遗产地或自然遗产地的保护措施大概可分为两类：即禁止类方式和措施类方式。所谓禁止类方式，就是明确禁止发生的行为和举动，消极保护遗址；而措施类方式，则是通过制定和采用积极的管理方法保护遗产，通常包括分区分级管理、进行保护工程建设（如确定地标、设置围栏等）、开展管理活动（日常巡护）等使相关保护要求能高效落实。

表技附3-3 各部法律法规中保护措施比较

法律法规	禁止类方式	措施类方式		
		分级分区管理	保护工程建设	日常管理活动
《文物保护法》	(禁止类条款相对较多,针对不可移动文物的禁止类保护方式主要集中于第二十一条至第二十六条中)	分级管理:可以分别确定为全国重点文物保护单位,省级文物保护单位,市、县级文物保护单位。	四有:划定必要的保护范围,作出标志说明,建立记录档案。	较为严格地按照文物等级管理;严格文物交换、借用制度等。

续表

法律法规	禁止类方式	措施类方式		
		分级分区管理	保护工程建设	日常管理活动
《国家考古遗址公园管理办法（试行）》	不得侵占其合法用地，不得擅自改变国家考古遗址公园的用地性质，不得开展任何不利于遗址保护的活动。	无	无	国家对国家考古遗址公园实行巡视制度。
《风景名胜区条例》	在风景名胜区内禁止进行下列活动：（一）破坏景观地貌等的活动；（二）修建储存危险物品的设施；（三）在景物或者设施上刻画、涂污；（四）乱扔垃圾。	分级管理：分为国家级风景名胜区和省级风景名胜区。 分区管理：通常可分为核心景区、一般景区与旅游服务区等	设置景区标志和路标、安全警示等标牌。	制定污染防治和水土保持方案；建立管理信息系统。
《自然保护区条例》	禁止违反风景名胜区规划，在风景名胜区内设立各类开发区和在核心景区内建设宾馆、招待所、培训中心、疗养院以及与风景名胜资源保护无关的其他建筑物；禁止在自然保护区内进行砍伐、放牧、狩猎等活动；禁止任何人进入自然保护区的核心区以及在自然保护区的缓冲区开展旅游和生产经营活动，有特殊情况可向有关行政主管部门申报。	分级管理：分为国家级自然保护区和地方级自然保护区。 分区管理：分为核心区、缓冲区和实验区。	无	县级以上人民政府的环境保护行政主管部门和有关自然保护区行政部门进行监督检查。
《自然遗产保护法（征求意见稿）》	禁止类方式较多，主要集中于十九条、二十条、二十二至三十条中。	分级管理：可以申请建立国家级自然保护区。 分区管理：可以划分功能区；可以划定风景恢复区、风景游览区、发展控制区。	无	定期调查和统计基础上的信息公开；建立定期报告制度；建立水体保护措施。

其中措施类方式以分级和分区管理为主。分级管理重视确定遗产地的不同级别，根据级别高低投入不同的保护力度。分区管理则重视在遗产地内部，根据资源的属性和地域分布，通过划分区域的方式分别地、有针对性地保护和利用遗产。同时在日常管理中，也有诸如巡查制度、定期统计和公开信息等保护方式，多样化、全方位对遗址进行保护。

但是相关环节仍存在诸多问题：第一，正如前文所述，部分遗产资源未能明确属性和定位（以多种属性资源交叉的遗产地为主），因此在分级和分区管理过程中，不能明确具体方式和级别；第二，部分遗产资源（如国家考古遗址公园）在立法中，忽视措施类保护方式，没有针对该问题进行统一的规范，不利于该类遗产的保护；第三，作为措施类保护方式的保护工程建设，在立法中却没有能够明确规定，只有文物保护法中较为规范地提出“四有”原则，而其他法律法规中，该项规定并不健全。

综上所述，我国在文化遗产和自然遗产的立法中，较为全面地规定了保护措施（包括禁止类方式和措施类方式），但仍然存在遗产定位不统一和保护措施不规范的问题。

1.3.2 保护规范性评价

保护措施的实施成功和效果，又在很大程度上受到规范性影响：是否有规范的进入、退出机制以及是否建立了规范的评估、监督和规划机制，都将决定文化以及自然遗产的保护和管理效果。

可以说进入和退出机制是最重要的规范性评价。科学、合理且有激励—约束功效的进入和退出机制，是规范遗产地管理、保护和利用遗产的重要前提。本章的五部法律法规中，《文物保护法》和《自然遗产保护法》为相关领域的综合性法律，不涉及具体的进入和退出机制。故而，只针对另外三部法律法规的进入和退出机制进行比较（参见表技附 3－4）。

表技附 3－4　相关法律法规的进入与退出机制的比较

法律法规	进入机制	退出机制
《国家考古遗址公园管理办法(试行)》	有明确的进入条件、申请程序和审批负责单位。	涉及退出机制，但规定不明确。
《风景名胜区条例》	• 有较为明确的进入条件（第七条）； • 有明确的分级标准和申请要求（第八、九条）。	没有明确的退出机制，只有相关的法律责任。
《自然保护区条例》	• 有明确的进入条件，明确了进入资格（第十条）； • 有明确的申请流程、分级标准和审批负责单位（第十一至第十四条）； • 有明确的命名方式（第十六条）。	涉及撤销的负责单位（第十五条），但没有明确指出撤销的具体标准。

通过比较不难发现，我国在文化遗产与自然遗产立法中，进入机制相对完善而退出机制薄弱。这对申请成功的遗产单位产生负向激励，在一定程度上不利于

遗产的保护，易出现过度利用、不合理经营等诸多问题。因此，我们可以断定，遗产保护和管理过程中所出现的过度利用、过度市场化等诸多问题，都与没有良好的退出机制有密切关联。

进一步说，之所以没有良好的退出机制，也与评价、监督和规划机制有关。倘若能够建立良好的评价、监督和规划机制，退出标准和方式也就容易界定。而只有退出机制，没有合理的评价和监管机制，退出也就没有了衡量标准，变成"空谈"。因此，我们还要进一步分析相关法律法规的评价、监督和规划机制（参见表技附3－5）。

表技附3－5　相关法律法规的评价、监督和规划机制比较

法律法规	评价机制	监督机制	规划机制
《文物保护法》	无	规范了监督管理单位	按照《文物保护法》和《城市规划法》的有关规定，将文物保护工作纳入城乡建设规划，各地在编制和调整城乡建设规划时，应当充分考虑对于文物保护的特殊要求。文物保护单位及其建设控制地带的划定和保护，应当作为总体规划和详细规划的强制性内容
《国家考古遗址公园管理办法（试行）》	明确评定管理负责单位并明确申请立项标准及流程	实行巡视制度	规定公园管理机构负责规划工作
《风景名胜区条例》	对资源保护状况进行评估	建立风景名胜区管理信息系统，进行动态监测	分为总体规划和详细规划
《自然保护区条例》	明确建立保护区的审批流程	明确了监督管理单位；要组织环境监测	自然保护区管理机构或者该自然保护区行政主管部门应当组织编制自然保护区的建设规划，按照规定的程序纳入国家的、地方的或者部门的投资计划，并组织实施
《自然遗产保护法（征求意见稿）》	定期评估	建立健全监督管理工作机制，要定期监督检查、监测，做好日常监管工作	明确了保护规划单位以及规划流程，并要求与土地利用总体规划、城乡规划相衔接

通过上表不难发现，我国遗产保护和管理中，评价、监督和规划机制比较健全。其中仅仅《文物保护法》中，并未明确规定文物评估机制。这一方面与不可移动文物的属性有关，另一方面也反映了相关立法的不足。同时，《自然遗产保护法》中对上述三个方面有着比较明确的界定，一定程度上规范了自然遗产

保护中的保护状况评价机制、保护措施监督机制和保护方式的规划机制。

值得注意的是，《国家考古遗址公园管理办法（试行）》虽刚刚出台，但其中也涉及了监督机制。第十八条中明确指出："国家对国家考古遗址公园实行巡视制度。由国家文物局指定巡视专家对国家考古遗址公园进行定期或不定期巡视，检查其遗址保护和公园管理、运营状况，对发现的问题提出整改要求。"而《风景名胜区条例》则用整个第三章来详细界定规划问题。其中明确了规划内容、规划主体、规划过程、修改过程、评估方式等诸多方面。

仍需明确的一点是，资源属性交叉的遗产，可能利用法律定位不明确的机制"漏洞"，钻法律的"空子"，避免成本较高的机制，以降低运营成本，但却极不规范，影响了遗产的保护成效。

综上所述，我国在文化遗产和自然文化遗产立法中，评价、监督和规划机制尚不完善，从而导致了遗产退出机制的不明晰。所以，为能进一步完善我国遗产管理体制机制，就必须从立法层面，建立主体明确、内容全面、过程合理的评价和监督机制，并辅助以科学、细致的规划机制，从而完善遗产和保护区的退出机制。

1.3.3 资金机制和经营机制

在保护措施和规范性评价构建的基础上，管理机制设计也是相关法律法规的重要内容。在诸多管理机制中，资金机制和经营机制尤显重要。因此，比较上述五部立法中有关资金和经营机制的设计，有助于理解我国文化遗产和自然遗产管理和保护中的诸多现象和问题的根源①（参见表技附3－6）。

表技附3－6　相关法律法规的资金机制比较

法律法规	资金机制		
	资金来源	收入分配	其他原则
《文物保护法》	国家发展文化遗产事业。县级以上人民政府应当将文化遗产事业纳入本级国民经济和社会发展规划，所需经费列入本级财政预算。国家用于文物保护的财政拨款随着财政收入增长而增加。	国有博物馆、纪念馆、文物保护单位等的事业性收入，专门用于文物保护，任何单位或者个人不得侵占、挪用。	国家鼓励通过捐赠等方式设立文物保护社会基金，专门用于文物保护，任何单位或者个人不得侵占、挪用。

① 对文化遗产事业资金机制和经营机制的大貌分析可参见前三部蓝皮书的第三章。

续表

法律法规	资金机制		
	资金来源	收入分配	其他原则
《国家考古遗址公园管理办法(试行)》	无	无	无
《风景名胜区条例》	无	风景名胜区的门票收入和风景名胜资源有偿使用费,实行收支两条线管理。风景名胜区的门票收入和风景名胜资源有偿使用费应当专门用于风景名胜资源的保护和管理以及风景名胜区内财产的所有权人、使用权人损失的补偿。	无
《自然保护区条例》	管理自然保护区所需经费,由自然保护区所在地的县级以上地方人民政府安排。国家对国家级自然保护区的管理,给予适当的资金补助。	无	自然保护区管理机构或者其行政主管部门可以接受国内外组织和个人的捐赠,用于自然保护区的建设和管理。
《自然遗产保护法(征求意见稿)》	国家将自然遗产保护资金列入政府财政预算安排,建立健全自然遗产保护生态补偿机制、给予必要的政策扶持和资金支持。	无	鼓励企业事业单位,社会团体和个人以科技支持、捐赠系方式参与自然遗产保护

上述法律法规中基本都涉及了管理的资金机制设计问题，但是仍有较大欠缺。其一，《国家考古遗址公园管理办法（试行)》中，并没有对资金机制进行界定；其二，除《文物保护法》相对全面地界定了资金的来源、分配等相关机制外，其他相关法律法规都未全面的明确资金机制；其三，从立法倾向中不难看出，我国遗产事业的资金机制名义上以财政渠道为主，而市场渠道和社会公益渠道明显欠缺，法律中也缺少对这两种渠道的规范。虽然文化和自然遗产事业是公益事业的一部分，理应由财政支持为主，然而随着时代的进步和市场经济的发展，不能很好地明确市场融资渠道的界限、规范其融资行为，必然导致过度市场化或者缺少市场化等诸多问题的产生。

值得关注的是风景名胜区的门票收入和风景名胜资源有偿使用费以及实行收支两条线管理等制度。收支两条线管理，是指具有执收执罚职能的单位，根据国家法律、法规和规章收取的行政事业性收费（含政府性基金）和罚没收入，实行收入与支出两条线管理。相关单位将行政事业性收费和罚没收入按规定全额上缴国库或预算外资金财政专户；同时，执收执罚单位需要使用资金时，由财政部门根据需要统筹安排核准后，从国库或预算外资金财政专户拨付。收支两条线管理能够体现遗产事业公益性特点，且易于管理，但是一定程度上减少了遗产管理单位的财务自主性、增加了审批成本。所以，是否采用收支两条线的管理方式还要根据遗产地的具体情况而定，不能在管理中盲目地“一刀切”。

另一方面，经营机制是与资金机制同等重要的管理机制之一。能够构建高效的经营机制，是遗产管理中的重要环节，也是促进遗产公益性价值和经济价值协调发展的重要推动力（参见表技附 3－7）。

表技附 3－7　相关法律法规的经营机制比较

法律法规	经营机制	
	经营性质	经营方式
《文物保护法》	国有不可移动文物不得转让、抵押。建立博物馆、保管所或者辟为参观游览场所的国有文物保护单位，不得作为企业资产经营。	无
《国家考古遗址公园管理办法（试行）》	国家考古遗址公园内遗址的保护和管理，依照国家有关遗址保护和管理的规定执行。	无
《风景名胜区条例》	风景名胜区管理机构不得从事以营利为目的的经营活动，不得将规划、管理和监督等行政管理职能委托给企业或者个人行使。	进入风景名胜区的门票，由风景名胜区管理机构负责出售。门票价格依照有关价格的法律、法规的规定执行。风景名胜区内的交通、服务等项目，应当由风景名胜区管理机构依照有关法律、法规和风景名胜区规划，采用招标等公平竞争的方式确定经营者。风景名胜区管理机构应当与经营者签订合同，依法确定各自的权利义务。经营者应当缴纳风景名胜资源有偿使用费。
《自然保护区条例》	禁止在自然保护区的核心区、缓冲区开展旅游和生产经营活动。	无
《自然遗产保护法（征求意见稿）》	自然遗产保护管理机构不得从事以营利为目的的经营活动。	依照自然遗产保护规划在自然遗产的保护区域以及周围相关保护区域内开设的旅游、交通、服务项目实行特许经营。保护管理机构应当采取公开招标方式确定经营者。在其他条件相同的情况下，特许经营权应当优先给在自然遗产的保护区域以及周围相关保护区域内居住的居民或者其所在企业。保护管理机构应当与经营者签订特许经营协议，并约定保护自然遗产的具体要求。

从上表中我们发现，对经营机制的界定较为完善，但也存在一定问题。第一，《文物保护法》中，并没有明确各类文化遗产可以采用的经营方式，这使得在实际管理中，经营机制多样化、不统一，难以实现高效。第二，虽然每一部法律法规都涉及文物遗产管理非营利性的经营目的，但是只有《风景名胜区条例》和《自然遗产保护法（征求意见稿）》中，明确规范了经营方式。具体来看，风景名胜区主要采用部分业务外包的经营方式，通过公平竞争方式，将业务外包，从而提高经营效率；自然保护区在分区管理的基础上，通过特许经营的方式，提高了经营效率。但是，两部法规中，都没有明确哪类业务、哪些环节可以进行外包或者特许经营，在法律层面并没有给定一个明晰的界限。这就给遗产单位在实际操作中的过度市场化埋下了伏笔。

综上所述，遗产管理的相关立法中，并没有较好地界定资金机制和经营机制。其法律上的空白或者不足，是相关管理问题的重要诱因①。

1.4　全面发展考虑

随着遗产事业的受关注度越来越高，在管理主体和管理措施不断完善的同时，“带动周边地区发展”成为评价遗产事业的一个重要标准。遗产事业不仅要实现良好的保护和历史传承，还要在充分发挥经济作用的同时，带动周边社会的全面发展。因此在立法层面，是否重视和强调遗产对周边社区的带动作用，是衡量立法成效和机制建设的另一标准。就此，我们对相关法律法规中有关“全面发展考虑”的规定进行比较分析（参见表技附3－8）。

表技附3－8　有关周边社区发展的政策

法律法规	有关周边社区发展的政策	
	保护性政策	推动性政策
《文物保护法》	在文物保护单位的建设控制地带，应当根据文物保护单位的类别、规模、内容以及周围环境的历史和现实情况合理划定。	无

① 2008年蓝皮书中曾分析过度市场化改革的案例。这种文化遗产地管理过度市场化的根源就是没有一个明确、健全的法律规范。

续表

法律法规	有关周边社区发展的政策	
	保护性政策	推动性政策
《国家考古遗址公园管理办法(试行)》	造成国家考古遗址公园内遗址、环境、生态、景观等资源损毁和破坏的机构与个人,依照有关法律法规的规定处理。	无
《风景名胜区条例》	风景名胜区总体规划的编制,应当体现人与自然和谐相处、区域协调发展和经济社会全面进步的要求,坚持保护优先、开发服务服从保护的原则,突出风景名胜资源的自然特性、文化内涵和地方特色。	无
《自然保护区条例》	建设和管理自然保护区,应当妥善处理与当地经济建设和居民生产、生活的关系。自然保护区核心区内原有居民确有必要迁出的,由自然保护区所在地的地方人民政府予以妥善安置。	无
《自然遗产保护法(征求意见稿)》	应当兼顾自然遗产保护区域以及其周围相关保护区域内居住的居民的生产、生活需要。根据保护规划的要求,必须将自然遗产的保护区域或者周围相关保护区域内的居民迁出的,有关人民政府或者主管部门应当依照国家有关规定予以妥善安置,并给予合理补偿。	县级以上人民政府及其有关部门应当为自然遗产的保护区域及其周围相关保护区域内居住的居民的生产和生活提供指导和帮助,引导其采用对自然遗产无不良影响的生产和生活方式。保护管理机构应当优先安排自然遗产的保护区域及其周围相关保护区域内居住的居民承担自然遗产的管护工作和相关劳务,吸收其参与自然遗产的保护和管理。

通过比较不难发现，虽有文化遗产相关法规但没有很好地重视与周边居民和社区的关系，保护性的规定较多，而推动性的规定缺失。相比之下，自然遗产保护的立法中对此有所强调。

1.5 小结

本节从法律层面比较了文化遗产管理和自然遗产管理体制的不同之处，进而也对前文调查中描述的文化遗产管理体制中的诸多问题进行了溯源。通过比较和分析，不难发现，我国文化遗产管理中的诸多问题源于法律法规的不完善。法律法规中管理对象的相互重叠以及管理主体不统一的问题，导致管理职能交叉、政出多头的现象频发；法律法规中规范性机制的不完善，导致以监督、评价和规划为基础的退出机制缺失，致使管理单位过度经营、忽视保护；法律法规中没有明确界定资金和经营机制，导致在实际管理过程中出现管理混乱、资金缺乏的现象；法律法规中忽视对周边社区的关注，致使遗产在开发利用的同时未能较好地惠及民生。

可以说长期以来，我国在文化和自然遗产保护方面忽视了对自然遗产资源的保护①。截至目前，仅有以原则性规范为主的《文物保护法》，而针对我国自然遗产资源保护的法律仍是空白。立法的滞后，致使我国自然遗产资源管理缺乏统一的法律框架，监督和协调机制乏力，使我国目前各类自然遗产资源的管理和保护工作难以起到实效。目前，迫切需要解决的我国现行法律框架中存在的问题包括：一是社会对自然遗产保护的重要性认识不足；二是自然遗产保护规划制度不健全；三是对破坏自然遗产的行为处罚缺乏法律依据；四是保护措施的针对性不强；五是自然遗产保护与区内居民的生产、生活矛盾难以依法协调；六是政府及其有关主管部门的自然遗产保护责任不落实。②

当然，在比较过程中我们也应发现，我国自然遗产管理保护中分区分类管理、明确规定特许经营等管理措施，都对国家考古遗址公园的建设有诸多借鉴之处，在保护好文化遗产的同时，充分利用遗产的经济价值并惠及民生。当然，本节从法律的应然层面对我国文化遗产事业管理体制进行了较为详细的分析，但现实层面的管理效果到底如何，还需要进行进一步的实然描述。

2　文化遗产地与管理体系的对应情况和实际管理状况

上一节从应然角度探讨了我国文化遗产管理体制的法律规章。而从实然角度

① 这种忽视特别体现在国家立法层面上的不到位和体系上的不健全。

② 我国自然遗产管理中的资金投入机制尚不健全，长期以来，自然遗产地的建设和管理没有规范和稳定的资金来源。尽管20世纪末，国家财政部门设立了自然保护区专项补助资金，国家级风景名胜区每年也由国家财政拨付一定专项补助资金，但相对保护需要来说是杯水车薪。此外，专项补助资金的分配和使用机制不健全，存在着部门之间不平衡、资金使用不合理等问题。很多地处老少边穷地区的自然保护区和风景名胜区长期得不到财政拨款，缺少资金支持渠道。

看，文化遗产地与文物保护单位并非完全一致。因此，本节将在区分文化遗产地与文物保护单位概念的基础上，探讨文化遗产地与管理体系的对应情况以及实际管理状况。

2.1 文化遗产地与文物保护单位

在现实管理中，一些人把文化遗产地与文物保护单位混淆，把文物保护单位与不可移动文物的管理机构混淆。其实，这几个概念之间有着较大区别。首先从概念上先对二者进行辨析。文化遗产地①主要指较大规模的不可移动文物所在地，而文物保护单位只是各级政府对不可移动文物的一种定级方式，符合某个标准的即为相应级别的文物保护单位。文物保护单位这个名称容易让人产生误解，因为其听起来更像一类管理机构的通称（《辞海》定义为“机关、团体或属于一个机关、团体的各个部门。如事业单位、基层单位。”）。而且，文物保护单位隶属关系（产权）和管理关系（使用权）错综复杂，对其实施管理的，有的是纯粹意义上的“单位”，有的却是一般居（村）民。从数字对应角度看，有的是文物保护单位与所属管理单位相对应，有的是一个单位管理多个文物保护单位，有的是一个文物保护单位有多个单位在管理②。所以，文化遗产地与文物保护单位有关系，但是不能等同。

这样，从管理体系的角度总结，可以认为某些规模较大的文物保护单位及其周边一定范围的地域可被称为中国的文化遗产地，其管理机构往往被称为文物管理所或管理委员会或管理局。考虑到《文物保护法》中的“四有”规定，在某些情况下，直接用文物保护单位来代称这些管理机构也是可以的。

① 遗产地具有如下重要特点：第一，它们是人类不可再生的宝贵资源。文化遗产地是人类文明活动在较长历史时期中所遗存的文物、建筑群和遗址；自然遗产地是由地质、生物、水体及其环境在自然力作用下形成的自然遗迹、动植物生境区和天然名胜。它们一旦遭到破坏或者消失将不可再生。第二，它们具有丰富的科学文化内涵。遗产地包含有丰富的历史、文化、科学和美学信息，已经成为人类探索自然奥秘、保护自然多样性、追寻古代文明、陶冶个人情操的重要基地，因此被视为无价之宝。第三，它们是民族身份和国家形象的代表。国家遗产地通常是一个国家特有的、不可移动的垄断资源，因而常常成为一个国家的象征，是增进国家认同感、提升民族凝聚力的重要因素，也是国家综合实力的重要组成部分。

② 束有春：《文物保护单位申报与管理中的“正名”问题》，2010 年 3 月 3 日《中国文物报》。

2.2　文化遗产地实际管理情况

我国文化遗产地的管理已经初见规模，且从法律、管理、沟通以及宣传层面取得了一定的成果。

第一，针对遗产地积极建章立制，规范对遗产地的保护。经过多年来的不断努力，针对文化遗产地，形成了较为规范的、有层次的遗产地保护管理的法律法规，具体可分为三方面。一是出台多部全国性的法律、行政法规、部门规章、规范性文件，指导全国性工作，如《文物保护法》《文物保护法实施条例》《文物保护工程管理办法》等。二是不同级别的地方性法规、规章、规范性文件出台，具体指导地方工作，如北京、山东、湖南等省份相应上位法规，纷纷出台相应通知；许多地方也发布地方性的《文物保护管理办法》等。三是遗产地所在人民政府颁布针对遗产地的管理条例，具体规范遗产地的管理和保护工作，如《山东省刘公岛甲午战争纪念地保护管理规定》等。通过法制建设，使文化遗产地管理有了法律依据，为遗产地的保护建起了强大的“保护伞”。

第二，依法开展保护和管理，保障文物安全，服务经济社会发展。各级政府及文物行政部门对遗产地进行科学管理，划定保护范围和建设控制地带，作出标志说明，建立记录档案，并区分不同情况分别设置专门机构或者专人负责。各地文化遗产地的管理中形成了一些切实合理的做法。一是加强规划，科学保护。各地积极编制相关规划，依法加强文物的保护，并督促相关规划与城乡发展规划相结合。二是争取支持，促进发展。各地区相关管理部门争取支持，将文物保护纳入经济和社会发展规划、城乡建设规划、财政预算、体制改革和各级领导责任制，努力理清文物保护管理体制，妥善处理经济建设与文物保护之间的矛盾，促进文物保护单位的保护与文物事业发展。三是健全机构，加强管理。各地相关部门加大人才培养力度，培养专门机构负责管理，同时积极争取经费，开展文物的保护和维修。四是加强检查，保障安全。各地文物机构加强遗产地的安防、技防和消防设施的配备工作，消除隐患，保障文物安全。五是因地制宜，保用并举。各地在加强文物保护管理的同时，积极探索文物资源为公众服务的有效模式引导教育人民，满足公众文物需求，推动经济社会发展。

第三，积极沟通协调，共同保护和管理好文化遗产地。由于遗产地存在多头管理现象，因此建立高效的协调机制至关重要。因此。各地文物部门积极探索与其他部门的合作与协调，共同推动文物遗产地的保护。一是加强联系，共担责任。通过部门联席会议制度、建设高级别行政管理协作单位等多种方式，在讨论、共议的基础上，协调遗产地的保护和利用。二是主动沟通，事前介入。文物部门主动与其他部门沟通联系，通报文物信息，增强其文物保护意识与法制观念。同时，加强对非文物部门管理人员的法律培训、技能培训，提高其认识和保护水平与能力。三是签订协议，明晰权责。高级文物行政部门与基层地方政府或个人签订文物保护协议，明晰各方的权利和义务，依照保护协议管理好文物，落实文物的保护责任。四是联合监管，保障安全。文物部门与公安、消防部门联合对文物保护单位进行安全、消防检查，与公安等部门联合开展执法活动，严厉打击文物犯罪，共同做好文物保护和监管工作。

第四，加强宣传，创建人人保护、人人共享的良好氛围。各地充分利用国际博物馆日、文化遗产日、地方文化节、民俗节日以及申报世界文化遗产等时机，采取多种手段、多种形式，大力宣传文物保护政策法规和文化遗产知识，不断提高民众的文物保护意识，营造全社会共同参与文物保护、保护成果人人共享的良好氛围，提高全民文保意识。

2.3 小结

综上所述，在现实管理中，文化遗产地与文保单位并非完全重合，二者存在一定的交叉，也存在各自的特性。然而，这种差别并未被系统、科学地界定，这也是我国遗产地管理体系相对混乱的诱因之一。

（本章主要执笔人：林　虹　王宇成　厉　色　苏　杨）

B.9 第四章 文化遗产事业管理水平定量评价

——基于 GAP 分析方法

本章是主题报告第四章的注释，主要是在 2010 年蓝皮书关于文化遗产事业管理水平的既有研究成果的基础上，对全国重点文物保护管理机构管理水平的主要体现——人员管理、资金管理、教育科研功能发挥水平等——进行定量评价，力求从管理水平的角度以点带面地反映"十一五"期间文化遗产事业的发展状况，再据此推测"十二五"期间的工作重点。本章的结构是先描述现状，然后沿用 GAP 分析方法，并根据《文物"十二五"规划》的发展目标对评价指标进行完善和修订，从行政资源空间配置效率角度，对全国各省文化遗产事业管理水平进行评估和分析，继而提出针对性的改进建议。

1　从管理水平角度看"十一五"期间文化遗产事业发展

学术角度而言，"管理"① 这一概念在文化遗产领域体现为：协调文化文物系统内各项管理要素以实现管理的既定目标。本书中研究的文化遗产事业管理水平，其实就是从保护和利用两方面考察文物系统内部各项资源配置效率和相对既定目标来看的完成情况——对管理水平的评价主要是从管理的内容出发评价行政资源的配置效率和工作成效②。以博物馆管理为例，对其管理水平的考察，既关

① 根据"管理"的一般定义，无论任何一种组织，管理水平取决于管理职能的履行，即管理的四个最基本职能——计划、组织、领导和控制在不同的管理层次如何进行组合。引自翁文艳所著文章《"管理"概念界定新论》，《高等函授学报（哲学社会科学版）》，1998 年第 1 期。相关内容还可参见 2010 年蓝皮书技术报告第四章。

② 文中所指的行政资源就是各项管理要素，包括人、财、物、机构设置等；而管理工作的成效，需要从文物保护管理涉及的具体内容出发，逐项进行分析比较。

注保护的手段和水平，也关注利用的手段和水平，具体包括藏品管理、人事与财务管理、陈列展览管理、服务管理、场所管理五方面。①

根据2002年修订的《文物保护法》的规定，文物②可分为可移动文物③和不可移动文物，其中，可移动文物主要保存在博物馆中。④ 与这两种文物的特点相适应又分别形成了以分级的博物馆和文物保护单位⑤为主要平台的文物保护利用方式。按这样的分类方式，我们可以从文化遗产保护与管理机构数量、人员、资金、教育科研功能发挥水平等方面，对我国可移动文物和不可移动文物在“十一五”期间的保护与管理工作相关情况分别进行总结，以便在掌握事业发展总体情况的基础上进一步通过GAP分析找出相对而言存在“空缺”之处。

1.1 可移动文物管理工作与发展概况

1.1.1 国有（文物系统）博物馆发展概况

如前所述，研究可移动文物的管理，应聚焦于博物馆管理。而博物馆管理，从内容而言，包括藏品管理、人事与财务管理、陈列展览管理、服务管理、场所

① 引自杨志刚《双重视野中的博物馆管理》，《江南论坛》2006年第3期。

② 根据《文物保护法》第三条，“古文化遗址、古墓葬、古建筑、石窟寺、石刻、壁画、近代现代重要史迹和代表性建筑等不可移动文物，根据它们的历史、艺术、科学价值，可以分别确定为全国重点文物保护单位，省级文物保护单位，市、县级文物保护单位。历史上各时代重要实物、艺术品、文献、手稿、图书资料、代表性实物等可移动文物，分为珍贵文物和一般文物；珍贵文物分为一级文物、二级文物、三级文物”。关于我国文物分类分级体系的具体情况，可参见2008年蓝皮书第2~5页。

③ 必须说明的是，博物馆的藏品范围远大于可移动文物。不过，在本书中，我们主要关注文化文物系统博物馆。这种研究范围的缩小不仅是由于自然科技类博物馆与文化文物类博物馆在管理体制和特征上的差异以及研究中相关数据获取的困难，也因为在2008~2009年间《博物馆条例（征求意见稿）》征求意见的过程中有一种较为强势的观点：“关于自然科技类博物馆，考虑其藏品的来源、管理的要求、教育科研等功能发挥的要求以及隶属关系的复杂，可以维持其管理现状，暂不将其纳入《博物馆条例》的管理范围”。但是，这种观点是基于这样一个前提的：可以在保持自然科技类博物馆现有隶属关系的情况下，强化文物主管部门在博物馆业务活动方面的专业指导和履法监督，帮助自然科技类博物馆更好地遵循相关法规，更好地发挥其应有的功能。

④ 也有相当数量的保存在文物研究机构及文物保护管理机构（如文物管理所）中，但比例相对较小，且这些文物在发挥为公众服务的功能方面贡献相对较小。

⑤ 我国的文物保护单位并非一种管理单位，而只是不可移动文物的定级管理体系。考虑到我国的国有文物保护单位多数由文物保护管理机构来管理，因此本书中不严格区别文物保护单位和文物保护管理机构这两个概念。

管理五方面。下面就以这五个方面为线索，概括地总结“十一五”期间全国文物系统博物馆的发展情况。

第一，在藏品管理方面，如图技 4－1 所示，2010 年全国文物系统博物馆共有馆藏文物约 1651.79 万件（套），与 2005 年相比约增加了 45.48%。其中，馆藏文物一级品 5.62 万件（套），比 2005 年增加了约 74.77%。

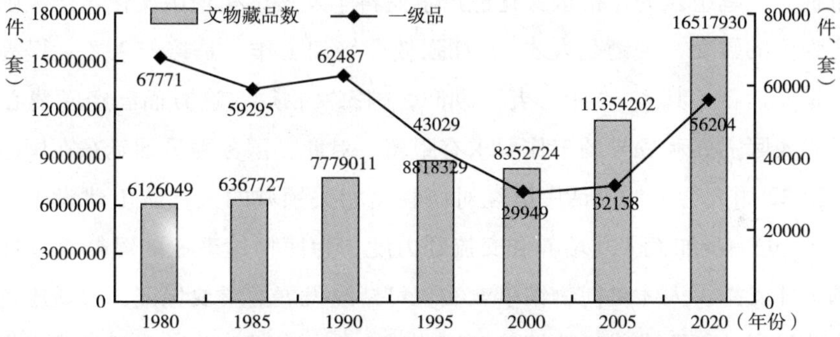

图技 4－1　全国文物系统博物馆文物藏品数量年度变化情况

第二，在人事与财务管理方面，2010 年全国文物系统博物馆的从业人员总量约为 5.29 万人。据统计（如图技 4－2），从 1980 年博物馆有人员方面的数据资料可查算起，全国文物系统博物馆的从业人员数量稳步增长，尤其是“十一五”期间总量增速最快，年均增长率达到 9.41%。截至 2010 年底，全国文物系统博物馆共有 2199 个，与 2005 年相比增加了 631 个，增长率约为 40.24%。按平均数计，目前平均每个博物馆拥有从业人员约 24.05 个，其中，平均安全保卫人员约有 4.83 个。

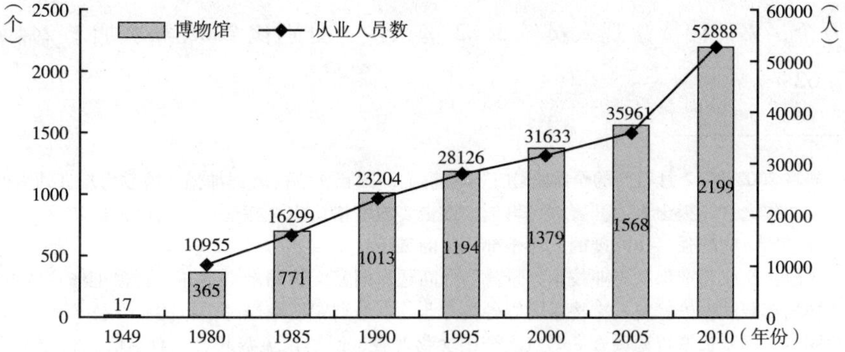

图技 4－2　全国文物系统博物馆数量及从业人员年度变化情况

从文物系统博物馆从业人员的职称结构来看，具有中高级职称的人员数量约为1.19万人，约占从业人员总数的22.59%。而2005年文物系统博物馆从业人员中具有中高级职称的人员数量为8426人，虽然从总量上看，具有中级以上职称的人员数量有较大幅度的增长，但是从整个人员职称结构来看，中高级职称人员所占比例反而有所下降——从23.43%降至22.59%。这个方面的不足，值得高度重视。课题组认为，推进文化遗产事业科学发展，实现由文化遗产大国向文化遗产强国的转变，关键是人才①，加强教育培训工作，是培养人才、提高队伍素质的重要途径。其实，"十一五"期间，国家文物局在这方面已经颇费心力②，但还是离实际需要和领导的工作要求有距离。对此，国务委员刘延东在国际博物馆协会第22届大会上的讲话中已经对博物馆相关领域的人才队伍建设工作提出了要求："进一步加大人才培养和交流的力度，为博物馆事业的可持续发展提供有力的人才支撑。人才是博物馆事业实现可持续发展的重要保证，要适应世界博物馆事业发展的新要求，加快培养知识渊博、敬业奉献、热心公益、具有全球视野的博物馆专业人才和新型管理人才"。为贯彻落实这一文博人才队伍建设的新要求，今后文博教育培训工作还应继续加强。

从资金管理总的情况来看，全国文物系统博物馆在2010年的总收入约为91.01亿元，年度总支出约为82.33亿元。其中，获得财政拨款70.01亿元，约占年度总收入的76.93%，与2005年相比，财政拨款增加了约3.88倍。

第三，在陈列展览管理方面，截至2010年，除了古建筑、遗址类博物馆尚未实现免费开放以外，全国免费开放的博物馆纪念馆总数达到1893个。从博物馆发挥教育功能的情况来看，2010年，全国文物系统博物馆共举办陈列和展览2.46万个，累计接待参观人员约3.62亿人次，分别比2005年增加了244.40%和317.62%。

---

① 早在2002年12月召开的全国文物工作会议上，国家文物局就把加强文博教育培训列为四项基础工作之一，提出大力开展教育培训，逐步实施资格认定、持证上岗制度，造就一支思想好、业务精、管理强、作风硬的文博干部队伍的目标。

② 为解决文化遗产保护专业技术力量薄弱的问题，国家文物局牵头举办了古建维修、考古发掘、博物馆藏品保护修复、文物鉴定等各类专业技术培训，注重提高学员的专业技术和操作技能。同时，围绕长城资源调查、第三次全国文物普查、博物馆免费开放、数字信息化技术应用等重点工作、重大工程开展专项培训，在推动项目实施的同时也兼顾了文物系统的人才培养，实现了专业技术人员的技能提升。

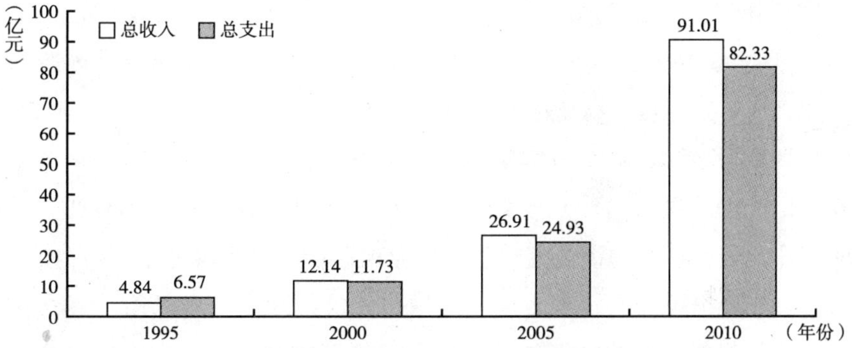

图技 4－3　全国文物系统博物馆总收入与总支出年度变化情况

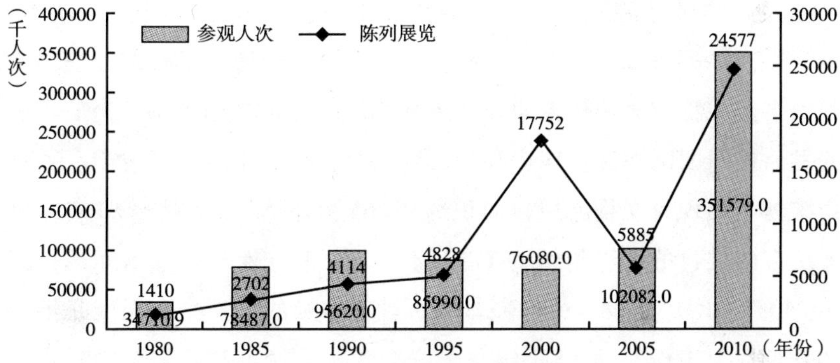

图技 4－4　全国文物系统博物馆举办陈列展览* 及参观人次年度变化情况

*2000 年统计资料显示，文物系统博物馆举办陈列和展览数量分别为 6478 个和 11274 个，与 2005 年数据相差太大，这可能是统计数据有误。关于文物系统统计工作的不足，可参见本书主题报告第一章。

第四，在服务管理方面，虽然没有对应的量化指标来进行评价，但是随着博物馆全面免费开放工作的推进，越来越多的人走进了博物馆，这在一定程度上表明了博物馆对社会公众的吸引力在增加。在新时期，博物馆作为公益性文化事业的定位，更为博物馆的管理与服务提出了更高的要求。而博物馆的展览是提供公共服务的最主要、最直接的部分，展品内容的组织，展品理念的表达、传播、推广方式都需要不断创新，展览水平需要不断改进，很多地区的博物馆在这方面做了积极尝试，取得了很好的效果。例如，广东省博物馆整合全省博物馆文物资源，建立“流动博物馆网”和“网上博物馆”，加强省际多边展览交流，使历史文化资源在更大的范围内惠及人民群众；随着“主动式展览”时代来临，有研究提出博物馆展览模式创新要向“体验消费式”发展——“闻、读、知、感、乐、购”，即主要是从游客踏入博物馆开始，为游客的感知和游览创造新的体验；又如，为了不断提高博物馆服务接待工作水平，北京市文物局在第35个国际博物馆日到来之际，在全市博物馆率先推行实施《北京地区博物馆服务接待标准及工作流程（试行）》，从预约登记、咨询服务到物品寄存都有详细的服务标准和工作流程，在博物馆规范化服务方面走在了全国前列。

第五，在博物馆场所管理方面，从量化评价的角度，可以用“库房存放文物的平均值”来衡量。博物馆的核心任务是馆藏文物保护，文物库房和展厅是现有各级国有文物收藏单位保存馆藏文物的主要场所，应满足“保存环境适宜、储存空间充足、防护设施齐全、存放取用安全、养护保管方便”等基本要求。但“全国馆藏文物腐蚀损失调查”① 数据显示，除新建博物馆和部分遗址类纪念馆外，绝大多数文物收藏单位普遍存在库房面积不足或建筑陈旧不适宜保管文物等突出问题。按照国际惯例，库房存放文物的平均值为10件/平方米。而目前我国文物系统博物馆现有文物库房总面积约93.65万平方米，保管着1651.79万件文物，库房存放文物的平均值约为17.64件文物/平方米，超过国际通行惯例平均值的76.40%，库房建设有待加强。场所管理涉及的另一个方面就是博物馆馆藏文物的安全保卫工作。据2008年文物安全大检查统计结果，全国重点博物馆的技防设备达标率仅为50%，经消防部门验收合格的消防设施仅有52.27%。个别博物馆规章制度不健全，安全保卫人员配置不到位，给违法犯罪分子以可乘之机。2009年以来，博物馆安全案件呈现反弹趋势，内蒙古博物院、广东省乐昌县博物馆、山西省临猗县博物馆、临汾市丁村民俗博物馆、湖北省黄冈博物馆、江苏省如皋市博物馆等先后发生馆藏文物丢失、失窃、抢劫等恶性案件。2011年故宫的“失窃门”② 更是说明，顶级博物馆仍然有安全漏洞，全国博物馆在文物安全方面的管理水平还有很大的提高空间。

需要特别说明的是，在文物系统博物馆管理方面，“十一五”期间有一项创

---

① 为全面贯彻“保护为主、抢救第一、加强管理、合理利用”的文物工作方针，2004～2005年国家文物局开展了“全国馆藏文物腐蚀损失调查”。这次调查采集的数据涉及31个省份包括博物馆、文管所、考古所在内的2802个收藏单位共计1700多万件馆藏文物，是迄今为止最全面的馆藏文物保存状况调查。

② 参见本书末的特别关注二。

新之举——为深化博物馆改革创新，加强重点博物馆建设，国家文物局和财政部于2009年启动了中央地方共建国家级博物馆相关工作。[①] 2009年，通过对全国31个省份的博物馆藏品等级、保护研究业绩、社会教育能力、专业人员构成与科研成果、博物馆展览水平与馆舍环境等综合评估研究，确定评估排名前11位中的上海博物馆、南京博物院、湖南省博物馆、河南博物院、陕西历史博物馆、湖北省博物馆、浙江省博物馆、辽宁省博物馆等8个博物馆为首批中央地方共建博物馆，重庆中国三峡博物馆、首都博物馆和山西博物院等3个博物馆为培育对象。为加强和规范中央地方共建国家级博物馆的建设和管理，国家文物局、财政部制定了《中央地方共建国家级博物馆管理暂行办法》，提出“中央地方共建国家级博物馆坚持择优认定、定期评估、动态调整和稳定支持的原则，其建设内容和目标是，通过调动中央与地方两个积极性，加大投入力度，大幅提高重点博物馆的藏品保护、陈列展览、科学研究、社会教育和公共服务水平，造就一批国内一流、国际先进的博物馆；构建以点带面、立足区域、辐射全国、面向世界的博物馆综合资源共享平台，推动我国博物馆整体水平迈向世界先进行列”。同时，中央财政设立专项经费，支持中央地方共建国家级博物馆，提升藏品保护、陈列展览、科学研究、人才培养、文化交流、社会教育和公共服务水平。

1.1.2　免费开放政策实施后的博物馆发展

党中央、国务院于2008年启动了全国范围的博物馆免费开放工作。目前，全国免费开放博物馆已近2000个，三年累计免费接待参观者近14亿人次。总的来看，免费开放政策的实行，基本实现了中央的决策部署，有效提升了全国博物馆的开放服务水平，充分发挥了博物馆公共文化职能，极大地促进了博物馆的自身发展。各地普遍反映，免费开放去除了阻隔公众进入博物馆的经济门槛，凸显了博物馆的公益属性和社会价值，在政策上、经费上保障了博物馆的基本生存和良性运转，同时也为创新博物馆体制机制，全面提升博物馆整体质量和水平创造了难得的机遇。[②]

① 中央地方共建国家级博物馆是由国家文物局、财政部共同认定，中央和省级人民政府联合共建的代表中华文明的地方所属重点博物馆。

② 2011年上半年，国家文物局组成调研组，先后赴上海博物馆、南京博物院、湖南省博物馆、河南博物院、陕西历史博物馆、湖北省博物馆、浙江省博物馆、辽宁省博物馆、首都博物馆等11家中央地方共建国家级博物馆进行了调研。这些反馈来自这次调研的报告《关于免费开放条件下全面提升博物馆水平的调研报告》。

不过，各方面反馈也表明：体制机制僵化，竞争激励缺乏，法制建设滞后，公共文化产品供给不足，传播能力不强，服务水平不高，仍是影响我国博物馆长远发展和整体水平提升的主要问题。关于博物馆管理体制方面的问题，蓝皮书已经进行了系统的梳理和总结，认为“我国文化遗产管理体制的形成是客观约束和主观认识（管理目标）共同作用的结果，由于客观约束发生了相当大的变化①，主观认识的大环境也发生了很大变化，② 但管理体制并未完全跟上这种变化——管理理念有偏差、事权财权不对称、监管机制不健全这些制度成因仍然存在③”，相对僵化的体制机制制约了文化遗产事业管理水平的提高，这方面的问题在作为文化遗产事业组成部分的博物馆发展过程中也同样存在。

另外，目前的资金机制也没有完全适应免费开放这个新形势。实行免费开放后，资金补助是基于博物馆免费开放前最后一个年度（第一批是 2007 年）的门票收入来核定补助资金的，而且核定后几年不变的模式显失公允；博物馆经费来源由原来的多渠道改为单一的政府拨款，原有的收支体系被打破，许多博物馆出现了专题项目和业务经费有保障但基本运行和消防设备经费不足的现象。同时，免费开放后的博物馆经费管理模式尤其是补助经费安排的动态性、灵活性缺失，大大降低了财政资金的使用效益，加之缺乏与资金使用审核管理相配套的评价体系和可供操作的行业标准和规范，使展览、科研、服务等项目的绩效无据可评。长此发展下去极有可能消减免费开放政策的效力。④

1.2　不可移动文物管理工作与发展概况

1.2.1　不可移动文物保护与管理工作概况

文化文物系统的博物馆主要以可移动文物为保护对象，与将不可移动文物作为

① 例如财力显著增强，相关利好政策制度出台。

② 主观认识的大环境发生的变化主要体现在文物主管部门更加注重文化遗产公益功能的发挥，更关注民生需要。

③ 管理理念有偏差堪称造成文博单位（主要是文物保护单位）管理制度设计不合理、市场化改革中问题频出的根本原因，也正是这种管理理念偏差，造成多数文博单位只能采用财权事权不对称的“委托—代理”制度进行管理，造成文博单位的内部管理制度不利于公益性功能的全面发挥，造成文物系统的监督机制相对别的公益部门薄弱。具体可参见 2008 年蓝皮书主题报告第四章和 2009 年蓝皮书主题报告第三章的分析。

④ 以湖南省博物馆为例，2003～2007 年，该馆在职职工收入年均增长 16%；2009～2011 年该馆与省文化厅签署的目标责任书载明“员工年收入增长不低于 10%”。实际上，该馆 2010 年的总收入、总支出分别较 2009 年增加 5%、8%，而在职职工 2010 年的收入却较 2009 年下降了 2%。

主要保护对象的文物保护管理机构一起共同构成了文化遗产体系的主体。从我国不可移动文物保护与管理的发展情况来看，截至2010年底，全国2436个重点文物保护管理机构的从业人员数量约为3.02万人，与2005年相比从业人员总量有所减少（见图技4-5）；按平均数计，平均每个文物保护管理机构约有12.39个从业人员。

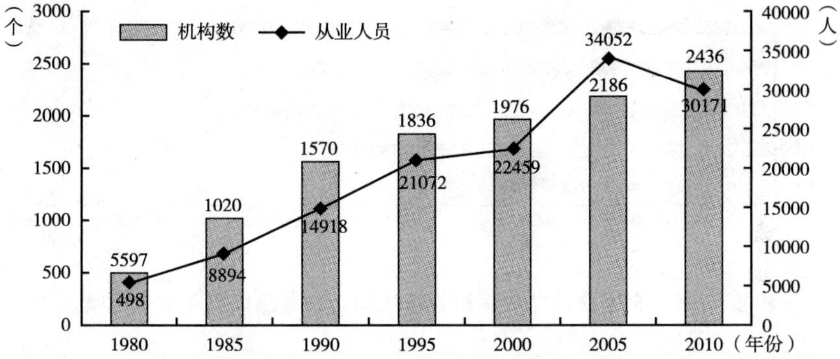

图技4-5 全国重点文物保护管理机构及从业人员数量年度变化情况

从重点文物保护管理机构从业人员的职称结构来看，2010年具有中高级职称的人员数量约为0.41万人，与2005年相比增长了约660人，在从业人员总量中所占比例由2005年的10.18%增长到2010年的13.69%。与同期的从业人员数量变化情况相比，反映出重点文物保护管理机构的从业人员素质在逐步提升。

2009年4月，国家文物局发布了《关于开展第七批全国重点文物保护单位申报工作的通知》，就申报的范围、标准和申报信息采集、文本编制等工作作出了详细要求。各地积极申报，截至2010年底，国家文物局共收到全国5700多处申报项目，申报数量创下历次之最。经专家评选，得票数过半的项目达到3000余处。国家文物局将在此基础上，征求各相关部委意见，进而形成第七批全国重点文物保护单位推荐名单，并上报国务院批准公布。可以预见，随着第三次全国文物普查全面完成、第七批全国重点文物保护单位的最终公布，"十二五"期间，我国各级文物保护单位的数量将显著增长。①

从藏品情况来看，2010年重点文物保护管理机构的藏品数量约为214.94万

① 资料来源：2010年国家文物局原局长单霁翔在第四次全国文物保护工程汇报会上的讲话：《立足"十二五" 实现文物保护工程跨越发展》。

件（套），其中，一级品 0.49 万件（套），与 2005 年的情况相比，数量均有不同程度的下降，如图技 4－6 所示。

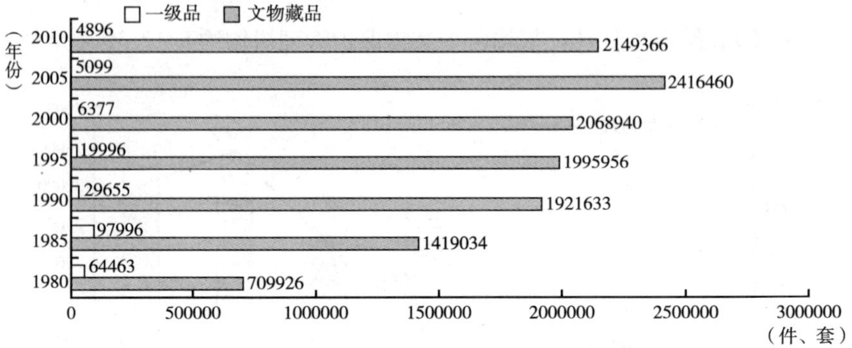

图技 4－6　全国重点文物保护管理机构文物藏品数量年度变化情况

从文物保护管理机构发挥教育功能的情况来看，如图技 4－7 所示，2010 年，文物保护管理机构共举办陈列展览 3419 个，累计接待参观人员约 1.12 亿人次，分别比 2005 年增长了 68.09% 和 91.84%。从资金管理的情况来看（如图技 4－8），全国重点文物保护管理机构在 2010 年的总收入约为 36.59 亿元，总支出约为 33.07 亿元。其中，获得财政拨款 18.80 亿元，约占年度总收入的 51.37%，与 2005 年相比，增加了约 2.79 倍。

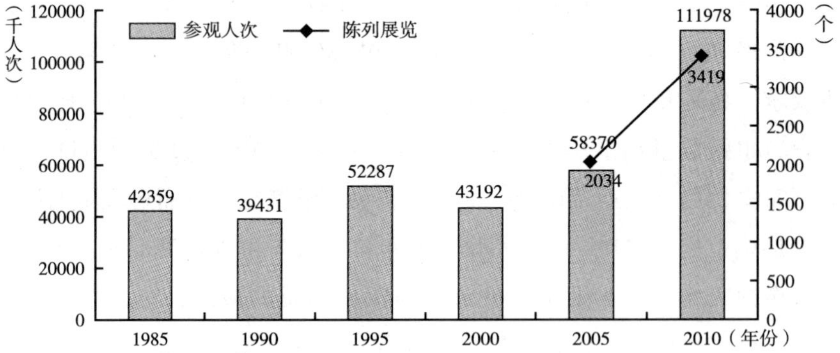

图技 4－7　全国重点文物保护管理机构举办陈列展览及参观人次年度变化情况

综合以上各方面的发展情况可以看出，“十一五”以来我国重点文物保护管理机构开展的不可移动文物保护和管理活动取得了良好的成效，为“十二五”

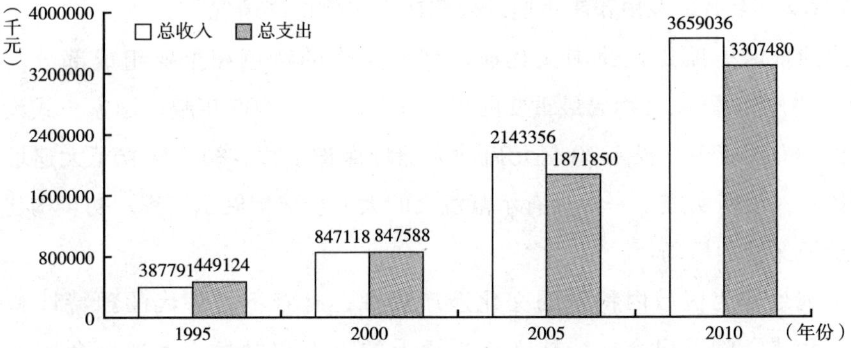

图技4-8 全国重点文物保护管理机构总收入与总支出年度变化情况

不可移动文物的保护与发展打下了较好的基础。

另外，第三次全国文物普查于2011年年底全面完成，共调查登记不可移动文物近77万处。通过第三次全国文物普查，全国不可移动文物的数量、保存特征、分布情况等均得以全面掌握，是开展有效保护和管理的重要基础性工作。但是，在此期间也暴露出不可移动文物保护与管理过程中特别是文物安全方面中存在的问题。例如，第三次全国文物普查中辽宁省共登记不可移动文物遗迹2.4万余处，其中新发现1.2万处，新发现率超过100%；然而，“二普”时登记的1.14万处不可移动文物中，有1000多处消失。其中既有古遗址、古墓葬、古军事设施，也有近现代遗迹和建筑——辽金元时期的护心屯遗址，2009年因城市扩建、农村变社区而消失；新石器时代的北岗子遗址，因修京沈高速公路卖土而绝迹；青铜时代的大林头贝丘遗址，1998年因建设高尔夫球场而被毁；明代的庙沟庙址，1987年因建养猪场而遭破坏；清光绪二十四年的蚂蜂庙址，改成了村委会办公室，庙里的铁钟被当废铁卖掉……从《全省三普消失不可移动文物汇总名录》登记表中记载文物消失原因的情况可以发现，消失的1000多处不可移动文物中，80%以上源于城市建设、土地开发、生产生活等人为因素。① 由此可见，在经济社会发展的新时期，不可移动文物的安全形势依然严峻。

① 资料来源：新华网法治新闻，http：//news.xinhuanet.com/legal/2011-05/03/c_121371835_2.htm。

1.2.2 大遗址保护和考古遗址公园建设工作进展情况

大遗址保护项目是我国文化遗产保护工作的特色和重要组成部分，也是“十一五”期间国家文物局最重要的工作任务之一：2005年起，国家正式设立大遗址保护专项资金，投入20亿元启动大遗址保护工程，初步建立了大遗址保护管理体系，组织实施了一批具有示范意义的大遗址保护展示工程，初步构建了中国大遗址保护的格局。

大遗址作为区域内特殊的文化遗产资源，有着不可替代的独特性和唯一性，近年来，随着民众在精神文化生活上的需求和对身边大遗址命运的关注度不断提高，大遗址保护项目正逐渐成为地方区域经济实力的一个新的增长点。面对大遗址保护工作的新形势，国家文物局提出建设“考古遗址公园”的保护理念，以更开阔的视野，从区域发展的角度统筹解决大遗址保护与利用、保护与发展的问题。考古遗址公园是基于考古遗址本体及其环境的保护与展示，并融合了教育、科研、游览、休闲等多项功能的城市公共文化空间。为了进一步指导各地依法开展考古遗址公园建设工作，国家文物局印发了《国家考古遗址公园管理办法（试行)》，逐步构建国家考古遗址公园管理体系，并于2010年组织开展了国家考古遗址公园评定工作，共有19个省份、74个项目申请参加了此次评定。经过初审、现场考察评分、专家投票评定，共有12个项目入选国家考古遗址公园名单、23个项目入选国家考古遗址公园立项名单。首次评出的12家国家考古遗址公园集中展现了我国大遗址保护、展示和利用的不同方式，也生动呈现了考古遗址公园理念形成、发展、逐渐成熟的过程。从圆明园、周口店、秦始皇陵的起步，到集安高句丽、殷墟的试点；从金沙、三星堆、汉阳陵的探索，到大明宫、隋唐洛阳城的全面启动，再到良渚、鸿山的规划实施，通过建立考古遗址公园整体保护大型考古遗址的方式逐渐得到人们的关注和认可。国家考古遗址公园不仅立足于文化资源保护和国民教育，更承担着构建经济社会发展与遗产保护和谐关系的重任①，这种模式不仅是大遗址保护工作的创新，同时也是对“公园”这一城市功能元素内涵的拓展，有较好的发展前景。

---

① 资料来源：2010年11月，国家文物局原局长单霁翔在大遗址保护工作会议暨首批国家考古遗址公园授牌仪式上的讲话《解放思想，开拓创新，携手共创大遗址保护的美好明天》。

2　文化遗产事业的管理水平评价——基于 GAP 分析

技术报告的前三章，配合主题报告详细分析了“十一五”期间我国文化遗产事业取得的成就、存在的问题及相关管理体制成因。按照蓝皮书的分析体例，在掌握文化遗产事业“概貌”的基础上，从实现精细化管理的目标出发，本着提高文化遗产事业的总体绩效、更好地为民生服务的目标，有必要从管理水平的角度对文化遗产事业管理的空间配置效率进行分析和评价。本章的主要内容是在梳理 2010 年度文化遗产保护与管理工作进展的基础上，结合相关规划中设定的文化遗产事业发展目标，对 2009 年蓝皮书的评价指标进行调整和改进，然后基于保护空缺分析（GAP）方法，① 对各地区的文化遗产事业管理水平开展定量的评价与分析，以找出相对而言管理存在“空缺”之处，有针对性地提出改进建议。

2.1　对照相关文件和规划的工作完成情况分析

对各省的文化遗产事业管理水平进行评价，首先需要了解全国层面文化遗产事业管理的工作进展情况如何。2010 年是全面落实《文物“十一五”规划》各项重点任务的达标年，也是实现《通知》提出的“初步建立比较完备的文化遗产保护制度，文化遗产保护状况得到明显改善”这个新时期文化遗产保护第一个阶段性目标的最后一年。《国家文物局 2010 年重点工作计划》提出了九个方面共计 33 项重点工作，下面对照其中与文化遗产管理水平密切相关的工作内容，就其完成情况进行总结（如表技 4－1 所示）。

2.1.1　各级文物保护单位“四有”工作及保护要求研究

“四有”工作是依法对文物保护单位实施保护和管理的根本保证。对照 2010

① 保护空缺分析（GAP）方法是保护生物多样性的地理学方法（A Geographic Approach to Protect Biological Diversity）的简称，其基本原理是通过系统分析自然遗产资源分布和保护现状，找出目前保护和管理上存在的空缺。GAP 分析方法已成为对自然遗产进行精细化管理的国际通用分析方法，如何将其运用到文化遗产管理中，2008 年技术报告第五章和 2009 年蓝皮书主题报告第四章中已有详尽说明，本书不再赘述，只在本章中对 2012 年蓝皮书用于管理水平评价的若干指标调整和改进进行说明。

年重点工作计划，总的来讲，全国重点文物保护单位的“四有”工作情况有所改进但仍存在不足①。

表技 4－1　对照《国家文物局 2010 年重点工作计划》的工作完成情况

序号	2010 年重点工作计划	完成情况
1	进一步加强各级文物保护单位，特别是全国重点文物保护单位的“四有”工作；结合第三次全国文物普查的深入开展，研究提出各级文物保护单位的保护要求。	“四有”工作情况有所改进但仍存在不足；各地区正稳步推进第三次全国文物普查的第三阶段工作，包括工作报告编制、普查档案汇总等，“研究提出各级文物保护单位保护要求”的工作尚有差距。
2	2010 年底前完成文物调查及数据库管理系统建设项目的综合评估和总结，实现基本廓清全国馆藏文物家底的预期目标。	以馆藏珍贵文物为主要对象，基本廓清全国文物系统馆藏珍贵文物家底，初步形成了文博信息标准规范和应用软件体系，完成了综合评估和总结。
3	进一步加强对专项资金的检查力度，促进文物保护项目的规范管理，充分发挥财政资金的使用效益。	部分地区出台了文保专项资金管理实施办法并开展了相关检查工作，进一步规范了文物保护项目的专项资金管理。
4	进一步完善文物保护工程资质体系建设，重点加强个人资质的培训与管理工作。	文物保护工程法制体系已经基本建立，《文物保护工程管理办法》、《文物保护工程勘察设计资质管理办法》、《文物保护工程施工资质管理办法》、《文物保护工程监理资质管理办法（试行）》等相继颁布实施，对文物保护工程的规范管理特别是资质管理作出了较为全面、具体的规定。
5	制定《中央地方共建国家级博物馆管理办法》、《中央地方共建国家级博物馆运行评估办法》，加强对中央地方共建国家级博物馆的指导和管理。	国家文物局、财政部制定并发布了《中央地方共建国家级博物馆管理暂行办法》，对管理职责、培育与认定、管理与运行、考核与评估等方面做了明确规定。
6	以开展国家一级博物馆年度运行评估为重点，完善博物馆质量评价制度体系建设；做好出入境文物展览的审批、管理工作。	制定《国家一级博物馆运行评估规则》、《国家一级博物馆运行评估指标体系》、《2010 年度国家一级博物馆运行评估工作方案》等规范性文件，完成了国家一级博物馆 2008～2009 年度运行评估；制定《文物进出境责任鉴定员管理办法》、《文物入境展览管理暂行规定》等，为做好出入境文物展览的审批、管理工作提供了依据。

① 具体可参见主题报告第一章的分析。

续表

序号	2010 年重点工作计划	完成情况
7	开展文物拍卖许可证年审和第三批申报增加第一类文物拍卖经营资质的集中审批工作；开展文物拍卖专业人员资格认定管理试点推广工作。	发布施行《文物拍卖企业资质年审管理办法》等，从文物拍卖企业资质审批、文物拍卖标的审核备案、文物拍卖企业资质年审和文物拍卖专业人员培养等关键环节入手，形成了较为完善的文物拍卖市场准入、监管和退出制度，规范和促进了文物拍卖市场的发展。
8	加强机关和直属单位干部队伍建设。	深入开展文博管理干部培训、专业技术人员培训、文物行政执法人员培训、少数民族地区文博培训等，促进工作能力和水平的提高，涉外培训取得突破；文物博物馆专业首次纳入国家学位教育体系，是提高文博人才培养质量的重要举措。

长期以来，为加强“四有”① 工作，文物行政主管部门在不懈努力。1989 年全国文物工作会议就把“四有”列为重要基础工作之一，之后国家文物局下发《关于文物保护单位“四有”工作的意见》，召开了全国重点文物保护单位管理工作座谈会，重点解决全国重点文物保护单位的“四有”问题。2007 年修正的《文物保护法》第十五条又对“四有”工作作出了明确的具体规定：“各级文物保护单位，分别由省、自治区、直辖市人民政府和市、县级人民政府划定必要的保护范围，作出标志说明，建立记录档案，并区别情况分别设置专门机构或者专人负责管理”。然而，实际的工作情况却未达到这一要求——2008 年全国文物安全大检查的结果显示，全国各地地方文物行政部门中设立专兼职的文物安全监管与执法机构仅占58%，尚有很大一部分地区没有相应的机构；在这些机构中，真正专司文物安全监管与执法工作的更是不到10%。在实际工作中，县、市、区级文物保护单位记录档案的建立，尚有一定差距，各方面的资料不够完备，是“四有”工作的一个薄弱环节。

2.1.2　文物调查及数据库管理系统建设项目

2001 年，为认真贯彻落实“保护为主、抢救第一、合理利用、加强管理”的文物工作方针，财政部、国家文物局联合启动了“文物调查及数据库管理系统建

① “四有”工作即指对不可移动文物的管理须有保护范围、有标识说明、有记录档案、有专门保护机构或者人员。

设项目”，旨在以数字化手段调查、完善我国文物、博物馆领域的国情资料，切实摸清馆藏珍贵文物家底，做好国有文物资产清产核资，建立文物信息管理系统，为各级政府及有关部门及时、准确地掌握文物保护管理情况，切实加大文物保护和经费投入力度提供科学依据和技术支持。该项目由财政部和国家文物局联合成立文物调查项目领导小组，各省、自治区、直辖市相应成立文物和财政部门组成的省级工作领导小组和工作机构。项目自2001年在山西省启动，经历了试点、试点推广、全面推广三个阶段，历时10年，覆盖全国31个省份，取得了一系列重要成果。

首先，通过“文物调查及数据库管理系统建设项目”的实施，基本摸清了文博系统馆藏珍贵文物家底。此次调查项目以馆藏珍贵文物为主要对象，共完成1660275件（套）馆藏珍贵文物数据采集，其中一级文物48006件（套），二、三级文物1612269件（套），并采集一般文物数据137万余条。拍摄照片3869025张，录入文本信息3.05亿字，国家文物局数据中心接收数据总量15.16TB，基本廓清全国文物系统馆藏珍贵文物家底。项目采集的每条文物数据均包括名称、时代、类别、级别、质地、尺寸、质量、来源、入藏时间、完残状况、特征描述、保存条件、保护优先等级等不少于28项指标及必要的影像信息，在内容、数量、质量、保管方式、管理利用等方面，都比以往有较大突破，大大丰富完善了文物事业基础信息资料，为文物信息统计、保护修复、研究管理、交流合作、遗失追索等提供了科学、准确的依据。

其次，初步形成了文博信息标准规范和应用软件体系。此次调查项目制定了包括项目管理、工作规范、技术标准3大类10多项规章制度和标准规范，建立健全了以数据采集、管理为中心的适应数字化技术要求的标准规范体系，保证了项目科学、有序、高效进行，有力推进了馆藏文物管理的标准化工作，为文博行业相关标准的制定，打下了坚实基础。同时，原有一些博物馆行业标准，如《博物馆藏品信息指标体系规范》等，通过文物调查项目的实施，得到了有效推广和普及，实现了馆藏文物登记管理的统一化、规范化和标准化。

再次，在项目实施过程中组建了文博信息化专业机构。通过开展“文物调查及数据库管理系统建设项目”，在全国建立了一支高素质的信息化人才队伍，摸索出一套文博信息资源建设和管理的有效模式。全国共有2，677个文物收藏单位的近万名文博工作者参与到文物调查项目之中，共举办各类培训200余次，基本做到了全员培训考核上岗，培养起一支数千人的信息化专业工作队伍。85%

以上的信息技术人员具有大专或以上学历，30%具有中级以上职称，具有硕士或硕士以上学历的占9%，全行业计算机应用水平和信息化知识普遍得到提高，极大地提高了相关工作人员的技术水平和业务素质。而各项基础资料的充实和完善也为广大文物科研工作者提供了较好的素材，有利于提升文物藏品数据资源的利用效率和相关领域的科学研究水平。2006年，经中编办批准，国家文物局成立国家文物局数据中心，专门从事馆藏文物信息数据存储和管理，山西等17个省建立了省级文物信息（资料）中心，其余的也依托省级博物馆或其他文博单位开展数据存储和管理工作；内蒙古、黑龙江、河南、广东、广西等省区的部分地市还成立了地市级文物信息化工作机构。陕西省通过馆藏文物调查和数据库建设项目的实施，建立了陕西文物信息中心，搭建了文博信息专网，在全省范围内实现了文物藏品信息的动态管理。根据文博系统信息化专项调研结果，截至2011年，约有40%的省级文博单位有信息化工作机构，比2006年增长了10%。

2.1.3　文物保护项目专项资金的规范管理

在文物保护项目资金的规范管理方面，2008年，财政部重新制定了《中央补助地方文化体育与传媒事业发展专项资金管理暂行办法》；之后，各地区依照国家相关规定陆续出台了文物保护专项资金管理的实施办法，例如：《湖北省博物馆纪念馆免费开放专项资金管理办法》，山东省文化厅、山东省财政厅《关于对“十一五”期间中央、省级文化文物专项资金使用情况进行集中检查的通知》，《江西省基层文物保护专项资金管理暂行办法》，《福建省文物局关于博物馆纪念馆免费开放专项资金检查和文博单位安全检查安排的通知》等文保专项资金管理实施办法（细则）并开展了相关检查工作，进一步规范了文物保护项目的专项资金管理。在文保工程领域，各省文物行政部门按照“属地管理，各负其责”的原则承担组织管理的责任，确保工程质量和资金使用安全，促进提高财政资金的使用效益。

2.1.4　文物保护工程资质体系建设

“十一五”以来，《文物保护工程管理办法》《文物保护工程勘察设计资质管理办法》《文物保护工程施工资质管理办法》《文物保护工程监理资质管理办法（试行）》《可移动文物修复资质管理方法（试行）》《可移动文物技术保护设计资质管理办法（试行）》等相继颁布实施，对文物保护工程的规范管理作出了较为全面、具体的规定。同时，各类标准、规范的编制工作进一步深化。文物建筑保护工程报告编写出版管理办法和要求也正在积极修订中。目前，我国文物保护工程法制体系已经基本建立。

为了适应文物保护工程快速发展的需要，2010 年 9 月，国家文物局颁发了第四批文物保护工程勘察设计，施工，监理甲、一级资质。甲、一级资质单位的总数已达220 多家。各省级文物行政部门也相继颁发了一批乙级或者二级文物保护工程资质单位。文物保护工程的资质单位已由原先单一的各省古建所，逐渐扩展至各高等院校、科研院所，打破了行业封闭的格局，通过良性竞争与合作，提高了自身的活力和竞争力，达到相互促进、共同提高的目的，在文物保护维修工作中发挥了重要作用。①

2.1.5　中央地方共建国家级博物馆的管理

中央地方共建国家级博物馆是由国家文物局、财政部共同认定，中央和省级人民政府联合共建的代表中华文明的地方所属重点博物馆。为加强和规范中央地方共建国家级博物馆的建设和管理，国家文物局、财政部制定并发布了《中央地方共建国家级博物馆管理暂行办法》，对管理职责、培育与认定、管理与运行、考核与评估等方面做了明确规定，确定了中央地方共建国家级博物馆坚持择优认定、定期评估、动态调整和稳定支持的原则，其建设内容和目标是，通过调动中央与地方两个积极性，加大投入力度，大幅提高重点博物馆的藏品保护、陈列展览、科学研究、社会教育和公共服务水平，造就一批国内一流、国际先进的博物馆；构建以点带面、立足区域、辐射全国、面向世界的博物馆综合资源共享平台，推动我国博物馆整体水平迈向世界先进行列。

2.1.6　博物馆质量评价制度体系建设及出入境文物展览的审批、管理工作

为了加强国家一级博物馆的管理、提高一级博物馆运行水平，国家文物局制定了《国家一级博物馆运行评估规则》、《国家一级博物馆运行评估指标体系》、《2010 年度国家一级博物馆运行评估工作方案》等规范性文件，进一步完善了博物馆质量评价制度体系。国家文物局在《开展 2010 年度国家一级博物馆运行评估工作的通知》中明确规定首批 83 家一级博物馆（附件 4）均应参加运行评估，并将向社会发布此次一级博物馆运行评估的结果（分为合格、基本合格和不合格 3 个等级），并再根据《全国博物馆评估办法（试行）》、《国家一级博物馆运行评估规则》的有关规定，对基本合格和不合格的博物馆作出相应处理。

① 资料来源：2010 年底，国家文物局原局长单霁翔在第四次全国文物保护工程汇报会上的讲话《立足“十二五”，实现文物保护工程跨越发展》。

在出入境文物展览的审批、管理方面，国家文物局制定了《文物进出境责任鉴定员管理办法》、《文物入境展览管理暂行规定》等规章制度，为做好出入境文物展览的审批、管理工作提供了法律法规依据。

2.1.7　文物拍卖资质认定管理

在文物拍卖资质认定管理方面，我国自20世纪90年代中期建立文物拍卖制度以来，各级文物行政部门积极履行《文物保护法》及其《实施条例》、《拍卖法》等法律法规赋予文物行政管理部门的职责，从文物拍卖企业资质审批、文物拍卖标的审核备案①、文物拍卖企业资质年审和文物拍卖专业人员培养等关键环节入手，形成了较为完善的文物拍卖市场准入、监管和退出制度，规范和促进了文物拍卖市场的发展。自2006年以来，国家文物局按年度开展文物拍卖企业年审工作，49家企业文物拍卖经营资质被暂停，61家企业文物拍卖经营资质被撤销，规范和促进了文物拍卖企业健康发展；文物拍卖资质晋级评审工作平稳推进，33家企业获得第一类文物拍卖经营资质；在相关职能部门的支持配合下，重点查处了一批违法违规的文物拍卖活动，有力维护了文物拍卖市场秩序；全国各级文物部门对近千场文物拍卖会的百万余件文物拍卖标的进行了审核，数千件禁止上拍的文物拍卖标的被撤拍，有效制止了买卖出土（水）文物、国有馆藏文物进入拍卖市场；文物拍卖专业人员资格认定试点工作扎实有效，连续4年成功举办文物拍卖专业人员资格考试，270余名文物拍卖专业人员走上了文物拍卖企业鉴定岗位。

2011年初，国家文物局发布施行了《文物拍卖企业资质年审管理办法》（文物博函［2011］2号）。截至2010年底，国内文物拍卖企业已达250家，分布在24个省份。据不完全统计，2010年中国文物艺术品拍卖市场总计上拍约20万件拍品，总成交额达到200多亿元，在全球总交易额中所占比例将近20%，仅次于美国和英

① 2011年初召开的全国文物拍卖管理工作座谈会讨论确定了文物拍卖标的审核重点，会议重申以下文物不得作为拍卖标的或应严格审核：①出土（水）文物；②以出土（水）文物名义宣传的复仿制品；③国有不可移动文物的附属构件；④国有文物购销经营单位收藏的珍贵文物；⑤涉嫌损害国家利益或有可能产生不良社会影响的物品；⑥被盗窃、盗掘、走私的文物或明确属于历史上被非法掠夺的中国流失文物；⑦涉嫌危害国家安全和损害民族利益的物品；⑧涉嫌丑化国家形象及政治人物的非主流艺术品；⑨带有黄色暴力等内容的物品等。会议提出要加强对文物网络交易活动的监管，对现有涉及文物经营的网站进行评估，制定相关规范政策，逐步建立网络文物经营准入和网络交易文物审核的制度。同时，要加强文物拍卖管理队伍建设和文物拍卖专业人员培养。

国。为规范和促进文物拍卖企业健康发展，根据《文物拍卖管理暂行规定》和《关于第一类文物拍卖经营资质审批事项的通知》要求，国家文物局每年定期组织举办文物拍卖企业专业人员资格考试，取得《资格证书》的考试合格人员可以通过任职或推荐报考单位向所在地的省级文物行政部门报送申请材料，经国家文物局组织对申请材料进行审核认定后对符合要求的考试合格人员办理《资格证书》核发事宜。从文物拍卖企业资质审批、文物拍卖标的审核备案、文物拍卖企业资质年审和文物拍卖专业人员培养等关键环节入手，我国初步形成了较为完善的文物拍卖市场准入、监管和退出制度，规范和促进了文物拍卖市场的发展。①

2.1.8 文物系统机关和直属单位干部队伍建设

新形势下，着眼于文化遗产事业发展和队伍建设的需要，国家文物局采取多种措施开展文物博物馆教育培训工作。

在文博管理干部培训方面，2003 年至 2008 年，国家文物局与北京大学、清华大学、复旦大学、南开大学、四川大学、西北大学和中国文化遗产研究院密切合作，连续 6 年举办了全国省级文物局局长、博物馆馆长、考古研究所所长、古建保护所所长专业管理干部培训班，共培训省级文博管理干部 443 名。国家文物局还与各省文物局合作，开展了地市文博干部和全国重点文物保护单位负责人培训，已经有 27 个省共 3300 多人参加了培训，有效提高了基层文博管理干部队伍的素质。同时，针对我国世界文化遗产保护管理工作中存在的问题，从 2004 年起，连续 6 年举办了 7 期世界文化遗产保护管理机构负责人培训班，共同研讨有关管理体制、保护措施等问题，提高依法管理、科学管理世界文化遗产的水平。

在专业技术人员培训方面，为解决文化遗产保护专业技术力量薄弱的问题，各级文物主管部门举办了古建维修、考古发掘、博物馆藏品保护修复、文物鉴定等各类专业技术培训；同时，围绕长城资源调查、第三次全国文物普查、博物馆免费开放、数字信息化技术应用等重点工作、重大工程开展专项培训，实现了项目推进和人才培养的双赢。

在文物行政执法人员培训方面，2010 年开展文物行政执法人员片区集中轮训，集中力量培训文物行政执法人员 800 多人，促进了文物行政执法队伍建设，

① 资料来源：2011 年，国家文物局宋新潮副局长在全国文物拍卖管理工作座谈会上的总结讲话《努力推动我国文物拍卖市场健康规范有序发展》。

提高了文物行政执法能力和水平。

在少数民族地区文博培训方面，近年的培训力度在积极倾斜。西藏文物保护工程培训班将藏式建筑简史、传统工艺和材料的运用列入培训课程；围绕抗震救灾文化遗产保护，举办藏羌碉楼保护维修培训班，在利用当地的人力、材料和工艺对藏羌碉楼进行保护抢救的同时，也保护传承了碉楼建造维修的传统工艺；新疆坎儿井文物保护培训班将乡镇干部、村民列入培训对象，在探索依靠人民群众的力量保护文化遗产新路子的同时，也使坎儿井建造保护的传统工艺得到有效传承。

“十一五”期间，文物系统在涉外培训方面取得了较大突破。国家文物局与ICCROM合作举办了亚太地区博物馆藏品预防性保护培训；中意合作文物保护修复培训项目培养了140名专业技术人员；中日韩合作丝绸之路沿线文物保护修复技术人员培养计划培养了102名专业技术人员；与美国梅隆基金会、盖蒂保护研究所、法国国家遗产学院等机构合作培养了一批高层次的博物馆管理人员和专业技术人员。中国文化遗产研究院还四次承担国家援外培训项目“亚非文化遗产保护官员培训班”和“阿拉伯地区文物修复技术人员培训班”，促进了我国在国际文化遗产保护领域的交流与合作，拓宽了文博系统教育培训工作的思路。

通过深入开展文博管理干部培训、专业技术人员培训、文物行政执法人员培训、少数民族地区文博培训、涉外培训等，并将民办博物馆纳入了全国博物馆人才的培训计划，有效促进了文物系统从业人员工作水平的提高。

2011年初，国务院学位委员会、教育部、人力资源和社会保障部，决定新增19种专业学位，同时成立专业学位研究生教育指导委员会，文物与博物馆专业也是其中之一。这是文物博物馆首次作为专业纳入国家学位教育体系。全国文物与博物馆专业及学位研究生教育指导委员会的设立是适应我国现代文物与博物馆事业发展对文博专门人才的迫切需求，是完善文博人才培养体系、创新文博人才培养模式、提高文博人才培养质量的重要举措。

2.2　构建文化遗产事业管理水平评价的指标体系——以《决定》和相关“十二五”规划为据

从上一节八个方面重点工作计划的完成情况来看，文物系统法规体系建设、资质认定、规范管理、人才队伍建设等方面都取得了显著成效。总的来看，与相关规划和工作计划的目标相比较，“量”的指标完成较好，但“质”的方面仍有不少欠账，例如文物保护单位“四有”工作、文物保护需求研究工作等，可喜的是“文物调查及数据库管理系统建设项目”和第三次全国文物普查等工作成果提供了较为完备的科学依据和技术支持，要在此基础上实现有效保护和提升管理水平，相关工作就有据可循了。从管理水平的角度，根据以往的研究经验，如何在定性分析的基础上广泛搜集信息，对文化遗产事业的管理水平开展定量评价，需要首先根据相关规划的发展目标和分析方法的要求进一步改进评价指标体系①。

在2009年蓝皮书中，我们已经针对GAP分析评价指标体系未考虑与文物管理工作的衔接、对于实际工作的指导意义不大、操作性不强等问题对其进行了合理的改进，使之与具体的文物管理工作相挂钩，以体现蓝皮书“研以致用”的特点。在本年度开展量化评价之前，同样也将根据文物系统相关规划和工作的新形势、新要求对评价指标体系进一步优化、完善，使之更好地与文物系统的管理工作、规划目标等相衔接。当然，考虑到分析方法的可行性，本章量化分析的管理水平，仍然仅限于管理水平中有指标支撑且比较重要的部分——主要还只是衡量人、财、物等行政资源在空间上的配置效率，尤其从发挥教育科研功能而言的配置效率。

2.2.1 文化遗产事业管理水平评价的内容

2010年蓝皮书第四章中对GAP分析的主要评价内容包括人员管理、资金管理、教育科研功能发挥水平三方面，其中，人员管理、资金管理是从日常管理工作涉及的内容出发，而后一项是从教育科研功能发挥的成效出发，综合反映了文化遗产事业的管理水平。2011年度文化遗产日主题是“文化遗产与美好生活”，这个主题的基本含义是：文化遗产保护是广大民众的共同事业，文化遗产与民众日常生活息息相关，是创造美好生活的基础。文化遗产事业在丰富群众精神文化生活、全面建设小康社会、提高全民族素质方面完全可以大展身手。“文化遗产与美好生活”，强调了文化遗产也是一项民生工程、国家工程，是国家富强和人民幸福的重要文化根基。结合2011年度文物系统的重点工作安排，本章的分析在沿用管理水平评价基本内容的基础上将更注重与优秀文物保护工程评选等重要工作相衔接。本章根据《文物“十二五”规划》的相关目标，在2010年蓝皮书

① 蓝皮书的研究经验表明：在管理水平评价中引入统计分析的方法合理地设计评价指标体系，一方面可以在技术上保证评价结果的科学性和客观性，另一方面也为文物工作实现精细化管理奠定了基础。

评价内容的基础上，对GAP分析的评价指标进行了修改、完善。

本节的逻辑线索是：先考虑合理性：在2010年蓝皮书的基础上总结对管理水平进行评价的主要内容，然后按照“十二五”末期的愿景设计理想的评价指标；再考虑可行性：根据目前掌握的数据情况形成可进行实证分析的评价指标，综合合理性与可行性后确定指标体系，然后采用GAP分析方法对以省为基本单元的不可移动文物管理水平（主要针对各省全国重点文物保护管理机构的情况）进行定量分析与评价。

2.2.2 相关文件和规划对“十二五”末期的展望

2011年6月，国家文物局发布了《国家文物博物馆事业发展“十二五”规划》，对全国文物博物馆事业的发展形势进行了系统的总结——“十一五”期间，国家文物保护投入大幅增长，“十一五”规划确定的主要发展目标如期实现，在此基础上提出了“十二五”期间文物系统开展工作的基本原则，分别是：保护为主①、提高质量②、围绕大局③、以人为本④、改革创新⑤。同时，确立了五项约束性发展指标

---

① 把保护文物、传承文明作为文物博物馆事业加速发展的根本。保护是文物博物馆事业发展的前提，利用是文物博物馆事业发展的过程，管理是文物博物馆事业发展的手段，传承是文物博物馆事业发展的目的。坚持依法保护和科学保护，遵循文物保护规律，保护文物的真实性和完整性，保护文物的自然环境和人文环境。建立科学保护文物的长效机制，推进文物的抢救性保护与预防性保护的有机结合。加强文物的日常保养，监测文物的保护状况，改善文物的保存环境。

② 把提高质量作为文物博物馆事业加速发展的核心任务。统筹兼顾文物博物馆事业的规模发展和内涵发展，更加注重文物保护理念的转变，更加注重文物管理体制和运行机制的改革，更加注重文物保护模式和利用途径的创新，更加注重文物博物馆工作的制度建设，有效提升文物博物馆管理的精细化、规范化和信息化水平。提高文物博物馆工作质量，确保文物安全和永续传承；提高文物博物馆公共文化服务质量，更好地满足人民群众多层次多样化的精神文化需求。

③ 把经济社会发展作为文物博物馆事业加速发展的前提和基础。围绕经济社会发展大局，合理利用好文物资源，构筑经济社会发展的新优势和新动力。充分释放文物资源潜能，充分挖掘文物资源价值，使文物博物馆事业成为促进经济社会发展、优化城乡面貌、彰显地域魅力、改善生态环境、提高人民生活质量的重要内容和有力支撑。

④ 把以人为本作为文物博物馆事业加速发展的基本理念。树立文物资源属于人民、文物保护成果惠及人民的人文理念。鼓励公众参与文物保护利用工作，确保公众在履行文物保护义务上各尽其能，在共享文物保护成果上各得其利。尊重中华民族的悠久历史，敬畏历代先民的创造智慧，关注当代人的民生需求，爱护后代人的发展资源，维护文物资源共享的代际公平，在文物保护中传承文明，建设中华民族共有精神家园。

⑤ 把改革创新作为文物博物馆事业加速发展的强大动力。加快构建有利于文物博物馆事业科学发展的体制机制，更加重视改革的顶层设计和总体规划，凝聚改革发展的共识，提高改革决策的科学性，增强改革措施的协调性，力求在重点领域和关键环节的改革上取得突破。推进观念创新、体制机制创新、科技创新、传播手段创新、保护传承方式创新，促进文物博物馆事业在参与创造物质财富和精神财富的实践中焕发活力，发挥文物博物馆资源的综合效益。

和十项预期性发展指标，并从主要任务、重大工程、保障措施等方面作出了系统的规划。其中，“十二五”期间文物博物馆事业约束性发展指标分别为：①世界文化遗产和150处重要大遗址的保护规划编制启动率达到100%；②第一至六批全国重点文物保护单位的重大险情排除率达到100%；③每个地市级以上中心城市拥有1个功能健全的博物馆；每个少数民族的文化遗产和民族文化都能通过博物馆的形式得到全面保护、研究和展示；④国有博物馆一级文物的建账建档率达到100%；⑤文物博物馆一级风险单位中文物收藏单位的防火、防盗设施达标率达到100%。预期性发展指标涉及文物博物馆管理工作的方方面面，主要也是对数量和效率指标的规定：①第七批全国重点文物保护单位的重大险情排除率达到50%。文物保护工程勘察设计甲级资质、施工一级资质和监理甲级资质单位总数达到300家；②省级文物行政执法机构建成率达到70%，地市级文物行政执法机构建成率达到30%，县区级文物行政执法机构建成率达到15%。建成20个国家文物安全综合管理实验区（示范单位）；③全国博物馆总数达到3500个。免费开放博物馆、纪念馆总数达到2500个。国家一、二、三级博物馆总数达到800个。法人治理结构规范化、管理专业化的民办博物馆建设率达到10%。全国博物馆年均举办陈列展览达到1万个以上，年接待观众达到5亿人次以上。每年在国（境）外举办120个中国文物展览，每年引进50个国（境）外文物展览；④全国文物进出境审核机构总数达到20家，文物进出境责任鉴定员总数达到200人；⑤世界文化遗产、150处重要大遗址、国家一级博物馆的文物安全监测平台建设率达到100%。每三年完成一轮世界文化遗产监测巡视工作；⑥建成35~40个国家级文物标本库房、5个国家级出水文物库房、10个国家级出土文物修复室；⑦实施50项大遗址保护重点工程。建成30个国家考古遗址公园和30~50个大遗址保护管理机构。建设30个遗址博物馆；⑧文物保护行业重点科研基地总数达到27个。组建10~15个文物保护技术创新联盟和5~10个文物保护科技区域创新联盟。培育3~5家文物保护科研机构进入国家重点实验室序列。制定50~70项文物保护行业标准；⑨可移动文物保护设计和修复资质单位总数达到150家。开展100个包括国家文物保存环境监测中心、区域文物保存环境监测中心、文物保存环境监测站在内的全国珍贵文物保存环境监测网络建设工作。完成100个包括文物保护综合技术中心、文物保护修复区域中心、馆藏文物保护修复技术和成果推广服务站在内的可移动文物保护修复单位建设。建成

15 个考古现场文物保护移动实验室；⑩开展大规模文物、博物馆干部培训，培训总数达到 15000 人次。其中，文物、博物馆管理干部培训 3500 人次，重点开展全国县级文物部门负责人培训；专业技术人员培训 4500 人次；行政执法人员培训 8000 人次。与高校合作培养研究生学历人员 120 人次。

参考上述“十二五”规划中的约束性发展指标和预期性发展指标，可以挑选其中与文化遗产事业“管理水平”密切相关的指标项目纳入评价指标，以反映国家层面对文化遗产事业管理水平建设的新要求，如“世界文化遗产和 150 处重要大遗址的保护规划编制启动率”、“第一至六批全国重点文物保护单位的重大险情排除率”、“文物博物馆一级风险单位中文物收藏单位的防火、防盗设施达标率”等，进一步改进评价指标设计，在有数据支撑的条件下，对各地区的文化遗产事业管理水平进行评价。

2.2.3　文化遗产事业管理水平评价的指标体系设计

将《文物“十二五”规划》的发展指标与文物系统管理水平的评价内容相对照（参见表主 1－6），将其中与管理水平密切相关的内容总结为表技 4－2，作为可考虑加入 GAP 分析评价指标体系的初选指标。

表技 4－2　对照《文物“十二五”规划》相关发展目标的指标初选

	国家文物“十二五”规划相关目标	初选指标
约束性发展指标（部分）	世界文化遗产和 150 处重要大遗址的保护规划编制启动率达到 100%	保护规划编制启动率
	第一至六批全国重点文物保护单位的重大险情排除率达到 100%	全国重点文物保护单位重大险情排除率
	国有博物馆一级文物的建账建档率达到 100%	一级文物建账建档率
	文物博物馆一级风险单位中文物收藏单位的防火、防盗设施达标率达到 100%	防火、防盗设施达标率
预期性发展指标（部分）	第七批全国重点文物保护单位的重大险情排除率达到 50%	全国重点文物保护单位重大险情排除率
	省级文物行政执法机构建成率达到 70%，地市级文物行政执法机构建成率达到 30%，县区级文物行政执法机构建成率达到 15%	文物行政执法机构建成率
	全国博物馆年均举办陈列展览达到 1 万个以上，年接待参观者达到 5 亿人次以上	平均陈列展览数、平均参观人次
	世界文化遗产、150 处重要大遗址、国家一级博物馆的文物安全监测平台建设率达到 100%	文物安全监测平台建设率

在约束性发展指标中，防火、防盗设施达标率在可行性上存在问题，尽管2008年全国文物安全大检查提供了部分数据：被调查的2012个全国重点文物保护单位中，防盗、防火、防雷设施达标的分别仅占21.78%、27.39%、45.21%，246家重点博物馆中，防盗、防火设施达标的分别占55.28%和50.41%，大多数单位仍然依靠简单的人防和物防，抵御风险能力很差。但是，由于没有常规性地开展全国范围内的文物安全检查，防火、防盗设施达标率等指标均没有最新的统计数据。在预期性发展指标中，除了“博物馆举办陈列展览”和反映教育科研功能发挥水平的“参观人次”以外，其他的评价指标均是《全国文物业统计资料》的历年常规统计中基本不曾涉及的，需要新的统计数据来支撑具体的量化分析和评价研究。

在现有数据的基础上，基于GAP分析方法对文化遗产事业的管理水平进行评价，比较可行的方法是在目前文物系统的统计体系下，参照“十二五”规划中提到的“十一五”时期文化遗产事业的发展形势和成就的各方面选取指标，与2010年度蓝皮书已有的评价指标进行整合，力求与文物系统的既定工作部署结合得更紧密，从而形成本年度文化遗产事业管理水平GAP分析的评价指标。

根据《文物“十二五”规划》对“十一五”时期文化遗产事业的发展形势和成就的系统总结，从中梳理出可用于评价文物“保护绩效”和“管理水平”的初选指标，将其与2010年蓝皮书中“人员管理”、“资金管理”、“教育科研功能发挥水平”三方面的评价指标相结合，就形成了兼顾文化遗产资源保护与发展的评价指标（如表技4-3所示）。与2010年蓝皮书的GAP分析指标相比，新增加了平均安全保卫人员数量、博物馆（纪念馆）免费开放比例、科研成果平均数量、网站数、计算机台数、万件藏品对应的库房面积、馆均展览用房面积等指标，力求更为全面地反映文物博物馆事业发展过程中的行政资源投入水平及其效率。

在此基础上，沿用历年蓝皮书的分析思路，仍然从文化遗产事业保护需求与人力、财力、物力等资源的配置效率两个方面对选取的评价指标进行分组、整合，形成了理想情况下开展GAP分析的评价指标设置情况（如表技4-4所示）。需要注意的是，由于文物系统博物馆没有完整的2010年度各地区藏品分级、分类等数据，无法计算文物系统可移动文物的相对丰度、相对保护等级度、相对稀有度等指标，继而无法得到各地区可移动文物的保护需求程度，无法开展兼顾“供”、“需”两方面指标的GAP分析。因此，本章在量化分析部分只针对全国重点文物保护管理机构的情况，以31个省份为基本单元，利用GAP方法和GIS软件开展评价与分析。

表技4-3　对照“十一五”时期发展形势及成就的初选指标

“十一五”时期发展形势及成就	评价内容	初选指标
文物保护状况得到切实改善	文物保护	相对保护等级度、相对稀有度、文物保护维修项目数、本年修复藏品数
文物安全形势有所好转	文物保护	平均安全保卫人员数量
工作队伍稳步壮大，人才培养得到加强	人员管理	平均从业人员数、具有中高级职称人员比例
文物保护成果进一步惠及公众，文物博物馆事业对经济社会发展的贡献持续增长	资金管理	人均产业率、年度收支比
公共文化服务水平日益提高	教育科研功能发挥水平	博物馆（纪念馆）免费开放比例、平均参观人次、科研成果平均数量
统筹兼顾文物博物馆事业的规模发展和内涵发展，有效提升文物博物馆管理的精细化、规范化和信息化水平	教育科研功能发挥水平	博物馆数量、网站数、计算机台数、万件藏品对应的库房面积、馆均展览用房面积、平均陈列展览数

表技4-4　文物保护管理机构的管理水平评价的理想指标

项目	评价指标
相对重要性等级	相对多度、相对丰度、相对保护等级度、相对稀有度、重点文物保护单位重大险情排除率
管理水平	①人员管理方面： 平均从业人员数、具有中高级职称人员比例、平均安全保卫人员数量
	②资金管理方面： 平均财政资金投入、人均产业率、年度收支比
	③教育科研功能发挥水平： 平均陈列展览数、平均参观人次、科研成果平均数量（馆均承担课题项目数、馆均省级以上刊物发表论文数）、馆均网站数、馆均计算机台数

由于各省文物保护管理机构的数量不同，不可移动文物的规模也存在较大差异，为了反映省级行政区的一般情况，表技4-4中的总量指标均采用由对应的各地区文物保护管理机构数量作为基数的平均指标，以衡量各省文物保护管理机构资源配置的平均情况。参照文物管理的相应内容，对表技4-4的部分指标作如下说明。

首先，在不可移动文物相对重要性等级也就是“保护需求”方面增加了“十二五”规划中提到的“重点文物保护单位重大险情排除率”，是从预防性保护的角度体现了对各地区不可移动文物保护状况的重视。

其次，在人员管理方面，中高级职称人员比例，反映了文物保护管理机构工作人员的专业人才结构和人才培养的成效。新增加的“平均安全保卫人员数量”是按照各地区重点文物保护管理机构数量平均的安全保卫人员相对数量，反映各地区不可移动文物安全防范能力建设中“人防”的资源配备程度。

再次，在资金管理方面，为保障文物保护、修复、利用等各项工作的顺利开展，调动和提高工作人员的积极性、提高资金运用效率也是不可移动文物管理的重要工作。随着市场机制的引入，不可移动文物管理机构在满足公众基本文化需求的同时也有自主经营创收的举措，用各省文物保护管理机构的年度增加值除以对应的工作人员数量，即得到“人均产业率”，在一定程度上可以反映文物保护管理机构经济功能的发挥情况。同时，用各省文物保护管理机构的“年度总收入”除以对应的“年度总支出”得到的年度收支比，作为评价文物保护管理机构资金收支的总体情况的指标，然后，以对应的文物保护管理机构数对财政拨款额进行平均，就能从年度收支和事业发展的经费保障的角度反映文物保护管理机构的平均资金投入和资金运用效率。这三项指标沿用了2010年蓝皮书的分析思路，能够较为全面地反映各省文物保护管理机构的资金管理效率。

其中，需要特别注意的是财政资金投入的计算口径问题。通常而言，政府用于文物保护的经费分为三大块：一是文博部门或单位正常的行政事业经费，二是常态性文物保护专项经费，三是临时性或突发性文物保护专项经费。① 2005年以来，中央财政对文化遗产事业的发展给予了倾斜，新安排了三类专项经费，分别是：2005年设立的“大遗址保护专项经费”②、2007年设立的第三次全国文物普

① 参见 http://www.ccrnews.com.cn/100027/100241/20629.html，国家文物局办公室。参照《改革开放30年来的文物保护经费投入与事业进步》一文的分析可知，“中央专项经费”包括了国家重点文物保护专项补助经费（如大遗址保护专项等）和中央抢救性文物保护设施建设专项资金。

② 2005年设立的“大遗址保护专项经费”，核定“十一五”期间大遗址保护专项经费投入总量为20亿元（这是中央财政的资金量，不包括地方财政的配套资金量）。

查专项经费①、2008年中央财政设立的博物馆免费开放专项资金②。也就是说，除了《全国文物业统计资料》中常规核算登记的制度性的“财政拨款”之外，对文物系统的资金投入还包括大量的中央财政专项经费以及地方财政专项经费。2009年蓝皮书主题报告第四章已经提到，探讨文物系统财政资金计算方面的遗漏问题首先需要明确“文物系统可支配财政资金”的概念：文物系统可支配财政资金不仅包括《全国文物业统计资料》中的“财政拨款”，还包括文物系统实际可支配的专项转移支付资金和相关基础设施建设资金。具体来看，“财政拨款”③这一项指标只是各省文物系统在财政经常性预算口径内获得的资金总额，而并非各省文物系统的可支配财政资金。这种纳入财政经常性预算的资金是制度性、常规性的，因此具有较好的连续性和稳定性，但是该指标并不包含各省以项目申请形式所获得的大量专项转移支付资金④。根据所能搜集到的数据及项目资金本身的特性，考虑到专项转移支付资金大多用于对重点文物保护单位进行维修，项目竣工的时间差别较大。⑤目前关于大遗址保护项目建设资金没有纳入常规统计体系中，很难合理地将项目资金体现到各年的数据中，并且项目资金的拨付存在与项目计划相比的时滞现象，各省项目资金的数据来源不统一，相对《全国文物业统计资料》常规指标项的统计而言不完善、不精确，将其科学地纳入评估报告的常规性评估实非易事。为了避免从不同渠道获得的专项资金数据由于统计口径不一致对文物系统常规的资金投入信息造成干扰，形成偏差，在反复权衡之后，课题组仍然决定在评价资金投入和使用效率时仅采用《全国文物业统计资料》的常规统计数据。这样的处理尽管低估了文物系统的经费投入，但因为GAP分析是对各省份这方面情况进行相对比较，这种处理不仅更具可行性，

① 2007年设立了第三次全国文物普查专项经费，核定专项经费总规模为2.06亿元。

② 2008年，为配合全国博物馆、纪念馆的免费开放，中央财政设立了博物馆免费开放专项资金，截至2009年底已投入30多亿元。

③ 财政拨款反映文物保护管理机构本年度实际收到的本级财政拨款（含一般预算拨款和基金预算拨款）。

④ 以西藏自治区为例，2002～2008年7年间获得“财政拨款”共计约5066.3万元，即便加上各年的上级补助收入也仅共计5121.3万元。这个合计值远远低于国家在“十五”期间对西藏文物古建筑保护维修工程的投资总额3.8亿元。

⑤ 例如，有些“十一五”期间开工的项目，要到2015年甚至更后才能竣工，项目资金的拨付不仅跨年度，甚至跨“五年规划”。

也更具公平性。①

最后，在教育科研功能发挥水平方面，在文化遗产事业与民生关联的发展大方向下，服务公众是文物保护管理机构的基本职能，年均举办的陈列展览数量和平均参观人次反映了社会公众对不可移动文物管理的认同度，是从管理的结果来反映文物保护管理机构的管理水平。随着文物保护理念的日益深入人心，社会公众的文化需求不断提升，这也为文物系统的管理工作提出了更高的要求，需要紧跟新形势，从管理的信息化水平、服务的便利程度等方面有所改进，并注重提升文物保护与管理过程中的科技支撑作用，以文化遗产领域的科学研究成果来推动实现精细化管理。因此，反映不可移动文物管理信息化水平（馆均网站数、馆均计算机台数）和科研成果的指标（馆均承担课题项目数、馆均省级以上刊物发表论文数）也是促进教育功能发挥的重要因素。

在确定基础指标之后，课题组从2010年《全国文物业统计资料》中选取所需的文物保护管理机构的统计资料，为计算上述评价指标做好数据准备。但是，最终纳入GAP分析的评价指标还需考虑基础数据的可获得性。

2.3　2010年不可移动文物管理水平的GAP分析

根据2010年《全国文物业统计资料》的基础数据，全国31个省份重点文物保护管理机构的年度常规统计中没有安全保护人员数、计算机台数、网站数、承担课题项目数、省级以上刊物发表论文数等统计数据，并且也无法提供不可移动文物按“古建筑、古墓葬、古遗址、近现代建筑、石窟寺以及其他”六项的分类数据，因此不能计算得到2010年不可移动文物的相对丰度和相对稀有度。因此，在考察各省不可移动文物保护需求等级时，只能延续使用2010年蓝皮书中2009年度的相关基础数据进行计算，考虑到这两个年份期间重点文物保护管理机构的总量变动较小，② 这样的近似处理在数据误差可控范围内，大致可以作为2010年度不可移动文物保护重要性等级的替代数据。

2.3.1　确定不可移动文物GAP分析的评价指标

综合考虑表技4－4中各项指标的可行性要求，从中摘出基础数据条件不符

---

① 关于资金核算的问题在2009年蓝皮书中有详细的说明。

② 2009年全国重点文物保护管理机构的数量为2263个，2010年增加到2436个，相对变动幅度（增长率）约为7.64%。

合分析要求的指标之后，所形成的就是用于本年度不可移动文物 GAP 分析的评价指标，如表技 4－5 所示：

表技 4－5　2010 年度不可移动文物 GAP 分析评价指标

评价项目	评价指标
相对重要性等级	相对多度、相对丰度、相对保护等级度、相对稀有度
管理水平	①人员管理方面：平均从业人员数、具有中高级职称人员比例
	②资金管理方面：平均财政资金投入、人均产业率、年度收支比
	③教育科研功能发挥水平：平均陈列展览数、平均参观人次

2.3.2　不可移动文物相对重要性等级

在计算不可移动文物相对重要性等级时，为了保证各项指标的统计口径一致，只能沿用 2010 年蓝皮书的基础数据，使用不可移动文物的相对多度、相对丰度、相对保护等级度和相对稀有度四项来确定各省不可移动文物的保护需求，即相对重要性值。这几项指标综合反映了各省不可移动文物的相对数量规模、类别构成、重要性等级等特性，并且数量上的变动幅度不大，也具有一定的代表性。具体分析如下。

①不可移动文物的相对多度，即 Margalef 指数的相对值，反映了各省不可移动文物数量的相对多少。其中，Margalef 指数表示的是各省文物数量的相对值，计算公式为：

$$D' = \frac{S-1}{LnN}$$

式中，D′为文物相对多度，S 为省文物的数量，N 为所有文物的数量。

②相对丰度是在分别计算各省文物 Shannon-Wiener 指数①后，由其相对值得到的。不可移动文物有古遗址、古墓葬、古建筑、石窟寺及石刻、近现代重要史迹及代表性建筑和其他共六类，根据各类的数量计算 Shannon-Wiener 指数，进而

① 该指标的计算方法在 2008 年蓝皮书中已有介绍：Shannon-Wiener 指数是描述种类中的个体出现的紊乱程度和不确定性的指标，不确定性越高，多样性也就越高。香农多样性指数的大小取决于两个重要因素：种类数目（即丰富度）和种类中个体分配上的平均性或均匀性。种类数目多，可增加多样性；同样，种类之间个体分配的均匀性增加也会使多样性提高。

求得相对丰度。

③不可移动文物的相对稀有度，反映了各省各类文物的综合稀缺程度。根据不可移动文物的分类情况可按照公式计算：

$$R' = \sum_{i=1}^{6}\left[1 - \left(\frac{T_i}{T}\right)\right]N_i$$

式中，R′为文物相对稀有度，T_i 为某一类文物的数量，T 为文物的总数量，N_i 为某省某一类文物的数量。

④不可移动文物的相对保护等级度，反映了一个地区各级保护文物的分布状况以及该地区重点文物保护单位的相对数量。由于研究对象全部为全国重点保护文物单位，因此没有权重问题，直接简化为省重点文物保护单位数量占全国重点保护文物单位总数的相对值。公式简化为：

$$V' = \frac{N}{T}$$

式中，V′为文物相对保护等级度，N 为各省重点文物保护单位数量，T 为全国重点保护文物单位总数。

然后，运用熵权系数法对不可移动文物的相对多度、相对丰度、相对保护等级度和相对稀有度四项指标进行加权求和。为了方便对各省不可移动文物的保护需求进行比较，采用线性函数转换公式对该项评价值进行归一化处理。采用线性函数转换公式对各项评价值进行归一化处理的计算公式为：

$$y = \frac{x - Min\ Value}{Max\ Value - Min\ Value}$$

式中，x、y 分别为转换前、后的值，Max Value、Min Value 分别为样本的最大值和最小值。通过上述处理方式可以将评价值限定在 0 到 1 范围内，以便于对各省的情况进行比较分析。据此求得各省不可移动文物的相对重要性值，用于反映其保护需求的相对等级。

将各省份不可移动文物的相对多度、相对丰度、相对保护等级度和相对稀有度的各项数据代入计算，结果如表技 4－6 所示。

将表技 4－6 的结果导入 GIS 软件绘图，作为 GAP 分析的对照图层，记为 a 图（图技 4－9）。

表技 4-6　2010 年各省份不可移动文物的保护需求相对等级值

地　区	相对多度	相对丰度	相对保护等级度	相对稀有度	保护需求等级	归一化 V_0
北　京	0.0995	0.3079	0.3281	0.3536	0.0322	0.3219
天　津	0.0199	0.3908	0.0039	0.0064	0.0023	0.0000
河　北	0.7861	0.7619	0.5977	0.6935	0.0742	0.7739
山　西	0.4627	0.0000	1.0000	1.0000	0.0952	1.0000
内蒙古	0.3980	0.6192	0.2461	0.3137	0.0343	0.3448
辽　宁	0.2786	0.8864	0.1523	0.1941	0.0238	0.2311
吉　林	0.2189	0.4927	0.0742	0.1091	0.0141	0.1275
黑龙江	0.4378	0.4970	0.0586	0.0847	0.0172	0.1603
上　海	0.0000	0.4671	0.0195	0.0297	0.0037	0.0158
江　苏	0.2886	0.8913	0.4141	0.4993	0.0479	0.4914
浙　江	0.4428	0.7685	0.4570	0.5292	0.0540	0.5563
安　徽	0.4030	0.6577	0.1641	0.1827	0.0257	0.2523
福　建	0.2637	0.7586	0.2734	0.3129	0.0332	0.3329
江　西	0.3085	0.8377	0.1445	0.1777	0.0232	0.2255
山　东	0.4826	1.0000	0.3242	0.4196	0.0452	0.4621
河　南	0.6517	0.8030	0.6758	0.8263	0.0802	0.8383
湖　北	0.2090	0.9667	0.3008	0.3903	0.0370	0.3737
湖　南	0.5970	0.7414	0.1758	0.2201	0.0322	0.3215
广　东	0.1542	0.5508	0.2031	0.2414	0.0241	0.2345
广　西	0.2736	0.8015	0.1094	0.1418	0.0193	0.1835
海　南	0.0299	0.7918	0.0000	0.0000	0.0035	0.0133
重　庆	0.1741	0.5868	0.0039	0.0030	0.0062	0.0419
四　川	0.7861	0.9002	0.4648	0.5574	0.0633	0.6561
贵　州	0.3881	0.5276	0.0977	0.1039	0.0188	0.1779
云　南	0.5721	0.9391	0.2422	0.2960	0.0384	0.3883
西　藏	0.0746	0.0769	0.0820	0.0728	0.0085	0.0673
陕　西	1.0000	0.9070	0.4844	0.5981	0.0703	0.7323
甘　肃	0.1990	0.9495	0.2266	0.2918	0.0295	0.2928
青　海	0.1095	0.7936	0.0156	0.0159	0.0066	0.0462
宁　夏	0.0846	0.7290	0.0156	0.0162	0.0058	0.0381
新　疆	0.4478	0.7842	0.1719	0.2510	0.0301	0.2993

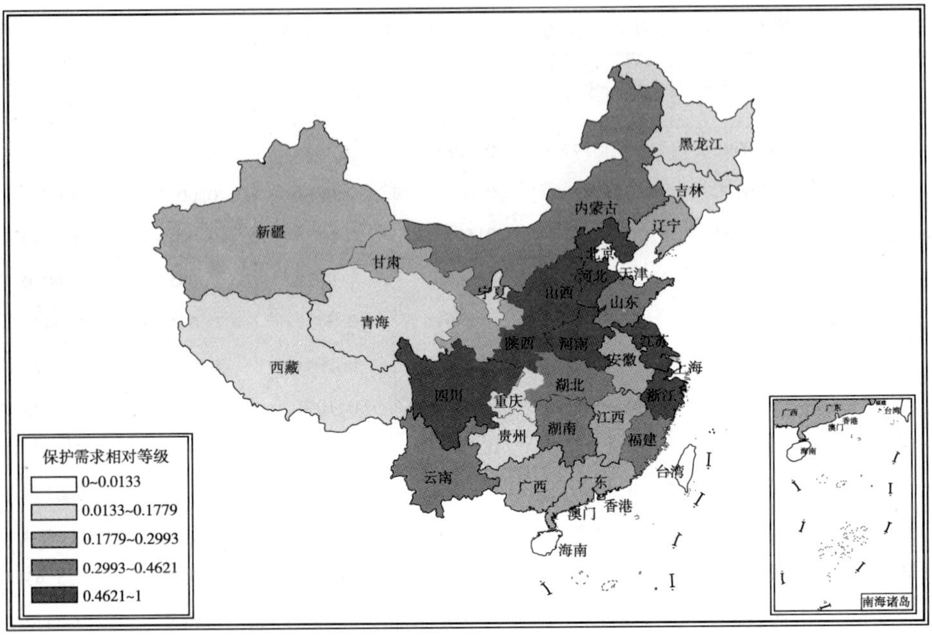

图技 4－9　2010 年不可移动文物的保护需求相对等级图（a 图）

如图技 4－9 所示，从全国各省份不可移动文物保护需求的相对等级情况来看，山西省不可移动文物的保护需求最为迫切，其次是河南、河北、陕西、四川、浙江等地区。上述地区的不可移动文物数量都相对较多，并且种类丰富，保护等级较高，因此，应当是开展不可移动文物保护、加强不可移动文物管理的重点区域。

2.3.3　不可移动文物管理水平相对等级评价

参照表技 4－5 所示的不可移动文物 GAP 分析评价指标，其中反映管理水平的七项指标基本情况如表技4－7所示，考虑到合理性与可行性的要求。2010年

表技 4－7　不可移动文物管理水平的评价指标

编号	指　　标	单位
X_1	平均从业人员数	人
X_2	中高级职称人员比例	%
X_3	平均财政资金投入	千元
X_4	人均产业率	千元/人
X_5	年度收支比	1
X_6	平均陈列展览数	个
X_7	平均参观人次	千人次

蓝皮书的研究经验表明，表技 4－7 所示的评价指标基本符合指标体系设计需满足的目的性①、本质性②、层次有序性③、独立性④、可行性⑤和可比性⑥六项基本原则⑦，指标内容是从不可移动文物管理涉及的内容出发，衡量文物保护管理机构内部各项资源配置以及管理的结果如何，具备科学的理论基础。

就评价指标体系的整体而言，表技 4－7 所示的评价指标从不可移动文物保护管理工作的各方面综合反映了各省文物保护管理机构的行政资源配置效率和管理效果，而且更注重"研以致用"——在指标选取阶段就充分考虑了与文物事业发展规划和工作实际相结合，也使得评价分析结果能够更好地为文物系统的相关工作改进提供参考；并且，所采用的七项评价指标均可以由《全国文物业统计资料》的统计数据直接获得或经计算得到，可以在此基础上进行实证研究和评价。

在完善评价指标之后，需要按照 GAP 分析的技术要求，从《2010 年全国文物业统计资料》中查找基础数据，计算得到表技 4－7 所示七项指标的对应数值，再运用熵权系数法⑧加权汇总得到反映各省不可移动文物管理水平的相对评价

---

① 目的性是指标必须充分地反映目标，子目标和指标要"紧扣"总目标。指标体系只能针对主要问题来设计，否则会造成结构庞杂而失去其科学性和逻辑性，从而影响整个系统的评价效果。

② 本质性是指指标体系应是对总目标本质的反映，主要有两方面要求：一是完整性，凡是与总目标相关度很大的主要方面都应设置指标；二是简明性，不论是纵向的层次还是同一层次中横向的项目都不宜过多。

③ 层次有序性是指指标体系是一种有序结构，一般分为目标层、准则层和指标层三个层次，其中，上一层次的项目要全面覆盖下一层次的项目，下一层次项目要完整体现上一层次的本质内容。

④ 独立性是指评价的指标体系是由一组相互间有着紧密联系的指标结合而成的。但是，体系内的各条指标又必须是相互独立的，就是说在同一层次的各条指标必须不存在任何包含与被包含的关系，相互不重复、不重叠，不存在因果关系等，必须各自从不同的侧面表现目标的价值。纵向的层次有序性和同一指标层各指标间的独立性相结合，使指标体系层次结构具有严密的逻辑性。

⑤ 可行性是指设计指标体系的目的不是仅作理论探讨，而是要付诸实施。因此，所设计的指标体系（尤其是指标层）要注意其指标值可否利用现有的数据或相关指标的数据经过简单的换算得到。

⑥ 可比性是指指标必须反映被评价对象共同的属性，这种属性的一致性，是可比的前提。

⑦ 引自潘杰义、刘西林《设计统计指标体系的原则探讨》，《西北工业大学学报》（社会科学版）2003 年第 2 期。

⑧ 熵权系数法（Entropic Coefficient Method）的原理来自信息论：根据一系列的计算过程，直接根据样本各指标的数值构成关系得到各指标的权重，进而得到各样本的评价值。使用熵权系数法确定各指标权重并获得评价值的过程大致分为构造初始数据矩阵、计算熵值以确定指标权重、由标准化处理后的数据矩阵得到样本的综合评价值三个步骤。由其计算过程可知，熵权系数法既能给出各指标的权重，又能给出样本的优劣排序结果，虽然计算过程相对复杂，但更加客观、科学。

值。在此基础上采用线性转换函数进行归一化处理，就可以得到各省不可移动文物管理水平的相对等级。

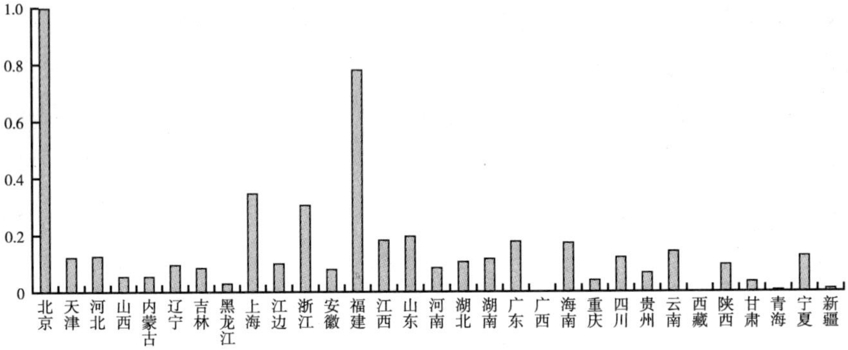

图技 4 - 10　2010 年各省份不可移动文物管理水平的相对等级图

如图技 4 - 10 所示，北京市不可移动文物的管理情况相对最好，其次是福建、上海、浙江、山东等省份。上海市的不可移动文物数量虽然较少，但各项行政资源的平均投入水平相对较高；浙江等省份虽然文物保护管理机构的数量较多，但是在人员结构、资金管理、教育功能、经济功能发挥等方面具有显著的优势，因此综合管理等级较高，而西藏、广西、青海等地的不可移动文物管理情况相对较差。需要特别说明的是，根据《2010 年全国文物业统计资料》，西藏自治区重点文物保护管理机构全年举办陈列展览的数据为空值，这对通过加权汇总得到的计算结果有一定影响。

然后，运用 ArcViewGIS 软件绘制以省为基本单元的不可移动文物管理水平评价等级图，分别记为 b、c、d、e 图，以明确体现出各地区不可移动文物管理情况在全国所处的相对位置，在此基础上更深入地分析各省不可移动文物管理的现状。

b. 文物保护管理机构人员管理的相对等级图

c. 文物保护管理机构资金管理的相对等级图

d. 文物保护管理机构教育科研功能发挥水平的相对等级图

e. 文物保护管理机构管理水平的相对等级图

根据上述研究思路，我们可以依次计算得到各省文物保护管理机构人员管理、资金管理、教育科研功能发挥水平以及管理水平的相对等级，并利用 GIS 软件绘制相对等级图以直观地展示分析结果。

（1）文物保护管理机构人员管理的相对等级

如图技 4－11 所示，从文物保护管理机构的人员队伍建设的情况来看，北京市文物保护管理机构的人员结构情况相对最好，其次是河北、山东、上海、天津、河南等地区。而新疆、贵州、福建等地区文物保护管理机构的从业人员数量相对较少，加之具有中高级职称人员在从业人员总量中所占比例较低，人员的规模和结构无法较好地满足文物保护与管理相关工作的需求。

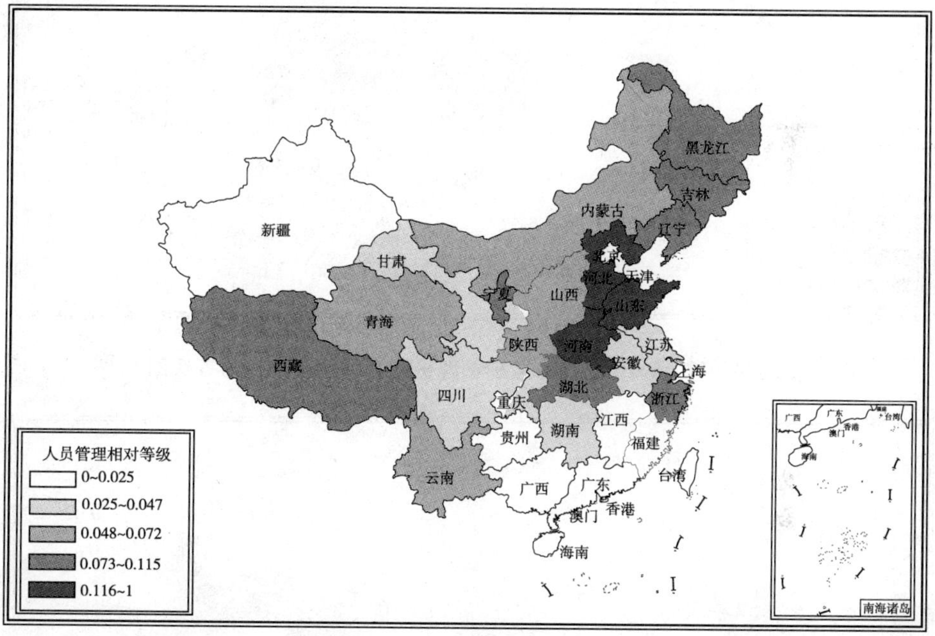

图技 4－11　2010 年文物保护管理机构人员管理的相对等级图

（2）文物保护管理机构资金管理的相对等级

如图技 4－12 所示，在资金管理方面，上海市文物保护管理机构的表现最好，其次是浙江、四川、天津、北京、江苏等地区。上述地区文物保护管理机构获得的平均财政拨款以及资金使用效率等方面的指标均位于全国前列。相比之下，西藏、江西、广西等地资金投入和使用效率方面的情况则需引起不可移动文物主管部门的重视。

（3）文物保护管理机构教育科研功能发挥水平的相对等级

如图技 4－13 所示，在文物保护管理机构举办陈列展览、教育科研功能发挥水平方面，福建省文物保护管理机构 2010 年共举办陈列展览 1040 个，无论是陈

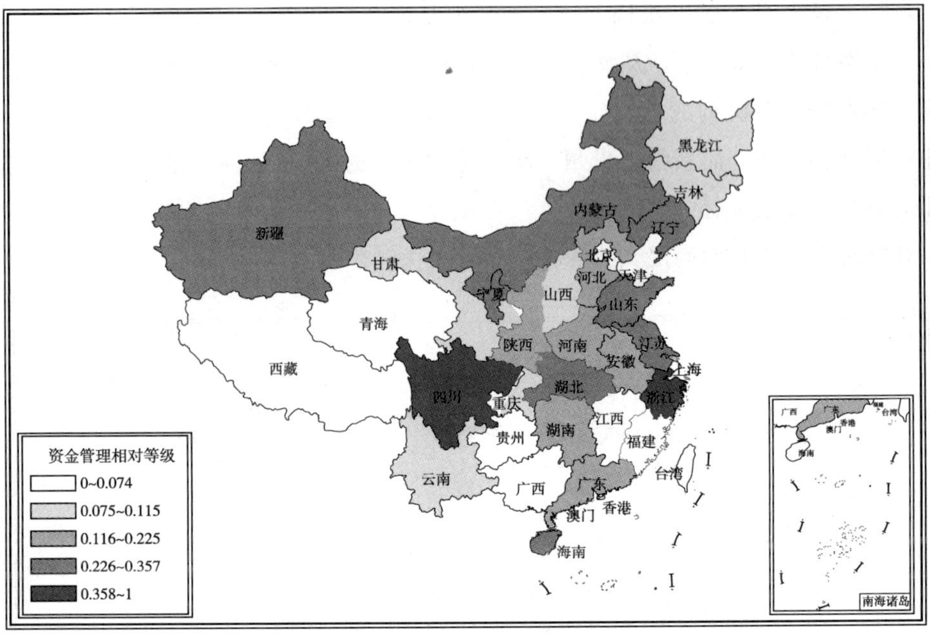

图技 4－12　2010 年文物保护管理机构资金管理的相对等级图

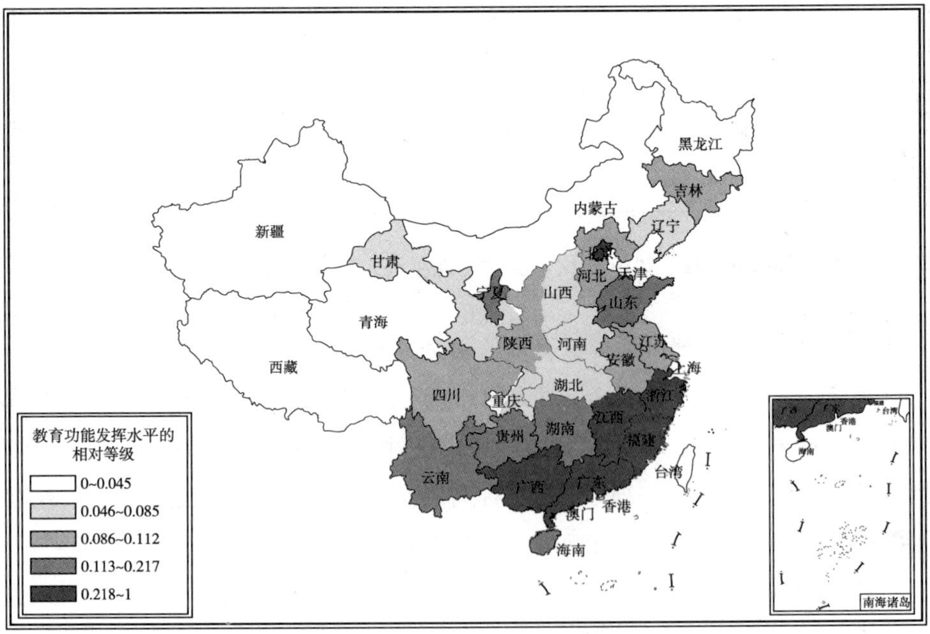

图技 4－13　2010 年文物保护管理机构教育、科研功能发挥水平的相对等级图

列展览的总量还是按文物保护管理机构数量平均后的效率指标均居于全国首位，在不可移动文物教育功能发挥方面表现较为突出，其后依次为北京、江西、浙江、广东、上海等地区。相比之下，西藏、新疆、青海等地区在不可移动文物的陈列展览举办数量相对较少①，陈列展览的质量有待提升，以进一步增强对公众的吸引力，促进文化遗产资源的教育功能得以充分发挥。

（4）文物保护管理机构管理水平的相对等级

综合不可移动文物管理在人才队伍建设、资金管理、教育功能发挥等多方面的情况，可以得到反映各省不可移动文物管理总体水平的评价值。计算结果表明，北京市不可移动文物的管理水平最高，然后依次是福建、上海、浙江、山东等地区；相对而言，西藏、广西、青海等地区在不可移动文物管理方面还存在很大的提升空间，如图技 4－14 所示。

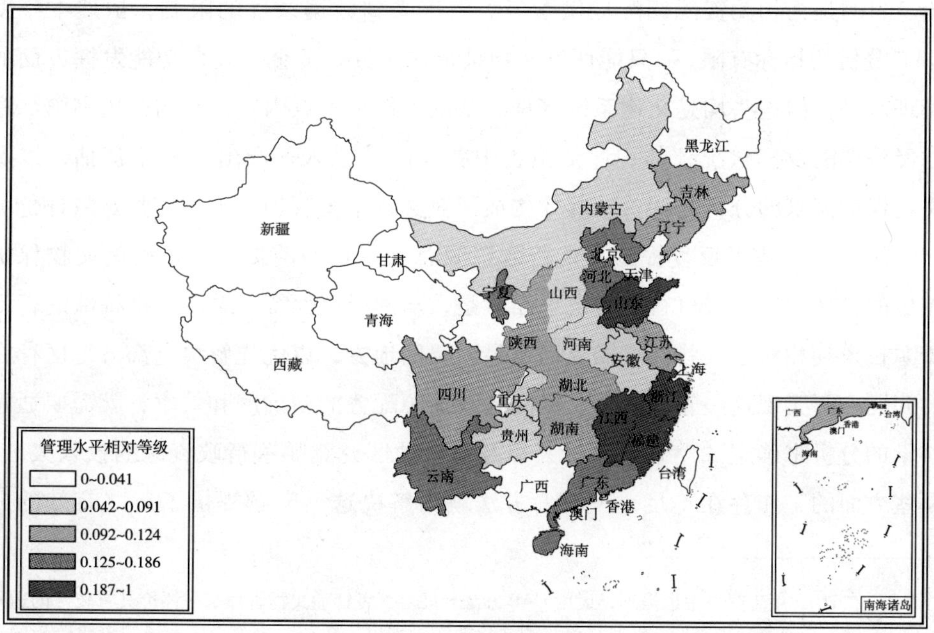

图技 4－14　2010 年文物保护管理机构管理水平的相对等级图

① 《2010 年全国文物业统计资料》中，西藏自治区的重点文物保护管理机构 2010 年举办陈列展览数量为空值，根据资料说明，空值即代表数据为 0，零值对西藏不可移动文物管理水平的总体评价值影响较大。这也说明，西藏等地应着力填补这方面的空缺才可能真正提高管理水平。

2.3.4 不可移动文物管理水平的 GAP 分析

据前三部蓝皮书工作的研究经验，在量化评价的基础上，可以使用自然科学中的地理空间分析方法（GIS，地理信息系统）和生物多样性保护空缺分析方法（GAP 方法）从宏观角度和空间尺度上掌握不可移动文物管理中行政资源的配置情况和管理成效。这些方法具有可量化、直观性和可操作性等特点，是实现文物系统精细化管理的有效分析手段，对提高不可移动文物的管理水平有着重要的现实意义①。与此同时，结合评估报告的内容看出，评估报告主要是从“投入—产出”分析的角度对各省进行事业发展效率的相对评估，旨在为各省寻找在现有管理体制难以改变和行政资源投入总量既定的情况下，提高内部资源配置效率的途径。本章内容则是在现有文化遗产事业发展的基础上，评价相对于文物保护需求而言，行政资源的空间配置效率如何，是从宏观层面对文物系统管理水平的评价，目的是为相关资源调配提供参考。由于受到数据条件的限制，虽然本年度 GAP 分析的指标有限，② 只能评价文物系统在人员、资金、教育功能发挥方面的管理水平，但这些均是文物系统管理的基础工作和重点内容，其与蓝皮书第二章的经济功能发挥状况评估、评估报告中各省的“投入—产出”效率评估，以及文物保护需求的分析与评价一起才构成了对文物系统管理水平的完整定量评价。

2010 年蓝皮书反复提到，在行政资源总量一定的前提下，要提高文物保护单位的管理水平，最可行的解决思路就是，从国家层面统一调度，把稀缺的行政资源投入到相对于文物保护需求而言最需要的地方，以优先解决这部分地区存在的问题。要实现这一管理思路，提高行政资源配置的精确度和效率，就需要通过科学的分析来确定“空缺”地区，以及这些地区究竟哪些行政资源的投入欠缺、哪些方面的工作存在不足——GAP 方法就为解决这一问题提供了行之有效的分

① 在 2010 年蓝皮书中也提到，运用 GAP 方法开展对不可移动文物管理水平评价具有较好的适用性。从研究背景来看，针对目前我国文化遗产管理过于粗放、缺少全面系统的量化分析的现状，将保护空缺分析方法用于研究不可移动文物管理正好可以弥补这一缺陷。从研究的效果来看，保护空缺分析方法能够从宏观上对各区域不可移动文物管理水平和保护需求进行全面的分析，对影响不可移动文物管理水平的资金、人员等行政资源的空间配置进行直观分析，进而在此基础上发现不可移动文物的行政资源配置与保护需求的差距，可以为文物保护管理的协调发展提供合理建议和决策依据。

② 本章的评价对文物系统科研功能的发挥、信息化建设等情况基本没有考察，主要是因为缺少相关的基础数据。

析手段，可以通过分析对31个省份的文物管理工作和人员管理情况进行评价、排序和对比，找出评价值相对较低的地区，特别是保护需求迫切但是管理水平较低的地区；再根据分析结论，由GAP评价指标设计“向下”梳理，逐步确定导致问题产生的关键指标。只有找准问题，才可能及时理清解决问题的思路，有效地提高资源配置和管理的效率，以针对性地改进工作，提高管理水平。根据上述思路，我们可以依次对各省不可移动文物的管理情况进行对比分析与评价，然后将GAP分析的结论用于指导具体的文物管理工作，为解决实际问题提供可行的建议。

如前所述，在计算得到反映不可移动文物管理水平各分项的相对等级值并绘制图层之后，将b、c、d、e图分别与a图进行叠加分析，就可以找出相对于各省不可移动文物的保护需求而言，在人员管理、资金管理、教育功能发挥等方面存在空缺的地区，通过横向比较找出管理工作中的薄弱环节——也就是在全国范围内文物保护管理相对而言存在空缺的地区需要优先解决的问题。

（1）不可移动文物的人员管理空缺

将b图（文物保护管理机构人员管理的相对等级图）与a图（不可移动文物的保护需求相对等级图）进行叠加，就可以找出相对于不可移动文物的保护需求而言，在人员管理方面存在空缺的地区。

对各省不可移动文物保护需求相对等级和人员管理相对等级分别排序，根据排序情况确定保护需求相对等级值排在全国前列而人员管理相对等级值在全国位列后1/2的地区，其中包括陕西、江苏、湖南、四川、福建、新疆，为人员管理存在空缺的地区。

从人员管理方面评价指标的情况来看，福建省文物保护管理机构的平均从业人员数量最少，按机构数平均的从业人员仅2.3人，四川、江苏、新疆、湖南的文物保护管理机构平均从业人员数量也相对较少，相对于不可移动文物的保护需求而言人员总量不足；而新疆、陕西的文物保护管理机构从业人员中具有中高级职称人员的比例相对较低（10%左右），全国排名在后1/4，人员结构不能满足其不可移动文物保护和管理的人才需求。2010年底，国家文物局原局长单霁翔在第四次全国文物保护工程汇报会上发表题为《立足“十二五”实现文物保护工程跨越发展》的讲话时就明确提出：“人才是事业发展的根本。当前我国文化遗产保护事业的迅速发展需要大量既有正确的文化遗产保护理念，又有扎实的专业功底和实践经验的文物保护管理和技术人才，而现有从事文物保护工程的机构

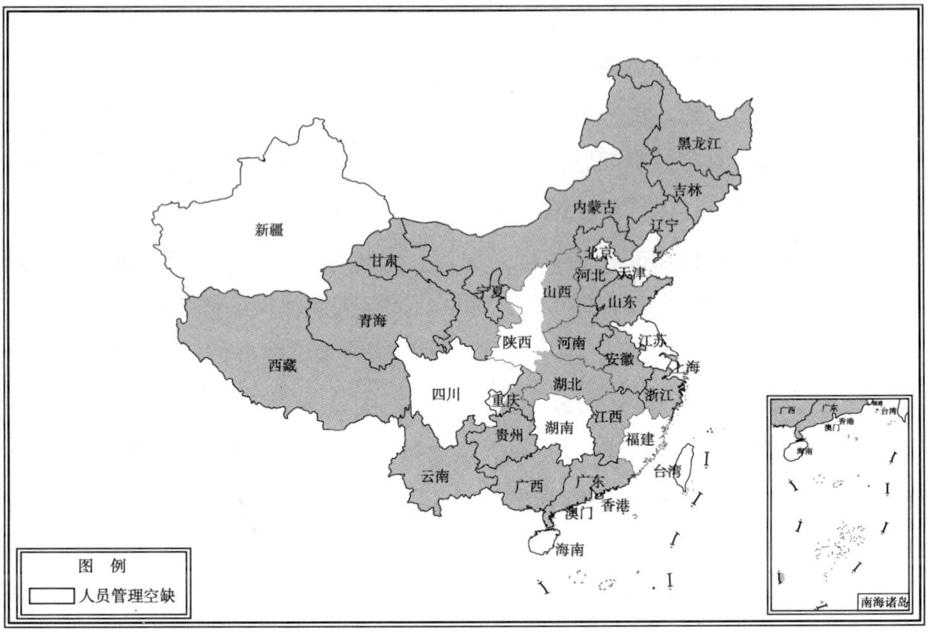

图技 4-15　2010 年文物保护管理机构人员管理空缺

和人员无论从数量上还是从整体素质上都难以满足事业发展的需要”。这种“数量上”和“素质上”与事业发展需要的差距表现最为明显的就是上述存在人员管理空缺的地区，在今后的工作中，应该从本地区的不可移动文物保护与管理的实际出发，做好人才引进、人才培养等工作，优化人员结构，努力实现李长春同志在 2010 年文化遗产日发表的署名文章中提出的“造就一批知识渊博、品质优秀、甘于奉献的专门型人才，一批敢于创新、善于创新的创新型人才，一批熟悉和掌握古代科技知识和传统工艺的专业型人才，一批善于运用现代科技手段保护和利用文化遗产的科技型人才，一批熟悉文化遗产工作、懂经营善管理的复合型人才，一批历史文化知识丰富、具有世界眼光、熟悉外语的外向型人才”的目标，为不可移动文物保护和事业发展提供充足的人才保障和智力支持。

（2）不可移动文物的资金管理空缺

同理，将 c 图（文物保护管理机构资金管理的相对等级图）与 a 图（不可移动文物的保护需求相对等级图）进行叠加，就可以找出相对于不可移动文物的保护需求而言，在资金管理方面存在空缺的地区。

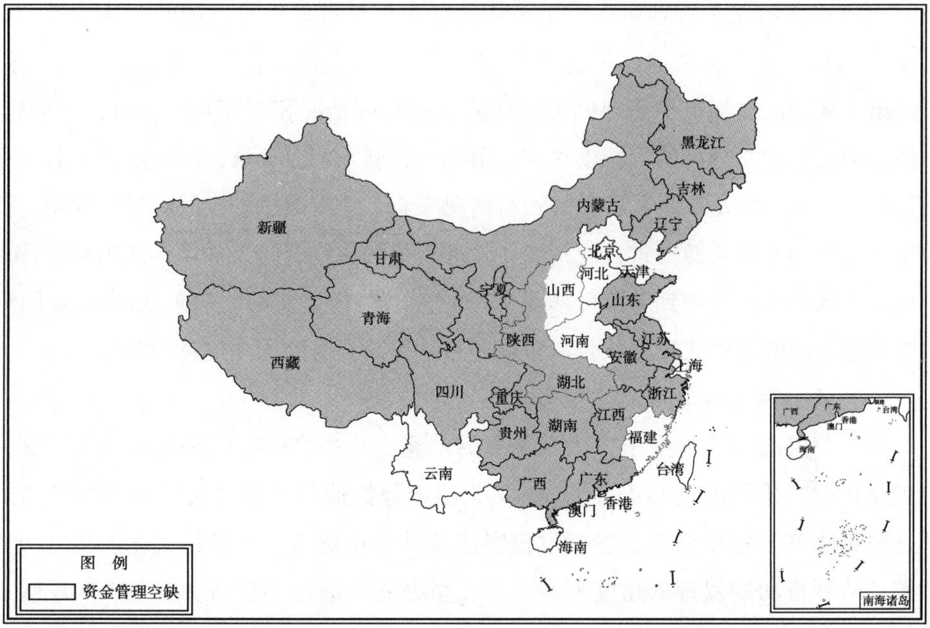

图技4－16　2010年文物保护管理机构资金管理空缺

对各省份不可移动文物保护需求相对等级和资金管理相对等级分别排序，根据排序情况确定保护需求相对等级值排在全国前列而资金管理相对等级值排在全国后50%的地区。其中包括河南、河北、云南、山西、福建，在资金管理方面存在空缺。

根据评价指标体系的设计思路，反映资金管理情况的指标也是综合了总量指标——文物事业经费投入以及效率指标——人均产业率、年度收支比①，从不同角度反映了各省文物保护管理机构的资金投入情况和使用效率。因此，上述地区需要从资金投入和资金利用效率方面寻找原因，有针对性地在工作中逐步改进。从资金投入指标的情况来看，河北、云南两省按重点文物保护管理机构数量平均的年度财政资金投入分别为6.31万元和11.84万元，在各省排名中居于末尾，

① 其中，各省份得到的文物事业经费投入的额度在一定程度上反映了政府对文物事业的重视程度。人均产业率是用各省份文物保护管理机构的年度增加值除以对应的从业人员数量，在一定程度上可以反映文物保护管理机构的经济功能发挥情况。年度收支比是由文物保护管理机构的“年度总收入”除以对应的“年度总支出”得到的，作为评价各省份文物保护管理机构资金收支的总体情况的指标。

同时福建省文物保护管理机构数量平均的财政资金投入水平也较低。从效率指标的情况来看，河南省文物保护管理机构的“人均产业率”在全国处于较低水平，反映出上述地区文物保护管理机构的经济功能发挥情况相对不足；同时，河南省、山西省文物保护管理机构的年度收支比值的全国排名在后1/4，虽然达到了收支平衡且略有盈余，但是从全国各省的相对情况来看，还有改进的空间。尽管河南、山西是不可移动文物资源大省，但其相关管理单位的文物经营工作做得还不够，落后于全国平均水平。考虑到对不可移动文物的合法经营是文物面向公众的重要手段，两个省这方面的工作无论是从公益角度还是从提高自身实力角度都应加强。

（3）不可移动文物教育功能发挥方面的空缺

保护、发展文化遗产事业的根本目的是将文化遗产保护成果惠及全民，这是实现文化遗产价值的现实需要。“将文化遗产保护成果惠及全民”最直接的方式就是通过陈列展览使公众在参观过程中体验其文化魅力，了解其文化内涵、历史渊源。从教育功能发挥的角度来看，年度举办陈列展览的数量和参观人次反映了社会公众对文物保护管理机构保护管理的认同度，是从管理的结果来反映管理水平。将d图（文物保护管理机构教育科研功能发挥水平的相对等级图）与a图（不可移动文物的保护需求相对等级图）进行叠加，就可以找出相对于不可移动文物的保护需求而言，在教育功能发挥方面存在空缺的地区。

对各省不可移动文物保护需求相对等级和教育科研功能发挥水平相对等级分别排序，根据排序情况确定保护需求相对等级值排在全国前列而教育科研功能发挥水平相对等级值排在全国后1/2的地区。其中，包括新疆、内蒙古、河南、山西、湖北、四川、江苏，为教育功能发挥方面存在空缺的地区。2010年统计资料显示，河南、四川、江苏的重点文物保护管理机构举办陈列展览的数量较少（不足30个）；而四川、山西的文物保护管理机构在2010年按机构数量平均的举办陈列展览数量在全国范围内也处于较低水平（排名在后1/3）。同时，内蒙古、山西按文物保护管理机构数量平均后的参观人次均不足6000人次，四川、江苏、河南的重点文物保护管理机构平均参观人次在全国的排名也位于后1/3。上述地区没有充分发挥自身不可移动文物资源的优势以实现发挥文化遗产的公众教育功能的目的，在今后的工作中需要积极改进举办陈列展览的形式、创新展示方法，以增强互动性和趣味性，增加对公众的吸引力。

根据不可移动文物管理的具体工作情况分析确定管理中的薄弱环节之后，

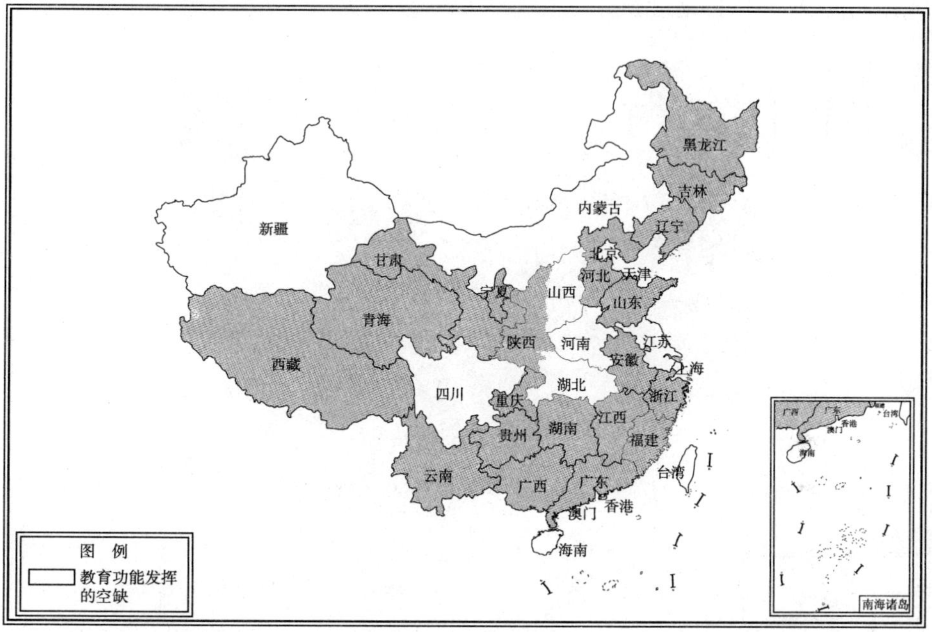

图技 4－17　2010 年文物保护管理机构教育功能发挥的空缺

将 e 图（文物保护管理机构管理水平的相对等级图）与 a 图（不可移动文物的保护需求相对等级图）进行叠加，就可以找出相对于不可移动文物的保护需求而言，不可移动文物管理存在空缺的地区，即为目前管理工作亟待改善的地区。考察空缺区域与前面几项的重合情况，分析其原因，就能找出改进工作的相应对策。

对各省不可移动文物的保护需求相对等级和管理水平相对等级分别排序，根据排序情况确定保护需求相对等级值排在全国前列而管理水平相对等级值排在全国后 1/2 的地区。其中，陕西、河南、内蒙古、山西、新疆存在管理空缺。①

结合前两年蓝皮书 GAP 分析的结论，可以总结出基于 GAP 分析结果，通过与相关行政资源投入指标对比找出的文物管理空缺地区的情况，如表主 4－4 所示（相对文字表述在主题报告第四章 2. 2. 4 节中）。

① 2009 年蓝皮书的 GAP 分析结果为：辽宁、湖北、广东和福建的不可移动文物重要性值较大而管理有效性相对不足。2010 年蓝皮书分析结论为：云南、陕西、湖南、山西、内蒙古、新疆、福建是不可移动文物管理存在空缺的地区。

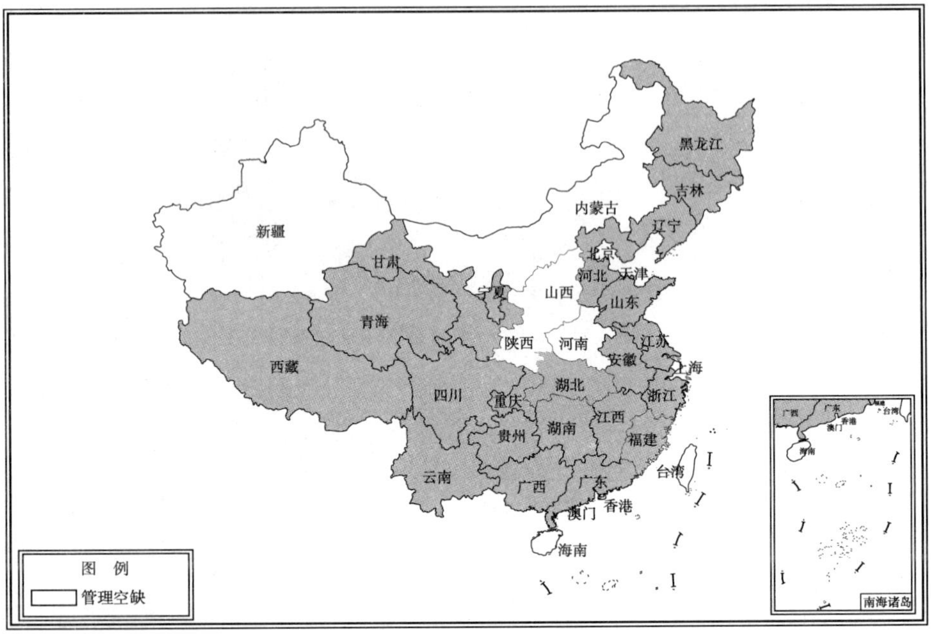

图技 4-18 2010 年文物保护管理机构管理空缺图

2.4 从管理水平角度看大遗址的建设和管理

大遗址是指年代跨度长、占地面积广、价值重大，在文明发展历程中具有特殊或重大意义，而且具有资源优势转换内在潜力的大型遗址或遗址群，主要包括大型聚落遗址、古城址、陵墓群等。大遗址保护涉及考古、保护、展示、科研、环境整治、土地利用、产业调整、人口调控、资金投入等多项内容，是综合性社会系统工程。2005 年，国家正式设立大遗址保护专项资金，投入 20 亿元启动大遗址保护工程，初步建立了大遗址保护管理体系，组织实施了一批具有示范意义的大遗址保护展示工程，初步构建了中国大遗址保护的格局①。

① 2011 年 2 月，李长春同志在《文化部、财政部关于加强大遗址保护工作的报告》上作出重要批示：大遗址作为中华文明和传统文化的载体，是极其宝贵的不可再生的资源，对于传承文明、继承和弘扬中华传统文化、维护中华民族多元一体和国家文化安全有着独特的、至关重要的作用。当前在加快工业化、城市化和新农村建设进程中，加强大遗址保护刻不容缓。

大遗址作为区域内特殊的文化资源，有着不可替代的独特性和唯一性，近年来，随着民众在精神文化生活上的需求和对身边大遗址命运的关注度不断提高，大遗址保护项目正逐渐成为地方区域经济实力的一个新增长点。面对大遗址保护工作的新形势，国家文物局提出建设“考古遗址公园”的保护理念，以更开阔的视野，从区域发展的角度统筹解决大遗址保护与利用、保护与发展的问题。考古遗址公园是基于考古遗址本体及其环境的保护与展示，融合了教育、科研、游览、休闲等多项功能的城市公共文化空间。国家考古遗址公园集中展现了我国大遗址保护、展示和利用的不同案例，也生动呈现了考古遗址公园理念形成、发展、逐渐成熟的过程。从圆明园、周口店、秦始皇陵的起步，到集安高句丽、殷墟的试点；从金沙、三星堆、汉阳陵的探索，到大明宫、隋唐洛阳城的全面启动，再到良渚、鸿山的规划实施，通过建立考古遗址公园整体保护大型考古遗址的方式逐渐得到人们的关注和认可。国家考古遗址公园不仅立足于文化资源保护和国民教育，更承担着构建经济社会发展与遗产保护和谐关系的重任。①

2.4.1　大遗址保护项目建设和管理的情况

国家文物局指导编制完成了50处古遗址保护规划和36处国家重点大遗址保护规划纲要，初步建立了大遗址保护规划体系。宁夏西夏陵、陕西秦始皇陵、大明宫、汉阳陵、四川三星堆、黑龙江渤海上京龙泉府宫城遗址、辽宁绥中姜女石秦汉宫殿遗址、集安高句丽遗迹等的保护设施建设项目已初具规模，为大规模抢救保护和利用大遗址提供了范本②。“十一五”期间，我国将100处重要的大遗址列入保护总体规划，为此还设立了大遗址保护专项经费，有力推进了大遗址保护专项法规、保护工程、保护设施和保护展示园区的建设进程。

《文物“十一五”规划》对大遗址保护工作专门做了规划和部署，提出“十一五”期间要做好七个方面的工作：一是建立完善大遗址“四有”工作，建立大遗址综合信息库，为科学保存、保护、展示和管理奠定基础；二是以大遗址保

① 资料来源：2010年11月国家文物局原局长单霁翔在大遗址保护工作会议暨首批国家考古遗址公园授牌仪式上的讲话《解放思想，开拓创新，携手共创大遗址保护的美好明天》。本书主题报告第二章第5节已有较详细分析。

② 资料来源：《文物“十一五”规划》。

护规划为工作重点，制定整体保护策略。继续编制100处重要大遗址总体保护规划纲要，编制完成40～60处大遗址保护总体规划。每年稳步实施8～10项重大保护工程；三是建立大遗址保护规划和工程设计的规范体系，建立大遗址保护监测和评估体系；四是探讨由大遗址群组成的若干历史文化保护片区综合保护模式，制定规划纲要，策划国家大型文化遗产的整体保护；五是继续开展大遗址保护展示项目。引入相关技术，丰富展示手段。建成和完善10～15个具有较高质量和标准的大遗址保护和展示示范园区；六是开展多学科合作，借鉴国外先进经验和理念，加强大遗址保护理论和技术研究，提高大遗址保护科学水平；七是建立健全大遗址管理机构，成立高层次管理委员会，全面负责遗址所在地经济社会发展与大遗址保护的协调工作，提高大遗址管理水平。

2011年发布的《文物“十二五”规划》提出，在“十二五”期间要基本形成以西安、洛阳、荆州、成都、曲阜五个大遗址片区，长城、大运河、丝绸之路、茶马古道四条文化线路，环国境线分布的重要大遗址为重点，150处大遗址为支撑的大遗址保护格局。加强大遗址考古，编制大遗址保护规划。实施一批大遗址保护展示工程，提高大遗址研究、保护、展示、管理和利用水平。推进国家考古遗址公园和遗址博物馆建设。健全大遗址保护管理机构，建立一批大遗址保护管理机构。推动中央地方共建国家级大遗址保护示范园区建设。探索建立以大遗址为核心的文化遗产保护片区。建设大遗址文物信息数据库、大遗址技术保护科技研究中心和大遗址保护监测预警平台。完善大遗址保护管理制度，制定大遗址保护技术规范，评估大遗址保护绩效，提高大遗址保护项目、专项资金的监管水平和使用效益。

“十一五”期间，大遗址保护规划编制、大遗址保护展示工程等重点工作稳步推进，长城、大运河、丝绸之路（中国段）和西安大遗址片区、洛阳大遗址片区等大遗址保护取得成效，长城资源调查取得突破，① 最具突破性的工作在于大遗址保护模式的创新——通过建设国家考古遗址公园来保护大遗址，并颁布了《国家考古遗址公园管理办法（试行）》，对国家考古遗址公园的评定、管理等作出了具体的规定，对国家考古遗址公园的规范管理提出了要求。如何以这种新的

① 2009年4月国家文物局向社会公布：明长城调查数据为8851.8公里，基本摸清明长城资源家底。

形式使管理水平得到提高，更好地建设和管理大遗址，这是“十二五”期间大遗址保护的重要任务，也是蓝皮书关注的重点。

2.4.2　国家考古遗址公园基本情况

考古遗址公园是中国大遗址保护实践与国际文化遗产保护理念相结合的产物，促使文化遗产保护工作者以更加开放的思维、更加灵活的方式和更加积极的态度来应对大遗址保护所面临的各种问题，体现了新形势下文化遗产保护工作者的大局意识和创新精神。为了进一步指导各地依法开展考古遗址公园建设工作，国家文物局印发了《国家考古遗址公园管理办法（试行）》，并于2010年组织开展了国家考古遗址公园评定工作，共有19个省74个项目申请参加了此次评定。经过初审、现场考察评分、专家投票评定，共有12个项目入选国家考古遗址公园名单、23个项目入选国家考古遗址公园立项名单。

首批12个国家考古遗址公园以18个全国重点文物保护单位为基础，分别属于7个省份。从区位上看，其中3个位于城市市区（圆明园国家考古遗址公园、金沙国家考古遗址公园、大明宫国家考古遗址公园）；2个位于城乡结合部（良渚国家考古遗址公园、隋唐洛阳城国家考古遗址公园）；6个位于乡村郊野（周口店国家考古遗址公园、鸿山国家考古遗址公园、殷墟国家考古遗址公园、三星堆国家考古遗址公园、阳陵国家考古遗址公园、秦始皇陵国家考古遗址公园）；1个是城市和村庄位于遗址区当中（集安高句丽国家考古遗址公园）。

12个国家考古遗址公园涉及的18个全国重点文物保护单位，保护范围占地总面积15929.45公顷，保护用地总面积2675.4公顷。12个国家考古遗址公园规划建设总面积25159.57公顷，已经建成总面积6427公顷，投资概算总额达464.8亿元，已经投入资金224.8亿元。目前，12个国家考古遗址公园仍然存在占地面积2079.1公顷的城市建筑物，城镇人口429900多人，占地面积6356.68公顷的乡村建筑物，乡村人口204700多人，占地7438.45公顷的农田、林地、农业设施等。12个国家考古遗址公园主要以遗址博物馆或者参观景点方式展示，年接待参观者达1050余万人次。除河南省隋唐洛阳城国家考古遗址公园外，其余11个国家考古遗址公园均建立了专门的管理机构，编制人数2376人，年度管理运行经费需求达88200余万元，其中政府财政补助23300余万元，其余部分多为自筹，而12个国家考古遗址公园年度总收入只有20260余万元。目前，12个国家考古遗址公园，分别纳入了地方政府经济社会发展规划、土地利用总体规划或者城乡规划，编制了大遗址保护规划或国家考古遗址公园规划。①

首次评出的12家国家考古遗址公园集中展现了我国大遗址保护、展示和利用的不同案例，也生动呈现了考古遗址公园理念形成、发展、逐渐成熟的过程。在国家文物局和河南省政府主办的“大遗址保护洛阳高峰论坛”举行期间形成的《大遗址保护洛阳宣言》指出，当前在城市核心区和城乡结合部建设考古遗址公园，有助于协调文化遗产保护和城乡经济社会发展的关系②，有助于发展文化旅游和相关产业，有助于提升城市文化品位。《国家文物博物馆事业发展“十二五”规划》也将国家考古遗址公园建设工程作为22项重大工程之一，作出了重要部署，提出了具体的工作要求。③ 从圆明园、周口店、秦始皇陵的起步，到集安高句丽、殷墟的试点；从金沙、三星堆、汉阳陵的探索，到大明宫、隋唐洛阳城的全面启动，再到良渚、鸿山的规划实施，通过建立考古遗址公园整体保护大型考古遗址的方式逐渐得到公众的关注和认可。

2.4.3 如何系统提高国家考古遗址公园的管理水平

考古遗址公园是基于考古遗址本体及其环境的保护与展示，融合了教育、科研、游览、休闲等多项功能的城市公共文化空间。建设考古遗址公园是从区域发展的角度统筹解决大遗址保护与利用、保护与发展的最具实践意义的有效方式之一。近年来，各地区国家考古遗址公园建设取得了良好效果，引起社会广泛关注，发挥了较强的示范带动作用，基本实现了“文物本体保护好、城乡环境整治好、经济社会发展好、群众生活改善好”的原则目标。12个国家考古遗址公

---

① 资料来源：《国家考古遗址公园建设和发展问题与对策的调研报告》。

② 国家文物局原局长单霁翔在2009年大遗址保护良渚论坛上发表的题为《让大遗址如公园般美丽》的讲话中提到了“借助遗址公园建设，与城市发展形成良好的互动关系”的成功示范：无锡鸿山遗址公园通过资源整合和合理规划，不仅为遗址保护和展示提供了充裕的空间和完善的设施，同时改善了当地村民的居住条件，帮助他们在合理参与公园的各类经营活动。以遗址为依托建成的农业生态园区现已成为无锡市民于闹中取静、放松身心的绝佳去处。

③ 《文物“十二五”规划》指出：创新国家考古遗址公园建设的理念、方法和机制，探索一条文物保护与区域经济社会协调发展互赢的新路。建成一批具有典型示范意义的国家考古遗址公园。加强国家考古遗址公园理论研究，完善国家考古遗址公园管理制度和技术标准。推进大遗址的本体保护工程、周边环境整治工程、安全防护和展示服务设施建设、大遗址保护管理机构建设。加强国家考古遗址公园的综合利用工作。

园与城乡建筑、基础设施、农田林地交织在一起，其建设和发展相关的用地调整、资金筹措、搬迁安置、考古研究、设施建设以及日常管理运行等方面的任务仍然艰巨。在新时期，如何推动国家考古遗址公园全面协调可持续发展，是必须予以关注的重点。

首先，在法制建设方面，虽然国家文物局出台《国家考古遗址公园管理办法（试行）》对规范和引导国家考古遗址公园建设起到了一定积极作用，但是，从国家法律法规层面，国家考古遗址公园的法律地位尚未确立，也未形成有效的法律制度体系。国家考古遗址公园如何建设，如何与城乡建设、经济发展、环境整治、民生改善相协调，如何实现有效管理和持续发展，亟须在国家立法层面予以规范——通过制定专项行政法规，或者将大遗址保护和国家考古遗址公园建设纳入文物保护法，把各地行之有效的建设与管理模式确立下来，从根本上为国家考古遗址公园的建设和发展提供法制保障。

其次，在土地政策方面，目前12个国家考古遗址公园与城乡建筑、基础设施、农田林地交织在一起，涉及多种土地性质和用途，牵扯几百家企事业单位、几十个乡镇村庄以及数十万人口的生产生活，情况十分复杂。在国家考古遗址公园建设进程中，不可避免地会造成与城乡建设争地的矛盾，因此，制定专门的土地配套政策以满足国家考古遗址公园建设和发展需求，已经成为国家考古遗址公园建设和发展的迫切需要。

再次，由于建立国家考古遗址公园是近两年大遗址保护的一项创新型工作，相关的标准规范尚不完备。作为特定的公共文化空间，国家考古遗址公园涉及的内容远远超出文物保护范畴。然而，国家考古遗址公园建设所依据的遗址保护规划或遗址公园规划，目前主要是按照文物保护方面规定的程序、标准编制和实施，大多体现的是文物保护的要求，尚未形成统筹考虑地区经济、社会文化整体协调发展的规划标准体系。因此，要提高国家考古遗址公园的管理水平，需要尽快建立健全国家考古遗址公园管理标准体系，明确管理机构规模、人员编制数量、岗位设置比例、人才队伍结构、基本运行保障、管理运行评估的规范和标准。

最后，国家考古遗址公园建设涉及考古研究、遗址保护、环境整治、设施建设、土地征收、补偿安置、管理维护等工作，资金需求巨大。初步统计，12个国家考古遗址公园建设投资概算约464.8亿元，而“十一五”期间中央财政投入100处大遗址的保护专项资金仅20亿元，地方政府已经投入的资金也只有近110亿元。虽然各地通过土地出让、产业调整与开发，吸引了110多亿元社会投资，但是，近两年这些做法一定程度上受到土地、房地产政策制约，社会力量投资国家考古遗址公园建设的政策保障明显滞后，影响着地方政府资金筹集能力。除河南省隋唐洛阳城国家考古遗址公园外，其余11个国家考古遗址公园均建立了专门的管理机构，编制人数2376人，年度管理运行经费需求达88200余万元，其中政府财政补助23300余万元，其余部分多为自筹，而12个国家考古遗址公园年度总收入只有20260余万元。① 因此，资金不足仍是制约国家考古遗址公园建设发展的瓶颈。为加快国家考古遗址建设，建议继续加大中央财政投入力度，扩大财政资金的使用范畴，引导地方政府落实建设和管理的配套资金，同时通过创新体制机制，提高国家考古遗址公园经营活力，增强发展后劲，并鼓励企业、个人和社会组织积极投资或提供捐助，构建多元化的资金投入机制，形成全社会共同支持国家考古遗址公园建设和发展的良好局面。

综上所述，作为我国文化遗产工作中的一项新生事物，国家考古遗址的公园建设和管理不可避免地面临各方面的问题，要妥善解决这些问题，需从法制、标准体系建设、土地配套政策、资金投入机制等多方面着手，促进实现国家考古遗址公园的有效管理和可持续发展。

3 展望“十二五”——GAP分析与文化遗产事业发展规划的衔接

在总结“十一五”期间文化遗产事业发展的各方面工作进展的基础上，课题组本着更贴近文化遗产保护与管理工作实际的原则，进一步优化评价指标，基于2010年文物系统最新的统计数据，采用GAP方法着重针对各省份重点文物保护管理机构的管理水平进行定量分析与评价。由此得到省域层面更为细致的研究结果，找出了不可移动文物保护管理工作中的薄弱环节，将其与《文物“十二五”规划》相衔接，对于提高文物保护管理机构的管理效率而言具有重要的参考意义。

---

① 资料来源：国家文物局政策法规司2011年完成的《国家考古遗址公园建设和发展问题与对策的调研报告》。

3.1　相关“十二五”规划的重点

文化遗产事业发展的基础能力建设情况①，包括人才队伍建设、财政资金投入等方面，直接决定了与文物保护管理机构管理水平密切相关的行政资源空间配置效率，与本章研究内容联系最为紧密。《文物“十二五”规划》提出了“基础优先、能力先行、科技支撑、示范引领”的发展战略，其中明确提出要“充分发挥人才第一资源作用，壮大优化文物博物馆人才队伍；健全文物保护管理机构，加大公共财政投入，完善文物保护基础设施和基本装备”。这与蓝皮书进行文化遗产事业管理水平评价时选取评价指标的思路是完全一致的。

3.2　目前事业发展水平和既定目标的差距总结

2010年是“十一五”的收尾之年，从落实“实现文化遗产精细化管理”的要求而言，有必要按照《文物“十一五”发展规划》的主要发展目标，对相关工作计划的完成情况进行总结②。下面，本节着重就《文物“十一五”规划》的“主要目标”中与文物保护、与文物事业管理水平密切相关的工作完成情况进行梳理和总结。

表技4-8　对照“十一五”规划主要发展目标的相关工作完成情况

序号	“十一五”规划主要目标	完成情况(截至2010年底)
1	文物法规体系更加完善,基础理论研究不断深入,保护文物理念深入人心	国家层面颁布一系列部门规章和规范性文件,各地文物行政主管部门也结合工作实际制定下发了一系列规章制度,文物法规体系进一步完善;文物保护的社会影响越来越大,保护文物理念更加深入人心,涌现出一批群众保护的案例

① 2010年蓝皮书在GAP分析时提到，计算机配备和网站建设是新时期文物管理工作中重要的信息宣传手段，能够反映各省份不可移动文物管理的信息化建设成果。由于《全国文物业统计资料》（2010）未提供各省份重点文物保护管理机构信息化建设方面的数据，因此对不可移动文物的管理情况进行GAP分析时并未将其纳入评价指标。

② 对照《国家文物局2010年重点工作计划》，其中与文化遗产管理相关的工作完成情况的总结放入技术报告第四章。

续表

序号	"十一五"规划主要目标	完成情况(截至2010年底)
2	摸清家底,基本完成各级文物保护单位"四有"工作和馆藏文物建档备案工作	基本摸清了我国馆藏珍贵文物和不可移动文物的家底,但"四有"尚未完成,仍存在空白
3	全国重点文物保护单位得到有效保护、总量大幅增长	根据第三次全国文物普查和全国第七批重点文物保护单位申报情况,量的指标完成较好,但质的方面与"得到有效保护"这个目标差距仍然很大
4	建立有效的世界文化遗产保护管理机制,建立大遗址保护和利用良性互动模式	局部建立(例如大明宫国家遗址公园),但有效的世界文化遗产保护管理机制基本没有突破
5	文物安全防范能力明显提高	在安全防范手段上得到了加强,但文物盗窃、盗掘案件和文物火灾事故等频发,文物安全问题仍不容忽视
6	文物流通领域和民间文物收藏不断规范	发布施行《文物拍卖企业资质年审管理办法》、《文物进出境责任鉴定员管理办法》、《文物入境展览管理暂行规定》等
7	文博人才总量稳步增长,从业人员素质整体提升	文博人才总量超过万人,但从业人员的整体素质相对于目前更全面、繁重的任务仍显不足,中高级职称人员比例较低
8	初步建立比较完备的文物保护制度,文物保护状况得到明显改善	尚存在差距,文物安全方面的问题仍然存在

3.2.1 文物法规体系建设及文物保护理念

首先,根据《文物"十一五"规划》的目标要求,完善文物法规体系、普及文物保护理念是文物事业持续发展的基本保障。运用文物法规保护管理文物,是文物管理的重要内容①。截至2010年底,文物管理和文物流通领域出台了一系列规章制度,进一步完善了文物法规体系,使相关工作的开展实现了有法可依。"十一五"期间,国家文物局陆续颁布了《全国博物馆评估办法(试行)》(文物博发[2008]6号)、《田野考古工作规程》(文物保发[2009]6号)、《国家考古遗址公园管理办法(试行)》(文物保发[2009]44号)、《文物入境展览管理暂行规定》(文物博发[2010]23号)、《世界文化遗产申报项目审核

① 文物管理中的法规管理主要包括国家制定的法律、地方政府制定的地方性文物法规、各级人民政府和国家文物行政管理部门制定的保护管理文物的规范性文件,以及文物行政管理部门制定的重要规章、制度等。

管理规定》（文物保发〔2010〕27号）、《关于促进民办博物馆发展的意见》（文物博发〔2010〕11号）等一系列部门规章和规范性文件，各地文物行政主管部门也结合工作实际制定并下发了相关的实施办法、规章条例①。在文物保护工程领域，相关的法制体系也已经基本建立——《文物保护工程管理办法》、《文物保护工程勘察设计资质管理办法》、《文物保护工程施工资质管理办法》、《文物保护工程监理资质管理办法（试行）》等相继颁布实施，对文物保护工程的规范管理做出了较为全面、具体的规定，并且各类标准、规范的编制工作还在进一步深化，进一步完善了文物法规体系。

同时，随着博物馆纪念馆免费开放、"文化遗产日"等系列活动的开展，文化遗产保护宣传教育力度的不断加大，保护文物理念更加深入人心，使得民众自觉参与文化遗产保护的意识逐渐增强，涌现出一批群众保护文物的案例②。近年来，文物安全与执法逐渐成为新闻舆论关注的焦点和热点，屡屡引起公众的热烈讨论，新闻媒体的报道不仅对文物违法犯罪行为的纠正和查处起到了舆论监督作用，而且也在一定程度上促进了公众对于文化遗产资源的关注和文化遗产保护意识的提升。

3.2.2　摸清各级文物保护单位家底

本着"保护为主、抢救第一、合理利用、加强管理"的物质文化遗产保护方针，为了实现妥善保护和有效管理，其前提是要摸清家底、掌握现状——文物系统先后开展的"文物调查及数据库管理系统建设"项目和第三次全国文物普查为实现这一目标较好地完成了基础工作。为了摸清全国馆藏文物家底，了解和

---

① 例如，2010年5月经河南省第十一届人民代表大会常务委员会第十五次会议通过，河南省第十一届人民代表大会常务委员会公告第30号公布《河南省实施〈中华人民共和国文物保护法〉办法》，自2010年10月1日起施行。此次修订形成的《办法》分总则、不可移动文物、考古发掘、馆藏文物和民间收藏文物、文物利用、监督管理、法律责任、附则共八章内容；在福建，为保护被盗严重的水下文物，《福建省文物保护管理条例》修订时专门增加了"水下文物"一章，以法律法规来明确各级政府、各有关部门保护水下文物的责任。

② 陕西宝鸡12位农民自觉上交其生产活动中发现的数百件青铜器，贵州黎平农民自发抢救、打捞地坪风雨桥建筑构件，江苏苏州200名市民组成古城保护志愿者队伍，众多群众在第三次文物普查中提供线索、担任向导，都表明保护文化遗产已逐渐成为根植于人民群众内心的自觉行动。2011年6月9日，在第六个中国文化遗产日即将到来之际，在陕西省宝鸡市眉县杨家村召开"十一五"期间群众保护文物先进个人表彰大会暨杨家村群众保护文物碑揭碑仪式，对"十一五"期间全省15名群众保护文物先进个人进行表彰，为杨家村群众保护文物的事迹树"宝鸡眉县杨家村群众保护文物碑"。

掌握馆藏文物的基本状况，2001年由财政部和国家文物局联合启动了“文物调查及数据库管理系统建设”项目。项目自2001年在山西省启动，经历了试点、试点推广、全面推广三个阶段，历时10年，覆盖了全国31个省份。到2011年3月，各项任务顺利完成——基本摸清了文博系统馆藏珍贵文物家底，初步形成文博信息标准规范和应用软件体系，组建了文博信息化专业机构，文物藏品数据资源利用能力和效用不断提升。该项目的顺利实施，直接带动了各项基础工作，提升了馆藏文物的科学研究和利用水平。

第三次全国文物普查是我国文化遗产保护领域的一项国家工程，涉及面广，专业性强，持续时间长。根据此次文物普查的工作目标，① 普查的范围是我国境内（不包括港澳台地区）地上、地下、水下的不可移动文物，其中包括古遗址、古墓葬、古建筑、石窟寺及石刻、近现代重要史迹及代表性建筑和其他等六大类文物。截至2010年底，全国2800多个县域基本单元全部完成实地文物调查工作，调查登记不可移动文物近77万处。② 沿海文物调查进展过程中已经发现200余处水下文物点以及70处沉船遗址。

随着这两项工作的稳步推进，基本摸清了我国馆藏珍贵文物和不可移动文物的家底，但是相对于“四有”③ 的要求而言，从全国文物系统来看尚未全部完成，这方面的工作需要继续加强。

3.2.3 重点文物保护单位的有效保护

根据第三次全国文物普查结果，全国共调查不可移动文物近77万处。其中，

---

① 第三次全国文物普查的目标是通过文物普查，全面掌握我国现存不可移动文物的数量和分布情况，文物的本体特征、基本数据及其保存情况，文物周边自然的和人文的环境情况；总体评价我国不可移动文物现有的生存状态及其发展趋势，为构建科学有效的文化遗产保护体系提供依据；建立和完善全国不可移动文物档案和信息管理系统，建立我国不可移动文物名录，为文物的标准化和动态管理创造基础条件；提高文博系统工作人员的科学知识、专业技能和管理水平，为进一步建立具有现代化科学素养的专业队伍创造条件；协调文物管理部门和政府各相关部门的关系，提升我国文物保护的科技水平，使历史文化遗产的保护在国民经济和社会发展的总体格局中发挥更大的作用。

② 这些普查成果中包括完成了明长城资源调查田野工作，初步建成长城资源信息系统；完成了京杭大运河文化遗产资源调查工作，登记大运河文化遗产点段1000余处。

③ 根据《文物保护法》第九条规定：“各级文物保护单位，分别由省、自治区、直辖市人民政府和县、自治县、市人民政府划定必要的保护范围，作出标志说明，建立记录档案，并区别情况分别设立专门机构或者专人负责管理。”据此，“四有”就是指有保护范围、有保护标志、有记录档案和有保管机构。

新发现53万处。很多具有较高价值的文物已被公布为相应级别的文物保护单位，使得我国文物保护单位的数量实现了较大幅度的增长。在第七批全国重点文物保护单位的遴选工作中，共收到全国5700多处申报项目，申报数量创下历次之最。截至2010年底，经专家评选，得票数过半的项目达到3000余处。国家文物局将在此基础上，征求各相关部委意见，进而形成第七批全国重点文物保护单位推荐名单并上报国务院批准公布。可以预见，随着第三次全国文物普查全面完成、第七批全国重点文物保护单位的最终公布，“十二五”期间，我国各级文物保护单位的数量将实现显著增长。然而，与数量上的持续增长相对应，全国重点文物保护单位“质”的保护略为逊色——风蚀、火患、对地面文物建筑的人为破坏等，均是“文物保护单位得到有效保护”的威胁，目前这方面的工作还存在差距。

3.2.4　文物安全防范能力建设

2008年全国文物安全大检查的结果显示，我国文物安全形势严峻，[①] 文物系统在文物安全防范能力建设方面还有很大的提升空间。

此次检查重点针对世界文化遗产地、全国重点文物保护单位、重点博物馆等一级风险单位和已免费开放的博物馆、纪念馆等，对涉及文物安全工作的突出问题，包括机构设置、人员编制、执法队伍、设备设施等相关情况开展一次全面的调查研究，根据国家有关文物安全的规定和标准，对当前文物安全现状做一次科学评估，明确文物安全监管责任。在各地自查的基础上，国家文物局制定下发了《文物安全基础情况调查表》、《国家重点文物保护单位安全情况调查表》和《重点博物馆安全情况调查表》三张表格，对全国31个省份的2466个省、市、县三级行政机构的文物安全情况，以及2351处全国重点文物保护单位、419个财政部、国家文物局确定的重点博物馆的安全基本情况进行调查摸底。此次调查共收回表格5500余份，其中有效表单4378份。对上报表格的32个大项152个子项，共计近50万项信息进行整理和统计分析。其中，省、市、县三级文物行政部门上报表格2121份，全国重点文物保护单位上报表格2011份，重点博物馆上报表格246份（非重点博物馆200余个），上报率分别为78.91%、85.28%和58.71%，有关数据已经能够基本分析目前文物安全情况。在各地区上报有效数据的基础上，对数据所反应的基本情况进行统计分析，制作完成了统计分析表

① 盗掘墓葬、水下文物是文物安全方面漏洞最大之处。

400份，得出了以下几点主要的分析结果：

①我国文物安全监管与执法机构不健全，队伍素质参差不齐。根据此次检查的情况，全国各地地方文物行政部门中设立专兼职的文物安全监管与执法机构仅占58%，尚有很大一部分地区没有相应的机构。而这些机构中，真正专司文物安全监管与执法工作的更是不到10%。

②馆藏文物保存现状令人担忧。根据统计情况，246家重点博物馆的藏品总量约为814万件（其中一级品2.7万件），库房面积为28.4万平方米，平均每平方米存放文物约为29件，距离国际通用的库房内每平方米存放藏品20件左右的标准尚有差距。另外，在246家博物馆中，仅有11.38%的博物馆展厅环境控制设备达标，26.42%的博物馆库房环境控制设备达标。许多博物馆因展陈、保管等经费不足，展陈环境与库房条件不符合要求，文物堆放严重、相互挤压，且无安全的囊匣包装，致使许多藏品入藏后得不到妥善保护而受到侵蚀损坏。

③安全防范设施达标任务艰巨。安防设施存在的薄弱环节，既有投入不足、欠账过多的历史原因，也有安全管理不力的问题。据统计，按照公安部和国家文物局制定的相关标准，被调查的2012个全国重点文物保护单位中，防盗、防火、防雷设施达标的分别仅占21.78%、27.39%、45.21%，246家重点博物馆中，防盗、防火设施达标的分别占55.28%和50.41%，大多数单位仍然依靠简单的人防和物防，抵御风险能力很差。

通过此次文物安全专项检查，文物保护管理机构掌握了我国文物安全机构、设施基本状况等文物安全情况，为解决文物安全突出问题提供了参考。2010年11月至12月，由公安部、国家文物局主办、中国文物交流中心承办的《众志成城，雷霆出击——全国重点地区打击文物犯罪专项行动成果展览》全面总结和展现了“全国重点地区打击文物犯罪专项行动”成果，① 同时也反映出当前盗窃、盗掘、倒卖、走私文物犯罪活动的猖獗。此种行为严重破坏了古文化遗址、

① 2009年12月至2010年6月，公安部、国家文物局在山西、内蒙古、安徽、山东、河南、湖北、陕西、甘肃、青海等9个省份部署开展了“全国重点地区打击文物犯罪专项行动”。在历时7个月的专项行动中，公安和文物部门密切配合、攻坚克难，取得辉煌战果，9个重点省份共侦破文物案件541起，其中公安部部督案件15起；打掉犯罪团伙71个，抓获犯罪嫌疑人787人；追缴文物2366件（套），其中已鉴定的一级文物14件（套），二级文物156件（套），三级文物376件（套），一些地区文物犯罪高发势头得到遏制，文物管理秩序得以恢复。

古墓葬本体和历史风貌，扰乱了文物管理秩序。保证文物安全是做好文物管理工作的首要前提，更是充分发挥文物事业在构建和谐社会中积极作用的必然要求。由此可见，目前面临的文物安全防范的工作任务相当艰巨。

在严峻的文物安全工作形势下，文物行政管理部门在加强文物安全法制建设、完善督察机制、加强文物安全防范能力建设等方面不断努力。2009 年 3 月，在国务院机构改革中各部门机构、编制整合压缩情况下，国务院领导高度重视文物执法督察工作，把国家文物局作为加强部门，增设了督察司，专门负责文物行政执法督察与安全监管工作。全国 31 个省均成立了专兼职省级文物行政执法与安全监管机构①；2010 年国务院批准建立了全国文物安全部际联席会议制度，召开了首次联席会议，为文物安全提供了机制和组织保障，但是整体的文物安全形势仍然不容乐观②。

3.2.5　文物系统人才队伍建设

在文物系统人才队伍建设方面，“十一五”以来，虽然文博人才总量从 2005 年的 7.0 万人增加到 2010 年的 8.3 万人，年均增长率约为 3.73%。然而从素质指标来看，具有中级以上职称的技术人才所占比例从 2005 年的 16.99% 增长到 2010 年的 19.36%，中高级职称人员所占比例的增长率远远低于同期从业人员总量的变动。相对于目前文化遗产事业发展对人才的需求而言，无论是人才数量还是人才队伍的总体素质仍存在一定的差距。正如国家文物局原局长单霁翔在《把握机遇，继往开来，实现文物保护工程新跨越》的讲话中所提到的：“当前我国文化遗产保护事业的迅速发展需要大量既有正确的文化遗产保护理念，又有扎实的专业功底和实践经验的文物保护管理和技术人才，而现有从事文物保护工程的机构和人员无论从数量上还是从整体素质上都难以满足事业发展的需要”。

刘延东同志在国际博物馆协会第 22 届大会开幕式上的讲话中围绕“博物馆致

---

① 北京市和浙江省文物局设立了专门文物执法队，市、县（区）专门或者挂牌设立文物执法队；江苏省 6 个主要地级市在文化行政综合执法支队中设立文化遗产执法大队。部分文化遗产资源特别丰富的地区，如河南巩义、山东曲阜等，成立了强有力的文物执法机构。

② 2009 年以来，博物馆安全案件呈现反弹趋势，内蒙古博物院、广东省乐昌县博物馆、山西省临猗县博物馆等先后发生馆藏文物丢失、失窃、抢劫等恶性案件。2010 年，陕西、湖北、甘肃等地接连发生多起文物犯罪大案，包括秦东陵一号墓被盗、甘肃天水张家川马家塬战国墓葬遗址发掘现场封存文物被盗等，文物安全形势严峻。据统计，2010 年全国共立各类文物犯罪案件 973 起，其中盗窃文物案件 387 起、盗掘古墓葬案件 451 起。

力于社会和谐”的大会主题，从博物馆事业发展目标、任务、管理的科学化水平和人才队伍建设方面提出了四点倡议：第一，进一步保护传承好人类文化遗产，建设世界各国人民多姿多彩的精神家园；第二，进一步加强沟通合作，架设促进各国人民沟通对话的桥梁；第三，进一步加强科技创新与应用，不断提高博物馆事业的科学化水平；第四，进一步加大人才培养和交流的力度，为博物馆事业的可持续发展提供有力的人才支撑。这也为文物系统人才引进和人才培养等方面的工作提出了新的要求。人才是推进文化遗产事业科学发展，实现由文化遗产大国向文化遗产保护强国转变的关键所在，加强人才培养工作、提高队伍素质需要以此为目标。

3.3 GAP 分析与《文物“十二五”规划》的衔接

GAP 分析的结果显示，北京市不可移动文物的管理情况相对最好，其次是福建、上海、浙江、山东等地区；西藏、广西、青海等地的不可移动文物管理水平相对较低。与各省份不可移动文物的保护需求相对等级相比较，陕西、河南、内蒙古、山西、新疆的不可移动文物保护需求迫切，但是相关行政资源投入不足、教育功能发挥不足，存在管理空缺，如表技 4 -9 所示。

表技 4 -9　GAP 分析结果

评价内容	相对等级较高的地区	存在空缺的地区
人员管理	北京、河北、山东、上海、天津、河南	陕西、江苏、湖南、四川、福建、新疆
资金管理	上海、浙江、四川、天津、北京、江苏	河南、河北、云南、山西、福建
教育功能发挥	福建、北京、江西、浙江、广东、上海	新疆、内蒙古、河南、山西、湖北、四川、江苏
管理水平	北京、福建、上海、浙江、山东	陕西、河南、内蒙古、山西、新疆

如表技 4 -9 所示，从文物保护管理机构的人员队伍建设的情况来看，北京市文物保护管理机构的人员结构情况相对最好，其次是河北、山东、上海、天津、河南等地区；新疆、贵州、福建等地区文物保护管理机构的从业人员数量相对较少，加之具有中高级职称人员在从业人员总量中所占比例较低，人员的规模和结构无法较好地满足文物保护与管理相关工作的需求。与不可移动文物保护需求相对等级相比，陕西、江苏、湖南、四川、福建、新疆为人员管理存在空缺的地区。

在资金管理方面，上海市文物保护管理机构的表现最好，其次是浙江、四川、天津、北京、江苏等地区；西藏、江西、广西等地的资金投入和使用效率方面的情况相对而言在全国处于较低水平。与不可移动文物保护需求相对等级相比较可以得出，河南、河北、云南、山西、福建在资金管理方面存在空缺。

在文物保护管理机构举办陈列展览、教育科研功能发挥水平方面，福建、北京、江西、浙江、广东、上海等地区的相对等级较高，而西藏、新疆、青海等地区在不可移动文物的教育功能发挥方面的水平还有待提升。相对于不可移动文物保护需求相对等级而言，新疆、内蒙古、河南、山西、湖北、四川、江苏，为教育功能发挥方面存在空缺的地区。

综合上一节中对“十一五”规划主要发展目标的工作完成情况的总结和GAP分析的结果可以看出，目前存在的差距主要集中在文物保护制度尚不完备、文物保护单位“四有”工作和馆藏文物建档备案工作未完全完成，因此相关工作的开展缺少制度保障和基础材料；同时，文物有效保护、人才队伍建设、安全防范能力建设等方面的问题依然存在。

3.3.1 《文物“十二五”规划》的相关要求

在《文物“十二五”规划》中，国家文物局提出要重视文物执法督察和安全监管、文物博物馆人才队伍建设、文物博物馆信息化建设等重点工作以加强文物保护能力建设①；要从文物保护维修、大遗址保护、世界文化遗产保护、水下文物保护等方面实现文物抢救性保护与预防性保护的有机结合②；通过优化博物馆体系、深化博物馆免费开放、加强博物馆藏品保护和科学研究、创新博物馆管理机制推动博物馆发展从数量增长向质量提升转变；从加强社会文物管理、建设文物博物馆公共文化服务体系、发展文物博物馆相关文化产业等方面促进文物博物馆事业融入经济社会发展。由此可见，新时期文化遗产事业发展更注重文物保护能力建设、文物有效保护、博物馆质量提升以及文物博物馆事业与经济社会发展的融合，更注重文

① 包括通过完善文物安全工作联席会议制度，健全部门间联合执法长效机制，严厉打击文物违法犯罪行为；健全文物安全责任体系，落实文物安全责任制，实行文物安全事故责任追究制度等。

② 预防性保护是更主动、更积极的保护，是国际文化遗产保护的发展方向。“十二五”期间将加强文化遗产病害和灾害监测评估、日常巡查养护、安全监测等基础性工作，最大限度避免文化遗产重大灾害、重大险情、重大安全事故发生，把预防性保护融入文化遗产保护和利用的全过程。

化遗产保护成果与全民共享，因此也为文化遗产事业的发展提出了更高的要求。

“十二五”期间，文物系统设置了5项约束性发展指标和10项预期性发展指标。约束性发展指标分别为：①世界文化遗产和150处重要大遗址的保护规划编制启动率达到100%；②第一至六批全国重点文物保护单位的重大险情排除率达到100%；③每个地市级以上中心城市拥有1个功能健全的博物馆；每个少数民族的文化遗产和民族文化都能通过博物馆的形式得到全面保护、研究和展示；④国有博物馆一级文物的建账建档率达到100%；⑤文物博物馆一级风险单位中文物收藏单位的防火、防盗设施达标率达到100%。

在预期性发展指标中，与文化遗产事业管理水平相关的主要有：①第七批全国重点文物保护单位的重大险情排除率达到50%；②省级文物行政执法机构建成率达到70%，地市级文物行政执法机构建成率达到30%，县区级文物行政执法机构建成率达到15%；③世界文化遗产、150处重要大遗址、国家一级博物馆的文物安全监测平台建设率达到100%，每三年完成一轮世界文化遗产监测巡视工作；④开展大规模文物、博物馆干部培训，培训总数达到15000人次。上述预期性发展指标主要是考核“十二五”期间文物保护管理机构安全保卫与监测、执法监督、人才培训方面的工作情况，与文化遗产事业管理水平的提升密切相关。

3.3.2 完成“十二五”期间文化遗产事业约束性发展指标的对策建议

针对《文物“十二五”规划》提出的约束性发展指标的目标要求，在总结“十一五”期间文化遗产事业发展情况及其存在差距的基础上，基于GAP分析的结果，可以提出改进相关工作的对策建议。

如表技4－10所示，在世界文化遗产和大遗址保护规划编制方面，国家层面相关制度中均做了明确规定：①《国务院关于加强和改善文物工作的通知（国发［1997］13号）》要求要“把古文化遗址特别是大型遗址的保护纳入当地城乡建设和土地利用规划”；②《国家考古遗址公园管理办法（试行）》规定“符合下列条件的遗址，可向国家文物局提出国家考古遗址公园立项申请：已公布为全国重点文物保护单位；保护规划已由省级人民政府公布实施；考古工作计划已获批准并启动实施；具备符合保护规划的遗址公园规划；具备独立法人资格的专门管理机构”；③《文物“十二五”规划》提出，要“推动文物保护规划与城乡建设规划同步编制、同步修订”。这些国家层面的规定从政策层面保障了“保护规划编制启动率”指标的执行力度。

表技 4－10　与《文物“十二五”规划》的约束性发展指标对应的法规制度

“十二五”规划的约束性发展指标	相关法规制度规定
世界文化遗产和150处重要大遗址的保护规划编制启动率达到100%	①《国务院关于加强和改善文物工作的通知(国发[1997]13号)》:把古文化遗址特别是大型遗址的保护纳入当地城乡建设和土地利用规划 ②《国家考古遗址公园管理办法(试行)》:符合下列条件的遗址,可向国家文物局提出国家考古遗址公园立项申请:已公布为全国重点文物保护单位;保护规划已由省级人民政府公布实施;考古工作计划已获批准并启动实施;具备符合保护规划的遗址公园规划;具备独立法人资格的专门管理机构 ③《文物“十二五”规划》:推动文物保护规划与城乡建设规划同步编制、同步修订
第一至六批全国重点文物保护单位的重大险情排除率达到100%	①《国务院关于加强和改善文物工作的通知(国发[1997]13号)》:对不具备安全条件的收藏单位所收藏的珍贵文物,上级文物行政管理部门有权将其调运到指定单位保管 ②《通知》:统筹规划、集中资金,实施一批文物保护重点工程,排除重大文物险情,加强对重要濒危文物的保护 ③《文物“十二五”规划》:通过开展第六至七批全国重点文物保护单位的重点文物抢修工程,基本排除重大文物险情
国有博物馆一级文物的建账建档率达到100%	①《通知》:加强文物资源调查研究,并依法登记、建档;高度重视博物馆建设,加强对藏品的登记、建档和安全管理,落实藏品丢失、损毁追究责任制 ②《文物“十二五”规划》:开展国有可移动文物普查,推进国有馆藏文物的认定、登记和建账建档工作;加强现代信息技术在文物资源调查中的应用
文物博物馆一级风险单位中文物收藏单位的防火、防盗设施达标率达到100%	①《国务院关于加强和改善文物工作的通知(国发[1997]13号)》:对不具备安全条件的收藏单位所收藏的珍贵文物,上级文物行政管理部门有权将其调运到指定单位保管 ②《通知》:实施馆藏文物信息化和保存环境达标建设

在重点文物保护单位的重大险情排除率方面，同样有强制性的政策规定：①《国务院关于加强和改善文物工作的通知（国发［1997］13号）》提出，“对不具备安全条件的收藏单位所收藏的珍贵文物，上级文物行政管理部门有权将其调运到指定单位保管”；②《通知》指出，要“统筹规划、集中资金，实施一批文物保护重点工程，排除重大文物险情，加强对重要濒危文物的保护”；③《文物“十二五”规划》提出，要“通过开展第六至七批全国重点文物保护单位的重点文物抢修工程，基本排除重大文物险情”，通过加强安全管理和抢修工程的实施提高重点文物保护单位的重大险情排除率。

在文物建账建档率方面，《通知》要求“加强文物资源调查研究，并依法登记、建档；高度重视博物馆建设，加强对藏品的登记、建档和安全管理，落实藏品丢失、损毁追究责任制”；《文物“十二五”规划》也提出，要“开展国有可移动文物普查，推进国有馆藏文物的认定、登记和建账建档工作”，并“加强现代信息技术在文物资源调查中的应用”。随着“文物调查及数据库管理系统建设项目”圆满完成，为即将启动的国有可移动文物普查奠定了标准、队伍、数据、管理等方面的坚实基础，为“国有博物馆一级文物的建账建档率”达标创造了有利条件。

在文物博物馆一级风险单位中文物收藏单位的防火、防盗设施建设方面，根据《国务院关于加强和改善文物工作的通知（国发［1997］13 号）》，“对不具备安全条件的收藏单位所收藏的珍贵文物，上级文物行政管理部门有权将其调运到指定单位保管”，能够在一定程度上督促文物保护管理单位改进其文物保存环境和保存条件，提高各方面的安全防范能力。另外，《通知》也明确提出要“实施馆藏文物信息化和保存环境达标建设”，通过举办一系列的达标建设评审活动促进各级文保单位重视安全防范方面的设施建设，从而提高“文物博物馆一级风险单位中文物收藏单位的防火、防盗设施达标率”。

综上所述，国家层面相关文件规定对“十二五”规划中与文化遗产事业管理水平密切相关的约束性发展指标均提出了要求，为文化遗产保护与管理工作中落实各项指标要求提供了政策依据。这些文件中对执法监督、人才培训方面的预期性发展指标设置，与 GAP 分析的结果是呼应的。

另外，在 2010 年蓝皮书的技术报告第四章中，我们从风险管理的角度提出了在建立基础信息和实时管理数据库的基础上，在预警信息库中引入 GAP 分析方法来运作，通过设定监测周期和预警阈值，根据保护与管理情况的对比以及时发现问题、发出预警，从而实现文物保护信息的全方位记录和动态监测预警的基本思路。在 2011 年度文物系统重点工作中，就明确提出了出了“召开世界文化遗产保护管理座谈会，启动世界文化遗产管理动态信息和监测预警系统建设试点工作，建立世界文化遗产年度报告制度”的工作安排，将有望使这一技术设想变为现实，从而提高文物安全监管能力，并作为国家层面调整行政资源空间配置的参考依据。

尽管本章对提高文化遗产事业管理水平进行了量化分析，指出了提高管理水平的着力点，但管理水平的提高最终还是要依托管理人员的认识转变。正如国家文物局原局长单霁翔在 2009 年全国文物局长会议上所讲到的，文化遗产保护只有做到“发展为了人民、发展依靠人民、发展由人民共享”，才能保持蓬勃的生机和旺盛的活力，才能产生巨大的感召力。在文化遗产事业发展的新时期，我们应把“人文关怀”、“培育情感”作为文化遗产保护工作的重要内容，关注民生、重视民生、保障民生，真正实现人民群众在参与文化遗产保护上“各尽其能”，在共享文化遗产保护成果上“各得其利”。这才是促进文化遗产有效保护、提升文化遗产事业管理水平的根本目的之所在。

（本章主要执笔人：陈　晨　苏　杨）

评 估 报 告

Assessment Report

评估报告要点

1. 根据《决定》要求的“文化事业必须要有明确的效率目标，需要建立明确的绩效考核与责任机制”，评估报告落实了这一具体要求——依托“三投入、四产出”的评价指标体系，对各省份文物系统的行政资源投入和保护、教育、科研、经济方面的产出效率进行了科学评估，效率目标明确，绩效评估也明确。而且，评估报告是从管理水平角度对文物系统按“四个好”标准来衡量的发展状况的唯一定量评估成果。未来可以评估报告为基础，结合文物系统的其他评估，将文化遗产事业绩效定量考核制度化。

2. “十一五”期间，各省份文物系统保护绩效和经济功能发挥较好，而科研功能、教育功能发挥得较差。“十二五”期间文物系统下属机构应加强文化遗产领域的科学研究工作，加强文化遗产事业的人才队伍建设。

3. 相对而言，湖北、西藏、安徽、江苏、江西、河北、河南、福建、重庆、湖南等省份2010年度的教育功能发挥较好，为进一步落实“突出公益属性、强化服务功能”的要求打下了较好的基础。

4. 从人员、资金投入以及教育功能发挥的相对情况来看，在12个国家考古遗址公园中，圆明园、秦始皇陵和大明宫的总体情况相对较好。但是，国家考古遗址公园不同程度地存在人员编制不足、资金投入无法满足运行需求、经济功能发挥不畅等问题，有赖于各地加大投入并尽快建立与国际接轨的管理体制机制。

评估报告作为文化遗产蓝皮书的三大组成部分之一，其宗旨是从旁观者的角度定量评判全国各省份文物系统行政资源投入产出效率的相对差别，研究结论直接服务于提高各省文化遗产事业管理水平。2011 年底，评估报告的相关研究工作迎来了新的指示：党的十七届六中全会通过的《关于深化文化体制改革 推动社会主义文化大发展大繁荣若干重大问题的决定》（以下简称《决定》）中明确提出："构建公共文化服务体系，制定公共文化服务指标体系和绩效考核办法"，"着眼于突出公益属性、强化服务功能、增强发展活力，全面推进文化事业单位人事、收入分配、社会保障制度改革，明确服务规范，加强绩效评估考核"等推动社会主义文化大发展的具体部署和要求，这些重要指示与评估报告注重文化遗产事业发展水平评估以及蓝皮书一以贯之的指导精神是一致的——文化遗产必须协调发挥教育、科研、经济三大功能，不能偏废，也不能只做文化遗产的仓库保管员①。

本年度评估报告基本保持 2010 年蓝皮书的效率评估框架不变，主要内容共有四章：第一章是评估报告的"说明书"；第二章是对"十一五"期间文化遗产事业投入状况的对比分析；第三章是运用评价众多决策单元间相对有效性的数据包络分析（DEA）法，延续"人、财、物"三投入、"保护效果、教育功能、科研功能、经济功能"四产出的指标体系，对 2009 年、2010 年全国 31 个省份②文化遗产事业发展的静态效率与动态效率评估；第四章则是评估报告研究成果的结论汇总。③

需要说明的是，评估报告是迄今为止从管理水平角度对文物系统按"四个好"标准来衡量的发展状况的唯一定量评估成果。这个评估属于考察"相对好坏"的效率评估，可直接用于绩效考核，与文物系统的既有相关评估有所区别④。

---

① 参见 2010 年蓝皮书评估报告前言对蓝皮书相关提法的概括。

② 本书中的省指中国内地的省级行政区，不包括港澳台地区。

③ 由于评估报告技术性较强，如果只是想从管理角度看分析结论的话，可以参见评估报告第三章第 2、4、5、6 节的计算结果以及第四章的研究结论。

④ 具体的区别参见评估报告第一章。我们将评估报告的评估与国家一级博物馆运行状况的评估进行了对比，相关差别总结于表评 1－2。

B.10

第一章

评估报告评什么、怎么评、怎么用

评估报告评什么、怎么评、怎么用，这是业内人士借课题组这“第三只眼”看待文物系统管理方面的发展水平时需要先行阅读的“说明书”。[①] 在2010年蓝皮书中，我们尝试编制了这样一份“说明书”。在国家文物局的领导2010年提出衡量文物系统尤其是大遗址发展状况的“四个好”标准后，评估报告因为从管理水平角度兼顾了“四个好”的评估，其实用性得到了初步显现。而2011年中央的《决定》出台后，我们尝试调整指标使其更准确地反映“四个好”，并使评估报告能够充分量化《决定》中的要求，因此，今年的评估报告更具有政策针对性。

1　评估报告评什么、怎么评

评估报告沿用的评价指标体系在其设计之初就兼顾保护绩效和文化遗产事业的三大功能发挥情况，[②] 评估的数据基础来源于常规统计资料以及国家文物局组织的专门性调查，与现实工作直接挂钩，能最及时、科学地反映我国文化遗产事业按“四个好”标准而言的服务功能发挥情况和相关工作的绩效。具体来看，

---

① 囿于管理体制，文化遗产事业的全部还难以涉及，因此今年的文化遗产蓝皮书中的文化遗产事业评估仍只能以文物系统评估替代。

② 李长春同志在2010年文化遗产日《保护发展文化遗产，建设共有精神家园》署名文章中提出了对下一阶段我国文化遗产事业发展的总体要求：“文化遗产作为文化产业和旅游产业的重要资源，在培育国民经济新的增长点、带动现代服务业发展等方面发挥着不可替代的作用，对促进经济增长、加快经济发展方式转变的贡献越来越大。要把保护、发展文化遗产与促进经济发展结合起来，合理利用文化遗产的宝贵资源”，并且，还强调了文化遗产事业的发展要“突出思想内涵、强化教育功能，充分发挥文化遗产在开展爱国主义教育方面的重要作用”，“以人为本、关注民生，推动文化遗产保护成果最大限度的惠及全体人民”。

可以将评估报告的具体指标和评估方法与《决定》中相关要求的对应关系总结如表评 1－1 所示。

表评 1－1　《决定》的相关要求在评估报告中的具体体现

《决定》的要求	评估报告的内容
制定公共文化服务指标体系和绩效考核办法	建立"人、财、物"三投入、"保护绩效、教育功能、科研功能、经济功能"四产出(体现"四个好")的指标体系，引入数据包络分析(DEA)法用于量化评估文化遗产事业在若干重要方面的投入产出效率
着眼于突出公益属性、强化服务功能、增强发展活力	按科学方法征求专家意见，确定不同偏好下的系数矩阵(作为调整参数)，在教育强偏好和保护强偏好下得到的评估结果就是各地区文化遗产事业的教育功能发挥水平和保护绩效的效率值，既体现了"突出公益属性"，也体现了"强化服务功能"
明确服务规范，加强绩效评估考核	通过开展评估促进文化遗产事业管理水平的提高，使之在注重自身发展和服务能力提升的同时更好地惠及民生。而且，分别通过静态效率和动态效率的评估，兼顾横向的对比和纵向的变化情况，更有利于达到"加强绩效评估考核"的目的

评估报告的分析体例和评价指标设计体现了“四个好”和《决定》中的相关要求，文化遗产事业是否按这个方向发展，可以从评估报告的结论中看出端倪。以下具体叙述评估报告评的内容和评的依据。

1.1　评中央要求的事业管理水平和“四个好”的实现程度

文化遗产事业要“着眼于突出公益属性、强化服务功能、增强发展活力”，要实现“四个好”，就必须准确衡量文化遗产事业在与其对应方面的发展水平。实际上，这也就是在衡量文化遗产事业在这些指定方向上的精细化管理水平。在本书主题报告第四章中，课题组主要从文化遗产事业管理水平的角度，基于 GAP 分析方法对各省份的全国重点文物保护管理机构和文化文物系统博物馆的资源空间配置效率进行了评价与分析，并提出了改进管理水平的措施与建议。评估报告则主要从考察文物系统内部配置行政资源的效率角度（即是考察在一定投入水平下“四个好”的体现程度）来研究文物系统的管理水平，二者都是为实现文化遗产事业精细化管理服务。在前三年蓝皮书研究成果的基础上，课题组建立了相对固定的“三投入、四产出”文化遗产事业发展效率评估指标体系和数据处理技术方法，对“十一五”期间各省份文化遗产事业行政资源投入产出效率进行了系统的研究与分析①。通过对评价指标、赋权方法、数据处理方法等方面的多次修订、改进，目前已经形成了相对完善的、科学的分析模式。不过，囿于合理性（重点评估承担文化遗产保护利用具体工作的机构）和可行性（数据可得并可比），评估报告并非面面俱到，只是选择了文物保护管理机构和文化文物系统的博物馆作为主要考察对象②。今年的评估因为数据所限仅选取了文物保护管理机构为主要考察对象（关于博物馆的相关评估可参见2009年蓝皮书评估报告）。

需要说明的是，评估报告（以下称为“蓝皮书评估”）在“评什么”以及“怎么评”上，与文物系统已有的相关评估既有区别也有联系。下面就以2011年发布的“国家一级博物馆运行状况评估”③（以下简称“博物馆评估”）为例来说明区别和联系。

博物馆评估与蓝皮书评估在基本理念、评估对象、指标体系、技术方法等方面存在差异。

基本理念上，博物馆评估全面考察博物馆的日常运行状况，注重看许多工作的“有无”和少数工作的“好坏”，基本不属于绩效评估；而蓝皮书评

① 2010年评估报告效率评估的基本结论如下：从静态效率的计算结果来看，2009年各省文化遗产事业发展的整体水平高于2006年，更加符合国家对文化遗产事业的发展要求；从动态效率的计算结果来看，在现有的管理体制机制下，各省在发挥教育、科研、经济三大功能和做好保护工作方面取得了成效，但在机制创新、技术创新上存在诸多不足。

② 作为我国文化遗产事业主体的文物系统中的机构，主要包括文物科研机构、文物保护管理机构、博物馆、文物商店、其他文物机构等五大类。考虑到文物系统统计工作的覆盖面、不同层级统计资料准确度、投入产出效率评价指标数据可得性及可比性等因素，课题组将评估报告的研究对象定为我国各省文物机构的主体——文物保护管理机构和文化文物系统博物馆。这两类机构的数量及其保存的文化遗产资源数量在全国文物系统中占了“大头”，且其管理体制、管理方式相对统一，基础统计数据质量较高。加之评估报告着重研究地区之间的相对效率情况，因此满足代表性和可比性的要求。这与本书第四章的文化遗产事业行政资源空间配置效率评价的处理方式也是一致的。

③ 国家一级博物馆运行状况评估是依据《国家一级博物馆运行评估规则（试行）》和《国家一级博物馆运行评估指标体系（试行）》开展的，包括定性评估和定量评估。其中，定性评估是对国家一级博物馆藏品搜集效果、科学成果的价值、陈列展览质量、社会教育效果、公共关系和服务质量、队伍人员的素质和博物馆管理水平的综合判断；定量评估是对一级博物馆的藏品搜集和科研成果、临时展览、教育项目以及人才培养等可以量化的指标进行统计的数据核查。参考其他领域定性与定量分析相结合的考察方式中两者权重比例，在国家一级博物馆指标体系中选取定性与定量权重比为7:3，并且随着国家一级博物馆的发展建设水平的提高，定量评估指标权重将逐渐减少直至最终取消定量评估。

估旨在以省为单位考察文物系统内部配置行政资源的效率（即是考察在一定投入水平下“四个好”的体现程度）来研究文物系统的管理水平，属于绩效评估。

评估对象上，博物馆评估为具体的博物馆，蓝皮书评估为以省为单位的文物保护管理机构和博物馆总体。

指标体系上，二者主要是对“管理水平”的界定有差别。博物馆评估选取了反映博物馆运行状况的各项定性和定量的指标，其中在定性指标中，用于反映博物馆管理水平的一级指标“博物馆管理与发展建设”包括了发展规划、制度建设、安全管理、人才培养等二级指标，根据既定的考查要点核定相关的规划、制度完善情况、相关活动开展与否的评定，主要是一种定性的“有无”评估；相比之下，蓝皮书评估对于“管理水平”的界定范围更广，涵盖了文物系统日常管理工作涉及的四个主要方面（保护、教育、科研和经济）：藏品管理、人员管理、展览与公众教育、资金管理等，主要从考察文物系统内部配置行政资源的效率“好坏”角度来定量评估文物系统的管理水平。

技术方法上，博物馆评估主要有定性评估①、定量评估②和抽查复核三个环节，按照评估指标体系内各级指标的不同权重（分值）汇总得到初评结果（绝对值），经国家文物局审定的初评结果分为合格、基本合格和不合格三个等级；而蓝皮书评估依托数据包络分析（DEA）方法，运用 Matlab 软件直接运行程序得到 31 个省级行政区文物系统内部配置行政资源效率的相对值，反映的是相对效率的高低，更适用于绩效考核。

尽管有这些区别，但应该看到，这次国家一级博物馆评估与蓝皮书评估的结论却有多处不谋而合，如科研功能发挥不佳、公共服务创新能力欠缺等。博物馆评估的结果显示：83 家一级博物馆两年的定性一级指标得分率中，科学研究较低，得分率仅 43%；代表性研究成果平均得分率则更低，只有 27%，是所有评

---

① 根据《国家一级博物馆运行评估规则（试行）》的规定，定性评估采取专家通信方式。（一）定性评估工作应于评估申报材料的形式审核结束后 15 日内完成。（二）定性评估按“国家一级博物馆运行评估指标体系”一级评估指标分组进行，每组专家为不少于 3 名的奇数。（三）定性评估由专家根据评估指标体系对定性评估内容进行评价打分，并写出书面评估意见。

② 定量评估由博物馆学会汇总评估申报书中的有关量化数据，运用专门的统计计算系统进行处理，自动生成定量评估分值。

估项目中最低的得分率。2008 年到 2009 年国家级博物馆在五个定性一级指标中藏品管理、陈列展览与社会教育和博物馆管理与发展建设得分率高于 80%，科学研究得分率则仅略高于 60%，其中尽管在学术活动方面得分率达到 85%，而代表性研究成果得分率相对较低，不高于 50%，是唯一不及格的二级指标①。而同期的蓝皮书评估结果也表明，综合 2006～2009 年在不同的社会偏好下的年度效率来看，在功能发挥与保护绩效上，经济功能发挥得相对较好，而教育功能、科研功能及保护效果做得相对较差，尤其是科研功能。以 2009 年为例，在经济强偏好下全国平均的效率值为 0. 6603，而在教育强偏好下、科研强偏好下和保护强偏好下的效率值分别为 0. 5753、0. 3563、0. 6303②。由此可见，两类评估可以相辅相成。

综上所述，可以用表评 1－2 来系统总结蓝皮书评估和博物馆评估的区别和联系：

表评 1－2　蓝皮书评估与博物馆评估的区别和联系

项目		蓝皮书评估	博物馆评估
区别	基本理念	旨在以省为单位考察文物系统内部配置行政资源的效率来研究文物系统的管理水平，属于绩效评估	全面考察博物馆的日常运行状况，注重看许多工作的“有无”和少数工作的“好坏”，基本不属于绩效评估
	评估对象	以省为单位的文物保护管理机构和博物馆总体	具体的博物馆（国家一级博物馆）
	指标体系	“管理水平”的考察范围涵盖了文化遗产主要功能各方面的体现，从考察文物系统内部配置行政资源的效率“好坏”角度来定量评估文物系统的管理水平	选取反映博物馆运行状况的各项定性和定量的指标，其中用于反映博物馆管理水平的一级指标“博物馆管理与发展建设”是一种定性的“有无”评估
	技术方法	依托数据包络分析（DEA）方法，运用 Matlab 软件直接运行程序得到 31 个省级行政区文物系统内部配置行政资源效率的相对值，反映的是相对效率的高低，更适用于绩效考核	按照评估指标体系内各级指标的不同权重（分值）汇总得到初评结果（绝对值），经国家文物局审定的初评结果分为合格、基本合格和不合格三个等级
联系		相同结论一：相比其他功能，科研功能发挥不佳	
		相同结论二：公共服务创新能力欠缺，尚未真正实现公众参与	

① 参见《国家一级博物馆运行评估报告（2008～2009 年度）》。

② 参见 2010 年文化遗产蓝皮书评估报告第四章相关结论。

1.2　评估报告的依据何在

评估报告基于文物系统常规统计数据和由国家文物局组织的专项调查，可从两方面说明这些作为评估报告依据的数据。

第一，经济贡献指标的统计口径。在2010年蓝皮书中，课题组着重介绍了文化遗产事业经济贡献的指标处理方式是采用直接经济收入（经营收入+事业收入）来衡量，并提出使用“收入法”计算文化遗产事业对国民经济的贡献用以体现文物系统业内增加值时划分更细致、计算更准确。① 但是，在具体运用时，从目前可获得的数据情况来看，若运用收入法只能计算得到全国层面的文物系统的经济贡献，无法得到分省区的数据用于进行地区间的对比分析；而直接经济收入相关指标是从文物系统产出角度，将“事业收入+经营收入”作为主要产出直接和财政性投入等指标进行投入产出分析，同时与分省的产出指标也相一致，因此从指标口径统一和研究成果衔接的角度来看，这样的处理方式是合理的。

第二，文物保护绩效指标的数据来源。关于各省的文物资源保存状况，在不可移动文物方面，目前可获得的最新数据来自于全国重点文物保护单位的“四有”状况数据库（由国家文物局数据中心提供，截至2009年的数据）；在馆藏文物方面，除了2005年全国馆藏文物腐蚀状况调查数据，没有更新的数据。因此，本年度评估报告只能重点考察全国重点文物保护单位，而沿用2009年蓝皮书评估报告中对博物馆考察的结果（根据2005年全国馆藏文物腐蚀状况调查数

① 蓝皮书中作为直接贡献的文物系统增加值的数据为直接引用数据，来源于历年《中国文化文物统计年鉴》和《全国文物业统计资料》。该项统计数据为收入法核算，包括四项构成：劳动者报酬、生产税净额、固定资产折旧、营业盈余。通过对总产出和收入法增加值的公式可以看出，两者的四项构成中后三项相同，差异主要体现在总产出中的经常性业务支出的范围要大于增加值中的劳动者报酬的范围。《全国文化文物统计报表制度》具体规定如下：①行政事业单位总产出=经常性业务支出+固定资产折旧+经营税金+经营收入-经营支出。其中：经常性业务支出=工资福利支出+商品和服务支出+对个人和家庭补助支出-助学金-抚恤金-生活补助-救济金-退职（役）费；固定资产折旧=固定资产原价×折旧率（4%）。②行政事业单位收入法增加值=劳动者报酬+生产税净额+固定资产折旧+营业盈余。其中：劳动者报酬=工资福利支出+劳务费+取暖费+出国费×6.4%+差旅费×6.4%+[对个人和家庭补助支出-助学金-抚恤金-生活补助-救济金-退职（役）费]；生产税净额=经营税金；固定资产折旧=固定资产原价×折旧率（4%）；营业盈余=经营收入-经营支出。具体可参见蓝皮书第二章的相关内容。

据对各省份博物馆的管理水平进行了评估）。这样，具体的计算公式为：

各省份文物业的保护效果 = 各省份国家重点文物保护单位的保护率 × 文物保护管理机构数 + 各省份馆藏文物保护率 × 博物馆机构数。

2　评估报告怎么用

评估报告的研究成果体现了文化遗产事业在协调发挥教育、科研、经济三大功能方面的相当一部分工作的成效，可以为提高各省份文化遗产事业管理水平提供决策参考；同时，评估报告效率评估的相关结论可以作为文化遗产事业贯彻落实《决定》要求，开展国有文化事业单位（主要是文物系统）绩效评估考核的具体成果，如图评 1－1 所示。

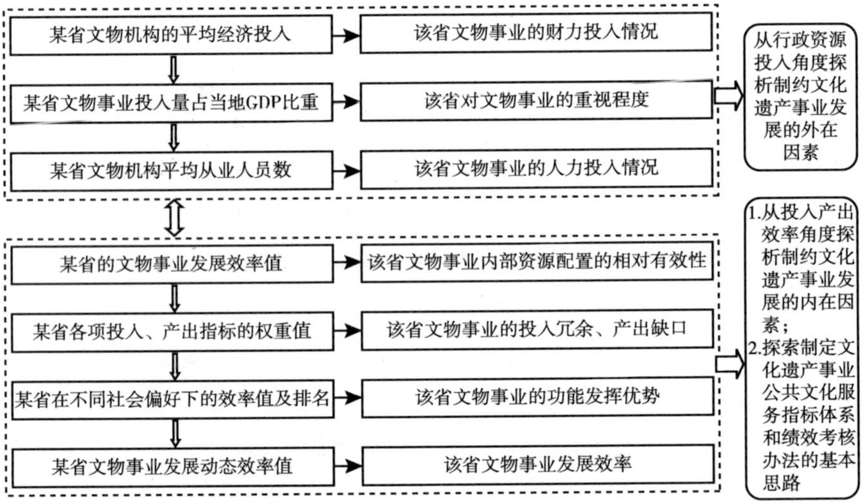

图评 1－1　评估报告使用说明书示意图

注：在上一节评估依据中已经就目前的数据基础进行了说明，尚未充分体现指标体系的内容：例如教育功能的发挥情况难以量化，只能简单以青少年参观人数来衡量等，这样的处理已是目前现实数据基础下的最优选择。随着文物统计工作的不断深入和改进，将会有更加丰厚的数据基础可供利用和挖掘。在计算各省份文化遗产事业发展效率时，由于专项转移支付资金数据来源不甚明晰且项目时间跨度不一等原因，我们并未将其纳入财力投入中，这也造成了一大部分资金投入的缺失。但由于 DEA 方法是着眼于地区之间的相对比较，数据的口径问题存在于全国所有省份，因此这样分析仍具有较高的实用价值。

如图评 1 – 1 所示，从评估报告的指标设置来看，由“三投入”指标的分析结果可以从行政资源投入角度探析制约文化遗产事业发展的外在因素；通过以“三投入、四产出”为基础的 DEA 分析结果可以从投入产出效率角度寻找制约文化遗产事业发展的内在因素。同时，在评估报告的评估内容和评估方法的基础上，还可以探索建立文化遗产事业公共文化服务指标体系和绩效考核办法的基本思路，分析结论也可以作为开展国有文化事业单位（主要是文物系统）绩效评估考核的具体成果。

2010 年蓝皮书对评估报告的现实意义进行了系统的总结，并且以重庆市和陕西省为例详细阐述了评估报告如何使用，如何应用于实际管理工作，本年度蓝皮书中对于上述问题不再赘述。为了更为直观地说明评估报告相关结论的现实意义和应用方法，下面仍然以重庆市和陕西省为例，着重就静态效率和动态效率的评估结果与《决定》相关要求的关联进行具体说明。

2.1　静态效率评估结果的应用示例

2.1.1　自由偏好下的事业发展效率分析

在自由偏好下，通过对投入产出指标的赋权状况可以分别看出各省份在哪些资源上存在冗余和哪项产出带来的收益较大，有利于各省份了解自身优势。以重庆市和陕西省为例，如表评 1 – 3 所示，在自由偏好下，重庆和陕西两地区 2010 年文物系统发展的静态效率值分别为 1.0000 和 0.9858。

表评 1 – 3　自由偏好下重庆、陕西两省、2010 年文物系统发展的静态效率

地区	效率值	赋权状况						
		财政资金	从业人数	固定资产增值	经济增加值	青少年参观人数	科研成果	保护效果
重庆	1.0000	25.13	0.14	0.39	0.00	64.94	0.54	13.24
陕西	0.9858	0.00	1.74	5.51	10.07	0.12	7.16	4.13

表评 1 – 3 的结果显示：重庆的效率值达到了饱和状态（效率值为 1），同期共有 14 个省份的效率值可以达到 1；而陕西的效率值略低于 1，相对而言仅处于中游水平，说明通过改进资源利用方式和改善管理方法还有进一步提高发展水

平，并提高特定投入下的产出的空间①。

从投入要素的赋权情况来看，陕西的财政资金被赋予了零权重，说明相对于其他省份来讲，陕西的文物系统财力投入过大，从而影响了效率值；而重庆的财政资金赋予的较高权重，表明重庆在利用财政投入方面是相对节约和有效率的。

从产出要素的赋权情况来看，重庆的经济产出赋权为零，表明该两项经济方面的产出效果相对不明显，而教育产出和保护效果的高权重反映出重庆在文物系统的公共教育功能发挥和文物保护工作绩效相对突出。相对而言，陕西省文物系统的产出情况与重庆市有所不同：经济产出和科研产出的权重相对较高，表明陕西的文物系统经营和事业收入相对较高，并且科研产出效果相对较好；教育产出的赋权接近于零，表明教育方面的产出效果相对不明显。

2.1.2 专家偏好下的事业发展效率分析

通过改进的德尔斐法得到的专家偏好，反映了国家对文物系统发展的要求和特定历史阶段的政策倾向。考察各省文物系统在政策既定偏好下的效率值，可以了解各省效率值的相对大小，并针对各项指标的赋权，寻找本省的差距所在，有的放矢地提高工作效率。以重庆市和陕西省为例，如表评 1－4 所示，在专家偏好下，重庆和陕西两地区 2010 年文物系统发展的静态效率值分别为 0.7635 和 0.8321。同期，在全国范围内只有北京、福建、湖北、青海的效率值达到了 1，重庆和陕西在全国分别排在第 19 位和第 15 位，均属于中等水平。

表评 1－4　专家偏好下重庆、陕西两地 2010 年文物系统发展的静态效率

地区	效率值	赋权状况						
		财政资金	从业人数	固定资产增值	经济增加值	青少年参观人数	科研成果	保护效果
重庆	0.7635	14.21	3.38	6.09	7.49	37.44	12.48	10.15
陕西	0.8321	2.35	1.31	3.02	6.71	2.24	6.71	3.92

① 对应技术报告第四章的相关内容可以看出，静态效率的分析结果与 GAP 分析的相关结论有一定的关联，体现出一致性：陕西省 2010 年文化遗产事业发展的静态效率值略低于 1，相对而言仅处于中游水平，说明通过改进资源利用方式和改善管理方法还有进一步提高发展水平的空间；而 GAP 分析的结果表明，陕西等省份的不可移动文物保护需求迫切，但是相关行政资源投入不足、教育功能发挥不足，存在管理空缺（参见主题报告第四章 2.3 节）。

从三个投入指标的赋权情况来看，重庆和陕西的财政资金和固定资产增值赋权相对较高，说明财力投入相对较为节约，效率较高，而人力投入量相对过多。从四个产出指标的赋权来看，陕西的各项产出发展较为均衡，比较符合功能发挥的要求；重庆的青少年参观人数权重较高，表明教育产出的效果明显。

2.1.3　功能偏好下的事业发展效率分析

在功能偏好下，突出某一项产出功能的重要性，对产出指标加以权重限制，可以考察各省在各项功能的发挥方面取得的相对成绩。在各功能偏好下重庆市、陕西省2010年文物系统发展的静态效率如表评1－5和表评1－6所示。

表评1－5　各功能偏好下重庆市2010年文物系统发展的静态效率

地区	排名	效率值	财政资金	从业人数	固定资产增值	经济增加值	青少年参观人数	科研成果	保护效果
经济强偏好	20	0.6169	5.90	5.90	5.90	0.00	65.69	0.00	17.70
教育强偏好	9	0.8396	16.39	5.46	5.46	0.00	65.69	0.00	5.46
科研强偏好	11	0.6202	4.47	13.41	4.47	12.58	47.27	0.00	4.47
保护强偏好	21	0.6638	5.85	5.85	17.54	0.00	65.69	0.00	5.85

如表评1－5所示，在教育强偏好和科研强偏好下，重庆文物系统发展的静态效率位于全国前列。但是，在经济强偏好下，重庆市的效率值低于全国平均值（0.7045），在保护强偏好下，重庆市的效率值也低于全国平均值（0.7553），在全国的排序也较低，表明重庆市努力增加文物系统的经济产出、提高保护绩效的需求已经非常紧迫。

表评1－6　各功能偏好下陕西省2010年文物系统发展的静态效率

地区	排名	效率值	财政资金	从业人数	固定资产增值	经济增加值	青少年参观人数	科研成果	保护效果
经济强偏好	11	0.8058	1.53	1.53	1.53	0.84	0.00	12.50	4.59
教育强偏好	18	0.5705	5.79	1.93	1.93	22.33	0.35	0.00	1.93
科研强偏好	18	0.4815	1.71	5.12	1.71	21.87	0.58	0.00	1.71
保护强偏好	15	0.8144	2.10	2.10	6.31	21.66	0.69	0.00	2.10

如表评1－6所示，与重庆市的情况恰恰相反，相对而言，陕西省在经济强偏好和保护强偏好下的效率值较高，在全国范围内处于中等水平。而教育强偏好

下的效率值低于全国平均值（0.6462），科研强偏好下的效率值也低于全国平均值（0.5425），排名均相对靠后，表明陕西省的文物系统教育功能和科研功能发挥不足，亟须增加文物系统的教育产出和科研产出。

2.2 动态效率评估结果的应用示例

在规模报酬不变的前提下，我们可以计算得到三个指标值，分别是技术效率（TE）变化、技术进步（TC）变化以及全要素生产率（TFP）变化。从2009～2010年重庆和陕西两地区各类效率的变化情况来看，两地区的技术效率变化处于增长阶段，但增长幅度均低于全国平均水平；技术进步变化均处于下降阶段，变化幅度有所不同；全要素生产率变化有升有降，如表评1－7所示。

表评1－7　2009～2010年重庆市和陕西省文物系统发展的动态效率

地区	技术效率(TE)变化	技术进步(TC)变化	全要素生产率(TFP)变化
重庆	1.096	0.979	1.073
陕西	1.063	0.868	0.922
平均	1.125	0.918	1.036

从动态效率评估的结果可以看出，2009～2010年期间，重庆市的文物系统技术效率增长了9.6%，技术下降了2.1%，变化幅度低于全国平均水平；全要素生产率增长了7.3%，增长幅度约为全国平均值的两倍。与此同时，陕西省的文物系统技术效率增长了6.3%，低于全国平均值（12.5%）；技术下降了13.2%，下降较为明显；全要素生产率降低了7.8%，远远低于全国平均水平。

2.3 主要结论

根据前两节的详细对比和分析，可以得出如下结论。

（1）从影响文物系统发展效率的内部因素来看，2010年度重庆和陕西的财力投入和物力投入（这里是固定资产增加值）相对较为节约，效率较高，而人力投入量相对过多；陕西的各项产出效率较为均衡，而重庆的教育产出效果显著；

（2）从不同功能偏好下两地区的相对效率值来看，在教育强偏好和科研强偏好下，重庆文物系统发展的静态效率位于全国前列，但在经济强偏好和保护强偏好下，效率值均低于全国平均水平，表明其努力增加文物系统的经济产出、提高保护绩效的需求已经非常紧迫；与之相反，陕西省在经济强偏好和保护强偏好下的效率值较高，在全国范围内处于中等水平，而教育强偏好和科研强偏好下的效率值均低于全国平均值，表明陕西省亟须努力提高文物系统的教育产出和科研产出效率；

（3）与2009年相比，重庆市的文物系统全要素生产率增长了7.3%，增长幅度约为全国平均值的两倍，主要依赖于技术效率的增长；而同期陕西省的文物系统全要素生产率降低了7.8%，与全国的全要素生产率变化趋势截然相反，主要原因在于技术下降而技术效率增长放缓，说明其产出潜力有待进一步挖掘。

B.11 第二章 “十一五”期间我国文物系统投入状况的对比分析

文物系统要取得良好的保护绩效，同时协调发挥好教育、科研、经济三大功能，必须以一定的财力、人力和物力保障为基础①。《决定》明确提出要进一步完善政策保障机制，“保证公共财政对文化建设投入的增长幅度高于财政经常性收入增长幅度，提高文化支出占财政支出比例”等具体要求，足见党中央对于文化领域财政投入等政策保障方面的重视程度之高。

1 投入状况对比分析

《文物“十一五”规划》将投入作为一项重要指标，对财政投入的数量及增长速度提出了明确的要求。我国文物系统的投入状况如何，地方政府的重视程度如何，可以通过年度间的比较分析得出结论。②

根据技术报告第二章“文物系统对国民经济贡献的测算”的相关结论（如表评2-1所示），“十五”期间文物系统可支配财政资金的年平均增速约为12.39%。

① 例如，在文物保护方面，科研和运行经费的不足是造成文物腐蚀严重的重要原因。

② 需要注意的是，在评估报告第一章中课题组已经对评估报告的研究对象进行了界定，即文物保护管理机构和文化文物系统博物馆。但是在对全国文化遗产事业投入状况进行年度对比分析时，为了与技术报告第二章的统计口径保持一致，实现全口径（涵盖全国各类文保单位）的纵向比较，本章直接引用了技术报告第二章“文化遗产事业对国民经济贡献的测算”的计算结果，以期在进行年度效率评估和比较分析之前，全面展现文化遗产事业整体在“十五”、“十一五”期间投入状况的基本情况。

表评 2-1　2001~2010 年文物系统财政拨款、业内经济增加值及对国民经济贡献测算值*

年份	文物系统可支配财政资金（亿元）	增速（%）	业内经济增加值（亿元）	增速（%）	对国民经济贡献（亿元）	增速（%）	对国民经济贡献/文物系统可支配财政资金
2001	24.9	—	15	—	91	—	3.7
2002	26.7	7.23	17.8	18.67	102.4	12.53	3.8
2003	29.7	11.24	16.6	-6.74	97.7	-4.59	3.3
2004	33.1	11.45	30.6	84.34	175.1	79.22	5.3
2005	39.6	19.64	37.3	21.90	195.8	11.82	4.9
2006	48.5	22.47	42.2	13.14	247.8	26.56	5.1
2007	67.5	39.18	40.1	-4.98	283.1	14.25	4.2
2008	101.5	50.37	43.8	9.23	248.1	-12.36	2.6
2009	152.3	50.05	57.6	31.51	270	8.83	1.8
2010	197.8	29.88	69.9	21.35	390.8	44.74	2

注：*数据为剔除博物馆免费开放后门票损失影响的修正数据，修正方法详见表技 2-38，增速按不变价格计算，设上年=100。

2006 年文物系统可支配财政资金为 48.5 亿元，2010 年达到 197.8 亿元，“十一五”期间的年平均增速约为 38.39%，平均增速比“十五”期间高出 2.1 倍，这充分体现了我国对文物系统的支持力度正在不断加大。

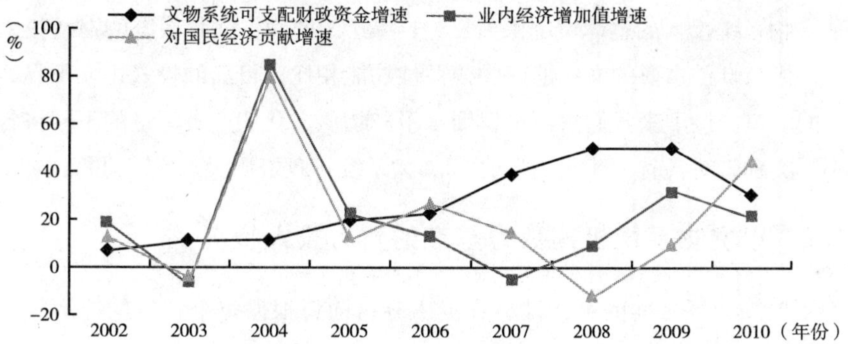

图评 2-1　2002~2010 年文物系统财政拨款、业内经济增加值及对国民经济贡献环比增长率

从投入的增速来看，投入增加的态势更为明显（如图评2－1）。2006～2007年、2007～2008年、2008～2009年、2009～2010年文物系统可支配财政资金的增长率分别达到了39.18%、50.37%、50.05%和29.88%，虽然年均增幅存在波动，但一直保持着良好的增长势头，这更加表明政府对大力发展文物事业，力求实现“文化遗产保护成果惠及全体人民”的决心。

如图评2－1所示，从2006年起，我国对文物系统的投入的增速已经超过了业内增加值的增速，根据经济学的收益最大原理，在行政资源总体仍然短缺的情况下，各级政府似乎应减少投入以使得边际收益等于边际成本才是最优选择。然而，正如2009年蓝皮书评估报告中分析的那样，随着博物馆等文博单位的免费开放，为民众提供更多免费优质的公共服务已成为文化遗产事业的主要任务，这样以事业收入的经营收入为主要来源的业内增加值难免暂时下降（如表主1－2所示）。但文化遗产作为文化产业和旅游产业的重要资源，未来其经济功能将更多地体现在培育国民经济新的增长点、带动服务业发展等方面。而且，如图评2－1所示，文物系统对国民经济贡献的增速经几次波动反复之后呈现出明显的上升趋势，2010年文物系统对国民经济的贡献约为同期文物系统可支配财政资金的两倍，文物系统发展的后发优势正在随着投入的增加逐渐显现。考虑这些因素后，可以认为，即便只是从经济学角度考虑文物系统的投入产出比，目前各级政府对文物系统的财政投入仍然远远不够。①

2　各地区2010年文物系统的投入状况

从文物系统投入的整体情况来看：“十一五”期间，文物系统的财政投入呈上升趋势，但与日益重要的文化遗产的公益性功能相比，目前的投入仍显不足，存在相当大的缺口。接下来我们按经济发展水平和物质文化遗产资源量的不同将各省划分为不同类别，对各省“十一五”期间文物系统行政资源投入状况进行比较。

2.1　以文物系统机构数为基准的财力投入状况

为了增加地区之间的可比性，在投入分析前将根据每个省份的经济发展水平

① 根据2010年蓝皮书的研究结论，2007年获取1元的边际收益需要的成本为0.3元，在2009年上升至0.4元，远未达到均衡状态。

和拥有物质文化遗产资源量的大小对31个省份进行类别上的划分，使得在这两个维度上情况比较相近的省份在同一类别中进行比较，这一需求主要通过聚类分析的方法来实现。

聚类分析是依据研究对象的数值特征对样品或指标进行分类的一种多元统计方法。它假定我们所研究的样本或变量间存在着某种程度的相似性，依据一批样本的多个观测指标，将一些彼此之间相似程度较大、关系较密切的类聚集到一个小的分类单位，然后逐步扩大，使得样品关系疏远的聚合到一个大的分类单位，直到所有的样品（或者变量）都聚集完毕，形成一个表示亲疏关系的谱系图。

聚类分析通常依据是对样本还是对变量进行聚类而分为Q型和R型。在文物系统投入产出效率评估时，显然需要的是对样本的聚类分析，即Q型聚类。主要方法是将样本看成是N维空间中的点①，定义点与点之间的距离②，然后根据距离大小进行样本点之间的聚合使其形成小类，小类与小类之间再通过一定方法③进行聚类，最后形成大类。

我们分别选取2010年各省份GDP总量和文物系统机构数④作为对经济发展水平和物质文化遗产资源量的衡量指标，固定划分类别为四类，通过SPSS软件中Classify-K-means Cluster的操作平台进行快速聚类分析。聚类分析的结果如表评2-2所示：

第一类（15个）：北京、天津、山西、内蒙古、吉林、黑龙江、上海、安徽、福建、江西、湖北、湖南、广西、四川、陕西；

第二类（3个）：江苏、山东、广东；

第三类（4个）：河北、辽宁、浙江、河南；

第四类（9个）：海南、重庆、贵州、云南、西藏、甘肃、青海、宁夏、新疆。

沿用前两年评估报告的计算方法，我们用文物系统的财力投入总量（财政投入和固定资产增值的总和）除以各省份文物系统机构数得到平均经济投入。通

① 因为只有经济发展水平和物质文化遗产资源量两个维度，所以N=2。

② 通常有欧式距离、切比雪夫距离、绝对值距离等可供选择。

③ 通常有重心法、最短距离法、最长距离法、类平均法等聚类方法。

④ 主要是文物保护管理机构和文化文物系统博物馆的数量之和。

表评 2-2　按经济发展水平和物质文化遗产资源量的聚类分析结果

地区	GDP(亿元)	文物业机构数(个)	所属类别	地区	GDP(亿元)	文物业机构数(个)	所属类别
北　京	13777.90	66	1	湖　北	15806.09	150	1
天　津	9108.83	26	1	湖　南	15902.12	186	1
河　北	20197.10	224	3	广　东	45472.83	194	2
山　西	9088.10	199	1	广　西	9502.39	125	1
内蒙古	11655.00	141	1	海　南	2052.12	26	4
辽　宁	18278.30	116	3	重　庆	7894.24	60	4
吉　林	8577.06	105	1	四　川	16898.60	273	1
黑龙江	10235.00	155	1	贵　州	4593.97	139	4
上　海	16872.42	31	1	云　南	7220.14	181	4
江　苏	40903.30	195	2	西　藏	507.46	209	4
浙　江	27227.00	184	3	陕　西	10021.53	309	1
安　徽	12263.40	185	1	甘　肃	4119.46	147	4
福　建	14357.12	151	1	青　海	1350.43	42	4
江　西	9435.00	172	1	宁　夏	1643.41	27	4
山　东	39416.20	210	2	新　疆	5418.81	167	4
河　南	22942.68	232	3				

资料来源：反映地区经济发展水平的 GDP 数据均摘自各省份 2010 年国民经济和社会发展统计公报。

过与“十五”期间相应数值进行比较，来反映“十一五”以来各省份对文物系统重视程度的变化。

从各省份情况来看（表评 2-3），绝大多数省份的财力投入有显著增加，其中天津、上海、重庆、浙江等省份的增长幅度尤为明显。“十一五”期间，平均每个文物机构所得财政投入约是“十五”期间的 3.4 倍。相对而言，河南、福建等省份的增幅并不显著，主要是与文物系统规模的基数和之前的投入力度有关。另外，西藏、新疆、山西 2010 年按机构数平均所得经济投入与 2009 年相比反而有少许下降。

根据聚类分析的地区分类结果分别绘图，可以直观地展现“十五”到“十一五”期间各省份文物系统平均经济投入的变动情况（如图评 2-2 至图评 2-4 所示）。

表评 2-3 分地区按机构数平均所得经济投入

单位：千元

地区	“十五”期间平均	2006 年	2007 年	2008 年	2009 年	2010 年	“十一五”期间平均	“十一五”/“十五”
第一类别								
北京	4469	9907	5751	8925	7484	8865	8186	1.8
天津	1163	5590	5763	9167	3904	12267	7338	6.3
山西	518	1445	2050	3272	1952	1806	2105	4.1
内蒙古	441	991	1321	1903	1466	2673	1671	3.8
吉林	532	1459	1412	2198	1177	1917	1633	3.1
黑龙江	269	610	834	965	753	1206	874	3.2
上海	4923	9826	9141	12947	8473	15415	11160	2.3
安徽	394	726	827	1395	1524	1422	1179	3.0
福建	439	771	934	1378	1572	1670	1265	2.9
江西	242	715	752	1450	978	1812	1141	4.7
湖北	450	1188	1915	2424	1518	2738	1957	4.3
湖南	414	965	1190	2087	1701	2263	1641	4.0
广西	392	1071	1174	2128	747	1785	1381	3.5
四川	619	1429	1376	1865	1767	3531	1994	3.2
陕西	379	1354	1368	1443	942	2328	1487	3.9
第二类别								
江苏	889	2372	2594	3783	1751	4206	2941	3.3
山东	910	2227	2297	2657	1757	3364	2460	2.7
广东	1011	2385	2415	2869	2163	3940	2754	2.7
第三类别								
河北	831	1694	2815	1597	1224	2333	1933	2.3
辽宁	639	1876	2020	2398	2324	4554	2634	4.1
浙江	2200	3782	4446	5480	5000	7571	5256	2.4
河南	654	1702	1411	2427	1848	2391	1956	3.0
第四类别								
海南	358	619	807	1134	1411	2049	1204	3.4
重庆	557	2129	2333	3153	2085	4685	2877	5.2
贵州	219	510	656	1286	1038	1430	984	4.5
云南	408	772	659	986	519	1264	840	2.1
西藏	3878	3901	7392	22352	1670	448	7153	1.8
甘肃	486	1596	1922	2659	1700	2077	1991	4.1
青海	409	737	688	1069	837	1117	890	2.2
宁夏	490	1323	1290	2686	1831	2800	1986	4.1
新疆	501	1069	1864	1912	1624	1314	1557	3.1
平均	970	2153	2304	3613	2088	3459	2723	3.4

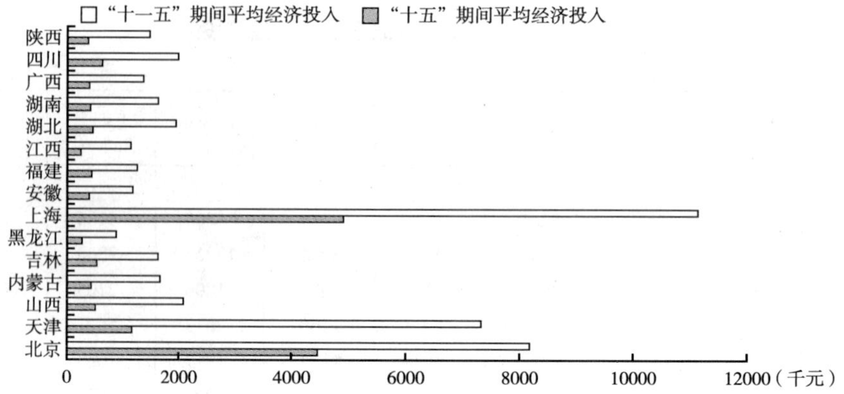

图评 2－2　第一类地区按机构数平均所得经济投入变动情况

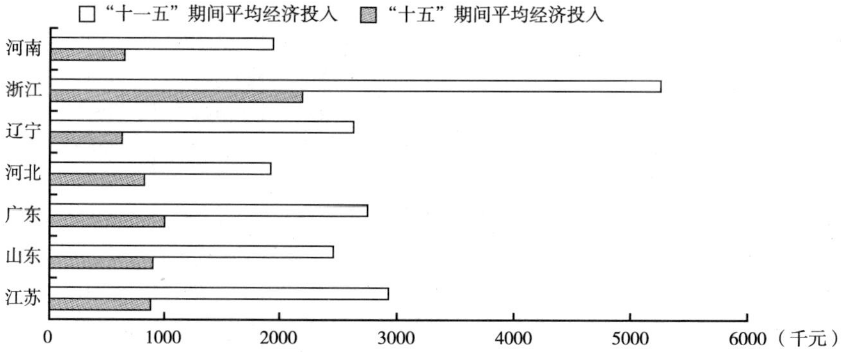

图评 2－3　第二、三类地区按机构数平均所得经济投入变动情况

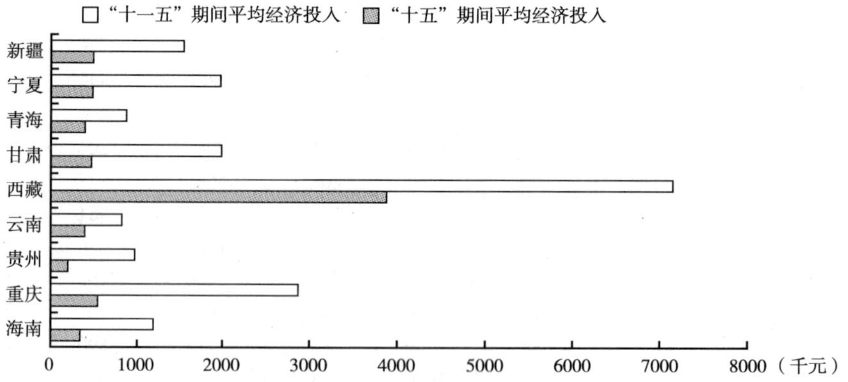

图评 2－4　第四类地区按机构数平均所得经济投入变动情况

由于绝对数值因各省经济水平发展差别较大而可比性不强，因此我们用分地区按机构数平均的财政投入占当地 GDP 比例来考察各省对文物系统的相对重视程度（如表评 2-4）。

表评 2-4　分地区按机构数平均的财政投入占当地 GDP 比例

单位：PPM

地区	“十五”期间平均	2006 年	2007 年	2008 年	2009 年	2010 年	“十一五”期间平均	“十一五”/“十五”
第一类别								
北　京	10.01	8.81	5.23	7.32	8.87	7.57	7.56	0.8
天　津	4.4	3.59	3.08	3.9	2.6	4.45	3.52	0.8
山　西	2.06	6.32	7.4	9.67	8.16	2.21	6.75	3.3
内蒙古	1.92	2.32	2.56	2.89	3.13	1.19	2.42	1.3
吉　林	1.97	2.29	1.87	2.57	3.17	1.62	2.30	1.2
黑龙江	0.59	1.38	1.72	1.73	2.76	0.82	1.68	2.9
上　海	7.6	3.13	2.77	3.5	3.39	5.99	3.76	0.5
安　徽	0.94	1.75	1.52	2.12	3.35	1.10	1.97	2.1
福　建	0.81	1.26	1.3	1.73	2.59	1.12	1.60	2.0
江　西	0.82	2.45	2.33	3.78	3.53	1.07	2.63	3.2
湖　北	0.81	2.34	3.42	3.59	3.28	1.11	2.75	3.4
湖　南	0.82	2.56	2.68	3.91	4	1.19	2.87	3.5
广　西	1.39	2.62	2.44	3.77	2.05	0.82	2.34	1.7
四　川	1.08	3.74	3.1	3.86	5.61	0.99	3.46	3.2
陕　西	1.57	9.49	8.18	7.01	8.79	1.05	6.90	4.4
第二类别								
江　苏	0.67	1.93	1.94	3.12	2.49	0.59	2.01	3.0
山　东	0.66	1.89	1.72	1.68	1.99	0.48	1.55	2.4
广　东	0.72	1.85	1.62	1.64	1.94	0.51	1.51	2.1
第三类别								
河　北	1.14	3.14	4.68	2.37	3.5	0.64	2.87	2.5
辽　宁	1.01	2.05	1.83	2.17	3.37	1.46	2.18	2.2
浙　江	2.37	4.64	4.66	5.08	6.47	2.09	4.59	1.9
河　南	0.85	3.16	2.28	3.41	4.19	0.89	2.79	3.3
第四类别								
海　南	5.18	1.47	1.58	2.02	3.01	6.87	2.99	0.6
重　庆	2.52	3.66	3.85	4.58	4.62	3.91	4.12	1.6
贵　州	1.52	2.41	2.65	4.36	5.53	2.24	3.44	2.3
云　南	1.59	2.97	2.2	2.75	3.25	0.94	2.42	1.5
西　藏	204.31	29.49	25.92	28.23	18.05	3.78	21.09	0.1
甘　肃	3.54	8.27	8.82	11.14	12.01	4.04	8.86	2.5
青　海	10.85	4.94	3.78	4.89	5.95	6.78	5.27	0.5
宁　夏	11.69	4.84	4.5	7.09	6.61	12.37	7.08	0.6
新　疆	2.36	4.11	6.4	6.41	7.9	2.89	5.54	2.3
平　均	2.78	3.51	3.4	4.14	4.6	2.67	4.22	2.0

从对文物事业的财力投入占当地 GDP 的比例来看，“十一五”较之“十五”期间有很大的进步，由 2.78PPM 上升到了 4.22PPM 左右，2008 年突破了 4PPM，在 2009 年升至 4.6PPM，2010 年这一指标有所降低，在一定程度上反映出从全国范围来看对文物系统的重视程度普遍上升。

根据聚类分析的地区分类结果分别绘图，可以直观地展现“十五”到“十一五”期间各省份文物系统平均财政投入占当地 GDP 比例的变动情况（如图评 2－5至图评 2－7 所示）。

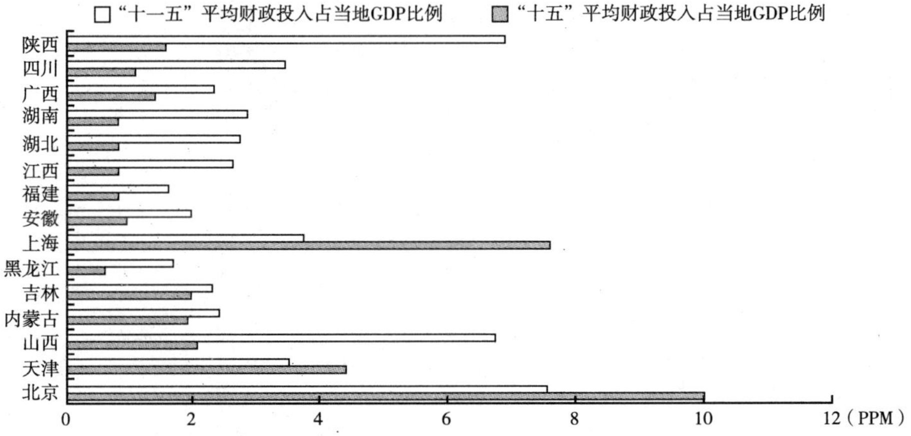

图评 2－5　第一类地区平均财政投入占当地 GDP 比例变动情况

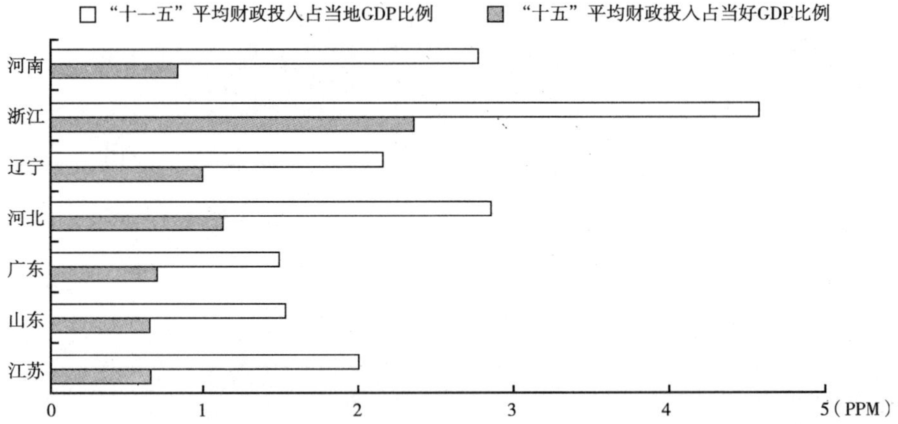

图评 2－6　第二、三类地区平均财政投入占当地 GDP 比例变动情况

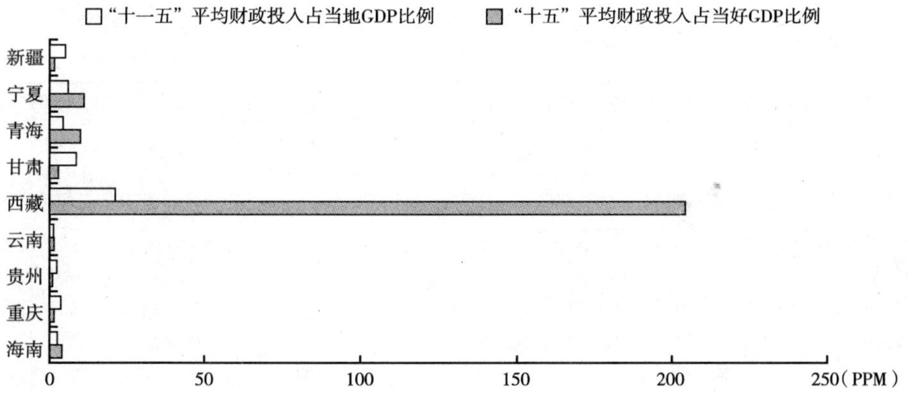

图评 2－7　第四类地区平均财政投入占当地 GDP 比例变动情况

从各省份的情况来看，陕西、湖南、湖北、河南、山西、江西、四川、江苏等省份对文物系统的投入比重明显加大。投入比例下降的省份分为两类，一类是少数较发达的省份，如北京、天津、上海等，文物事业的财力投入占当地 GDP 的比重有所下降，其原因可能有二：其一是当地经济增量超过了对文物系统的投入增量，其二是由于“十五”期间的财力投入力度较大，显得之后的发展力度不足；另外一类则是经济发展较为落后的地区，以青海、宁夏等地区为代表，投入的总量和力度均成为其发展的主要制约因素。

接下来，通过对比“十一五”期间各省份财力投入增速、文物事业规模增速、当地经济发展增速三项指标来进一步分析各省份对文物系统的投入力度（如表评2－5所示）。

如表评 2－5 所示，“十一五”以来，各省份对文物系统的发展给予了更多经济支持，无论是财政拨款还是固定资产增加值，均保持了较高的增长速度，部分地区的增长幅度甚至超过了当地经济发展的增速。2006～2007 年，我国对文物系统的投入增速尚不及经济增速，而 2007～2008 年，对文物系统的投入年增速高达近 50%，显著超过同期经济增速。尽管 2009 年的文物事业机构数大幅增加，规模日益庞大，但对其的投入大体维持这个增速。正是由于连续三年间的财政投入持续增长，使得 2010 年的情况显得比较特殊——由于 2009 年财政投入基数较大，从总体情况来看，2010 年度的文物系统财政投入是略微降低的（1.36%），远低于同期 GDP 平均增长率。

表评 2-5　分地区投入增长率、机构数量增长率及 GDP 增长率比对表

单位：%

地区	2007/2006			2008/2007			2009/2008			2010/2009		
	投入增长率	机构增长率	GDP增长率	投入增长率	机构增长率	GDP增长率	投入增长率	机构增长率	GDP增长率	投入增长率	机构增长率	GDP增长率
第一类别												
北京	-29.50	21.40	18.80	57.00	1.20	12.10	37.20	7.00	13.10	-60.1	8.2	13.4
天津	-0.60	-3.60	15.90	59.10	0.00	25.80	-21.30	0.00	18.00	111.9	0.0	21.1
山西	41.20	-0.50	20.60	58.00	-1.00	21.00	-10.40	0.00	6.20	-44.7	8.7	23.5
内蒙古	40.40	5.40	27.10	44.00	0.00	27.40	35.70	12.70	25.30	37.7	8.5	19.7
吉林	1.10	4.50	23.60	66.80	7.10	21.60	38.30	65.30	12.10	-10.8	6.1	17.8
黑龙江	42.60	4.30	14.20	18.10	2.10	17.60	59.30	16.10	-0.30	-11.0	1.3	19.2
上海	4.30	12.10	17.60	41.60	0.00	12.40	5.50	0.00	8.80	0.1	-6.1	12.1
安徽	3.80	-8.80	19.80	68.70	0.00	20.50	79.10	21.50	13.30	-25.7	25.0	21.9
福建	25.90	4.00	21.50	55.50	5.40	17.00	65.40	13.20	10.40	-24.1	0.7	17.3
江西	11.80	6.30	17.80	91.50	-0.60	17.80	9.40	4.70	17.10	26.3	3.0	23.2
湖北	78.50	10.70	21.80	28.90	1.80	22.70	3.30	3.00	13.20	4.0	-5.1	22.0
湖南	27.00	3.00	21.60	77.10	1.00	21.30	18.40	-1.00	15.90	-18.6	-2.6	21.8
广西	15.20	5.10	23.30	85.60	2.40	20.40	-41.70	2.40	7.40	63.7	3.3	22.5
四川	0.90	4.90	21.60	48.10	9.30	19.00	64.30	-0.40	13.20	43.7	11.0	19.4
陕西	4.20	3.20	20.80	7.40	1.80	25.30	49.80	3.30	19.50	8.6	1.0	22.7
第二类别												
江苏	19.30	9.10	18.90	89.90	30.20	17.80	-10.30	6.80	12.40	14.7	6.6	18.7
山东	7.00	3.70	17.60	16.90	1.00	19.70	29.20	16.30	8.80	11.6	0.5	16.3
广东	4.30	3.00	18.60	15.90	-2.40	14.80	29.70	2.50	9.50	11.5	3.7	15.2
第三类别												
河北	75.50	5.60	17.60	-40.30	5.30	18.10	55.40	-1.70	5.20	-24.2	0.0	17.2
辽宁	6.60	-1.00	19.20	44.80	22.00	22.10	73.80	9.00	11.90	13.2	0.0	20.2
浙江	20.00	2.10	19.30	24.50	1.00	14.40	35.50	5.00	6.30	-11.4	0.5	18.4
河南	-13.20	4.70	20.10	83.30	6.60	22.60	29.10	-0.80	5.20	-38.2	-1.3	17.8
第四类别												
海南	25.10	-4.00	16.20	52.20	8.30	19.30	68.40	0.00	12.80	7.6	8.3	24.1
重庆	24.20	13.30	18.10	47.10	8.80	23.60	29.30	20.30	28.10	-2.7	0.0	20.9
贵州	32.20	2.80	20.20	99.70	1.80	21.60	48.20	22.10	16.80	-13.1	5.3	17.4
云南	-12.40	2.60	18.30	50.70	0.60	20.20	27.70	49.10	8.20	37.2	2.3	17.0
西藏	3.40	-45.50	17.60	26.00	-58.30	15.70	-28.70	380.00	11.50	-51.9	895.2	15.0
甘肃	26.60	5.10	18.70	48.40	7.30	17.50	14.80	8.30	6.50	-17.9	8.9	21.6
青海	-6.60	0.00	22.10	59.00	2.30	22.70	36.90	4.50	12.50	-27.5	-4.5	24.9
宁夏	16.30	19.20	25.10	94.80	-6.50	23.50	13.20	3.40	21.50	-10.7	0.0	21.4
新疆	80.30	3.40	15.70	19.50	16.50	19.30	25.30	14.20	1.70	-41.7	6.4	26.7
平均	18.56	3.10	19.65	49.67	2.42	19.83	28.06	22.15	12.00	-1.36	32.09	19.68

2.2　以文物系统机构数为基准的平均从业人员情况

人才资源是第一资源。文物系统的可持续发展不仅需要增加财力投入，更需要提高从业人员的数量和质量。我们继续以平均从业人数及其相对排名来考察“十一五”期间各省的从业人员数量状况。

如表评2－6所示，“十五”期间，我国文物系统机构按机构数平均的从业人员数约为20.45人，“十一五”期间平均数约为21.24人，增加了约10%。这表明“十一五”以来文物系统人才队伍规模在逐步壮大。

表评2－6　各省份按机构数平均从业人员情况

单位：人

地区	“十五”期间平均	2006年	2007年	2008年	2009年	2010年	“十一五”期间平均	“十一五”/“十五”
第一类别								
北　京	38.1	59.43	52.38	52.27	55.46	60.68	56.04	1.5
天　津	35.47	34.07	35.59	35.3	34.63	32.23	34.36	1.0
山　西	22.36	23.57	27.4	25.2	25.8	19.44	24.28	1.1
内蒙古	13.33	13.22	13.75	13.92	13.8	13.33	13.60	1.0
吉　林	19.07	17.54	17.17	16.33	13.23	11.89	15.23	0.8
黑龙江	7.8	8.25	9.08	9.45	9.55	8.31	8.93	1.1
上　海	47.28	37.85	35.97	32.97	33.08	35.03	34.98	0.7
安　徽	10.45	10.78	11.13	11.83	11.32	9.79	10.97	1.0
福　建	8.94	10.04	9.46	10.62	9.51	9.52	9.83	1.1
江　西	13.84	14.69	13.62	15.44	14.84	15.92	14.90	1.1
湖　北	20.56	24.06	22.54	21.57	23.16	17.75	21.82	1.1
湖　南	11.77	13.98	14.34	14.81	16.86	14.00	14.80	1.3
广　西	9.33	10.14	9.65	10.09	11.26	10.96	10.42	1.1
四　川	17.48	20.07	19.7	18.34	20.2	18.64	19.39	1.1
陕　西	22.21	20.85	22.1	21.45	23.07	22.35	21.96	1.0
第二类别								
江　苏	14.43	16.51	16.04	16.75	17.31	16.02	16.53	1.1
山　东	23.36	24.85	24.79	24.63	21.54	21.84	23.53	1.0
广　东	14.69	17.41	15.71	16.71	17.94	16.63	16.88	1.1
第三类别								
河　北	27.49	28.76	28	26.05	27.95	25.22	27.20	1.0
辽　宁	20.29	27.56	28.99	68.1	24.21	25.27	34.83	1.7
浙　江	14.72	18.46	18.7	20.58	21.08	22.23	20.21	1.4
河　南	25.02	29	30.97	29.56	32.83	25.25	29.52	1.2

续表

地区	"十五"期间平均	2006年	2007年	2008年	2009年	2010年	"十一五"期间平均	"十一五"/"十五"
第四类别								
海　南	11.43	12.44	10.5	11.54	11.27	11.38	11.43	1.0
重　庆	18.81	21.58	22.24	19.66	20.06	20.53	20.81	1.1
贵　州	6.54	8.55	8.82	10.03	10.62	10.50	9.70	1.5
云　南	7.47	7.99	8.31	7.69	6.45	6.64	7.42	1.0
西　藏	104.9	27.45	201.83	111.2	15.42	19.20	75.02	0.7
甘　肃	17.31	18.34	18.95	18.58	21.42	16.73	18.80	1.1
青　海	6.77	7.23	7.37	7.75	7.96	6.26	7.31	1.1
宁　夏	13.63	15.69	15.58	19.14	17.3	18.81	17.30	1.3
新　疆	9.18	11.92	12.98	10.84	9.8	7.21	10.55	1.1
平　均	20.45	19.75	25.28	23.50	19.32	18.37	21.24	1.1

根据聚类分析的地区分类结果分别绘图，可以直观地展现“十五”到“十一五”期间各省文物系统机构平均从业人员数量的变动情况（如图评2－8至图评2－10所示）。

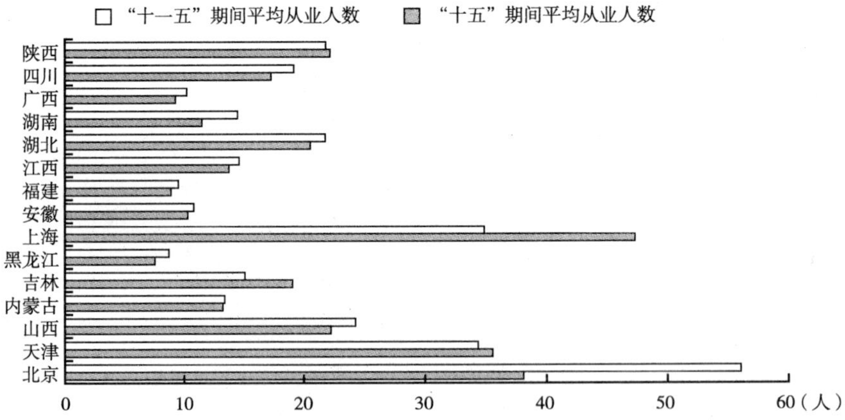

图评2－8　第一类地区平均从业人员数量变动情况

李长春同志在2010年文化遗产日发表的署名文章中，对人才队伍建设给予了高度的重视和深切的期望，提出“要加强文化遗产工作队伍建设，努力造就一批知识渊博、品质优秀、甘于奉献的专门型人才，一批敢于创新、善于创新的

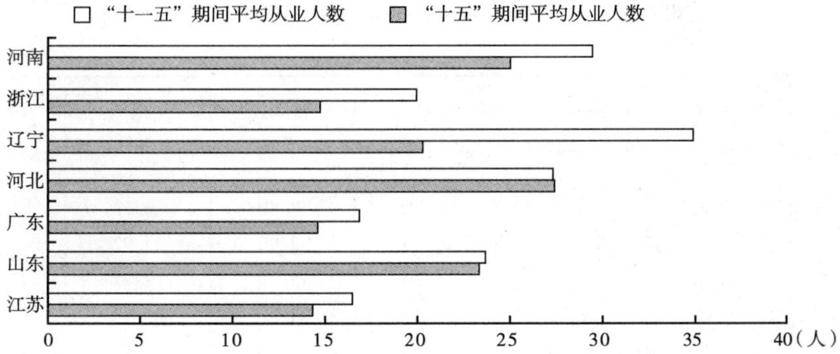

图评2-9　第二、三类地区平均从业人员数量变动情况

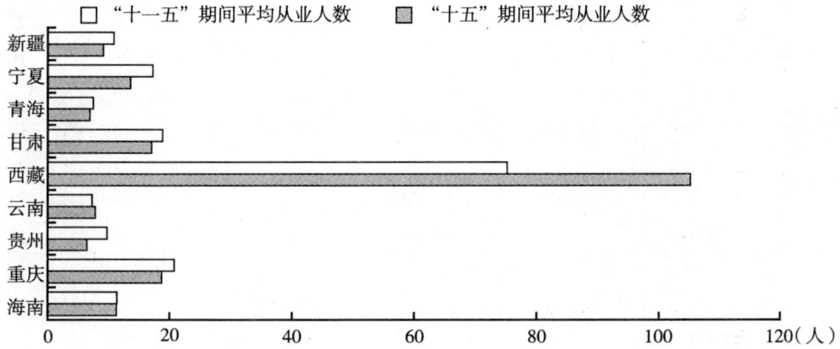

图评2-10　第四类地区平均从业人员数量变动情况

创新型人才，一批熟悉和掌握古代科技知识和传统工艺的专业型人才，一批善于运用现代科技保护和利用文化遗产的科技型人才，一批熟悉文化遗产工作、懂经营善管理的复合型人才，一批历史文化知识丰富、具有世界眼光、熟悉外语的外向型人才”。然而，由于数据所限，我们只能将从业人员中具有中高级职称的视为文物系统里的专业型人才，以此来衡量文物系统的人力资源质量。

如表评2-7所示，“十一五”期间，全国文物系统机构中具有中高级职称的从业人员所占比例平均约为21.04%，年度之间变化幅度不大，均稳定在20%左右。根据聚类分析的地区分类结果分别绘图，可以直观地展现“十五”到“十一五”期间各省份文物系统机构中高级职称从业人员所占比例的变动情况（如图评2-11至图评2-13所示）。

表评 2 –7　分地区中高级职称从业人员所占比例

单位：%

地区	2006 年	2007 年	2008 年	2009 年	2010 年	“十一五”期间平均
第一类别						
北　京	7.80	6.50	6.80	8.80	6.12	7.20
天　津	29.70	27.80	28.90	32.90	35.92	31.04
山　西	15.10	11.70	14.30	15.70	12.72	13.90
内蒙古	28.90	24.30	28.10	29.50	29.73	28.11
吉　林	35.70	35.50	33.80	35.20	37.10	35.46
黑龙江	41.60	33.00	32.60	37.70	42.16	37.41
上　海	27.20	23.70	26.00	29.20	29.37	27.09
安　徽	26.40	27.00	24.70	24.30	23.07	25.09
福　建	22.00	22.60	22.20	23.50	23.09	22.68
江　西	16.60	18.50	14.20	17.60	16.79	16.74
湖　北	26.20	23.20	25.30	32.90	33.73	28.27
湖　南	17.90	13.00	13.40	16.80	16.55	15.53
广　西	24.80	23.60	24.70	26.20	25.33	24.93
四　川	14.00	13.50	13.40	15.30	13.34	13.91
陕　西	14.00	13.00	14.70	14.70	13.54	13.99
第二类别						
江　苏	26.70	24.70	21.30	24.50	29.77	25.39
山　东	28.90	25.00	27.00	29.40	28.11	27.68
广　东	11.70	13.60	13.60	16.80	16.58	14.46
第三类别						
河　北	14.10	10.70	11.90	15.10	13.88	13.14
辽　宁	24.50	21.40	9.70	30.20	31.76	23.51
浙　江	19.70	18.60	18.70	20.80	20.81	19.72
河　南	13.90	12.70	12.30	14.20	15.72	13.76
第四类别						
海　南	12.50	13.10	10.70	13.30	9.80	11.88
重　庆	19.00	15.70	18.00	22.20	25.57	20.09
贵　州	13.80	13.20	13.20	12.60	10.97	12.75
云　南	31.50	29.60	36.00	33.40	37.69	33.64
西　藏	5.80	1.50	7.60	15.90	0.87	6.33
甘　肃	18.30	18.30	19.00	15.90	11.55	16.61
青　海	31.80	37.90	30.20	35.80	36.12	34.36
宁　夏	25.50	17.60	16.00	22.70	20.28	20.42
新　疆	21.40	18.00	17.50	16.50	12.04	17.09
平　均	21.52	19.63	19.54	22.57	21.94	21.04

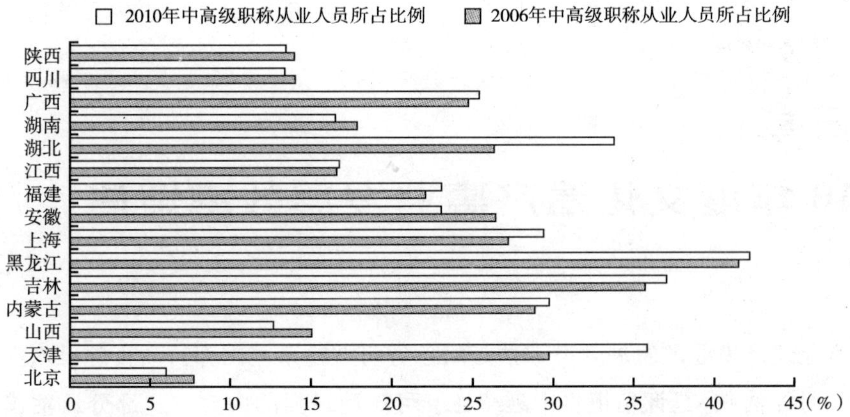

图评 2-11 第一类地区中高级职称从业人员所占比例的变动情况

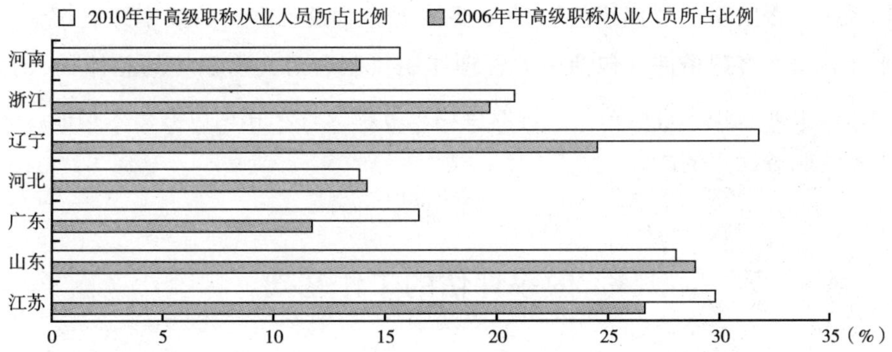

图评 2-12 第二、三类地区中高级职称从业人员所占比例的变动情况

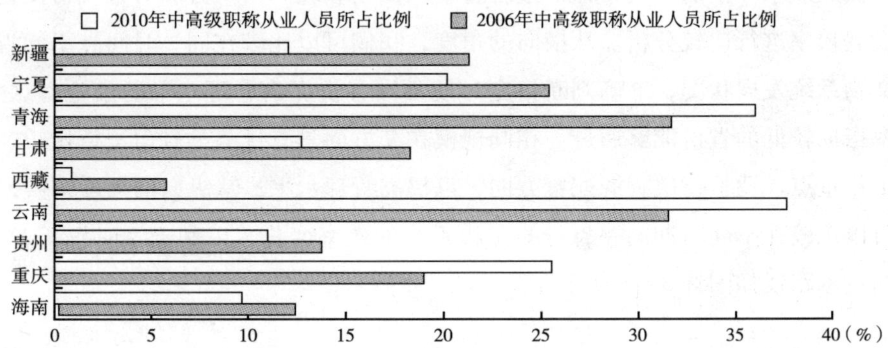

图评 2-13 第四类地区中高级职称从业人员所占比例的变动情况

B.12
第三章
2010 年度文化遗产事业发展效率评估

文化遗产事业的发展效率评估是对各省份文物系统内部行政资源投入产出效率的相对评估①，是评估报告中延续性、可比性最强的内容。这部分评估，所考察的是在相关行政资源已经调配到各省份的情况下，各省份文物系统按发挥三大功能和促进保护这四方面要求来看调配行政资源的效率，是管理水平角度各省份文物系统是否实现了“四个好”的重要体现。对投入产出的效率开展评估，有利于各省份在客观条件（包括相关管理体制机制、对文物系统的总体投入）受限的情况下提高相关行政资源产出效率以更好地发挥文化遗产的三大功能，提高文物系统服务民生的能力。

1　效率评估的工作基础

1.1 效率评估的技术路线

按照效率评估的体例，评估报告着重从横向和纵向两个方面对各省份文物系统发展效率进行比较分析。从横向的角度，我们可以比较在同一时间点不同省份的文物系统发展状况，准确判断指定时期不同省份提高管理水平的余地。这样，效率指标较低的省份能够通过与相同规模在某方面具有优势的省份进行比较，找出工作重点，调整行政资源配置方向，以提高管理水平；从纵向的角度来看，我们可以比较在不同时期同一省份的文物系统的效率变化，以利于及时扬长避短。评估技术路线如图评 3 -1 所示。

---

① 由于管理体制的限制，文化遗产事业的全部还难以涉及，因此今年的文化遗产蓝皮书中的文化遗产事业评估仍只能以文物系统评估替代。

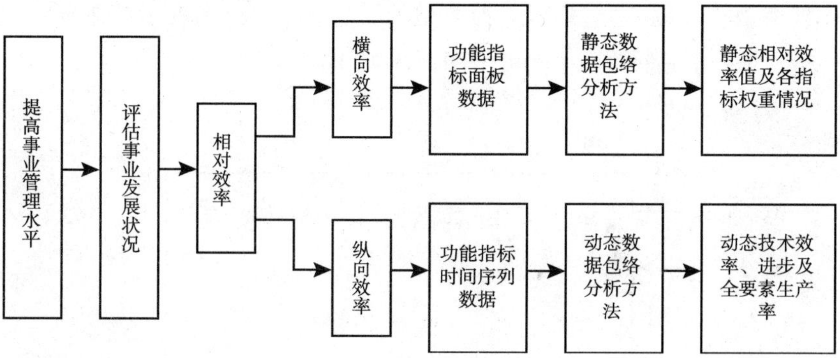

图评3-1　评估报告技术路线图

这部分的方法和数据来源延续了前三部蓝皮书：在方法上，沿用数据包络分析法（DEA）衡量投入产出效率，主要数据来源依然是《全国文物业统计资料（2010）》。

1.2　效率评估的基本方法

实现文物系统发展的投入产出效率分析，我们主要借助于数据包络分析法（DEA）。DEA是一种评价具有多个输入、多个输出的相同类型的决策单元DMU（Decision Making Units）间相对有效性的方法，它是基于同类型决策单元集合中各元素间的比较。该方法能够避免由于主观确定权重带来的分歧①，并且能够根据观测值来估计有效生产前沿面，不需要构造生产函数。从投入产出分析的角度看，DEA方法是用来评价具有多个输入，特别是具有多个输出（生产函数的一种推广）的"生产部门"既为"规模有效"又为"技术有效"的有效方法。它的静态模型有着丰富的发展历程，在此基础上发展起来的动态模型，也恰好满足我们对从横向、纵向两方面进行文物系统发展效率评估的思路，② 下面将两种基本模型作简单介绍。

——静态模型

DEA方法最基本的模型是C^2R模型，假设有n个决策单元，每个决策单元

① 考虑到文化遗产事业具有三大功能，而这三大功能在不同的发展时期又有不同的侧重，所以我们调整过的DEA分析方法仍然需要赋以权重，但是通过同类对比可以避免由于简单的主观确定权重带来的偏颇。

② 2008年蓝皮书评估报告中已经论证了DEA方法是符合文化遗产事业评估标准的相对比较方法，在多投入多产出分析中能避免权重选取的主观性和比较变量间的相关性等问题。

都有 m 种类型的“输入”，以及 s 种类型的“输出”，分别表示该单元“耗费的资源”和“工作的成效”。它们可由图评 3 －2 给出。

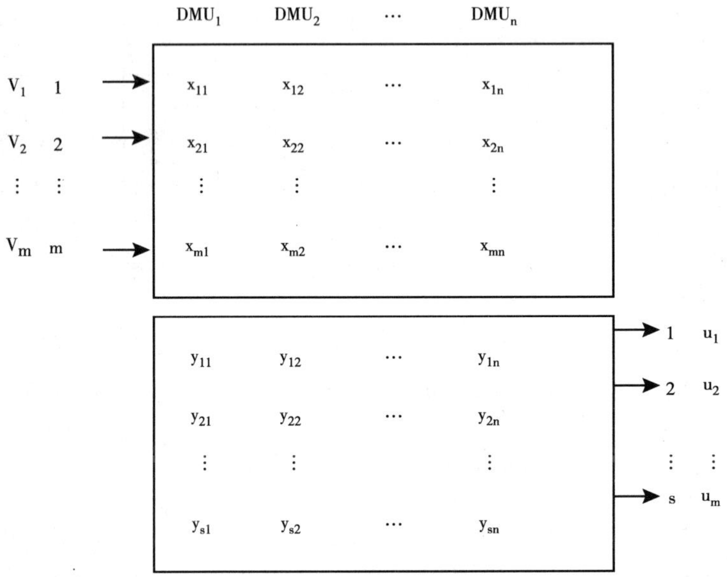

图评 3 －2　DEA 基本模型示意图

其中，x_{ij} 为第 j 个决策单元对第 i 种类型输入的投入量；y_{rj} 为第 j 个决策单元对 r 种类型输出的产出量；v_i 为第 i 种类型输入的一种度量（“权重”）；u_r 为对 r 种类型输出的一种度量（“权重”）；而且 $x_{ij} > 0$，$y_{rj} > 0$，$v_i \geqslant 0$，$u_r \geqslant 0$，$i = 1,2,\cdots,s$；$j = 1,2,\cdots,n$。

记 $X_j = (x_{1j},\cdots,x_{mj})^T, Y_j = (y_{1j},\cdots,y_{sj})^T, j = 1,\cdots,n$。则可用 (X_j, Y_j) 表示第 j 格决策单元 DMU_j。

对应于权系数 $v = (v_1,\cdots v_m)^T, u = (u_1,\cdots u_s)^T$，每个决策单元都有相应的效率评价指数：

$$h_i = \frac{u^T Y_j}{v^T X_j}, j = 1,2,\cdots,n$$

我们总可以适当地选择权系数 v 和 u，使其满足 $h_i \leqslant 1, j = 1,2,\cdots n$。

现在对第 j_0 个决策单元进行效率评价。简记 DMU_{j_0} 为 DMU_0，(X_{j_0}, Y_{j_0}) 为

(X_0, Y_0)，h_{j_0} 为 h_0，$1 \leqslant j_0 \leqslant n_0$。在各决策单元的效率评价指标均不超过 1 的条件下，选择权系数 u 及 v，使 h_0 最大。于是构成如下的最优化模型。

$$\begin{cases} \max h_0 = \dfrac{u^T Y_0}{v^T X_0} \\ s.t.\ h_j = \dfrac{u^T Y_j}{v^T X_j} \leqslant 1, j = 1,2,\cdots,n \\ v \geqslant 0 \\ u \geqslant 0 \end{cases}$$

——动态模型

不同决策单元的效率变化主要通过全要素生产率的变化，也称 Malmquist 生产率变化指数来反映。在假定规模报酬不变的前提下，全要素生产率的变化是通过距离函数来实现的，即某样本的数值与基期的生产前沿面的相对距离。定义全要素生产率公式为：

$$TFP_{t,t+1} = \left[\frac{d_0^t(y_{t+1}, x_{t+1})}{d_0^t(y_t, x_t)} \times \frac{d_0^{t+1}(y_{t+1}, x_{t+1})}{d_0^{t+1}(y_t, x_t)}\right]^{1/2}$$

该生产率可以分解为：

$$TFP_{t,t+1} = \frac{d_0^{t+1}(y_{t+1}, x_{t+1})}{d_0^t(y_t, x_t)} \times \left[\frac{d_0^t(y_t, x_t)}{d_0^{t+1}(y_{t+1}, x_{t+1})} \times \frac{d_0^t(y_{t+1}, x_{t+1})}{d_0^{t+1}(y_t, x_t)}\right]^{1/2}$$

其中 d_0 代表的是距离函数，上标是数据参考的基期，括号中 x 和 y 是数据计算点。上式中，$TE_{t,t+1} = \dfrac{d_0^{t+1}(y_{t+1}, x_{t+1})}{d_0^t(y_t, x_t)}$ 代表技术效率的变化；而 $TC_{t,t+1} = \left[\dfrac{d_0^t(y_t, x_t)}{d_0^{t+1}(y_{t+1}, x_{t+1})} \times \dfrac{d_0^t(y_{t+1}, x_{t+1})}{d_0^{t+1}(y_t, x_t)}\right]^{1/2}$ 代表的是技术进步。计算每一个距离函数的线性规划如下：

$$\begin{aligned} &[d_0^t(y_t, x_t)]^{-1} = \max_{\varphi,\lambda}\varphi, \\ &-\varphi y_{it} + Y_t\lambda \geqslant 0, \\ &x_{it} - X_t\lambda \geqslant 0, \\ &\lambda \geqslant 0 \end{aligned} \qquad \begin{aligned} &[d_0^{t+1}(y_{t+1}, x_{t+1})]^{-1} = \max_{\varphi,\lambda}\varphi, \\ &-\varphi y_{i(t+1)} + Y_{t+1}\lambda \geqslant 0, \\ &x_{i(t+1)} - X_{t+1}\lambda \geqslant 0, \\ &\lambda \geqslant 0 \end{aligned}$$

$$[d_0^t(y_{t+1},x_{t+1})]^{-1} = \max_{\varphi,\lambda}\varphi, \qquad [d_0^{t+1}(y_t,x_t)]^{-1} = \max_{\varphi,\lambda}\varphi,$$

$$-\varphi y_{i(t+1)} + Y_t\lambda \geqslant 0, \qquad -\varphi y_{it} + Y_{t+1}\lambda \geqslant 0,$$

$$x_{i(t+1)} - X_t\lambda \geqslant 0, \qquad x_{it} - X_{t+1}\lambda \geqslant 0,$$

$$\lambda \geqslant 0 \qquad \lambda \geqslant 0$$

我们针对已有程序将上述规划化为对偶规划，令 $\theta = -\varphi$，那么模型变为求 θ 的最小值，与静态的 DEA 模型进行对比，得到对偶模型如下。

$$\begin{cases}\max(-v\acute{x}_{it}),\\ u\acute{y}_{it} = 1,\\ uY_{it} - vX_{it} \leqslant 0,\\ u,v \geqslant 0\end{cases} \qquad \begin{cases}\max(-v\acute{x}_{it+1}),\\ u\acute{y}_{it+1} = 1,\\ uY_{it+1} - vX_{it+1} \leqslant 0,\\ u,v \geqslant 0\end{cases}$$

$$\begin{cases}\max(-v\acute{x}_{it+1}),\\ u\acute{y}_{it+1} = 1,\\ uY_{it} - vX_{it} \leqslant 0,\\ u,v \geqslant 0\end{cases} \qquad \begin{cases}\max(-v\acute{x}_{it}),\\ u\acute{y}_{it} = 1,\\ uY_{it+1} - vX_{it+1} \leqslant 0,\\ u,v \geqslant 0\end{cases}$$

将各省份看作类型相同的决策单元，投入指标为人力、物力、财力，产出指标为经济、教育、科研功能和保护绩效的大小，就可以将各省份文化遗产的效率评估问题与 DEA 模型要解决的问题对应起来，利用上述模型进行权重系数的求解。

1.3　效率评估的指标体系

我们仍沿用“三投入、四产出”的效率评估指标体系（如表评 3－1），仅对数据进行年度更新。

表评 3－1　文物系统发展效率评估指标体系

投入状况			产出状况			
资金投入	人力投入	资本投入	经济贡献	教育贡献	科研贡献	文保绩效
财政资金	文物业从业人数	固定资产增加值	经营收入 事业收入	青少年参观者人数	科研项目 考古项目	总体保护绩效

1.4　效率评估的偏好改进

给每项指标赋予权重是应用 DEA 方法的基础性工作。鉴于本年度的评估重点是“十一五”期间的文物系统投入产出效率，因此在指标权重确定方面课题组仍然沿用 2010 年蓝皮书中对 32 位相关专家进行指标赋权的德尔斐法调查得到的指标限制区间，最终结果如下：

财政拨款/从业人员：　[1/5，3]

财政拨款/固定资产增加值：　[1/7，1]

从业人员/固定资产增加值：　[1/3，3]

经济增加值/青少年参观人数：[3/7，5/3]

经济增加值/科研成果：　[1，3]

经济增加值/保护效率：　[3/5，5/3]

青少年参观人数/科研成果：　[1，5]

青少年参观人数/保护效率：　[1/5，7/3]

科研成果/保护效率：　[1/5，1]

为了使在效率评估时能够在更自由的空间彰显不同省份的优势所在，本年度评估报告将放宽区间限制，使各省能够因地制宜，寻找符合自身条件的资源配置方式，达到最佳产出效果。

1.5　效率评估的步骤安排

根据评估目的并考虑到研究成果的可比性，本年度评估报告沿用 2010 年蓝皮书的分析体例，仍选用财政资金投入、从业人员数量、固定资产增值、经济增加值、青少年参观人数、科研成果、保护效果七项指标构成的“三投入、四产出”评价指标体系进行分析。开展评估的主要步骤如图评 3－3 所示。

首先我们计算出在不对投入产出指标做任何限制时（即偏好自由时），各省文物系统的发展效率，其效率值是各省的既定总投入下任意调整投入资源的配比，得到产出最大时相对的最高效率值。通过对投入产出指标的赋权状况可以分别看出各省份在哪些资源上存在冗余和哪项产出带来的收益较大。

其次，计算既定政策条件下的效率值。完美状况下的计算结果可以帮助各省了解自身优势，但由于现实中在教育、科研、经济三方面的投入缺一不可，三大功能的发挥也不能顾此失彼，我们还需要按照国家对文物系统发展的要求和特定历史阶段的政策倾向来进行事业发展效率的评估。因此，再将专家偏好矩阵带入模型中，考察各省文物系统在政策既定偏好下的效率值。当然，德尔斐法得到的专家主观意见并不一定能完全反映各方面发展的偏好，所以我们分别突出某一项功能的重要性，对产出指标加以权重限制，再次计算效率值，来看各省份在各项功能的发挥方面取得的相对成绩。

最后，利用 DEA 动态模型，展现 2009 ~ 2010 年各省份的发展效率变化情况。评估步骤如图评 3 – 3 所示。

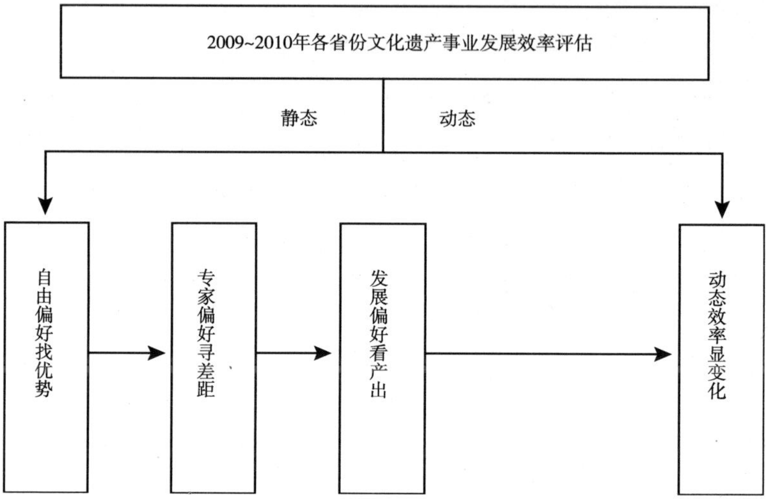

图评 3 – 3　文物系统投入产出效率评估步骤

2　2010 年文物系统发展静态效率

2.1　2010 年自由偏好下各省文物系统发展静态效率

在计算各省文物系统发展静态效率之前，根据效率评估指标体系设计，需要明确反映“文物保护绩效”指标的统计口径。由于数据来源的局限，[①] 对不可移

① 不可移动文物保护状况，目前在前六批 2352 处全国重点文物保护单位中也只有 1108 处有官方统计数据；馆藏文物保护状况，迄今为止只有 2005 年结束的全国馆藏文物腐蚀状况调查（详细情况参见 2009 年蓝皮书主题报告第一章，严格意义而言这次调查也只是一次抽样调查）能够提供相关数据。需要说明的是，数据局限使得本节中的算法只是一种权宜做法，这也反映了文物系统的工作仍有“基础不牢”之处。另外，还有相当数量的馆藏文物为文物科研机构所保管，目前的常规统计和相关调查没有提供这些馆藏文物的保护状况的面上数据，所以我们在本节的计算中没有将其纳入计算范围。

动文物（全国重点文物保护单位）和可移动文物（主要考虑文化文物系统博物馆馆藏文物）的保护绩效，计算公式如下：

各省文物系统的保护效果＝各省全国重点文物保护单位的保护率×文物保护管理机构数＋各省馆藏文物保护率×博物馆机构数。

首先，根据全国重点文物保护单位基本属性表，将各个全国重点文物保护单位三项指标（保存状况，保护价值，安全保卫）的状况分为完好、较好、一般、较差、很差五个等级，并赋予相应的分值（5 分，4 分，3 分，2 分，1 分）；然后计算各省的最终得分，赋予各省的所有单元5 分，计算出完美状况下的总分；再求出最终得分与总分的比值，作为各省的文物平均保护率；最后将平均保护率乘以各省的文物保护机构数，这样即可得到各省文物保护管理机构的文物保护状况（保护率）。其次，文化文物系统博物馆馆藏文物则根据“馆藏文物腐蚀损失调查”中文物的腐蚀程度（基本完好，中度腐蚀，重度腐蚀，濒危）来赋予相应分值（4 分，3 分，2 分，1 分），将每一类腐蚀状况下的文物数量乘以相应的分值，得到各省馆藏文物保护效果的实际得分，再将各省的总得分定义为所有馆藏文物都处于基本完好状态下的得分，二者之比即可作为该省（区、市）馆藏文物的平均保护率。同理，将平均保护率乘以各省的博物馆机构数，可得到各省文物保护的总效果①。最后，将文物保护单位和博物馆馆藏文物的总体保护效果相加，即为最终的保护效果数值。

评估所需的各项指标基础数据完备以后，将 2010 年的各项指标数据进行无量纲化处理，计算得到各省自由偏好下的综合效率。表评 3－2 的后 7 列展示了赋权状况，给予高投入低权重、高产出高权重后，共有 14 个省（区、市）的效率值可以达到 1，分别为北京、河北、山西、江苏、浙江、安徽、福建、江西、河南、湖北、广西、重庆、西藏、青海。

---

① 更为理想的做法是：首先获取各省所有国有的馆藏文物按等级（一级文物，二级文物，三级文物，一般及未定级文物）划分的数量统计数据；接下来根据各个等级文物的腐蚀程度（基本完好，中度腐蚀，重度腐蚀，濒危）来赋予分值（4 分，3 分，2 分，1 分）；馆藏文物的等级不同其综合价值有所差异，因此对保护程度的要求也不同，按照等级对文物赋予不同权重，例如一件一级文物相当于 1.5 个二级文物，2 个三级文物，3 个一般或者未定级文物进行此类换算，得到各省所有国有的馆藏文物的加权数量。但由于缺少对不同文物等级的腐蚀状况统计，因此仅对各省文化文物系统的馆藏文物按不同腐蚀程度进行赋值计算。

表评 3-2　2010 年自由偏好下各省份文物系统发展静态效率

地区	效率值	赋权状况						
		财政资金	从业人数	固定资产增值	经济增加值	青少年参观人数	科研成果	保护效果
北　京	1.0000	0.95	0.98	0.83	20.95	5.18	0.51	5.74
天　津	0.7242	31.81	0.00	9.61	0.00	96.58	0.00	23.69
河　北	1.0000	7.43	0.50	7.47	30.34	2.48	0.12	3.52
山　西	1.0000	0.57	0.63	10.08	10.45	0.24	24.25	10.05
内蒙古	0.5064	0.00	5.37	14.09	0.00	13.79	29.84	13.78
辽　宁	0.3858	0.00	3.32	8.71	0.00	8.53	18.45	8.52
吉　林	0.7065	0.46	7.91	20.16	0.00	10.49	56.07	22.13
黑龙江	0.9188	19.83	0.00	17.28	69.90	0.00	0.00	0.00
上　海	0.8638	0.00	9.17	20.22	0.00	74.53	0.00	19.16
江　苏	1.0000	0.44	6.04	0.57	0.92	24.09	0.16	0.93
浙　江	1.0000	2.32	1.90	3.87	0.05	19.54	0.06	4.94
安　徽	1.0000	20.21	0.34	2.70	0.39	0.59	60.10	0.81
福　建	1.0000	12.49	0.11	14.21	3.88	12.48	48.02	2.09
江　西	1.0000	14.68	0.15	4.90	6.08	0.32	42.20	1.96
山　东	0.7117	4.97	0.00	1.81	0.00	1.04	17.28	6.27
河　南	1.0000	0.44	7.69	0.68	26.29	0.53	0.16	1.89
湖　北	1.0000	3.81	5.52	2.51	0.37	5.09	28.34	1.68
湖　南	0.9134	7.88	0.00	7.07	6.35	24.10	0.00	6.68
广　东	0.8752	5.70	0.00	5.85	0.23	24.73	0.00	6.04
广　西	1.0000	0.06	8.78	21.99	0.84	7.64	63.28	21.62
海　南	0.9994	9.21	0.00	117.64	0.00	0.00	345.42	80.63
重　庆	1.0000	25.13	0.14	0.39	0.00	64.94	0.54	13.24
四　川	0.9595	0.00	3.83	0.00	0.00	0.00	15.43	5.74
贵　州	0.9519	18.48	0.00	16.11	65.16	0.00	0.00	0.00
云　南	0.9662	4.83	0.00	24.13	0.00	15.80	60.38	25.09
西　藏	1.0000	10.52	12.08	9.52	400.42	0.72	0.73	31.97
陕　西	0.9858	0.00	1.74	5.51	10.07	0.12	7.16	4.13
甘　肃	0.7434	2.68	0.00	13.40	0.00	8.77	33.52	13.93
青　海	1.0000	5.89	7.34	87.03	100.39	140.15	49.82	10.01
宁　夏	0.6540	0.00	20.77	57.17	12.96	31.71	129.52	54.72
新　疆	0.8024	0.00	6.31	23.19	0.00	14.31	55.97	23.09

从投入指标的赋权状况来看，重庆、安徽、江西、福建等省份在财力投入上相对节约，取得了较大的收益，西藏、广西、河南等地在人力方面具有明显优

势，而青海、广西、山西等省份则因为较少的物力投入取得了相对较高的效率值。从产出指标的赋权状况来看，西藏、青海、河北、河南等省份在经济增加值上表现突出，安徽、广西等省份的科研成果显著，西藏、广西、重庆、山西在保护效果上权重较高，江西等省份在三大功能和保护绩效方面发挥得比较均衡。从表评3-2还可以看出，有些省份在自由配置资源的状况下，仍无法达到生产前沿面，例如辽宁、内蒙古、宁夏在财政资金投入方面均为零赋权，这说明上述三省份在2010年对文物系统的财力投入非常大，但相应产出未能在短时间内得以显现，从而导致了相对效率值的低下。这种产出滞后性一定程度上影响了评估结果的公正性，这一问题只能在较长时间的评估期内得以缓解。

2.2　2010年专家偏好下各省份文物系统发展静态效率

上一节计算得到了各省份自由偏好下的综合效率。但是具体到我们的评估工作，由于文物系统发展效率评估中教育、科研、经济三大功能及保护相互之间的地位在不同时期根据发展需要会有所侧重，这种侧重暂时只能通过业内专家和领导的主观认识来反映①。融入这种反映后的评估才能体现各省份文物系统在这段时间内是否按照既定发展目标所需要的优先顺序来发展。因此，给文物系统一个符合科学发展理念的偏好，是使评估结果更贴近现实、指导工作更具操作性的做法。为此，我们采用之前计算的专家偏好区间对各省份的文物系统发展效率进行评估。表评3-3显示了2010年各省份的相对发展效率值。可以看到，北京、福建、湖北、青海的效率值达到了1，其他绝大部分的效率值均在0.6以上。

其中，福建省以相对较少的固定资产投入获得相对突出的经济成果和保护效果，因此也到达了生产前沿面。从表评3-3可以看到，黑龙江、上海、新疆等省份在投入上较为均衡，经济产出和保护效果相对突出；湖南、云南因为吸引了较多的青少年参观，教育功能上的突出表现使得效率较高。青海、海南等以较少的人员和固定资产投入分别获得了较好的保护绩效和较高的经济贡献。同时，内蒙古、天津、辽宁等省份还有较大的资源配置改善空间。

① 我们将这种认识简称为专家偏好。

表评 3-3　2010 年专家偏好下各省份文物系统发展静态效率

地　区	效率值	赋权状况						
		财政资金	从业人数	固定资产增值	经济增加值	青少年参观人数	科研成果	保护效果
北　京	1.0000	3.15	1.70	3.33	6.16	7.62	6.35	5.11
天　津	0.4550	10.52	5.84	12.98	8.87	44.34	14.78	17.53
河　北	0.7994	3.07	1.71	3.95	8.77	2.92	8.77	5.12
山　西	0.8887	3.89	2.16	9.45	13.84	4.61	13.84	6.49
内蒙古	0.4639	5.13	2.85	11.69	4.41	22.03	15.03	8.55
辽　宁	0.3526	3.50	1.94	7.25	3.49	17.44	5.81	5.83
吉　林	0.6121	8.52	4.74	17.53	12.94	38.82	12.94	14.21
黑龙江	0.8262	9.24	3.92	19.61	28.98	9.66	28.98	11.77
上　海	0.5232	7.27	4.04	8.97	6.13	30.64	10.21	12.12
江　苏	0.8324	3.31	1.84	4.08	2.79	13.94	4.65	5.51
浙　江	0.7606	2.24	1.24	2.76	1.89	9.43	3.14	3.73
安　徽	0.9435	11.12	2.22	10.67	5.29	12.34	37.02	6.67
福　建	1.0000	10.52	3.03	14.08	6.78	18.66	35.80	9.09
江　西	0.9266	5.10	2.45	12.26	11.85	7.35	22.06	7.36
山　东	0.6348	2.66	1.48	3.81	3.58	10.73	3.58	4.44
河　南	0.8951	3.04	1.69	3.91	8.68	2.89	8.68	5.07
湖　北	1.0000	6.93	1.85	4.62	6.38	11.14	14.47	5.55
湖　南	0.8946	5.13	1.70	8.50	3.96	19.81	7.90	5.10
广　东	0.7212	2.85	1.58	5.89	2.84	14.18	4.73	4.74
广　西	0.8791	7.27	4.04	18.97	17.06	11.59	34.76	12.11
海　南	0.8357	31.24	17.35	86.76	29.70	69.29	207.88	52.06
重　庆	0.7635	14.21	3.38	6.09	7.49	37.44	12.48	10.15
四　川	0.8706	2.46	1.37	2.46	1.79	8.93	4.54	4.10
贵　州	0.7689	13.20	2.64	13.20	27.04	9.01	27.04	7.92
云　南	0.9502	7.38	4.10	20.51	6.05	30.26	33.51	12.31
西　藏	0.5608	10.16	5.65	13.05	28.99	9.66	28.99	16.94
陕　西	0.8321	2.35	1.31	3.02	6.71	2.24	6.71	3.92
甘　肃	0.6506	4.95	2.75	12.01	17.59	5.86	17.59	8.25
青　海	1.0000	33.58	17.92	80.10	68.44	137.15	79.88	53.76
宁　夏	0.5367	20.49	11.38	49.75	72.86	24.29	72.86	34.15
新　疆	0.6837	8.25	4.58	18.79	7.08	35.42	24.16	13.75

2.3　社会各类偏好下 2010 年各省份文物系统静态效率

在掌握自由偏好、专家偏好下各省份文物系统投入产出的静态效率情况之后，课题组进一步分析了几类特殊偏好下的静态效率值，即经济强偏好（经济∶教育∶科研∶保护 =3∶1∶1∶1），教育强偏好（经济∶教育∶科研∶保护 =1∶3∶1∶1），科研强偏好（经济∶教育∶科研∶保护 =1∶1∶3∶1），保护强偏好（经济∶教育∶科研∶保护 =1∶1∶1∶3），分别计算 2010 年各省份的综合效率，而三个投入指标不做权重限制，否则将失去 DEA 计算方法的科学性。

2.3.1　经济强偏好下分省份效率状况

在经济强偏好下，北京、湖北、西藏的效率值达到了 1（见表评 3－4），约有 87% 的省份效率值超过了 0.5，表明全国绝大多数地区的文物系统经济功能发挥相对较好。其中，陕西、四川、浙江、北京在财政投入和人力方面相对而言均存在冗余。在经济功能上较弱的省份有辽宁、内蒙古、青海、黑龙江、天津等，对于当期产出来讲，内蒙古和辽宁的财力、人力与物力投入量都过大，在未来工作中不宜继续加大。其他各省份也可参照本身投入指标的赋权状况，判断提高未来发展效率的投资方向。

表评 3－4　2010 年经济强偏好下各省份文物系统发展静态效率

地　区	排名	效率值	财政资金	从业人数	固定资产增值	经济增加值	青少年参观人数	科研成果	保护效果
北　京	1	1.0000	1.81	1.81	1.81	25.05	2.52	0.40	5.44
天　津	27	0.5001	8.67	8.67	8.67	0.00	96.58	0.00	26.01
河　北	14	0.7774	2.10	2.10	2.10	30.47	2.53	0.00	6.31
山　西	8	0.8623	3.97	3.97	3.97	2.19	0.00	32.44	11.90
内蒙古	30	0.3557	5.04	5.04	5.04	0.00	4.74	39.06	15.13
辽　宁	31	0.3114	3.08	3.08	3.08	0.00	2.90	23.89	9.25
吉　林	19	0.6242	7.67	7.67	7.67	0.00	7.22	59.44	23.02
黑龙江	28	0.4818	7.71	7.71	7.71	4.25	0.00	63.03	23.13
上　海	16	0.7389	6.69	6.69	6.69	0.00	74.53	0.00	20.07
江　苏	12	0.8030	2.33	2.33	2.33	0.00	25.91	0.00	6.98
浙　江	6	0.9135	1.78	1.78	1.78	0.00	19.79	0.00	5.33
安　徽	4	0.9307	6.97	6.97	6.97	0.00	0.00	61.45	20.91
福　建	10	0.8074	7.89	7.89	7.89	0.00	0.00	69.57	23.67
江　西	9	0.8325	5.80	5.80	5.80	0.00	0.00	51.14	17.40
山　东	18	0.6438	2.10	2.10	2.10	0.00	1.98	16.30	6.31

续表

地区	排名	效率值	财政资金	从业人数	固定资产增值	经济增加值	青少年参观人数	科研成果	保护效果
河南	7	0.8986	2.14	2.14	2.14	1.18	0.00	17.48	6.41
湖北	1	1.0000	3.92	3.92	3.92	1.12	1.49	31.57	11.76
湖南	13	0.7986	4.02	4.02	4.02	0.00	0.00	35.48	12.07
广东	25	0.5302	2.25	2.25	2.25	0.00	25.09	0.00	6.76
广西	15	0.7573	8.40	8.40	8.40	0.00	0.00	74.07	25.20
海南	21	0.5732	39.18	39.18	39.18	0.00	0.00	345.42	117.53
重庆	20	0.6169	5.90	5.90	5.90	0.00	65.69	0.00	17.70
四川	5	0.9258	1.78	1.78	1.78	0.00	1.68	13.81	5.35
贵州	24	0.5461	7.34	7.34	7.34	4.04	0.00	60.03	22.03
云南	17	0.7243	8.95	8.95	8.95	0.00	0.00	78.90	26.84
西藏	1	1.0000	10.61	10.61	10.61	403.24	0.75	0.19	31.84
陕西	11	0.8058	1.53	1.53	1.53	0.84	0.00	12.50	4.59
甘肃	23	0.5656	5.19	5.19	5.19	2.86	0.00	42.45	15.58
青海	29	0.4300	29.47	29.47	29.47	0.00	27.71	228.28	88.40
宁夏	26	0.5156	20.43	20.43	20.43	11.25	0.00	167.06	61.30
新疆	22	0.5691	8.13	8.13	8.13	0.00	7.65	63.02	24.40

2.3.2 教育强偏好下分省份效率状况

2010年在教育强偏好下，仅有湖北、西藏的效率值达到了1。其中，教育功能发挥较好的省份有安徽、江苏、江西、河北、河南、福建、重庆、湖南等。相对而言，辽宁、内蒙古、宁夏等省份的文物系统教育功能发挥不足。

表评3-5　2010年教育强偏好下各省份文物系统发展静态效率

地区	排名	效率值	财政资金	从业人数	固定资产增值	经济增加值	青少年参观人数	科研成果	保护效果
北京	14	0.6558	7.48	2.49	2.49	28.83	0.45	0.00	2.49
天津	23	0.4989	24.10	8.03	8.03	0.00	96.58	0.00	8.03
河北	6	0.8769	9.23	3.08	3.08	35.57	0.56	0.00	3.08
山西	20	0.5241	9.26	3.09	3.09	34.54	0.00	1.95	3.09

续表

地　区	排名	效率值	财政资金	从业人数	固定资产增值	经济增加值	青少年参观人数	科研成果	保护效果
内蒙古	30	0.3187	10.74	3.58	3.58	0.00	43.05	0.00	3.58
辽　宁	31	0.2468	6.89	2.30	2.30	0.00	27.61	0.00	2.30
吉　林	26	0.4093	16.18	5.39	5.39	0.00	64.85	0.00	5.39
黑龙江	17	0.5974	17.83	5.94	5.94	68.71	1.07	0.00	5.94
上　海	22	0.5126	18.59	6.20	6.20	0.00	74.53	0.00	6.20
江　苏	4	0.8958	6.46	2.15	2.15	0.00	25.91	0.00	2.15
浙　江	16	0.6294	4.94	1.65	1.65	0.00	19.79	0.00	1.65
安　徽	3	0.9619	13.48	4.49	4.49	0.00	0.00	61.45	4.49
福　建	8	0.8682	15.27	5.09	5.09	0.00	0.00	69.57	5.09
江　西	5	0.8887	11.22	3.74	3.74	0.00	0.00	51.14	3.74
山　东	24	0.4895	4.63	1.54	1.54	17.83	0.28	0.00	1.54
河　南	7	0.8748	6.94	2.31	2.31	26.75	0.42	0.00	2.31
湖　北	1	1.0000	7.59	2.53	2.53	8.75	8.20	15.05	2.53
湖　南	10	0.8146	7.78	2.59	2.59	0.00	0.00	35.48	2.59
广　东	19	0.5699	6.26	2.09	2.09	0.00	25.09	0.00	2.09
广　西	15	0.6345	16.25	5.42	5.42	0.00	0.00	74.07	5.42
海　南	21	0.5180	75.80	25.27	25.27	0.00	0.00	345.42	25.27
重　庆	9	0.8396	16.39	5.46	5.46	0.00	65.69	0.00	5.46
四　川	13	0.7228	3.97	1.32	1.32	0.00	15.90	0.00	1.32
贵　州	11	0.7610	16.61	5.54	5.54	63.98	1.00	0.00	5.54
云　南	12	0.7579	17.31	5.77	5.77	0.00	0.00	78.90	5.77
西　藏	1	1.0000	82.27	27.42	27.42	410.27	0.41	0.19	27.42
陕　西	18	0.5705	5.79	1.93	1.93	22.33	0.35	0.00	1.93
甘　肃	27	0.3951	10.28	3.43	3.43	38.38	0.00	2.16	3.43
青　海	25	0.4743	76.77	25.59	25.59	0.00	307.69	0.00	25.59
宁　夏	29	0.3288	42.19	14.06	14.06	162.55	2.54	0.00	14.06
新　疆	28	0.3950	16.77	5.59	5.59	0.00	67.22	0.00	5.59

2.3.3　科研强偏好下分省份效率状况

在科研强偏好下，2010 年江苏、河南、湖北、西藏的效率值达到了 1。其次，科研功能发挥较好的省份有安徽、湖南、四川、江西、河北、福建、重庆等。相对而言，辽宁、甘肃、内蒙古等省份的科研功能发挥不足。

表评 3 - 6　2010 年科研强偏好下各省份文物系统发展静态效率

地　区	排名	效率值	财政资金	从业人数	固定资产增值	经济增加值	青少年参观人数	科研成果	保护效果
北　京	14	0.5528	2.22	6.65	2.22	28.39	0.75	0.00	2.22
天　津	27	0.3048	6.27	18.81	6.27	0.00	96.58	0.00	6.27
河　北	9	0.6330	2.74	8.22	2.74	36.66	0.13	0.00	2.74
山　西	20	0.3899	2.76	8.29	2.76	35.05	0.00	1.47	2.76
内蒙古	29	0.2503	3.13	9.39	3.13	0.00	34.11	9.12	3.13
辽　宁	31	0.2031	1.99	5.96	1.99	0.00	21.63	5.78	1.99
吉　林	23	0.3621	4.80	14.40	4.80	13.51	50.78	0.00	4.80
黑龙江	19	0.4213	5.30	15.91	5.30	67.90	1.80	0.00	5.30
上　海	13	0.5654	4.84	14.52	4.84	0.00	74.53	0.00	4.84
江　苏	1	1.0000	1.68	5.05	1.68	0.79	24.40	0.09	1.68
浙　江	16	0.5203	1.29	3.85	1.29	0.00	19.79	0.00	1.29
安　徽	5	0.8743	4.02	12.05	4.02	0.00	0.00	61.45	4.02
福　建	10	0.6263	4.55	13.64	4.55	0.00	0.00	69.57	4.55
江　西	8	0.6532	3.34	10.02	3.34	0.00	0.00	51.14	3.34
山　东	21	0.3853	1.38	4.13	1.38	17.64	0.47	0.00	1.38
河　南	1	1.0000	2.05	6.14	2.05	26.53	0.47	0.08	2.05
湖　北	1	1.0000	2.26	6.78	2.26	8.52	7.35	16.28	2.26
湖　南	6	0.7067	2.32	6.95	2.32	0.00	0.00	35.48	2.32
广　东	24	0.3552	1.68	5.05	1.68	0.00	18.36	4.91	1.68
广　西	12	0.6138	4.84	14.52	4.84	0.00	0.00	74.07	4.84
海　南	25	0.3253	22.57	67.71	22.57	0.00	0.00	345.42	22.57
重　庆	11	0.6202	4.47	13.41	4.47	12.58	47.27	0.00	4.47
四　川	7	0.7013	1.14	3.43	1.14	0.00	12.47	3.33	1.14
贵　州	17	0.5010	4.93	14.80	4.93	63.18	1.68	0.00	4.93
云　南	15	0.5435	5.16	15.47	5.16	0.00	0.00	78.90	5.16
西　藏	1	1.0000	29.17	87.51	29.17	413.06	0.29	0.17	29.17
陕　西	18	0.4815	1.71	5.12	1.71	21.87	0.58	0.00	1.71
甘　肃	30	0.2389	3.06	9.19	3.06	38.85	0.00	1.63	3.06
青　海	26	0.3161	22.69	68.07	22.69	63.86	239.98	0.00	22.69
宁　夏	22	0.3715	12.55	37.66	12.55	160.75	4.27	0.00	12.55
新　疆	28	0.3007	4.92	14.77	4.92	0.00	53.66	14.34	4.92

2.3.4　保护强偏好下分省份效率状况

在保护强偏好下，2010 年西藏、青海、湖北、福建的效率值达到了 1。其次保护效果较好的省份有江西、河北、河南、安徽、云南、江苏、湖南等。相对而言，天津、内蒙古、辽宁等省份的文物保护总体绩效有待提升。

表评 3－7　2010 年保护强偏好下各省份文物系统发展静态效率

地　区	排名	效率值	财政资金	从业人数	固定资产增值	经济增加值	青少年参观人数	科研成果	保护效果
北　京	18	0.7080	2.74	2.74	8.22	28.18	0.90	0.00	2.74
天　津	29	0.4606	8.59	8.59	25.78	0.00	96.58	0.00	8.59
河　北	6	0.9699	3.32	3.32	9.97	34.19	1.09	0.00	3.32
山　西	14	0.8206	3.55	3.55	10.65	25.39	0.00	10.57	3.55
内蒙古	30	0.4572	4.17	4.17	12.50	0.00	27.97	15.37	4.17
辽　宁	31	0.3155	2.62	2.62	7.87	0.00	17.60	9.68	2.62
吉　林	27	0.5087	6.31	6.31	18.92	0.25	41.90	23.40	6.31
黑龙江	13	0.8256	6.82	6.82	20.45	48.76	0.00	20.30	6.82
上　海	25	0.5734	6.63	6.63	19.89	0.00	74.53	0.00	6.63
江　苏	10	0.8848	2.31	2.31	6.92	0.00	25.91	0.00	2.31
浙　江	22	0.6534	1.76	1.76	5.28	0.00	19.79	0.00	1.76
安　徽	8	0.9667	5.25	5.25	15.74	8.57	0.00	49.39	5.25
福　建	1	1.0000	5.80	5.80	17.41	3.15	7.82	54.94	5.80
江　西	5	0.9736	4.38	4.38	13.15	7.16	0.00	41.26	4.38
山　东	26	0.5324	1.80	1.80	5.39	12.84	0.00	5.35	1.80
河　南	7	0.9676	2.52	2.52	7.56	25.93	0.83	0.00	2.52
湖　北	1	1.0000	3.06	3.06	9.17	8.79	7.82	15.44	3.06
湖　南	11	0.8785	3.13	3.13	9.38	0.13	20.78	11.60	3.13
广　东	20	0.6741	2.23	2.23	6.70	0.00	25.09	0.00	2.23
广　西	12	0.8784	6.29	6.29	18.86	10.26	0.00	59.17	6.29
海　南	16	0.8131	28.82	28.82	86.45	0.00	0.00	345.42	28.82
重　庆	21	0.6638	5.85	5.85	17.54	0.00	65.69	0.00	5.85
四　川	19	0.6937	1.51	1.51	4.54	0.00	10.15	5.58	1.51
贵　州	17	0.7233	6.40	6.40	19.19	45.76	0.00	19.05	6.40
云　南	9	0.9612	6.83	6.83	20.48	0.00	45.83	25.19	6.83
西　藏	1	1.0000	24.55	24.55	73.64	409.29	0.46	0.20	24.55
陕　西	15	0.8144	2.10	2.10	6.31	21.66	0.69	0.00	2.10
甘　肃	24	0.5748	4.12	4.12	12.36	29.47	0.00	12.27	4.12
青　海	1	1.0000	27.38	27.38	82.14	131.61	140.31	22.69	27.38
宁　夏	28	0.4958	16.69	16.69	50.06	119.39	0.00	49.70	16.69
新　疆	23	0.6267	6.59	6.59	19.77	0.00	44.24	24.31	6.59

3　国家考古遗址公园的投入状况分析

国家考古遗址公园是近年来我国大遗址保护项目的一大创举。为破解工业化、城镇化和新农村建设进程中大遗址保护的难题，在党中央、国务院和国家有关部门的支持下，"十一五"以来，文物部门适时启动了国家考古遗址公园建设。2010 年，首批 12 个国家考古遗址公园正式授牌，分别是：圆明园国家考古遗址公园、金沙国家考古遗址公园、大明宫国家考古遗址公园、良渚国家考古遗址公园、隋唐洛阳城国家考古遗址公园、周口店国家考古遗址公园、鸿山国家考古遗址公园、殷墟国家考古遗址公园、三星堆国家考古遗址公园、阳陵国家考古遗址公园、秦始皇陵国家考古遗址公园和集安高句丽国家考古遗址公园。国家考古遗址公园集中展现了我国大遗址保护、展示和利用的不同案例，也生动呈现了考古遗址公园理念形成、发展、逐渐成熟的过程。国家考古遗址公园不仅立足于文化资源保护和国民教育，更承担着构建经济社会发展与遗产保护和谐关系的重任。

由于国家考古遗址公园的建成时间相对较短，缺乏基础的管理、投资等统计资料为投入产出效率评估提供数据基础，因此只能借助相关的调研材料对目前掌握的基本情况进行概略的总结和分析。①

3.1　国家考古遗址公园的人员情况

根据调研的情况，由于缺乏管理方面的标准体系，目前 12 个国家考古遗址公园普遍存在管理机构不健全、队伍结构不合理、人员编制不足、专业人才匮乏等情况，尚不适应国家考古遗址公园整体高水平发展的需要。

图评 3 -4 所示，目前 12 个国家考古遗址公园的员工总数为 3272 人，其中编制内仅有 1736 人，占总数的 53.1%。在编制内人员中，约有 63.2% 是来自圆明园国家考古遗址公园，也就是说，其他 11 个国家考古遗址公园的编制内员工不到总量的四成。因此，国家考古遗址公园人员管理方面的制度、配套措施亟待完善。

---

① 资料来源：为落实中央领导同志有关重要批示精神，进一步推动大遗址保护和国家考古遗址公园建设，2011 年 3 月至 7 月，国家文物局组织国务院研究室、国务院发展研究中心等部门的专家组成调研组，先后深入首批向社会开放的 12 个国家考古遗址公园，就其建设和可持续发展情况进行了专题调研。本部分的相关数据来自此次专题调研报告。

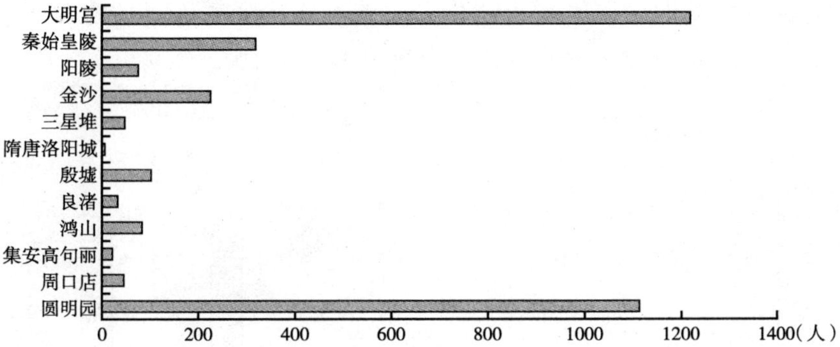

图评3－4　12个国家考古遗址公园的人员数量情况

3.2　国家考古遗址公园的资金投入情况

如图评3－5所示，调研了解到的国家考古遗址公园年度运行经费需求与同期政府补助经费基本相当的仅有秦始皇陵国家考古遗址公园和圆明园国家考古遗址公园。也就是说，其他10个国家考古遗址公园获得的政府补助经费远远不能满足自身运行需求，需要增加财政投入或者拓展资金渠道，以保障其正常运行。

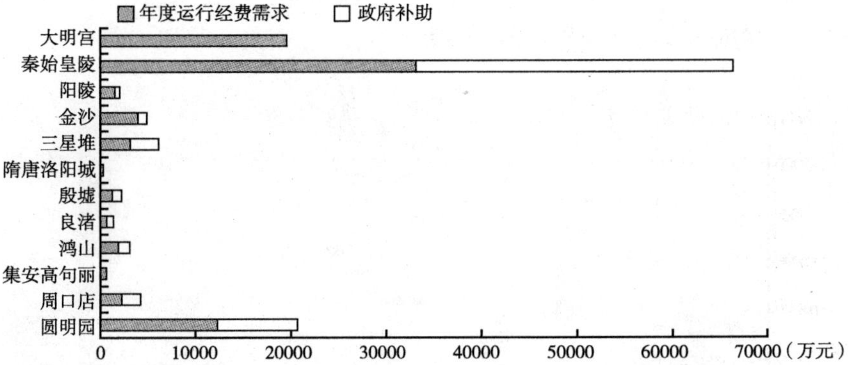

图评3－5　12个国家考古遗址公园的政府补助经费情况

3.3　国家考古遗址公园的运行情况

如图评3－6所示，12个国家考古遗址公园的年均参观者总量约为1937.74

万人次。其中，圆明园国家考古遗址公园的年均参观者最多（约为 500 万人次），秦始皇陵国家考古遗址公园次之，约为 390 万人次。

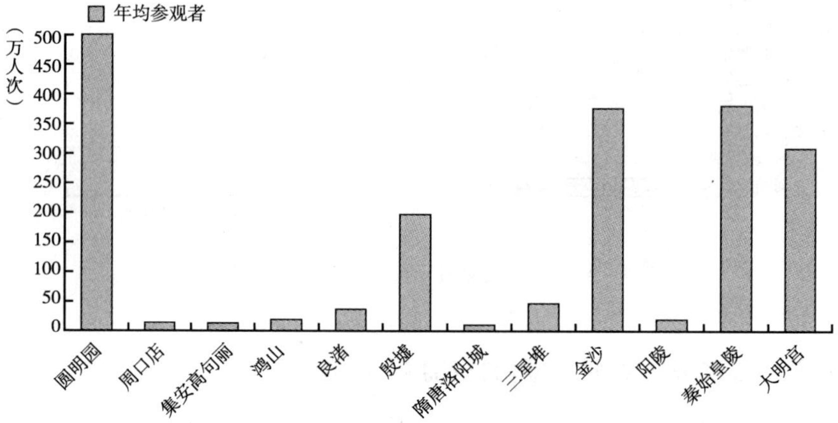

图评 3－6　12 个国家考古遗址公园的年均观众量情况

注：图评 3－6 中，隋唐洛阳城国家考古遗址公园的数据为 2010 年 11 月以来的参观人数；秦始皇陵国家考古遗址公园数据含同期博物馆参观人数。

从年度收入情况来看（如图评 3－7），除了秦始皇陵国家考古遗址公园和大明宫国家考古遗址公园以外，其他国家考古遗址公园的年度收入远远不及同期的政府补助，经济功能尚未得到较好的发挥。

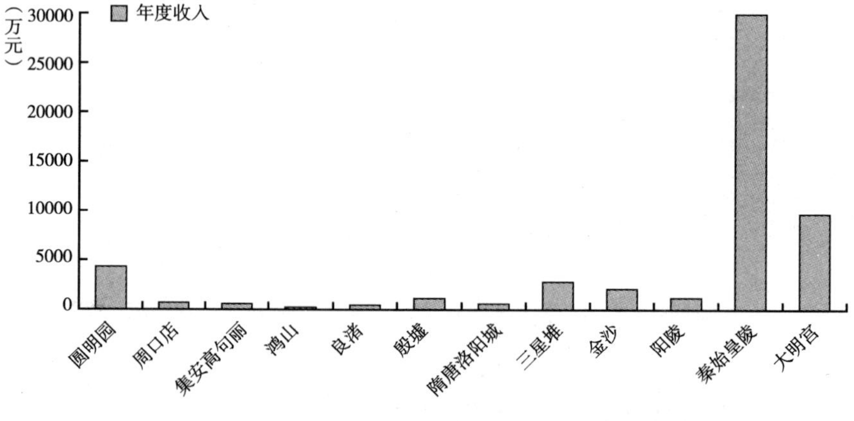

图评 3－7　12 个国家考古遗址公园的年度收入情况

总之，从人员、资金投入以及公共教育功能的发挥情况来看，圆明园国家考古遗址公园、秦始皇陵国家考古遗址公园和大明宫国家考古遗址公园的总体情况相对较好。但是，通过调研情况可以看出，国家考古遗址公园不同程度地存在人员编制不足、资金投入无法满足运行需求、经济功能发挥不畅等问题，这些都有赖于管理部门在政策、制度等方面尽快予以完善。

4　2006～2010 年我国文物系统发展效率的对比分析

为了衡量"十一五"期间我国文物系统的发展效率，我们选取"十一五"的初始年（2006 年）与结束年（2010 年）的各省份发展效率进行对比。在新的专家偏好下，我们将 2006 年数据带入程序运算得到表评 3－8。2006 年我国文物系统发展的静态效率平均值为 0.39，对照表评 3－8 可知，2010 年我国文物系统发展的静态效率平均值为 0.77，可见在贯彻落实国家对文物系统发展要求的前提下，2010 年各省份文物系统整体的发展效率高于 2006 年，且高出将近一倍。

表评 3－8　专家偏好下各省份文物系统发展静态效率

地　区	2006 年效率值	财政资金	从业人数	固定资产增值	经济增加值	青少年参观人数	科研成果	保护效果	2010 年效率值
北　京	0.2888	1.83	9.15	3.05	1.50	0.90	0.50	0.90	1.0000
天　津	0.3281	8.40	41.99	14.00	5.78	9.63	1.93	4.13	0.4550
河　北	0.2640	7.72	2.57	7.72	1.07	1.78	0.36	1.78	0.7994
山　西	0.2815	3.67	11.00	3.67	1.33	2.22	0.44	2.22	0.8887
内蒙古	0.3736	5.31	26.53	37.15	4.38	7.30	1.46	7.30	0.4639
辽　宁	0.2247	6.24	18.72	6.24	2.26	3.77	0.75	3.77	0.3526
吉　林	0.2274	9.10	45.50	15.17	5.13	8.55	1.71	8.55	0.6121
黑龙江	0.4713	9.51	47.57	15.86	5.37	8.94	1.79	8.94	0.8262
上　海	0.2691	5.05	25.27	8.42	3.48	5.80	1.16	2.48	0.5232
江　苏	0.4772	2.96	14.78	4.93	2.03	3.39	0.68	1.45	0.8324
浙　江	0.3708	2.02	10.10	3.37	1.39	2.32	0.46	0.99	0.7606
安　徽	0.3440	4.93	24.67	34.53	4.07	6.79	1.36	6.79	0.9435
福　建	0.5060	8.80	43.99	14.66	4.96	8.27	1.65	8.27	1.0000
江　西	0.5154	23.66	7.89	23.66	3.27	5.46	1.09	5.46	0.9266
山　东	0.2461	3.39	10.18	3.39	1.23	2.05	0.41	2.05	0.6348
河　南	0.3083	1.70	3.97	11.91	1.02	1.70	0.34	1.70	0.8951

续表

地　区	2006年效率值	财政资金	从业人数	固定资产增值	经济增加值	青少年参观人数	科研成果	保护效果	2010年效率值
湖　北	0.3709	3.71	8.65	25.96	2.23	3.72	0.74	3.72	1.0000
湖　南	0.6239	4.00	20.02	6.67	2.76	4.59	0.92	1.97	0.8946
广　东	0.3727	2.49	12.47	4.16	1.41	2.34	0.47	2.34	0.7212
广　西	0.4011	8.32	41.62	13.87	4.69	7.82	1.56	7.82	0.8791
海　南	0.4287	176.30	58.77	176.30	24.40	40.66	8.13	40.66	0.8357
重　庆	0.4508	11.71	35.12	11.71	5.18	8.64	1.73	3.70	0.7635
四　川	0.4221	3.78	11.33	3.78	1.67	2.79	0.56	1.19	0.8706
贵　州	1.0000	32.93	29.84	52.71	9.18	8.49	3.06	8.14	0.7689
云　南	0.6228	8.31	41.54	13.85	4.68	7.81	1.56	7.81	0.9502
西　藏	0.2093	13.70	68.52	22.84	11.24	6.74	3.75	6.74	0.5608
陕　西	0.3303	2.67	8.02	2.67	0.97	1.62	0.32	1.62	0.8321
甘　肃	0.2791	4.82	24.09	8.03	3.06	1.83	1.02	5.09	0.6506
青　海	0.3955	22.63	113.16	158.42	21.01	12.60	7.00	35.01	1.0000
宁　夏	0.2700	25.64	128.22	42.74	14.46	24.10	4.82	24.10	0.5367
新　疆	0.3209	5.30	26.50	37.10	4.92	2.95	1.64	8.20	0.6837

为了更加直观地体现各省份“十一五”以来文物系统发展效率的变化情况，我们按照不可移动文物资源量将31个省份划分为文物资源大省份、文物资源中等省份、文物资源小省份，以柱状图的形式展现其在2006年与2010年不同的文物系统发展效率，详见图评3－8至图评3－10。

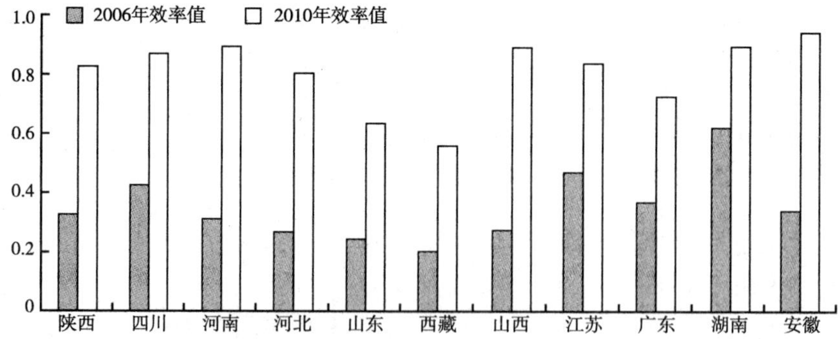

图评3－8　2006年与2010年文物资源大省份文物系统发展静态效率对比图

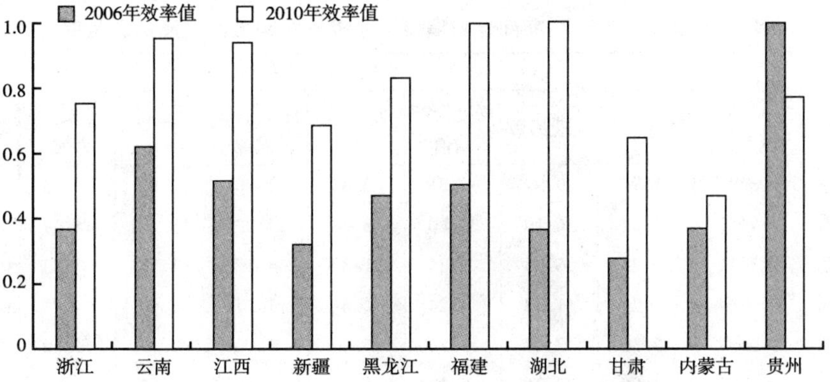

图评 3－9　2006 年与 2010 年文物资源中等省份文物系统发展静态效率对比图

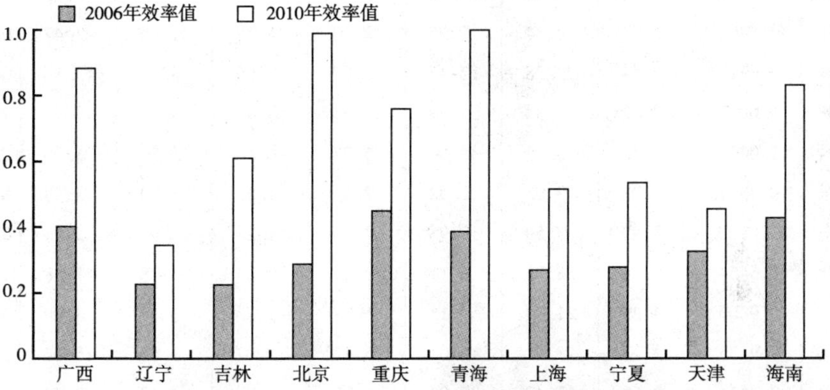

图评 3－10　2006 年与 2010 年文物资源小省份文物系统发展静态效率对比图

与“十一五”期间相比，由于我国文物系统发展的重心和愿景不同，“十五”期间的文物系统发展效率是采用旧的专家偏好权重区间限制计算得到的，结果如表评 3－9 所示。

“十五”期间，我国文物系统平均发展效率为 0.75，略低于 2010 年的平均值（0.77），表明与“十五”期间的总体情况相比，我国文物系统的平均效率水平稳中有升。类似于本年度静态效率与 2006 年情况的对比，各省份不同的变化情况详见图评 3－11 至图评 3－13。

表评 3－9　“十五”期间专家偏好下各省份文物系统发展静态效率

地　区	“十五”期间效率值	赋权状况							2010 年效率值
		财政资金	从业人数	固定资产增值	经济增加值	青少年参观人数	研究项目	保护绩效	
北　京	0. 3898	1. 98	9. 92	3. 31	2. 83	1. 70	2. 02	2. 83	1. 0000
天　津	0. 7129	11. 24	56. 19	34. 80	18. 44	11. 07	13. 17	18. 44	0. 4550
河　北	0. 3711	2. 25	6. 75	2. 25	1. 87	1. 12	1. 34	2. 83	0. 7994
山　西	0. 5844	4. 24	11. 22	4. 24	2. 61	1. 57	3. 66	4. 83	0. 8887
内蒙古	0. 6637	7. 36	32. 47	13. 83	6. 66	4. 00	9. 33	14. 60	0. 4639
辽　宁	0. 5938	4. 85	24. 26	9. 37	6. 47	3. 88	4. 62	9. 86	0. 3526
吉　林	0. 5991	6. 88	34. 41	48. 17	10. 03	6. 02	14. 04	14. 04	0. 6121
黑龙江	0. 9200	8. 84	44. 19	26. 58	4. 55	8. 08	4. 55	22. 76	0. 8262
上　海	0. 8178	6. 12	30. 59	42. 83	11. 50	6. 90	8. 22	11. 50	0. 5232
江　苏	0. 9312	3. 41	17. 05	11. 72	5. 32	3. 19	5. 32	5. 32	0. 8324
浙　江	0. 5492	1. 77	8. 84	2. 95	2. 30	1. 38	1. 64	3. 47	0. 7606
安　徽	0. 6711	6. 64	29. 28	12. 47	6. 01	3. 60	8. 41	13. 16	0. 9435
福　建	1. 0000	10. 02	34. 34	69. 68	6. 21	6. 49	5. 50	25. 14	1. 0000
江　西	1. 0000	21. 48	14. 18	38. 80	5. 27	6. 17	5. 50	8. 94	0. 9266
山　东	0. 4947	3. 02	9. 05	3. 02	2. 51	1. 51	1. 79	3. 80	0. 6348
河　南	0. 9700	3. 93	7. 59	3. 93	2. 13	1. 28	2. 98	2. 98	0. 8951
湖　北	0. 5454	6. 12	15. 75	6. 12	3. 41	2. 05	4. 78	7. 48	1. 0000
湖　南	0. 9203	4. 29	21. 44	7. 15	5. 28	3. 73	3. 77	8. 29	0. 8946
广　东	0. 9135	2. 72	13. 61	19. 06	5. 12	3. 07	3. 66	5. 12	0. 7212
广　西	0. 8614	8. 68	43. 42	27. 04	6. 28	7. 67	4. 49	22. 44	0. 8791
海　南	0. 6788	53. 66	160. 97	53. 66	15. 90	37. 10	14. 08	70. 40	0. 8357
重　庆	1. 0000	11. 10	40. 29	13. 87	9. 00	9. 18	8. 69	11. 90	0. 7635
四　川	0. 7929	3. 65	10. 96	3. 65	2. 66	1. 59	2. 87	4. 73	0. 8706
贵　州	1. 0000	25. 64	55. 13	30. 18	9. 06	8. 85	8. 78	31. 13	0. 7689
云　南	1. 0000	9. 31	32. 94	11. 56	6. 61	4. 41	8. 77	14. 29	0. 9502
西　藏	0. 155	8. 71	26. 12	8. 71	7. 24	4. 35	5. 17	10. 97	0. 5608
陕　西	0. 9775	3. 70	7. 15	3. 70	2. 00	1. 20	2. 81	2. 81	0. 8321
甘　肃	0. 8968	5. 05	25. 24	14. 73	6. 38	3. 83	8. 93	8. 93	0. 6506
青　海	1. 0000	36. 79	125. 86	119. 22	21. 39	17. 63	24. 67	75. 71	1. 0000
宁　夏	0. 4805	23. 06	115. 30	47. 32	24. 67	14. 80	31. 49	49. 98	0. 5367
新　疆	0. 8399	8. 20	41. 01	17. 55	8. 57	5. 14	12. 00	17. 68	0. 6837

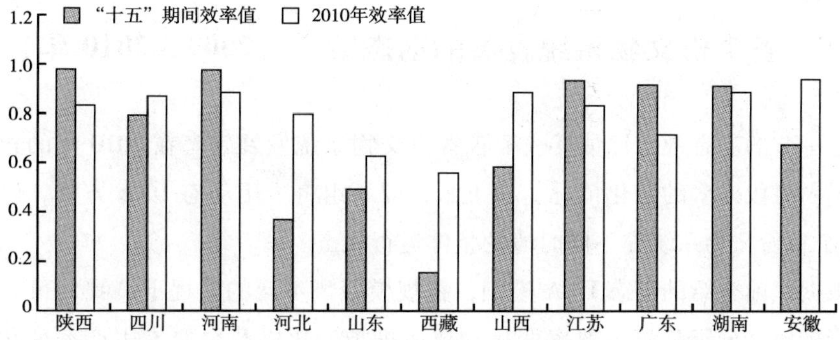

图评 3－11　"十五"期间与 2010 年文物资源大省份文物系统发展静态效率对比图

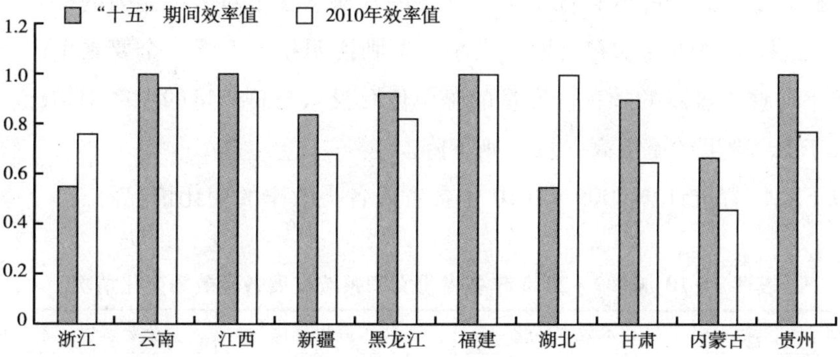

图评 3－12　"十五"期间与 2010 年文物资源中等省份文物系统发展静态效率对比图

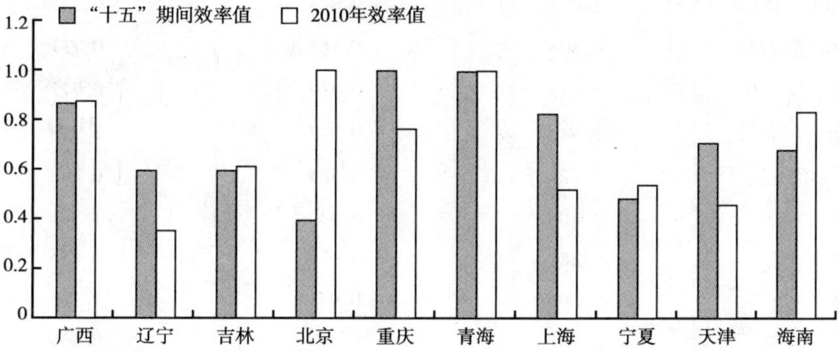

图评 3－13　"十五"期间与 2010 年文物资源小省份文物系统发展静态效率对比图

5　各省份文物系统发展的动态效率（2009～2010年）

上一节的静态效率评估反映了各省份文物系统发展效率在2010年的相对高低和不同时段效率的变化情况。接下来，课题组将采用动态DEA方法，研究全国31个省份文物系统在不同时段的整体运行状态。

根据之前介绍的动态DEA模型，在规模报酬不变的前提下，我们可以得到三个指标值，分别是技术效率变化、技术进步变化以及全要素生产率变化。其中，技术效率衡量的是一个企业在既定投入条件下能否实现最大的潜在生产力，其变化衡量了这种潜在生产力的提高或降低。当技术效率变化大于1，说明潜在生产力提高，反之则降低；技术进步衡量的是科学技术对生产能力的提高，大于1的该项指标值说明技术有所增长，小于1则说明技术下降；全要素生产率等于技术效率与技术进步的乘积，衡量的是单位总投入与总产量的生产率指标，若指标值大于1，则生产率提高，反之则下降。

以下我们着重计算2009～2010年各省份各类效率的变化情况。

表评3－10　2009～2010年各省份文物系统发展各类效率变化情况

地　区	技术效率变化	技术进步变化	全要素生产率变化
北　京	1.646	1.014	1.670
天　津	1.554	0.971	1.508
河　北	1.355	0.857	1.161
山　西	1.014	0.843	0.855
内蒙古	0.803	0.885	0.711
辽　宁	0.840	0.919	0.771
吉　林	0.987	0.922	0.910
黑龙江	1.024	0.864	0.885
上　海	1.404	0.970	1.361
江　苏	0.882	0.971	0.856
浙　江	1.201	0.971	1.166
安　徽	0.941	0.899	0.846
福　建	1.375	0.945	1.299
江　西	1.110	0.968	1.074

续表

地　区	技术效率变化	技术进步变化	全要素生产率变化
山　东	1.198	0.936	1.121
河　南	1.021	0.867	0.885
湖　北	0.912	0.998	0.910
湖　南	0.778	0.972	0.756
广　东	1.188	0.899	1.068
广　西	1.387	0.809	1.122
海　南	1.112	0.902	1.004
重　庆	1.096	0.979	1.073
四　川	0.997	0.979	0.976
贵　州	1.046	0.940	0.984
云　南	0.888	0.851	0.756
西　藏	1.911	0.937	1.792
陕　西	1.063	0.868	0.922
甘　肃	1.040	0.826	0.859
青　海	1.129	0.939	1.061
宁　夏	0.833	0.910	0.759
新　疆	1.149	0.856	0.984
平　均	1.125	0.918	1.036

由表评3－10可以看出，2009～2010年期间，除湖南、内蒙古、宁夏、辽宁、江苏、云南、湖北、安徽、吉林、四川之外的其他21个省份的技术效率变化处于增长阶段，全国平均增幅约为12.5%；除北京以外，全国其余30个省份均处于技术下降阶段；全国范围内，只有14个省份的文物系统全要素生产率变化处于增长阶段，其余均处于下降阶段，降幅在30%以内。2009～2010年期间，全国文物系统的平均技术效率增长了12.5%，技术下降了8.2%，全要素生产率提高了约3.6%。总的来看，在全国31个省份中，技术效率提高在对全要素生产率的贡献上占主导地位。

6　各省份文物系统发展效率排名情况

如表评3－11所示，各省份文物系统发展效率排名情况是文物系统利用评估报告的最终依据。

表评 3－11　各省份文物系统发展效率排名情况一览

地　区	2006 年静态效率	排名	2010 年静态效率	排名	2008～2009 年全要素生产率	排名	2009～2010 年全要素生产率	排名
北　京	0. 2888	22	1. 0000	1	0. 523	30	1. 670	2
天　津	0. 3281	19	0. 4550	30	1. 183	7	1. 508	3
河　北	0. 2640	27	0. 7994	17	1. 034	15	1. 161	7
山　西	0. 2815	23	0. 8887	10	1. 137	8	0. 855	25
内蒙古	0. 3736	13	0. 4639	29	1. 236	4	0. 711	31
辽　宁	0. 2247	30	0. 3526	31	0. 860	26	0. 771	27
吉　林	0. 2274	29	0. 6121	25	1. 047	14	0. 910	19
黑龙江	0. 4713	7	0. 8262	16	0. 932	23	0. 885	21
上　海	0. 2691	26	0. 5232	28	0. 965	19	1. 361	4
江　苏	0. 4772	6	0. 8324	14	0. 964	20	0. 856	24
浙　江	0. 3708	16	0. 7606	20	1. 065	12	1. 166	6
安　徽	0. 3440	17	0. 9435	6	1. 373	2	0. 846	26
福　建	0. 5060	5	1. 0000	1	1. 032	16	1. 299	5
江　西	0. 5154	4	0. 9266	7	1. 122	10	1. 074	10
山　东	0. 2461	28	0. 6348	24	0. 883	25	1. 121	9
河　南	0. 3083	21	0. 8951	8	0. 890	24	0. 885	22
湖　北	0. 3709	15	1. 0000	1	1. 417	1	0. 910	20
湖　南	0. 6239	2	0. 8946	9	1. 257	3	0. 756	29
广　东	0. 3727	14	0. 7212	21	1. 195	5	1. 068	12
广　西	0. 4011	11	0. 8791	11	0. 654	27	1. 122	8
海　南	0. 4287	9	0. 8357	13	0. 571	29	1. 004	14
重　庆	0. 4508	8	0. 7635	19	1. 057	13	1. 073	11
四　川	0. 4221	10	0. 8706	12	1. 195	5	0. 976	17
贵　州	1. 0000	1	0. 7689	18	1. 004	18	0. 984	15
云　南	0. 6228	3	0. 9502	5	0. 582	28	0. 756	30
西　藏	0. 2093	31	0. 5608	26	0. 110	31	1. 792	1
陕　西	0. 3303	18	0. 8321	15	1. 133	9	0. 922	18
甘　肃	0. 2791	24	0. 6506	23	1. 110	11	0. 859	23
青　海	0. 3955	12	1. 0000	1	1. 008	17	1. 061	13
宁　夏	0. 2700	25	0. 5367	27	0. 938	22	0. 759	28
新　疆	0. 3209	20	0. 6837	22	0. 947	21	0. 984	16

不过，需要指出的是，运用 DEA 方法对发展效率的评估是相对而言的。由于统计指标还不够全面、统计数据还有缺失，加之各地文物系统发展环境的不同

以及可能存在的统计数据个别失真等问题，这些效率值及排名仅供参考。评估报告的真正目的不在于将各省份分出先后名次，而是希望各省份通过对各项指标赋权状况的分析及自身发展中遇到的困难进行综合考量，在这一过程中洞察投入冗余和产出缺口，从而有针对性地调整人、财、物等行政资源的配置方向，以发挥各省份的相对优势，达到提高发展效率的目的。

B.13
第四章 评估报告结论

评估报告是蓝皮书重要的组成部分，力求从外在原因——国家对这一事业的行政资源投入和内在原因——系统内部对行政资源的配置效率两方面去探寻制约我国文物系统发展的关键因素。需要说明的是，由于文物系统尚未整合，因此只能暂以作为文化遗产事业主体的文物系统发展情况代替。

评估报告有以下两个特点：①科学的定量分析。与主题报告大量定性的分析和论述不同，评估报告的重点在于运用《全国文物业统计资料》的大量相对零散的数据，采用科学的统计分析方法（数据包络分析法），对31个省份的“四个好”实现情况从管理水平角度进行明确的绩效评估；②以各省份为评估对象进行相对比较。在我们的报告中，大部分计算过程和结论都是相对比较，并非绝对的。以事业发展效率为例，我们无法将某个省份单独拿出，断言某个省份本年度的资源利用效率如何，因为DEA计算程度是在相互关联的约束下多次优化的结果，因此我们必须将其放入所有省份当中对比来看，从而判断它的相对优势是什么，相对劣势是什么，哪部分投入若减少或增加，可以提升该省份的相对效率值；④注重发挥承上启下的作用。今年的评估报告不仅将数据更新至2010年，同时每一部分的分析都对“十一五”期间文物系统发展状况进行了总结，并与“十五”对照分析，以便更好地总结经验。

正如2010年蓝皮书提到的，评估报告也存在着一些难以回避的问题。在应用DEA方法计算文物系统发展效率时，均沿用了2010年建立的“三投入、四产出”的指标体系，“三投入”分别为财力、人力、物力投入；“四产出”为经济功能、教育功能、科研功能产出和保护效果。依据我国文物系统应发挥的三大功能与“保护为主，抢救第一，合理利用，加强管理”文物工作方针，它们较为全面科学地表达出我国文物系统的资源“消耗”和资源“成效”。然而，在具体实施过程中，课题组也面临着诸多问题。例如，如何将未列入常规财政拨款范畴的文物专项资金纳入财力投入的统计；人力投入的素质如何衡量；教育功能更多地取决于参观者的个人感受，影响因素众多，难以量化；衡量科研产出情况只能用承担课题和项目数量代替科技成果数，并且个别省份还存在数据缺失的情况；保护绩效无法做到按年度更新等。在具体指标的统计口径等方面的问题上，囿于理论依据缺乏和数据条件限制，课题组多次斟酌之后只能按现有的数据情况，在合理性原则下优先考虑开展评估的可行性要求，对部分指标进行近似替代或修订处理，不可避免地会对分析结果造成一定的影响，使得研究结果的说服力大打折扣。希望随着文物统计工作的不断完善，未来的评估工作能够在更加坚实的数据基础上展开①。

1　对“十一五”期间文物系统投入状况的总体评价

在行政资源投入状况的对比分析中，我们将作为文化遗产事业主体的文物系统获得的行政资源投入分为人力、财力和物力投入②，通过计算按文物机构平均所得经济投入衡量政府对文物事业的财政支持力度；在人力投入方面，则使用按机构平均的从业人员数和具有中高级职称人员占从业人员总数的比例分别从数量上和质量上来反映目前文物事业的人员队伍建设状况。

根据技术报告第二章“文物系统对国民经济贡献的测算”的相关结论，2006 年全国文物系统可支配财政资金为 48.5 亿元，2010 年达到 197.8 亿元，“十一五”期间的年平均增速约为 38.39%，平均增速比“十五”期间高出 2.1 倍，这充分体现了我国对文物系统的支持力度正在不断加大。从投入的年度增速来看，投入增加的态势更为明显（如图评 2 - 1）。2006 ~2007 年、2007 ~2008 年、2008 ~2009 年、2009 ~2010 年文物系统可支配财政资金的增长率分别达到了 39.18%、50.37%、50.05% 和 29.88%，虽然年均增幅存在波动，但一直保

① 另外，由于每个省份文化遗产事业发展的阶段不同，面临着不同的困难与机遇，而我们的计算模型并不能将具有随机性的实际情况考虑其中，因此会导致与政策目标不一致、优化结果限制决策环境、与评价对象资源禀赋不符等问题出现。课题组将不断探索，通过逐步改进现有评估方法、分析形式予以解决。

② 其中，反映物力投入的固定资产增加值折合进财力投入一并分析。

持着良好的增长势头，这更加表明政府对大力发展文物系统、力求实现“文化遗产保护成果惠及全体人民”的决心。

从文物系统的主体——文物系统的投入情况来看，“十一五”期间文物系统按机构数平均的财力投入是272.3万元，与“十五”期间平均97.0万元相比，增长了约1.81倍，其中2008年我国对文物系统的投入达到了一个高峰，平均每个机构得到的财政投入可达361.3万元，是“十五”期间平均所得的3.7倍，是2006年平均所得的1.7倍。2010年的平均经济投入有所滑落，文物业统计资料显示，2010年文物系统机构数由2008年的4427所增至4627所，这是导致平均值下降的主要原因之一。事实上，2010年按机构平均的投入量约为345.9万元，比2009年增加了65.7%。从分省的情况来看，绝大多数省份的财力投入有显著增加。

从对文物事业的财力投入占当地GDP的比例来看，“十一五”较之“十五”期间有很大的进步，由2.78PPM上升到了4.22PPM左右，2008年突破了4PPM，在2009年升至4.6PPM，2010年这一指标有所降低，在一定程度上反映出从全国范围来看，文物系统的受重视程度普遍上升。

如表评2－5所示，“十五”期间，我国文物系统机构按机构数平均的从业人员数约为20.45人，“十一五”期间平均数约为21.24人，增加了约10%。这表明“十一五”以来文物系统人才队伍在逐步壮大。“十一五”期间，全国文物系统机构中具有中高级职称的从业人员所占比重平均约为21.04%，从“十一五”初期到2010年，该指标值从21.52%升至21.94%，年度之间变化幅度不大，均稳定在20%左右。

总体来看，“十一五”期间我国对文物系统重视程度不断加强，绝大多数地区的文物系统财力、人力投入保持快速增长，然而无论从人民日益高涨的精神文化需求来看，还是从经济学角度的收益最大原理出发，资金不足仍是一些地方文物系统发展的制约，同时也是一些地方进一步发挥文化遗产教育、科研等公益性功能的瓶颈。与财力投入状况相比，我国文物系统的人员队伍建设明显滞后，动力不足。文物系统从业人员是我国文物系统发展的第一资源，针对目前事业发展的需求，壮大人员队伍，提升人才素质，吸引更多优秀的人才加入到我国文物系统的发展中来成为当务之急。

2　对“十一五”期间文物系统发展效率变化的总体评价

评估报告第三章着重从横向和纵向两个方面对各省份文物系统发展效率进行比较分析，从横向上我们可以比较在同一时期不同省份的文物系统发展状况，获得在特定时期不同省份文物系统进一步完善的可能性大小，效率指标较小的省份能够找出工作的重点，通过与相同规模在某方面具有优势的省份进行比较，能够借鉴经验，调整行政资源配置方向以提高管理水平；在纵向上我们可以比较在不同时期同一省份的文物系统的效率变化，总结经验，扬长避短。

从静态效率的计算结果来看，在专家偏好下，2006 年我国文物系统发展的静态效率平均值为 0. 39，2010 年的静态效率平均值为 0. 77，可见 2010 年各省份文物系统整体的发展效率高于 2006 年，且高出将近一倍，更加符合国家对文物系统的发展要求。采用新的专家偏好区间计算之后得到的“十五”期间我国文物系统平均发展效率为 0. 75，略低于 2010 年的平均值（0. 77），表明我国文物系统发展的平均效率水平稳中有升。

综合 2006 ~ 2010 年在不同的社会偏好下的年度效率来看，保护绩效和经济功能发挥得相对较好，而教育功能、科研功能相对较差，尤其是科研功能的平均效率值最低。以 2010 年为例，在保护强偏好和经济功能强偏好下全国平均的效率值分别为 0. 7553 和 0. 7045，而在教育强偏好下、科研强偏好下的效率值分别为 0. 6462 和 0. 5425。如何权衡经济功能与教育、科研公益性功能之间的关系，使三者真正做到相辅相成，相互促进；如何找寻文物保护与经济开发间的平衡点，是各省份文保单位在“十二五”伊始应该深入思考的问题，应根据自身的优势，在一定的政策导向下，争取形成文物系统发展特色的自由空间。

从动态效率的计算结果来看，2009 ~ 2010 年期间，全国文物系统的平均技术效率增长了 12. 5%，技术下降了 8. 2%，全要素生产率提高了约 3. 6%。在全国 31 个省份中，技术效率提高在对全要素生产率的贡献上占主导地位。总体来看，“十一五”期间我国文物系统发展的技术效率较高，而技术进步较差，进而使得全要素生产率呈现出变化不一的局面。这意味着决策单元在特定投入下生产的能力和意愿有了大幅提高，但缺乏能够使整个生产能力增加的某项工具、技能、技术的发明。对应到我国文物系统发展中来，即是在现有的管理模式、运行体制下，各省份确实在努力发挥三大功能、做好保护工作方面取得了成效，却在机制创新、发明保护的新技术新方法方面缺乏突破，从而难以实现大的飞跃①。

3 “十二五”期间提高文物系统发展效率的建议

由“十一五”期间文物系统整体效率评估及其与“十五”期间相关情况的对比可以看出，在“十一五”的收官之年，我国文物系统可以说是交上了一份令人满意的答卷。然而，尽管整体在进步，难免在局部还存在这样那样的不足，在课题组的对比分析中已经进行了系统的分析和梳理。《决定》是当前和今后一个时期指导我国文物系统改革和发展的指导纲领。结合其中的具体要求以及评估报告发现的问题，本节着重从贯彻《决定》的指示精神出发，对“十二五”期间做好相关工作提出以下两方面建议。

3.1 将文物系统绩效定量考核制度化

《决定》要求“制定公共文化服务指标体系和绩效考核办法”，并具体提出了“着眼于突出公益属性、强化服务功能、增强发展活力，全面推进文化事业单位人事、收入分配、社会保障制度改革，明确服务规范，加强绩效评估考核；创新公共文化服务设施运行机制，吸纳有代表性的社会人士、专业人士、基层群众参与管理”等方面的要求。

根据这些要求，文物系统需要引入科学的评估机制，制定公共文化服务指标体系和绩效考核办法，用于考量文物系统事业单位的工作绩效。而评估报告的评价内容和评估方法为实现这一目标具有重要的参考价值。一方面，“三投入、四产出”的指标体系考虑到了“坚持社会效益和经济效益有机统一”的要求，也兼顾了文物系统三大功能的发挥，同时体现了文物系统“保护为主”的基本方针，涵盖了目前国家对于文保工作开展的基本要求；另一方面，评估报告所采用

① 在这个方面，如2010年蓝皮书主题报告第三章的分析，北京的事业体制改革、敦煌研究院的管理单位体制改革、“红岩联线”的工作机制改革、陕西大明宫的大遗址建设管理改革等为其他省份的文化遗产事业改革提供了成功的案例，积累了大量的宝贵经验，这些大胆的尝试是快速提高收益率和提升资源利用效率、事业发展效率的重要手段。

的数据包络分析（DEA）方法是科学的相对比较分析方法，并且能够保证用于分析的数据资料的可得性和可比性，因此，从内容到方法，基本能够满足绩效考核的需求。这可具体说明如下。

从2010年各省份文物系统发展的静态效率计算结果来看，很多省份的效率值并未达到1，这意味着该省份不同程度地存在某一方面的投入冗余或产出缺口，减少某项投入和增加某项产出就可以提高该省份的相对效率值。因此，在行政资源的制约短期内难以解决的现实情况下，应在有效监管的前提下，更加注重促使各地区依托本区域的文化遗产资源特点和管理优势，逐步提高行政资源使用效率，尤其在服务公众上扩大业务范围和提高管理水平。

从2009～2010年间文物系统发展的动态效率评估结果来看，各省份在机制创新和技术进步方面并未取得突出的绩效，这需要通过机制体制创新、培养造就高层次领军人物和高素质文化人才队伍，并促进新技术在教育和经济功能发挥上的贡献——这也是在文物系统大发展的“十二五”期间继续提高文物系统管理水平的着力点。

显然，静态和动态效率评估的结果完全可以作为开展国有文化类事业单位（主要是文物系统）绩效评估考核的具体成果。当然，目前的指标体系相对于《决定》的要求而言还有进一步完善之处：例如，由于没有完备的数据支持，关于文物系统事业单位服务水平、服务规范化程度、公众参与程度等方面的指标无法进行量化并纳入评估范围，有待于在今后的工作中进行补充；又如，国家考古遗址公园的投入产出状况还缺少数据，加之大遗址发挥教育、科研、经济功能还有个性①，对其管理水平评估必须调整指标体系等。这些不足，未来的蓝皮书评估报告将会针对性地弥补，以使评估报告对提高文物系统管理水平起到更大的作用。未来若在考虑各地特色的基础上，以评估报告中的方法为基础，结合文物系统其他既有评估，建立文物系统绩效定量考核办法，则文物系统落实《决定》精神可望取得更大成效。

3.2　进一步加大投入和加强人才队伍建设，促进文物系统在服务民生和科学研究上作出更大贡献

文物系统发展要以服务民生为导向。强化服务功能的前提就是要全面贯彻为

① 具体可参见本书主题报告第二章第5节的分析。

人民服务、为社会主义服务的方向和“百花齐放、百家争鸣”的方针，加强文物系统单位的自身建设，增强发展活力。落实到具体工作中，这些要求并结合评估结果，就是需要加大资金投入和加快人才队伍建设。

首先，文物系统的发展必须有一定的经济投入为保障。由文物系统对国民经济贡献的测算结果可知，鉴于目前文物系统经济功能发挥正处于上升阶段，边际成本与边际收益之间仍存在差距，实现收益最大化的途径便是继续加大投入，直到边际成本等于边际收益。“十一五”期间我国对文物系统的投入总量持续上升，并以一定的速度稳步增长。然而，根据“文化遗产保护成果人人共享”的要求，我国近几年民生相关举措力度加大，文化遗产资源发挥公共教育功能的覆盖面越来越大，而博物馆等机构的免费开放使得事业自身造血能力暂时显著下降。以博物馆为例，按照2009年评估报告的预测结果，门票收入消失后的博物馆经费自给率从平均54.6%下降到平均30.7%，下降了23.9%。因此在新的资金投入和管理机制形成之前，文物机构亟须大量资金的扶持才可能平稳过渡。根据《决定》中关于资金投入的重要指示，① 考虑到我国财政总量的硬性约束，课题组建议研究建立长效的资金投入机制，保证基本财政资金投入以促进文物系统的教育、科研等公益性功能的发挥；在基本运行经费保障程度提高的基础上，积极探索多渠道的资金投入机制，努力提高资金使用效率，为广大人民群众提供更多更优质的文化服务。

其次，人才是事业发展的第一资源——“推动社会主义文化大发展大繁荣，队伍是基础，人才是关键”。然而，无论从平均从业人员数量还是以具有中高级职称人员比例为代表的人员质量指标来看，目前文物系统的人才队伍状况与李长春同志在新时期为文物系统人才发展提出的新要求②相比仍存在较大的差距，文

---

① 《决定》明确提出要进一步完善政策保障机制：“保证公共财政对文化建设投入的增长幅度高于财政经常性收入增长幅度，提高文化支出占财政支出比例。扩大公共财政覆盖范围，完善投入方式，加强资金管理，提高资金使用效益，保障公共文化服务体系建设和运行。落实和完善文化经济政策，支持社会组织、机构、个人捐赠和兴办公益性文化事业，引导文化非营利机构提供公共文化产品和服务。”

② 李长春同志在2010年文化遗产日发表的署名文章中强调“要努力造就一批知识渊博、品质优秀、甘于奉献的专门型人才，一批敢于创新、善于创新的创新型人才，一批熟悉和掌握古代科技知识和传统工艺的专业型人才，一批善于运用现代科技保护和利用文化遗产的科技型人才，一批熟悉文化遗产工作、懂经营善管理的复合型人才，一批历史文化知识丰富、具有世界眼光、熟悉外语的外向型人才”。

物系统的科研功能发挥情况也相对其他功能发挥情况较差。与财力投入逐年增长的趋势相比，人力方面的指标却变动不大，尤其是质量指标几乎稳定在20%左右，这与文物系统的整体发展态势是不相符的。相关研究成果表明，产业结构决定于人力资源的类型结构，技术结构决定于人力资源的层次结构；产业结构的调整与升级必然要求相应的人才结构的优化与升级。① 套用这个产业经济学的研究成果可知，我国文物系统的迅速发展，必然对从业人员的规模、结构、素质提出更高的要求。为了实现培养一支规模宏大、结构合理、素质优良、适应文物系统发展需求的人才队伍的目标，要"创新人才培养模式，实施高端紧缺文化人才培养计划，搭建文化人才终身学习平台"。同时，以加强科学研究为导向适当增加文物系统相关单位的编制数量，完善人才培养、人才引进、在岗人员再教育等制度，提高科研工作者等各类专业人员的工资福利待遇，积极为其打造提高自身专业素质的平台。特别要注意的是，基层文化人才队伍是文化改革发展的基础力量，要制定实施基层文化人才队伍建设规划，完善机构编制、学习培训、待遇保障等方面的政策措施，吸引优秀文化人才服务基层。② 另外，在政策目前难以突破的省份，应积极创新人才引进机制，采用聘用制等更加灵活的方式吸引社会各界精英投身到文物系统来，加快培养造就德才兼备、锐意创新、结构合理、规模宏大的文物系统人才队伍。

（评估报告主要执笔人：陈　晨　苏　杨　魏　钰）

---

① 汪文敏：《关于重新界定我国高技能人才统计口径的探讨》，《武汉交通职业学院学报》2010年第12期。

② 资料来源：《中共中央关于深化文化体制改革　推动社会主义文化大发展大繁荣若干重大问题的决定》。

B.14

特别关注一 生态补偿政策不能“没文化”

1 前言

2011 年是“十二五”规划的开局之年，我国文化遗产事业也进入了一个新的发展阶段。在“十一五”期间，各级财政对文化遗产事业的投入大幅度增长，文化遗产事业的主要发展目标基本如期实现。[①] 但《文物“十二五”规划》又提出了更高的目标。为了使《文物“十二五”规划》的约束性指标顺利完成，文化遗产事业必须“借力”——与国家上位政策法规相衔接，依托大项目，顺势而行。

国家制定的若干上位政策，的确可能为文化遗产事业营造一个很好的“外势”。[②] 例如，“十一五”以来，一系列新政策的出台和新项目的设置，使文化遗产事业的发展有了前景和“钱”景。但我们也发现，有些“钱”景，文物系统并没有把握住（甚至是没有意识到），例如工作部署到2020 年的《全国主体功能区规划》。[③]

《全国主体功能区规划》中明确了禁止开发区享有诸多优惠政策，包括数额巨大的转移支付，但最终划定的禁止开发区中却未包括大多数文化遗产地，仅仅有部分世界文化遗产被列入。这样，大多数文化遗产地就与数额巨大的相关转移支付失之交臂。如此重大的政策疏忽原因何在？我们认为，客观而言，是《全

① 具体可参见主题报告第一章。

② 2010 年发布的《全国主体功能区规划》中，明确了国家禁止开发区包括我国自然文化遗产资源的重要分布区；2011 年颁布的《国家重点生态功能区转移支付办法》（财预［2011］428 号）（以下简称《办法》），则明确给出了国家对禁止开发区的制度性转移支付办法。

③ 一般而言，一个能产生实效的功能区划分需要三方面支撑的：①限制性政策（比如环保部的生态功能区，通过环评等门槛性政策限制）；②支持性政策（比如主体功能区，财政部刚刚出台的《国家重点生态功能区转移支付办法》，就基本按照全国主体功能区规划来操作，这是力度很大的制度性转移支付）；③绩效考核（领导干部绩效考核，确保功能区能如区划要求实现功能）。没有这三方面支撑，某方面的功能区划分就可能成为某个部门的“自娱自乐”。

国主体功能区规划》的制定部门对文化遗产缺少了解：文化遗产中的文化遗产地（其中多数属于大遗址）是国家特殊功能区的重要组成部分，与自然遗产地共同承担着国家不可或缺的公益功能[①]。从管理范围来看，文化遗产地并非都是可以用围墙圈起来的“点”，很多是“面”或者“线”，与大多数自然遗产一样，不可能实行封闭、隔离式管理，必须与遗产地的经济社会发展统筹起来保护和利用，且平衡保护与利用的关系难度更大，需要的支持更多。但相关部门不仅在禁止开发区的确定标准上存在明显的疏漏，而且已确定的禁止开发区名录中也存在很大的偏差；主观而言，文物及相关管理部门自身基础不牢、意识不够[②]，加之政治地位不高、协调能力有限，使得《全国主体功能区规划》在制定过程中未得到及时完善。主客观共同的问题，导致其后出台的、对实际工作而言属于“真刀真枪”政策的《国家重点生态功能区转移支付办法》（财预［2011］428号）中也漠视了大多数文化遗产地，生态补偿政策因此“没文化”。

2　文化遗产事业的美好“钱景”

2010年6月，《全国主体功能区规划》在国务院常务会议上获得原则通过，并很快获得了转移支付、领导干部政绩考核等方面的政策支持。这对文化遗产事业来说，无疑是一件值得关注的大事：该规划中，我国国土被划分成了优化开发区、重点开发区、限制开发区和禁止开发区[③]四类主体功能区，世界文化遗产地被当然地列为禁止开发区，实施最严格的保护措施。[④] 但其他文化遗产，未被真正涉及。而从《国务院关于印发全国主体功能区规划的通知》（国发［2010］46号）中可以看到，被划为禁止和限制开发区的，就会有政策倾斜：“各部门要根

① 具体可参见主题报告第二章第5节的相关分析。

② 具体可参见主题报告和技术报告第一章的相关分析。

③ 禁止开发区是依法设立的各级各类自然文化资源保护区域，以及其他禁止进行工业化城镇化开发、需要特殊保护的重点生态功能区。国家层面禁止开发区域，包括国家级自然保护区、世界文化自然遗产、国家级风景名胜区、国家森林公园和国家地质公园。省级层面的禁止开发区域，包括省级及以下各级各类自然文化资源保护区域、重要水源地以及其他省级人民政府根据需要确定的禁止开发区域。

④ 《全国主体功能区规划》中指出：国家禁止开发区域要依据法律法规规定和相关规划实施强制性保护，严格控制人为因素对自然生态和文化自然遗产原真性、完整性的干扰，严禁不符合主体功能定位的各类开发活动，引导人口逐步有序转移，实现污染的“零排放”，提高环境质量。

据《规划》明确的任务分工和要求，调整完善财政、投资、产业、土地、农业、人口、环境等相关规划和政策法规，建立健全绩效考核评价体系，加强组织协调和监督检查，全面做好《规划》实施的各项工作。”其后，2011 年，财政部颁布了《国家重点生态功能区转移支付办法》（财预［2011］428 号），明确指出要提高国家重点生态功能区所在地政府的基本公共服务保障能力。同时，该办法指出要以《全国主体功能区规划》为据，在中央财政均衡性转移支付（即一般性转移支付）项下设立对国家重点生态功能区的转移支付制度，并给出了制度化的转移支付办法，以确保这一区域的社会和经济协调持续发展。①

《全国主体功能区规划》和《国家重点生态功能区转移支付办法》的出台，对应该成为国家禁止开发区中重要组成部分之一的文化遗产而言，具有非同寻常的意义：这会极大增强对文化遗产事业的财政资金支持，缓解基层文物管理部门财力与事权不对称的尴尬局面，② 使文化遗产事业获得广阔的发展“钱景”。仅举一个数字对比为例：“十一五”期间国家对 100 处大遗址的全部投资仅仅为 20 亿元，而生态功能区转移支付仅 2011 年就多达 300 亿元左右，③ 而且以后还要逐年大幅度提高！

3　客观看补偿政策的不足

虽然国家政策为重点生态功能区勾勒出大好“钱景”，但大多数文化遗产却只能旁观——大多数文化遗产在《全国主体功能区规划》的禁止开发区名单中不见踪影，《国家重点生态功能区转移支付办法》自然也不会润泽及此。

然而，相关文件④中的定义却说明：禁止开发区不仅包括珍贵的自然资源所

① 《国家重点生态功能区转移支付办法》明确规定其资金范围包括《全国主体功能区规划》划定的限制开发区域（重点生态功能区）和禁止开发区域。

② 参见本书主题报告第三章中的相关说明。

③ 2011 年，全国重点生态功能区涉及的 451 个县全部纳入中央财政转移支付补助范围（属于一般性转移支付），中央政府转移支付到省的资金总额超过 300 亿元（再由省财政部门根据《全国重点生态功能区转移支付办法》的规定测算后划拨到相关县），其中除了世界文化遗产所在的少数县被纳入考虑范围，绝大多数大遗址都未被纳入考虑范围（12 个国家考古遗址公园均未受益）。而且，少数获得这种转移支付的分布有大遗址的县也基本没有将补助资金用于文化遗产方面的考虑（这种均衡财力的一般性转移支付并没有规定资金用途，而由县级政府自行在国家规定的范围内安排资金使用）。

④ 指作为《全国主体功能区规划》编制依据的《中华人民共和国国民经济和社会发展第十一个五年规划纲要》和《国务院关于编制全国主体功能区规划的意见》（国发〔2007〕21 号）。

在地，也包括文化遗产所在地。例如，《全国主体功能区规划》中，明确提出“国家禁止开发区域是指有代表性的自然生态系统、珍稀濒危野生动植物物种的天然集中分布地、有特殊价值的自然遗迹所在地和文化遗址等，需要在国土空间开发中禁止进行工业化城镇化开发的重点生态功能区”。然而，在《全国主体功能区规划》后面列出的具体的禁止开发区名单中，除了少数世界文化遗产（如附表1所示），却将符合这个定义的大多数文化遗产“忘”得干净。这样，《国家重点生态功能区转移支付办法》[①] 自然也就基本失去了对文化遗产的关照——这个文件的名称本身就存在问题：从对国家的价值和保护需要出发，大遗址这样的文化功能区自然应该与生态功能区一视同仁，这个文件命名为《国家重点生态与文化功能区转移支付办法》才合理。

附表1　被列入禁止开发区的文化遗产（包括文化与自然混合遗产）*

单位：平方公里

名　称	面　积	名　称	面　积
长城	不详	北京天坛	33.05
明清皇宫（北京、沈阳故宫）	7.9	重庆大足石刻	2.34
陕西秦始皇陵及兵马俑	56.25	福建武夷山	1278.63
甘肃敦煌莫高窟	446.2	四川青城山和都江堰	178.91
北京周口店北京猿人遗址	13.68	河南洛阳龙门石窟	13.73
山东泰山	426	明清皇家陵寝：明显陵、明孝陵、明十三陵，清永陵、清福陵、清昭陵、清东陵、清西陵	268.64
安徽黄山	296	安徽古村落：西递、宏村	7.82
西藏布达拉宫	2.6	山西大同云冈石窟	11.96
河北承德避暑山庄及周围寺庙	15	高句丽王城、王陵及贵族墓葬	183.07
山东曲阜孔庙、孔府及孔林	9.3	澳门历史城区	1.23
湖北武当山古建筑群	170	安阳殷墟	24
江西庐山风景名胜区	500	开平碉楼与村落	31.1
四川峨眉山—乐山风景名胜区	171.88	福建土楼	10.88
云南丽江古城	3.8	山西五台山	607.2
山西平遥古城	7.3	登封“天地之中”历史建筑群	158.3
江苏苏州古典园林	0.39	北京颐和园	46.97

*摘录自《全国主体功能区规划》的附件2。

① 为维护国家生态安全，引导地方政府加强生态环境保护力度，提高国家重点生态功能区所在地政府基本公共服务保障能力，促进经济社会可持续发展，中央财政在均衡性转移支付项下设立国家重点生态功能区转移支付。

具体来看，相关文件的不合理之处有二，打比方形容的话，分别是：需要补的补不上，不用补的被乱补。

（1）需要补的补不上——大多数需要通过转移支付来加强保护的文化遗产难以进入禁止开发区行列。

大遗址是一类重要的不可移动文物，在2352处全国重点文物保护单位中就多达500余处。这样的文化遗产有什么特点呢？如前所述，从管理范围来看，其并非可以用围墙圈起来的“点”，很多是“面”或者“线”，与大多数自然遗产地一样，不可能实行封闭、隔离式管理，必须与遗产地的经济社会发展统筹起来保护，且平衡保护与利用的关系难度更大，需要的支持更多。这样的文化遗产地，大多数都需要通过转移支付来加强保护，并促进当地经济社会和谐发展。

然而，如附表1所示，《全国主体功能区规划》中已经明确禁止开发区的遗产地名单中只有31个文化遗产地（其中包括文化与自然混合遗产）。这种偏差的种子，在2006年颁布的《国民经济和社会发展第十一个五年规划纲要》（以下简称《“十一五”规划纲要》）中就已埋下：当时的文本中将禁止开发区定义为“依法设立的各类自然保护区域”。且不说“自然保护区域”一词本身就没有任何“文化”的内涵，远不能涵盖面积和数量都极为庞大的文化遗产地，这个规划文本中将禁止开发区明确分为国家级自然保护区、国家级风景名胜区、国家森林公园、国家地质公园、世界文化自然遗产这五类，也是不妥的。事实上，为数不多的世界文化遗产在文化遗产，甚至在大遗址这样规模的文化遗产中也只是零头，其他数以百计的像大遗址这样规模的文化遗产地，“头衔”仅仅是全国重点文物保护单位，难道就不需要“禁止开发”并享受国家的相关支持（只有少数还加挂了国家级风景名胜区牌子的被列入了禁止开发区的范围）？

其后，在2010年通过的《全国主体功能区规划》中，虽然在对禁止开发区的定义中，已经明确了将“文化资源的重要区域”纳入禁止开发区中。但令人费解的是，在列举国家禁止开发区域基本情况时，依然沿用《“十一五”规划纲要》中的五种分类方法，大遗址等重要文化遗产地依然被排除在外。

在这种存在明显疏漏的上位政策指引下，以《全国主体功能区规划》为重要支付依据的《国家重点生态功能区转移支付办法》没有将文化遗产列入考虑范围，生态补偿政策“没文化”也就在所难免。

（2）不用补的被乱补——并非所有的世界文化遗产都需要整体按照生态功能区来进行管理。

从另一方面看，世界文化遗产被不加区别地全部整体性列入禁止开发区的名单中，这种“一刀切”的划分方式也缺乏合理性。

首先，将所有列入世界文化遗产名录的遗产地都作为禁止开发区，显得荒谬。例如，一些世界文化虽然具有特殊重要性，但范围极为有限，其管理基本不用与当地的经济社会发展统筹起来，也不需要从资金机制、领导干部政绩考核机制上单独考虑。如世界文化遗产“江苏苏州古典园林”，其面积仅为0.39平方公里，完全采用围墙隔离的封闭式保护，完全是管理中的“点”，这样的文化遗产，需要按照生态功能区来管理吗？需要转移支付吗？

其次，每个文化遗产地都被整体禁止开发，显得不切实际。在《全国主体功能区规划》中，不仅将每个世界文化遗产都不论大小地列入了禁止开发区，而且对于各个遗产地而言，都没有考虑其社会经济因素，而被整体禁止开发，在我国现阶段的国情下，显然是不切实际的。这不仅是因为我国在申报世界文化遗产时，存在“宁大宁多”的现象，将尽可能大的范围、尽可能多的“点”都划入了世界遗产范围①；还因为并非所有的世界文化遗产都需要整体按照生态功能区来进行管理。例如，山西的五台山世界文化遗产，其面积广达607.2平方公里，横跨了多个县级行政区域。这些遗产地往往具有一个共性的特征，即其内部普遍存在原住居民的生产建设活动。若将其整体作为禁止开发区，不仅难以调和众多利益相关者之间的矛盾，而且也在土地权属等方面得不到相关法律的支持，此外，国家财力也无法承担对如此大面积的区域“禁止开发”的责任。显然，一旦将这样的文化遗产地整体列为禁止开发区，则转移支付资金的分配不仅有失偏颇，也难免左支右绌。

正是这种“一刀切”的划分方式，使得文化遗产地的保护和管理难以做到因地制宜。不同等级、不同性质的文化遗产地，为了能获取相应的补偿份额，只

---

① 有例可证。山西省五台山风景名胜区仅仅376平方公里，但在申报世界文化遗产时，地方政府将周边诸多地方都圈入，致使作为世界文化遗产的五台山面积广达607.2平方公里，使得偌大的区域均质化程度显著降低，难以按文化遗产保护利用的要求实施整体管理。类似的情况其实在世界自然遗产中也存在。例如，地方政府在申报三江并流世界自然遗产时，划定了1.7万余平方公里的范围，根本无法整体作为生态功能区来禁止开发。

能偏离最优发展模式，而向着“禁止开发区模式”靠拢，极大地影响了保护和经营的效果。

综上，国家有关部门对于主体功能区划的定位存在较大的缺陷，不仅在禁止开发区的选择标准上存在明显的偏颇，而且在入选的禁止开发区名录中也存在很大的偏差，从而导致文化遗产事业不能实际享受中央转移支付的政策。

那为什么会出现这样明显的政策失误呢？这还有主观因素。

4 主观看基础不牢、意识不足及政治地位不高

在看到国家有关部门的工作失误时，也要看到文物等相关部门管理基础不牢和对主体功能区影响意识不足的一面，以及由于文物部门政治地位不高因而在政策制定过程中缺少发言权的一面。

事实上，从2008年开始，不仅蓝皮书用了大量篇幅来论证禁止开发区划分标准的失误，文物部门的一些领导也通过全国政协会议提案等多种方式向国家发改委多次反映这方面的问题。但文物部门没有坚持将这种反映转化为直接的、具体的行政沟通，文物系统的科研机构也无法向国家发改委递交大遗址的详细数据（如土地面积、土地利用情况、区域内的人口数量和结构、区域内的经济社会发展状况）①，这就使得相关部门对这方面的反映或者重视不够，或者意识到了也没有可支撑规划文本的数据材料。另外，《全国主体功能区规划》在征询意见时，仅仅通过了国家文物局的上级部门文化部，国家文物局失去了在政策制定过程中参与式互动的机会。

这些原因综合起来，就成为“生态补偿”政策“没文化”的主观因素。所以，应该说，目前文化遗产只能“旁观”生态功能区转移支付，与文物系统有意无意“袖手”有关。

---

① 客观而言，文物系统比较薄弱的基础工作是妨碍《全国主体功能区规划》中专门考虑大遗址的重要因素。全国政协委员、中国文化遗产研究院原院长张廷皓多次以全国政协会议提案的方式向国家发改委反映主体功能区规划中应考虑大遗址，但文物系统无法拿出与自然保护区等自然遗产地相仿的地理、人口及相关区域经济社会发展资料，这使相关部门即便要在《全国主体功能区规划》中考虑大遗址也无据可依。

5　发展建议

文化遗产集成了中国各时期物质文明和精神文明的伟大成就，蕴含着中华文明智慧的结晶和不朽的精神，其中的大遗址更可称为文化遗产的精华。至少，对大遗址这种保护意义、实际功能乃至保护规模都不逊色于生态功能区的文化遗产，为了全面发挥其社会功能，必须对以上几方面的疏漏进行弥补。对此我们提出具体的发展建议。

第一，制定专门文件，以支持对文化功能区的转移支付。从《国家重点生态功能区转移支付办法》这个文件名中就能看出，该办法主要针对的是自然生态功能区，实施的是生态补偿。因此，争取制定与之相对应的《国家重点文化功能区转移支付办法》，对文化遗产同样加大中央财政转移支付力度。

第二，在《国家重点生态功能区转移支付办法》的基础上，颁发补充文件，对其适用的范围作出补充说明，将符合规定（可由国家文物局制定）的大遗址等文化遗产也在操作中视为重点生态功能区。这种调整，实际上也有政策依据：《全国主体功能区规划》的“序言”中，就明确提到“规划任务是更长远的，实施中将根据形势变化和评估结果适时调整修订”。如果《全国主体功能区规划》中的禁止开发区范围得到了调整，即便不能出台专门的《国家重点文化功能区转移支付办法》，《国家重点生态功能区转移支付办法》也可能荫及范围比原来大得多的文化遗产，尤其是非常重要也急需补偿的大遗址。

（本部分执笔人：苏　杨　王宇成　马有明）

B.15
特别关注二
从博物馆相关事件看文化遗产管理单位体制机制变革

2011 年，故宫博物院（以下简称故宫）因多起事件成为全国舆论焦点，被媒体称为故宫“十重门”。① 总结起来，这所谓的“十重门”中真正与管理相关的有五类事件，包括文物失窃②、文物损坏③、文物处理不当④、国保单位会所化⑤以及偷逃门票⑥；国家博物馆（以下简称国博）也在重新开放后因为一些小事招致社会非议。⑦ 客观而言，故宫和国博的管理无论在管理理念、管理制度上还是在管理水平上都居于我国的博物馆（以及文物保护单位）前列⑧，故宫和国博的问题，其实反映的只是我国国有博物馆管理共性问题的冰山之巅。⑨ 普遍存在的

---

① 第一重门：“被盗门”。第二重门：“错字门”。第三重门：“会所门”。第四重门：“哥窑瓷器受损门”。第五重门：“文物损伤瞒报门”。第六重门：“挂屏水泡门”。第七重门：“私分票款封口门”。第八重门：“宋人书札牟利门”。第九重门：“故宫图书馆丢失古籍门”。第十重门：“端门外西朝房展览逃税门”。

② 故宫博物院内斋宫的临时展览“交融——两依藏珍选粹展”7 件展品失窃。

③ 国家一级文物、宋代珍贵哥窑瓷器在故宫科研中被压成六瓣，且这起事件涉嫌瞒报。

④ 故宫博物院涉嫌将其 1997 年购藏的珍贵国有文物——五件宋人书札私自拍卖；故宫诸多古籍善本因员工借阅可能丢失等。

⑤ 建福宫被指成为富豪私人会所，入会费达 100 万元。

⑥ 媒体报道故宫极少数工作人员曾勾结导游带领游客绕开收票口进入故宫，游客付的钱被私分。

⑦ 如 2011 年媒体报道的国博举办私人婚宴的事件。

⑧ 故宫博物院既是全国重点文物保护单位，也是博物馆。其管理理念的先进性可从《故宫保护总体规划（大纲）》见一斑。大纲中提出了两条措施：一是限定故宫保护管理机构规模，清理、腾迁不合理利用的文物建筑，妥善安排腾迁部门；二是拓展开放、促进保护，通过扩大开放总体规模、实施分片轮展等方式，促进文物建筑日常维护工作，有效改善文物建筑的延续性。总体来看，故宫的管理水平，在全国博物馆乃至所有事业单位中都是较高的（中国博物馆协会完成的2010年度国家一级博物馆运行评估中，故宫在全国83个一级博物馆中排名第三），其所谓的“十重门”中显现的问题及其制度成因，在全国绝大多数类似单位中也存在，只是故宫身处聚光灯下而已。

⑨ 需要特别说明的是，蓝皮书中分析的博物馆问题一般仅指国有博物馆。

问题要寻找制度成因，可以说，所谓的故宫“十重门”都能从管理单位体制[①]及相关工作机制上找到相应的成因。只有全面剖析这些问题的制度成因，才能通过制度变革统筹解决这类共性问题。

1　博物馆的管理问题是高速发展中的问题，但也是共性问题

首先，博物馆的多数管理问题是在事业高速发展中产生的，“十一五”期间正是我国博物馆前所未有的高速发展期：作为一个城市的文化符号，“十一五”期间，中国的博物馆数量以每年约百个的速度迅猛增加，大小博物馆的新建、改扩建工程也此起彼伏；自 2008 年文化文物系统的博物馆全面实行免费开放以来，博物馆的参观人数呈“井喷”状增加。

这种发展背景中，许多本来是“躲进小楼成一统”的博物馆很快成为大众评头论足的对象，像故宫这样作为国家象征物之一的大型博物馆更是因黄金周游客“爆棚”等现象，成为“长盛不衰”的新闻主角，故宫的“一举一动”，乃至“一言一行”都不得不被“横挑鼻子竖挑眼”。这样一来，博物馆事业在迅猛发展的同时，其出现的问题也难免在有意无意中被凸显乃至被放大。

总结起来，社会各界对文物系统尤其是博物馆的诟病与挑剔，集中于两方面，即文物的管理不到位（包括文物安全状况不佳和文物使用中的不当行为，2011 年出现的事件大多与馆藏文物有关）、事业发展与公众的关系不紧密（包括相关服务不够、公众参与和公众监督的不足）。首先，博物馆管理水平不高（主观、客观上都有诸多不足），安全事故频发，引来非议。博物馆的首要任务是保护好馆藏文物（即“保护为主”），在此基础上才谈得上合理利用。而现实管理中，许多博物馆管理水平不高，在主观（保护意识不足）、客观（硬件方面保护手段落后、保护设施薄弱[②]；软件方面基本制度匮乏或实施不力）上都存在很多

① 主要指管理单位体制。

② 例如，作为全国文化文物系统博物馆“带头大哥”的故宫博物院，目前使用的依然是 20 世纪 90 年代末的安防设施，不仅没有与国际接轨，连在国内也不能“带头”。但亡羊补牢，故宫的安防设施将于 2014 年实现全部更新，届时将达到国际领先水平（实际上，这也是故宫的管理水平在国内博物馆中处于领先水平的体现）。

不足，以致馆藏文物损坏、遗失等问题频发。其次，博物馆事业发展与公众联系不够紧密，在业务范围拓展方面常常与民生脱节，公众也很难监督其日常管理。博物馆事业在迅速发展之时，许多博物馆仍然将自己置身“世”外，不仅日常工作并未受到社会的有效监督，也缺少与民众的沟通：一方面有些地方过度商业化，另一方面面向公众的配套服务不完善，相关管理难以满足公众日益增长的文化生活需要和参与需求。以国博为例，虽然经历了三年的改造，[①] 但依旧存在诸多管理问题。例如，改造后的国博依旧存在基础服务设施建设不到位（排队区域无遮阳措施、预约电话线数不够等）、工作人员素质不高（难以解答展览有关问题）、布展水平不高且商业化气氛过重、公众参与困难（没有留出足够的、门槛较低的公众参与渠道，几乎没有志愿者服务）等管理问题，难以让公众满意。而且，博物馆是公共文化机构，公开透明应该成为一种常态。但中国博物馆协会2011年公布的对83家一级博物馆的评估报告中显示[②]：在定性评估的七个项目中，博物馆的公共关系与服务质量（与接受社会监督、向社会沟通密切相关）这一项的得分率较低。[③] 许多博物馆的网站建设很陈旧，更新速度很慢，更不用说建立博客或者微博等新沟通渠道。博物馆的相关信息难以大众化、公开化，难免被公众所挑剔与诟病，且许多本来只是传闻或误解的消息因为沟通不畅就可能成为“事件”。

客观说来，这些问题可以分为老问题和新问题：老问题早就有，且大多在博物馆发展中已被解决，还剩下部分，在传媒发达后就成为被挑剔的痼疾；新问题，则是在博物馆规模迅速扩大、与公众关系相对密切后出现的，如博物馆全面免费开放后对公众服务不够、与公众沟通不畅、接受公众监督渠道有限等。显

① 工程始自2007年，并于2009年底竣工，2010年上半年投入使用。通过改造工程，国家博物馆主要由文物保管区、展陈区、社教区、学术研究区、公众活动区、休闲服务区和行政办公区等7部分组成。其改造的目的是让国博成为历史与艺术并重，集收藏、考古、研究和展示为一体的综合性博物馆。

② 中国博物馆协会按照国家文物局要求，于2010年5~11月组织开展了国家一级博物馆2008~2009年度运行状况的评估工作，评估结果于2011年公布。这次评估涉及博物馆各方面的日常工作，与本书评估报告中的相关评估注重行政资源的投入产出效率评估有所区别，但诸多有交叉的评估领域结果却大致相同，如博物馆的科研功能发挥不佳等。

③ 2011年公布的《国家一级博物馆运行评估报告》（2008~2009年度）中是这样陈述的：“尽管一级博物馆在公共关系与服务领域做了大量工作，获得了社会的积极响应，但在公共关系和观众服务项得分率都仅略高于60%。整体上看，博物馆仍然是比较封闭的机构，难以真正实现与社会的有效互动，与开放、共享的时代潮流不相适应。”

然，我国博物馆体制机制的创新落后于形势，一以贯之的事业单位体制和略有调整但很不规范的工作机制在面对现实问题时无力了——这是明显的“生产关系不适应生产力发展”的特征。所以，需要专门分析这些问题的制度成因。

2　体制机制成因

博物馆管理中问题频频，除了管理水平不高外，更重要的原因在于管理体制机制的不健全。而且，除了硬件设施的不足，管理水平不高也可归咎到体制机制因素上。大体而言，管理单位体制不健全、人事管理和人才培训制度不科学以及事业监督体制缺失，是导致我国博物馆事业问题频发的体制机制根源。

第一，我国博物馆的管理单位体制不健全。管理单位体制，顾名思义，是指文保单位自身的管理、运行体制与经营方式，是介于事业体制与运行机制之间的中观管理制度①。对于博物馆而言，管理单位体制中最重要是两个方面，即基本管理体制架构和主要负责人的任命制度。在现实管理中，我国博物馆事业在这两个方面都“先天不足”，某些方面存在政企不分、政事不分现象。其一，基本管理体制有漏洞，政企不分。国有博物馆管理单位属于非营利组织，其经营活动应该在业务范围以及开展业务的空间范围上与日常公益性工作划清界限（包括对非核心业务采取特许经营方式等），且经营收入必须进行账内的“收支两条线”管理，这样才能防止“公器用于私利”。而我国的大多数博物馆在经营中既当裁判员又当运动员，自己参与经营，自然难免被利益拱出漏洞。② 其二，有许多地方选拔博物馆主要负责人套用行政管理机构的官员任命制，易于导致政事不分，影响管理的专业化与独立性。为了保持博物馆的专业水平，许多发达国家实施了资格认证制度，馆长更是向社会公开招聘选拔。然而，在我国基本上还是与行政官员一样的行政任命制。这样一来，博物馆——这个承载人类文明的特殊机构，也仅仅是中国众多事业单位的一类，其他单位所存在的问题在这里一样不少。例如，昨天还是几乎不相关的政府部门的官员，今天可能就是某个重要博物馆的馆长。数以

---

① 具体区分可参见 2010 年蓝皮书主题报告第三章和本书主题报告第三章。

② 故宫尽管在门票收入等方面实行收支两条线管理，但仍然通过北京故宫文化服务中心（故宫博物院直属的有独立法人资格的经营实体，事业单位企业管理）等直接参与经营活动，且这部分经营收入的管理异于门票收入，其中相当部分与其职工的收入挂钩。

千计的博物馆馆长中真正受过专业教育和职业训练的并不多，从不相干的行政机关调任、几乎没有任何相关专业背景的馆长大有人在。这样的任命制一方面使得政事分开难度进一步加大，另一方面也阻碍了博物馆管理的专业化。总体来讲，在现代社会中，博物馆有多种身份，但其首要身份应该是公共文化机构，而不应该是政府部门，也不主要是只作研究的学术单位，更不能是到处鉴宝的企业。所以，唯有健全单位管理体制、明确博物馆的定位与管理方式，才能进一步推动事业发展。

第二，我国博物馆的管理人才匮乏，人事管理和人才培训机制不完善，激励机制不合理。博物馆是专业性较强的行业，其对从业人员的专业素养要求较高，而目前我国这方面显然不尽如人意。我国博物馆数量超过3000个，从业人员6万余人。根据国家文物局对全国25个省份博物馆队伍的调查统计，专业技术人员所占比例仅为51.6%。其中在职称方面，高级职称3161人，占7.6%，中级职称7961人，占17.2%，初级职称10316人，占24.8%；在学历方面，博士106人，占0.26%，硕士767人，占1.8%，大学本科10733人，占25.8%。从总体而言，全国博物馆从业人员的学历结构、知识结构和职称结构，都与博物馆的专业化要求存在较大差距。这种情况，与博物馆行业没有执行严格的职业资格准入制度有很大关系，也与人才培训机制不完善有关，还与激励机制不合理密不可分。对于博物馆这样“高知”密集的地方，即便其岗位工资上限囿于国家事业单位的管理规定而难以突破，也可以根据岗位性质设置较高的岗位津贴[①]，使高技术、高风险岗位的在岗者能得到依法合规且有财政资金支持的高回报。这样，不仅可以使愈演愈烈的文物鉴定“走穴”等能真正得到控制，也使这样的岗位能真正吸纳人才并使人才安心于本职工作。

第三，我国博物馆事业的监督机制无力。在我国博物馆的日常管理中，管理单位既是运动员，又是裁判员，管理权和监督权不分，形成了自己监督自己的局面，监督机制完全失效。同时，多数国有博物馆属文物行政管理机构（或其他部门）下属单位，以对上负责为主而基本没有公众监督机制，加之社会又缺乏良好的监管意识，从而使博物馆的社会监督约束丧失。因此，我国博物馆事业既缺乏有效的政府监管，又无良好的社会监督约束，只能通过媒体曝光部分极端、非常态的事件来对管理漏洞进行“有心无力”的监督和抨击。

① 这方面，国内诸多事业单位已有改革先例。例如，中国科学院建设科研创新基地，各研究所进入科研创新基地的工作人员，其岗位津贴大大高于未进入基地的同等职称和资历的工作人员。

这三方面的制度成因，可以通过故宫案例来具体说明其与前述问题的关联，如附图 1 所示。

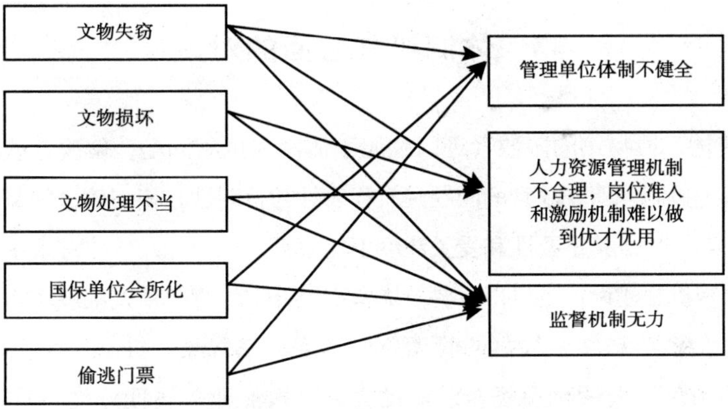

附图 1　故宫管理问题总结及其制度成因分析

具体说来，故宫的管理单位体制尚未“现代化”，不仅某些方面政企不分，业务范围和空间范围的市场化界限也有含混之处，这使得极少数管理者易于也敢于采用不当的经营模式以谋取利益，这催生了故宫的会所事件。而且，尽管是全国的顶级博物馆，但故宫的岗位准入和激励机制仍有一些不合理之处，少数基层工作人员（尤其是聘用人员）素质不高、责任感差，多数高技术岗位工作人员难以得到合理回报，这就使得相关管理制度难以有效落实，也使偷逃门票等现象有了“群众基础”，文物失窃、损坏和处理不当等现象也因为“人”的原因提高了发生概率；另外，故宫的监管机制无力，故宫作为非营利的全额拨款事业单位，在经营中既是裁判员又是运动员，无法实现有效的自我监管，其社会监管机制也如其他的向上负责的事业单位一样没有建立起来。在监管无力的情况下，谋取私利、忽视安全等问题自然易于出现。需要注意的是，在这些体制机制中，对人的管理机制殊为重要，毕竟制度是靠人落实的。如果不能实现优人优用，就可能使其他方面的管理机制失效。例如，尽管故宫的资金机制已经较为完善①，但

① 故宫博物院 2001 年的门票收入是 6.5 亿元，但这是“阳光收入”，采用严格的收支两条线管理，几乎每日都会立即入“国库”，故宫博物院实际的支出仍然需要申请财政项目（2011 年项目经费 3.2 亿元）。因此，故宫博物院事实上是世界罕见的“向财政作出经济贡献”的博物馆。但故宫博物院的公益性功能仍然发挥得较好，其 10 年未动的 60 元门票价格（淡季 40 元）是目前中国所有的世界文化与自然遗产中最低的（免费向公众开放的西湖文化景观除外）。

还是很难体现多劳多得，这就易于造成有些工作人员把工作重心放在经营乃至更直接的个人牟利（如参与各种形式的文物鉴定）上。

3　体制机制层面的对策

如前所述，博物馆的多数管理问题属于体制和机制问题，解决这些问题必须依靠体制改革与机制创新。故宫的问题具有代表性与普遍性，相当数量的文博单位也存在着类似问题，只是其重要性和受关注度不比故宫。也因此，从故宫入手进行改革试点、完善体制机制建设，更显得重要。毕竟亡羊补牢，肯定要先从最大的羊圈补起。

第一，应该尝试转变故宫的管理单位制度、完善经营机制，切实做到政事分开。在经营方面，要明确市场与政府的界限，按照业务属性分类经营：核心业务事业化管理，确保文物安全；非核心业务市场化管理，提高经营效率，增加单位收入。在管理机构方面，要推动“理事会化”改革：建立管理理事会，通过理事会任免高层管理人员、制定管理政策，从而推动故宫“高管层”的社会化，促进决策的科学化，实现管理的专业化。

第二，应该健全故宫的聘用制度和岗位管理制度，建立权责清晰、分类科学、激励适当、监管有力的事业单位人事管理制度。要通过职业资格准入和培训，提高人员的专业水平。其一，要采取公开招聘、竞聘上岗、按岗聘用、合同管理等措施，从源头保证员工的专业水准；其二，要完善职业资格准入机制，通过职业考核淘汰不合格人员，保证人才队伍的整体水平；其三，通过多种形式，加大在岗人员的培训力度，提高人员专业技能。

第三，应该加强公众参与，完善故宫的监督监管机制，加强管理的透明化。其一，建立外部监督机制，请第三方（例如中国博物馆协会）定期对故宫的保护和管理进行检查；其二，加强内部信息公开，透明化运作，并积极接受社会监督①。针对信息公开建设，可效仿国外先进经验：一方面，丰富信息公开渠道，通过网络、新

① 应该说，故宫博物院在这方面已有长足进步。国家文物局原局长、故宫博物院院长单霁翔在2012年4月接受记者采访时，曾表示每个公民对国有文博单位都应有知情权、参与权、监督权和受益权，所以故宫上下都在积极弥补其在公众参与，尤其信息公开上的不足，并现身说法：“在这个方面我们现在正在改变形象，包括我个人，也在积极地做，比如我在国家文物局，我一共接待了202次记者访问，十年啊，十年202次，现在我到故宫四个月已经166次了，有问必答。”

闻发布等形式，定时定期披露内部管理信息；另一方面，建立健全会员制度，创造各种条件使会员成为外部“监督者”，能经常性地质询、监督博物馆的日常管理工作。

综上所述，故宫应该从管理单位体制、人才管理制度和监督机制入手，不断加强体制机制建设，提高管理水平，避免所谓的“十重门”等现象再次发生。

4　问题昭示的发展方向：博物馆的经营应在规范的前提下多样化且更贴近民生

综上所述，我们主要通过故宫和国博的案例分析了博物馆事业的问题、成因以及制度层面的对策。除了上述问题，文博单位还有一些被媒体追逐的所谓“问题”，在明了有关体制机制以及国家的事业单位改革方向后，也许反而应该成为文博单位的发展方向，即博物馆的经营应在规范的前提下多样化且更贴近民生。

2011 年 10 月，媒体曝光了一起与博物馆有关的事件——国博被曝以每场 25 万元的价格出租场地办私人婚礼。[①] 若从职能来看，国家博物馆是以历史与艺术并重，集收藏、展览、研究、考古、公共教育、文化交流于一体的综合性博物馆，是国有事业单位，其中并无与“举办宴会”有关的功能。乍听上去，国博办婚宴确实让社会难以接受。而且，只从传统的文化遗产保护理论来看，这种做法也有点“离经叛道”：从文化遗产的属性来看，文保单位要整体保持非营利性和公共性。整体保持非营利性，其主体必须以公共服务为主，其经营的空间范围和业务范围必须有严格的规定，且经营收入基本不能用于投资和自行分配（《文物保护法》要求只能用于“反哺”保护）；公共性是相关服务应该对全体公民开放，不能设置人群进入的差别化门槛（如将主体改造成俱乐部等形式）。国博举办婚礼，似乎与这方面的要求相悖——因为其使用的空间位于财政投资建设的国家博物馆主体建筑内，且经营收入很可能没有按“收支两条线”管理上缴财政。

但是我们换个角度理性分析这个事件，也能管窥文化遗产事业发展的新方向：在本来已经规定“观众免进”的国博五层，在明确的公共空间范围以外，

① 记者的报道中这样描述：“对此，国家博物馆的解释是：结婚的新郎和新娘都是馆内的职工，不存在市场操作的费用问题。据博物馆的一名工作人员称，博物馆 5 层专门用于开设宴会，几个月前刚修好。这是头一次在这里举办婚礼，费用是 25 万元，服务费要另算。”

拓展经营项目（如办婚礼），只要面向公众，进行服务审批、价格监管，且其收入纳入财政渠道管理，即无可非议。其实，这是博物馆多样化经营的一种手段，通过公平的进入方式，为社会提供新颖的公共服务，能够充分利用博物馆的有限资源，从而最大化地满足社会需求。毕竟这种经营范围的扩大和经营项目的多样化是可以促进博物馆服务于民生的。其实，目光再宽广一点，可以发现国博这样的事件已经是国际惯例，法国的卢浮宫等博物馆就有类似的举措。① 就是说，如果我们转变一种视角看待文化遗产事业，以民生为向，像国博办婚礼这样的问题也许根本就不是问题，反而是博物馆的发展方向。让市民有机会在国家博物馆举办婚礼，也算是一种“亲民”做法，只要不影响正常的展览和文物保护，并无不当之处。而且，让市民以这样的方式与文化遗产发生更亲密的关系，这本身就是文化遗产带来的美好生活：如果这些亲民行为能让更多的百姓感到文化遗产与自己有情感上的联系，能成为心灵的寄托，“此心安处是吾乡”，故宫等才可能在某些方面真正成为国人在心灵深处的“故乡”，文化遗产才算真正与百姓的美好生活水乳交融，文化遗产事业也才真正发展到了“四个密不可分”② 的境界。当然，这种做法的前提是：面向所有公众，文化遗产不能会所化，更不能特权化，收入也不能“私有化”。

（本部分执笔人：苏　杨　王宇成）

① 如法国的博物馆就有类似的举措。法国一直在改革国有博物馆的经营模式，增加博物馆的经营自主权。以卢浮宫为例，卢浮宫隶属法国文化部，1992 年改制后取得“自主经营权”。卢浮宫每年的预算和文化战略由董事会投票表决。政府拨款占每年预算的 60% 至 70% 左右，其余部分来自自筹资金。自筹部分主要靠商业开发，除了依靠门票、销售纪念品以外，还依靠场地出租和外部赞助等。为了增加收入，卢浮宫将部分场地向企业和其他机构出租，平均一年在 60 次左右，一般选择每周的闭馆时间。企业可以租借场地举行晚宴、酒会和私人参观等活动。但 1992 年 12 月政府颁布的法令规定，企业申请租场地的活动必须是“重要活动”，不能对卢浮宫的馆藏有任何破坏，而且各场馆接待人数不能超过巴黎警察局对每个场馆规定的参观人数。而且，法国的文化部和预算部共同对卢浮宫等国家博物馆进行财务指标的监督（包括总收支平衡、资源运用是否符合合理的人事费用等），以确保所有经营收益都再次投资到工程和收购活动中。

② 国家文物局副局长董保华曾将文化遗产事业与国家发展的关系概括为四方面的“密不可分”：文化遗产事业与国家主权、领土完整密不可分，与民族团结、祖国统一密不可分，与建设和谐社会、实现科学发展密不可分，与国家实力、国民素质密不可分。

中国皮书网

发布皮书研创资讯，传播皮书精彩内容
引领皮书出版潮流，打造皮书服务平台

栏目设置：

- □ 资讯：皮书动态、皮书观点、皮书数据、 皮书报道、 皮书新书发布会、电子期刊
- □ 标准：皮书评价、皮书研究、皮书规范、皮书专家、编撰团队
- □ 服务：最新皮书、皮书书目、重点推荐、在线购书
- □ 链接：皮书数据库、皮书博客、皮书微博、出版社首页、在线书城
- □ 搜索：资讯、图书、研究动态
- □ 互动：皮书论坛

www.pishu.cn

中国皮书网依托皮书系列“权威、前沿、原创”的优质内容资源，通过文字、图片、音频、视频等多种元素，在皮书研创者、使用者之间搭建了一个成果展示、资源共享的互动平台。

自2005年12月正式上线以来，中国皮书网的IP访问量、PV浏览量与日俱增，受到海内外研究者、公务人员、商务人士以及专业读者的广泛关注。

2008年10月，中国皮书网获得“最具商业价值网站”称号。

权威报告　热点资讯　海量资料

当代中国与世界发展的高端智库平台

皮书数据库 www.pishu.com.cn

皮书数据库是专业的社会科学综合学术资源总库，以大型连续性图书皮书系列为基础，整合国内外其他相关资讯构建而成。包含七大子库，涵盖两百多个主题，囊括了十几年间中国与世界经济社会发展报告，覆盖经济、社会、政治、文化、教育、国际问题等多个领域。

皮书数据库以篇章为基本单位，方便用户对皮书内容的阅读需求。用户可进行全文检索，也可对文献题目、内容提要、作者名称、作者单位、关键字等基本信息进行检索，还可对检索到的篇章再作二次筛选，进行在线阅读或下载阅读。智能多维度导航，可使用户根据自己熟知的分类标准进行分类导航筛选，使查找和检索更高效、便捷。

权威的研究报告，独特的调研数据，前沿的热点资讯，皮书数据库已发展成为国内最具影响力的关于中国与世界现实问题研究的成果库和资讯库。

皮书俱乐部会员服务指南

1. 谁能成为皮书俱乐部会员？

- 皮书作者自动成为皮书俱乐部会员；
- 购买皮书产品（纸质图书、电子书、皮书数据库充值卡）的个人用户。

2. 会员可享受的增值服务：

- 免费获赠该纸质图书的电子书；
- 免费获赠皮书数据库100元充值卡；
- 免费定期获赠皮书电子期刊；
- 优先参与各类皮书学术活动；
- 优先享受皮书产品的最新优惠。

（本卡为图书内容的一部分，不购书刮卡，视为盗书）

3. 如何享受皮书俱乐部会员服务？

（1）如何免费获得整本电子书？

购买纸质图书后，将购书信息特别是书后附赠的卡号和密码通过邮件形式发送到pishu@188.com，我们将验证您的信息，通过验证并成功注册后即可获得该本皮书的电子书。

（2）如何获赠皮书数据库100元充值卡？

第1步：刮开附赠卡的密码涂层（左下）；

第2步：登录皮书数据库网站（www.pishu.com.cn），注册成为皮书数据库用户，注册时请提供您的真实信息，以便您获得皮书俱乐部会员服务；

第3步：注册成功后登录，点击进入“会员中心”；

第4步：点击“在线充值”，输入正确的卡号和密码即可使用。

皮书俱乐部会员可享受社会科学文献出版社其他相关免费增值服务
您有任何疑问，均可拨打服务电话：010-59367227　QQ:1924151860
欢迎登录社会科学文献出版社官网(www.ssap.com.cn)和中国皮书网（www.pishu.cn）了解更多信息

社会科学文献出版社

皮书系列

“皮书”起源于十七八世纪的英国，主要指官方或社会组织正式发表的重要文件或报告，并多以白皮书命名。在中国，“皮书”这一概念被社会广泛接受，并被成功运作、发展成为一种全新的出版形态，则源于中国社会科学院社会科学文献出版社。

皮书是对中国与世界发展状况和热点问题进行年度监测，以专家和学术的视角，针对某一领域或区域现状与发展态势展开分析和预测，具备权威性、前沿性、原创性、实证性、时效性等特点的连续性公开出版物，由一系列权威研究报告组成。皮书系列是社会科学文献出版社编辑出版的蓝皮书、绿皮书、黄皮书等的统称。

皮书系列的作者以中国社会科学院、著名高校、地方社会科学院的研究人员为主，多为国内一流研究机构的权威专家学者，他们的看法和观点代表了学界对中国与世界的现实和未来最高水平的解读与分析。

自20世纪90年代末推出以经济蓝皮书为开端的皮书系列以来，至今已出版皮书近800部，内容涵盖经济、社会、政法、文化传媒、行业、地方发展、国际形势等领域。皮书系列已成为社会科学文献出版社的著名图书品牌和中国社会科学院的知名学术品牌。

皮书系列在数字出版和国际出版方面也是成就斐然。皮书数据库被评为“2008～2009年度数字出版知名品牌”；经济蓝皮书、社会蓝皮书等十几种皮书每年还由国外知名学术出版机构出版英文版、俄文版、韩文版和日文版，面向全球发行。

B 经济蓝皮书® BLUE BOOK OF CHINA'S ECONOMY
B 社会蓝皮书® BLUE BOOK OF CHINA'S SOCIETY
B 文化蓝皮书® BLUE BOOK OF CHINA'S CULTURE
B 金融蓝皮书® BLUE BOOK OF FINANCE
B 法治蓝皮书® BLUE BOOK OF RULE OF LAW
B 欧洲蓝皮书® BLUE BOOK OF EUROPE
G 气候变化绿皮书® GREEN BOOK ON CLIMATE CHANGE
B 西部蓝皮书® BLUE BOOK OF WESTERN REGION OF CHINA
Y 世界经济黄皮书® YELLOW BOOK OF WORLD ECONOMY
SSAP THE CHINESE ACADEMY OF SOCIAL SCIENCES YEARBOOKS ECONOMY
SSAP THE CHINESE ACADEMY OF SOCIAL SCIENCES YEARBOOKS SOCIETY
SSAP THE CHINESE ACADEMY OF SOCIAL SCIENCES YEARBOOKS POPULATION AND LABOR